LES
JANSÉNISTES
DU XVIIᴱ SIÈCLE

LEUR HISTOIRE ET LEUR DERNIER HISTORIEN

M. SAINTE-BEUVE

PAR

M. l'abbé FUZET

secrétaire général de l'Université catholique de Lille

PARIS

BRAY ET RETAUX, LIBRAIRES-ÉDITEURS

82, RUE BONAPARTE, 82

—

1876

Droits de traduction et de reproduction réservés.

LES

JANSÉNISTES

DU XVIIᵉ SIÈCLE

125 — Abbeville, imp. et stér. Gustave Retaux.

PRÉFACE

Les Jansénistes ont trouvé dans notre siècle de nombreux admirateurs. Au lendemain de la Révolution, M. de Fontanes recueillait la gloire de Port-Royal et en transmettait le culte et la garde à M. Royer-Collard, que son éducation domestique prédestinait à cet honneur. Le chef vénéré des *Doctrinaires*, élevé dans le respect et l'amour des disciples modernes de saint Augustin, avait coutume de dire : « Qui ne connaît pas Port-Royal ne connaît pas la nature humaine. » « Et nous aussi, écrivait, en 1856, M. Cousin qui cite ces paroles, nous aussi, nous répétons, avec une entière conviction, ce que nous avons dit autrefois : Port-Royal est peut-être le lieu du monde qui a renfermé dans le plus petit espace, le plus de vertu et de génie, tant d'hommes admirables et de femmes dignes d'eux (1). »

Nulle part on n'a mieux célébré la mémoire de *ces hommes admirables et de ces femmes dignes d'eux*, qu'à l'Académie française. Là, M. Villemain a loué « la résistance passionnée de tant d'hommes éclairés et vertueux, contre *cette Société* remuante et impérieuse que l'esprit de gouvernement et *l'esprit de liberté* repoussent avec une égale méfiance (2) ». Là, M. de Rémusat s'est incliné devant « cette élite immortelle d'honnêtes gens (3) » ; M. de Salvandy, devant « ces nobles cœurs (4) ». Un autre jour ce dernier se félicitait de voir reparaître, en la personne de M. de Sacy, « cette école illustre de stoï-

---

1. *Jacqueline Pascal*, p. 7. — 2. Rapport, 1142. — 3. Discours, 1847. — 4. Discours, 1836.

cisme chrétien, de catholicité *soumise et distincte*, de vertu et d'austérité inflexibles (1) ». M. de Sacy venait de féliciter ses nouveaux collègues « de s'être bien gardés de déshonorer le grand nom de Pascal, aussi cher à la religion qu'aux lettres, et d'attacher *l'ignoble* qualification de *menteuses* aux immortelles et vengeresses Provinciales (2) ». Encouragé par M. Royer-Collard, M. Sainte-Beuve avait entrepris l'histoire de *Port-Royal*. Quand il vint s'asseoir sous la coupole de l'Institut, il portait les premiers volumes de cette histoire dans son bagage littéraire : M. V. Hugo battit aux champs.

« Vous avez bien fait, s'écriait-il, c'est un digne sujet de méditation et d'étude que cette *grande famille de solitaires* qui a traversé le XVIIᵉ siècle, persécutée et honorée... faisant servir les grandeurs de l'intelligence à l'agrandissement de la foi. Nicole, Lancelot, Lemaistre de Sacy, les Arnauld, Pascal, gloires *tranquilles*, noms vénérables, parmi lesquels brillent chastement trois femmes, anges austères qui ont dans la sainteté *ce que* les femmes romaines avaient dans l'héroïsme... Belle et savante école qui avait puisé tout ensemble dans saint François de Sales *l'extrême douceur*, et dans l'abbé de Saint-Cyran l'extrême sévérité... Fonder *une église* modèle *dans l'Eglise, une nation* modèle *dans la nation*, telle était l'ambition secrète... Ils entassent livres sur livres, preuves sur preuves... Ils entendaient de loin venir dans l'ombre la sombre armée de l'Encyclopédie... Ils ne demandaient rien, ils ne voulaient rien, ils n'ambitionnaient rien, ils travaillaient et *ils contemplaient,* ils vivaient dans l'ombre du monde et dans la clarté de l'esprit... Leur maison est détruite..., mais leur mémoire est sainte ; mais leurs idées sont debout ; mais des choses qu'ils ont semées, beaucoup ont germé (3). »

M. Sainte-Beuve mit vingt ans à terminer son travail ; il le retouchait encore lorsqu'il mourut sans avoir appris dans son long commerce avec tant de « directeurs redoutés et savants, de parfaits confesseurs et prêtres, de vertueux laïques », la science de bien vivre et de bien mourir.

Lorsqu'on célébra « sous les voûtes solennelles (4) » du palais Mazarin, la vie et les travaux du brillant critique des *Lundis*, l'occasion fut belle de louer du même coup les Jansénistes et leur récent historien : on n'y manqua pas. M. Janin

1. Réponse, 1855. — 2. Discours, 1855.
3. Réponse de M. V. Hugo au discours de M. Sainte-Beuve, 1845.
4. Jules Janin, Discours de réception à l'Académie française.

nous assura *qu'à peine entré dans la lecture* de cette histoire, *au bruit des chapelets qui s'agitent*, il s'était arrêté, *éperdu de tant de science unie à tant de malheur*. Il nous montra M. Sainte-Beuve *s'inclinant avec tendresse au seul nom de M. de Sacy ; célébrant en toute occasion cet esprit plein de feu et de lumière, d'agrément et d'enjouement, cette gaîté vive et légère des âmes innocentes ; faisant de Pascal (astre éclatant qui va montant sans cesse et grandissant toujours) l'étoile de Port-Royal, dans ce cloître à peine achevé où se joue un rayon de Lesueur*. Après nous avoir éblouis par ces feux, ces lumières, ces astres, ces étoiles, ces rayons, M. Janin nous donna le frisson : *Ah ! messieurs, la terrible histoire de ces grands solitaires ! on les traîne de bastille en bastille...* Et le sensible auteur de *l'Ane mort* et la *Femme guillotinée* répandait son pleur académique sur ces victimes de l'intolérance de Louis XIV, sur leurs cendres dispersées, sur leurs tombeaux profanés. Puis il revenait à M. Sainte-Beuve *prenant congé de la sainte phalange et des amis qu'il entourait de ses respects les plus tendres, et retournant à Voltaire et à la religion d'Horace.*

Dans sa réponse au nouvel élu, M. Doucet brûla à son tour son grain d'encens devant « les hommes admirables » de Port-Royal.

« Sous ces voûtes reconstruites par M. Sainte-Beuve, *comme autrefois sous les arceaux du vieux* (1) *cloître*, dit-il, nous saluons avec respect, en les voyant passer silencieux et graves, les pieux solitaires qui, au milieu des splendeurs et des fêtes du XVII° siècle, retirés du monde et lui portant ombrage, devaient, à force de vertu, mériter bientôt les honneurs de la persécution et du martyre... Du fond même de cette retraite, et ne s'occupant plus du monde que pour le sauver aussi, ils travaillaient à réformer les mœurs par la sévérité de leur doctrine, et à régénérer, par la foi, la société en péril, à la veille de ce XVIII° siècle dont ils apercevaient de loin les torches plus que les flambeaux. »

Assurément nous n'avons pas entendu à Port-Royal le bruit des chapelets qui s'agitaient ; néanmoins nous connaissons un peu les Jansénistes. Nous nous sommes donné l'honneur de les saluer « sous ces voûtes » construites par M. Sainte-Beuve. (Notre âge ne nous permet pas d'ajouter : « *Comme autre-*

---

1. M. Janin dit au contraire : *un cloître à peine achevé.*

fois sous les arceaux de leur vieux cloître. ») Nous les avons aussi salués sous bien d'autres voûtes, car on a beaucoup bâti à la gloire de *ces Messieurs*, et eux-mêmes se sont élevés, de leurs propres mains, de nombreux temples qu'ils ont remplis de leurs portraits et de leurs statues fort respectés par la piété filiale des *dénicheurs de saints*. C'est pourquoi nous avons été surpris lorsque nous les avons entendu appeler *âmes innocentes, grands solitaires, sainte phalange*; lorsque nous avons entendu raconter *que la vertu leur mérita les honneurs de la persécution et du martyre ; qu'ils ne s'occupaient du monde que pour le sauver ; qu'ils travaillaient à régénérer, par la foi, la société en péril ; qu'ils vivaient dans l'ombre d'une vie intérieure et douce.* Sans doute, en accomplissant, selon les rites prescrits, ce sacrifice de louanges, les deux *immortels*, semblables aux augures lettrés du beau siècle de Rome, n'auraient pu se regarder sans rire. M. Sainte-Beuve ne les en aurait pas blâmés. Les tendres respects dont l'éminent historien entourait Port-Royal sont souvent mêlés de quelques irrévérences qui ne blessent pas trop la vérité. C'est ainsi qu'il assurait que pour tout l'or du monde, il n'irait pas dans le Port-Royal du XVIII° siècle. Cependant les dévots de Saint-Cyran et ceux du diacre Pâris sont absolument de la même famille. Même pour les patriarches, les saints et les purs du premier Port-Royal, M. Sainte-Beuve laissait parfois tomber le voile charitable qu'il jetait d'ordinaire sur leurs imperfections, nous n'osons pas dire encore leurs péchés. Dès la première page de son histoire, il nous apprend que Saint-Cyran fut une espèce de Calvin au sein de l'Église catholique et de l'épiscopat gallican ; que la religion adoptée à Port-Royal et exprimée par Saint-Cyran était l'essai anticipé d'une sorte de tiers état supérieur, se gouvernant lui-même dans l'Église, une religion non plus romaine, non plus aristocratique et de cour, non plus dévotieuse à la façon du petit peuple, mais plus libre des vaines images, des cérémonies ou splendides ou petites, et plus libre aussi, au temporel, en face de l'autorité ; une religion sobre, austère, indépendante, qui eût fondé véritablement une *réforme* gallicane ; que les Jansénistes, accusés sans cesse d'un système d'opposition politique en même temps que religieuse, le prirent peu à peu et l'adoptèrent ; que Port-Royal n'avait pas eu, même au temps le plus glorieux de son esprit, ce qui pouvait modifier et modérer l'avenir, une fois émancipé ; qu'il eut tort de ne pas se taire, se retirer, s'abîmer au lieu de s'engager dans un sentier inextricable de ronces. De son côté, M. Cousin, maudissant les déformations que le Jansénisme fit subir aux grâces natives, aux qualités premières de quelques-unes de ses amies du grand siècle, appelle Saint-Cyran « *homme fatal, qui introduisit dans Port-Royal une doctrine particulière, imprima à une œuvre simple et grande le caractère étroit de l'esprit de parti, et fit presque d'une réunion de solitaires une faction* (1) ».

Ainsi averti, nous avons voulu contempler les Jansénistes, non pas dans les nuages de l'apothéose que les académiciens leur décernent, non plus même dans le cadre longuement et artistement travaillé où M. Sainte-Beuve a placé leurs portraits remis à neuf avec une suprême habileté, mais dans les livres où ils se sont peints eux-mêmes, et dans ceux où leurs contemporains ont consigné les traits de leur physionomie. Nous les avons vu apparaître au lever radieux du XVII° siècle, et quand, à leur suite, nous sommes arrivé au soir de cette grande époque, un lamentable spectacle nous attendait : l'éclat religieux de la France pâlissait et s'éteignait peu à peu. La licence et l'impiété, longtemps contenues, grandissaient, montaient et envahissaient bientôt toutes les classes de la société : le XVIII° siècle commençait ; et, avant qu'il eût achevé sa carrière, une révolution sanglante, sortie de ses entrailles corrompues, épouvantait le monde. Nous nous sommes alors demandé quelle cause avait produit cette étrange succession d'événements qui faisait passer, dans la destinée de notre pays, l'empire de la religion au libertinage, à l'incrédulité, à la Terreur. Les amis mêmes de Port-Royal ont été obligés de nous répondre que Port-Royal est pour beaucoup dans les causes qui amenèrent le XVIII° siècle ; que telle page de Nicole engendra telle page de Diderot ; que ce qu'un des descendants les plus directs de Pascal, Paul-Louis Courier, a dit du confessionnal, l'auteur des *Provinciales* l'a préparé ; que la mort d'Arnauld, exilé quoique fidèle à son roi, fut payée avec usure par le janséniste Camus, moins royaliste que Dumouriez, et par l'abbé Grégoire, plus hardi à renverser que Mirabeau (2). A l'Académie française, il est séant de dire que le Jansénisme

---

1. *Jacqueline Pascal*, p. 38.
2. *Port-Royal*, par Sainte-Beuve. (Troisième édit. Paris, Hachette et C°° 1867.) T. I, p. 15-39.

travailla « à sauver, par la foi, la société en péril, à la veille de ce xviiie, siècle, dont il apercevait de loin la sombre armée de l'Encyclopédie, les torches plus que les flambeaux ». Mais l'histoire affirme qu'il perdit la société du xviie siècle ; qu'il en ouvrit les portes à la sombre armée ; qu'il alluma les flambeaux et les torches du xviiie siècle et que ses disciples les portèrent. En effet, par sa morale outrée, il favorisa la licence des mœurs ; par ses dogmes inhumains, il enfanta l'incrédulité ; par sa révolte contre l'autorité ecclésiastique, il enseigna la révolte contre l'autorité civile. En l'étudiant dans ses représentants les plus remarquables, nous le verrons travailler à cette œuvre de destruction universelle.

Nous ne publions pas des documents inédits ; nous osons espérer cependant que notre livre ne sera pas entièrement dépourvu de l'attrait de la nouveauté, tant on est peu habitué à voir les Jansénistes tels qu'ils furent. Ce n'est pas aux sources ennemies seule que nous avons emprunté nos récits ; nous avons encore puisé, et largement, dans les ouvrages sortis de Port-Royal en si prodigieuse abondance. A la vérité, tandis que, de nos jours, les maîtres de la critique et de l'histoire n'ont recueilli que les paillettes d'or roulées par ces flots de *Mémoires*, de *Relations*, d'*Apologies*, de *Petits traités*, et ont abandonné, avec un exquis discernement, tout ce qui n'était plus du goût de notre âge, nous nous sommes montré moins délicat et plus impartial. Afin de restituer aux Messieurs et aux Dames de la grâce leur physionomie originale, nous n'avons pas craint de mettre en lumière bien des traits peu flatteurs laissés dans l'ombre et d'en rectifier un grand nombre dont le pinceau fantaisiste de leurs admirateurs les avait embellis. Mieux que personne, M. Sainte-Beuve a su idéaliser *ses amis*. Il nous a donné le secret de son art : il n'a fixé que les doux éclairs d'un si grave sujet, les reflets de douceurs ; il n'a eu sur le dogme qu'un avis sérieux et respectueux ; aux plus chauds instants de la dispute sorbonique et jésuitique, durant les débats opiniâtres du Formulaire, et quand, au dehors, de Rome à Louvain et du collége de Clermont aux bancs de l'Université, les intrigues, les clameurs et une sorte d'invective poudreuse ou de belle humeur de réfectoire faisaient le plus rage, il a laissé ces complications et ces vociférations peu attrayantes, et, soupirant ces vers du poëte :

O rives du Jourdain ! O champs aimés des cieux !
Sacrés monts, fertiles vallées !...

il se repliait au Désert et recueillait les parfums qu'exhalaient le cloître, le sanctuaire, la cellule et le guichet des aumônes, la pratique chrétienne des mœurs et l'intérieur inviolable de certaines âmes, le cabinet d'étude pauvre et silencieux, la *grotte des conférences* près de *la source de la mère Angélique* et non loin des arbres plantés de la main de d'Andilly (1). Mais M. Sainte-Beuve, qui avait tout vu et tout entendu au saint vallon, connaissait les misères, le côté malade, les singularités des illustres solitaires ; et, comme il avait ses heures de franchise, il les a révélés avec des réflexions fort judicieuses, au risque de laisser soupçonner que ses tableaux seraient plus vrais si les couleurs en étaient moins belles. Nous avons profité des révélations et des réflexions de M. Sainte-Beuve ; en retour, nous signalons, chemin faisant, les torts les plus manifestes dont le dernier historien de Port-Royal s'est rendu coupable envers la vérité. Car M. Sainte-Beuve avait beau se proclamer *homme de vérité, observateur sincère, attentif et scrupuleux*, la haine de tout ce qui tient à l'Église catholique troublait souvent sa vue, l'engageait dans le parti pris, le rendait injuste, lui faisait commettre d'étranges oublis, le poussait à l'invective et mêlait sans cesse à l'or pur de sa belle littérature les scories de la libre pensée.

Pour oser juger les Jansénistes du xviie siècle et leur dernier historien à l'encontre des arrêts de l'Académie française, nous avons été soutenu par la pensée que nous remplissions un devoir d'une incontestable opportunité, celui de montrer quels hommes ont fondé *cette école de catholicité distincte* qu'on voudrait rétablir aujourd'hui, même par la force, au milieu des peuples fidèles ; de rappeler de quelles bouches et de quels cœurs sont sorties « ces haleines de Port-Royal » qui, sous des noms divers, essaient de susciter encore dans l'Église l'esprit d'opposition, alors que l'autorité doctrinale du Pontife romain est entourée d'un hommage plus sincère et plus universel que jamais. Puisque « les idées *de la grande famille* sont debout », puisque « des choses qu'elle a semées beaucoup ont germé »,

1. Sainte-Beuve, *Port-Royal*, t. I, p. 35, 36.

il ne faut pas cesser de faire connaître le poison des fruits et les hontes de l'arbre qui les a portés. Les âmes loyales qui estiment à leur prix la vérité sans altération, la vertu sans fard, la justice sans acception de personnes, les procédés sans fraude, se détourneront avec dégoût, malgré la gloire qui les couvre, des pharisiens de Port-Royal et de leur descendance ; elles se garderont de les suivre dans leur orgueilleuse prétention d'être catholiques tout en se soustrayant aux enseignements du saint-siége ; elles se convaincront que si les semences jetées par les ouvriers séparés du Père de la famille chrétienne lèvent et grandissent, ce n'est pas pour la joie et le salut, mais pour l'affliction et la ruine de la société ; enfin, elles apprendront une fois de plus que la vraie et complète beauté morale ne peut s'épanouir qu'aux rayons de la vraie doctrine, dont le Vicaire de Jésus-Christ est seul dans le monde l'oracle infaillible et le vigilant défenseur.

LES JANSÉNISTES

I

Le *péché originel* des Arnauld. — Vocation *spontanée* de la mère Angélique. — *Erreurs de copiste*. — La *journée du guichet*. — Parodie de Polyeucte. — La vraie beauté morale. — Théologie de Corneille. — *Bataille de Maubuisson*. — Révélation janséniste. — Saint François de Sales à Port-Royal.

Le Jansénisme naissant eut l'heureuse fortune de trouver une forteresse propre à l'abriter, et des âmes faites pour l'embrasser avec ardeur et le défendre avec obstination : l'abbaye de Port-Royal et les Arnauld. Ce monastère de Bernardines, situé à quelques lieues de Paris, était soumis à la juridiction de l'ordre de Cîteaux. En 1599, une enfant de sept ans devenait coadjutrice de la dame de Boulehart, que son âge et ses infirmités empêchaient d'exercer sa charge d'abbesse. Comment une si jeune fille obtint-elle cette coadjutorerie ? L'histoire en est curieuse. Il y avait alors à Paris un avocat renommé, Antoine Arnauld. Il était fils de M. de la Mothe-Arnauld, procureur général de la reine Catherine de Médicis et huguenot tolérant. Son père, qui se convertit d'ailleurs, l'avait élevé dans la religion réformée, où il persévéra jusqu'à la Saint-Barthélemy (1), et lui avait laissé sa place de procureur. A la mort de la reine, Antoine s'était livré tout entier au barreau. Il avait épousé en 1585 la fille unique de M. Simon Marion, avocat du roi, « accort, fin, subtil, déguisé, un des premiers hommes du Palais, des plus habiles et des mieux disant, plus éloquent que pieux (2) ». M. Arnauld était aussi

---

1. M. Roger, de Genève, *les Arnauld huguenots*, dans *le Semeur* du 6 septembre 1848.
2. *Journal de l'Estoile*, février 1605.

éloquent que son beau-père, dont le cardinal Duperron vantait la *voix fort émouvante*, et, comme son beau-père, plus éloquent que pieux. Il plaida en 1594 contre les Jésuites, non pas au nom de l'Université de Paris, ainsi que le raconte M. Sainte-Beuve, mais au nom du recteur Jacques d'Amboise, que la Sorbonne, les Facultés des arts et de médecine désavouaient (1). Il déploya ce que son fils, M. d'Andilly, nomme les *maîtresses voiles* de l'éloquence, dans une longue harangue où « l'apostrophe et le poing tendu ne cessent pas (2). » Il appela les Jésuites « voleurs, corrupteurs de la jeunesse, assassins des rois, ennemis conjurés de cet État, pestes des républiques, perturbateurs du repos public ; entra aux preuves de tout cela sur des Mémoires qu'on lui avait baillés, qui sont Mémoires d'avocats, qui ne sont pas toujours bien certains (3). » Ces bons sentiments à l'endroit des RR. PP. ne sortiront pas de la famille, ni les *Mémoires* non plus. Le docteur Arnauld y prendra la lourde charge de ses pamphlets ; on les prêtera à Pascal, lequel y empoisonnera les flèches légères des *Provinciales*. La violence de maître Arnauld fut blâmée *même de ceux qui souhaitaient tous les Jésuites aux Indes à convertir les infidèles* (4), et il fallut le criminel attentat de Châtel pour faire expulser la célèbre compagnie. Lorsque Henri IV songea à la rétablir, l'opiniâtre avocat revint à la

---

1. Voyez *Histoire de la Ligue*, par V. de Chalembert, t. II, p. 395.
2. *Port-Royal*, par Sainte-Beuve, t. I, p. 70.
3. *Journal de l'Estoile*, 12 juillet 1594.
4. *Journal de l'Estoile*, à la date citée. Ce plaidoyer a été réimprimé en 1716. L'éditeur anonyme dit dans l'*Avertissement* : « .... Il a déjà été imprimé en 1594 avec *privilége du roi*. Mais il paraît qu'il est devenu très-rare, et *qu'il est hors de prix* ; on a cru faire plaisir aux *curieux*, de leur en procurer une nouvelle édition. On sçait que cette pièce a été appelée le *péché originel* des Arnauld.. En effet, *c'est ce qui a commencé à aigrir la Société contre cette illustre famille*, et personne n'ignore jusqu'où elle a porté son ressentiment. Pour le plaidoyer en lui-même, il est dans un genre d'éloquence *un peu différent* de celle qui règne aujourd'hui dans le Barreau. De fréquentes allusions à quelque trait de l'histoire ancienne ; des comparaisons prises des naturalistes, *qui tiennent lieu de preuves* ; un grand nombre de passages d'auteurs et de poëtes latins; les grandes figures, comme les apostrophes et les exclamations, tout cela doit être aujourd'hui fort rare, et placé bien à propos pour être goûté ; tout cela néanmoins se rencontre très-souvent dans cette pièce. Mais ce qui serait un défaut dans le siècle où nous sommes, plaisait alors.... » Pas à tout le monde, d'après *l'Estoile*.

charge. Il écrivit (1603) *Le franc et véritable discours au Roy sur le rétablissement qui lui est demandé pour les Jésuites.* Ce plaidoyer n'eut aucun succès. Au mois de septembre de cette même année, le roi signa un édit qui rétablissait les Jésuites dans le ressort des parlements de Guyenne, de Bourgogne, de Languedoc, et leur permettait de revenir à Lyon, à Dijon et à la Flèche.

Le parlement de Paris fit ses remontrances. La veille de Noël, le premier président de Harlay, accompagné d'un grand nombre de conseillers, alla, l'après-midi, au Louvre, et fut reçu dans l'appartement d'en haut. Le roi s'y rendit, tenant la reine par la main, pour lui communiquer, disait-il, les affaires de conséquence. Il était suivi d'une foule de seigneurs, de courtisans et de beaucoup de conseillers d'État (1). La harangue de M. de Harlay ne fut guère que la reproduction du *franc et véritable discours*. M. Arnauld, sans doute, se trouvait à cette *action* : ses titres et le rôle brillant qu'il jouait dans le procès ne lui permettaient pas de s'en dispenser. Comme il devait triompher modestement tandis que le président parlait ! Ce triomphe ne fut pas de longue durée. Henri IV répondit ; et ses paroles, que le sourire malin des seigneurs, *grands amis des Jésuites*, soulignait assurément, troublèrent la belle contenance de maître Arnauld. On dirait que le roi avait laissé la main de la reine pour prendre le *franc et véritable discours*, tant il le réfute directement ! Il y met de la bonhomie, mais aussi une rondeur qui indique combien il lui tardait d'en finir avec ces sophismes, ces allégations mensongères dont ses gens de robe l'obsédaient depuis dix ans. L'avocat avait démontré que les intérêts de l'État s'opposaient au rétablissement des Jésuites, et à la cassation de l'arrêt qui les avait expulsés. Le roi disait :

« Vous faites les entendus en matière d'État, et vous n'y entendez toutefois non plus que moi à rapporter un procès. »

L'avocat avait affirmé que, tout bien balancé, les Jésuites avaient plutôt *nui que profité aux lettres* ; que la Sorbonne les avait déjà condamnés. — Le roi disait :

1. *Relation de ce qui s'est passé en* MDCIV *au rétablissement des Jésuites, tirée de l'Histoire de M. le président de Thou*, livre CXXXII.

« La Sorbonne, dont vous parlez, les a condamnés : mais ç'a été, comme vous, avant que de les connaître, et si l'ancienne Sorbonne n'en a pas voulu par jalousie, la nouvelle y a fait ses études et s'en loue... Si l'on n'y apprenait mieux qu'ailleurs, d'où vient que, par leur absence, votre Université s'est rendue déserte, et qu'on va les chercher, nonobstant tous vos arrêts (1), à Douai, à Pont-à-Mousson et hors le royaume ? »

L'avocat s'était plaint de ce que les Jésuites choisissaient de bonne heure et s'attachaient parmi leurs écoliers les esprits *éveillés et aigus*. — Le roi disait :

« Ils attirent, dites-vous, les enfants qui ont l'esprit bon, et choisissent les meilleurs, et c'est de quoi je les estime ; ne faisons-nous pas choix des meilleurs soldats pour la guerre ?... S'ils vous fournissent des précepteurs ou des prédicateurs ignares, vous les méprisez : ils ont de beaux esprits, et vous les en reprenez ! »

L'avocat avait montré les Jésuites travaillant à l'avancement des affaires des Espagnols qui, en retour, les entouraient de respect, d'honneur, de révérence. — Le roi disait :

« Si l'Espagnol s'en est servi, pourquoi ne s'en servirait le Français ? Sommes-nous de pire condition que les autres ? L'Espagne est-elle plus aimable que la France ? et si elle l'est aux siens, pourquoi ne le sera la France aux siens ? »

L'avocat avait fait voir les Jésuites s'introduisant petit à petit dans les meilleures villes du royaume. — Le roi disait :

« Vous dites : ils entrent comme ils peuvent ; ainsi font bien les autres, et suis moi-même entré comme j'ai pu en mon royaume ; mais il faut avouer que leur patience est grande, et pour moi je l'admire, car avec patience et bonne vie ils viennent à bout de toutes choses. »

L'avocat avait rappelé que les curés de Paris (2) s'étaient

---

1. Dans le *franc et véritable discours*, Arnauld proposait un moyen d'empêcher les pères d'envoyer leur enfants aux Jésuites. « *Qu'on leur donne, disait-il, une peine de mille escus pour la première fois, dont la moitié appartiendra au dénonciateur et qui doublera autant de fois qu'on contreviendra à l'arrêt.* »

2. Quatre sur cinquante.

joints à la Sorbonne en 1594 pour obtenir leur expulsion. — Il avait développé leur doctrine sur la *puissance des clefs* ; si elle triomphait, Henri IV ne serait plus roi, mais vice-roi, lieutenant du Pape, doctrine condamnée par la Sorbonne et le Parlement, *les deux grands boucliers de ses prédécesseurs et les siens*, — contraire à la parole de Dieu qui a dit : Mon royaume n'est pas de ce monde, — aux libertés de l'Église gallicane, — et cependant enseignée par Bellarmin et par les Jésuites dans leurs colléges. — Le roi disait :

« Pour les ecclésiastiques qui se formalisent d'eux, c'est de tout temps que l'ignorance en a voulu à la science... Touchant l'opinion qu'ils ont du Pape, je sais qu'ils le respectent fort : ainsi fais-je ; mais vous ne me dites pas qu'on a voulu censurer à Rome les livres de M. Bellarmin parce qu'il ne voulait donner tant de puissance au Saint-Père, comme font communément les autres. Vous ne me dites pas aussi que, ces jours passés, les Jésuites ont soutenu que le Pape ne pouvait errer, mais que Clément pouvait faillir. En tous cas je m'assure qu'ils ne disent rien davantage que les autres de l'autorité du Pape, et crois-je que quand l'on voudrait faire le procès à leurs opinions, il le faudrait faire à celles de l'Eglise catholique. »

Enfin l'avocat avait raconté comment le principal du collége des Jésuites à Paris avait *encouragé Barrière d'aller fourrer son couteau tranchant des deux côtés dans le ventre* de Henri, en l'obligeant *par le sacrement de l'Eucharistie*, et comment les Jésuites étaient les fauteurs de tous les assassinats tentés sur la personne royale de son maître. — Le roi disait :

« Touchant Barrière, tant s'en faut qu'un jésuite l'ait confessé comme vous dites, que je fus averti par un jésuite de son entreprise, et un autre lui dit qu'il serait damné s'il osait l'entreprendre. »
Puis il finissait par une petite leçon de charité bien méritée : « Jésus-Christ m'enseigne de pardonner les offenses, et je le fais pour son amour volontiers, voire même que tous les jours je prie Dieu pour nos ennemis. Tant s'en faut que je veuille m'en ressouvenir, comme vous m'y conviez de faire peu chrétiennement, et ne vous en sais point gré... »

En entendant Henri IV tenir ce franc et véritable discours, nous ne sommes pas surpris de lire dans Bayle que la peur prit à M. Arnauld d'avoir déplu au roi, et qu'il retira le plus qu'il put les exemplaires du sien. La reconnaissance dictait d'ailleurs à l'avocat cette conduite de bon courtisan. M. Marion et M. Arnauld, tout en appelant l'indignation de leurs contemporains sur les richesses, les maisons, les rentes des Jésuites (1), n'oubliaient pas d'établir leur propre maison, d'augmenter leurs propres rentes ; et les moyens qu'ils employaient auraient pu fournir un assez joli chapitre d'introduction pour *la Morale pratique*. Maître Arnauld avait, si nous avons bien compté, quatorze fils et six filles (2). On destina l'aînée de celles-ci au monde, et les deux suivantes, au cloître. La première, en épousant Isaac Le Maître, emportait une dot ; ses sœurs, en prenant le voile, devaient apporter le revenu de quelque riche abbaye et la considération attachée aux dignités monastiques. Ces intègres avocats ne songeaient nullement à faire de leurs enfants de simples religieuses : à défaut de l'intérêt, la gloire de leur maison les en eût détournés. M. Marion, dont l'influence auprès du roi était considérable, demanda une abbaye ou une coadjutorerie pour ses petites-filles, Jacqueline, âgée de sept ans et demi, et Jeanne, âgée de cinq ans et demi. Comme on leur disait qu'elles seraient religieuses, l'aînée, que M. Marion aimait extraordinairement, lui disait : « Mon grand-papa, puisque vous voulez que je sois religieuse, je le veux bien, mais à condition que je serai abbesse. » La petite Jeanne, au contraire, voulait bien être religieuse et ne voulait pas être abbesse. Un jour elle s'en alla sérieusement trouver M. Marion dans son cabinet ; il la fit entrer et lui demanda ce qu'elle voulait. Elle lui répondit : « Mon grand-papa, je vous viens dire que je ne veux point être abbesse, car j'ai ouï dire que les abbesses rendront compte à Dieu des âmes des religieuses, et j'ai assez de la mienne. » La petite Jacqueline qui la suivait entendit cela, et, prenant à l'instant la parole, dit résolûment : « Je la veux être, moi, mon grand-papa, et je leur ferai bien faire leur devoir. » Jacqueline devint, comme nous l'avons vu, coadjutrice à Port-Royal, et Jeanne, abbesse de Saint-Cyr. Henri IV sanctionna l'une et l'autre nomination, mais Rome refusa les bulles. Ce-

---

1. *Histoire de la Ligue*, par V. de Chalembert, t. II, p. 399.
2. Ses filles devinrent toutes religieuses à Port-Royal. Quatre seulement d'entre ses fils parvinrent à l'âge adulte : Robert, sieur d'Andilly, Henri, évêque d'Angers, Simon, lieutenant aux carabins, Antoine, le grand docteur

pendant les deux enfants prenaient l'habit de leur ordre. Jeanne resta à Saint Cyr ; Jacqueline fut mise à la *vertueuse* école de la dame Angélique d'Estrées, sœur de la belle Gabrielle : c'était encore faire sa cour au roi et à la *reine*. Madame d'Estrées était abbesse de Maubuisson ; elle possédait aussi l'abbaye de Bertaucourt, près d'Amiens. Elle y conduisit une fois la jeune Jacqueline et lui fit donner le sacrement de Confirmation. L'enfant prit alors le nom d'Angélique. Cette substitution de nom ne fut pas seulement une flatterie à l'adresse de madame Angélique d'Estrées ; on postulait de nouveau à Rome pour les bulles : il n'était plus question de la première Jacqueline, pour qui on les avait refusées ; on ne parlait que de la jeune Angélique, religieuse *professe*, âgée, disait-on, de *dix-sept ans*, ce qui paraissait encore trop de jeunesse et de bas âge à Rome. Enfin le cardinal d'Ossat, qui s'employait activement à cette affaire, emporta comme d'assaut les bulles tant désirées. Il y était parlé dans les *considérants* des services rendus à Port-Royal, pendant les guerres de religion, par M. Marion, aïeul de l'abbesse, *sans les secours et soins duquel*, était-il dit, *le monastère n'aurait pas pu subsister*. Ces stratagèmes avérés, joints à l'âge de dix-sept ans, qui était un pur mensonge, rendent moins invraisemblable une parole de Tallemant sur les Arnauld. Il parle d'un jeune avocat d'esprit caustique, nommé de Pleix, qui, ayant été leste un jour au palais en plaidant contre M. Arnauld, se vit obligé de faire de publiques excuses. Mais de Pleix se vengea de cette humiliation et joua depuis un méchant tour à cette famille ; car il se mit à rechercher dans les registres de la Chambre des comptes, et fit voir qu'on avait enregistré des brevets de pension pour services rendus par des enfants de cette famille, qui (à la date des brevets) étaient à la bavette, et fut cause qu'on leur raya pour plus de douze ou quinze mille livres de pension. De ce récit que nous lui empruntons, M. Sainte-Beuve conclut « que dans les affaires du monde, les plus réputés honnêtes gens, fût-ce M. Marion ou M. Arnauld, peuvent se laisser aller à des actes, à des *altérations* (on les appelle aujourd'hui *erreurs de copiste*) qui ne sont pas, tant s'en faut ! la justice même (1). » Un illustre confrère moderne de M. Marion, à la *voix fort émouvante* aussi, nous a prouvé, par son triste exemple, que

---

1. *Histoire de Port-Royal*, t. I, p. 83.

c'est là une vérité de tous les temps pour ceux qui ne sont que réputés honnêtes hommes et qui ne connaissent ni les répulsions, ni les inflexibilités, ni les délicatesses de la conscience chrétienne.

La mère Boulehart étant morte, Angélique fut installée et mise en possession de son abbaye, après un simulacre d'élection, le 5 juillet 1602. Elle avait dix ans et demi. Six mois après, l'abbé de Cîteaux la bénit et lui fit faire sa première communion. Jeux dans les enclos du monastère, promenades à travers les champs avec la communauté, visites à sa sœur de Saint-Cyr (1), innocentes mascarades au temps du carnaval : telles furent, avec la récitation souvent négligée de l'office, les graves occupations de cette abbesse prédestinée. M. Arnauld venait au monastère voir sa fille et se délasser de ses travaux du palais. Un jour le roi entra dans l'abbaye pour l'y voir. *Madame de Port-Royal* reçut Henri IV, montée sur de hauts patins, ce qui fit que le roi la trouva bien grande pour son âge. La relation ajoute : « La modestie du roi fut telle qu'il témoigna à M. Arnauld qu'il n'était entré dans l'abbaye qu'à cause qu'il l'avait su là, et qu'autrement il aurait eu peur de troubler ces bonnes filles. » Lorsque vers 1607 Angélique n'eut plus besoin de hauts patins pour paraître grande, elle commença à se dégoûter du cloître et de sa profession ; elle songea à rentrer dans le monde. M. Arnauld, averti des dispositions de sa fille par une religieuse qu'il avait placée auprès de la jeune abbesse pour la surveiller, lui fit de grands reproches et la jeune fille baissa la tête sous le joug qu'elle trouvait insupportable. Ne pouvant vivre en réalité dans le monde elle voulut y vivre en imagination ; elle se mit à lire avec ardeur des romans et les Vies de Plutarque. Consumée d'ennui, excitée par ses lectures, elle résolut de fuir, à l'insu de son père et de sa mère, de se marier quelque part, d'aller à la Rochelle, chez ses tantes huguenotes, où elle trouverait la liberté de vivre à sa guise. Tandis qu'elle méditait cette évasion, la fièvre la saisit avec une telle violence que M. et Mme Arnauld, craignant pour les jours de leur fille, la transportèrent à Paris, où elle revint

---

1. Ces deux petites abbesses prétendues avaient quelquefois de plaisantes querelles ; la mère Agnès reprochait à sa sœur quand elle l'avait fâchée qu'elle n'avait que faire qu'elle fût dans sa Maison, et qu'elle l'en chasserait fort bien quand il lui plairait.

bientôt à la santé, mais non à de plus sages desseins. Au contraire, la vue des brillantes compagnies qui fréquentaient la maison paternelle augmenta ses désirs de vie mondaine. Elle se fit un corps de baleine pour paraître de plus belle taille. M. Arnauld, à qui rien n'échappait, ramena vite sa fille au devoir par un tour de son métier et de son génie. Sans lui en lire le contenu, sans la prévenir, il lui présenta un papier à signer : c'était le renouvellement de ses vœux. Angélique s'en doutait bien ; elle signa cependant par crainte, *crevant tout bas de dépit*, dit-elle, et repartit pour son monastère.

Ce dépit, ces traverses, cette pression impitoyable, mieux encore que les sermons des pères Basile, Bernard et de Vauclair, firent prendre à l'abbesse de Port-Royal une de ces résolutions extrêmes où les âmes fières et généreuses se précipitent volontiers après d'amères déceptions. Elle qui ne voulait pas être religieuse, même à la manière de madame d'Estrées, voulut l'être à la manière de sainte Thérèse. Elle se mit à se réformer et à réformer ses sœurs. Elle s'enferma tout à coup dans une austérité dont les hautes murailles qu'elle fit alors bâtir autour de l'abbaye étaient le symbole. Elle prenait une sainte revanche contre son père. Mais M. Arnauld ne l'entendait pas ainsi ; il manda la jeune réformatrice à Andilly et lui déclara qu'il s'opposait au projet qu'elle avait commencé d'exécuter. Or, en ce même temps, M. Arnauld « postulait de Rome des bulles nouvelles qui couvrissent le défaut de régularité des premières, et, dans la supplique qu'il adressait à cet effet, il s'appuyait de la *réforme* même que sa fille établissait dans le monastère, comme d'un titre à la faveur du saint-siége ».

Pour échapper enfin à la tyrannie paternelle, Angélique médita un vrai coup d'État. Rentrée à Port-Royal, elle fait sa confession générale, obtient de ses sœurs la communauté de biens et la clôture, et quand, aux vacances du Parlement, M. Arnauld vient avec sa famille heurter à la porte intérieure du couvent, sa fille ouvre le guichet et lui apprend que l'entrée de la clôture ne lui est pas plus permise qu'à tout autre. On voit la scène. Le pieux avocat, qui vantait à Rome le zèle réformateur de son enfant, s'indigne, et, déployant ses *maîtresses voiles*, appelle sa fille *monstre, parricide*. Les éclats de sa colère retentissent jusqu'au réfectoire, où les religieuses prenaient leur repas du matin, et les épouvantent. Madame Arnauld crie de son côté à l'ingratitude. Angélique demeure inébranlable.

M. Arnauld lui demande ses deux filles, Agnès et Marie, qui se trouvaient auprès d'elle ; on les lui rend par une porte dérobée. Leur frère, M. d'Andilly, leur adresse de vifs reproches. Agnès, la petite abbesse de Saint-Cyr, lui réplique par des citations du concile de Trente. « Oh ! pour le coup, s'écrie M. d'Andilly, nous en tenons vraiment ! En voilà une encore qui se mêle de nous alléguer les conciles et les canons ! » Pressé par sa fille, M. Arnauld, qui ordonnait le retour, entre dans un parloir, à côté du guichet. Lorsque le rideau de la grille tombe, la vue de ce père irrité impressionne si vivement Angélique, qu'elle s'évanouit par terre. Aux cris de la famille, les religieuses accourent et emportent leur abbesse. Elle retrouva bientôt ses sens et revint au parloir, où de part et d'autre on se trouva plus calme après ces coups d'orage. Cette *journée du guichet*, que M. Royer-Collard citait « comme une des grandes pages de la nature humaine, comme une de celles que, même pour des philosophes, aucune de Plutarque n'efface en triomphe moral et en beauté de caractère », aboutit à un accommodement qui nous en gâte un peu le drame héroïque. Avec l'approbation de l'abbé de Cîteaux, que la mère Angélique, peut-être pour cela, appelle dans ses *Mémoires* « homme de très-peu de mérite », M. Arnauld put entrer dans les lieux réguliers, le cloître excepté, pour qu'il donnât ordre aux bâtiments et aux jardins, *lorsque ce serait nécessaire*. Madame Arnauld et ses filles eurent la permission d'entrer *lorsqu'elles voudraient*. Quelques années après, madame Arnauld, devenue religieuse de Port-Royal, à la mort de son mari, disait dans un testament spirituel écrit la veille de sa profession :

« Je loue Dieu et le bénis avec un ressentiment indicible d'avoir déjà fait réussir en partie le désir que j'ai eu toute ma vie de procurer le salut de l'âme de mes enfants, *ayant attiré à lui par la puissance de sa grâce, sans que j'y aie apporté aucune suggestion*, six de nos filles à son service dans la sainte religion, et d'avoir daigné à la fin étendre cette même grâce sur mon âme pour la *rendre participante de ces admirables qualités de la Sainte-Vierge*, qui était fille et mère de son fils, en me rendant fille et mère d'une personne que j'ai portée dans mes flancs. »

Vérité et modestie !

Tels furent la vocation et les commencements de la vie religieuse de la mère Angélique. Que cette vocation, où l'inflexible volonté de M. Arnauld eut plus de part que la grâce divine, ressemble peu à celle de la jeune fille catholique qui, dans le plein épanouissement de sa liberté, se rend d'elle-même à l'appel de Dieu, simple, souriante autant que résolue ! « Un matin elle se lève et s'en vient dire à son père et sa mère : Adieu, tout est fini. Je vais mourir, mourir à vous, mourir à tout. Je ne serai jamais ni épouse, ni mère ; je ne serai plus même votre fille. Je ne suis plus qu'à Dieu. — Rien ne la retient. La voilà déjà parée pour le sacrifice, étincelante et charmante, avec un sourire angélique, avec une ardeur sereine, rayonnante de grâces et de fraîcheur, le vrai chef-d'œuvre de la création ! Fière de sa riante et dernière parure, vaillante et radieuse, elle marche à l'autel, ou plutôt elle y court, elle y vole comme un soldat à l'assaut, contenant à peine la passion qui la dévore, pour y courber la tête sous ce voile qui sera un joug pour le reste de sa vie, mais qui sera la couronne de son éternité. » Celui qui décrit ce spectacle quotidien dans l'Église est un père qui l'a vu et qui l'a subi (1). Que nous sommes loin de la coadjutrice enfantine de la dame de Boulehart, des bulles extorquées, de la signature forcée des vœux, de la liseuse de romans et de son père vaniteux, menteur, égoïste et seulement réputé honnête homme ! Et cette scène *du guichet* tant célébrée par les historiens et les amis de Port-Royal, qu'elle pâlit devant une scène contemporaine autrement belle, qui se passait à Dijon, au moment où madame de Chantal quittait le monde pour le cloître. L'amie de saint François de Sales, à genoux devant son père revêtu de la double majesté d'une longue vie sans reproche et d'une longue magistrature sans tache, le suppliait de la bénir, elle et le fils qu'elle laissait à sa garde. M. Frémiot, le cœur brisé, tout baigné de larmes, embrasse sa fille et dit : « O mon Dieu ! il ne m'appartient pas de trouver à redire à ce que vous avez ordonné ; il m'en coûtera la vie ; cependant, Seigneur, je vous l'offre cette chère enfant, recevez-la et consolez-moi. » Puis il la bénit et la relève. Le fils se jette alors au cou de sa mère et ne la veut plus quitter, espérant l'attendrir et l'arrêter. L'héroïque veuve se dégage doucement de ces étreintes qui transperçaient son âme, et elle s'en allait, lorsque le jeune homme

---

1. *Les Moines d'Occident,* par le comte de Montalembert, t. V, p. 392.

se couche au travers de la porte, et tire de son amour vaincu ce cri désespéré : « Je suis trop faible, Madame, pour vous retenir ; mais au moins sera-t-il dit que vous aurez passé sur le corps de votre fils unique pour l'abandonner. » La mère passa sur le corps de son fils. Elle était tout en pleurs ; cependant, craignant qu'on attribuât sa douleur au repentir de son entreprise, après avoir franchi cet obstacle bien-aimé, elle se retourna vers la compagnie et prononça, avec un sourire céleste que les lèvres des saints connaissent seules, ces touchantes et chrétiennes paroles : « Il me faut pardonner ma faiblesse : je quitte mon père et mon fils ; mais je trouverai Dieu partout. » — Cette douleur du vieillard qui ne s'exhale que dans une courte parole de résignation et de bénédiction ; cette fermeté de la femme généreuse qui triomphe sans cris et sans faiblesse de la tendresse de la fille et de la mère ; ces larmes brûlantes qui tombent sur le corps étendu de ce fils si aimant et si aimé ; ce sourire qui les éclaire tout à coup et ces paroles qui nous en apprennent tout le prix nous émeuvent, nous ravissent plus que les emportements et les clameurs impérieuses de M. Arnauld, l'évanouissement de la mère Angélique, les citations savantes de la petite Agnès, les imprécations de madame Arnauld et l'accommodement qui termine la bruyante querelle de famille qui éclata à la porte de Port-Royal. A coup sûr le triomphe moral et la beauté de caractère ne sont pas là.

Il faut être aussi ingénieux que M. Sainte-Beuve pour trouver et pour établir un parallèle entre M. et Mᵐᵉ Arnauld, la mère Angélique, etc., et les héros de Corneille, Polyeucte, Pauline, Félix, Sévère : les premiers ressemblent aux seconds, comme les personnages d'une parodie à ceux de la pièce parodiée. La doctrine de Polyeucte sur la grâce est la condamnation formelle de celle de Jansénius. Pourquoi l'historien de Port-Royal s'étonne-t-il donc que les Jansénistes n'aient pas reconnu Polyeucte à ce signe de la grâce qu'il porte au front et qui devait le faire adopter d'eux ? Ce n'est pas le signe de la grâce toujours victorieuse, et il est repoussé. M. Sainte-Beuve, qui avait bien envie de tirer Corneille dans le parti de ses amis, est obligé d'avouer, mais l'aveu est discret, que Port-Royal critiqua le grand tragique. Le fait est certain. Néarque n'avait-il as dit :

> ..... sa grâce
> Ne descend pas toujours avec même efficace ?

Comment le commentaire janséniste aurait-il pu être flatteur ? Le voici :

« Il n'y a rien de plus sec et de moins agréable que ce qui est saint dans cet ouvrage (Polyeucte) (1). »

Dans l'*épître* qui précède *Théodore*, Corneille oppose l'autorité de saint Ambroise à l'autorité de saint Augustin, derrière laquelle s'abritaient ses détracteurs. Dans *Œdipe*, Thésée soutient la doctrine orthodoxe contre la janséniste Jocaste :

> Quoi ! la nécessité des vertus et des vices
> D'un astre impérieux doit suivre les caprices,
> Et Delphes, malgré nous, conduit nos actions
> Au plus bizarre effet de ses prédictions ?
> L'âme est donc toute esclave : une loi souveraine,
> Vers le bien ou le mal incessamment l'entraîne,
> Et nous ne recevons ni crainte, ni désir
> De cette liberté qui n'a rien à choisir,
> Attachés sans relâche à cet ordre sublime,
> Vertueux sans mérite, et vicieux sans crime, etc.
> . . . .
> D'un tel aveuglement daignez me dispenser.
> Le ciel juste à punir, juste à récompenser,
> Pour rendre aux actions leur peine ou leur salaire,
> Doit nous offrir son aide et puis nous laisser faire, etc.

Rotrou n'est pas plus des disciples de saint Augustin, que Corneille. Néanmoins, par son *Saint-Genest*, M. Sainte-Beuve l'introduit à Port-Royal, malgré ces vers, et bien d'autres :

> Mais, hélas ! tous l'ayant,
> (Genest parle de la grâce qui l'a illuminé)
>   tous n'en font pas usage :
> De tant de conviés bien peu suivent tes pas,
> Et, pour être appelés, tous ne répondent pas.

---

1. *Traité de la comédie et des spectacles* (par le prince de Conti).

Corneille et Rotrou protestent contre le Jansénisme. N'importe ! M. Doucet a dit à M. Janin que les mondains comme eux commencent à moins redouter Jansénius quand ils le voient saluant Corneille, se rapprochent de Saint-Cyran quand il cause avec Rotrou (1). Jansénius n'a jamais salué Corneille, et Saint-Cyran n'a jamais causé avec Rotrou que dans l'*Histoire de Port-Royal*. S'ils se fussent rencontrés dans leur vie, ce n'eut pas été pour se faire des compliments et se donner des marques d'amitié. Nicole, assez autorisé à parler au nom de Jansénius et de Saint-Cyran, blâmait fort Corneille et ses confrères *qui ont voulu introduire des saints et des saintes sur le théâtre* (2). D'ailleurs M. Sainte-Beuve, qui savait ses jansénistes sur le bout du doigt, nous apprend que tout plaisir littéraire était pour ces austères réformateurs une concupiscence criminelle (3). Pourquoi donc promène-t-il Corneille et Rotrou « sous les arceaux du vieux cloître » ? Les *pieux* solitaires fuient à leur approche. Mais peut-être les gens qui n'y regardent pas de si près, les mondains et les académiciens, croiront qu'ils ont salué ces beaux génies et causé avec eux ; ce qui sera très-honorable pour la maison.

Un homme célèbre dont les relations avec Port-Royal sont très-certaines est saint François de Sales.

Après la journée du guichet, les parties s'étant accommodées, la jeune abbesse soutenue par les encouragements, les conseils du P. Suffren, un jésuite pourtant, et du P. Archange, capucin anglais, esprit de la famille de saint François de Sales,

---

1. Réponse à M. Jules Janin.
2. *Essais de Morale, contenus dans divers Traitez sur plusieurs devoirs importans, suivant la copie imprimée à Paris chez Guillaume Desprez*, MDCLXXX. — *Quatrième traité, de la Comédie*. On lit dans l'*Avertissement* : « Entre les traitez qui sont dans celui-cy, il y en a un de la comédie qui avoit déjà esté inséré par quelques personnes dans d'autres ouvrages. » — Ce traité et celui du prince de Conti n'ont de commun que les exemples empruntés par les deux auteurs à Corneille et la condamnation du grand tragique. Dans l'*Approbation des Docteurs*, Nicole est appelé sieur de Chanteresne ; dans l'*Approbation du premier vol.* il était appelé sieur de Maubrigny. L'auteur des *Essais*, nous le constaterons plus d'une fois encore, changeait aussi souvent de nom que de maison, et, en deux ans, il changeoit quatorze fois de logis. (Lettres écrites par feu M. Nicole. Mons, MDCCXXVII. Lett. VIII.)
3. *Port-Royal*, par Sainte-Beuve, t. III, p. 83, 161.

poursuivit la réforme de son abbaye. Son zèle fit grand bruit dans tout l'ordre. Aussi, en 1618, lorsque l'abbé de Cîteaux voulut rétablir la discipline à Maubuisson, ce fut elle qu'il chargea, avec le consentement de M. Arnauld, de cette mission difficile. La réforme de Maubuisson est restée célèbre par la résistance à main armée de madame d'Estrées, celle-là même auprès de laquelle Angélique avait fait son noviciat. Il y eut des *journées*. On tira un coup de pistolet, on dégaîna ; les sœurs, *qui étaient des agneaux, devinrent des lions* pour défendre leur Mère ; *une grande fille d'entre elles*, Anne de Sainte-Thècle, s'avança vers l'abbesse récalcitrante, lui reprocha sa hardiesse, et *en présence de ses hommes qui avaient l'épée nue*, lui tira son voile de dessus la tête et le fit voler à six pas de là. Ce bel exploit n'empêcha pas la victoire de rester à madame d'Estrées. Il fallut que M. Defontis, chevalier du Guet, vînt avec un décret de prise de corps et nombre d'archers armés qui *avaient même des cuirasses*, pour mettre madame d'Estrées et ses gentilshommes en fuite, et ramener de Pontoise, où elles s'étaient retirées, madame de Port-Royal et ses fidèles compagnes (1).

C'est à Maubuisson que la mère Angélique vit pour la première fois saint François de Sales ; il y vint six mois avant la bataille, le 5 avril 1619, à la prière de M. de Bonneuil, introducteur des ambassadeurs à la cour, pour confirmer la fille de ce gentilhomme.

« Si j'avais eu un grand désir de le voir, dit la mère Angélique, sa vue m'en donna un plus grand de lui communiquer ma conscience. Car Dieu était vraiment et visiblement dans ce grand évêque : et je n'avais point encore trouvé en personne ce que je trouvai en lui, quoique j'eusse vu ceux qui avaient la plus grande réputation entre les dévots. »

Saint François, qui préférait voir dans les couvents *un train d'avettes qui toutes concourent à fournir une ruche de miel, qu'un amas de guêpes à la cour* (2), fit plusieurs voyages à Maubuisson auprès de sa *très-chère fille*. Il visita Port-Royal, qu'il appela ses *chères délices* ; à Paris, il devint le directeur

---

1. Mémoires pour servir à l'histoire de Port-Royal et à la vie de la R. M. Marie-Angélique de Sainte-Magdeleine Arnauld, t. II, p. 283, ss.
2. Lettre du 19 septembre 1619.

des Arnauld, et Andilly le vit se promener sous ses ombrages. Angélique, qui avait songé un instant à se joindre à madame de Chantal, « mit son cœur entre les mains du saint évêque sans aucune réserve ». De son côté, si nous devions en croire les *Mémoires pour servir à l'histoire de Port-Royal et à la vie de la R. M. Angélique Arnauld*, le saint prélat « l'aurait autant honorée de son affection et de sa confiance que madame de Chantal » ; il lui aurait dévoilé « ses plus secrètes pensées sur l'état où était l'Église et sur la conduite de quelques ordres religieux » ; dans ces confidences il aurait gémi « des désordres de la cour de Rome » ; il aurait dit que « les conciles œcuméniques sont certainement au-dessus du pape ; que les papes s'aigrissent lorsque l'Église ne plie pas toute sous eux ; que ces malades aiment leurs maux et ne veulent point guérir ; qu'il fallait demander à Dieu en secret d'humilier et de convertir les puissances ecclésiastiques, de réformer les abus qui se sont glissés dans la conduite des ministres de l'Église (1) ». M. de Saint-Cyran, dont on rapporte ensuite une conversation sur ce même sujet, ne parlait pas autrement. Aussi les *Mémoires* nous assurent que saint François de Sales « avait beaucoup plus de lumières qu'on ne pensait pour la conduite et la discipline de l'Église ». M. Sainte-Beuve trouve la révélation neuve et originale. Elle est neuve, en effet (2), et très-peu *originale*. L'authenticité de cette conversation du saint évêque n'est point prouvée. En vain on nous affirme que la mère Angélique en fit part à son neveu, M. Le Maître, qui l'écrivit immédiatement telle que la donnent les *Mémoires*. Les *Mémoires* ! « Qu'on ne s'y trompe pas, disait M. Cousin : tout ce qu'on a imprimé d'elle (Angélique), longtemps après sa mort, a subi les corrections d'éditeurs *inhabiles* qui ont effacé, *pour le polir*, son style inculte et négligé, et *font parler*, de 1630 à 1660, madame Angélique Arnauld, *comme ils parlaient eux-mêmes* à Utrecht ou dans quelque coin du faubourg Saint-Marceau, vers le milieu du XVIII siècle (3). »

Les lettres de saint François de Sales à la mère Angélique sont des documents très-certains qui n'ont point passé par la censure

---

1. Mémoires pour servir, etc., t. II, p. 307.
2. *Inattendue*, même pour M. Henri Martin. *Histoire de France*, 4ᵉ édition, t. XII, p. 84.
3. *Jacqueline Pascal*, p. 39.

janséniste. Nous nous en servirons pour achever le portrait de la célèbre réformatrice. Saint François de Sales n'approuvait pas la rigueur de la réforme introduite à Port-Royal et à Maubuisson, et il en donnait cette raison que tant d'austérité rebutait bien des âmes. « Ne vaudrait-il pas mieux, disait-il, ne pas prendre de si gros poissons et en prendre davantage ? » Une fois résolue à vivre en parfaite religieuse, Angélique avait tourné vers sa propre réformation et celle de ses sœurs toute l'énergie de son caractère. Dans l'ardeur de son zèle trop pressé, elle aurait voulu voir aussitôt refleurir les beaux âges de la vie monastique. Le saint lui écrivait :

« O ma fille, non, je vous prie, ne croyez pas que l'œuvre que nous avons entreprise de faire en vous puisse être sitôt faite. Les cerisiers portent bientôt leurs fruits, parce que leurs fruits ne sont que des cerises de peu de durée ; mais les palmiers, princes des arbres, ne portent leurs dattes que cent ans après qu'on les a plantés, ce dit-on. Une médiocre vie se peut acquérir en un an ; mais la perfection à laquelle nous prétendons, ô Dieu ! ma chère fille, elle ne peut venir en plusieurs années, parlant de la vie ordinaire (1). »

Impatiente de voir *l'œuvre faite,* l'abbesse de Port-Royal était immodérée dans les privations qu'elle s'imposait. François de Sales la reprend ainsi :

« Manger peu, travailler beaucoup, avoir beaucoup de tracas d'esprit et refuser le dormir au corps, c'est vouloir tirer beaucoup de service d'un cheval qui est efflanqué, et sans le faire repaître (2). » — « Ne vous chargez pas trop de veilles et d'austérités ; et croyez-moi, ma chère fille : car j'entends bien ce que je dis en ceci : mais allez au port royal de la vie religieuse par le chemin royal de dilection de Dieu et du prochain, de l'humilité et de la débonnaireté (3). »

L'humilité et la débonnaireté ne formaient pas précisément le fond du caractère de la mère Angélique. Les passages suivants des *Lettres* nous l'indiquent assez.

---

1. Lettres de saint François de Sales, etc. Paris, MDCCLVIII, t. IV, lettre CCCCXLIX. — 2. Lettre CCCCXXXVI. — 3. Lettre CCCCXXXIV.

« Je vois clairement cette fourmilière d'inclinations que l'amour-propre nourrit et jette sur votre cœur, ma très-chère fille, et sçai fort bien que la condition de votre esprit subtil, délicat et fertile, contribue à cela (1)... » — « Animez continuellement votre courage d'humilité (2)... »

Digne enfant de l'*éloquente famille*, Angélique mettait quelque orgueil à bien parler et à bien écrire. Et saint François lui disait :

« .... Ès discours, certes quelquefois l'affectation passe si insensiblement, qu'on ne s'en aperçoit presque pas... mais ès lettres, à la vérité cela est un peu, ains beaucoup plus insupportable; car on voit mieux ce que l'on fait (3)... » — « Ne prenez point garde à bien bâtir vos lettres pour me les envoyer : car je ne cherche point les beaux édifices, ni le langage des anges ; ains les nids de colombes, et le langage de la dilection (4). »

L'abbesse de Port-Royal manquait aussi de débonnaireté :

« Prenez bien garde à ce qui peut offenser le prochain, et à ne rien découvrir de secret qui lui puisse nuire (5)... — Prenez bien garde, ma très-chère fille, à ces mots de sot et de sotte, et souvenez-vous de la parole de Notre-Seigneur : qui dira à son frère Raca, etc., etc... Apprivoisez petit à petit la vivacité de votre esprit à la patience, douceur et affabilité parmi les niaiseries, enfances et imperfections féminines des sœurs qui sont tendres sur elles-mêmes, et sujettes à tracasser autour des oreilles des Mères (6)... » — « Mais, voyez-vous, ma très-chère fille, vous lui êtes un peu trop sévère à la pauvre fille ; il ne lui faut point tant faire de reproches, puisqu'elle est fille de bons désirs (7). »

Le saint directeur voyait avec déplaisir que sa très-chère fille manquait de cette tranquillité et de cette égalité d'âme, de cette joie modeste, de cette simplicité enfantine qu'il chérissait tant, et il lui recommandait avec instance ces aimables vertus.

---

1. Lettre DCLXXIV. — 2. Lettre CCCCXXXIV. — 3. Lettre DCLXXIV. — 4. Lettre CCCCXII. — 5. Lettre CCCCLXV. — 6. Lettre CCCCXXXVI. — 7. Lettre CCCCLXXX.

« ... Cette grande activité naturelle vous fait sentir une grande vicissitude de saillies (1)... Elle (votre âme) est continuellement agitée des vents et des passions, et par conséquent elle est toujours en branle (1)... Parsemez toutes les pièces de votre conversation, tant intérieures qu'extérieures, de sincérité, de douceur et allégresse, suivant l'avis de l'Apôtre : *Réjouissez-vous toujours en Notre-Seigneur ; je vous dis derechef, réjouissez-vous ; et que votre modestie soit connue de tous les hommes.* Et s'il est possible, soyez égale en humeur ; et que toutes vos actions se ressentent de la résolution que vous avez faite d'aimer constamment l'amour de Dieu... Quand je dis grave (en parlant de la joie qu'il lui conseille) je ne dis pas morne, ni affectée, ni sombre, ni dédaigneuse, ni altière ; mais je veux dire sainte et charitable (3). » — O Dieu, ma fille ! je vois vos entortillements dans ces pensées de vanité, la fertilité jointe à la subtilité de votre esprit prête la main à ces suggestions : mais de quoi vous mettez-vous en peine ? Les oiseaux venaient béqueter sur le sacrifice d'Abraham : que faisait-il ? Avec un rameau qu'il passait souvent sur l'holocauste, il les chassait... Accoutumez-vous à parler un peu tout bellement, et à aller, je veux dire marcher tout bellement, à faire tout ce que vous ferez, doucement et tout bellement, et vous verrez que dans trois ou quatre ans vous aurez rangé tout à fait cette si subite soudaineté (4)... »

Cette lettre est datée du 4 février 1620. C'était la première que le saint écrivait à la mère Angélique après la mort d'Antoine Arnauld, arrivée le 29 décembre 1619 ; il débutait par d'exquises paroles de consolation dont voici la fin :

« ... A mesure que Dieu tire à soi, pièce après pièce, les thrésors que notre cœur avait ici-bas, c'est-à-dire ce que nous y affectionnions, il y tire notre cœur même ; *et puisque je n'ai plus de père en terre*, dit saint François, *je dirai plus librement, notre Père qui es és cieux.* Ferme, ma très-chère fille, tout est à nous, et nous sommes à Dieu. »

Dans l'argument d'une de ces lettres adressées à l'abbesse de Port-Royal, le vieil éditeur s'écrie : « Que cette abbesse eut été heureuse si elle ne se fût jamais éloignée de l'esprit de saint François de Sales (5) ! » Hélas ! il y avait entre l'esprit du Bienheureux et celui de sa fille opposition complète. Saint François de Sales écrivait à l'abbesse d'une maison réformée de son diocèse :

---

1. Lett. CCCCXLIX. — 2. Lett. DCLXXIV. — 3. Lett. CCCCXXXIV. — 4. Lett. CCCCLXV. — 5. Lett. CCCCXXXIV.

« L'humilité, la simplicité de cœur et affection, et la soumission d'esprit, sont les solides fondements de la vie religieuse... J'aimerais mieux que les cloîtres fussent remplis de tous les vices que du péché d'orgueil et de vanité... On ne saurait rien faire d'un esprit vain et plein de l'esprit de soi-même ; il n'est bon ni à soi, ni aux autres. Madame, le soin que vous devez avoir de ce grand ouvrage doit être doux, gracieux, compatissant, simple et débonnaire. Et, croyez-moi, la conduite la plus parfaite est celle qui approche le plus près de l'ordre de Dieu sur nous, qui est plein de tranquillité, de quiétude et de repos, et qui, en sa grande activité, n'a pourtant aucune émotion, et se fait tout à toutes choses. »

Que l'abbesse de Port-Royal avec ses *vicissitudes de saillies, son esprit subtil et délicat, son âme toujours en branle, sa subite soudaineté, son affectation ès discours et ès lettres, son impatience à supporter le prochain*, avec son *refus de dormir au corps*, ses *entortillements dans les pensées de vanité*, et sa *fourmilière d'inclinations que l'amour-propre nourrissait en elle*, était éloignée de cette humilité et simplicité de cœur, de cette soumission d'esprit, de ce soin doux, gracieux, compatissant et débonnaire, de cette tranquillité, de ce repos recommandés par le saint évêque ! Une direction de crainte et de tremblement, une théologie de terreur, un mysticisme obscur et exubérant, allaient mieux à sa nature que la manière du Bienheureux toute d'amour, de lumière, de joie tranquille et d'abandon filial. Oh ! que la gloire de Port-Royal eût été pure, et son influence salutaire, si l'esprit du saint qui flotte un moment sur ses origines, s'y fût reposé pour toujours ! Mais la douce et riante figure de François de Sales cesse bientôt d'illuminer le cloître de la mère Angélique : voici venir Jansénius et le sombre Saint-Cyran, l'*homme fatal*.

II

L'Église catholique à la fin du seizième siècle. — Situation religieuse de la France dans les premières années du dix-septième siècle. — Le saint et le sectaire. — Du Vergier de Hauranne et Jansénius : leur étroite liaison, leur projet de réforme. — Jansénius d'après sa correspondance.

Bossuet l'a dit : « Si on considère l'histoire de l'Église, on verra que toutes les fois qu'une hérésie l'a diminuée, elle a réparé ses pertes, et en s'étendant au dehors, et en augmentant au dedans la lumière et la piété, pendant qu'on a vu sécher en des coins écartés les branches coupées (1). » Cette loi ne s'est peut-être jamais vérifiée avec une évidence plus incontestable qu'à la fin du seizième siècle. En 1564, dix-huit ans après la mort de Luther, Paul IV confirmait solennellement le concile de Trente : l'erreur était à jamais confondue ; le dogme catholique glorieusement vengé ; les doutes soulevés infailliblement tranchés ; les vérités obscurcies remises en pleine lumière ; la morale redressée et la discipline ramenée à la sainte vigueur des premiers âges. Les novateurs avaient cru anéantir l'Église romaine, et cette Église, après avoir subi leurs violentes attaques, apparaissait au monde avec un éclat nouveau. Contemplons de près et un peu dans le détail ce spectacle dont nous allons entendre bientôt nier audacieusement l'admirable réalité.

Pie V mérite par l'éminence de ses vertus le titre de saint ; il applique partout avec sagesse et fermeté les prescriptions du concile de Trente ; il arme et bénit don Juan d'Autriche : l'Église lui doit sa réforme et l'Europe la victoire de Lépante. Grégoire XII

---

1. *Discours sur l'histoire universelle*, seconde partie, ch. XXVI.

restaure l'étude des sciences ecclésiastiques. Sixte V donne à la politique du saint-siége une impulsion énergique et habile; à ses États, l'ordre, le travail, la prospérité ; à Rome, des monuments aussi utiles que magnifiques. Il rappelle Innocent III par son grand caractère, et Léon X par son goût éclairé pour les beaux-arts.

Lorsque Clément VIII ouvrit le dix-septième siècle, il avait réconcilié Henri IV avec l'Église, et l'Espagne avec la France ; il avait rendu un suprême hommage à la vertu, aux sciences et aux lettres en revêtant de la pourpre cardinalice Baronius, Tolet, Bellarmin, d'Ossat, Duperron, en appelant le Tasse au Capitole pour lui décerner les honneurs dus à son génie et à son infortune.

L'esprit de rénovation qui animait ces illustres pontifes, descendant de la Chaire apostolique, s'étendait sur l'Église tout entière. Les grands papes ont toujours dans l'histoire un cortége digne de leur gloire. Dans l'extrême Orient, la semence évangélique jetée par saint François-Xavier donnait une moisson merveilleuse et toujours grandissante de fidèles, de confesseurs et de martyrs. En Amérique, saint Turibe reproduisait les vertus de notre saint Charles Borromée, ses œuvres et son zèle à introduire les réformations du concile de Trente dans le clergé et dans le peuple ; sainte Rose de Lima embaumait sa patrie de la bonne odeur de Jésus-Christ ; saint François Solono renouvelait les miracles et l'apostolat de Xavier ; les Jésuites commençaient sur les bords de la Plata à fonder cette république chrétienne qui devait exciter l'envie de Leibnitz et l'admiration de Montesquieu. Tandis que l'Église s'étendait ainsi au dehors, elle augmentait au dedans la lumière et la piété. L'Espagne se montrait la nation vraiment catholique par la religion de son roi Philippe II, la vie angélique de ses saints, le zèle de ses évêques, l'ardeur et le nombre de ses missionnaires, l'éclat et l'orthodoxie de ses écoles, le génie chrétien de ses historiens, de ses poëtes, de ses peintres, et par l'honneur incomparable de compter sainte Thérèse et saint Jean de la Croix au nombre de ses enfants.

L'Italie voyait naître et grandir les ordres des Somasques, des Piaristes, des Théatins, des Ursulines, des Barnabites, des Oblats, des Oratoriens, tous fondés par des saints et destinés à l'instruction des enfants, à l'évangélisation du peuple, au soin des malades, à l'éducation des clercs. Le Titien, le Dominiquin, Guido Reni, les Carrache, la consolaient de la mort du Corrége et de Michel-Ange. Le Tasse chantait, dans la langue de Dante et de Pétrarque, les croisades dont les héros de Lépante venaient de rajeunir le souvenir et la gloire.

En Allemagne, les Jésuites luttaient avec vaillance et bonheur contre le protestantisme : le bienheureux Canisius réorganisait l'Université de Vienne, fondait le collége de Fribourg, enseignait avec Salmeron à Ingolstadt, tandis que ses frères rallumaient à Munich le flambeau des sciences et des lettres que les disciples de Luther éteignaient au nom de l'Évangile et de la piété. De 1556 à 1571, les Jésuites s'établirent à Cologne, à Trèves, à Mayence, à Augsbourg, à Paderborn, à Wurtzbourg, à Munster, à Bamberg, à Anvers, à Prague, à Posen, etc. Partout ils furent les apôtres les plus intrépides, les polémistes les plus habiles, les professeurs les plus savants.

En Angleterre, Élisabeth la sanguinaire succédait à Henri VIII l'apostat. L'Église ne pouvait avoir dans cette malheureuse nation que des martyrs : le témoignage de leur sang si glorieux pour le présent, si fécond pour l'avenir, ne lui fit pas défaut.

En France, et désormais nous ne quitterons plus son histoire religieuse, nous devons attendre les premières années du dix-septième siècle pour voir apparaître l'épanouissement de la vie catholique qui signale ailleurs la fin du seizième. Mais pour avoir été retardé par les guerres intestines, cet épanouissement n'éclata qu'avec plus de splendeur. Servais de Layruels réformait l'ordre de saint Norbert ; Didier de Lacour, celui de saint Benoît ; Fourier, les chanoines réguliers de saint Augustin. Le zèle de ces trois Lorrains trouvait autour d'eux, et dans les Pays-Bas, en Allemagne, en Autriche même, de fermes soutiens, d'éminents approbateurs, des imitateurs nombreux. Le saint curé de Mataincourt, « qui avait eu de bonne heure le génie de la vertu autant qu'il en avait le courage, » faisait de son peuple une communauté chrétienne de la primitive Église, fondait la congrégation enseignante des sœurs de Notre-Dame, devenait le conseiller et le sauveur de sa patrie. « Nul homme en son siècle ne jeta d'un lieu plus étroit une plus éclatante et plus durable lumière (1). » A l'opposé de la Lorraine, Michel

---

1. Lacordaire, Panégyrique du B. *Fourier.*

Le Nobletz était en Bretagne le père des pauvres, l'instituteur des enfants, l'apôtre du peuple, le guide du clergé. En mourant, il laissa son esprit à Julien Maunoir et à soixante autres disciples qui continuèrent ses œuvres et reproduisirent ses vertus. Dans le bas Languedoc, le Velay et le Vivarais, François Régis réjouissait l'Église par sa sainteté, ses miracles et ses innombrables conversions. A cette même époque, sainte Jeanne de Chantal avait trouvé saint François de Sales ; madame Acarie était devenue fille de sainte Thérèse ; Bourdoise, Olier, Bérulle étaient réunis à Paris autour de saint Vincent de Paul. Citer ces noms, c'est rappeler les saintes institutions auxquelles ils sont attachés : la Visitation, le Carmel réformé, la Communauté des prêtres de Saint-Nicolas du Chardonnet, l'Oratoire, Saint-Sulpice, la Mission, la Congrégation des filles de la Charité.

Et c'est lorsque cette aurore d'une grande restauration se levait, pleine de brillantes promesses, sur l'Église de France ; c'est lorsque ce souffle divin courait de l'ancien au nouveau monde, couvrant les ruines de l'un d'une céleste végétation, poussant sur les fleuves étonnés de l'autre la pirogue harmonieuse des missionnaires de la Foi et de la Civilisation chrétiennes (1), qu'on osa proclamer la dégénération de l'Église catholique !

Vers 1626, à Paris, un pauvre prêtre, après avoir célébré la messe à Notre-Dame, se rendit tout près de là, au cloître, chez son compatriote, un ecclésiastique en grand renom de science. Il le trouva enfermé dans son cabinet, d'où il sortit le visage tout en feu. « Je gage, Monsieur, lui dit en souriant l'humble visiteur, que vous venez d'écrire quelque chose de ce que Dieu vous a donné en votre oraison de ce matin. — Il est vrai, répondit l'abbé tout transporté ; je vous confesse que Dieu m'a donné, et me donne de grandes lumières. Il m'a fait connaître qu'il n'y a plus d'Église. — Plus d'Église, Monsieur ! — Non, il n'y a plus d'Église. Dieu m'a fait connaître qu'il y a plus de cinq ou six cents ans qu'il n'y a plus d'Église. Avant cela, l'Église était comme un grand fleuve qui avait ses eaux claires : mais maintenant ce qui nous semble l'Église n'est plus que de

---

1. V. *Génie du christianisme*, IV⁰ part., ch. 1ᵉʳ.

la bourbe. Le lit de cette belle rivière est encore le même, mais ce ne sont plus les mêmes eaux. — Quoi ! Monsieur, voulez-vous plutôt croire vos sentiments particuliers que la parole de Notre-Seigneur Jésus-Christ, lequel a dit qu'il édifierait son Église sur la pierre, et que les portes de l'enfer ne prévaudraient pas contre elle ? L'Église est son épouse, et il ne l'abandonnera jamais. — Il est vrai que Jésus-Christ a édifié son Église sur la pierre ; mais il y a temps d'édifier et temps de détruire. Elle était son épouse, mais c'est maintenant une adultère et une prostituée ; c'est pourquoi il l'a répudiée, et il veut qu'on lui en substitue une autre, qui lui sera fidèle. — Croyez-moi, Monsieur, se contenta de répondre le visiteur contristé, défiez-vous de votre propre esprit, qui vous donne des sentiments fort éloignés du respect qui est dû à l'Église. — Mais vous-même, Monsieur, qui parlez si bien, repartit aigrement l'abbé, savez-vous bien seulement ce que c'est que l'Église ? — L'Église, Monsieur, comme nous l'apprend le catéchisme qu'elle donne à ses enfants, c'est la congrégation des fidèles sous la conduite de notre saint-père le Pape et des pasteurs légitimes. — Bah ! bah ! vous n'y entendez que le haut allemand. — Mais c'est le langage de l'Église elle-même. — Vous êtes un ignorant : bien loin de mériter d'être à la tête de votre congrégation, vous mériteriez d'en être chassé ; et je suis fort surpris qu'on vous y souffre. — Hélas ! Monsieur, j'en suis plus surpris que vous, car je suis encore plus ignorant que vous ne pensez, et si l'on me rendait justice, on ne manquerait pas de me renvoyer... (1) »

On a rendu justice à l'ignorant : la religion et la patrie bénissent sa mémoire. C'était Vincent de Paul, le plus grand de ces serviteurs de Dieu qui montraient au dix-septième siècle que le grand fleuve de l'Église n'était point desséché et que ses eaux avaient encore la vertu de faire croître sur leur rivage cet arbre de la sainteté toujours couvert de fruits, et dont les feuilles guérissent les nations (2). Le sectaire orgueilleux, qui avait des yeux pour ne point voir, c'était Du Vergier de Hauranne. L'Église lui a rendu justice aussi, en plaçant son nom et ceux de ses amis à côté des noms anathématisés des héré-

---

1. Saint Vincent de Paul, sa vie, son temps, etc., par M. l'abbé Maynard, t. II, p. 240.
2. Apocal., XXII, 2.

tiques qui ont ravagé la chrétienté. Mais tous, même parmi les catholiques, n'acceptent pas ce jugement. On fait honneur au Jansénisme de l'éclat religieux dont brilla le dix-septième siècle. On nous concède bien que des efforts partiels se produisirent avant lui, en France et ailleurs, pour relever ce que la réforme avait abattu. Toutefois, on ajoute que ces efforts furent tentés par des hommes « ignorant trop l'antique esprit pratique intérieur » pour réussir, et on nous apprend que Jansénius, Saint-Cyran, mieux que tous leurs contemporains, « du haut de leur tour d'Hippone », eurent l'intuition du besoin des âmes, du péril qui menaçait la foi ; qu'eux seuls fondèrent une grande école morale, de science et de piété, destinée à renouveler la face de l'Église qui n'avait plus « l'intelligence vraie de l'antique esprit chrétien (1) ». C'est là la légende de Jansénius et de Saint-Cyran ; leur histoire est tout autre, et ce qu'elle raconte confirme pleinement le jugement de l'Église.

Du Vergier de Hauranne naquit à Bayonne en 1581. Quatre ans plus tard, Jansénius naissait au village d'Arcquoy, près Leerdam (2). Ces deux hommes, si éloignés l'un de l'autre par leur berceau, se rencontrèrent et s'unirent étroitement. On les trouve d'abord tous les deux à Louvain, au pied de la chaire de Janson, disciple obstiné de Baïus. Janson avait dans son cabinet le portrait de son maître, dont la tête était environnée d'un rayon de gloire comme saint Augustin et d'autres saints placés à côté pour lui faire honneur. Il ne se contentait pas de ce culte domestique. Jansénius se rappela dans son *Augustinus* que « cet éminent professeur prouvait à ses élèves que la bulle de Pie V condamnant la doctrine de Baïus avait été altérée par l'introduction d'une virgule qui changeait le sens d'une clause importante. Il nous montrait, dit-il, la bulle originale où cette virgule ne se trouve pas; et moi-même, ajoute-t-il, non sans quelque fierté, j'ai vu souvent de mes propres yeux qu'il n'y en a pas de trace (3). » Vers

---

1. *Port-Royal*, par Sainte-Beuve; Discours préliminaire.
Lettres de la mère Agnès Arnauld, publiées par M. P. Feugère; Introduction.

2. Il était fils de Jean Otto ; à Louvain il prit le nom de Jansen (fils de Jean). L'histoire lui a conservé le nom latinisé de Jansénius.

3. *Augustinus*, de Statu naturæ lapsæ, lib. IV, c. xxviii.

1605, on voit Du Vergier et Jansénius à Paris. Ils assistent aux leçons d'Edmond Richer, dont Rome allait bientôt flétrir les doctrines. Quelques années après, les deux amis un moment séparés se rejoignent à Campiprat, maison de campagne bâtie sur la hauteur voisine de Bayonne qui regarde la mer. La situation en était heureuse, les promenades belles, l'air pur, la vue étendue, propre à ne lasser jamais. Mais ce spectacle avait moins d'attrait pour les jeunes solitaires que l'étude des Pères, des Conciles, de l'histoire ecclésiastique. A part quelques instants donnés à un délassement nécessaire, ils ne quittaient pas leurs livres. Qu'y cherchaient-ils avec cette application passionnée ? L'enseignement de Louvain et de Paris avait porté ses fruits. Du Vergier et Jansénius étaient persuadés que depuis six cents ans l'Église catholique ne méritait ce titre que dans le seul sens et pour la seule raison qu'elle avait succédé à la véritable Église de Jésus-Christ, de même qu'une rivière conserve son nom lorsqu'une eau bourbeuse a succédé aux flots limpides. Ils se disaient : Saint Thomas et les scolastiques ont ravagé la théologie par le raisonnement humain et les principes d'Aristote ; leur doctrine n'est qu'un jargon pernicieux qui n'est fondé ni sur l'Écriture, ni sur les Pères ; le concile de Trente a été fait par le Pape et par les scolastiques qui ont beaucoup changé au symbole traditionnel. Donc, pour retrouver la véritable épouse de Jésus-Christ, pour ressaisir la pure doctrine, pour se retremper dans l'esprit chrétien, il faut remonter aux origines, puiser aux sources de la foi au-dessus du point où les eaux bourbeuses de l'erreur se sont mêlées à leurs flots ; il faut revenir à la pratique de la discipline primitive. Voilà pourquoi les deux solitaires de Campiprat étudiaient avec tant d'ardeur l'antiquité chrétienne. Ils espéraient trouver dans ces profondeurs vénérables de l'histoire sacrée une Église sans hiérarchie avec une religion dépouillée de vaines images, de cérémonies inutiles, de dévotions populaires : une religion austère, sobre, indépendante, pour la substituer à l'Église romaine dont il était temps de détruire le dogme corrompu, la morale relâchée, les pratiques tout extérieures, la constitution tout humaine.

Cette œuvre de destruction et d'édification arrêtée en principe, les nouveaux réformateurs se séparèrent. Jansénius retourna à Louvain, emmenant deux neveux de son ami, Barcos et Arguibel, qu'il fit entrer au collége Sainte-Pulchérie dont on lui confia la direction. Du Vergier se rendit à Poitiers où l'évêque, M. de la Rocheposay, se démit en sa faveur de l'abbaye de Saint-Cyran en Brenne. Le supérieur et l'abbé ne se laissèrent pas détourner du projet conçu à Campiprat. C'était entre eux l'objet constant d'une active correspondance. Nous ne possédons que les lettres de Jansénius. Par elles nous savons quelles haines inspirent celui qui les écrit et celui qui les reçoit, quelles espérances les soutiennent, quels travaux ils s'imposent, quels alliés ils se donnent, de quelles dissimulations ils s'entourent et quelles cabales ils montent. Entrons courageusement dans cette lecture aussi instructive que peu agréable. Nous tombons en plein flamand et en plein Jansénisme : il ne faut pas s'attendre aux fleurs et aux aménités de saint François de Sales (1).

Du Vergier écrivit le premier, après la séparation. La réponse de Jansénius est du 19 mai 1617 :

« Je vous puis dire avec autant de candeur que je vous aye jamais dit chose du monde, que par plusieurs fois je n'ay pu achever de lire la lettre, que les larmes ne me soient coulées des yeux, *quoy que mon naturel n'y soit guère porté*. Je laschay alors la bonde à ma passion, et me contentay à me tesmoigner à moy mesme en ma solitude, où il n'y avait autre témoin que Dieu et moy, que mon affection n'est pas du tout tirée du fond de l'âme par syllogisme, mais enracinée dans les moüelles, et espandue par le sang... Le surplus de ma vie, quelque part qu'elle roule, fera voir que le changement de lieu ne sçaurait rien diminuer de ce que je vous ay consacré, mais l'allumera davantage... »

---

1. Les lettres de Jansénius furent saisies en 1638 chez M. de Saint-Cyran. Les originaux furent déposés au collége de Clermont, à Paris, où les Jésuites les tinrent à la disposition du public. Le P. Pinthereau les publia sous ce titre : *Le progrès du Jansénisme découvert, par le sieur de Préville*. 1655. « Il faut faire, dit M. Sainte-Beuve, dans l'inintelligible de ces lettres la part des fautes d'impression que la malice des éditeurs ne s'est en rien appliquée à diminuer. » M. Sainte-Beuve aurait dû tenir compte de cette note par laquelle le P. Pinthereau termine sa publication « ... Quant aux autres fautes qui se trouvent dans les lettres de Jansénius, *ce ne sont pas fautes d'impression*, mais des incongruités d'un Flamand qui s'est voulu mesler de parler notre langue sans la sçavoir, et la fidélité qu'on doit au public a obligé l'autheur de ce livre à les laisser dans les copies, comme il les a trouvées dans les originaux. » L'auteur de *Port-Royal* ne connait pas cette délicatesse d'éditeur : il cite des passages de ces lettres « en les rendant supportables de grammaire ».

Jansénius félicite ce tendre ami des faveurs dont le comble la reconnaissance de l'évêque de Poitiers :

« Je m'estonne de la Providence de Dieu, qui vous fait si bien tomber sur vos pates. »

Il ajoute avec un accent que l'on comprend :

« Quant à moy je suis encore sans bénéfice, non pas toutefois sans espérance d'en obtenir. »

Il lui donne des nouvelles de son neveu, Martin de Barcos, « qui aura l'esprit plus pratique que spéculatif », et l'assure qu'il n'a pas à s'inquiéter des dépenses de cet enfant :

« ... Il n'estoit pas besoin que vous ou monsieur vostre frère se mist en peine avec tant de soin, car je luy fourniray tant que vous voudrez tout ce qu'il luy faudra de l'argent du collége (je le dis *naisvement*) que j'ay entre mes mains. »

M. Sainte-Beuve excuse ainsi cette *naïveté* du supérieur de Sainte-Pulchérie : « Une phrase mal faite, par laquelle il écrivit à son ami de ne pas s'inquiéter de la dépense pour Barcos, et qu'il est à même d'y pourvoir, sans s'incommoder, *avec l'argent du collége*, l'a fait accuser par ses adversaires (l'oserai-je dire ?) de vol, de détournement de fonds. En lisant avec loyauté, il paraît clair qu'il ne s'agit que de faire des *avances* qui doivent être remboursées (1). » M. Sainte-Beuve dit quelque part de son histoire : « Je ne suis, en Port-Royal comme en toutes choses, qu'un amateur scrupuleux, il est vrai, mais qui se borne à commenter moralement et à reproduire. » Ici il commente moralement et grammaticalement, et, plus scrupuleux sur la grammaire que sur la morale, il oublie de reproduire la *phrase mal faite*. En fait de phrase mal faite, il est vrai, un académicien mérite d'être cru sur parole. Mais le texte aurait gâté le commentaire. D'ailleurs, voici plusieurs phrases encore sur le même sujet :

« ... Vous vous mettez trop en peine du fournissement de ce qu'il (Barcos) aura besoin, et il me semble que vous n'apportez en cela

---

1. *Port-Royal*, par Sainte-Beuve, t. I, p. 289.

votre rondeur accoustumée : car je vous ay tant de fois répété que cela ne m'incommode aucunement, et le dirais franchement, s'il en estoit autrement : non pas que j'aye tant de moyens de moy mesme, qui n'ay rien sinon ma vie, mais c'est l'argent du collége qui est en mes mains qui permet bien cela; et davantage, *sans qu'aux comptes que j'en rends toutes les années, personne du monde en sache rien.* Je feray tout de mesme à l'endroit d'Arguibel (le second neveu de Du Vergier) quand il sera besoin (1). »

En lisant avec loyauté, il paraît clair qu'il s'agit de tout autre chose que de faire des avances qui doivent être remboursées. De la morale, passons au dogme. Le 20 juillet 1617, Jansénius écrit à Saint-Cyran :

« Vous sçavez, crois-je, qu'il y a longtemps que l'archevesque de Spalade (2), *archiepiscopus Spalatensis,* italien, ou de bien près de là, a mis en lumière un petit livret, où il rend raison de ce qu'il s'est retiré de la communion des catholiques, où du Pape. Il est venu en Hollande vers les États ; mais n'y ayant pas trouvé tout le recueil qu'il attendoit, il s'est jetté entre les bras du roy d'Angleterre, qui le caresse fort, à ce qu'on dit, pour avoir trouvé assistance à combattre la puissance du Pape. *Il n'est ny huguenot, ny luthérien ; catholique à peu près, hormis ce qui regarde l'œconomie de l'Église.* »

Rendons justice à M. Sainte-Beuve : il expose le dogme des Jansénistes avec plus de loyauté que leur morale. Il dit sur ce dernier passage de la lettre de Jansénius : « Cette définition de la religion de Marc-Antoine de Dominis est assez bien celle qui siérait aux Jansénistes eux-mêmes. Aussi comme Jansénius paraît l'adopter ! Comme du moins il la développé avec complaisance, sans ajouter un mot de blâme ! Écoutons-le jusqu'au bout :

« En son petit livret, il (Dominis) promet dix livres qui regardent presque tous le mesme sujet. On les imprime à Londres où le roy les fait garder avec un tel soin, qu'il n'y a pas moyen que les catholiques

---

1. Lettre du 19 mars 1619.
2. Marc-Antoine de Dominis, archevêque de Spalatro et primat de Dalmatie et de Croatie. Après son apostasie, Jacques Ier le nomma doyen de Windsor et lui donna plusieurs abbayes. Il abjura cependant ses erreurs et revint à Rome où il retomba bientôt dans ses fausses opinions. Il mourut enfermé au château Saint-Ange. Il composa à Londres son ouvrage *de Republica Ecclesiastica.*

en attrapent une seule feuille, afin que tout le volume sort ensemble ; on en attend un grand esclandre. Sés plaintes s'adressent toutes contre le Pape, pour avoir retranché la puissance de juridiction des évesques; et le reste que vous en pouvez inférer. S'il y a jamais eu sujet qui requière bon jugement, sçavoir, lecture des anciens, éloquence, c'est celluy-cy ; vous entendés le reste... »

C'est-à-dire, tout cela : bon jugement, savoir, lecture des anciens, éloquence, se trouvera dans l'ouvrage que vous préparez sur le même sujet. » En effet, Saint-Cyran publiera quelques années plus tard *Petrus Aurelius* où, sous prétexte de plaider pour les évêques contre le Pape, il renversera la constitution de l'Église romaine, tandis que son ami en ruinera le symbole dans l'*Augustinus*. Avant d'arriver à « ce grand esclandre », il nous faut lire encore bien des phrases mal faites, mais qui nous révèlent entièrement leur auteur.

Saint-Cyran avait promis à son ami d'aller le voir. Le 4 février 1619, Jansénius lui rappelle sa promesse ; il l'attend au printemps qui approche. Puis il apprend que les professeurs et les étudiants de Louvain se sont transportés aux Jacobins, où ils ont renouvelé l'ancienne *fraternité* du Rosaire ; il croit que si les Jacobins s'appliquent à bien s'acquitter de ces exercices de piété, « ils mettront les Jésuites presqu'en chemise. » Lui-même a reçu une charge dans cette confrérie d'opposition ; il prévoit qu'on le priera bientôt de prononcer quelque harangue à l'honneur de Notre-Dame, et il dit à Saint-Cyran qu'il lui ferait grand plaisir de lui envoyer un sermon pour cette circonstance, sachant combien il vaut peu en ce métier de prédicateur. Il reçoit la harangue et la débite. On dut trouver qu'il parlait bien, car l'Université le pria quelque temps après de se charger de la harangue *quodlibétique* annuelle. Jansénius accepta, et il écrivit aussitôt à Poitiers:

« ... S'il y eust moyens de m'en faire avoir une, ou de me monstrer des livres propres à cela, ou qui en ont de toutes faites, latines ou françoises, j'en seray bien aysé ; je ne suis guères propre à discourir, comme vous sçavez... Le monde ne se soucie pas tant du latin icy, moyennant qu'on apporte force rarctez, qu'ils admirent fort. Il ne me le faudra pas avoir devant la Toussaint, et ne durera pas, pour le plus, trois quarts d'heure. »

L'abbé n'avait pas lui-même le talent de la parole, mais il ne laissait pas de composer assez bien pour se faire admirer par des Flamands. C'est le P. Rapin qui fait cette remarque (1).

Cependant le printemps était venu. Jansénius attend Saint-Cyran. Son cœur, sa mémoire sont pleins de son ami; il « chante souvent ses louanges ».

« Mais en cette matière, écrit-il, je sens estre véritable ce que vous avez dit souvent, qu'il ne faut point profaner les bons discours, mais dire ce que dit le proverbe : *Secretum meum mihi, secretum meum mihi.* »

Nous connaissons le secret des deux amis ; aussi ce que Jansénius ajoute ne nous surprend pas :

« J'ay esté requis une fois de m'employer à réfuter les quatre livres de M. Anthoine de Dominis, par ceux qui gouvernent l'Université. Mais du depuis, *soit que ma response ne leur plut point,* ou qu'ils se sont ravisez, voyant qu'ils n'auraient pas grandement de l'honneur de requérir aide d'un homme qui ne fait que venir au monde, ils se sont refroidis ; *dont je suis très-aise, ayant fort appréhendé cette charge* (2). »

Or, Marc-Antoine de Dominis enseignait : que l'Église n'ayant point d'autre chef sur la terre que Jésus-Christ son fondateur, ce n'était qu'une république pure, car un chef invisible est peu propre à former un état monarchique visible ; que saint Pierre n'a jamais eu de prééminence, de rang ou de pouvoir sur les autres apôtres ; que les apôtres égaux en autorité sont représentés dans l'Église par leurs successeurs, les évêques, qui composent la république ecclésiastique ; que les apôtres, ayant reçu de Jésus-Christ une égalité de puissance et d'autorité, ont pu être nommés ses vicaires, comme saint Pierre a été nommé tant de fois par les conciles et par les Pères, mais sans subordination ; que saint Pierre n'a point eu d'autre primauté sur les autres apôtres que celle de nomination, parce que Jésus-Christ le nomma le premier sous juridiction de primatie ; que la promesse des clefs n'a pas été à l'exclusion des autres apôtres qui ont eu le même pouvoir, de même que le soin du troupeau de Jésus-Christ et l'obligation

---

1. *Histoire du Jansénisme*, p. 68.
2. Lettre du 19 avril 1619.

de paître les brebis appartiennent également aux uns et aux autres. Telles sont les erreurs fondamentales du système de l'archevêque apostat. Que faut-il penser de la foi du prêtre catholique qui appréhendait fort d'être chargé de les réfuter, non pas parce qu'il se croyait au-dessous de cette tâche, mais parce que (il va nous l'avouer) il abhorrait entièrement une réfutation où il aurait pu trahir peut-être ses propres sentiments trop conformes à ceux de l'hérétique ? Malgré son peu de goût pour l'enseignement (je ne veux pas être un perpétuel pédant d'école, disait-il), Jansénius avait accepté les leçons d'Écriture sainte. Il écrit au commencement d'août 1619 :

« Il ne s'en faut guère que je ne sois au bout du livre de l'Escriture que j'ai commencé à enseigner. J'en ay cependant tiré ce profit, qu'il m'a servy de couverture à me déporter de la charge qu'on m'a voulu imposer à crédit, à travailler contre Marcus Antonius, ce que *j'abhorre entièrement.* »

Il termine cette lettre en priant Saint-Cyran de ne pas songer à l'argent qu'il faut pour Barcos : il saura y pourvoir « sans s'incommoder ; il lui recommande encore de ne pas oublier sa harangue *quodlibétique*, n'estant pas du métier d'en faire. »

Saint-Cyran était toujours prêt à rembourser en harangues les *avances* pécuniaires de Jansénius, lequel ne craignait pas d'abuser de la complaisance de son ami.

Pour ne plus revenir sur cette question d'emprunts littéraires, rassemblons les appels que le professeur a faits à l'éloquence de l'abbé.

15 octobre 1620. « — Vous me ferez plaisir d'apporter avec vous vos harangues de Notre-Dame (de Bayonne). Aussi voudrais-je bien avoir les harangues funèbres faites à la mort du roy Henry, ou si vous en sçavez d'autres plus propres pour s'en servir quelquefois en semblables occasions qui se présentent icy parfois en d'autres subjets de moindre lustre. »

« 15 septembre 1628. — Je suis fort instamment prié et reprié de faire quelque exhortation en un des principaux monastères du Païs bas, où l'archevêque de Malines est allé. Si vous avez entre vos sermons quelque chose qui puisse servir à cela, je vous prie de me l'envoyer la prochaine fois. »

11 avril 1631. — « On attend pour le mois de May en ces quartiers, le frère du roy, le cardinal infante. Si cela arrive, il y a de l'apparence

que je lui seray député de tout le corps d'icy pour lui congratuler sa venue ; je serais bien aise qu'il vous pleust de m'envoyer un discours sur cela. »

16 septembre 1633. — « Sulpice (nom que Jansénius se donnait dans ses dernières lettres) est engagé à faire un sermon sur une profession de fille de conseiller, là où force honnestes gens seront présents, et aussi peut-être le prélat. Si vous aviez quelque sermon propre à cela, je seray bien aise de l'avoir. »

Saint-Cyran ne put faire en 1619 le voyage qu'il avait projeté pour le printemps. Il écrivit qu'il viendrait à Louvain au mois d'octobre. Jansénius lui recommande d'arriver avant le 20. Pourquoi ?

« On m'a contraint icy, depuis fort peu de jours, de m'engager à prendre le degré de docteur. Il me faut faire trois disputes, sine præside, sur trois diverses matières qui me seront assignées trois jours devant la dispute ; jugez comme je suis préparé à cela. Elles se feront à mon advis entre le dixième et le dix-septième octobre. Les vespéries le 21. Là où l'on produira toutes mes inepties ; vous y aurez vostre part à rire. La feste de l'Acte se tiendra le 24 (1).... »

Voilà Saint-Cyran bien averti ; et, pour qu'il n'accuse pas son ami de paresse, Jansénius l'assure que les affaires du collége ne lui laissent « presque pas le temps de se grater, et qu'il ne peut faire que des courses à la volée pour la théologie ». La présence et les secours de Saint-Cyran lui manquèrent. Néanmoins il fût reçu « non sans quelque peu d'applaudissements, quoique guère préparé à cette carrière de scholastique (2) ». Une fois docteur, Jansénius s'occupe activement de l'œuvre théologique qu'il méditait. Il demande à Saint-Cyran quelle est en France la doctrine enseignée sur la prédestination et sur la grâce efficace. Il s'informe aussi quel est à ce sujet l'enseignement des universités d'Allemagne. Il annonce la clôture du Synode protestant de Dordrecht, qui « suit, dit-il, la doctrine catholique au fait de la prédestination et réprobation ». Singulière doctrine catholique que celle décrétée à Dordrecht ! La voici : 1° la prédestination se fait par un décret de Dieu, indépendamment des mérites du fidèle ; 2° le chrétien ne persévère pas parce qu'il ne peut persévérer ;

---

1. Lettre du 13 septembre 1619.
2. Lettre du mois de novembre 1619.

à cause de la réprobation positive qui n'est qu'une suite du péché originel et de la masse de perdition ; 3° il n'y a pas de grâce suffisante destinée à tous ; 4° on ne résiste pas et on ne peut résister à la grâce ; 5° le Sauveur n'est pas mort pour tous. Dès cette heure le docteur qui venait de jurer fidélité à l'Église romaine aurait dû, par loyauté, tendre publiquement la main aux disciples de Calvin. Mais sa profession de foi n'était pas prête, et surtout, les dignités ecclésiastiques auxquelles il aspirait n'avaient pas encore satisfait son ambition : il continua à porter le masque.

Après avoir ainsi sondé le terrain et reconnu des alliés, Jansénius songe sérieusement à formuler ces théories doctrinales destinées à renouveler la foi de l'Église. Il n'est pas fâché que l'entrevue qui « se trame il y a quelques années » entre lui et Saint-Cyran ne puisse avoir lieu qu'après l'hiver de 1620.

« Elle me ferait parler de beaucoup de choses que je réserve encore maintenant... J'ay à vous dire beaucoup, touchant certaines choses de notre profession, qui ne sont pas de peu d'importance ; et particulièrement de saint Augustin qu'il me semble avoir leu sans yeux, et oüy sans entendre. Que si les principes sont véritables qu'on m'en a découverts, comme je le juge estre jusques à cette heure que j'ay releu une bonne partie de saint Augustin, *ce sera pour estonner avec le temps tout le monde* (1). »

A mesure qu'il avance dans son étude, son enthousiasme pour saint Augustin grandit ; il « s'estonne tous les jours davantage de la hauteur et de la profondeur de cet esprit ». Il admire que sa doctrine soit *si peu connue*, non-seulement de son siècle, mais des siècles passés. Il signale avec indignation les causes de ce fait malheureux :

« Il n'y a gens au monde qui ayent plus corrompu la théologie que ces clabaudeurs de l'Eschole que *vous connoissez*. Que si elle se devoit redresser au style ancien, qui est celui de la vérité, la théologie de ce temps n'auroit plus aucun visage de théologie, pour une grande partie... *Je n'ose dire à personne du monde ce que je pense (selon les principes de saint Augustin) d'une partie des opinions de ce temps; et particulièrement de celles de la grâce et prédestination, de peur qu'on ne me fasse*

---

1. Octobre 1620.

le tour à Rome qu'on a fait à d'autres, devant que toute chose soit meure et à son temps. Et s'il ne m'est pas permis d'en parler jamais, j'aurois un grandissime contentement d'en estre sorty de cet estrange labyrinthe d'opinions que la présomption de ces crieurs a introduit aux escholes, là où un chacun semble travailler à introduire des nouveautez dangereuses, et se faire admirer en rejetant les anciens, qui par tant de Conciles et Papes ont esté approuvez et admirez par toute l'ancienneté. »

Possesseur de ce trésor, Jansénius n'ambitionne pas une chaire de l'Université de Louvain, car il lui faudrait « ou se taire ou se mettre *en hasard* en parlant, sa conscience ne lui permettant pas de trahir la vérité connue. » Il termine ainsi ses confidences :

« *Voilà ce que je ne vous ay pas dit jusques à maintenant, ayant esté presque toujours en suspens, et à m'affermir en la connaissance des choses qui peu à peu se découvroient, pour ne me jeter point témérairement à des extrémitez* (1). »

La doctrine de la grâce était trouvée. Les vrais chrétiens, les élus, pouvaient, sous l'étendard laborieusement relevé de saint Augustin, combattre les nouveaux Pélagiens. Il ne restait qu'à dresser le plan de campagne : l'entrevue longtemps différée eut lieu. Jansénius se rendit à Paris, où Saint-Cyran s'était déjà établi. Un billet de ce dernier à M. d'Andilly ne laisse aucun doute sur ce voyage.

« 8 août 1621... Hier après diné vint un homme chez moy, que j'estime, qui parla d'une telle sorte en mon absence à monsieur Jansen, qu'il osa m'accuser ou de négligence ou de superbe, de ce que je ne me mettois en aucune peine de sçavoir si cet abbé estoit mort ou vivant. »

Nous ne savons de quel abbé il s'agit : mais nous constatons la présence de M. Jansen à Paris au mois d'août 1621. Cette date coïncide très-bien avec les conférences tenues, vers la fin de l'été de cette année, entre Saint-Cyran, Jansénius, Arnauld d'Andilly et plusieurs ecclésiastiques, à Bourg-Fontaine, chartreuse située dans la forêt de Villers-Cotterets. Les Jansénistes

---

1. Lettre du 5 mars 1621.

ont obstinément nié cette réunion de Bourg-Fontaine, dont un membre révéla le secret à M. Filleau, avocat du roi à Poitiers. Sur l'ordre de la reine mère, M. Filleau le publia dans sa *Relation juridique* (1). Le fait important pour l'histoire, et il est hors de doute, c'est la réunion, à Paris certainement, sinon à Bourg-Fontaine, de Jansénius, de Saint-Cyran et de leurs amis. Ce conciliabule ne pouvait avoir d'autre but que celui de s'entendre sur une marche uniforme à suivre et les meilleurs moyens à prendre pour introduire dans le dogme et la morale la *réforme* qu'on méditait. Il est inutile de chercher à savoir quels discours on y tint. Nous allons bientôt voir des œuvres se produire qui dévoileront au grand jour ce qui s'était dit dans les ténèbres.

Reprenons l'aride dépouillement de la correspondance de Jansénius. A défaut d'agréments littéraires, nous y trouverons bien des traits caractéristiques, très-intéressants pour l'histoire intime des deux amis et de leurs travaux.

Le 4 novembre 1621, Jansénius était de retour à Louvain et s'était mis à composer son grand ouvrage sur la grâce, l'*Augustinus*. Il avance peu à peu, dit-il ; il croit avoir trouvé certaines racines d'où sortiront des arbres pour en bâtir une maison. Il en écrit tous les jours quelque chose, et il a bonne espérance que tout viendra à point. Cependant, il a peur, quand le livre paraîtra, de passer pour le plus extravagant rêveur qu'on ait vu de son temps. Aussi peut-être ne faudra-t-il le publier qu'après sa mort. Il exhorte Saint-Cyran à ne rien négliger en France pour se ménager quelque ouverture. Il examine attentivement le traité de Conrius, *de pœna parvulorum*. (Conrius, cordelier, ami de Jansénius, devint archevêque de Tuam en Irlande ; il prouve dans son traité, d'après des passages de saint Augustin, que les enfants mort-nés sont condamnés aux peines sensibles, même au feu.) Le jour est beaucoup trop court pour tant de travaux. Il voudrait vivre au temps de Josué, ou changer de climat avec les grues pour aller au pays où les jours ont dix-neuf ou vingt heures.

17 novembre 1621. — Il s'afflige de la maladie de M. d'Andilly. Il prend parti pour M. de Bérulle contre les docteurs de Louvain qui avaient censuré une formule de vœux que le fondateur de l'Oratoire avait dressée pour les Carmélites. Son

---

1. *Relation juridique de ce qui s'est passé à Poitiers touchant la nouvelle doctrine des Jansénistes.* 1654.

ouvrage avance peu à peu honnêtement. Il espère que Dieu y mettra la main, car il voit tous les jours plus clairement que la théologie s'est égarée dans ces questions. Il a eu le bonheur de trouver par hasard un petit écrit qui a été « dicté à la main », il y a trente ans, à Louvain, dans lequel il a lu la même opinion qu'enseigne Conrius. Il pourra le joindre à l'*Augustinus*, sans que le cordelier, un peu susceptible, ait sujet de se formaliser.

7 janvier 1622. — Il rend grâces à Dieu qui lui fait toujours quelque faveur, en lui découvrant certaines vérités dont il n'avait encore aucune connaissance. Le jour des Rois, il a rencontré deux principes, qui, s'ils sont véritables, feront des brèches à la doctrine des Jésuites et des scolastiques. Après beaucoup d'efforts, il a terminé le point principal de son système et l'a mis à couvert des assauts de ses adversaires, si bien qu'ils ne sauraient l'abattre sans passer sur leur propre ventre et sans entraîner la ruine du paradis et de l'enfer. Mais ce point n'est pas encore exposé à son gré, ni au gré de ceux qui voudraient palper la vérité de leurs mains. Il demande à Saint-Cyran s'il ne pourrait pas lui procurer les sept livres de saint Fulgence *contra Faustum* et ceux de *Cæsarius episcopus Arelatensis*. Post-scriptum : « Je suis très-aise de la reconvalescence de monsieur d'Andilly, de la maladie duquel j'estois bien plus triste que de la mort de quelques autres quoyque grands, tant à cause de la vertu du personnage, *que parce que vous l'aimez.* »

20 janvier :

« Vostre lettre du 9 ou 10 janvier, car elle n'a ny lieu, ny jour, ny mois, ny années, m'a fort resjouy quant aux affaires ; je suis aise que *vous commenciez à ménager si bien les personnes qualifiées, pour l'affaire spirituelle* ; car je vois bien qu'il est très-nécessaire, comme aussi *une très-grande prudence à mener le bateau.* Je fais toujours quelque chose, et plus j'avance, plus l'affaire me *donne de frayeur*, tellement que je n'aurois jamais le courage *de tirer le rideau*, si je ne croyois que Dieu s'en mesle ; car tous les jours je découvre de nouvelles sources. »

Il plaint Conrius de se tourmenter de ce qu'on n'a pas approuvé à Rome son traité et de se mettre en peine « du pouvoir ultramontain qu'il estime la moindre chose ». Il regrette de n'avoir pu détourner les docteurs de censurer la formule de vœux pour les Carmélites : « Ce sont des gens qui ne s'estonnent que des coups de tonnerre et des foudres *qui viennent des nuées des Alpes.* »

27 janvier. — Il envoie à Saint-Cyran un chiffre pour remplacer celui qu'il avait perdu, puis il lui dit : « Mettez, s'il vous plaist, encore en vostre papier ces noms : saint Augustin, Leoninus, Aelius, Seraphi Papa, Gerardus, Pardo, Pirasos. »

Les lettres de cette année 1622 nous montrent les deux amis poursuivant divers buts qui devaient assurer le succès de l'entreprise, dont « l'importance est telle que quand ils y emploieroient toute leur vie, sans se mesler d'autre chose, elle devroit être tenue pour bien remplie devant Dieu. »

PREMIER BUT : Achever l'*Augustinus.*

« Il ne se faut guère que je n'ay trouvé la febve au gasteau, et selon les principes de Séraphi (saint Augustin). » 16 avril. — « Le cœur me croist à mesures que les lumières croissent... car je suis de cette trempe, que, m'asseurant de la vérité, *non timebo quid faciat mihi homo.* » 22 avril. — « Vous vous estonnez que je ne parle point de Pilmot (l'*Augustinus* et la matière de la grâce). La raison est, non pas que l'affaire se refroidisse puisque je m'y employe autant qu'auparavant, ayant leu environ huict fois les deux tomes de Séraphi (saint Augustin), depuis l'absence de Célias (Saint-Cyran), avec d'autres petits ouvrages appartenant à cela. Mais c'est qu'il ne m'offre pas tant de nouveautez qu'auparavant. — Sulpice (Jans.) continue à faire la guerre à Porris (les Jésuites), et se contente fort de la diligence que Célias (Saint-Cyran) y met, espérant que Dieu favorisera leurs bons desseins qui s'avancent peu à peu ; à l'occasion de quoy Sulpice (Jans.) est devenu grand seigneur, d'autant que par dessus son valet, il a esté contreint de prendre un secrétaire ou greffier, pour l'aider à écrire leurs impertinences. » 1ᵉʳ décembre (1).

SECOND BUT : Se préparer des disciples à Paris.

---

1. On lit encore dans cette lettre : « Le traité (*de Pœna parvulorum*), que Gemer (Conrius) a envoyé à Rome au cardinal de Treio pour le juger, contient sommairement ce que Séraphi (saint Aug.) a défendu comme article de foy, qu'ils estoient condamnez aux peines sensibles, voire au feu, quoyqu'il n'ose pas dire cela ouvertement ; et par conséquent qu'ils sont pélagiens tous ceux qui le nient. Voilà la substance qui porte avec soi beaucoup de traits contre Porris (Jésuites), lesquels il croit assez adoucir, en y mettant un peu de sucre avec un *forte* ou un *fortassis*. Il se trompe grandement ayant à faire à des esprits assez sensibles aux injures. »

« Je suis merveilleusement aise que l'affaire s'avance tellement en dormant, ce qui montre que Dieu y veille : car cette disposition de plusieurs hommes vers la vérité, ou bien cette inquiétude à ne la trouver point, est très-importante à leur faire embrasser, comme à des affamez, ce qui les assouvira... J'approuve fort la retenue de Durillon (Saint-Cyran) avec Robin et sa force à se défendre, qui n'est pas peu de chose ; quoyque cela mesme leur fera plus venir l'eau à la bouche, et défendra plus Durillon de recevoir des affronts, en cas qu'il s'y embarquast. » 13 juin.

Troisième but : Établir les Oratoriens en Hollande pour les opposer aux Jésuites.

« Le supérieur ou archevesque des Hollandois, qui loge maintenant chez Sulpice (Jans.), luy a donné charge de sçavoir toutes les particularités de la compagnie dont de Bérulle est le chef. *Sulpice luy a mis cela en teste et pousse à la roue le mieux qu'il peut...* Sulpice vous prie d'avoir l'affaire à cœur, car il est passionné contre les Jésuites et leurs mesnées. Ils tascheront de faire au païs des Hollandois, comme ils ont fait en Angleterre, et occuperont les meilleures places si Bérulle ne les devance. » 1ᵉʳ juillet, et 8, 21, du même mois, 5 et 29 août.

Quatrième but : Répandre les livres de saint Augustin, en donner une édition corrigée.

« ... Le saint Augustin que je disois qu'il devoit estre réimprimé requiert nécessairement, à mon advis, une collation avec l'original, quoyque vieux et corrompu, pour avoir plus d'autorité. Car je ne doute point que celuy qui l'a produit ne se fust trompé en certains endroits *par faute de n'entendre pas le fond. Personne n'en verra rien.* » 22 avril. — « J'ai envoyé par les chariots de Bruxelles vingt-deux exemplaires de saint Augustin, comme vous en avez emporté un, afin que Solion (Saint-Cyran) s'en serve envers ceux qu'il jugera à propos, sans avoir la peine de les demander toujours. » 29 avril. — « ... De toutes les corrections que j'ay faites, je sçaurois *presque* donner pertinente raison s'il estoit besoin... Il faudroit laisser en arrière les notes de M. Ménard, car souventefois elles ne sont pas à propos et montrent qu'il n'entend pas le style et la *doctrine* de ce saint. » 26 novembre.

Cinquième but : Se concerter de vive voix avant d'ouvrir la lutte.

« ... Boëce vous a escrit par une lettre latine comme il n'avoit pas perdu l'espérance de se joindre un jour à Durillon... Il ne cessera point d'esclaircir, selon que Dieu l'aidera, tous les points, jusques à la composition de l'œuvre principal, car alors il sera nécessaire de conférer avec Célias, devant que le commencer. Dernier febvrier. » — « Je vous ay respondu par ma dernière à celle qui parle de la réunion de Célias avec Sulpice, trouvant bien bon le moyen de l'exécuter... Cela suppose cependant que la résolution nette et péremptoire fut faite auparavant laquelle pend encore de plusieurs circonstances... » 25 mars. — « ... Sulpice ne doute point s'il ne fait pas le voyage de cette année, qu'il le fera de l'autre, Dieu aydant. » 5 août 1622.

En effet, l'année suivante, Jansénius *entra avec le mois de may en France*. M. Sainte-Beuve dit que les deux amis se revirent à Péronne (1). C'est une inexactitude. Il est vrai, Jansénius écrivait à Saint-Cyran, le 6 avril :

« ... Ayant receu vostre dernière lettre, et reconnu l'offre que vous faites, de vous transporter à Péronne, je me laisseray aller hors de mon devoir qui seroit de venir là (Paris où Jansénius voulait venir), pour reprendre la première conception que nous avions de choisir Péronne pour cet effet... Ce sera donc, s'il vous plaist prendre cette peine, le samedy après l'octave de Pasques, qui est le 29 du présent mois d'avril, le jour de saint Pierre martyr et de sainte Catherine de Sienne, que je me trouveray avec l'aide de Dieu, vers le soir, à Péronne, pour y entrer avec le mois de may en France, et nous entretenir quelque temps. »

Trompé par cette lettre si précise, M. Sainte-Beuve raconte que « Jansénius arriva à cheval le *samedi* 29 *avril*, au soir ». Or, le 13 avril Jansénius écrivait :

« ... Je persiste dans la mesme résolution ; car je croy qu'aussi bien nous serions mieux en allant aux champs qu'en demeurant fermés dans la ville de Paris... *Cependant* si vous le trouvez mauvais vous le pourrez signifier encore... Je ne partirai pas *devant le* 29 *avril...* Vos lettres pourront aisément estre icy ; ou pour le moins à Péronne, *chez les PP. de l'Oratoire*, pour disposer de mon voyage, comme vous le jugerez. »

Saint-Cyran disposa du voyage de son ami, et Jansénius vint jusqu'à Paris, ou *aux champs*, peut-être encore à Bourg-Fontaine. Quoi qu'il en soit, l'entrevue n'eut pas lieu à Péronne : la lettre suivante nous l'indique très-clairement.

---

1. *Port-Royal*, t. I, p. 303.

« Louvain, 29 mai 1623. — Je vous ay escrit aujourd'huy il y a huict jours, c'est-à-dire jeudy passé, *de Péronne* avec l'homme *qui ramena le cheval,* lequel m'avoit bien mené au pas. *Je fus fort las venant à Péronne,* tellement que j'avais d'horreur de la porte ; néanmoins, pour ne perdre pas de temps, je monté *le mesme jour* à quatre heures après disner à cheval, et fis si bien, que j'arrivay le lendemain, c'est-à-dire, le vendredy devant disner, à Bruxelles, et au soir avec les chariots, à Louvain. »

On le voit, après l'entrevue, Jansénius revient à Péronne d'où il renvoie le cheval qu'on lui avait prêté avec une lettre pour son ami, et d'où, quoique très-fatigué, il repart le même jour. Ces circonstances auraient dû avertir M. Sainte-Beuve de l'erreur qu'il commettait.

Le voyage de Jansénius fut fort remarqué à Louvain et on en fit « d'estranges almanachs ». Voici un petit tableau de mœurs à la janséniste. On nomme le supérieur de Sainte-Pulchérie à un canonicat ; il l'accepte et s'écrie : « Voilà comme Dieu, en un moment, accommode les affaires de Sulpice et de Célias, et contre toute ordre et opinion ; car Sulpice n'était que le deuxième en nomination, et cependant Dieu a fait mourir deux chanoines, l'un vingt-quatre heures après l'autre. Il a envie de le changer en simples bénéfices ; on lui offre *déjà* 600 florins et un bénéfice ; mais il requiert la résidence en un lieu privilégié. Le temps esclora les occasions. » 2 juin 1623.

Les lettres des années 1624, 1625, nous manquent (1). La première de 1626 nous apprend que les deux amis se virent dans les premiers jours d'avril :

« ... Il y a huict ou dix jours que je suis arrivé icy heureusement... Je vous demande pardon de la faute que vous m'attribuez de vous avoir chassé si tost. J'aurois véritablement plus de tort, si l'événement ne me fournissoit de l'excuse ; car je fus bien près de deux heures encore après votre départ, au logis du messager, avec mon traiste cheval qui rua contre le vostre... » Bruxelles, le 17 avril 1626.

M. Sainte-Beuve peut placer ici, s'il le veut, son entrevue de Péronne : rien ne s'y oppose et il trouvera, quoique à trois

---

1. Ce fait s'explique par le séjour que fit alors Saint-Cyran à Aire auprès de l'évêque, M. Bouthillier.

ans de distance, « cette réjouissance de printemps qui ne leur servit qu'à conférer plus à fond de leur dessein (1) ». Toutefois il ne pourrait ajouter : « Jansénius revint à ses livres et à son Augustinus. » Jansénius revint à Paris au mois de mai. Il se rendait à Madrid où il allait plaider pour l'Université de Louvain contre les Jésuites. Sans doute il dut consulter chez M. d'Andilly *les Mémoires d'avocats baillés à maître Antoine Arnauld.* Il s'arrêta à Bayonne pour voir les parents de M. de Saint-Cyran, et arriva heureusement au terme de son voyage, après avoir été obligé de prendre à Saint-Jean de Luz, des mules, faute de chevaux de poste, pour parachever le reste du chemin. Il raconte ainsi sa première audience :

« Je m'en allay voir le président qui doibt traiter nostre affaire auquel ma venue sembloit estre fort agréable ; car comme il me vit de loin dans la sale, il me vint au devant avec son baston, et commença à rire bien haut en disant : *Ya sabe il camin d'Espana.* »

Jansénius passa l'hiver à Madrid, et, tout en s'occupant des affaires de son université, il ne négligea pas celles de la Grâce. Il continua la lecture de saint Augustin, l'acheva et la recommença. Il trouve tant de choses à recueillir, qu'il travaille à mourir de fatigue. Aussi peut-il annoncer (30 décembre 1626) qu'il ne lui reste plus qu'à mettre la main à la rédaction définitive de son livre. Il exhorte encore vivement Saint-Cyran à presser les Oratoriens de s'établir à Louvain :

« Il serait bon de leur procurer un lieu, s'il se peut, au milieu de l'université, *sans en dire la raison* : car je songe à leur faire tomber entre les mains toute la jeunesse avec le temps. »

Il se réjouit fort de la censure infligée par la Sorbonne à la *Somme théologique des vérités capitales de la Religion chrétienne* du Père Garasse. Il applaudit à la sainte indignation de son ami contre l'ouvrage du Jésuite. Saint-Cyran écrivit la *Somme des fautes* de cet auteur qui ne manquait ni de talent, ni de vertu : — son livre loué par Balzac, Malherbe, Bayle, Rapin, Bacon, et sa belle mort au milieu des pestiférés de l'hôpital de Poitiers, en témoignent avec un éclat que les calomnies des Jansénistes et les railleries de Voltaire ne sauraient

---

1. *Port-Royal,* t. I, p. 303.

voiler. M. Sainte-Beuve nous dit que les Jésuites essayèrent d'entraver la publication de la *Somme des fautes et des faussetés capitales contenues en la Somme théologique de François Garasse*. Ils eurent bien tort : les *fautes* de leur confrère plurent moins au public que ces *vérités* ; si bien que, lorsque son zélé critique commença à faire imprimer un autre ouvrage de controverse (Petrus Aurelius probablement), Jansénius lui offrit de payer l'impression, « si par aventure l'imprimeur ne voulait pas continuer, *à cause que la pièce que vous sçavez*, lui dit-il, *ne se vend pas bien* (1). » En effet, l'imprimeur ne voulut pas continuer, soit qu'il craignît le petit nombre d'acheteurs, soit qu'il craignît la Bastille. Saint-Cyran songea à se faire imprimer en Espagne. Il envoya son manuscrit à Jansénius qui lui répond :

« ... J'ai receu l'escrit à la main que vous m'envoyez... Ce que j'en ay leu me contente. Quant à l'impression, je verray à ce qui sera à propos d'en faire icy, où on apporte force formalitez à imprimer le moindre feuillet. » — « Quant à *Laverruncus*, il est impossible de le faire imprimer icy, à cause de tant de formalitez qu'on y apporte. Car il faudrait tellement le réformer qu'il perdrait toute sa force. » 21 août 1626. — 7 février 1627.

Au milieu de ses nombreuses occupations, Jansénius trouvait quelques instants pour aller se promener, ou plutôt pour aller promener son mulet. Cette sollicitude pour sa monture faillit lui coûter la vie :

« Mon mulet pensa me tuer, il y a quelques jours. Mais je m'en suis échappé bon marché, quoique j'en porte encore les marques. Je suis après le vendre, veu que je m'en sert fort peu, sortant quelquefois plus pour l'amour de luy que pour l'amour de moy (2). »

Son indiscrétion mit fin à son ambassade. Il était allé, probablement avant de vendre son mulet, faire un tour à Salamanque. Quelle gloire et quel avantage pour *Pilmot*, s'il avait

---

1. Ce qui explique pourquoi on ne trouve pas le troisième volume de la *Somme des fautes*, etc. M. Sainte-Beuve, qui n'a pas remarqué ce passage de la correspondance de Jansénius, dit pertinemment : « Tout donne à croire que Saint-Cyran, dégoûté de son surcroît de raison, en voyant le Père Garasse à terre, n'acheva pas. »
2. 12 octobre 1626.

pu s'attacher quelques docteurs de la célèbre université! Hélas!
il parla trop inconsidérément de ses projets de réforme, on devina le sectaire sous le réformateur et on résolut de le dénoncer à l'inquisition. Il en eut avis, et sans délibérer, il prit la poste fort secrètement pour s'enfuir, car on se serait saisi de lui s'il n'eût été assez habile pour se sauver. Quelques mois après son retour en Flandre, Jansénius parlait de son aventure en termes voilés.

« On m'a écrit de delà les monts que l'inquisition a été suscitée contre un docteur de Louvain qui a été en Espagne, et on s'est adressé à Salamanque au logis de son hôte, qui était le premier docteur de l'Université, appelé Basilius de Léo, pour prendre information contre lui, comme contre un Hollandois et par conséquent un hérétique (1). »

Le malencontreux ambassadeur fut reçu à Louvain « avec grande joie et contentement de tous ». Il va sans dire que Jansénius s'arrêta à Paris chez son ami, au logis de M. le sous-chantre, au cloître Notre-Dame (2). Et comme les présents entretiennent l'amitié, dès que Jansénius fut de retour à Louvain Saint-Cyran, l'austère Saint-Cyran, voulut lui offrir des jambons de Bayonne. En homme prudent, il lui demande comment il pourrait les faire arriver au collége Sainte-Pulchérie, sans que leur vue exposât les messagers à une tentation dangereuse pour le précieux envoi. La réponse ne se fit pas attendre :

« ... Quant aux jambons qu'il vous plaist de m'envoyer, je ne voy autre moyen que de les mettre dans un panier bien fermé de toutes parts, et mettre en haut un ou deux livres qui ne valent rien, ou un exemplaire de tomes contre le Plagiaire (P. Garasse). » 14 mai 1627.

Saint-Cyran ne devait pas manquer d'exemplaires de ces tomes; on sait que la *Somme des fautes* avait eu peu d'acheteurs.

1. Décembre 1627.
2. Saint-Cyran, dit M. Sainte-Beuve (t. I, p. 304), avait laissé en 1621 son évêque de Poitiers, et demeurait d'habitude à Paris, au cloître Notre-Dame, au logis de M. le sous-chantre. Saint-Cyran laissa son évêque avant 1621 et habita d'abord à Paris ailleurs que chez M. le sous-chantre. Le 17 novembre 1619, Jansénius lui écrivait *chez M. de Beauxhostes, rue de la Poterie*. Saint-Cyran était encore, après l'entrevue de 1621, *chez Monsieur de Beauxhostes, près des Halles.*

Ainsi placés sous la protection de la grâce efficace par elle-même, sans laquelle le septième précepte du Décalogue aurait bien pu être impossible aux gens *des chariots*, les jambons parvinrent à leur destination, et Jansénius remercia « grandement son ami de lui avoir donné cette rareté ». Quand la porte de la cuisine de Port-Royal s'entr'ouvre, on est sûr de voir quelque rareté. Un jour nous entendrons les amis d'une illustre *pénitente*, y heurter, demander très-humblement d'entrer dans les mystères de certaines marmelades et promettre une reconnaissance éternelle en échange de deux assiettes de certaines confitures. Mais laissons l'homme et retournons au héros. Nous le trouvons demandant un sermon pour prêcher dans un des principaux monastères des Pays-Bas, en présence de l'archevêque de Malines. Le sermon n'arriva pas à temps :

« Ce que vous m'avez envoyé touchant l'ordre des Bénédictins est venu trop tard ; ce qui est cause que j'ai fait la harangue, comme il a pleu à Dieu, sur la réformation des mœurs, suivant la doctrine de saint Augustin. Le prélat que vous connaissez y estoit présent et y prit grand plaisir : il a esté fort incité à cette occasion à *tascher de faire évesque un qui s'appelle Sulpice* (Jansénius), *jusques* à souhaiter qu'il fut *son coadjuteur, cum successione*, mais il n'a pas pouvoir de faire tout ce qu'il voudrait. Cependant je n'ay pas voulu vous cacher, comme à tout autre, cette particularité. » 15 septembre 1627.

L'archevêque de Malines, en attendant mieux pour son protégé, le fit nommer professeur titulaire d'Écriture sainte. La place rapportait « avec la chanoinie incorporée, 7 à 8 cents florins ». Cette nomination attira sur Jansénius l'attention de la Cour, « où certaines gens puissants sont fort inclinez à son avancement. Le prélat y fait des extrémitez *jusque-là que pour l'évêché de Bruges la chose fust sur le point d'estre faite et le bruit en courut.* »

Saint-Cyran félicita son ami de sa bonne fortune. Mais craignant sans doute que l'éloquence du professeur ne nuisît à « l'avancement » que certaines gens puissants lui préparaient, il lui offre ses services, qui furent acceptés avec empressement :

« ... Je vous remercie fort du secours que vous m'offrez à m'acquitter plus facilement de mon devoir ; si vous avez ou trouvez quelque chose qui puisse servir, il sera très-bien venu ; je commenceray par la Genèse, et poursuivray tout le Pentateucte. »

Les leçons furent applaudies, et l'heureux docteur mande à Paris que le nonce *lui montre une grande affection, qu'il songe même à le mettre sur le chandelier de là les monts en lui procurant quelque dignité au Vatican* (1). Tandis que l'ambitieux s'ouvrait aux espérances qui lui souriaient du Vatican, le sectaire travaillait dans l'ombre à renverser les plus fermes appuis de l'Église romaine. Non-seulement Jansénius faisait passer à Saint-Cyran tous les livres qui pouvaient l'aider à grossir les arguments hérétiques et les diatribes de *Petrus Aurelius,* mais lui-même venait de composer un ouvrage en trois livres contre les Jésuites. Plus avisé que loyal, il ne voulait pas le publier en son nom ; *il n'aurait pas regardé à cent florins pour le faire imprimer, s'il n'avait craint d'être découvert, saisi et visité,* ce qui aurait empêché les gens puissants de la Cour de hâter sa promotion à l'épiscopat, ou le nonce de le placer sur le chandelier au delà des monts. Il trouva bientôt un biais :

« Il m'est venu à l'esprit qu'il y aurait un moyen facile et asseuré de publier les escrits de Boëce contre Pacuvius en les traduisant *éloquemment* en la langue de Célias (Saint-Cyran) car il n'y a âme au monde qui songerait alors à Sulpice (Jans.), ce qui autrement serait difficile. Et par après on pourrait faire suivre l'original, comme si ce fust une traduction (2). »

Tout de bon, monsieur Pascal, ne vous semble-t-il pas qu'on pourrait ajouter à cette lettre de votre ami, ce *post-scriptum* de la huitième à un *Provincial :* « J'ai toujours oublié à vous dire qu'il y a des Escobars de différentes impressions ! »

Jansénius n'oubliait pas son œuvre principale, l'*Augustinus.* Au mois de février 1628, il terminait les huit premiers livres, c'est-à-dire, l'histoire des pélagiens et des semi-pélagiens, et commençait les autres traités qui composent l'in-folio. « Il y travaille, dit-il, tous les jours trois heures devant disner. » Il rencontre de grandes difficultés ; c'est un chaos qu'il ne sait comment débrouiller. Il est très-occupé à résumer les opinions des adversaires : il le fait très-minutieusement, peut-être trop, car l'ouvrage en devient fort long, si long qu'il en a peur. La

1. Lettre du 6 juin 1630.
2. Lettre du 29 février 1629.

composition lui est très-pénible à cause d'une infinité de passages qu'il faut aligner à tout bout de champ, et qui embarrassent beaucoup le chemin. Autour de lui on ne sait pas à quoi il travaille, sinon en général qu'il se rompt la tête à saint Augustin et par conséquent qu'il médite quelque chose sur lui. Il enverra à Saint-Cyran les titres ou chapitres de tout ce qu'il traite afin qu'il puisse en juger en gros. Il prie Barcos de voir s'il peut trouver le *Chronicon Prosperi* et d'examiner ce qu'il dit environ l'an 415, ou entre 410 et 490, des hérétiques qu'on nomme *Prædestinati*. Le Chronicon ordinaire qu'il possède n'en parle pas. Il voudrait aussi qu'il prît note de la suite des Papes depuis Innocent Ier jusqu'à Léon le Grand, car Pontanus dit qu'il syncope trois ou quatre Souverains Pontifes. Cela est nécessaire au dessein et à la suite de son ouvrage ; faute de ces éclaircissements, il y a quatre semaines que *jacent opera interrupta, minæque murorum ingentes*. Il est vrai que ce qu'il désire savoir n'est pas destiné à prouver sa thèse, mais à renverser etc Prosper et ces prédestinatistes. Peu après il envoie encore quelques chapitres à Saint-Cyran, afin qu'il juge des questions qui méritent d'être mises en relief. Il lui semble qu'il a bien donné sur les doigts aux Jésuites et qu'il leur sera difficile de se défendre de certaines choses qu'il leur impute. Il souhaiterait que Saint-Cyran pût tout lire, et il espère que Dieu lui ménagera une occasion favorable pour cette communication. Il a mis un an à terminer ces chapitres, quoiqu'il y consacrât trois heures par jour assidûment. Sans doute il aurait eu le temps d'écrire davantage, mais ce travail de continuelle composition était trop pesant. Quand il commence les livres *de Gratia primi hominis*, etc., «ce qu'il appelle traiter les affaires de monsieur Adam», il écrit si longtemps et avec une telle ardeur que bientôt sa main fatiguée refuse le service et il est obligé de lui accorder huit ou dix jours de repos. Certaines difficultés l'embarrassent beaucoup ; il se fie à Dieu qui lui découvrira la vérité, car plus d'une fois déjà il a éprouvé que l'assistance divine ne lui manquait pas en ces occasions. Ses occupations officielles l'empêchent seules de terminer l'Augustinus. Il se console de ce retard en pensant qu'il lui arrive « par une volonté particulière de Dieu qui sait quand il sera temps de produire ce livre, car de croire qu'il sera facile de le faire passer aux juges, cela, dit-il peut difficilement tomber en mon esprit, quelques dispositions qu'il puisse y avoir de delà, sachant les extravagances qu'il y a... »

Il manquerait un trait caractéristique à la figure qui se dessine dans cette longue correspondance, si nous n'ajoutions que Jansénius, nommé recteur de l'Université de Louvain, mena de front la politique et la théologie. Pour mettre fin à la guerre de la Flandre avec la Hollande, il proposa en 1633 de secouer le joug de l'Espagne et *d'unir les catholiques flamands avec les protestants hollandais pour composer un corps mi-parti des deux créances.* Deux ans plus tard, quand la France s'arma contre la maison d'Autriche et commença la conquête de la Flandre, Jansénius, redevenu bon Flamand et bon Espagnol, écrivit, sous le pseudonyme d'Alexandre Patricius Armechanus, un pamphlet qu'il intitula : *Mars Gallicus, seu de justitia armorum et fœderum regis Galliæ.* C'était une satire violente des rois de France, depuis Clovis jusqu'à Louis XIII, de la loi salique, du titre de roi très-chrétien, du don de guérir les écrouelles, des alliances contractées par Richelieu avec les princes protestants. Les Papes qui ont favorisé ou loué les rois de France ne sont pas épargnés dans cette philippique. Le P. Rapin en fait avec une juste indignation l'analyse, qu'il termine ainsi : « Le style en était vif, animé de citations grecques et latines assez bien appliquées, mais plein de fiel ; l'auteur ayant l'air d'un homme toujours en colère, et qui ne cherche qu'à offenser, mêlant à tout cela de ces tours malicieux qui ne respirent que l'animosité et cette malignité artificieuse qui pique d'ordinaire la curiosité d'un lecteur. Enfin, après avoir dit de notre nation tout ce que la passion peut inspirer, il s'excuse de la faiblesse de son style, prétendant que c'est moins par son livre qu'on peut apprendre la vérité des crimes abominables des Français pour perdre la religion, que des soupirs et des gémissements dont les fidèles ont fait tant de fois retentir toute l'Europe (1). »

On prétend que Richelieu voulut obliger l'abbé de Saint-Cyran à répondre à l'écrit du faux Armechanus sans connaître ses liaisons et ses engagements avec le véritable auteur, et que l'abbé, ayant refusé d'expliquer les raisons qu'il avait de le faire, acheva par là de se perdre dans l'esprit du premier ministre qui le fit observer avec attention. Le temps est passé où

---

1. *Histoire du Jansénisme,* page 302.

le supérieur de Sainte-Pulchérie écrivait à son ami : « De la promotion de monsieur de Lusson, je suis fort aise, croyant qu'il ne nuira pas à l'affaire de Comir. — De monsieur de Lusson je suis fort aise, estant un instrument très-propre à faire de grandes choses (1). » La prophétie se réalisa, mais contre le prophète, même pour les *affaires de Comir* auxquelles il porta, nous le verrons bientôt, le premier coup. *Mars Gallicus* valut à son auteur l'évêché d'Ypres. « Ainsi, dit le P. Rapin, ce fut du prix de l'autel et aux dépens du sang de Jésus-Christ qu'une satire si scandaleuse fut récompensée. » Sacré le 28 octobre 1636, Jansénius mourut le 6 mai 1638. Dissimulé jusque dans la mort, une demi-heure avant d'expirer, il recommandait à son chapelain Lamænus de s'entendre avec ses amis Fromond et Calenus pour publier, sans y rien changer, le livre qu'il avait gardé pour la postérité, n'ayant pas eu le courage *de tirer lui-même le rideau*. « Que si pourtant, ajoutait-il, le Saint-Siége y voulait quelque changement, je lui suis un fils obéissant et soumis. » Pouvait-il douter que le Saint-Siége voulût quelque changement à son ouvrage lui qui disait : « De croire qu'il sera facile de le faire passer aux juges, cela peut difficilement tomber en mon esprit. » Et que faut-il penser de la sincérité de sa soumission au Saint-Siége, « dont il estime le pouvoir la moindre chose » ? Cette suprême protestation d'obéissance est une suprême hypocrisie que Jansénius ajouta à toutes celles de sa vie. Il mourut comme il avait vécu: catholique de nom, hérétique de fait (2). Ses familiers le savaient bien et ils ne se méprirent pas sur ses derniers sentiments ; ils se hâtèrent de faire imprimer l'*Augustinus*, sans le soumettre au jugement du Souverain Pontife.

1. Lettres des 16 sept. et 15 déc. 1629.
2. A toutes les preuves de cette triste vérité que la correspondance de Jansénius nous a fournies, il faut ajouter celle-ci. Lorsque son neveu voulut vendre les livres de l'évêque, on trouva que la plupart étaient composés par les hérétiques modernes. Il y avait les œuvres de Calvin, l'*Histoire du concile de Trente*, par Paolo Sarpi, les *Actes du synode de Dordrecht*, le *Mystère d'iniquité*, par du Plessis-Mornay, l'*Histoire de Saleiden*, grand calviniste d'Angleterre, l'*Idolatrie des papistes*, par Théodore Simon, le livre de Marc-Antoine de Dominis *de Republica ecclesiastica*, l'*Abrégé de la théologie des protestants de Hollande*, l'Histoire de Pomponace, la *Théologie des protestants d'Allemagne*, le livre de Vorstius sur la Religion et quantité d'autres du même caractère.
Si l'examen de la composition d'une bibliothèque permet de deviner les idées et les prédilections de son possesseur, on peut juger de celles de Jansénius. On sait d'ailleurs qu'il avait toujours un Calvin ouvert devant lui sur la table où il écrivait l'*Augustinus*.

III

L'abbé de Saint-Cyran : son caractère, ses débuts littéraires.—*Question royale*, défense de la brebis du chapitre de Bayonne, *Apologie* pour l'évêque de Poitiers.—Équipée de Saint-Cyran contre les Jésuites de cette ville.—Conférences secrètes. — Le P. de Condren. — M. d'Andilly. — Modèle de style épistolaire. — *Dialogue d'Eudoxe et de Philanthe*. — M. Sainte-Beuve dit oui et non. — Saint-Cyran à Paris. — *Esprit de principauté*. — La *Somme des fautes du P. Garasse*. — Direction spirituelle. — Le *Chapelet secret* : ses effets. — *Petrus Aurelius* : Jansénisme et Gallicanisme. — Symbole de Saint-Cyran. — Son arrestation.

Pendant que l'*Augustinus* s'imprime secrètement à Louvain, chez Jacques Zegers, tirons l'abbé de Saint-Cyran de l'ombre où la correspondance de Jansénius nous l'a fait entrevoir. — M. de Saint-Cyran ! Un historien de Port-Royal l'appelle « homme *portentosus*, extraordinaire, surprenant (1) » ; et M. Sainte-Beuve découvre en lui, « au prix de quelque réflexion », il est vrai, « beaucoup de profondeur, de discernement interne, de pénétrante et haute certitude, beaucoup de lumière sans rayons, et de charité (2) ». La véritable grandeur, a dit La Bruyère, ne perd rien à être vue de près. La grandeur de M. de Saint-Cyran ne supporte pas cette épreuve. Dès qu'on s'approche, il ne faut pas beaucoup de réflexion pour découvrir que ce qu'il y a en lui d'extraordinaire, ce n'est pas la profondeur ni le discernement, ni la lumière, même sans rayons, ni la charité. Qu'on en juge : voici l'homme tel que le

---

1. *Mémoires historiques et chronologiques sur l'abbaye de Port-Royal des Champs* (par Guillebert), première partie, t. II, p. 149.
2. *Port-Royal*, par Sainte-Beuve, t. I, p. 273.

connurent ses contemporains, avant que ses disciples l'eussent offert à l'admiration de la postérité, posé sur un piédestal magnifique, et paré de la triple auréole du saint, du martyr et du docteur.

Avant d'aller à Louvain, Du Vergier de Hauranne étudia à Paris, il suivit la Sorbonne avec Denis Petau et logea à la même pension que ce jeune étudiant dont le nom deviendra un des plus illustres de la théologie catholique. Il ne lui laissa pas un heureux souvenir de son caractère. Le P. Petau racontait qu'il avait trouvé son condisciple vain, inquiet, présomptueux, taciturne et fort particulier dans toutes ses manières (1). Si Du Vergier parlait peu (il haïssait les paroles tant il en avait mauvaise opinion) (2), il écrivait beaucoup et se plaisait à *répandre l'encre sur le papier* ; c'est son mot. Lorsqu'on l'arrêtera, on saisira chez lui la valeur de plus de quarante volumes in-folio de manuscrits.

Du Vergier commença de bonne heure à répandre l'encre et ce ne fut pas en l'honneur de la Grâce. Revenu à Paris avec Jansénius, il ne se contenta pas d'assister aux leçons d'Edmond Richer. Son évêque, Bertrand d'Erchaux, qui jouissait d'un grand crédit à la cour, vantait son beau génie ; Juste-Lipse lui avait décerné de publics éloges et ne dédaignait pas d'adresser à ce jeune homme plusieurs lettres pleines d'affectueux conseils mêlés aux plus flatteurs encouragements. Du Vergier eut hâte de justifier ce glorieux patronage. Il apprit un jour par le folâtre comte de Cramail, son compatriote et ami, qu'une grave question de morale agitait le Louvre. Henri IV avait demandé à quelques seigneurs ce qu'ils auraient fait, si à la bataille d'Arques, au lieu d'être victorieux, il eût été obligé de fuir et que, s'embarquant avec eux sur la mer, sans aucune provision de vivres, une tempête les eût emportés loin du rivage. Un des seigneurs lui avait répondu qu'il se serait tué lui-même pour se donner à manger à son roi plutôt que de le laisser mourir de faim. Là-dessus, Henri IV avait mis en question si cela se pouvait faire sans crime. Du Vergier prit parti pour le généreux courtisan et il écrivit à l'appui de son opinion quelques pages qui parurent sous ce titre : *Question royalle*,

---

1. *Histoire du Jansénisme.*
2. Lettre de Saint-Cyran à M. d'Andilly.

*où est montré en quelle extrémité, principalement en temps
de paix, le sujet pourrait être obligé de conserver la vie du
Prince aux dépens de la sienne.* A la suite d'Ellies du Pin,
M. Sainte-Beuve ne voit dans ce petit livre qu'un tour de force,
un jeu d'esprit, une gageure de rhéteur ; « ainsi autrefois, dit-
il, Isocrate avait fait les éloges d'Hélène et de Busiris ; le philosophe Favorin, celui de la fièvre quarte, Synésius celui des
têtes chauves ; Agrippa célébrait l'âne, Érasme la folie, le
Berni la peste. » Ces noms rappellent l'élégance du style, la
verve de la satire, la grâce et l'enjouement de la pensée, l'ori-
ginalité du trait, la finesse du paradoxe. Aussi, on est tout
prêt à blâmer, avec M. Sainte-Beuve, les austères censeurs qui
ne purent pardonner au jeune Du Vergier de s'être placé du
premier coup en si brillante compagnie, et qui commentèrent
la *Question royalle* « sans rire et d'un air d'horreur ». D'ailleurs,
pourquoi faire un crime d'un péché littéraire de jeunesse,
même lorsque la gloire ne l'absout pas ? Un cousin de notre
Du Vergier, M. Du Vergier de Hauranne, historien du *gouvernement parlementaire*, avait débuté dans les lettres par
l'*Arlequin jaloux* et deux autres vaudevilles où on ne vit pas
même un tour de force. « Ces grelots de la fantaisie satirique
par lesquels il avait fêté ses vingt ans, dont on retrouve l'écho
dans ses œuvres les plus sérieuses et dans ses actes les moins
suspects de jovialités (1), » n'ont pas détourné l'Académie
française de lui ouvrir ses portes. Mais la lecture de la *Question royalle* dissipe un peu les dispositions bienveillantes qu'on
avait pour son auteur. Il n'y a rien dans ce livre qui porte à
rire, et il y a bien quelque chose qui fait horreur. *Arlequin
jaloux* devait être plus plaisant que l'Isocrate au xvii° siècle.
Écoutez :

« ... Si Dieu naturellement nous a faits tels que nous ne vivons
qu'en la ruine de nous-mêmes, et que le tout de l'homme ne subsiste
que cependant que les parties principales s'altèrent, se minent et s'en-
treminent, serait-ce merveille, s'il commandait à l'une des parties
par un commandement nouveau de défaire violemment son tout, vu
qu'il ne subsiste que par sa défaite, et que ce commandement a déjà
été donné aux parties de chaque individu élémentaire à l'encontre de
leur tout... Mais comment peut-on douter de ce pouvoir de Dieu ?...

---

1. Réponse de M. Cuvillier-Fleury au discours de M. Du Vergier de
Hauranne, prononcé dans la séance du 29 février 1872.

Au commandement que Dieu a donné de ne tuer point, n'est pas moins compris le meurtre de soi-même, que celui du prochain. Or il arrive des circonstances qui donnent droit à l'homme de tuer son prochain ; il en pourra donc arriver d'autres qui lui donneront pouvoir de se tuer soi-même... Ce n'est pas de nous-mêmes, ni de notre propre autorité, que nous agirons contre nous-mêmes, et puisque cela doit se faire honnestement et avec une action de vertu, ce sera par l'aveu et comme par l'entérinement de la raison. Et tout ainsi que la chose publique tient la place de Dieu, quand elle dispose de notre vie, la raison de l'homme en cet endroit tiendra lieu de la raison de Dieu ; et comme l'homme n'a l'être qu'en vertu de l'être de Dieu, elle aura le pouvoir de ce faire pour ce que Dieu le lui aura donné, et Dieu le lui aura donné pour ce qu'il lui a déjà donné un rayon de la lumière éternelle, afin de juger de l'état de ses actions qui, étant comme une parcelle d'un tout uniforme, opère par la même forme que son tout, et ne peut nullement juger des choses conformément à son idée, qu'elles n'ayent autant ou plus de conformité à la première idée d'où elles sont énoncées... »

C'est avec cette *profondeur* de doctrine que Du Vergier établit les principes suivants : « Le manquement de propriété sur la vie n'empêche point qu'on ne puisse se tuer soi-même. Car on voit tous les jours que la chose publique, qui n'a point d'autorité sur nos vies, les détruit avec autorité et sans reproche par le glaive de la justice. — Je crois que sous les empereurs Néron et Tibère, les pères étaient obligés de se tuer eux-mêmes pour le bien de leurs familles et de leurs enfants. — Toutes choses sont pures et nettes à ceux qui le sont. »
Il réduit à trente-quatre les cas dans lesquels un homme se peut tuer sans crime ; il indique la manière de le faire « par une prompte, légère et passagère douleur », comme par *rétention d'haleine*, par la *suffocation des eaux*, par *l'ouverture de la veine*, etc. « S'il y a de l'horreur à s'enferrer de ses propres mains, dit-il, il y a des moyens plus doux qui ne tiennent pas tant de la cruauté. » — Le morceau soigné de la *Question royalle* est l'éloge de Socrate buvant la ciguë : il commence ainsi :

« Le voulez-vous voir (l'homme de bien meurtrier de sa vie) en celui où la raison semblait habiter comme en un temple matériel, mais plutôt où elle s'était comme incorporée pour rendre le corps aussi raisonnable que la raison... »
Il termine par ce compliment :

« Et qu'eût fait ce personnage s'il eût vécu en une monarchie aussi policée que la nôtre ? N'eût-il pas cru que son obligation envers le monarque et son païs eût monté d'autant de dégrez, s'il eût vu le surplus encore par le même esprit prophétique par lequel il prédit le jour de sa mort à son ami ? »

M. Sainte-Beuve a oublié de nous signaler ce petit bout de l'oreille du courtisan qui se montre ici. Il a oublié encore, le délicat! de reproduire les passages que nous avons cités. Il se contente d'assurer à ses lecteurs que « tout l'excès de M. de Saint-Cyran se réduit en *un peu* de fausse thèse subtile, en *un brin* de galimatias (1). » En revanche, il leur apprend, car M. Sainte-Beuve aime ces petits détails de bibliographie circonstanciée, que le titre du premier feuillet de l'ouvrage est simplement : *Question royalle et sa décision*. Il aurait pu ajouter que la *Question royalle* n'a que soixante-cinq feuillets. On lit dans l'*Histoire du Jansénisme* que le livre de Du Vergier ne plut pas à la cour, parce qu'il ne traitait pas la question comme on l'avait posée, et que le public le trouva détestable. Mais le P. Rapin commentait d'un air d'horreur et ne voyait pas le jeu d'esprit. S'il faut en croire M. Sainte-Beuve, le P. Cotton, au contraire, aurait fort applaudi le petit livre et se serait même écrié que l'auteur méritait d'être évêque. Est-il bien sûr que le confesseur du roi ait prononcé cette parole sans rire ? Quoi qu'il en soit, échec ou succès, l'ambition du jeune casuiste était éveillée : il lui donna carrière. Pour offrir à tout Paris une idée cette fois-ci incontestable de son rare savoir, il se prépara à soutenir contre tous venants la Somme entière de saint Thomas dans une salle du couvent des Grands-Augustins du Pont-Neuf. Mais comme il n'était pas docteur, et que ce local dépendait de l'Université, on lui fit défense la veille du jour où, nouveau Pic de la Mirandole, il allait ouvrir ce brillant et formidable tournoi. Il en eut la gloire sans en courir les périls.

Bertrand d'Erchaux était très-lié avec Louis de la Rocheposay, évêque de Poitiers. Il lui parlait souvent de Du Vergier, et à force de le lui vanter, dit le P. Rapin, il lui fit venir l'envie d'avoir auprès de lui un si grand homme. Nous pensons qu'il faut placer à cette époque de renommée naissante le premier voyage de Du Vergier à Poitiers. Il quitta Paris en 1611, un

---

1. *Port-Royal*, par Sainte-Beuve, t. I, p. 273.

peu avant Jansénius, qu'il avait placé à titre de précepteur chez un conseiller à la Cour des aides. Ce ne fut pas pour devancer son ami à Bayonne, comme le raconte M. Sainte-Beuve. On lit en effet dans les *Mémoires* de Lancelot, que Richelieu, évêque de Luçon, connut Saint-Cyran chez M. de la Rocheposay, où il venait souvent se divertir. « Il admira la vivacité de son esprit et de ses lumières (c'est Lancelot, disciple toujours fidèle et toujours enthousiaste, qui parle), il y avait une chose qu'il avait peine à digérer, qui était son grand amour pour la solitude et pour les livres. Aussi quand il le vit parler du dessein qu'il avait de se retirer auprès de Bayonne avec M. d'Ypres, pour y étudier encore plus particulièrement les Pères, il témoigna en être surpris ; il ne pouvait comprendre comment on pouvait se donner tant de peine *sans autre dessein que d'étudier l'antiquité par le seul amour de la vérité* (1). » Richelieu ne resta à Luçon que de 1608 à 1616. Comment donc aurait-il pu rencontrer chez M. de Poitiers Du Vergier, si celui-ci n'y fût venu pour la première fois qu'en 1617, au sortir de la solitude de Campiprat ? On serait obligé, comme le fait M. Sainte-Beuve, de conjecturer que le récit de Lancelot a trait « à quelque circonstance du retour de Richelieu en Poitou, après son exil d'Avignon, et lorsque la reine mère était à Angoulême ». Dans cette conjecture, on ne peut expliquer ce que dit Lancelot de l'étonnement de Richelieu en apprenant le dessein qu'avait Saint-Cyran de se retirer à Bayonne avec son ami Jansénius. Nous restons convaincu que les *Mémoires* de Lancelot sont « d'une exactitude scrupuleuse pour les dates et pour les faits » ; c'est M. Sainte-Beuve qui nous l'affirme (2). D'ailleurs, nous trouvons une nouvelle preuve de ce premier séjour à Poitiers dans une *Étude sur la jeunesse de Richelieu*, publiée par M. Avenel, dans la *Revue des Questions historiques*. (3) M. Avenel cite deux lettres inédites que Richelieu écrivit alors (1610-1611), à l'hôte de M. de la Rocheposay. « Je vous supplie, lui disait-il, de vous asseurer que je vous honore avec la mesme ardeur que vous peustes remarquer en moy lorsque nous nous ouvrismes l'un à l'autre jusqu'au fond du cœur. M. le Doyen

---

1. *Mémoires touchant la vie de M. de Saint-Cyran*, par M. Lancelot. Cologne, MDCCXXXVIII, t. I, p. 92.
2. *Port-Royal*, par Sainte-Beuve, t. I, p. 281.
3. *Revue des Questions historiques*, 1ᵉʳ janvier 1869.

m'a asseuré que je pouvois avoir la mesme asseurance de vous. » Et encore : « Si j'ay quelques parties des bonnes qualités que vous me donnez, ce sont celles qui me font cognoistre et estimer les vostres et qui me portent à vous aymer chèrement. »

Au grand regret des deux prélats, Du Vergier exécuta son projet de retraite et d'étude. Le seul amour de la vérité ne fut pas le mobile de cette détermination. Nous savons ce que les deux amis cherchaient dans leur laborieuse solitude. Et certes, comme le remarque le P. Rapin, il fallait une aussi grande ambition que celle d'innover dans la religion, qui est la plus grande de toutes, pour soutenir l'austère et incessant travail des reclus de Campiprat. L'évêque de Bayonne, qui admirait ces jeunes gens sans pénétrer leur dessein, voulut se les attacher. Il nomma Jansénius supérieur d'un collége qu'il venait de fonder, et Du Vergier chanoine de sa cathédrale. Celui-ci accepta à condition qu'il n'assisterait au chœur que les dimanches et les jours de grande solennité. Le nouveau chanoine paya cette dispense en rendant à ses collègues un service signalé. Il y avait dans l'église de Bayonne une vieille cérémonie qui avait l'air un peu profane et choquait bien des gens : on présentait sur l'autel, aux messes de mort, une brebis égorgée avec des circonstances peu séantes à la pureté du sanctuaire. Un jeune capucin, qui avait du zèle, entreprit de combattre cette cérémonie, et, prêchant le carême, il s'emporta avec bien de la chaleur contre une pratique si païenne. Il était de l'intérêt du chapitre de soutenir cette coutume autorisée par l'antiquité : il n'eut pas de peine à engager Du Vergier à écrire contre le bouillant prédicateur pour repousser ses attaques audacieuses. Le profond théologien de la *Question royalle*, se hâta d'étaler son érudition. Mais sa plume savante trouva moyen de railler le capucin avec plus d'aigreur que n'en demandait la défense d'une brebis. Il le traita, dit-on, de jeune déclamateur. L'affaire fit du bruit dans le peuple, et sans l'intervention de celui-là même qu'on injuriait si gravement, elle eût été portée à de grandes extrémités (1).

Bientôt après avoir défendu avec cet éclat la brebis du chapitre de Bayonne, Du Vergier eut à défendre l'évêque de Poitiers ; il le fit avec une science toujours plus abondante et plus

---

1. *Histoire du Jansénisme*, par le R. P. Rapin, p. 48.

lumineuse. Bertrand d'Erchaux ayant été nommé archevêque de Tours, Jansénius était retourné à Louvain, et Du Vergier s'était rendu auprès de M. de la Rocheposay. Cet évêque, dit M. Sainte-Beuve, avait pris les armes dans une affaire contre les protestants au sein même de sa ville, et les avait battus à la tête d'un gros de troupe (1). M. Sainte-Beuve copie Ellies du Pin qui l'induit en erreur. Les choses se passèrent autrement. Lorsqu'en 1614 les princes mécontents quittèrent la cour, et se répandirent dans les provinces pour y organiser la sédition, M. le Prince, l'un des chefs de cette révolte, voulut s'emparer de Poitiers; l'évêque ferma les portes de la ville, et les armes à la main en interdit l'entrée aux rebelles. La conduite de l'évêque ne pouvait manquer d'être jugée diversement dans ce temps de passions politiques et de troubles civils, et beaucoup ne cessaient de lui reprocher cet acte de vigueur et de fidélité. A ces censeurs Du Vergier fit une réponse intitulée : *Apologie pour messire Henri-Louis Chastaignier de la Rocheposay, évesque de Poitiers, contre ceux qui disent qu'il est deffendu aux ecclésiastiques d'avoir recours aux armes en cas de nécessité* (2).

Cette apologie ne dément pas les promesses qu'a déjà données le génie littéraire et théologique de son auteur ; elle les confirme et marque un pas de plus dans la profondeur, dans la lumière sans rayons. La doctrine que Du Vergier prétend établir est que l'Église est obligée de se défendre par la prière et par les armes. Pour le montrer, il soutient que l'usage qui permet aux ecclésiastiques de se servir des armes, ayant été universel dans le ciel et sur la terre, il est plutôt l'ouvrage de la raison que de la coutume. En preuve qu'il a été suivi dans le ciel, il rapporte le combat de saint Michel à la tête des bons anges, contre Lucifer, combat qui figurait, dit-il, la hiérarchie de l'Église, composée de diacres, de prêtres et d'évêques. Les diacres, les prêtres, les évêques, après un si grand modèle, peuvent assurément prendre les armes pour réprimer les mé-

---

1. *Port-Royal*, par Sainte-Beuve, t. I, p. 278.

2. *La jeunesse de Richelieu*, Revue des Questions historiques, 1ᵉʳ janvier 1869. M. Sainte-Beuve donne ainsi le titre de ce livre : *Apologie pour Henri-Louis Chataigner de la Rocheposai, évêque de Poitiers, contre ceux qui disent qu'il n'est pas permis aux ecclésiastiques d'avoir recours aux armes en cas de nécessité.* — C'est très-grave pour un bibliophile aussi scrupuleux.

chants. Abraham lui fournit le premier exemple de la loi de nature. Nous nous gardons bien d'énumérer tous les exemples de cette loi, de la loi écrite et de la loi de grâce que Du Vergier cite à l'appui de sa thèse. On peut croire qu'il n'en omet aucun. Il se plaît surtout à raconter les exploits guerriers d'une foule de cardinaux, d'archevêques et d'évêques. Cependant le fécond apologiste a peur qu'on doute de l'étendue de sa science, et il prévient ses lecteurs que, n'ayant pas tous ses livres, il n'a pu faire beaucoup de citations, comme il l'aurait désiré. Il ajoute que s'il donne une seconde édition, il espère augmenter son ouvrage de plusieurs notes qui seront d'autant plus belles qu'on ne les trouve pas ailleurs. Cette édition revue et augmentée n'était pas nécessaire pour confirmer ce jugement de Nicole sur son illustre maître : « C'est une terre, disait-il, capable de porter beaucoup, mais féconde en ronces et en épines. » M. Sainte-Beuve lui-même avoue que cette récidive de paradoxe, de la part de M. de Saint-Cyran, lui paraît grave ; il reconnaît que la nature de l'apologiste était de celles qui ont besoin pour se clarifier et se faire, de passer d'abord par quelque fatras, et comme on dit en mots francs, de jeter d'abord leur gourme avant d'être saines (1). Du Vergier ne sera jamais ni clair, ni sain ; il portera du fatras partout, et de la gourme aussi. Chez les Hauranne, paraît-il, les défauts originels sont persistants. M. Cuvillier-Fleury disait à celui de nos jours : « Partout se retrouve en vous la trace de ce moule indestructible d'où vous êtes sorti, non pas toujours pour le repos du monde... La muse comique vous aurait, malgré tout, visiblement tenté. Il vous en était resté quelque chose... Et même, dans vos écrits les plus sérieusement conçus, vous ne vous refusez pas ce dangereux assaisonnement du comique(1). » Comique ou fatras, le trait de famille est identique, et en le voyant dans le portrait de l'académicien, nous sommes plus sûr de ne pas nous être trompé en le signalant dans celui de l'abbé.

L'évêque de Poitiers récompensa son défenseur, qu'il avait déjà nommé grand vicaire, en lui donnant l'abbaye de Saint-Cyran en Brenne. Du Vergier n'eut garde d'aller s'ensevelir

---

1. *Port-Royal*, par Sainte-Beuve, t. I, p. 279.
2. Réponse de M. Cuvillier-Fleury au discours de M. Du Vergier de Hauranne.

dans ce désert. Il commençait dès lors à dogmatiser. Ce n'est pas du fond d'un cloître obscur qu'il aurait pu continuer la sublime mission qu'il s'était attribuée et que d'heureuses circonstances semblaient favoriser. M. de la Rocheposay n'était pas seulement un courageux prélat, capable d'arrêter M. le Prince aux portes de sa ville épiscopale ; à la virilité du caractère, il joignait une culture intellectuelle des plus brillantes. Il a laissé des commentaires d'une élégante latinité sur la sainte Écriture. Élève de Joseph Scaliger, il portait l'empreinte de la Renaissance dont son maître continuait les savantes traditions, qui étaient pour lui des traditions de famille (1). Son palais était devenu le rendez-vous des beaux esprits de la contrée. Richelieu y venait se divertir ; Balzac, le grand *épistolier*, faisait comme l'évêque de Luçon; Sébastien Bouthillier y demeurait. M. de la Rocheposay se plaisait à s'entretenir de science et de littérature classique avec ces honnêtes gens.

Il lui arriva bientôt ce qui arrive d'ordinaire à la plupart de ceux qui sont constitués en quelque grand poste : ils ont soin de conserver toute la dignité pour eux, et abandonnent un peu l'autorité à ceux qui les approchent et par qui ils se laissent gouverner. Du Vergier, hardi et entreprenant, se voyant si bien auprès de son évêque, exerça son influence de grand vicaire au profit de son ambition de réformateur. Jansénius écrivait de Louvain : « Il semble que Dieu veuille que partout où je me trouve, mes travaux se tournent contre les Jésuites. » Son bon ami aurait pu en dire autant. Les disputes religieuses étaient depuis longtemps assoupies dans Poitiers, lorsque des gens endoctrinés par Du Vergier rallumèrent tout à coup la guerre. Ils débitaient dans les compagnies que c'était péché mortel de ne pas assister le dimanche à la grand'messe des paroisses. Les gens de bien s'étonnent; les curés applaudissent; de concert avec le grand vicaire, ils font prêcher Frère Sulpicien, un capucin d'un talent à se faire écouter du peuple, car il était hardi et affirmatif. Frère Sulpicien, qui avait cependant une occasion de venger son confrère de Bayonne, déclara d'un

---

1. Juste-Lipse écrivait à un de ses amis : « Tres sunt quos admirari unice soleo et qui in hominibus excessisse mihi humanum fastigium videntur, Homerus, Hippocrates, Aristoteles : sed addo hunc quartum (Scaligerum patrem), qui natus est in miraculum et gloriam nostri ævi. » Justi-Lipsii Epistolarum centuriæ duæ. Parisiis, 1601. Cent. 2, epist. XLVIII.

ton de prophète qu'il y avait obligation rigoureuse d'assister à la grand'messe de paroisse tous les dimanches. Du Vergier, les curés, et peut-être les capucins, étaient moins préoccupés du salut des âmes, que de l'affluence des fidèles aux messes des Jésuites. Les révérends pères virent où tendait ce beau zèle, et le recteur de leur collége écrivit au P. Viguier, qui enseignait les cas de conscience, de dicter un petit traité sur cette matière pour éclairer les fidèles. Le casuiste répondit au prédicateur avec une force qui l'exposa aux railleries du public. Du Vergier rendait compte au prélat de ce qui se passait en ville, et on peut croire qu'il ne donnait pas aux Jésuites le rôle le plus édifiant. M. de la Rocheposay prit feu aux discours de son cher docteur; il l'envoya déclarer au recteur du collége qu'il interdisait la classe des cas de conscience. Le grand vicaire choisit mal son temps : il arriva à la sortie des classes et fut traité peu respectueusement par la foule des écoliers. Pour punir les maîtres des huées de leurs élèves, on leur enleva la direction des religieuses de l'abbaye royale de Sainte-Croix. Mais on avait compté sans l'abbesse, la princesse Charlotte-Flandrine de Nassau, et aussi sans le P. Arnoul, confesseur du roi. On reçut bientôt à l'évêché une lettre de cachet qui ordonnait de rétablir les choses en l'état où elles étaient avant cette dispute sur la nécessité d'entendre la grand'messe paroissiale. L'évêque confus se retira quelque temps à la campagne au milieu de ses livres. Du Vergier ne devint ni plus sage ni plus retenu. Il y avait à Poitiers des gens d'école et d'Université, ennemis nés des Jésuites, et comme partout des gens bizarres, toujours épris de nouveauté. Ce furent les premiers disciples du réformateur.

Les curieux se joignirent bientôt à ceux qui avaient commencé à suivre le réformateur, pour l'entendre parler de la grâce et de la prédestination, de la pénitence et de l'usage des sacrements. Il se trouva des femmes encore plus curieuses que les hommes et qui donnèrent de la vogue aux conférences de Du Vergier. Ces conférences étaient secrètes, et comme tout ce qui a l'air de mystère devient agréable à ceux qui en sont, on se passionna pour ces assemblées à huis clos (1). Le P. de Condren, qui se trouvait à Poitiers pour y fonder l'Oratoire, connut beaucoup Saint-Cyran à cette époque de premier apos-

1. *Histoire du Jansénisme.*

tolât. Le grand vicaire, espérant le gagner, lui découvrit ses projets et ses doctrines de réforme. Il ne savait pas que si un grand esprit peut se laisser séduire quand il est seul, il résiste à toutes les attaques de l'erreur quand il est accompagné d'un cœur vraiment humble. L'éminent oratorien fut effrayé à la vue d'un si profond et si complet égarement. Il se tut néanmoins et ne parla que très-tard, quand tout espoir de retour fut perdu pour l'orgueilleux sectaire. Saint-Cyran lui sut gré de ce silence ; il lui témoigna dès lors une déférence qui ne se démentit pas. Les confidences nous expliquent cette attitude respectueuse à l'égard du P. de Condren dont il craignait les révélations. C'est peut-être à ce Père que se rapporte ce trait que Saint-Cyran racontait à l'abbé de Prières, pendant un séjour qu'ils firent ensemble au monastère de Maubuisson. Il avait dévoilé ses sentiments à un ecclésiastique, mais redoutant qu'il le dénonçât, il l'arrêta court sur le chemin où ils conversaient et le pria de le confesser à l'instant même. L'ecclésiastique surpris d'une si soudaine résolution se prêta cependant à son désir. Il lui déclara alors en confession qu'il reconnaissait avoir péché en lui proposant ses maximes et lui demanda l'absolution. « Je voulus l'obliger à garder mes maximes sous le sceau du secret sacramentel, » disait-il, et il éclatait de rire. L'austère directeur avait-il appris de la primitive Église cet usage des sacrements ? M. Arnauld a oublié d'en parler dans son livre de *la Fréquente Communion.*

Arnauld ! Nous voici précisément à la date mémorable dans les annales de Port-Royal, où ce nom apparaît à côté de celui de l'abbé de Saint-Cyran pour ne plus quitter cette place d'honneur. M. Arnauld d'Andilly, le frère de la mère Angélique, attaché à M. de Schomberg, surintendant des finances, vint à Poitiers avec la cour, vers la fin d'août 1620. Du Vergier, qui avait « beaucoup de discernement interne » vit, combien un tel disciple lui serait utile. Son ami Sébastien Bouthillier, qui connaissait déjà M. d'Andilly, le lui présenta. La séduction fut prompte, complète, persévérante. Nous avons la première lettre que l'abbé de Saint-Cyran écrivit à d'Andilly peu après son départ, le 25 septembre. Une phrase, malheureusement les Jansénistes ont la phrase longue, nous initiera à la manière du maître, à la profondeur de ses pensées, à l'enthousiasme de ses sentiments, aux beautés de son style.

« ... Pour vous asseurer de moy, Monsieur, et en juger à l'avenir certainement, et d'une mesme façon, je vous veux dire pour manière de paroles et vœu qui me rendent criminel devant Dieu si je les viole et outrepasse, que vous trouverez toujours mes actions plus fortes que mes paroles ; que dis-je que mes paroles ? que mes conceptions, que dis-je que mes conceptions ? que mes affections et mes mouvements intérieurs ; car tout cela tient du corps et n'est pas suffisant pour rendre témoignage d'une chose très-spirituelle ; veu que l'imagination qui est corporelle se trouve dans les mouvements de l'affection ; de sorte que je ne prétens pas que vous me jugiez que par une chose plus parfaite et qui ne tient rien de ces choses-là, qui sont meslées de corps, de sang, de fumées et d'imperfections, parce qu'il me reste dans le centre du cœur, avant qu'il s'ouvre et qu'il se dilate et pour s'émouvoir vers vous il produise des esprits, des conceptions, des imaginations et des passions, quelque chose de plus excellent que je sens comme un poids affectueux en moy mesme, et que je n'ose produire, ny esclore, de peur d'exposer un saint germe ; j'ayme mieux le nommer ainsi à mes sens, à mes phantosmes, à mes passions qui ternissent aussi tost, et couvrent comme des nuées les meilleures productions de l'âme ; si bien que pour me donner à vous en la plus grande pureté qui se puisse voire, qui se puisse imaginer, je ne veux pas me donner à vous, ny par imagination, ny par conceptions, ny par passions, ny par affections, ny par lettres, ny par paroles, tout cela estant inférieur à ce que je sens en mon cœur et si relevé par dessus toutes les choses qu'en accordant aux anges en ma philosophie la veuë de ce qui est éclos, de ce qui nage, pour le dire ainsi sur le cœur, il n'y a que Dieu seul qui en connoisse le fond et le centre de moy mesme, qui vous offre le mien, ne vois presque rien que je puisse désigner par un nom et n'y connais que cette vague et indéfinie, mais certaine et immobile propension que j'ai à vous aymer et à vous honorer, laquelle je n'ai garde de terminer par quelque chose, afin que je me persuade que je suis dans l'infinité d'une radicale affection, j'ai presque dit substantielle, ayant égard à quelque chose de divin et à l'ordre de Dieu où l'amour est substance, puisque je prétens qu'elle est infuse en la substance du cœur dont l'essence est la quintessence de l'âme, qui estant infinie en temps et en vertu d'agir comme celui dont elle est l'image, je puis dire hardiment que je suis capable d'opérer envers vous par affection, comme Dieu opère envers les hommes. »

Ne suivons pas plus loin Saint-Cyran répandant ainsi son encre sur plus de six pages, qu'il termine par ce post-scriptum :

« Monsieur j'ay transcrit cette lettre contre ma coustume, avec peine et plaisir, à condition qu'une autre fois vous prendrez la peine de lire mon caractère qui est tres-mauvais. »

Au quatrième dialogue de *la Manière de bien penser dans*

les ouvrages d'esprit, Philanthe dit à son interlocuteur : « Je voudrais bien voir du galimatias tout pur. — Je vas vous en montrer du plus fin, repartit Eudoxe : il ouvrit un livre, et lut la lettre » dont nous avons donné un passage. « Que dites-vous de cela ? demanda Eudoxe à Philanthe. Je dis, répliqua Philanthe, que c'est là le galimatias le plus complet et le plus suivi qui se puisse imaginer. La merveille est, continua Eudoxe, que celui qui écrivait de la sorte passait pour un oracle et pour un prophète parmi quelques gens. Je crois, répondit Philanthe, qu'un esprit de ce caractère n'avait rien d'oracle ni de prophète que l'obscurité. Sçavez-vous bien, reprit Eudoxe, que ses partisans soutenaient que c'était un homme envoyé de Dieu pour réformer l'Église sur le modèle des premiers siècles ? Ah! je ne puis croire, dit Philanthe, que quand il y aurait quelque chose à réformer dans l'Église, le Saint-Esprit voulût se servir d'une tête pleine de galimatias pour une entreprise si importante ! Après tout, repartit Eudoxe, on ne doit pas s'étonner qu'un homme qui faisait le procès à Aristote et à saint Thomas fût un peu brouillé avec le bon sens. Il en déclare lui-même la vraie cause dans une autre lettre où il dit franchement : « J'ai le cœur meilleur que le cerveau (1). »

« Et voilà comment un homme d'esprit, de goût, un honnête homme, le P. Bouhours, osait juger ce personnage que nous révérons ; la robe de Jésuite et son tour d'esprit agréable ne lui laissent aucun doute. » C'est M. Sainte-Beuve qui parle ainsi après avoir cité quelques phrases du dialogue de Philanthe et d'Eudoxe. Nous connaissons cependant un homme d'esprit et de goût dont l'historien de Port-Royal ne récusera pas le témoignage, et qui juge ici Saint-Cyran comme le P. Bouhours. « Pour donner idée, dit-il, des ténèbres de pensées et d'expression chez M. de Saint-Cyran à cette époque, je me crois obligé à citer, » et il cite un passage du plus fin galimatias, qu'il termine par cette réflexion: « Ce ne serait pas faire preuve d'impartialité que de dissimuler que ce fut là le point de départ, le premier, le *long* et confus tâtonnement de la pensée de celui qu'on verra un si souverain docteur. » Nous verrons le *souverain* docteur. En attendant, nous constatons que M. Sainte-Beuve, car c'est lui qui parle, apprécie le directeur des Ar-

---

1. *La Manière de penser dans les ouvrages d'esprit. Dialogues.* Seconde édition, Paris, MDCCXXXVIII, dial. 4, p. 472.

nauld avec la même équité que le père jésuite. Son habit d'académicien et son tour d'esprit libre penseur l'ont probablement empêché de se souvenir, au second volume de Port-Royal, de ce qu'il avait écrit dans le premier (1). Ce qu'il y a de piquant, c'est que M. d'Andilly, un personnage fort vénéré, osait juger son illustre ami un peu à la manière de Philanthe ou de M. Sainte-Beuve du premier volume. Il se plaint, en effet, à Saint-Cyran de son *mauvais caractère*, de l'obscurité de son style, et l'abbé s'en excuse ainsi :

« N'ayant ny bonne plume, ny bien de l'encre, qui sont deux disettes où je me trouve souvent sujet, j'avais alors quelque sorte d'impuissance d'écrire mieux...
« En vous écrivant je sens un embrasement en mon esprit qui m'élève et me garde en haut ; j'ay pris occasion de là d'entrer en un discours que j'ay admiré en sa racine et que vous avez eu sujet de mépriser en ses branches et en ses feuilles, pour le peu d'ornement que j'ay apporté aux paroles dont j'ay usé pour l'exprimer, qui m'a donné des connoissances que je n'avais jamais euës auparavant, des secrets admirables de Nostre Maistre, lesquels ne pouvant qu'imprudemment dire à un autre qu'à vous, et ne pouvant les faire sortir de cet esprit qu'avec la mesme précipitation de l'Esprit de Dieu qui me pousse violemment à les vous dire ; voyez si vous aimez mieux que je les perde en écrivant lentement, ou les dictant à un valet qui les déshonore et refroidit avec une plus grande certitude, que de les jetter comme des semences informes qui tombant du ciel en vostre esprit par des lettres aussi mal arrangées qu'estoient celles des Sibylles, lorsqu'elles écrivaient en faveur des oracles des dieux. »

Le P. Bouhours avait-il si tort de signaler les caractères sibyllins des lettres de Saint-Cyran ? M. Sainte-Beuve donne son entière approbation aux valets qui ont déshonoré et refroidi les admirables secrets du maître ; lui-même les rend quelquefois supportables de grammaire. Recueillons encore ces deux lignes échappées aux corrections des disciples :

« J'ay le cœur meilleur que le cerveau, et agis et me meus en moy mesme mieux qu'envers les autres, parce qu'en l'un il n'est besoin que de mouvements, et en l'autre de pensées et de paroles, lesquelles je hay presque, tant j'en ay mauvaise opinion, hormis quand j'ay autant d'asseurance de la personne à qui je parle que de moy mesme. »

1. *Port-Royal*, par Sainte-Beuve, t. I, p. 285 ; t. II, p. 163.

M. d'Andilly était devenu, peu après le voyage de Poitiers, premier commis du comte de Schomberg. Saint-Cyran, qui savait que tout ce qui a rapport aux finances est d'un grand poids à la cour et dans le royaume, se rendit à Paris et redoubla de tendresse pour son précieux néophyte. Il lui écrit à Saint-Jean d'Angely où il avait suivi le roi :

« Je ne suis icy durant votre absence que de la mesme façon que si j'étais emmy un grand champ, logé sous une petite tente, sans que j'entende rien bruire à mes oreilles du bruit et des tempêtes ordinaires à cette grande ville, d'où, si vous n'y retournez bien tost, je suis résolu de me retirer, n'ayant fait état d'y demeurer principalement pour l'amour de vous. »

Il y demeurait bien un peu aussi pour la mère Angélique, laquelle remerciait son frère « de tout son cœur de lui avoir procuré le bonheur d'une si sainte amitié ». Il allait à Port-Royal, s'entretenait avec la mère à sa grande satisfaction et lui faisait de beaux compliments. Il faisait aussi des conférences à la grille dont l'abbesse et les religieuses étaient extrémement contentes (1). Saint-Cyran fut bientôt l'ami intime, le directeur chéri de toute la famille Arnauld. S'il accompagne à Aire Sébastien Bouthillier, récemment nommé à cet évêché, il soupire après le jour qui le ramènera au milieu de ses disciples :

« ... *Je vous dirai dans les allées de Pomponne, à la faveur des ombres des arbres, ce que je n'estime pas être assez bien caché dans ce papier...* »

« Je ne puis assez remercier madame Arnauld de la souvenance qu'elle a daigné avoir de moy, à qui je dis seulement, pour toute revanche, qu'elle trouvera plus en moy d'effets que de paroles, lesquelles j'estime si peu, que je n'ay pas de meilleure raison pourquoy j'ay tant tardé à vous escrire que le peu de cas que j'en fais, non plus que des fleurs du printemps qui me déplaisent, et parce qu'elles passent trop tost, et pour ce que la plus grande part se perdent sans porter des fruits, qui me font préférer l'extrémité de l'automne au commencement du printemps, encore qu'en l'un on ne voye que des feuilles fanées et sèches sur les arbres, et en l'autre on y voye des fleurs. »

Cette saison des fruits, Saint-Cyran, revenu à Paris, l'appelait pour son œuvre de ses vœux les plus ardents. « Vous ne

---

1. *Histoire de l'abbaye de Port-Royal*, par Besoigne, t. I, p. 123.

sçauriez croire, disait-il à son ami, comme j'attends le temps de cette grâce qui vient du ciel. » Voir le temps de la grâce, le préparer, était sa seule ambition. Il refusa le poste de premier aumônier de la princesse Henriette de France, mariée au fils aîné du roi d'Angleterre, et, le soir même du jour où il résista aux séductions de ces honneurs que lui offrait le cardinal de Richelieu, il écrivit à M. d'Andilly :

« Les grands sont si peu capables de m'éblouir, que si j'avais trois royaumes, je les leur donnerois, à condition qu'ils s'obligeroient à en recevoir de moi un quatrième, dans lequel je voudrois régner avec eux : car je n'ai pas moins un esprit de principauté que les plus grands potentats du monde, et que ceux qui sont déréglés jusques-là en leur ambition que d'oser désirer ce qu'ils ne méritent point. Si nos naissances sont différentes, nos courages peuvent être égaux, et il n'y a rien d'incompatible que, Dieu ayant proposé un royaume en prix à tous les hommes, j'y prétends ma part. Cela irait bien loin, s'il n'était près dix heures de nuit, et si je n'avais peur de parler en vain, en voulant inspirer par mes paroles un désir de Royauté dans l'esprit d'un ami que je ne puis bien aimer à ma mode, s'il n'a une ambition égale à la mienne, qui va plus haut que celle de ceux qui prétendent à la monarchie du monde... »

Saint-Cyran avait vraiment l'esprit de principauté ; il fut un docteur souverain. Dès Poitiers, il en avait prévenu M. Arnauld :

« J'ay acquis sur vous par votre volontaire donation, de prévenir tous les temps, et toutes occasions, et toute la puissance que vous pourrez jamais acquérir ; me rendant maître du fond, j'ai droit à tous les fruits qui y naîtront à jamais. »

Pour établir son royaume spirituel, il entrait dans sa tactique de discréditer ses adversaires les plus redoutables. C'est dans ce but qu'il publia *la Somme des fautes et faussetés capitales contenues en la somme théologique de François Garasse* (1). Il dédia ce livre à Richelieu, et son épître dédica-

---

1. Le libertinage et l'impiété étaient devenus de mode à la cour ; à la suite du poëte Théophile qui tenait école d'athéisme, les seigneurs et tous ceux qui se piquaient d'esprit en faisaient ouvertement profession. Les Jésuites, pressés par les gens de bien, se mirent à barrer le chemin au torrent et à signaler ses dévastations. Le P. Garasse écrivit d'abord la *Doctrine curieuse des Beaux Esprits de ce temps*, et ensuite *la Somme théologique des Vérités capitales de la Religion chrétienne*. C'était un homme assez savant dans les belles-lettres, dit le P. Rapin, il avait fort étudié les anciens et s'était

toire, dit Lancelot, « peut servir d'un excellent modèle des louanges que l'on peut donner à un grand sans le flatter (1). » En effet, le cardinal y est seulement comparé en détail à Moïse, à la fois grand prêtre et homme d'État, qui tue l'Égyptien à bonne fin, et on reconnaît qu'il n'appartient qu'à un esprit semblable au sien par l'élite de ses pensées de représenter la beauté des lis et des roses. « A la vérité, raconte le P. Rapin, ce que Saint-Cyran écrivit contre le P. Garasse eut peu de cours ; il fut peut-être supprimé par l'avis de ses amis, qui lui représentèrent combien il serait blâmable d'écrire contre un livre composé pour la défense de la religion, parce qu'il y avait de fausses citations. » La supposition de l'historien du *Jansénisme* est trop charitable. Nous avons vu dans la correspondance de Jansénius, que, faute d'acheteurs, l'éditeur ne voulut pas continuer l'impression de *la Somme des fautes*, qui en resta au deuxième volume. M. Sainte-Beuve affirme cependant que le P. Garasse étant à terre au second coup, Saint-Cyran dédaigna de porter le troisième, « dégoûté » qu'il était « de son surcroît de raison ». Ce dégoût était si profond que, mécontent du blâme bénin infligé par la Sorbonne aux fausses citations du Jésuite, il écrivit une satire sanglante contre les docteurs et la fit imprimer à Cologne par ses amis de Hollande.

Le P. Garasse mourut glorieusement au service des pestiférés de l'hôpital de Poitiers. Saint-Cyran, qui avait entrepris « de montrer la honte du plagiaire à toute la France », ne sentait pas de vocation pour cet héroïsme chrétien et sacerdotal. « Je partirai d'ici le mois prochain sans faute, écrivait-il, le 24 mai 1624, de Mont-Martin, à son ami d'Andilly, *si la peste, dont on nous menace ici, n'est pas trop forte à Paris.* » Il préférait exercer les œuvres de miséricorde spirituelles. Il se plaisait à les exercer à la grille du couvent de Port-Royal de Paris et de l'institut du Saint-Sacrement. Ses conférences disposèrent peu à peu les esprits dans la maison à prendre con-

---

rempli l'esprit de cette curieuse littérature qui avait vogue en ce temps-là. Mais, s'il savait bien des choses, ce n'était pas en homme sûr qu'il les savait, il se méprenait même quelquefois dans les citations qu'il faisait, et mêlait les sentiments des anciens à ses propres sentiments, donnant souvent leurs pensées pour les siennes. Dans la *Somme* ses mauvaises qualités débordèrent. Il fut blâmé par ses supérieurs et envoyé à Poitiers. (V. *Mémoires de Garasse* publiés avec une notice par Charles Nisard. Paris, Amyot.)

1. *Mémoires touchant la vie de M. de Saint-Cyran*, par M. Lancelot, t. I, p. 74.

fiance en lui. La mère Angélique tâchait d'insinuer doucement cette confiance. Elle sut tourner si bien le cœur de ses filles, d'abord rebutées par l'austère doctrine de l'abbé, qu'elles voulurent toutes lui faire une confession générale. Il ne se refusa pas à cette bonne œuvre. C'était vers le commencement du carême, et pour la première fois, il ne les tint que jusqu'à la fin de la quarantaine dans les épreuves de la pénitence. Quelle noire calomnie d'accuser Saint-Cyran d'un rigorisme outré pour le refus de l'absolution et l'éloignement de la communion ! La direction de cet excellent maître, aidée des exhortations de la vénérable supérieure, qui était toute pleine des vues saintes et lumineuses du directeur, portait ses fruits. Les sœurs étaient ravies. Seule, Anne de Jésus, une postulante discole, comme l'appelle un historien de Port-Royal, se plaignait de l'esprit nouveau introduit dans le monastère. Certes, la postulante discole avait bien raison. Nous avons des témoins irrécusables des doctrines dont l'abbé de Saint-Cyran infectait Port-Royal. Le *chapelet secret*, et les *lettres de la mère Agnès*, que tout bon Janséniste admire fort, nous en apprennent long. Le chapelet secret est une suite de courtes réflexions sur seize attributs donnés à Notre-Seigneur dans la sainte Eucharistie. Dans la censure qu'en fit la Sorbonne en 1633, les docteurs déclaraient avoir trouvé dans ce *chapelet* « plusieurs extravagances, impertinences, erreurs, blasphèmes et impiétés qui tendent à détourner les âmes de la pratique des vertus de la foi, espérance et charité, à détruire la façon de prier instituée par Jésus-Christ; à introduire des opinions contraires aux effets d'amour que Dieu a témoignés pour nous et nommément au sacrement de l'Eucharistie et au mystère de l'Incarnation (1) ».

La doctrine du *chapelet secret* a prévalu, et les sinistres prévisions des docteurs ne se sont que trop réalisées ! Le Jansé-

---

1. Voici quelques vœux renfermés dans les attributs du *chapelet secret* : *Sainteté* : La société que je veux avoir avec les hommes doit être séparée d'eux et résidente en lui-même, n'étant pas raisonnable qu'ils s'approchent de nous-même en état de grâce, rien n'est digne en nous de la sainteté du Saint-Sacrement et où nous, nous devons leur dire comme saint Pierre à Jésus-Christ, retirez-vous de nous, car nous sommes pécheurs. *Éminence* : Que Jésus-Christ fasse une séparation de grandeur entre lui et la créature, qu'il soit un Dieu Dieu, c'est-à-dire dans ses grandeurs divines, selon lesquelles il ne peut être dans rien de moindre que lui. *Possession* : Que les âmes n'aient point de vues s'il plaît à Jésus-Christ de les posséder

nisme, et c'est son grand crime, a détaché le cœur de la France catholique du cœur de Jésus-Christ vivant dans le sacrement de l'amour. Alors la terrible parole du Maître s'est accomplie : *Si quelqu'un ne demeure pas en moi, il sera rejeté comme une branche séparée du tronc ; il se desséchera ; on le prendra un jour, on le mettra au feu, et il brûlera.* Mais au milieu même des ravages du Jansénisme, Dieu, toujours tendre pour notre malheureuse patrie, prépara, dans un cloître de Paray-le-Monial, la résurrection de la France. Les sectaires le comprirent ; ils voulurent empêcher les révélations miséricordieuses du Sacré-Cœur de franchir le seuil du monastère privilégié ; ils n'y réussirent pas, et aujourd'hui elles brillent sur nos ruines comme un arc-en-ciel plein de consolants présages.

Le dépérissement de la vie chrétienne par l'éloignement des sacrements se manifesta de bonne heure à Port-Royal. La mère Agnès Arnauld, que saint-Cyran « appelait la Théologienne, du nom que Saint Grégoire donnait à sa sœur (1) », écrivait à son directeur :

« Ma sœur Marie-Magdeleine, à qui vous avez fait trouver bon qu'elle ne communiât qu'à la Purification, a désiré que je vous mandasse sa disposition au regard de certains points... Depuis qu'il vous a plu de l'instruire pour fréquenter la confession dans l'esprit de l'Église

---

ou non ; c'est assez qu'il se possède lui-même. *Inaccessibilité* : Que Jésus-Christ demeure en lui-même laissant la créature dans l'incapacité qu'elle a de l'approcher. Que tout ce qu'il est n'ait point de rapport à nous ; que les âmes remuent à la rencontre de Dieu ; qu'elles le laissent dans le lieu propre à la condition de son être, lieu inaccessible dans lequel il reçoit la gloire de n'être accompagné que de son essence. *Indépendance* : Que Jésus-Christ n'ait point d'égards à ce que les âmes méritent ; que les âmes renoncent au pouvoir qu'elles ont de s'assujettir Dieu, en ce qui était en grâce, il leur a promis de se donner à elles, qu'elles ne fondent point leur espérance sur cela, mais demeurent dans une bienheureuse incertitude qui honore l'indépendance de Dieu. *Incommunicabilité* : Afin que Jésus-Christ ne se rabaisse point dans les communications disproportionnées à son infini au point que les âmes demeurent dans l'indignité qu'elles portent d'une si divine communication ; qu'elles laissent leur être à Dieu, non pas pour recevoir participation du Dieu, s'estimant heureusement partagées de n'avoir aucune part aux dons de Dieu, pour la joie qu'ils seront si grands que nous n'en soyons pas capables. *Inapplication* : Que Jésus-Christ n'ait égard à rien qui se passe hors de lui, que les âmes ne se présentent pas à lui pour l'objet de son application, mais plutôt pour en être rebutées par la préférence qu'il doit à soi-même ; qu'elles s'appliquent et se donnent à cette inapplication de Jésus-Christ, auront mieux été exposées à son oubli, qu'était en son souvenir lui donner sujet de sortir de l'application de soi-même pour s'appliquer aux créatures. *Censure de la Sorbonne.*

1. Lancelot, *Mémoires*, t. II, p. 101.

elle a tâché de se confesser plus à Dieu qu'aux hommes... Elle n'approche point de la confession qu'avec tremblement et effroi, pour la crainte qu'elle a de manquer à la nécessaire disposition..., ce qui fait que quelquefois, après s'être confessée, elle sort du confessionnal ne pouvant permettre qu'on lui donne l'absolution, et s'en va contre la volonté du confesseur pour demander à Dieu la contrition.

« Je pense, mon père, qu'il ne faut pas que cette personne communie au jubilé ; ce sera quand Dieu voudra, qui lui manifestera par votre moyen. — Nous sommes au temps de la confession de nos petites filles ; il m'est souvenu d'un bon prêtre de Saint-Paul que vous avez dit qu'il confesse comme en l'ancienne Église. Je ne sais si nous le pourrions avoir pour elles et pour quelques sœurs, car pour le père supérieur de la doctrine chrétienne, je crois que sa méthode est celle du temps et que ces enfants ne profiteront pas plus avec lui qu'avec un autre... Il y en a qui ne sont pas confessées depuis quinze mois. — Mon esprit se perd dans la proposition que vous m'avez faite de communier ; ce mystère, par la privation que j'en ai portée, m'est devenu terrible et je ne puis comprendre que je sois rappelée à cette divine communication. Je vous supplie très-humblement, mon père, de me laisser dans la pénitence jusqu'au jour de l'Assomption. » (Elle écrivait cette lettre le 7 mai (1).)

La mère Angélique encourageait ses sœurs dans cette voie funeste. Elle ne parlait d'autre chose que de la primitive Église, des canons, des coutumes des premiers chrétiens, des conciles, des pères, surtout de saint Augustin. L'humilité n'était pas la première vertu de la révérende mère. Elle s'estimait

1. Lancelot consigne dans ses *Mémoires* (t. I, p. 41) un souvenir personnel que nous rappellent les lettres de la mère Agnès. Un soir d'hiver que le jeune disciple avait accompagné le maître assez loin, Saint-Cyran le pria de retourner afin de ne pas s'exposer à faire quelque mauvaise rencontre. Lancelot insista : « Ce n'est que pour votre manteau que je crains, lui dit Saint-Cyran, car pour vous, quand on vous aurait tué, vous seriez bienheureux. » « Je crois, ajoute Lancelot, qu'il me fit cette réponse à dessein, ayant en vue le vain scrupule de ceux qui commençaient alors à faire du bruit et qui ne pouvaient souffrir qu'on tînt quelque temps une personne en pénitence, parce, disaient-ils, qu'elle pouvait mourir sans absolution. M. de Saint-Cyran était éloigné de ces *vaines* appréhensions, sachant que l'Église a toujours jugé favorablement ceux qui meurent dans le cours de leur pénitence, quoique par quelque accident ils n'aient pas reçu l'absolution, et qu'il y a infiniment plus à craindre pour ceux qu'on absout sans épreuve, et qui sans changer de vie participent de temps en temps aux saints mystères. »

plus avancée dans l'esprit de pauvreté que ses voisines, les Carmélites, dont elle blâmait « les dépenses exorbitantes » pour l'achat des tableaux du réfectoire, du chapitre, du chœur et *encore plus* pour l'achat *d'un tabernacle d'argent doré* (1). Elle était si parfaite, qu'elle faisait déjà des miracles reconnus authentiques par M. de Saint-Cyran et par les historiens de Port-Royal (2). Zamet, évêque de Langres, fondateur de l'institut du Saint-Sacrement, n'approuvait ni la conduite ni les discours de la savante supérieure. « Je lui en dis charitablement mon avis, écrivait-il à l'évêque de Saint-Malo, mais assez inutilement, parce qu'elle m'entreprit sur les mêmes points m'alléguant à tout propos saint Augustin de la grâce, et saint Paul de la prédestination. » Le Camus, évêque de Belley, faillit tout perdre. Il vint passer quelques jours à Port-Royal, prêchant, écrivant des romans, entretenant les religieuses des aventures de ses héros et leur donnant ses contes à lire. « Ces lectures m'étaient fort préjudiciables, dit la sœur Anne-Eugénie Arnauld, et ses conversations aussi. Si Dieu ne m'eût tenue par la main, je fusse par là rentrée dans l'esprit du monde. » Mais Saint-Cyran veillait avec un soin jaloux sur ses chères filles. Il ne permit pas à *l'homme ennemi* de semer l'ivraie dans le champ de la prédestination et le grain qu'il avait jeté produisit bientôt le centuple.

C'était beaucoup d'avoir enrôlé les religieuses de Port-Royal sous la bannière de la grâce et de la prédestination. Une doctrine épousée par une communauté est redoutable; comme le disait Jansénius à son ami : « Telles gens sont étranges quand ils épousent quelque affaire... Étant embarqués, ils passent toutes les bornes *pro* ou *contra*. » Cependant il importait encore plus de gagner les évêques : sans eux le parti ne serait jamais qu'un corps sans tête, incapable de se tenir debout, d'affirmer son existence et de dire : je suis l'Église renouvelée. Pour gagner l'épiscopat à sa cause, Saint-Cyran se mit à défendre la cause de l'épiscopat. Urbain VIII avait envoyé en Angleterre, comme vicaire apostolique, Richard Smith, ancien professeur de Sorbonne, évêque *in partibus* de Chalcédoine. Oubliant la situation douloureuse de son Église, Richard Smith, imbu du plus pur gallicanisme, montra une hauteur de

---

1. *Histoire de l'abbaye de Port-Royal*, t. I, p. 133.
2. Ibid., t. I, p. 133 et *passim*.

domination qui faillit perdre à jamais le reste de catholicisme échappé aux persécutions. Il s'éleva des voix courageuses qui signalèrent avec autant de modération que de science la fausse route où le prélat s'était engagé et le terme fatal où elle aboutirait. Le Souverain Pontife les écouta et rappela son imprudent et despotique vicaire. Mais la Sorbonne avait devancé le jugement de Rome par un jugement contraire. Comment aurait-elle blâmé Richard Smith ? Il fondait en Angleterre les libertés de l'Église gallicane, c'est-à-dire l'omnipotence épiscopale, l'Église aristocratique, et Richelieu le trouvait bon. Comment n'aurait-elle pas censuré les adversaires de M. de Chalcédoine ? Ils osaient dire que la Sorbonne était hérétique parce qu'elle professait les doctrines d'Edmond Richer. Saint-Cyran vit tout le parti qu'il pouvait tirer de ces débats. Il prit sa vaillante plume et guerroya bravement pour les droits de Richard Smith, méconnus par les moines et les Jésuites. En habile tacticien, il étendit la question, généralisa la bataille : il attaqua tous les moines, tous les Jésuites surtout, et défendit tous les évêques. Il mérita les titres glorieux de *vengeur très-juste de la hiérarchie*, de *défenseur invincible de l'épiscopat*. Il s'était préparé depuis longtemps à ces combats ; il avait ramassé, analysé tous les livres que les protestants de Hollande et d'Angleterre avaient publiés contre la célèbre compagnie. Aussi il fut merveilleusement fécond, et pendant deux ans (1632-1634) il lança une suite d'écrits qui finirent par former le gros volume in-folio connu sous le titre de *Petri Aurelii Theologi opera*. Il est vrai qu'il ne fut pas seul à faire cette besogne. Il fournissait les matériaux, le plan, la direction ; son neveu, M. de Barcos, écrivait sous ses yeux une première rédaction ; Cordier, un jésuite apostat, voyait s'il y avait assez de venin dans les déclamations contre ses anciens frères ; Aubert, principal du collége d'Autun, humaniste distingué, y répandait ce que le panégyriste Godeau appellera « la majesté du style et l'éloquence guerrière » ; enfin, Filesac, un intrigant docteur de Sorbonne, prenait soin de l'impression.

Voyons ce qu'il y a dans cette œuvre d'ouvriers ténébreux. M. Sainte-Beuve dit que ces livres « sont pleins d'une invective grave ». M. de Saint-Cyran, qui avait « beaucoup de charité », ne pouvait qu'invectiver gravement. Il parle ainsi des Jésuites : « Ce sont des chiens que nous entendons aboyer contre tout l'épiscopat. Pour établir partout leurs détestables hérésies, ils veulent fermer la bouche à tout le monde, abattre toutes les puissances ecclésiastiques. Ce sont des gens d'iniquité, de folie, d'athéisme, prêts à déclarer la guerre au ciel et à Dieu même ; ils ne forment que des écoliers ignorants et vicieux ; ils veulent paraître pauvres et sont insatiables de richesses ; ils ont des palais dans toutes les grandes villes, des maisons de banque dans les ports, des vaisseaux sur toutes les mers. Le cardinal de la Rochefoucauld les protège, mais cet évêque démissionnaire de Senlis n'est plus qu'un prêtre cardinal de l'Église romaine. » Quelle invective grave ! N'épuisons pas les exemples. Nous avons aussi nos dégoûts de surcroît de raison. M. Sainte-Beuve a mieux jugé le fond doctrinal des livres de Petrus Aurelius. Il nous faut lire et retenir cette page :

« Sous air de maintenir la prérogative extérieure et les droits de l'épiscopat, Aurélius revenait en bien des endroits sur la nécessité de l'*esprit intérieur*, qui était tout. Un seul péché mortel contre la chasteté destitue, selon lui, l'évêque et anéantit son pouvoir. Le nom de chrétien ne dépend pas de la forme extérieure du sacrement, soit de l'eau versée, soit de l'onction du saint-chrême, mais de la seule *onction de l'Esprit. En cas d'hérésie*, chaque chrétien peut devenir juge ; toutes les circonscriptions extérieures de juridictions cessent ; à défaut de l'évêque du diocèse, c'est aux évêques voisins à intervenir, et à défaut de ceux-ci, à *n'importe quels autres* ; cela mène droit, on le sent, à ce qu'au besoin chacun fasse l'évêque, *sauf toujours*, ajoute Aurélius, *la dignité suprême du Siège apostolique*; simple parenthèse de précaution. Mais qui jugera s'il y a vraiment cas *d'hérésie* ? *La pensée du juste, en s'appliquant autant qu'elle peut à la lumière de la foi, y voit comme dans le miroir même de la céleste gloire.* Ainsi se posait par degrés, dans l'arrière-fond de cette doctrine, l'omnipotence spirituelle du véritable élu. Derrière l'échafaudage de la discipline qu'il se piquait de relever, Saint-Cyran érigeait donc sous main l'idéal de son *évêque intérieur*, du *Directeur* en un mot : ce qu'il sera lui-même dans un instant (1). »

L'Assemblée générale du clergé de France accorda à Petrus Aurelius les honneurs de l'impression par son ordre et à ses frais, *jussu et impensis* ; elle chargea Godeau, évêque de Grasse, d'écrire l'éloge de ce glorieux défenseur des évêques. Dans cette pièce d'éloquence qui est restée célèbre par la spiri-

1. *Port-Royal*, par Sainte-Beuve, t. I, p. 318.

tuelle critique qu'en fit le P. Vavassor, Godeau conjurait Petrus Aurelius de paraître sous son vrai nom, dans ce triomphe que lui décernait l'Église gallicane. Saint-Cyran continua à garder l'anonyme. Toutefois, quelque soin qu'il prit d'éloigner un soupçon si glorieux, on ne laissait pas, disent les Jansénistes, de lui attribuer généralement la paternité d'Aurelius. M. Arnauld, madame la princesse de Guémenée, et quelques autres personnes se trouvèrent un jour, raconte Lancelot, chez M. de Saint-Cyran : on vint à parler de ce livre et on le pressa fort de s'en déclarer l'auteur. Il faut appeler mon neveu, dit M. de Saint-Cyran, et savoir de lui son sentiment là-dessus. On appela donc aussitôt M. de Barcos. M. de Saint-Cyran lui fit part des instances que la compagnie lui faisait de se déclarer l'auteur du livre d'Aurelius. Mais M. de Barcos, ne paraissant nullement surpris de cette proposition, crut que le meilleur parti était d'éluder en riant, et répondit : « Mais, Monsieur, vous, vous en déclarer l'auteur ! Eh ! si le vrai Aurelius venait à paraître après cela ! » Sur quoi M. de Saint-Cyran se tournant vers ses amis, leur dit : « Eh bien ! vous voyez ce que dit mon neveu ; il en faut donc demeurer là. Ce qui ne servit pas peu à confirmer quelques personnes dans l'opinion qu'elles avaient (1). » Cette petite scène nous rappelle ce passage d'une lettre de Saint-Cyran : « Pour moi, j'aurais peine à me résoudre à dire la messe le lendemain, si j'avais reçu chez moi, et m'étais entretenu beaucoup de temps, parlant de livres et de choses de notre métier qui ne fussent pas de quelque utilité pour le bien de l'Église. » Savoir le vrai nom de Petrus Aurelius était d'une grande utilité pour le bien de l'Église janséniste et les bavardages de M. Arnauld, de la princesse de Guémenée, auxquels Saint-Cyran prenait quelque part, il nous semble, n'empêchaient pas le saint homme de célébrer la messe. Lancelot raconte encore que M. de Saint-Cyran affirma à M. de Chavigny, dans le donjon de Vincennes, qu'il n'était pas l'auteur d'Aurelius. Mais les éditeurs font cette remarque sur ce passage des *Mémoires :* « Il paraît que M. de Saint-Cyran disait qu'il n'en était pas l'auteur autant par humilité que parce qu'un autre tenait la plume. » Cette déclaration est digne du Jésuite de Pascal.

---

1. *Mémoires*, t. II, p. 165.

Appuyé sur l'alliance que Petrus Aurelius avait faite avec le gallicanisme, l'abbé de Saint-Cyran devint plus hardi à « tirer le rideau »; il groupa autour de son enseignement de nombreux disciples. Un d'entre eux trace ce portrait du maître : « Ce second Augustin, le premier des hommes qui eut été depuis plusieurs siècles dans l'Église, sut s'élever au-dessus des *opinions récentes* et des *pratiques abusives* que la plupart des hommes suivaient *sans examen*. Il s'attacha aux règles, soit pour sa propre conduite, soit pour celle des autres, *sans attendre que ces règles fussent connues* et suivies par le grand nombre, ou par ceux qui avaient le plus de réputation. Il s'aperçut aisément qu'il y avait une grande différence entre les *saints Pères* et les *théologiens modernes* ; entre les *premiers* temps de l'Église *et ceux* que le clergé de France (?) a depuis appelés la *lie des siècles*; entre une vie véritablement chrétienne et celle que mènent la plupart des chrétiens ; entre une piété solide et des pratiques superstitieuses ou superficielles ; entre les dignes fruits de pénitence et une confession accompagnée d'une formule de contrition et suivie d'une absolution précipitée. Il vit avec effroi que presque tous les directeurs les plus accrédités accordaient sans épreuve la sainte communion...; que ceux qui étaient touchés du désir de faire pénitence tombaient souvent entre les mains de gens qui faisaient avorter ces bons désirs ; qu'on les portait indiscrètement à entrer dans les saints ordres, auxquels *pendant douze siècles* on n'avait admis que les innocents; qu'on n'attendait pas, pour s'y présenter la vocation légitime des évêques ; que les monastères mêmes n'étaient pas exempts de bien des défauts qui en rendaient souvent l'entrée simoniaque et qui réduisaient une vie par elle-même très-pénitente à des exercices séparés de l'esprit de grâce et d'amour, qui peut seul les rendre salutaires. Tels étaient le génie, le caractère, les vues et les dispositions de M. de Saint-Cyran. » Toujours prudent même au milieu des siens, Saint-Cyran ne confiait pas à tous le dernier mot de son symbole. Il avouait que s'il avait dit dans une chambre des vérités à des personnes qui en seraient capables, et qu'il passât dans une autre où il en trouverait d'autres qui ne le seraient pas, il leur dirait le contraire. Il prétendait que Notre-Seigneur en usait de la sorte, et recommandait qu'on fît de même. Voici les principales vérités qu'il apprenait à ceux qu'il en jugeait capables :

---

1. *Histoire générale de Port-Royal* (par D. Clémencet), t. I, p. 210, sq.

Il n'y a plus d'Église depuis six cents ans. — L'Église actuelle est une épouse répudiée : il y a corruption dans ses mœurs et dans sa doctrine. — Cette corruption est le fait de la théologie scolastique. — Le concile de Trente est un concile du Pape et des scolastiques, où il n'y a eu que brigues et cabales (1). Le temps d'établir une autre Église est venu. — L'Église véritable est la compagnie de ceux qui servent Dieu dans la lumière, dans la profession de la vraie foi et dans l'union de la charité. — L'évêque et le prêtre qui pèchent mortellement contre la chasteté perdent leur dignité. — Les évêques sont égaux au Pape, et les simples prêtres aux évêques. — Il faut également honorer les conciles particuliers et les conciles généraux. — L'état de l'Église n'est pas monarchique, mais aristocratique. — La doctrine de Richer n'a jamais été condamnée que par les sots. — En cas d'hérésie chaque évêque devient pape. — L'état religieux n'est bon que pour les relaps et les scélérats. — Il n'y a que ceux qui sont en grâce qui soient chrétiens. — Les péchés véniels ne sont pas matière suffisante à l'absolution. — La contrition parfaite est absolument nécessaire au sacrement de Pénitence ; l'attrition ne suffit pas. — L'absolution n'est qu'un jugement déclaratif de la rémission des péchés. — Pour recevoir le sacrement de l'Eucharistie, il faut avoir fait pénitence de ses péchés, n'être attaché ni par volonté ni par négligence à aucune chose qui puisse déplaire à Dieu ; ceux qui demeurent dans les moindres fautes et imperfections en sont indignes. — La grâce fléchit toujours le cœur et lui fait toujours vouloir ce qu'elle lui commande. — Cette proposition : Dieu veut sauver tous les hommes, ne doit pas s'entendre de chaque homme en particulier, mais uniquement de ceux qui font leur salut.

Lorsqu'on demandait à Saint-Cyran où il avait pris ces maximes, il répondait : « Ce n'est pas dans les livres. Je lis en Dieu qui est la vérité même. Je me conduis suivant les lumières, inspirations et sentiments internes que Dieu me donne. »

---

1. Lancelot dans ses *Mémoires* dit que M. de Saint-Cyran avait toujours eu un grand respect pour les décisions de cette sainte assemblée. Sur ce passage les *éditeurs* font cette remarque : « Aurait-on cru que les Jésuites eussent osé calomnier sur cet article M. de Saint-Cyran ? Il disait souvent qu'il y avait longtemps qu'il ne s'était tenu un concile plus libre et où les prélats eussent plus de liberté d'opiner. » Aurait-on cru que les *disciples de la vérité* eussent si fidèlement reproduit les paroles de leur maître ?

Ce n'est pas seulement dans son apostolat qu'il portait cette inspiration particulière. Un jour, disant la messe, il s'arrêta tout au milieu du sacrifice, se déshabilla, quitta l'autel et sortit de la chapelle. On lui demanda s'il s'était trouvé mal ; il répondit que non, mais qu'il avait interrompu la messe par l'inspiration de l'esprit de Dieu. — Cet esprit parlait quelquefois fort à propos. Étant allé voir l'évêque de Langres au Pré-aux-Clercs, il admira beaucoup une bible en plusieurs langues, imprimée par les soins de Ximénès et qui avait appartenu au roi Philippe II. Quand il rentra chez lui, le soir, il trouva un crocheteur qui lui apportait le précieux ouvrage de la part du prélat. Touché de cette honnêteté, et pour y répondre, l'abbé donna au même porteur un cabinet d'Allemagne très-beau qu'il aimait beaucoup. Mais à peine fut-il chargé sur les crochets qu'il le fit remettre à sa place, disant tout haut qu'il sentait bien que Dieu se contentait de sa bonne volonté (1). Richelieu, à qui on raconta toutes ces extravagances de doctrine et de conduite, disait de Saint-Cyran : « Il est Basque ; ainsi il a les entrailles chaudes et ardentes par tempérament ; cette ardeur excessive d'elle-même lui fait des vapeurs dont se forment ses imaginations mélancoliques et ses rêveries creuses, qu'il regarde après, avec des réflexions de spéculatif, comme des lumières inspirées, et il fait de ces rêveries-là des oracles et des mystères. » Le cardinal ne s'en tint pas à ce jugement. Vincent de Paul et le P. de Condren commençaient à dénoncer hautement les hérésies de Saint-Cyran ; l'éclatante conversion du célèbre avocat Le Maître dévoilait toute son influence ; le livre de *la Virginité* du P. Seguenot, plein des erreurs du maître, montrait l'étendue de ses ravages souterrains : ordre fut donné au lieutenant civil, au Châtelet de Paris, d'arrêter Du Vergier de Hauranne, abbé de Saint-Cyran, et le 14 mai 1638, le réformateur fut conduit à Vincennes. Ses amis se hâtèrent de demander son élargissement. Persuadé qu'il rendait un grand service à l'Église et à l'État, qu'on aurait

---

1. Lancelot écrit néanmoins dans ses *Mémoires* : « La reconnaissance de M. de Saint-Cyran était telle qu'il avait accoutumé de dire que le moyen de l'appauvrir était de lui faire des présents, *parce que*, disait-il, *je ne garde jamais ce que l'on me donne, et que je me sens obligé d'en faire toujours de plus grands que ceux que j'ai reçus.* » O plume véridique !

remédié à bien des désordres si l'on avait emprisonné Luther et Calvin dès qu'ils commencèrent à dogmatiser, Richelieu résista à toutes les sollicitations. Cette inflexible rigueur fut inutile : l'apôtre était captif, mais la doctrine était libre ; l'*Augustinus*, sorti des presses de Louvain, éclatait dans le monde.

IV

L'Augustinus, expliqué par M. Sainte-Beuve. — Doctrine des *Cinq Propositions*. — L'auteur de *Port-Royal* peint par lui-même.

La vraie science est pleine de modestie. M. Sainte-Beuve le savait, en 1837, lorsqu'il faisait à l'Académie de Lausanne un cours sur Port-Royal. Aussi aurait-il craint de se vanter en déclarant qu'il avait « étudié l'*Augustinus* tout entier d'un bout à l'autre » ; il se contentait d'avertir ses auditeurs, ravis sans doute de tant d'humilité dans un si docte professeur, qu'il l'avait « du moins pratiqué beaucoup, et labouré en bien des sens, en bien des pages (1) ».

Il est piquant de voir *Joseph Delorme* prendre dans ses mains délicates le gros *in-folio*, le soumettre à sa fine analyse, en donner « une exposition qui n'aurait jamais eu ailleurs tant de soleil et de lumière (2) ».

Écoutons cette leçon. Elle nous promet *soleil et lumière*, deux choses qui vont ordinairement ensemble, et que nous ne serons pas fâchés de trouver dans le livre de Jansénius où tout était pour nous *nuit et obscurité*.

M. Sainte-Beuve, ouvrant l'*Augustinus*, découvre tout d'abord « qu'une beauté, sinon dantesque, du moins *miltonienne*, y reluit en bien des endroits (3) ». Captivé par l'éclat de cette beauté *miltonienne*, il ne songe pas à lire le titre complet du livre, lequel est un peu long, en vérité, et un peu dur. Une bouche flamande seule aurait pu prononcer : *Cornelii Jansenii, Episcopi Yprensis, Augustinus, seu doctrina sancti Augustini de humanæ naturæ sanitate, ægritudine, medicina, adversus Pelagianos et Massilienses, tribus tomis comprehensa.*

---

1. *Port-Royal*, t. II, p. 97.
2. *Port-Royal*, t. II, p. 2.
3. *Port-Royal*, t. II, p. 97.

En revanche, M. Sainte-Beuve nous indique la date précise de l'apparition de l'*Augustinus* et de ses réimpressions. Il se débitait à la foire de Francfort en septembre 1640 et allait réjouir les calvinistes de Hollande qui en réclamaient force exemplaires, sans doute parce qu'il renfermait le plus pur et le plus orthodoxe catholicisme. On le réimprimait à Paris dès le commencement de 1641, avec approbation de cinq docteurs, et à Rouen, en 1643. M. le professeur termine cette aride genèse par une image des plus pittoresques. Il montre « le gros *in-folio*, depuis le chevalier de Grammont jusqu'au chevalier de Boufflers, pendant plus de cent ans, debout comme le dernier rocher en vue, essuyant la bordée et la risée du flot (1) ». Sans cesser d'être à la mode et dans l'intervalle de ses *Contes moraux*, Marmontel put en parler assez en détail ; chaque philosophe en dit son mot à la rencontre. A son tour, M. Sainte-Beuve, entre deux *Pensées d'août* ou deux chapitres de *Volupté*, l'a lu ou plutôt labouré en bien des sens, en bien des pages, et il en parle en homme qui sait son livre. Comment en douter, lorsqu'on l'entend assurer que « Jansénius n'a pas suivi la méthode dite théologique au sens de l'école » ? En effet, son ouvrage n'est qu'un tissu des textes de saint Augustin mis en ordre et en évidence, et formant un système complet ; il remonte aux sources, soit à celles des Pères et de l'Écriture, soit à l'observation immédiate de la nature humaine sous l'illumination de l'amour de Dieu et le rayon de la prière ; il ne suit jamais la méthode scolastique, mais bien la méthode historique, qu'il accompagne et cherche à éclairer par la méthode psychologique et métaphysique chrétienne. M. Sainte-Beuve s'arrête ici pour nous faire cette lumineuse remarque : la méthode psychologique chrétienne diffère essentiellement de la méthode psychologique des philosophes, en ce que celle-ci s'étudie à suivre les opérations de l'âme même au sein du *silence* où elle se replie, tandis que l'autre s'attache à saisir l'impression directe du soleil de la vérité dans le miroir de notre âme au sein de la *prière* (2). Je ne comprends guère cette distinction où *Eudoxe* et *Philanthe* eussent certainement trouvé un brin du galimatias philosophique de M. de Saint-Cyran. Accordons-la, toutefois, à l'éminent professeur, et hâtons-nous

---

1. *Port-Royal*, t. II, p. 98.
2. *Port-Royal*, t. II, p. 100.

de lui faire remarquer à notre tour que Jansénius, en se servant de la méthode historique, se sert *d'une méthode dite théologique*. Un contemporain de Jansénius employait aussi la méthode historique, et son œuvre, qui lui a valu le nom glorieux de Prince des Théologiens, est un monument théologique d'une beauté autrement grande et durable que la beauté miltonienne de l'*Augustinus*. M. Sainte-Beuve, qui a pratiqué beaucoup ce dernier, n'a peut-être jamais lu *Dionysii Petavii Opus de theologicis dogmatibus*. Un autre contemporain, dont le brillant et profond génie eut l'heureuse fortune de se dégager des brouillards *Augustiniens* qui l'enveloppèrent un instant, écrira les *Dogmes théologiques*. Si M. Sainte-Beuve eût tracé un seul sillon dans ces magnifiques traités de Thomassin, il aurait appris ce que c'est qu'un vrai théologien remontant aux sources sous l'illumination de l'amour de Dieu et le rayon de la prière. Mais il est convenu qu'en dehors de Port-Royal il n'y a que de petits esprits et de petits livres, qu'un académicien ne saurait labourer sans déroger.

Avec sa méthode historique, — qui est bel et bien une méthode dite théologique, — avec sa méthode pyschologique et métaphysique chrétienne, à quels résultats Jansénius est-il arrivé ?

Notre savant professeur le demande à Ellies du Pin, et nous renvoie à la page 23 et suiv. du T. II de l'*Histoire ecclésiastique du dix-septième siècle*. Est-ce modestie, ou bien Sainte-Beuve se vantait-il réellement lorsqu'il affirmait savoir son *Augustinus* ? Quoi qu'il en soit, il analyse d'après Ellies du Pin (un guide très-impartial) la doctrine de M. d'Ypres. Il cherche tout d'abord dans l'*in-folio* les cinq fameuses propositions. La première est celle-ci :

Quelques commandements de Dieu sont impossibles aux justes, à raison de leurs forces présentes, quelque volonté qu'ils aient et quelques efforts qu'ils fassent ; et la grâce par laquelle ces commandements leur seraient possibles leur manque.

Jansénius a-t-il bien dit cela ? A-t-il soutenu que saint Augustin l'avait dit ? Ellies du Pin certifie à M. Sainte-Beuve que cette proposition se trouve dans le livre en termes formels, *in terminis*. Toutefois, l'abbé Racine, lui, avoue d'un autre côté qu'elle semble seulement y être. Rassurons-nous : le grand historien ecclésiastique du dix-septième siècle n'a pas trompé son disciple. Sainte-Beuve s'est lui-même assuré du lieu précis ; et, d'un petit geste qui ne manque pas d'une certaine grâce pédantesque, il montre sur le « gros livre », au chapitre 13 du livre III, de la troisième partie, le paragraphe qui commence ainsi : *Hæc igitur omnia*...

Si M. Sainte-Beuve avait labouré un peu plus l'*Augustinus*, il aurait pu nous indiquer encore dans le même chapitre, dans les chap. 4, 7, 11, 13, 17, du livre I, dans les chap. 7, 9, du livre IV, des passages irrécusables.

La seconde proposition condamnée est intimement liée à la première ; la voici :

On ne résiste jamais à la grâce intérieure dans l'état de la nature déchue.

M. Sainte-Beuve convient que Jansénius « pensait quelque chose de très-approchant », et qu'on a essayé, vainement selon lui, de trouver un correctif à cette doctrine. Cependant, M. Sainte-Beuve atténue vite son affirmation, et même finit bientôt par lui substituer une affirmation contraire. Mais avec quel art il détruit d'une main ce qu'il édifie de l'autre ! Il raconte que le chevalier de Grammont disait à Louis XIV que les *propositions* étaient dans l'*Augustinus* « incognito ». Voyez-vous le chevalier de Grammont, dont les galanteries et les prouesses ont été si agréablement transmises à la postérité par son beau-frère Hamilton, étudier Jansénius, que les savants de profession osent à peine déclarer avoir lu d'un bout à l'autre ?

Assurément, le chevalier avait lu Jansénius avec les yeux de sa femme, mademoiselle Hamilton, élève chérie de Port-Royal, et qui garda finalement, « à travers *quelques naufrages*, la religion de son cœur ».

M. Sainte-Beuve raconte encore qu'Alexandre VII, plus heureux que le comte de Grammont, affirma un jour au P. Lupus, docteur de Louvain, qu'il avait lu *de ses propres yeux* les propositions dans Jansénius, et que là-dessus les bons historiens de Port-Royal allaient jusqu'à insinuer que, pour convaincre le pontife, les Jésuites avaient fait imprimer un exemplaire exprès, falsifié. « Conjecture bien naïve dans son raffinement ! dit M. Sainte-Beuve. Comme si, avec un peu de prédisposition et de certaines lunettes, on ne pouvait pas lire dans le même livre ce qu'avec des verres seulement changés d'autres n'y lisent pas (1) ! » Et joignant l'exemple au précepte, lui qui venait de nous assurer que les *propositions* étaient dans Jansénius, nous dit maintenant qu'elles « peuvent bien y être en un certain sens ».

Signalons à M. Sainte-Beuve quelques chapitres qu'il n'a point pratiqués sans doute, et qui lui prouveront que les propositions sont dans l'*Augustinus* en un sens très-certain. De ces chapitres, et de ceux que nous avons déjà indiqués au docte professeur au sujet de la première proposition, se dégage, avec une trop réelle évidence, la doctrine fondamentale du Jansénisme, justement frappée des anathèmes de l'Église.

PREMIÈRE PROPOSITION. — *Quelques commandements de Dieu sont impossibles aux justes, à raison de leurs forces présentes, quelque volonté qu'ils aient et quelques efforts qu'ils fassent ; et la grâce par laquelle ces commandements leur seraient possibles leur manque.*

L'homme, depuis le péché d'Adam, est alternativement dominé par la grâce et par la cupidité ; il suit toujours et ne peut refuser de suivre celui des deux plaisirs qui domine en lui : le précepte est donc impossible lorsque la cupidité est dominante, et lorsqu'une grâce plus forte que la cupidité ne le fait pas actuellement accomplir. — Il y a deux sortes de grâces : les grâces supérieures à la cupidité et produisant une volonté pleine, entière, parfaite, avec lesquelles on accomplit toujours le précepte ; — les grâces inférieures en force à la cupidité, ne produisant qu'une volonté imparfaite, qu'une légère complaisance, une velléité, avec lesquelles on n'accomplit jamais le précepte, parce que la cupidité, se trouvant supérieure, emporte nécessairement le consentement parfait de la volonté. On appelle ces grâces inférieures, grâces excitantes, petites grâces. La grâce néanmoins est toujours efficace, et il n'y a pas de grâce suffisante, car les petites grâces ont toujours leur effet selon le degré de cupidité qu'elles trouvent dans la volonté ; elles ont toujours l'effet qu'elles peuvent avoir dans les circonstances où elles sont données ; il n'y en a aucune qui nous donne le pouvoir de faire un bien que nous ne faisons pas ; la seule grâce qui nous en donne le pouvoir est celle qui

---

1. *Port-Royal*, t. II, p. 110.

nous donne en même temps la volonté : en un mot, c'est toujours une nécessité pour nous de faire ce qui nous plaît le plus.
— Les préceptes sont impossibles non-seulement à ceux qui n'ont aucune grâce, mais encore à ceux qui ont ces petites grâces inférieures à la cupidité ; c'est ce qu'a voulu dire Jansénius quand il enseigne qu'il y a des préceptes impossibles aux justes qui veulent et s'efforcent de les accomplir selon les forces qu'ils ont présentes. — Celui qui n'accomplit pas les préceptes est dans une vraie impuissance de les accomplir. Cela lui est aussi impossible, qu'il le serait à un oiseau de voler s'il n'avait point d'ailes ; cette impuissance ne l'excuse pas. En effet, elle est une suite, non de la création, mais du péché du premier homme. Cette impuissance est une peine du péché originel ; donc le pécheur qui est dans cette impuissance, et à qui Dieu refuse sa grâce, est toujours inexcusable, c'est-à-dire : Dieu commande des choses impossibles, et les pécheurs seront punis éternellement pour avoir commis des péchés qu'ils n'ont pas pu éviter. Toutefois, ce n'est pas à Dieu, c'est au premier homme qu'il faut imputer cette impuissance et ses suites (1).

SECONDE PROPOSITION. — *Dans l'état de la nature déchue on ne résiste jamais à la grâce intérieure.*

La Foi nous apprend que sans la grâce nous ne pouvons faire aucune œuvre utile au salut ; elle nous apprend aussi qu'il y a des grâces qui nous donnent le pouvoir de faire un bien que nous ne faisons pas. Jansénius, au contraire, prétend que depuis le péché d'Adam nous ne recevons plus de grâce de cette sorte ; que dans l'état de la nature déchue, la grâce a toujours son effet, qu'elle est toujours efficace. C'est précisément la différence qu'il met entre les grâces des deux états : celle de l'état d'innocence, et celle de l'état de la nature déchue. Selon lui, la grâce de l'état d'innocence aidait de telle sorte la volonté, qu'il était également au pouvoir du libre arbitre d'agir ou de ne pas agir. La grâce de notre état n'aide pas ainsi notre volonté, dit-il, mais elle détermine elle-même la volonté à agir, elle fait en sorte que la volonté agisse, et la volonté ne manque jamais d'agir dès qu'elle est aidée de la grâce. L'on ne condamne pas Jansénius pour avoir enseigné

---

1. Conf. Jans., *de gratia Christi Salvatoris*, lib. 2, c. 13. — L. 1, c. 7. — L. 4, c. 7, 9. — L. 3, c. 15. — L. 2, c. 10. — L. 3, c. 15, 7.

que la grâce qui est efficace est efficace par elle-même, par sa propre vertu. Les théologiens catholiques disputent si la grâce efficace est efficace par elle-même ou non. L'Église n'a rien décidé, et la discussion est libre. Mais on condamne Jansénius pour avoir enseigné qu'il n'y a point de grâce qui ne soit efficace, que la grâce a toujours son effet, et qu'on ne lui résiste jamais. Ce n'est pas là une doctrine isolée du sectaire, c'est une doctrine qui fait le fond de son système. Le second livre (*de la grâce du Sauveur*) est employé tout entier à prouver cette prétendue différence de la grâce des deux états. Dans le premier chapitre, il distingue d'abord ces deux grâces : la grâce de l'homme innocent et la grâce de l'homme pécheur, la grâce de l'homme sain et la grâce de l'homme malade. Il fait consister le caractère spécifique de la grâce de notre état déchu, qu'il appelle grâce médicinale, en ce qu'elle fait elle-même vouloir, et d'une manière irrésistible, « invictissime », le bien qu'elle demande de nous. Il consacre les chapitres suivants jusqu'au chapitre 27, à établir ce caractère de la grâce médicinale. La grâce de l'état présent de la nature corrompue par le péché n'est pas simplement, écrit-il au chap. 4, un secours suffisant sans lequel on ne peut pas agir, *adjutorium sine quo non*, c'est un secours efficace par lequel on agit, *adjutorium quo*. Cette grâce, ajoute-t-il ailleurs (chap. 9, 14-22, 24-25), n'est pas une grâce qui donne simplement le pouvoir d'agir, c'est une grâce qui donne l'action même ; c'est elle qui fait, qui donne la volonté, l'action, et tous les mérites ; c'est une grâce d'une efficacité très-grande, une grâce victorieuse. Il démontre la nature très-efficace de la grâce médicinale, en ce qu'il n'y en a aucune qui n'ait son effet et qui ne l'opère infailliblement en tous ceux qui la reçoivent. La grâce et la bonne œuvre sont tellement liées ensemble, qu'on a le droit d'inférer que la grâce n'a pas été donnée si la bonne œuvre n'a pas été faite, comme l'on peut aussi inférer que la bonne œuvre a été faite si la grâce a été donnée. — Que pourrait-on dire de plus fort pour exprimer qu'on ne résiste jamais à la grâce intérieure ? Jansénius poursuit sa démonstration dans la troisième partie du même traité. Il y réfute les théologiens catholiques qui prouvent l'existence d'une grâce suffisante. Son argumentation, qui embrasse neuf chapitres (5-13), établit que la grâce suffisante n'est pas donnée aux infidèles, ni même à certains chrétiens ; que parmi les chrétiens, ceux-là seuls ont la grâce suffisante pour accomplir le précepte qui l'accomplissent en effet, et qu'il n'y a pas d'autre grâce suffisante que celle qui fait accomplir le précepte, c'est-à-dire la grâce efficace. Dans le quatrième livre, Jansénius explique fort au long le principe sur lequel il fonde son enseignement. Depuis le péché d'Adam, la volonté de l'homme ne peut plus se déterminer au bien ni au mal, qu'elle n'y soit déterminée par un plaisir ou délectation précédente. Cette délectation, tant pour le bien que pour le mal, est un acte indélibéré, et, par conséquent, il ne dépend en aucune manière de nous de l'avoir ou de ne pas l'avoir. La grâce de notre état déchu n'est autre chose qu'une délectation spirituelle et terrestre. Cette délectation prévenante et indélibérée emporte toujours avec elle le consentement de la volonté, et si la volonté ressent en même temps l'impression des deux délectations contraires, c'est la plus forte des deux qui emporte son consentement. Donc la volonté ne résiste jamais à la grâce, ni même à la cupidité : elle suit toujours la délectation qui est la plus forte. Que ce soit la grâce ou la cupidité qui domine, l'une ou l'autre entraîne toujours le consentement de la volonté.

Jansénius reconnaît ainsi dans l'homme un combat de la grâce et de la cupidité. Il convient que la grâce nous excite souvent à faire un bien que nous ne faisons pas ; mais il prétend que cette résistance (si néanmoins on peut lui donner ce nom) doit être attribuée à la cupidité et non pas à la volonté, qui ne fait que suivre la plus forte des deux délectations. Si la grâce est alors frustrée d'un effet qu'elle aurait eu dans une autre occasion où la cupidité se serait trouvée dans un degré inférieur, elle n'est pas frustrée par le défaut de la volonté qui refuse d'y consentir : elle l'est seulement par la résistance de la cupidité victorieuse. Ainsi l'homme, le libre arbitre, la volonté ne rejette jamais la grâce intérieure, et par conséquent ne lui résiste jamais. Comme Jansénius enseigne seulement de l'état de la nature déchue que la grâce intérieure a toujours son effet, on a soin de le dire dans la seconde proposition. Cette hérésie exprimée en tant de manières différentes ne pouvait pas être réduite à des termes plus clairs, plus exacts et plus précis que ceux-ci : *Dans l'état de la nature déchue on ne résiste jamais à la grâce intérieure* (1).

1. Confer., Jans., *de grat. Salvatoris*, lib. 2, c. 3, 4, 9, 14-22, 24, 25. — Lib. 3, c. 1, 2, 5. — L. 4, c. 9, 11, 2, 3, 9, 6, 10, 18.

TROISIÈME PROPOSITION. — *Pour mériter ou démériter dans l'état de la nature déchue, il n'est pas nécessaire que l'homme ait la liberté qui exclut la nécessité, mais il suffit qu'il ait la liberté qui exclut la contrainte.*

Le libre arbitre, selon la notion commune, est une faculté de se déterminer soi-même, une liberté de choix, un pouvoir d'agir et de ne pas agir. Rien de si opposé à cette idée qu'une grâce et une cupidité auxquelles la volonté de l'homme ne peut résister. Cependant, le concile de Trente avait frappé d'anathème Luther, et tous ceux qui enseignaient que le libre arbitre a été perdu, éteint après le péché d'Adam. Voici comment, pour échapper à une condamnation qui l'atteignait d'avance, Jansénius prétend concilier le libre arbitre avec la grâce et la cupidité invincibles. Il n'y a, dit-il, que la seule violence ou contrainte qui détruise le libre arbitre : tout acte de la volonté, tout acte volontaire étant essentiellement exempt de contrainte et de violence, comme tous les théologiens et les philosophes en conviennent, sur la seule définition des termes, est essentiellement libre, soit que la volonté puisse ou ne puisse pas refuser d'agir, soit qu'elle agisse nécessairement ou non. Appuyé sur ce principe, il veut que les anges, les saints, les damnés et les démons, soient libres dans l'acte de leur volonté persévérant et immuable par lequel ceux-ci sont obstinés dans le mal, comme ceux-là sont confirmés dans le bien. Il veut encore que Dieu soit libre dans l'acte même par lequel il aime la justice, quoiqu'il l'aime nécessairement ; et, comme il attribue la même nécessité à la nature humaine de Jésus-Christ, il ne lui attribue ainsi le libre arbitre que dans le même sens. Jansénius emploie trois livres (6, 7, 8, *de grat. Salvat.*) pour expliquer et prouver cet accord prétendu du libre arbitre avec la grâce. Il semble que la bulle de saint Pie V contre les erreurs de Baïus aurait dû retenir le disciple et le continuateur de ce maître déjà condamné. Hélas ! rien n'arrête un esprit superbe et entêté livré à l'erreur. Baïus avait dit que ce qui se fait volontairement, quoiqu'il se fasse par nécessité, est cependant fait librement. Saint Pie V avait anathématisé cette doctrine : Jansénius la renouvelle, et il est curieux de voir avec quel embarras il cherche à se soustraire à la censure du Souverain Pontife. Saint Pie V, en condamnant la proposition de Baïus, décide que ce qui se fait par nécessité, quoiqu'il se fasse volontairement, n'est pas fait librement, c'est-à-dire qu'il ne suffit pas qu'un acte soit volontaire pour être libre. Jansénius enseigne au contraire que tout acte de volonté est essentiellement libre. Y a-t-il donc des actes volontaires qui ne soient pas des actes de la volonté, en sorte que l'on puisse dire avec Jansénius que tout acte de la volonté est libre, et avec saint Pie V qu'il y a des actes volontaires qui ne sont pas libres ? Jansénius ose bien l'affirmer contre toutes les règles du langage et du bon sens. Les mouvements imprévus de la volonté, dit-il, qui s'élèvent en nous avant une parfaite advertance de la raison et malgré la résistance de la volonté, sont volontaires, et néanmoins ils ne sont pas libres : c'est de ces mouvements que parlent les Pontifes romains. Cette subtilité ne paraît pas à Jansénius une réponse suffisante à la bulle de saint Pie V ; il cherche d'autres explications qui n'expliquent rien : nous ne les reproduirons pas. On peut dire d'elles ce que La Mothe disait à Fénelon des explications par lesquelles les disciples essayèrent à leur tour de dégager la doctrine du maître de ce passage sans issue : « Quel langage bizarre et frauduleux (1) ! »

QUATRIÈME PROPOSITION. — *Les semi-pélagiens admettaient la nécessité de la grâce intérieure prévenante pour chaque acte en particulier, même pour le commencement de la foi; et ils étaient hérétiques en ce qu'ils voulaient que cette grâce fût telle que la volonté pût lui résister ou lui obéir.*

Jansénius ne se contente pas d'enseigner que dans l'état de la nature déchue on ne résiste jamais à la grâce intérieure ; il enseigne encore qu'on ne peut pas lui résister. Le concile de Trente prononce anathème contre ceux qui disent que le libre arbitre mû et excité de Dieu ne peut pas refuser son consentement s'il veut. C'est un point de foi, non-seulement qu'on résiste quelquefois à la grâce intérieure, mais aussi que l'on peut toujours y résister. Jansénius renverse ce dogme. Il prétend que le pouvoir de résister à la grâce était propre à l'état d'innocence. Il distingue la grâce de l'état d'innocence de celle de notre état, en ce que la grâce de notre état est toujours efficace, ce que n'était pas la grâce de l'état d'innocence ; en ce que la grâce de l'état d'innocence était laissée au pouvoir du libre arbitre, lequel pouvait y consentir ou non, tandis que la grâce de notre état n'est pas de cette sorte, c'est-à-dire qu'elle

---

1. Conf. Jans. *De grat. Chr. Salvat.*, l. 6, c. 6, 5, 10, 35, 38.

n'est pas laissée au pouvoir du libre arbitre, ou, ce qui revient au même, le libre arbitre ne peut pas lui résister. Aussi affirme-t-il, nous l'avons vu, que l'homme ne peut pas résister à Dieu opérant par sa grâce. Ce dogme d'une grâce irrésistible est une conséquence nécessaire de l'erreur qui nie la grâce purement suffisante. Car, s'il n'y a point de grâce purement suffisante, il n'y a point de grâce qui nous donne le pouvoir de faire un bien que nous ne faisons pas, et il n'y en a aucune qui n'ait tout l'effet qu'elle peut avoir. La volonté de l'homme ne peut donc la frustrer de son effet, elle ne peut donc lui résister. Il établit encore ce dogme en termes plus formels lorsqu'il assure que dans l'état de la nature déchue, l'homme ne peut pas refuser de suivre le plaisir qui domine en lui, soit la grâce ou la cupidité ; que c'est pour l'homme une nécessité de faire ce qu'il lui plaît le plus, de suivre toujours le plaisir dominant. C'est pourquoi il taxe de semi-pélagianisme le dogme catholique que l'on peut résister à la grâce. La quatrième proposition renferme donc bien la doctrine de Jansénius et elle a été justement condamnée(1).

CINQUIÈME PROPOSITION. — *C'est une erreur semi-pélagienne de dire que Jésus-Christ est mort, ou qu'il a répandu son sang généralement pour tous les hommes.*

Au chapitre XXI du troisième livre (*de la grâce du Sauveur*), Jansénius demande comment on doit entendre ce que dit saint Paul que Jésus-Christ s'est offert pour la rédemption de tous. Il convient d'abord que pour pouvoir dire que Jésus-Christ s'est livré lui-même pour la rédemption de tous, ce n'est pas assez que le prix de sa mort soit suffisant pour racheter tous les hommes, qu'il faut de plus que le Sauveur ait eu la volonté de le leur appliquer. En effet, on ne peut pas dire que Jésus-Christ soit mort pour les démons, quoique le prix de sa mort soit suffisant pour les racheter, car Jésus-Christ a eu la volonté d'appliquer le prix de sa mort aux hommes et non aux démons. Tout cela est vrai, mais voici où l'erreur commence. Jansénius dit que les élus étant les seuls qui aient eu la grâce et le pouvoir de faire leur salut, les seuls à qui le salut ait été rendu possible, Jésus-Christ n'a eu la volonté d'appliquer

---

1. Conf. Jans., *De Grat. Chr. Salvat.*, l., 2, c. 5. — *De Grat. primi hominis*, l. 1, c. 14. — *De Grat. Chr. Salvat.*, l. 2, c. 24, 12, 21, 25. — De hæresi Pelag., l. 8, c. 6, sq.

qu'à eux seuls le prix de sa rédemption ; qu'il est mort par conséquent pour le salut des seuls prédestinés : ce qui convient parfaitement à son système d'une grâce toujours efficace. Il prétend, par la même raison, que ceux qui sont effectivement justifiés étant les seuls à qui la justification ait été rendue possible, et ceux qui arrivent à la foi étant les seuls qui aient pu y arriver, Jésus-Christ n'a voulu justifier que ceux qui le sont en effet ; qu'il n'a voulu faire arriver à la foi que ceux qui y parviennent, et que s'il est mort pour obtenir des grâces passagères à certains réprouvés, la grâce de la foi à ceux qui croient, celle de la justification à ceux qui sont justifiés, en un mot, les grâces actuelles que les uns et les autres reçoivent pour un temps, il n'est pas mort néanmoins pour leur salut. Il porte même l'impiété jusqu'à dire que Jésus-Christ n'a pas plus prié pour le salut de ceux qui ne sont pas prédestinés, que pour celui des démons. Telle est dans son horrible réalité la doctrine de Jansénius fidèlement reproduite par la cinquième proposition (1).

On le voit : les cinq propositions ne sont pas *incognito* dans Jansénius. Bossuet, qui avait étudié l'*Augustinus* plus que le chevalier de Grammont et sans doute autant que M. Sainte-Beuve, écrivait au maréchal de Bellefonds : « Je suis bien aise de vous dire, en quelques mots, mes sentiments sur le fond. Je crois donc que les propositions sont véritablement dans Jansénius et quelles sont l'âme de son livre. Tout ce qu'on a dit au contraire me paraît une pure chicane, et une chose inventée pour éluder le jugement de l'Église (2). »

A propos de la cinquième proposition, M. Sainte-Beuve, qui voit avec quelle peine Jansénius s'efforce de se séparer de Calvin, nous engage, pour nous former sans trop de frais une théologie suffisante et une base de comparaison, de lire les chapitres XXI XXII et XXIII du livre de l'*Institution chrétienne*, par Calvin, dans lesquels l'auteur traite spécialement de la prédestination, de l'élection éternelle. La difficulté, pour y être abordée de front et avec audace, ne l'est pas moins avec une adresse, avec une précaution infinies. L'autorité de saint Augustin y revient sans cesse : « Si je voulais, écrit l'apôtre de

---

1. Conf. Jans., *De Grat. Chrit. Salvat.*, l. 3, c. 20, 21.
2. Œuvres de Bossuet, correspondance, lettres diverses, l. 52.

Genève, composer un volume des sentences de saint Augustin, elles me suffiraient pour traiter cet argument, mais je ne veux pas charger le lecteur de si grande prolixité. » Jansénius, à sa manière, n'a fait, dans l'*Augustinus*, que remplir le *desideratum* du réformateur. « Jansénius a lu saint Augustin avec les lunettes de Calvin. » C'est un mot du Père Michel Le Vasseur, quand il était prêtre de l'Oratoire (1). Le mot de l'oratorien paraîtra encore plus vrai si, aux chapitres cités de l'*Institution chrétienne*, on ajoute quelques chapitres d'autres œuvres de l'hérésiarque, par exemple, le chap. VI, sess. 6, de l'*Antidote du Concile de Trente*, le chap. XVII du Commentaire sur l'Évangile de saint Jean, sur la première épitre de saint Jean, le livre II livre du libre arbitre contre Pighius. Certes, Henry Ottius, ministre et professeur à Zurich, avait bien raison de s'écrier dans une harangue intitulée *de Causa Jansenistica*, et imprimée en 1653 : « Jansénius se range de notre côté !..... Les Jansénistes et nous, en dépit des Jésuites, nous chantons sur le même ton. »

Nous dirons comme M. Sainte-Beuve : « Pardon et patience ! Nous voici plus d'à moitié chemin. » Cependant, il nous faut revenir sur nos pas. Maintenant que nous connaissons la doctrine de Jansénius, nous comprendrons mieux son langage. Remontons jusqu'à la préface de l'*Augustinus*. M. d'Ypres y déclare qu'il va combattre, non-seulement les anciens pélagiens, mais encore les contemporains qui ont la prétention d'être catholiques tout en renouvelant les dogmes impies de Pélage. Il découvrira l'erreur des uns et des autres : malgré la difficulté de l'entreprise, il traînera cette erreur au grand jour; malgré le fard dont elle se teint, le prestige des mots dont elle se couvre, il la démasquera ; sachant ce qu'elle pense, il sait bien en quel sens elle parle. Jansénius rappelle ici à M. Sainte-Beuve Uriel reconnaissant, chez Milton, Satan sous la forme d'un ange adolescent dont il se revêt pour corrompre l'homme ; il lui semble être, par endroit, le théologien dont Milton est le poète, bien que Milton, dit-il, soit peut-être au fond quelque peu arien et pélagien. Aussi ne veut-il parler que « d'un certain rapport d'élévation et de beauté théologique sombre (2). » Pour moi, je remarque que Jansénius se

---

1. *Port-Royal*, tome 2, p. 106.
2. *Port-Royal*, tome 2, p. 112.

propose dans ce combat, de s'appuyer, non pas sur l'autorité de l'Eglise, mais sur l'autorité de saint Augustin à qui l'Eglise, par les Papes et les Conciles, a reconnu qu'il appartient de trancher infailliblement les questions de la grâce. Nous allons entendre Jansénius proclamer avec enthousiasme l'infaillibilité du saint docteur. Mais il nous faut l'entendre, au premier livre de son second Traité, nous parler modestement de lui-même, de son but, de sa méthode. Ce qui le fait écrire, dit-il, c'est l'amour de la vérité. Chrétien et disciple de Jésus, il veut avoir de la grâce une connaissance profonde, pure et lumineuse. Les combats inextricables que les plus savants docteurs se livrent dans les champs de la Grâce, loin de le décourager, excitent son ardeur. Qu'il serait beau pour lui de mettre un terme à ces controverses qui divisent les écoles du monde chrétien, et tiennent en suspens le tribunal même de l'Eglise catholique ! Qu'il serait beau d'éclairer par l'éclat de ses résultats les ténèbres dont ces disputes obscurcissent les esprits, et de concilier les opinions qui séparent les chrétiens ! Cependant une pensée pleine d'angoisses le poursuit. Déjà, lorsqu'il étudiait la théologie au collége du pape Adrien VI, à Louvain, et lorsqu'il visitait la France et ses plus savants docteurs, il s'étonnait que les mystères de la grâce que saint Augustin, ses disciples et l'Église romaine, la mère et la maîtresse de toutes les églises, enseignaient avec tant de certitude, de précision et de clarté, fussent maintenant ensevelis dans une nuit impénétrable, et se dérobassent à tous les regards. Il fut obligé de conclure ou que ces mystères n'étaient pas abordables, ou que la méthode suivie était mauvaise. Comment soutenir la première partie de ce dilemme, qu'il se posait dans ses méditations douloureuses ? Les Pères de l'ancienne Église, dont la doctrine est célébrée d'âge en âge, auraient-ils donc épuisé leur génie à rechercher l'impossible, ou bien après avoir trouvé la vérité, l'auraient-ils cachée si profondément dans ce puits de Démocrite, qu'on ne dût plus espérer de l'en retirer ! Qui serait assez téméraire et assez absurde pour oser l'affirmer ! Reste donc que ses contemporains n'emploient pas la méthode d'investigation qui les conduirait à la découverte de la vérité cachée.

Quelle est cette méthode inconnue ou négligée, avec laquelle Jansénius retrouvera l'enseignement perdu de saint Augustin, de ses disciples, de l'ancienne Église ? Ici, l'apôtre de la grâce manque de clarté, de logique et de sincérité. Il décrit tous les maux dont la philosophie est la source dans la théologie, confondant la philosophie que saint Paul condamne avec le raisonnement que saint Paul n'a jamais condamnés. Cette confusion lui permet d'affirmer que jamais par les principes de la philosophie on ne rétablira la paix, ni on ne trouvera la vérité. Les questions qui regardent le concours de Dieu, la nature de la volonté libre, de l'indifférence, de la liberté, etc., ne seront jamais tranchées par la philosophie, suivant la méthode d'Aristote ou de Zénon. Il faut les traiter par voie d'autorité ; car toujours la philosophie employée dans la théologie fut la mère des hérésies. — Jansénius devrait conclure ainsi : Il y a deux méthodes théologiques, la méthode scolastique, la méthode positive ; la première ne vaut rien, la seconde est seule bonne. — Ce serait trop logique ; il conclut ainsi :

« Il y a deux méthodes pour pénétrer les mystères que la révélation divine propose à notre foi : l'une est celle du raisonnement humain, suivie par les philosophes et sujette à beaucoup d'erreurs ; l'autre part de la charité enflammée par laquelle le cœur de l'homme se purifie, s'illumine de manière à pénétrer les secrets de Dieu qui sont contenus dans l'écorce des Écritures sacrées et dans les principes mêmes révélés. Ce mode de comprendre est très-familier aux vrais chrétiens ; c'est par là que dans les personnes spirituelles, hommes ou femmes, à mesure que la charité s'accroît, la sagesse croît d'autant, jusqu'à ce qu'elle arrive à son jour de maturité parfaite. Car de même que l'arbre naît de la semence, et que la semence à son tour naît de l'arbre, et qu'ainsi l'un et l'autre, par cette production réciproque, vont se multipliant à l'infini, de même la connaissance de la foi chrétienne suscite l'amour de la charité et opère par elle ; laquelle charité aussitôt excite une nouvelle lumière de connaissance, et cette lumière provoque une flamme d'amour qui de nouveau engendre une lumière ; et ainsi, par une émulation et un redoublement continuel, flamme et lumière s'excitant et s'engendrant, mènent l'âme chrétienne à la plénitude de la ferveur et de la lumière, c'est-à-dire à la plénitude de la charité et de la vérité, c'est-à-dire à la plénitude de la sagesse. »

Nous voici bien loin de la méthode d'autorité ! Cette méthode de charité enflammée est-elle plus sûre que la méthode de raisonnement ? La charité, au milieu de ce redoublement mystique de flamme et de lumière, errera-t-elle moins que la raison guidée par les principes de la philosophie ? On sait où conduit l'illuminisme. Après avoir confondu le raisonnement et la fausse philosophie, Jansénius confond la connaissance scientifique et la connaissance intime et amoureuse des mystères ; la première s'acquiert par une méthode scientifique, et la seconde par une méthode mystique.

A ces confusions évidentes, Jansénius ajoute des contradictions non moins manifestes. Citons un exemple entre mille. Au ch. III, il se plaint amèrement de ce que les scolastiques ont recours pour résoudre les questions pendantes aux principes philosophiques seuls, et négligent l'autorité ecclésiastique, c'est-à-dire le témoignage de la tradition et de l'Écriture. Or, au ch. III, il défend la scolastique contre les hérétiques qui l'attaquent et la condamnent sans vouloir distinguer la méthode des abus de la méthode, et il dit : « De l'aveu même des scolastiques, personne ne peut se dire entièrement versé dans la théologie scolastique s'il n'étudie toute sa vie les monuments de la tradition. La plupart d'entre eux tiennent pour certain qu'il est impossible d'exceller dans la théologie scolastique, si on n'excelle pas dans la théologie positive. Saint Thomas, Cajetan le démontrent ; ils ont grandement raison. »

Ils ont raison, grandement raison : Jansénius cependant se gardera bien de les suivre. Il nous racontait, dans les prolégomènes de son second traité, les impressions qu'il avait reçues et les desseins qu'il avait formés au milieu des controverses dont il fut, dès les premières années de sa vie de théologien, le témoin attristé. Il continue ses confidences au chapitre x. Il nous apprend que, ne trouvant pas la vérité dans les livres des scolastiques, il remonta aux sources, à l'Écriture, aux conciles, aux Pères. Parmi ceux-ci, ses maîtres lui apprirent à vénérer et à étudier saint Augustin. Une longue expérience lui a prouvé combien ce grand Docteur méritait et cette vénération et cette étude.

Jansénius consacre plusieurs chapitres à célébrer saint Augustin. Le titre seul de ces chapitres nous donnera la mesure de ces louanges. C'est un véritable dithyrambe.

« Saint Augustin a fondé les quatre dogmes principaux du christianisme : l'unité du chef de l'Église, l'unité du corps de l'Église, l'unité du sacrement de l'incorporation (Baptême), l'unité de la grâce (1).

1. C. 12.

« Le premier il a ouvert aux fidèles l'intelligence de la grâce divine et du Nouveau Testament (1).

« La doctrine de saint Augustin sur la grâce de Dieu est évangélique, apostolique, catholique, d'une irréfragable autorité, écrite au nom de toute l'Église, au milieu du silence de tous les théologiens (2).

« Cette doctrine a été approuvée en termes magnifiques et consacrée par les Pontifes romains Innocent, Zozime, Célestin, Léon, Hormisdas, Félix II, Jean II (3).

« Augustin a surpassé tous les écrivains latins et grecs par l'abondance des dons naturels et surnaturels de l'esprit (4).

« Il est semblable à Paul par la conversion et l'élection, par la connaissance et l'enseignement de la grâce (5).

« Les docteurs qui sont venus après lui, même saint Thomas, ont appris d'Augustin la grâce et la théologie (6).

« Augustin a fixé dans ses ouvrages les limites de la science vraiment théologique (7).

« Augustin est le Père des Pères, le Docteur des Docteurs, le premier après les écrivains inspirés, vraiment sûr entre tous, subtil, irréfragable, angélique, séraphique, excellent, admirable au delà de toute expression. »

Après cet éloge, il ne restait plus qu'à proclamer l'infaillibilité de saint Augustin. Jansénius n'y manque pas :

« Il appartient à l'Église de proposer et d'exposer aux chrétiens les articles de la foi combattus par les hérétiques ou obscurcis par la négligence des hommes. Mais dans les débats sur la grâce, par un changement de rôle que Dieu a permis, Augustin, vase d'élection choisi pour cette mission par le Seigneur, dès le ventre de sa mère, Augustin a rendu cet office à l'Église. Dans toutes les questions dogmatiques, les Docteurs ont coutume de tirer de l'Église leur science et le décret suprême qui fixe la vérité. Ici, au contraire, l'Église tire sa science, non pas de tous les Pères et docteurs qu'elle consulte d'ordinaire pour terminer les controverses, mais de saint Augustin seulement... Nous montrerons que la plupart des vérités dont on dispute

---

1. C. 13.
2. C. 14.
3. C. 15, 17.
4. C. 20-21.
5. C. 22.
6. C. 23.
7. C. 24.

aigrement en ce siècle, ont été définies comme de foi catholique par saint Augustin et par l'Église (1). »

Mais si la doctrine de saint Augustin est infailliblement vraie, les scolastiques qui reproduisent cette doctrine n'ont point à redouter les attaques des adversaires de leur enseignement. Ils croient reproduire la doctrine du Maître, répond Jansénius : or ils n'y entendent rien.

« Je fus épouvanté, je l'avoue, plus qu'il ne peut se dire, écrit-il, quand je vis bien clairement avec quel manque d'intelligence les plus graves chefs de sa doctrine avaient été tirés et comme tordus par les modernes en des sens tout opposés au véritable ; avec quel aveuglement, plus d'une fois, ce qu'il combattait avait été pris pour ce qu'il alléguait, et des erreurs pélagiennes plus de dix fois proscrites par lui, avaient paru des vérites augustiniennes ; comment, enfin, les objections qu'on lui avait faites étaient acceptées et avaient cours comme étant ses propres réponses, ses solutions mêmes.

« Cette théologie moderne diffère si fort de celle de saint Augustin, qu'il faut, ou qu'Augustin lui-même se soit trompé en mille sens..., ou bien que les théologiens modernes à leur tour se soient tous à coup sûr écartés du seuil de la véritable théologie (et je dis sans inculper leur foi), mais écartés de telle sorte qu'ils paraissent ne plus comprendre ni cette foi chrétienne qu'ils gardent pourtant en leurs cœurs comme catholiques, ni l'espérance, ni la concupiscence, ni la charité, ni la nature, ni la grâce, la grâce à aucun degré et sous aucune forme, ni celle des anges, ni celle des hommes, ni avant la chute, ni depuis, ni la grâce suffisante, ni l'efficace, ni l'opérante, ni la coopérante, ni la prévenante, ni la subséquente, ni l'excitante, ni l'adjuvante ; ni le vice, ni la vertu ; ni la bonne œuvre, ni le péché, soit originel, soit actuel ; ni le mérite et sa récompense ; ni le prix et le supplice de la créature raisonnable, ni sa béatitude, ni sa misère ; ni le libre arbitre et son esclavage ; ni la prédestination et son effet ; ni la crainte, ni l'amour de Dieu, ni sa justice, ni sa miséricorde ; enfin, ni l'Ancien, ni le Nouveau Testament ; qu'ils semblent, dis-je, ne plus rien comprendre à toutes ces choses, mais bien plutôt, à force de raisonnements, avoir fait de la théologie morale une Babel pour la confusion, et pour l'obscurité une région cimmérienne (2). »

Qui donc renversera cette Babel ? Qui éclairera ces antres de l'Averne ? En un mot, qui interprétera infailliblement la

---

1. C. 13.
2. Lib., c. x.

doctrine infaillible de saint Augustin ? Jansénius répond : moi seul :

« Pour moi, je me suis approché du saint docteur, espérant en mon Dieu que je ne serai pas frustré du fruit de mon travail, c'est-à-dire, de la connaissance de la vérité, ou de la doctrine avec laquelle Augustin triompha des Pélagiens et dont l'Église fait une si grande louange. J'espérais ces résultats à ces conditions que je m'étais posées : venir à cette fontaine avec simplicité d'esprit, avec une soif ardente de la vérité ; déposant les préjugés des divers systèmes dont ma jeunesse avait été imbue dans les écoles de théologie, ne point m'ériger en juge des écrits d'Augustin, mais me montrer en toute humilité son disciple fidèle ; n'avoir pas pour but de chercher si ses premières opinions que j'avais embrassées sans le lire, pouvaient être placées sous son patronage et défendues en son nom, comme beaucoup le font aujourd'hui ; ne pas ramasser à grand'peine quelques sentences de saint Augustin pour en tirer vanité, en être applaudi, et pour confirmer plutôt que pour corriger nos propres sentiments ; au contraire, me résoudre avec une entière conviction à le suivre lui-même avant tous les autres Pères, à corriger selon ses paroles et ses pensées toutes mes paroles et mes pensées, à croire qu'il est suffisamment explicite et qu'il n'a pas outrepassé la mesure, à recevoir avec une docilité parfaite tout ce qu'il a enseigné sur ce sujet, comme indubitable, romain et catholique. »

Jansénius, il nous l'assure, a rempli ces conditions, et il est arrivé à une connaissance solide et complète de saint Augustin et de sa doctrine. Il ajoute avec une certaine ironie que si quelqu'un pense qu'il s'est trompé, il lui rendra un grand service et complètera son travail en lui faisant part de ce que Dieu lui a peut-être inspiré et révélé de plus certain et de plus clair que ce qu'il a lui-même exposé. C'est entendu, à moins d'une inspiration et d'une révélation de Dieu, personne ne pouvait exposer la doctrine de saint Augustin plus sûrement et plus clairement que ne l'a fait l'évêque d'Ypres (1).

Cependant Jansénius soumet au jugement du Siége apostolique son interprétation individuelle de saint Augustin, qu'il appelle quelque part le cinquième évangéliste. C'est ici qu'éclate toute la sincérité du saint prélat.

1. C. 25., 29.

« J'ai résolu, dit-il, de prendre, comme je l'ai fait dès mon enfance, pour guide de mes sentiments l'Église romaine et le successeur du bienheureux Pierre. Je sais que l'Église est bâtie sur cette pierre. Quiconque ne ramasse pas avec lui, disperse. C'est chez lui que l'héritage des Pères est conservé sans corruption. Tout ce que cette chaire de Pierre, en la communion de laquelle j'ai vécu dès mon jeune âge et veux vivre et mourir, tout ce que le successeur du Prince des apôtres, le vicaire de Jésus-Christ, tête, modérateur, pontife de l'Église chrétienne universelle prescrit, je l'observe ; tout ce qu'il désapprouve, je le désapprouve, tout ce qu'il condamne, je le condamne, tout ce qu'il anathématise, je l'anathématise (1). »

A peine a-t-il achevé cette émouvante profession de foi, que, se trouvant en face des scolastiques qui lui objectent certaines propositions attribuées à saint Augustin et condamnées par les Souverains Pontifes, il se hâte de substituer saint Augustin à saint Pierre, et il s'écrie : « Ayez recours à lui, ô vous tous qui ne voulez pas errer ! » D'ailleurs, les véritables sentiments du sectaire se découvrent plusieurs fois dans le cours de son ouvrage. Dans le traité *de l'état de la nature innocente ou de la grâce du premier homme et des anges,* Jansénius, enseignant que dans cet état, ni pour l'homme, ni pour l'ange, la persévérance et les mérites ne furent point des grâces de Dieu, rencontre ces deux propositions de Baïus anathématisées par Pie V et Grégoire XIII : *On ne peut proprement appeler grâce ni les mérites de l'ange, ni ceux de l'homme innocent. — La félicité est pour les bons anges, et aurait été pour l'homme, s'il eût persévéré dans l'innocence jusqu'à sa mort une récompense et non une grâce.* Plus loin, dans le Traité *de la nature déchue,* enseignant que toutes les œuvres des infidèles sont des péchés, et que les prétendues vertus des philosophes sont des vices, il se heurte encore aux anathèmes de ces deux pontifes. C'était le cas de désapprouver ce que le successeur de Pierre désapprouvait. Jansénius hésite : il avoue qu'il est dans l'embarras, et il cherche à se soustraire au jugement de Rome. « Qui voudrait croire, s'écrie-t-il, que le Siége apostolique, qui a tant de fois approuvé et qui s'est approprié la doctrine de saint Augustin, soit venu à condamner comme hérétiques, erronées et fausses des sentences de ce même Augustin,..... des

---

1. C. 29.

sentences les plus inhérentes à l'ensemble même de ses écrits...? Personne ne voudra croire cela, hormis le téméraire qui voudrait croire en même temps que le Siége apostolique s'est trompé ou autrefois ou maintenant, et qu'il est en contradiction avec lui-même (1). »

Dans le traité *de l'état de pure nature*, et dans celui de *la grâce du Christ Sauveur*, Jansénius renouvelle et ses protestations de soumission au jugement de l'Église romaine, et ses révoltes contre ce jugement solennellement prononcé. Partout il cherche à éluder les coups qui ont frappé sa doctrine dans la doctrine de Baïus, en opposant les Pontifes anciens aux Pontifes modernes : misérable subterfuge que les hérétiques ont coutume d'employer, au grand mépris de l'histoire, pour échapper aux étreintes de la vérité et voiler leur apostasie.

Je serais bien tenté de suivre Jansénius naviguant dans sa barque augustinienne sur le plein océan de la grâce, à la recherche du monde perdu de la vérité. Nous le verrions, le dos tourné au phare de l'Église romaine, se heurter à tous les écueils de ces abîmes, s'égarer de plus en plus à mesure qu'il avance, et naufrager totalement avant d'atteindre le rivage désiré. Mais l'histoire détaillée de cette orgueilleuse et fatale navigation, le récit circonstancié de ce naufrage, nous retiendraient trop longtemps et nous mèneraient trop loin de la chaire de M. Sainte-Beuve. D'ailleurs nous en avons assez dit, trop même pour le charme de nos lecteurs, du fond théologique de l'*Augustinus*. Revenons à M. Sainte-Beuve.

Il n'effleure ce fond ténébreux que du bout de l'aile agile de sa critique, tout juste assez pour montrer qu'il en sait le chemin et en connaît la profondeur. S'il descend vers la sombre matière, il remonte vite au soleil des parallèles littéraires et philosophiques, des rapprochements historiques, des anecdotes piquantes. Là, il est dans son élément ; il s'y joue avec complaisance, au grand plaisir de ses auditeurs. Nous nous figurons l'effroi de ces auditeurs quand ils virent Sainte-Beuve passer brusquement des in-folio si vides de Balzac, comme il leur disait, à l'in-folio si substantiel de Jansénius. Que d'ennui promettait le formidable *Augustinus !* L'habile professeur trompe bientôt cette sotte crainte. Comment n'aurait-il pas captivé son audi-

---

1. C. 27.

toire ? Il cherche les cinq *Propositions* en compagnie de mademoiselle Hamilton et du chevalier de Grammont ; il fait étinceler l'aurore cartésienne à travers la nuit scolastique dont Jansénius combat les ténèbres ; il cueille, en traversant le jardin de l'apôtre de Genève, quelques fleurs choisies pour les offrir (et l'hommage était mérité !) à l'évêque d'Ypres ; il trouve tour à tour dans l'*Augustinus* du La Rochefoucauld, du de Maistre, du Bacon, du Bayle et du professeur Vinet ; il extrait du gros livre les beautés *miltoniennes* qui y étaient cachées, et le *Paradis perdu* à la main, il commente le théologien par le poète ; tout à coup, il demande pardon à Dieu de ce qu'il a *presque* appelé les beautés de Jansénius, et avoue qu'il n'a pas assez dit combien, forme et fond, et le siècle de Louis XIV ayant passé dessus, il était nécessairement devenu illisible, combien il s'était assombri et à quel point il dut, en somme, paraître à tous *prolixe, d'un latin ardu, insatiable et lourd de preuves, les offrant souvent blessantes, encore plus massives* ; il montre alors, par quelques traits choisis et faisant lumière, la doctrine janséniste repoussée en définitive par l'opinion publique dont elle choquait les tendances ; enfin, il clôt le sujet, en le variant, par l'exposé rapide de la théorie esthétique de Jansénius, théorie qui condamne comme une concupiscence criminelle l'art et le goût, et contre laquelle Sainte-Beuve cite une page du Père Bouhours, un jésuite à qui il trouve cette fleur agréable et prompte, cette pointe fine et légère, que Voltaire, élève du Père Porée, posséda si bien et marqua de son nom.

Ainsi les caresses que Sainte-Beuve prodigue à Jansénius sont mêlées de quelques justes sévérités, et les rigueurs dont il poursuit les ennemis de M. d'Ypres sont adoucies par un bout de compliment. Quelques austères *Méthodistes* s'étonnèrent de trouver leur cher professeur si divers et si ondoyant. Sainte-Beuve aurait pu leur répondre, avec son aimable sourire de sceptique, ce qu'un jour, trop indulgent à son génie, il se laissa aller à dire, tout à la fin de l'un de ses volumes de critique mêlée :

« Je suis l'esprit le plus brisé et le plus rompu aux métamorphoses. J'ai commencé franchement et crûment par le XVIIIe siècle le plus avancé... Là est mon fonds véritable. De là je suis passé à l'école doc-

trinaire et psychologique... De là j'ai passé au romantisme poétique...
J'ai traversé ensuite ou plutôt côtoyé le Saint-Simonisme et presque
aussitôt le monde de La Mennais, encore très-catholique. En 1837, à
Lausanne, j'ai côtoyé le calvinisme et le méthodisme, et j'ai dû m'efforcer à l'intéresser. Dans toutes ces traversées je n'ai jamais aliéné ma
volonté... Je n'ai jamais engagé ma croyance ; mais je comprenais si
bien les choses et les gens que je donnais *les plus grandes espérances*
aux sincères qui voulaient me convertir et me croyaient à eux. Ma
curiosité, mon désir de tout voir, de tout regarder de près, mon extrême
plaisir à trouver le vrai relief de chaque chose et de chaque organisation, m'entraînaient à cette série d'expériences, qui n'ont été pour moi
qu'un long cours de physiologie morale (1). »

C'était dans la Bibliothèque de l'Académie que le perfide
professeur expérimentait sur les sincères Calvinistes et Méthodistes de Lausanne. Il leur donnait les plus grandes espérances,
en face du beau lac, « au cadre auguste, dont les rivages tant
célébrés ont eu de tout temps de délicieuses retraites pour les
gloires heureuses et des abris pour les infortunes, et qui offrait
alors un nid de plus à une doctrine étouffée qu'il plaisait à un
libre esprit d'y transplanter un moment (2). » Soutenu par la
sympathie de son auditoire, et les souvenirs fidèlement gardés
par ces sites immortels, Sainte-Beuve laissait aller ses pensées,
cherchant partout à l'entour dans cet horizon, se créant à
plaisir des points d'appui, des rapports de contraste ou de
convenance (3), côtoyant le calvinisme et s'efforçant de l'intéresser.

Il l'intéressait vivement. Les lundi, mercredi et vendredi de
chaque semaine, de trois à quatre heures, l'élite de la société
vaudoise se pressait dans la Bibliothèque. Sainte-Beuve comptait de longues années après, les grands hommes de la Suisse
qui suivaient son cours. Puis, mêlant un sourire à ces souvenirs sérieux, il disait :

« La réunion fréquente, au pied de cette chaire, de la jeunesse des deux sexes, avait fini par amener de certaines rencontres, de certaines familiarités honnêtes, des railleries même
comme le sexe le plus faible ne manque jamais d'en trouver

---

1. *Port-Royal*, t. 2, p. 513.
2. *Port-Royal*, t. 1, p. 2.
3. *Ibid.*, p. 3.

le premier, quand il est en nombre, en face de l'ennemi. Plus d'un de mes élèves, dès qu'il entrait, avait, du côté des dames, un sobriquet tiré de Port-Royal et qui circulait tout bas : *Lancelot. Le Maître Singlin*, etc. — Je ne sus tout cela que plus tard. Enfin, il y eut l'année suivante plus d'un mariage et quelques fiançailles dont on faisait remonter l'origine à ces réguliers et innocents rendez-vous que mon cours avait procurés... Mais ceci m'éloigne par trop de mon sujet (1). »

Pas trop ; les comédies ne finissent-elles pas d'ordinaire par le mariage.

---

1. *Port-Royal*, t. 1, p. 517.

V.

Les dernières œuvres et les derniers jours de M. de Saint-Cyran, ses reliques et son culte.

Jansénius « triomphait parmi les honnêtes gens (1), » mais Saint-Cyran gémissait dans la prison de Vincennes. Les historiens de Port-Royal se plaisent à décrire les « affreuses épreuves de cet illustre innocent dont il plut au Tout-Puissant de faire un homme de douleur, pour être un prodige aux sages du monde, un mystère et une énigme aux savants, un modèle de fidélité et de constance aux justes et aux saints (2). » On le traita, disent-ils, avec la dernière rigueur. Ceux qui le gardaient avaient ordre d'entrer à toute heure, la nuit comme le jour, pour empêcher qu'il ne pût écrire, et qu'il n'eût communication avec qui que ce fût. On lui refusa durant plus de quatre ans la consolation de voir ses amis (3). — Ne nous hâtons pas de nous attendrir à cette terrible peinture de la captivité de Saint-Cyran : nous pleurerions, comme à la comédie, sur des malheurs imaginaires. En effet, nos bons Jansénistes racontent, — nous ne nous chargeons pas de concilier leurs récits avec leurs tableaux, — racontent que Saint-Cyran, gardé à vue avec une rigueur inexorable, fut un des premiers à lire l'*Augustinus* dans sa prison. Ses amis le lui ap-

---

1. *Lettres choisies de feu M. Guy-Patin, docteur en médecine*, etc, t. 1 lettre 2. — M. Sainte-Beuve cite avec complaisance cette phrase de Guy-Patin. Il aurait pu citer encore celle-ci « En ce temps la fortune triomphe par impudence, par ignorance et par imposture. » (Lettre XIV.)
2. *Quatrième gémissement d'une âme vivement touchée de la constitution de N. S. P. le pape Clément XI*, p. 94.
3. *Mémoires* de M. du Fossé, p. 12.

portèrent et recueillirent, pour les transmettre à la postérité, les paroles qu'il prononça au sujet de l'évêque d'Ypres et de son livre. M. Sainte-Beuve appelle ces paroles souveraines. Le saint abbé, moins frivole que le sceptique professeur de Lausanne, ne s'arrêta pas à considérer *la beauté sinon dantesque du moins miltonienne qui reluit en bien des endroits* de l'œuvre de son glorieux ami (1) ; il alla droit au fond des choses, et il dit qu'après saint Paul et saint Augustin, on pouvait mettre Jansénius le troisième qui eût parlé le plus divinement de la Grâce. Il dit encore que l'*Augustinus* devait être *le livre de dévotion des derniers temps*. Un jour M. de Caumartin, évêque d'Amiens, lui ayant annoncé qu'on tramait quelque censure contre le triomphant *in-folio*, il répondit avec feu que *c'était un livre qui durerait autant que l'Église*.

Ces paroles pouvaient être souveraines. M. Sainte-Beuve, académicien et sénateur, savait reconnaître les paroles souveraines, et il l'affirme ; mais elles n'étaient pas prophétiques. Les seuls livres de théologie qui durent autant que l'Église, sont ceux qu'elle porte dans ses mains ; ceux qu'elle rejette ne survivent pas à ses anathèmes.

M. de Caumartin n'était pas seul à visiter Saint-Cyran, auquel on refusait si obstinément, selon M. du Fossé, la consolation de voir ses amis. Pendant les cinq ans que dura sa captivité, jamais la porte de sa prison ne fut fermée à M. Arnaud d'Andilly, c'est lui-même qui nous le dit (2). Que d'autres encore, grâce à M. d'Andilly, franchirent le seuil de cette porte redoutable ! Fontaine (3) regarde M. Hillerin, curé de Saint Merry, comme le fruit de la prison de Saint-Cyran. M. Hillerin, dit-il (4), *le voyait souvent* à Vincennes, par l'entremise de M. d'Andilly, son paroissien. Ce saint prisonnier lui ouvrit insensiblement les yeux par la sagesse de ses entretiens, et le cœur par la grande affection qu'il lui témoignait. Dès qu'il l'apercevait, Saint-Cyran courait à lui les bras ouverts pour l'em-

---

1 *Port-Royal*, t. 2, p. 97

2. *Mémoires de M. d'Andilly, au sujet de messire Jean du Verger de Hauranne*, etc.

3. Le même M. Fontaine dit quelques pages plus loin : « Le saint abbé fut pendant quatre ans en prison sans avoir la liberté de voir ses amis. » Il ne pense plus à M. Hillerin.

4. *Mémoires pour servir à l'Histoire de Port-Royal*, par M. Fontaine, t. 1, p. 206.

brasser, et s'écriait : *Hé ! voilà notre bon ami.* « Ainsi, ajoute Fontaine, cet abbé *invisible* et caché dans le fond d'une prison agissait sur les cœurs avec une force d'autant plus efficace que sa parole, sa vertu et sa personne étaient plus renfermées dans l'obscurité. »

Par quels moyens l'*invisible* abbé exerçait-il son action sur les cœurs ? M. de Saint-Cyran n'oubliait pas au fond de sa prison *une de ses principales dévotions*, qui était d'élever les enfants. Élever les enfants, c'était les soustraire à l'enseignement des Jésuites et les former dans d'autres principes que ceux qui étaient en vogue dans leurs écoles (1). Aussi Saint-Cyran regardait l'éducation de la jeunesse comme un des emplois les plus nécessaires à l'État et à l'Église, et il disait à son fidèle disciple, Lancelot, qu'il aurait été ravi d'y passer toute sa vie (2). Mais ce qu'il eût été ravi de faire toute sa vie, le saint abbé l'estimait indigne des autres prêtres. « Il est indigne d'un prêtre (ce sont ses propres paroles) de s'amuser à régenter des classes de lettres humaines et de sciences profannes, comme on fait dans les colléges (3). » Néanmoins, il ne craignait pas lui, d'abaisser son sacerdoce à cet amusement. « Étant au bois de Vincennes, racontait-il à M. le Maître, je m'occupais avec le petit neveu de M. le Chantre ; je lui montrai les rudiments, les genres et la syntaxe. » Il est vrai que les Jésuites n'avaient pas sans doute, comme M. de Saint-Cyran, *cette charité qui étant vraiment catholique comme sa foi, se répandait jusque sur ces petites âmes qui sont si abandonnées*(4). Il est vrai encore que Saint-Cyran ne se contentait pas d'apprendre à ses élèves, car il en eut plusieurs, les rudiments, les genres et la syntaxe. Il les accoutumait « à manger toutes sortes de légumes, de la morue, des harengs (5). » Le prisonnier, pour peupler son école, « *avait la dévotion* de prendre les enfants à la mamelle, de payer les nourrices, de leur faire acheter des chemises et autres linges ; il avait même envie d'envoyer vers les frontières recueillir quelques petits en-

---

1. *Vie de M. Nicole et Histoire de ses Ouvrages* (par Goujet), p. 26.
2. Lancelot, *Mémoires*, t. 2, p. 338.
3. *Ibid.*, p. 167.
4. *Mémoires sur les petites écoles de Port-Royal*, au t. 1 des *Mémoires* de M. Fontaine.
5. *Mémoires* de Fontaine t 2, p. 83.

fants orphelins qui n'eussent ni père, ni mère *pour les nourrir en son abbaye* (1). Cette dévotion s'était manifestée de bonne heure chez Saint-Cyran. Avant son emprisonnement, ainsi qu'il l'écrivait de Vincennes à M. Rebours, il avait fait le dessein de bâtir une maison qui eût été comme un séminaire pour l'Église. Il avait même commencé à recruter quelques élèves. Un jour qu'il alla acheter une paire de bas chez un marchand, il vit un petit garçon qui lui parut de bonne espérance. Il eut le regret d'apprendre qu'on l'envoyait au collége où il était en danger de se gâter, et il dit à ce marchand de l'envoyer chez lui, qu'il lui donnerait des leçons avec son neveu, ce qu'il fit pendant quelque temps. Cet enfant, hélas ! ne correspondit pas à la grâce : Saint-Cyran fut obligé de le renvoyer (2).

Les élèves dont Saint-Cyran avait commencé l'éducation à Vincennes et qu'il avait ensuite confiés à ses disciples de Port-Royal, ne lui firent pas tous honneur, bien qu'il eût recommandé « qu'on les chatiât de verges quand ils résisteraient et réitéraient leurs fautes (3). » Un de ces petits garçons, dit Lancelot, ayant commencé par dérober à M. Singlin une vieille calotte qu'il vendit deux liards pour avoir de quoi jouer, et prenant ensuite tout ce qu'il pouvait friponner, s'avança tellement à grands pas dans le mal, qu'il prit jusques à des cuillères d'argent, et tomba dans toutes sortes de désordres. Sur quoi le pieux Lancelot s'écrie : « C'est ici qu'il faut adorer les jugements de Dieu et dire avec l'Écriture : *Novit Dominus qui sunt ejus*, puisque toute la charité d'un des plus grands hommes de l'Eglise n'a pu sauver cette petite âme... Personne ne peut corriger ceux que le Seigneur abandonne (4). »

Tels furent les commencements, peu glorieux, il faut l'avouer, des célèbres *petites écoles* de Port-Royal. Nous ne voulons pas faire leur histoire. Indiquons cependant l'esprit dans lequel elles furent fondées et continuées. Lancelot, qui connaissait mieux que personne les principes du maître, a là-dessus quelques pages qu'il faut citer :

« M. de Saint-Cyran ne pouvait souffrir qu'on fît le capital dans l'éducation des enfants, des sciences et de l'étude, comme on fait

1. *Mémoires* de Fontaine, t. 2, p. 83.
2. *Mémoires* de Lancelot, t. 2, p. 343.
3. *Ibid.*, p. 85.
4. *Ibid.*, t. 1, p. 134.

aujourd'hui. Il regardait cette conduite comme une des grandes fautes qu'on pouvait faire dans la sainteté de cet emploi, et observait qu'outre qu'elle dégoûtait ceux qui étaient tardifs, et donnait de la vanité aux autres, elle retombait encore ensuite sur la République et sur l'Église, chargeant l'épouse de Jésus-Christ d'une quantité de gens qu'elle n'a point appelés, et l'État d'une infinité de personnes vaines qui croient, être au-dessus de tous depuis qu'ils savent un peu de latin, et qui penseraient être déshonorés de suivre la profession où leur naissance aurait pu les engager. C'est pourquoi il disait qu'entre les enfants dont on aurait été entièrement maître, quoiqu'en grand nombre, on en aurait dû faire étudier que fort peu, et seulement ceux en qui on aurait reconnu une grande docilité et soumission, et quelque marque de piété et d'une vertu assurée (1). — Ce qui est bien remarquable, c'est qu'il ne se réglait nullement sur les talents naturels pour faire ce discernement, mais sur les semences de vertu qu'il voyait que Dieu jetait dans le fond de l'âme. Lorsque j'allais à Saint-Cyran, à la fin de 1639, on me mit entre les mains un enfant qui paraissait un prodige d'esprit pour son âge. La mémoire et le jugement allaient de pair, et surpassaient tout ce qu'on peut dire. Car à l'âge de huit ou neuf ans il apprenait lui seul les principes du latin, voyant que je ne voulais pas les lui apprendre, et il expliquait quelquefois assez heureusement l'office de l'Église. Il retenait tout ce qu'il lisait et entendait, de sorte qu'il savait une infinité de choses, sans qu'on pût presque dire comment ; il pénétrait tellement dans tout ce qu'il lisait, qu'il en faisait ensuite des discours et des livres. Je lui surpris une fois un traité qu'il avait fait de l'Antechrist, composé de ce qu'il avait ramassé de côté et d'autre. M. de Saint-Cyran voulut qu'on le lui envoyât *dans sa prison* pour le voir. On ne remarquait dans cet enfant rien qui tînt de la corruption, mais seulement une avidité étrange de savoir, jointe à une grande curiosité, avec un désir ardent de se jeter dans l'Église et d'avoir des bénéfices, désir que ses parents lui avaient inspiré sans qu'il pût seulement savoir ce que c'était. M. de Saint-Cyran voulut que je lui en

---

1. M. Arnaud d'Andilly, le premier et le plus estimé des disciples de Saint-Cyran, écrit dans son *Mémoire pour un souverain* : « Retrancher les procès, et principalement la chicane, qui est une des principales causes de la ruine du peuple. *L'un des meilleurs moyens d'en venir à bout, est de diminuer le nombre des colléges, et faire qu'il y ait seulement autant d'écoles qu'il en sera besoin pour apprendre à lire et à écrire : car les personnes de petite condition qui savent un peu de latin dédaignent d'estre soldats, laboureurs et marchands, ce qui est la force des Etats, et ne deviennent pour la pluspart que des prestres ignorans ou des personnes de chicane.* » Voyez la *Vérité sur les Arnauld*, par M. Varin. Lire et écrire, voilà toute la science que le Jansénisme permettait aux personnes de petite condition. — M. Sainte-Beuve ne cite pas ces textes.

dise mon avis, et après que je l'en eus averti, il conclut sans différer qu'il ne fallait point du tout le faire étudier, et cela fut absolument exécuté (1).

Avant tout il fallait faire de bons jansénistes, de petits *Messieurs.* C'est pourquoi « ces écoles étaient plus pour la piété que pour les sciences. On donnait cependant aux enfants de solides principes pour les études (2) » Mais comme la piété avait à Port-Royal sa théologie anti-moliniste, l'enseignement des belles-lettres eut sa méthode opposée à celle suivie par les Jésuites. « On suivit des routes qui n'étaient alors nullement connues. Ceux qui seraient curieux de connaître ces routes ouvertes par les maîtres des *petites Écoles,* peuvent lire le *Mémoire* du docteur Arnauld sur le *règlement des études dans les lettres humaines.* Il faut lire aussi pour se faire une idée complète de la méthode de Port-Royal, les *Préfaces* que Guyot a mises en tête des traductions de Cicéron. L'étude du français primant l'étude du latin, l'explication philologique remplaçant l'explication littéraire, la traduction de vive voix faite par le maître devant l'élève substituée à la version écrite, liberté laissée à l'élève de choisir le sujet de ses compositions latines dans les souvenirs de ses lectures, narrations parlées faites sur le champ et puisées dans ce que l'élève vient de lire, substitution d'un abrégé de rudiment en français à la grammaire latine, suppression des thèmes latins dans les petites classes et des vers latins dans les hautes, exercices du corps multipliés, telles sont les principales innovations de la méthode de Port-Royal. L'Université n'en profita pas, » dit M. Sainte-Beuve, et il ajoute : « Rien n'est tenace comme l'esprit de routine dans les vieux corps... Faut-il l'avouer ? En lisant le détail des recommandations et des conseils donnés par nos amis, en me pénétrant surtout de l'esprit qui y respire, j'ai été tout surpris de voir que, même de nos jours, l'Université renouvelée n'avait pas encore accepté quelques-unes de ces réformes le plus expressément indiquées dès lors, sur les thèmes par exemple, sur les vers latins, sur le mode d'explication des au-

---

1. *Mémoires* de Lancelot, t. 2, p. 338 194.
2. *Mémoire de M. Wallon sur les écoles de Port-Royal, où il avait été élevé.* Ce mémoire se trouve dans le *Supplément au Nécrologe de l'abbaye de Notre-Dame de Port-Royal des Champs.*

teurs anciens (1). » M. Jules Simon a entendu cette plainte de M. Sainte-Beuve, et a introduit dans l'enseignement universitaire les réformes indiquées par Arnauld, Guyot et les autres messieurs de Port-Royal. La fameuse circulaire de ce ministre de l'instruction publique, n'a été que le fidèle écho du *règlement des études dans les lettres humaines* et des *préfaces* de Cicéron. M. Sainte-Beuve aurait pu dire de la circulaire ce qu'il dit du *réglement* et des *préfaces* : « Nous rentrons, ici du moins, dans la nature, dans la voie large et simple ; un souffle de Montaigne a passé par là. » Et aussi un souffle de Rabelais. Nous indiquons à ceux qui aiment à remonter le cours des idées dans ce monde où il n'y a jamais rien de nouveau, les chapitres de *la vie de Gargantua et de Pantagruel* dans lesquels maître François raconte comment l'illustre fils de Grandgousier fut soumis d'abord au système gothique des rêveurs mathéologiens, des corrupteurs de la jeunesse, puis au système nouveau de Ponocrates, *un précepteur du temps présent*.

Il nous resterait à décrire l'influence des maîtres de Port-Royal, à montrer comment, au point de vue doctrinal, ils firent valoir le jansénisme par leurs beaux ouvrages, ainsi que le disait d'Aubigny à Saint-Évremond, et comment, au point de vue pédagogique, ils posèrent au milieu d'utiles réformes, le principe de la décadence des études classiques. Mais cela nous éloignerait trop du donjon de Vincennes.

Saint-Cyran, dans sa prison, ne s'occupait pas seulement des enfants : sa *charité catholique* s'étendant aux grands comme aux petits. M. Fontaine nous disait tout à l'heure que l'influence du saint abbé était d'autant plus efficace que sa parole, sa vertu et sa personne étaient plus renfermées dans l'obscurité (2). Il nous dit maintenant : « Les hommes sont aveugles dans tous leurs desseins. Les plus sages sont ceux de qui Dieu se joue davantage. Ils voulaient par cet emprisonnement cacher cet abbé dans l'obscurité ; et c'est ce qui le tira de l'obscurité, au contraire, comme on peut le voir par ce nombre infini de lettres qu'il écrivit de ce lieu à des personnes de condition qui désirèrent ses avis et ses prières, et se mirent

1. *Port-Royal*, t. 3, p. 510.
2. *Mémoires*, t. 1, p. 206.

sous sa conduite (1). » De son côté, M. d'Andilly, énumérant les causes de la captivité de Du Vergier, nous assure « que la principale de toutes est tout le bien que Dieu voulait faire dans cette illustre prison ou plutôt dans cette sainte retraite, par laquelle on peut dire qu'il a été *segretatus in evangelium Dei*, puisque la divine bonté s'en est servi pour l'engager par ses admirables lettres à la conduite de tant d'âmes (2). » Ainsi les chaînes du nouveau saint Paul ne l'empêchaient pas de diriger une foule choisie dans les voies de la grâce et de la pénitence. Sa correspondance forme deux volumes in-4°. « Ce fut dans un petit coin de sa prison, disent MM. de Sainte-Marthe dans leur *Gallia Christiana*, qu'il écrivit comme à la dérobée, et à l'insçu des soldats qui le veillaient de toutes parts, non avec l'encre qu'on lui refusa toujours, mais avec un crayon de plomb, ces lettres admirables où l'on voit éclater si efficacement le feu de sa charité. » Il y a un peu de fantaisie dans ce tableau. M. d'Andilly est plus sincère. Il raconte qu'il allait assez souvent dîner chez M. de Saint-Cyran au bois de Vincennes, restant seul avec lui jusqu'à l'approche de la nuit, et il ajoute : « C'était dans ces visites que je lui apportais du papier, des crayons, des plumes, et quelquefois de l'encre. » D'ailleurs on n'a qu'à ouvrir la correspondance de Saint-Cyran, on y verra que malgré les soldats qui le veillaient de toutes parts, il pouvait écrire à la dérobée des lettres de 15 et 30 chapitres. Il dit un jour à M. de Rebours : « Je viens de me lasser en escrivant une grande lettre ; » et une autre fois : « Je ne sçay ce que je vous ay escrit dans mes deux lettres précédentes, les ayant dictées à la haste, et n'ayant pû les faire relire, et sçachant que celuy à qui je les dicte est sujet à se plaindre de ma promptitude, et à s'en servir pour couvrir ses fautes, et la lenteur de sa main (3). » Saint-Cyran, qui lassait sa plume et celle de son secrétaire à écrire des lettres que nos Messieurs proclament admirables et dont Bossuet signalait la *spiritualité sèche et alambiquée*, trouvait encore le temps de composer, toujours à la dérobée, sans doute, la *théologie familière* qui devint le catéchisme des Jansénistes. C'est

---

1. *Mémoires*, t. 2, p. 4.
2. *Mémoires de M. d'Andilly au sujet de messire J. du Verger de Hauranne*, etc.
3. *Lettres chrétiennes et spirituelles de messire J. du Verger de Hauranne, abbé de Saint-Cyran*. Seconde partie, lett. 34 et 38.

dans ce livre semé d'erreurs capitales, habilement voilées, qu'on trouve cette définition de l'Église : « *C'est la compagnie de ceux qui servent Dieu dans la lumière et dans la profession de la vraie foi, et dans l'union de la charité.* » A l'aide de cette définition, que Luther et Wiclef n'auraient pas désavouée, les Jésansénistes prétendirent rester dans l'Église de Jésus-Christ, malgré le Pape et les Évêques qui les en retranchaient. La sœur Sainte-Euphémie (Jacqueline-Pascal), refusant de signer le *formulaire*, écrivait : « Mais peut-être on nous retranchera de l'Église ? Mais *qui ne sait que personne n'en peut être retranchée malgré soi*, et que l'esprit de Jésus-Christ étant le lien qui unit ses membres à lui et entre eux, nous pouvons bien être privés des marques, mais jamais de l'effet de cette union, tant que nous conservons la charité. » Le timide Nicole et quelques autres défenseurs de Port-Royal voulurent atténuer cette doctrine ; ils n'y réussirent pas. Demeurer dans l'Église, malgré l'Église, ce fut toujours la prétention du Jansénisme.

Au milieu des graves occupations de directeur et de docteur qu'il se donnait, Saint-Cyran se délassait un peu en envoyant à M. d'Andilly quelques sujets pour les poésies que son ami composait alors sous le titre de *Stances des vérités chrétiennes*. M. d'Andilly était poète, et sa sœur, la célèbre mère Angélique, le calomniait lorsqu'elle disait que tout son talent était de traduire (1). Ce n'était pas le sentiment de la mère Agnès, une autre sœur de M. d'Andilly ; elle lui écrivait de Notre-Dame de Tart, non pas au sujet des *Œuvres chrétiennes en vers*, comme le dit M. Faugère, éditeur des *Lettres de la mère Agnès Arnauld* (les *Œuvres chrétiennes* ne parurent qu'en 1644, et la lettre est du 27 avril 1634), mais au sujet d'un *Poème sur la vie de Jésus-Christ*, publié le 18 mars 1634 : « Je distribue ici vos vers sans vous nommer ; néanmoins, quand on me prend à foi et à serment, je n'oserais retenir la vérité

---

1. « Je vous avoue, Madame, écrivait la mère Angélique à la coadjutrice de Xaintes, que j'ai eu envie de rire de ce que vous vous êtes adressée à mon frère d'Andilly pour les dispositions du baptême. Vous le prenez, Madame, pour un théologien, ce qu'il ne fut jamais. Tout son talent est de traduire. » — Une autre religieuse, amie de Port-Royal, prenait M. d'Andilly pour un évêque. La mère Angélique la détrompait aussi, mais sans envie de rire (Lettres de la mère Angélique, t. 3, p. 460 ; t. 1, p. 531).

prisonnière, tellement que je franchis le mot au hasard de la vaine gloire qui me poursuit d'être sœur d'un excellent poëte. » Plus fécond qu'excellent, ses premiers vers lui furent inspirés par l'affection qu'il portait à son beau-père, M. de la Borderie ; il les fit en carrosse, et en fit huit cents en huit jours.

Tandis que M. d'Andilly recevait de Vincennes le canevas de ses stances, son plus jeune frère, Antoine, qui étudiait alors en Sorbonne, venait y renoncer aux fascinations de la *dignité doctorale*, et demandait au saint prisonnier la *permission de l'appeler son père, puisque Dieu lui donnait la volonté d'être son fils*. Saint-Cyran, qui *depuis longtemps tendait les bras* à cet enfant prédestiné à la Grâce (1), se déclara *prêt à l'assister au péril de sa vie*. Il avait déjà rendu un service signalé au jeune étudiant : il lui avait donné, pour le préserver du poison moliniste des leçons de l'Escot, son professeur, les *Opuscules* de saint Augustin sur la grâce. Il les lut avec fruit, et quand il vint se mettre tout à fait sous la direction de M. de Saint-Cyran, celui-ci « eut la joie qu'a un laboureur qui voit que la semence qu'il a jetée dans son champ y a germé, et qu'elle commence, en sortant de terre, à lui donner l'espérance d'une heureuse et abondante moisson (2). » Quand le moment de recevoir la prêtrise fut venu, Saint-Cyran fit dépouiller son disciple de tous ses biens en faveur de Port-Royal ; il l'obligea cependant à accepter, dans la cathédrale de Verdun, un riche bénéfice qu'il refusait d'abord, et à le garder jusqu'à ce qu'il pût le résigner entre les mains d'un ami éprouvé (3). C'est à cette époque qu'il l'engagea à écrire le livre *De la fréquente communion*, travail qu'il regardait comme une excellente préparation au sacerdoce. Il revoyait les cahiers à mesure qu'ils étaient composés, et aidait l'auteur de ses lumières et de ses conseils (4).

---

1. « Le P. Colombeau, jésuite, dit un jour à la mère Angélique de son jeune frère : Voyez-vous cet enfant ? Ce sera lui qui humiliera notre compagnie, et un jour il sera le fléau des plus pernicieux ennemis de l'Église. — Le P. Colombeau passait pour un *saint homme*, et fut le dernier jésuite qui confessa à Port-Royal. » *Vie de messire Antoine Arnauld*, t. 1, p. 10. — Le P. Colombeau est le seul jésuite dont les Jansénistes aient reconnu la sainteté ; bien lui en prit de faire cette prophétie.

2. *Histoire de la vie et des ouvrages de M. Arnauld*, p. 22.

3. *La Vérité sur les Arnauld*, par M. Varin, t. 1, p. 375.

4. *Vie de messire Antoine Arnauld*, t. 1, p. 45.

Au moment où Saint-Cyran communiquait ainsi le feu de sa charité, il faillit être abandonné de la grâce et perdre le titre d'*amateur très-passionné de la vérité*. Pressé par ses amis, M. d'Andilly, M. de Liancourt, M. de Chavigny, il écrivit à celui-ci une lettre qu'il devait montrer à Richelieu, lettre explicative, très-équivoque, sur la *contrition* et l'*attrition*, accordant à cette dernière d'être *suffisante avec le sacrement*. M. de Sainte-Beuve analyse ainsi les sentiments qui agitèrent l'âme « du grand serviteur de Dieu » dès qu'il eut fait cette concession : « La lettre à peine partie, il sentit sa faute ; il en eut un regret amer, une humiliation secrète, aussitôt suivie d'un surcroît de *bouillonnement* qui le mit hors de lui... C'est dans une saillie de cette ferveur retrouvée, de ce bouillonnement qui ne le quitta plus, que fut écrite à M. Arnauld une lettre décisive dont il faut citer les principaux passages ; on y voit bien à nu M. de Saint-Cyran, relevé d'un moment de faiblesse, aiguillonnant et déchaînant, pour ainsi dire, le génie polémique du grand Arnauld :

« *Tempus tacendi et tempus loquendi*. Le temps de parler est arrivé ; ce serait un crime de se taire, et je ne doute nullement que Dieu ne le punît en notre personne par quelque peine visible et très-sensible. Je vous ai dit souvent que je suis très-lent dans les grandes et importantes affaires ; mais quand le temps est arrivé, il m'est impossible de changer ou de perdre un moment pour agir sans cesse dans toute l'étendue de ma lumière et de mon pouvoir... Il n'y a point lieu de douter et d'hésiter dans cette affaire : quand nous devrions tous périr et faire le plus grand vacarme qui ait jamais été, nous ne devons plus laisser ses sermons (*les sermons que M. Habert, théologal de Paris, prêchait à Notre-Dame contre les doctrines de la Grâce*) sans répondre à tous les chefs en particulier ; nous ferions une grande faute au jugement de tous les hommes sensés, si nous ne répondions pas. Il est certain que le silence et la modestie que nous avons gardés jusqu'à présent nous a fait tort ; mais c'est ma coutume d'avoir longtemps grande patience en semblables affaires qui regardent Dieu et l'Église... Il ne faut plus user de silence ni de dissimulation *de peur de nuire à ma liberté*... Je vous prie d'agir avec toute l'étendue de votre esprit et de votre pouvoir... Je salue tous mes amis et les supplie de prendre part à cette lettre, et de n'avoir non plus d'égard à ma prison que si j'étais en pleine liberté (1). »

---

1. *Port-Royal*, t. 2, p. 20, 21.

Au lieu d'expliquer cette lettre, comme M. Sainte-Beuve, par un surcroît de bouillonnement qui s'empara de l'âme de Saint-Cyran, nous l'expliquons, au risque d'infirmer le caractère intrépide du grand serviteur de Dieu, par la date qu'elle porte. Cette lettre est datée du 1ᵉʳ février 1643, six jours avant la sortie de prison de Saint-Cyran qui avait l'assurance de sa liberté prochaine, Richelieu était mort le 4 décembre précédent (1). « Dieu, dit M. Fontaine parlant de cet événement, sembla se réveiller comme d'un profond sommeil, pour rendre justice à ceux qui criaient vers lui nuit et jour. »

Tant que Dieu dormit, c'est-à-dire tant que le cardinal vécut, Saint-Cyran pensa que le temps de parler n'était pas venu, qu'il ne fallait pas faire le plus grand vacarme qui ait jamais été, qu'il était à propos de garder le silence et la modestie, et observa qu'il était prudent de s'en tenir à sa coutume d'avoir longtemps grande patience. Il faut, disait-il à M. Le Maître qui l'interrogeait sur la conduite à garder, il faut baisser les yeux et adorer Dieu. La lettre explicative sur *l'attrition* portée, Saint-Cyran, dit M. Sainte-Beuve, *en eut un amer regret, une humiliation secrète, aussitôt suivie d'un surcroît de bouillonnement* qui lui fit écrire la lettre guerrière au docteur Arnauld. M. de Saint-Cyran lui-même nous assure du contraire : « Nous ne savons ce que nous désirons, écrit-il à un de ses amis à ce sujet dans l'effusion de son cœur. Dieu veut peut-être mieux faire les choses que nous ne pouvons nous imaginer... Qu'on garde bien le silence. Qu'on ne dise pas un mot : je vous en prie autant que je puis. Je vous le redis encore, vous avez tort d'être triste d'une chose dont je ne le suis nullement (2). » Cette résignation dura jusqu'à ce que Louis XIII eût promis aux amis du saint prisonnier, « l'illustre innocent », d'ouvrir les portes de sa prison. Alors seulement *il supplia ces amis d'agir et de n'avoir non plus d'égard à sa prison que s'il était en pleine liberté*. Quelques jours après, en effet, Saint-Cyran était libre. Sa sortie de Vincennes fut un triomphe. M. d'Andilly alla le quérir lui-même dans son carrosse. Il le mena

---

1. Le jour de la fête de Saint-Cyran, remarquèrent nos Messieurs, et le saint abbé le premier, ce qui les confirma dans cette modeste pensée « que Dieu venait de faire pour l'heureuse liberté du prisonnier une si grande révolution dans le monde. » *Mémoires de Fontaine*, t. 2, p. 23.

2. *Mémoires de M. Fontaine*, t. 2, p. 17.

remercier ses amis, M. de Chavigny, M. le président Molé. Il le conduisit à Port-Royal de Paris, où on l'attendait. Toute la communauté s'était réunie au parloir pour recevoir le Père tant désiré ; mais lorsqu'il entra, M. de Rebours, qui avait la vue basse, prit une lunette pour lorgner, ce qui fit rire une religieuse, et celle-ci en fit rire une autre, et toutes éclatèrent. M. de Saint-Cyran se dit tout bas avec le Sage dans sa discrète révérence : *Avez-vous des filles ? Évitez de vous montrer à elles avec un visage riant.* « J'avais bien quelque chose à vous dire, mais il y faut une autre préparation que cela ; ce sera pour une autre fois. » Ce fut tout le discours de ce père tant désiré, et il se retira. Il revint huit jours après célébrer l'octave de sa sortie. M. Singlin chanta la grand'messe ; M. Arnauld fit diacre et M. de Rebours sous-diacre. M. de Saint-Cyran se contenta de communier avec l'étole. Après le *Te Deum*, il envoya son domestique dans la sacristie dire qu'il priait tous les officiants et le célébrant de s'assembler et de lui tirer un psaume tel qu'il plairait à Dieu de le leur envoyer. Le diacre prit un psautier, le prêtre ficha une épingle dedans, afin de prendre ce que Dieu enverrait pour consoler son serviteur. « C'est ici, s'écrie Lancelot auquel nous empruntons ces récits, où l'on a tout sujet d'admirer la providence de Dieu et sa bonté, et d'attendre avec patience le jugement qu'il prépare aux ennemis de la vérité et de ses défenseurs ; car le psaume qui nous échut fut le xxxive : *Éternel, plaide contre ceux qui plaident contre moi, fais la guerre à ceux qui me font la guerre.* » Saint-Cyran, très-touché de l'attention de la Providence divine, voulut chanter ce psaume à l'heure même, avant que de sortir de sa place. « Il pria pour cela que l'on fît retirer tout le monde de la chapelle, afin qu'il pût se répandre avec plus de liberté en la présence de Dieu. » Du Vergier resta donc toujours ce que le P. Petau l'avait connu, lorsque, jeunes étudiants, ils mangeaient ensemble à la même pension bourgeoise, *fort particulier dans toutes ses manières.*

Saint-Cyran avait repris son ancien logement près des Chartreux. Il fut visité de tout ce qu'il y avait d'hommes et de femmes de qualité dans le parti, et il se remit à son rôle de directeur et de docteur avec plus de hardiesse que jamais. Sa prison le rendit plus considérable qu'auparavant, par l'honneur qu'il se faisait d'avoir souffert la persécution pour la doctrine de la grâce. Il passait pour martyr, et il sut si bien profiter de ses avantages, qu'il s'en fît une manière de droit pour débiter ses erreurs plus impunément que jamais (1). Pendant les quelques mois qui séparèrent sa délivrance de sa mort, Du Vergier put contempler avec joie les progrès de sa doctrine, que la mort du roi Louis XIII favorisa beaucoup. On vit alors à la cour, dit le P. Rapin, une autre conduite, d'autres vues, d'autres cabales et d'autres intrigues. Dans ce changement si universel, personne ne profita davantage que les Jansénistes. L'audace de tout oser leur vint de l'impunité de tout faire. Ne trouvant plus que des applaudissements là où ils ne trouvaient auparavant que des accusations, ils entreprirent de s'insinuer à la cour, et de se rendre partout les maîtres des esprits. Le concours des nouveaux prosélytes était grand ; les dames s'assemblaient à Port-Royal de Paris, où les deux mères Arnauld les instruisaient, et les honnêtes gens, parmi lesquels Jansénius triomphait, s'assemblaient chez l'abbé de Saint-Cyran, ou aux Chartreux, dans la cellule de Dom Carouge, l'une des plus commodes, des plus logeables et des plus régulières des belles Chartreuses de l'Europe (2). Ces succès développèrent chez le réformateur cette ardeur excessive de tempérament que Richelieu avait remarquée de bonne heure, et *qui lui envoyait à la tête des vapeurs dont se formaient ses imaginations mélancoliques qu'il prenait pour des réflexions spéculatives ou pour des réflexions du Saint-Esprit*. On le vit le jour de Pâques communier dans sa paroisse de Saint-Jacques du Haut-Pas, parmi le peuple, à la grand'messe, avec une étole sur son manteau. Il voulait autoriser par cette conduite singulière les idées qu'il avait de la hiérarchie, et le secret dessein qu'il méditait d'abolir les messes basses dans chaque paroisse, ce qui allait à éloigner les peuples de la fréquentation des autels et à refroidir la dévotion des fidèles par la rareté de la célébration des saints mystères. C'était ce qu'il y avait de plus caché dans la cabale que ce dessein, qu'on n'expliquait point ouvertement. La communion laïque du Patriarche était le signal qu'il commença à donner de ses intentions. Il vécut de cette manière le reste de l'été, ne disant que rarement la messe ou point du tout ; ainsi il donnait à son esprit et à sa religion toutes les formes qu'il voulait, tantôt ne faisant que le hiérarque et ne

---

1. *Histoire du Jansénisme*, par le P. Rapin, p. 496.
2. Sauval, *Antiquités de Paris*, t. 1, p. 440.

prônant que la paroisse pour gagner les curés, tantôt faisant de grands éloges de la vie religieuse et de la perfection des vœux, pour mettre en vogue le couvent de Port-Royal.

C'est le P. Rapin qui nous fournit ce détail des derniers jours de Saint-Cyran. M. Sainte-Beuve ne voit dans les récits du jésuite que *des petitesses dénigrantes dans lesquelles le néant du jugement humain se lit tout entier.* Il déplore que les écrivains de la robe et du bord du révérend père le copient plus ou moins. Quant à lui, il s'en gardera bien ; il a *des actes fidèles qui démentent* le P. Rapin. Ces *actes fidèles* se démentent quelquefois les uns les autres, nous venons de le constater à plusieurs reprises. D'ailleurs sont-ils si fidèles que le dit M. Sainte-Beuve ? M. Cousin se plaignait des éditeurs jansénistes du faubourg Saint-Marceau et d'Utrecht qui, au XVIII° siècle, corrigèrent les lettres de la mère Angélique (1). M. Sainte-Beuve à son tour nous avertit de *l'état de remaniement et d'à peu-près* dans lequel les lettres de Saint-Cyran nous sont parvenues (2). Il y a plus : il nous avertit que lui-même rend quelquefois les phrases de ces Messieurs *supportables de grammaire.* Et ces Messieurs n'ont-ils pas rendu les phrases de leurs illustres docteurs supportables de théologie ? Assurément, et c'est M. Sainte-Beuve qui nous l'affirme. C'est à propos des corrections infligées aux *Pensées* de Pascal par les premiers éditeurs, Arnauld, Nicole, de Tréville, etc. :

N'êtes-vous pas effrayé de cette multitude de défilés et de coins périlleux par où est obligé de passer une pauvre pensée humaine, laissée orpheline du génie qui l'a produite, et *n'ayant plus là son père pour la défendre ?* Pour les vrais anciens, transmis durant des siècles à travers tant de mains diversement intéressées, cela fait trembler. *Chez ces hommes qui sont des modernes d'hier, que d'altérations déjà et d'atteintes,* que du moins encore nous pouvons saisir ! Saint-Cyran nous a paru, dans ses discours et dans sa parole, tout autrement éloquent que dans ses écrits : je le crois bien ; M. Nicole, qui était très-exact, a passé son niveau sur ces deniers (3). Saint-Cyran, le grand

1. *Jacqueline Pascal*, p. 39.
2. *Port-Royal*, t. 3, p. 469.
3. Nicole, le grand *réviseur* et *repasseur, ne cessa dans aucun temps de faire cet office* qu'on sollicita de lui jusqu'à la fin de sa vie. « Il serait bon que cet ouvrage fût revu, lui écrivait-on au sujet des *Prières* de M. Hamon. M. de Pontchâteau avait toujours cru que personne n'en était plus

directeur, corrigé par Nicole ! C'est pis que ne le serait, dans un autre genre, Joseph de Maistre corrigé par l'abbé Émery. Ici, c'est Pascal qui a, pour son compte, à passer entre les amis craintifs et les approbateurs inquiets, entre une double haie de docteurs. Comme l'homme aux deux maîtresses, c'est à qui lui arrachera un cheveu. Oh ! que l'homme de génie paye cher l'avantage d'appartenir à un parti (1) !

Ces amis craintifs, ces approbateurs inquiets, ne se contentèrent pas de donner des *petits embellissements* (2) à la doctrine de leurs *saints* ; ils embellirent bien un peu leur histoire, *leurs actes*. « Surtout, leur disait Racine, louez vos Messieurs, et ne les louez pas avec retenue. Vous les placez justement après David et Salomon, ce n'est pas assez : mettez-les devant ; vous ferez un peu souffrir leur humilité, mais ne craignez rien ; ils sont accoutumés à bénir tous ceux qui les font souffrir (3). »

Il serait injuste de ranger M. Sainte-Beuve parmi ces panégyristes à outrance. Comme le P. Rapin qu'il déteste, il a çà et là ses traits *dénigrants*, quoique très-vrais ; en les rassemblant, on arrive à former un portrait du grand serviteur de Dieu qui ne s'éloigne pas trop de celui qu'en trace le célèbre jésuite et où le célèbre académicien lit tout entier le néant du jugement humain. Voyez, par exemple, comme M. Sainte Beuve peint la nature et le caractère de Saint-Cyran : Il avait dans sa jeunesse, dit-il, l'imagination un peu fausse et subtile ; ses fleurs ressemblaient beaucoup à celles des orties (4) ; sa nature était de celles qui ont besoin pour se clarifier et se faire, de passer d'abord par quelque fatras, et, comme on dit en mots francs, de jeter d'abord leur gourme avant d'être saines (5) ; sa nature était un peu sauvageonne (6). Avec le sévère et très-peu littéraire Saint-Cyran, attendons-nous aux épines et aux brous-

---

capable que vous, et *qu'il n'était pas bon de laisser les écrits de M. Hamon sans cette révision,* parce que ses pensées sont quelquefois *outrées* et *trop fortes* (note de M. Sainte-Beuve).

1. *Port-Royal*, t. 3, p. 380.
2. « Il serait certain que s'il (Pascal) vivait encore, il souscrirait sans difficulté à *tous ces petits embellissements* qu'on a donné à ses pensées. » Lettre de M. de Brienne à M. Périer.
3. Racine, seconde *petite lettre*.
4. *Port-Royal*, t. 1, p. 277.
5. Ibid., t. 1, p. 279.
6. Ibid., t. 1, p. 241.

sailles. Rien de moelleux, mais les nerfs mêmes en ce qu'ils ont souvent de plus mêlé et de plus inextricable (1). Sa manière, tant de parler que d'agir, était peu transparente (2). Quand il voyait la piété soumise de ceux qu'il voulait endoctriner se révolter contre ses propos hérétiques, il était obligé, après s'être échappé, de se vite recouvrir comme il pouvait et de faire retraite dans son nuage. Cette intermittence d'effusion et de réticences tenait chez lui de la méthode autant que du tempérament (3). Il resta jusqu'à l'âge de plus de quarante ans enveloppé comme d'un manteau de prudence, attendant l'heure et faisant ses voies lentes et profondes en divers sens : une sorte de Sieyès spirituel en disponibilité (4). M. de Saint-Cyran ne se départit pas de cette habitude mystérieuse qui le faisait agir avec vigueur en se tenant volontiers dans l'ombre (5).

M. Sainte-Beuve peint encore la doctrine et l'œuvre de M. de Saint-Cyran avec une justesse à laquelle le P. Rapin aurait fort applaudi, car elle entre tout à fait dans sa manière de voir. En se portant le champion de la discipline ecclésiastique et de l'Épiscopat contre les moines, contre les Jésuites surtout, dit-il, Saint-Cyran rentrait dans la question gallicane ; il suivait la trace des Pithou, des De Thou, et marchait de concert avec Edmond Richer, Simon Vigor, Jérôme Bignon, les Du Puy ; il s'avançait sous leur couvert, en attendant qu'il démasquât ce qui lui était propre (6). Derrière l'échafaudage de la discipline qu'il se piquait de relever, Saint-Cyran érigeait sous main l'idéal de son évêque intérieur, du directeur en un mot : ce qu'il sera lui-même en personne (7). Un seul péché mortel contre la chasteté destitue, selon lui, l'évêque, et anéantit son pouvoir. Le nom de chrétien ne dépend plus de la forme extérieur du sacrement, soit de l'eau versée, soit de l'onction du saint chrême, mais de la seule *onction de l'Esprit*. En cas d'hérésie, chaque chrétien peut devenir juge ; toutes

4. *Port-Royal*, t. 1, p. 309.
2. Ibid., t. 2, p 166.
3. Ibid., t. 1, p. 136.
1. Ibid., t. 1, p. 273.
5. Ibid., t. 1, p. 310.
6. Ibid., t. 1, p. 316.
7. Ibid., t. 1, p. 214.

les circonscriptions extérieures de juridiction cessent ; à défaut de l'évêque du diocèse, c'est aux évêques voisins à intervenir, et à défaut de ceux-ci, à n'importe quels autres. Cela mène droit, on le sent, à ce qu'au besoin chacun fasse l'évêque. Mais qui jugera s'il y a vraiment cas d'hérésie ? La pensée du juste, en s'appliquant autant qu'elle peut à la lumière directe de la foi, y voit comme dans le miroir même de la céleste gloire. Ainsi se posait par degrés, dans l'arrière-fond de cette doctrine, l'omnipotence spirituelle du véritable élu (1). Tel était le système théocratique de M. de Saint-Cyran : non pas chaque fidèle pape comme chez les réformés, non pas chaque prêtre ordinaire suffisant comme chez les catholiques tout à fait romains, mais chaque *vrai* prêtre directeur, chaque directeur pape et toute l'Église en lui, quand il a l'inspiration directe (2). Il y a un moment où, si l'on donne raison à Saint-Cyran, on est amené à conclure qu'il n'y a bientôt plus de catholiques dans l'Église : il faudra traiter tout le monde de pélagiens, de païens ou d'hérétiques (3). Il y a une parole terrible de Luther; il disait qu'il devrait y avoir contre la Papauté une langue à part dont tous les mots fussent des coups de foudre. En écoutant bien les paroles de Saint-Cyran, ne semble-t-il pas qu'on entende sourdement le coup de foudre gronder dans le nuage (4) ? Il y a un lien réel entre l'inspiration chrétienne intérieure de Saint-Cyran, et celle des grands réformés : pour eux tous la foi en la parole de Dieu se fonde moins encore sur la tradition de l'Église que sur le témoignage du Saint-Esprit. Ajoutez que les uns et les autres présupposent une interruption de tradition, une corruption radicale et très-ancienne dans l'Église catholique (5). La grande république chrétienne de Saint-Cyran aurait eu les simples prêtres comme colonnes, les évêques élus comme groupant, concentrant et gouvernant, les conciles généraux comme dominant et régnant d'une suprématie infaillible, et le Pape, par-dessus tout, comme couronne un peu honoraire (6).

---

1. *Port-Royal*, t. 1, p. 319.
2. Ibid., t. 1, p. 459.
3. Ibid., t 3, p. 363.
4. Ibid., p. 389.
5. Ibid., t. 3, p. 619.
6. Ibid., t. 1, p. 366.

Ces divers points bien posés, dirons-nous avec M. Sainte-Beuve, font mesurer dans l'ensemble le caractère et l'esprit du grand personnage. Cet ensemble est bien celui que les « petitesses *dénigrantes* de Rapin nous laissaient entrevoir, mais le Père était trop mondain, trop répandu, il dînait trop souvent » en ville pour entendre aussi bien que notre solitaire et mortifié académicien « le caractère moral et la trempe d'âme » des Messieurs de Port-Royal.

Nous touchons aux derniers jours de Saint-Cyran ; s'ils furent consolés par l'accroissement du nombre des adeptes, ils furent assombris par les premiers coups dont Rome frappa la doctrine nouvelle. Au mois de juin 1673, Urbain VIII condamna l'*Augustinus* et en défendit la lecture. M. Floriot, un ami de Port-Royal, fut le premier qui apporta un soir la bulle chez M. de Saint-Cyran. Il était tard, l'abbé venait de se retirer dans sa chambre ; M. Floriot, vu l'importance du message, insista pour être reçu. « Il lui fit donc voir cette bulle qui n'était rien auprès de celles qui sont venues depuis. M. de Saint-Cyran, ayant peine à digérer ce procédé de la Cour de Rome, *qu'il savait fort bien distinguer de l'Église romaine*, ne put retenir son zèle pour la vérité, et il dit par un certain mouvement intérieur qui ne semblait venir que de Dieu : « *Ils en font trop, il faudra leur montrer leur devoir* (1). » Ce n'est pas le dénigrant et peu fidèle P. Rapin qui raconte cela, c'est le sincère et filial Lancelot. La mort ne permit pas à Saint-Cyran de montrer au Pape son devoir. Malade depuis quelques mois, une attaque d'apoplexie l'emporta le 11 octobre 1643. Le saint abbé reçut-il les derniers sacrements ? M. Sainte-Beuve, appuyé sur le témoignage de ses bons amis, se prononce hardiment pour l'affirmative, et cette fois-ci il en vient aux gros mots contre le P. Rapin et ceux de sa robe qui prétendent le contraire. Il assure que le P. Rapin (qu'il appelle cependant quelque part *aimable homme, un bon religieux, un de ces religieux qu'on aimerait à rencontrer dans le monde et avec qui on passerait une heure ou deux fort agréablement*) est un odieux calomniateur, qui tient à damner, avant tout, ses gens, à vouer cet affreux Saint-Cyran à l'enfer ; il parle de haines infâmes, de fanatisme qui suinte par tous les pores, de besoin de dénigrer et de flétrir, de basses injures, et termine ses im-

1. *Mémoires* de Lancelot, t. 2, p. 121.

précations par une invocation attendrie à *la morale des honnêtes gens*, claire et pure comme *le jour, manifeste comme le soleil* (1). Nous n'aurions pas cru l'âme sceptique de M. Sainte-Beuve susceptible de ce bouillonnement. Mais aussi quelle témérité, mes Révérends Pères, d'oser contredire le récit de Lancelot, *l'homme simple, véridique, sincère, le fidèle Élisée de M. de Saint-Cyran !* Il est vrai que vous avez entre les mains un billet du curé de Saint-Jacques du Haut-Pas ainsi conçu :

« Vous me demandez si M. l'abbé de Saint-Cyran a reçu ses sacrements à la mort ; personne ne peut mieux vous répondre de cela que moi ; car ayant été appelé par ses domestiques pour lui donner l'Extrême-Onction, il mourut avant que j'eusse achevé... Pour les autres sacrements, il ne les reçut point, et il ne nous en fut pas même parlé ni à l'un, ni à l'autre. J'ai remarqué autour du malade deux femmes qui le servaient avec bien de l'affection, l'une assez jeune, et l'autre avancée en âge ; on disait dans le domestique qu'elles avaient grand soin de lui et qu'il avait grande confiance en elles. Mon collègue Mulsey déposa que le défunt avait reçu ses autres sacrements, ce qu'on exigea de lui pour sauver l'honneur de cet abbé, et ce fut à force d'argent qu'on tira ce témoignage. C'est tout ce que je sais sur cela (2). »

Il est vrai que ce billet est signé par l'abbé Pierre de Pons de la Grange, un ami de M. Ollier, de Saint-Vincent de Paul, qui devint directeur des Missions-Étrangères, où il mourut laissant une mémoire vénérée de tous ses contemporains. *Malgré tout, entre le P. Rapin et les siens, écrivant par ordre, qui nient ce qu'ils n'ont pas vu, et Lancelot témoin, qui affirme*, M. Sainte-Beuve *n'hésite pas*. L'abbé de Pons n'a pas vu ; seul Lancelot a vu ; M. Sainte-Beuve ne croit qu'à Lancelot. Mon Dieu ! mes Pères, n'insistez pas, et laissez M. Sainte-Beuve croire à Lancelot : nous connaissons ses *motifs de crédibilité*. D'ailleurs la question n'a aucune importance au point de vue de la piété et de la doctrine de l'abbé de Saint-Cyran ; ses amis, en effet, nous avertissent qu'il ne reçut les derniers sacrements qu'afin qu'on ne pût l'accuser d'*être mort en huguenot* (3).

1. *Port-Royal* t. 2, p. 539, 540.
2. *Histoire du Jansénisme*, par le P. Rapin, p. 505.
3. *Mémoires* de Lancelot, t. 1. p. 248.

Quand la mort de Saint-Cyran fut connue, ses amis consternés accoururent le vénérer sur son lit funèbre, où il gardait « une mine si grave » que Lancelot, l'innocent ! s'imaginait « qu'il aurait été capable en cet état de donner de la crainte aux plus passionnés de ses ennemis, s'ils l'eussent vu (1). » M. de Bascle, un solitaire de Port-Royal des Champs, tout perclus et douloureux, vint à pied de cette maison au logis mortuaire, aidé seulement de ses béquilles, première merveille. Mais, merveille plus grande encore, quand il eut touché les pieds du mort, il jeta ses béquilles, et se trouva guéri. C'est Lancelot qui rapporte ce miracle et bien d'autres (2). M. Sainte-Beuve le croit-il ? Nous n'osons pas le lui demander ; il nous répondrait peut-être ce qu'il dit au P. Rapin avec plus de colère que d'équité : « Si vous ne voulez pas du *divin* à Port-Royal, supprimez-le partout (3). » Il nous semble que le *divin* de Port-Royal, même garanti par M. Lancelot, n'a rien de commun avec le *divin* de l'Église catholique, et que l'un étant supprimé, l'autre peut encore tenir debout. Mais, comme on l'a dit, à propos de certaines lettres *à la Princesse* : « Quand la plume du libre-penseur vient à tremper dans l'eau bénite (excepté dans l'eau bénite de Lancelot), l'écrivain s'agite et se tord au milieu des blasphèmes les plus discrédités (4). »

La guérison de M. de Bascle excita la dévotion des Messieurs et des Mères de Port-Royal envers les restes mortels de M. de Saint-Cyran. Le fidèle *Élisée* a là-dessus des détails où la haute valeur du jugement janséniste se lit tout entière :

Je me rendis maître de la chambre, dit-il... Je fis tremper quantité de linge dans son sang. Je fis prendre son cœur, qu'il avait donné par

1. *Mémoires* de Lancelot, t. 1, p. 252.
2. Il rapporte même un miracle manqué. Le cordonnier de Port-Royal, Charles de la Croix, atteint d'une pleurésie, était fort malade. Il vint à la pensée de M. de Sericourt de lui appliquer une relique de M. de Saint-Cyran. De l'avis de M. Le Maitre il s'en vint donc lui-même exprès à Paris demander une des mains de M. de Saint-Cyran, qu'il apporta à la maison des Champs où elle est demeurée depuis ; on l'appliqua sur le côté du malade qui n'en fut point guéri ; il mourut bientôt. Les Messieurs désappointés n'eurent d'autre ressource que de dire qu'il était visible que Dieu avait voulu attirer plus promptement à lui le pauvre cordonnier par la main de son serviteur.
3. *Port-Royal*, t. 1, p. 482.
4. M. Jouvin.

son testament à M. d'Andilly, son intime ami, à la charge qu'il se retirerait du monde...; je fis mettre à part ses entrailles, qui furent enterrées à Port-Royal de Paris, pour satisfaire la dévotion de la mère Angélique. Je fis réserver la partie supérieure de son test pour son neveu. Je rompis encore des morceaux assez grands de ce qui restait du test par derrière... Je coupai beaucoup de ses cheveux, et je réservai la chemise dans laquelle il était mort, que la mère Angélique avait aussi demandée (1).

Le lundi soir, M. Le Maître arriva de Port-Royal des Champs; il voulut avoir ses mains. Il le fit trouver bon à M. Singlin, mais la chose n'était pas aisée à exécuter, parce que le corps était déjà enseveli et mis dans un cercueil de bois, en attendant que l'on eût fait celui de plomb. Il était posé dans la salle, couvert d'un drap des morts, entouré de luminaires, et accompagné d'un ecclésiastique de la paroisse qu'il n'était pas à propos d'avoir pour témoin de notre dévotion... On attendait le plombier à tout moment... On jugea à propos de me charger de l'exécution. Ainsi, après avoir envoyé souper cet ecclésiastique, je me renfermai dans la chambre avec une autre personne. Nous détournâmes tout cet appareil mortuaire, nous ouvrîmes la bière, nous découvrîmes le drap qui ensevelissait le corps, et baisant dévotement ces mains si dignes de vénération, je pris le rasoir et les coupai toutes deux au poignet, et les mis proprement dans une boîte que j'avais préparée à cet effet, et le lendemain je les portai à la mère Angélique, avec la plupart des reliques dont j'ai parlé ci-dessus (2). »

1. La mère Angélique, — dit M. Sainte-Beuve, sur le témoignage d'un de ces témoins qui ont vu, — n'eut dans ce malheur que deux paroles: *Dominus in cœlo! Dans le ciel est le Seigneur.* Elle en eut au moins une troisième: *La chemise du saint abbé!* Honni soit qui mal y pense !

2. *Mémoires* de Lancelot, t. 1, p. 256,257. — Ces reliques se répandirent dans la province avec la doctrine de Saint-Cyran. Nous en avons vu dans un reliquaire que possède le musée du grand séminaire de Nîmes; et elles sont accompagnées des reliques de beaucoup d'autres saints de Port-Royal, M. de Paris, M. de Sens, M. de Pamiers, M. Racine, M. Arnauld, la mère Angélique, M. de Sacy, M. Singlin, le P. Quesnel, la mère Agnès, etc., etc. — Les jansénistes ne dénichaient nos saints que pour placer les leurs.

« Les religieuses de Port-Royal des Champs, écrivait en 1665 une novice de ce monastère à Desmarets, ont fait plusieurs fois la procession nu-pieds, portant les reliques de MM. de Saint-Cyran, de Bagnols et Le Maistre. Elles chantaient les hymnes des confesseurs et en disaient l'oraison au retour. Quand il y avait des malades, on leur faisait boire de l'eau dans laquelle le doigt de M. de Saint-Cyran avait trempé; on lui faisait des neuvaines, et on faisait toucher à ces prétendues reliques des images qu'on gardait avec grande vénération. « *Mémoires* du P. Rapin, t. 3, p. 343.

« Une sous-maîtresse des novices, qui deviendra célèbre, sœur Flavie ne se lassait point d'amasser des reliques de M. de Saint-Cyran, de M. de

Ne vous semble-t-il pas que le fanatisme de ces messieurs suinte ici visiblement ? M. Sainte-Beuve, qui aime à *passer les détails trop peu gracieux* (1), a omis cette page de son témoin de prédilection. Toutefois, pour honorer sans doute la médecine qu'il étudia dans sa jeunesse, il note que « le médecin et le chirurgien admirèrent la capacité du cerveau de Saint-Cyran, et qu'ils dirent n'en avoir jamais vu de si grand pour la quantité, ni de plus blanc pour la substance. »

L'enterrement se fit le 13 octobre, en grande pompe, dans l'église de Saint-Jacques du Haut-Pas. Pour faire honneur aux obsèques d'un homme si important, on eut soin de faire une assemblée de conséquence, c'est-à-dire de gens du parti et d'autres qui n'en étaient pas, pour faire plus de bruit dans le monde. Quelle façon ne prit-on point pour en faire un béat ! Voici ce qu'on fit pour rendre la mémoire du défunt célèbre en attirant du monde à son tombeau : on envoyait tous les samedis des prêtres de Port-Royal, qui venaient dire la messe à l'autel le plus proche du tombeau. Ce n'était pas la messe des morts, avec du noir, qu'ils disaient : c'était une messe de confesseur avec du blanc, car on traitait déjà ce mort de bienheureux à Port-Royal. On envoyait la veille laver et nettoyer la tombe avec un grand soin, pour faire mieux lire l'éloge contenu dans l'épitaphe (2). Les personnes de qualité y ve-

---

Bagnols, de la mère Angélique, de la mère des Anges, de M. Singlin, etc. Elle n'en avait jamais assez. Elle allait la nuit ouvrir la fosse de quelque défunt ou de quelque défunte, en emportait quelque os, le faisait bouillir pour en ôter les chairs qui y tenaient et les montrait à ses petites pensionnaires ; elle les obligeait quelques fois à racler ces os pour les décharner. Elle fatiguait toutes les sœurs qui avaient plus d'adresse qu'elle, pour lui faire de petits reliquaires où elle déposait toutes ces reliques. Elle prenait quelquefois plusieurs sœurs le soir dans un enthousiasme de dévotion, et leur faisait faire secrètement des processions avec ces reliquaires... » — Besoigne, *Histoire de l'abbaye de Port-Royal*, t. 2, p. 299.

1. *Port-Royal*, t. 1, p. 97.
2. Voici cette épitaphe :

Vous n'aurez point de Dieu nouveau.   Vous n'aurez point de vérité nouvelle.

Cy gît Mre Jean DU VERGIER DE HAURANNE,
abbé de Saint-Cyran,
qui, par une merveille qui a peu d'exemples,
a sçu joindre une profonde humilité à une haute science,
qui ayant toujours eu un zèle très-particulier

naient en foule, et l'on se succédait dans les prières qu'on faisait auprès de ce tombeau, comme on fait au saint sacrement dans les lieux où se fait l'adoration perpétuelle. Cependant d'Andilly, qui avait fait graver l'image de l'abbé, la distribuait dans le faubourg ; à quoi on ajoutait de petites guérisons et de petits miracles qu'on supposait à ces images pour les rendre recommandables ; mais comme on y ajoutait des aumônes dans le petit peuple, elles y étaient toujours bien reçues.

Enfin, ce concours de personnes de condition, ces carrosses plantés à la porte de la paroisse, ces dames en dévotion sur la tombe du défunt, cet appareil, ces cérémonies, donnèrent tellement dans les yeux du peuple, qu'il commença à se mêler à cette dévotion, et par l'idée qu'on lui en fit ou qu'on le força de se faire sur ce qu'il voyait, il s'accoutuma au langage qu'on affecta de débiter dans le faubourg, que le défunt était un saint (1).

Saint-Cyran, à la veille de mourir, avait dit à son médecin qui était aussi celui des jésuites : « Allez, dites à ces Pères qu'ils n'ont que faire de désirer ma mort, et qu'ils n'y gagneront rien, parce que je leur laisserai peut-être une douzaine de personnes après moi qui leur feront plus de peine que moi (2). » Ces douze surent, nous venons de le voir, exploiter, au profit de la nouvelle doctrine, la mort et le tombeau du maître. Encouragés par la vénération que les grands et le peuple vouaient à la mémoire de Saint-Cyran, persuadés qu'ils avaient auprès de Dieu un puissant protecteur dont ils se rappelaient cet oracle : *L'heure de parler et de combattre est venue,* ils déployèrent hardiment l'étendard augustinien de la grâce.

pour l'unité de l'Église, la tradition des Pères et les vérités
qu'il avait apprises de l'antiquité,
lorsqu'il avait commencé à écrire contre les hérétiques
de ce temps pour la défense de l'Église catholique,
à laquelle il était uniquement attaché,
est mort, ayant été regretté de tout le clergé de France,
et de tous les gens de bien,
l'onzième d'octobre M. DC. XLIII,
et le LXII de son âge.
Vérité.   Charité.   Humilité.

1. *Histoire du Jansénisme,* par le P. Rapin. « Quoique ce soient des ennemis qui racontent cela, dit M. Sainte-Beuve (t. 2, p. 212), j'ai peine ici à ne pas les croire. »

2. Lancelot, *Mémoires,* t. 2, p. 117.

VI.

Le livre de *la fréquente Communion.* Les *Mères* de l'Église. — Premier combat.

La doctrine nouvelle enfermée dans le gros *in-folio* de l'évêque d'Ypres et dans les nuageuses traditions orales et écrites du mystérieux Saint-Cyran ne serait jamais devenue populaire, s'il ne se fût trouvé un homme, Antoine Arnauld, qui réduisit l'*Augustinus* à des proportions plus maniables et vulgarisa les principes connus des seuls initiés. Par le livre de *la Fréquente Communion,* que ce jeune docteur écrivit sous l'inspiration de Du Vergier, mais avec une clarté, une précision dont son maître n'avait pas le secret, le Jansénisme, franchissant l'enceinte de la Sorbonne, des universités et de Port-Royal, fit son entrée dans le monde. L'éclat de son apparition, sous cette forme française, fut considérable. « Car, dit le P. Rapin, outre qu'on n'avait encore rien vu de mieux écrit en notre langue, il y paraissait quelque chose de l'esprit des premiers siècles et un caractère de sévérité pour la morale qui ne déplaît pas tout à fait au génie de notre nation, quoiqu'un peu libre dans ses manières. Un livre si bien écrit ne put pas éblouir les yeux sans surprendre les esprits : il fut d'abord bien reçu de la plupart du monde, et, ayant été répandu avec ostentation dans Paris et dans tout le royaume par les soins et par les diligences de ceux du parti, on peut dire que rien n'attira tant de crédit ni de sectateurs à la cabale que cet ouvrage dont il importe de bien exposer le dessein (1). »

Abandonnant les sommets de la théorie *augustinienne* de la grâce, se plaçant au cœur même de la pratique de la vie chrétienne, entre le confessionnal et le tabernacle, Arnauld

1. *Mémoires* du P. Rapin, t. 1, p. 22.

reprend, au point de vue disciplinaire, l'accusation portée, au point de vue doctrinal, par Jansénius et Saint-Cyran, contre l'Église catholique : il l'accuse d'avoir délaissé la tradition apostolique et de n'être plus qu'une épouse infidèle ; il la compare à un fleuve, à un homme, à un jour, à un royaume. « Or, dit-il, comme on ne doit pas seulement considérer un fleuve dans une petite partie de ses eaux, ni un homme dans sa vieillesse, ni un jour dans son couchant, ni un royaume dans sa défaillance, ainsi nous ne devons pas seulement considérer l'Église en ce temps présent, qui est le temps de son altération et de sa vieillesse, selon Grégoire VII, et de sa défaillance et de son couchant, selon saint Bonaventure (1). »

Montrer que cette Église vieille et défaillante s'était laissé corrompre dans l'administration du sacrement de pénitence et qu'elle avait besoin d'être réformée à ce sujet, tel était le but général et avoué que se proposait le docteur Arnauld. « Il prétendait que c'était un abus qui s'était glissé dans la discipline depuis les cinq ou six derniers siècles, de donner l'absolution sacramentelle après la confession, et qu'il fallait la différer selon l'usage des premiers siècles, jusqu'à ce que le pénitent se fût disposé par une peine proportionnée au péché. Il produisait sur cela les anciens canons, la tradition et le sentiment des Pères avec un faste qui sentait bien plus le déclamateur que le docteur et l'historien ; et il faisait un grand détail des maximes qui allaient à établir son dessein, comme par exemple : que la pénitence, ainsi qu'elle se pratique au-

---

1. *De la Fréquente Communion*, préface. « Grégoire VII, dit Arnauld dans une note, a appelé l'Église de son temps *senescentem mundum*, il y a près de 600 ans, et saint Bonaventure, *Ecclesiam finalem*, il y a près de 400 ans. » « Arnauld tire les textes à lui, moyennant des suppressions arbitraires ou des interprétations forcées. (Voir dans l'*Ami de la religion* du mois de mai 1855 les articles signés *Truchet* et qui sont de bonne source.) Mais ceci sort de ma compétence. » C'est M. Sainte-Beuve qui parle ainsi. Les questions de bonne foi ne sont pas de sa compétence : nous le savions.

Le P. Petau reprochait à Arnauld lui-même ses suppressions arbitraires et ses interprétations forcées. Voyez *De pœnitentia publica et præparatione ad communionem*, l. 1, c. 8 ; — l. 2, c. 6 ; — l. 3, c. 6, 13, 14, 15, 16, 17 ; — l. 4, c. 6 ; — l. 6, c. 8, 9, 10 ; — l. 8, c. 13, 15, 16. — Ceux qui estiment que les questions de bonne foi ne sortent pas de la compétence d'un historien de *Port-Royal* pourront se convaincre par la lecture de ces chapitres de l'habileté d'Arnauld à faire des contre-sens.

jourd'hui, ne sert qu'à favoriser l'impénitence générale des chrétiens... Que l'Église s'était relâchée en ce point, parce qu'elle est corruptible en ses mœurs et en sa discipline ; que le délai de l'absolution, étant d'ordonnance divine et de tradition apostolique, était indispensable, même dans un danger évident de mort, parce qu'il était essentiel au sacrement ; que l'absolution du prêtre n'était capable de communiquer au pénitent tout au plus que la grâce d'une réconciliation extérieure, et que c'est la satisfaction canonique qui rend l'âme pure et qui la vivifie ; que le pouvoir de délier ne regardait que la peine sans regarder la tache du péché, la puissance qu'exercent les prêtres sur les pécheurs dans le sacrement n'ayant pour fin principale que l'imposition de la satisfaction et non pas la rémission du crime (1). Que les Pères ne faisaient consister ce pouvoir de délier que dans celui de mettre en pénitence et de séparer de la communion ; que le prêtre enferme en lui seul avec éminence toute l'Église ; que les évêques sont les successeurs des apôtres, les héritiers de la principauté céleste que Dieu leur a donnée sur la terre ; que la primauté du Pape au-dessus des évêques n'est pas de droit divin, et que saint Pierre et que saint Paul sont deux chefs de l'Église qui n'en font qu'un.

« Cependant le dessein secret et particulier de ce livre était encore plus dangereux et d'une plus pernicieuse conséquence ; car il allait à renverser ce qu'il y a de plus établi et même de plus saint dans notre religion par des maximes encore plus dures et plus étranges que les premières. Sous le titre *de la Fréquente Communion*, il tâchait d'en détruire l'usage par l'impossibilité de la disposition qu'il y demandait, et il ne pensait qu'à en détourner les fidèles par la frayeur qu'il donnait d'une action si sainte, qu'il ne représentait que sous des couleurs terribles pour en imprimer l'éloignement dans les esprits, en prétendant n'imprimer que du respect. Il insinuait que tous les péchés mortels secrets et publics étaient sujets à la pénitence publique ; que l'Église, ayant approuvé dans les premiers siècles cette pénitence ordonnée par les canons, ces-

---

1. Ce sont là les principes que Saint-Cyran enseignait à M. Singlin, le confesseur de Port-Royal, dans une longue conversation qu'il eut avec lui peu de temps avant de mourir et qu'on trouve dans les *Mémoires* de Fontaine, t. 2, p. 102 sq.

serait d'être la colonne de la vérité si elle cessait d'en autoriser la pratique ; qu'ainsi ce sacrement était principalement établi pour exercer toute la rigueur de la justice sur le pécheur. Il prétendait encore que c'est un tribunal érigé pour la peine du pécheur et non pour sa consolation, pour sa condamnation et non pour lui faire grâce ; que toute la force de la pénitence doit être bien plus imputée à la peine que se fait le pénitent qu'à la vertu du sang de Jésus-Christ infuse par le sacrement ; que l'humilité et la confusion intérieure qui l'accompagne dans le délai de la communion satisfait plus à Dieu que toutes les œuvres de charité séparées de cette contrition ; que la plus grande pénitence étant le retranchement de la communion, qui est une représentation de cette séparation dernière qui fait la plus grande peine des damnés, est la plus excellente de toutes les pénitences ; que ce retranchement de la communion est une pratique des âmes les plus parfaites et la plus aisée selon les hommes, parce que chacun en est susceptible ; qu'ainsi l'on ne doit pas la désapprouver, étant plus propre à affliger l'âme que le corps ; qu'on ne doit pas croire légèrement que la communion puisse rendre hommage à Dieu, non plus que des sujets soient capables d'honorer leur prince en mangeant à sa table. Il ajoutait qu'il connaissait des âmes prêtes à différer leur communion jusqu'à la fin de leur vie pour mieux témoigner à Dieu la douleur qu'elles avaient de l'avoir offensé, et qu'enfin c'est le diable qui incite à communier souvent ; il appelait même cette tentation du nom de « luxure spirituelle ». Voilà les maximes dont était rempli ce dangereux livre, dont l'auteur avait caché le poison sous l'artifice du langage et sous toutes les beautés de l'éloquence, comme sous autant de fleurs, pour l'insinuer plus agréablement dans les esprits (1). »

C'est avec ces maximes qu'Arnauld voulait ramener l'Église à la ferveur et à la discipline des premiers siècles. Leur application dans la conduite des âmes devait infailliblement produire cet heureux résultat : les Jansénistes en avaient déjà fait l'expérience. « Tout le monde sait, disait Arnauld, qu'à vingt-cinq lieues de Paris, Dieu a retracé une vivante image de la pénitence ancienne parmi tout un peuple, par la vigilance et la

1. *Mémoires* de Rapin, t. I, p. 22 sq.

charité d'un excellent pasteur, et par la sagesse d'un grand archevêque, qui l'a appelé à ce ministère... C'est là qu'on voit des pénitents, qui non-seulement reçoivent les pénitences qu'on leur impose, mais qui les demandent avec instance, qui les pratiquent avec ardeur, et qui tâchent toujours d'en augmenter l'austérité et la durée. Non-seulement ils souffrent qu'on leur retranche la communion du Fils de Dieu, mais ils veulent eux-mêmes en être séparés ; ils n'entrent pas même dans l'église, se trouvant indignes de mêler leurs voix avec celle du peuple de Dieu et de jouir de la vue bienheureuse des mystères également terribles et vénérables ; ils se tiennent à la porte dans une humilité profonde, pleurant tandis que les autres chantent.... Ils se retirent de Dieu par un saint respect, afin qu'il s'approche d'eux par sa miséricorde.... Que peuvent opposer les hommes à ces miracles de la puissance de Dieu...? »

Nous ne leur opposerons que l'histoire. Le village où vivait cette communauté retrouvée de premiers fidèles, s'appelait Saint-Maurice, dans le diocèse de Sens. Henri Duhamel en était le curé. Henri avait pris ses grades en Sorbonne dans le temps où les controverses soulevées par l'*Aurélius* de Saint-Cyran passionnaient les esprits ; il avait embrassé avec ardeur les opinions du *Vengeur très-juste de la hiérarchie*. Dès qu'il fut établi dans sa petite cure, il commença à parler à son peuple d'un ton de prophète, à déplorer en Jérémie le relâchement des mœurs. Il retraçait dans ses prônes les images de l'ancienne pénitence, dont il exagérait la pratique, tout en lui décernant de grands éloges. Après avoir préparé son peuple par ses beaux discours, il rétablit la pénitence publique dans sa paroisse, mêlant aux prescriptions de l'ancienne discipline des règles de sa façon.

Un dimanche de l'année 1641, après avoir fait à l'ordinaire la procession autour de l'église, on lui apporta un fauteuil à l'entrée, où, s'étant assis, il parut un paysan nu-tête et nu-pieds qui vint se prosterner devant lui pour être mis en pénitence. Le curé et le paroissien s'étaient préalablement concertés et les cérémonies furent bien observées de part et d'autre. Une fois réconcilié, le pénitent suivit son pasteur, qui, triomphant de cette conquête, monta en chaire, et, par un discours un peu plus véhément que d'habitude, tâcha d'inspirer à son peuple l'amour de cette pénitence dont il venait de lui montrer un exemple ; il lui en expliqua les règles, lui annonça qu'on les suivrait désormais, et commença par distinguer ceux qu'il prétendait mettre en pénitence en quatre ordres différents, selon la différence de leurs péchés. Le premier était pour les pécheurs qui n'avaient causé aucun scandale : ils assistaient à l'office dans l'église, mais au bas, vers la porte, et séparés des autres paroissiens ; le second était pour les pécheurs qui n'avaient causé aucun scandale, mais qui s'étaient laissé aller à quelque parole blessante envers le prochain : ils assistaient à l'office, hors de l'église et sous le vestibule ; le troisième était pour les pécheurs scandaleux : ils étaient relégués dans le cimetière et n'entraient dans l'église que pour assister à la prédication ; le quatrième était pour les pécheurs d'une vie tout à fait déréglée : on les éloignait jusque sur une petite colline, située en face de l'église, mais séparée d'elle par un vallon où coulait la rivière. Tous ces pénitents avaient la tête nue pendant l'office, quelque temps qu'il fît. Lorsque le curé allait commencer à prêcher, son diacre s'avançait vers la porte de l'église et criait : « Que ceux qui sont en pénitence s'approchent pour entendre la parole de Dieu. » Après le sermon, le diacre disait : « Que ceux qui sont en pénitence se retirent. »

Quand le curé le jugeait à propos il réconciliait ces pénitents de la manière suivante : il se plaçait à la porte de l'église revêtu de l'aube, de l'étole, accompagné de son diacre et d'autres officiers. Assis dans un fauteuil, il tenait les pénitents prosternés à ses pieds pendant qu'il récitait sur eux quelques prières de son rituel, et, après les avoir arrosés d'eau bénite, il leur commandait de se lever, il leur donnait la main pour les introduire dans le lieu saint les uns après les autres. Il les confessait alors pour la seconde fois, leur donnait l'absolution, disait la messe et les communiait ; il terminait la cérémonie en les recevant à l'offrande avec des agneaux, des poulets ou autres présents avec lesquels le saint pasteur fêtait l'heureux retour de ses ouailles à la vie de la grâce.

Cependant Duhamel vit que la discipline de la primitive Église n'était pas du goût de tous ses paroissiens ; il voulut faire un exemple d'éclat et négocia avec le seigneur de Saint-Maurice pour qu'il lui permît de mettre sa fille en pénitence. Ce seigneur, appelé Navineau, était un homme de bien et de petit esprit ; sa fille, âgée de dix-huit ans, était de mœurs fort innocentes. Navineau consentit à la proposition de son curé. Quand on sut que la fille du seigneur allait être mise en pénitence, chacun en parla selon ses idées ; mille soupçons vinrent aux uns qui furent combattus par les autres. Duhamel, cependant, disposait tout pour le spectacle. La demoiselle, en habit de pénitente, fut reléguée au cimetière, d'où elle assistait aux offices pieds et tête nus. Il fit croire à cette pauvre fille que cette humiliation lui serait un grand honneur devant Dieu et devant les hommes. Il en conta tant à cette innocente que, soit par l'ardeur qu'elle mettait à accomplir sa pénitence, soit par la délicatesse de son âge et de son tempérament, elle tomba malade d'une fièvre continue qui l'emporta en peu de jours. Tout le monde, à Saint-Maurice, et dans les environs, attribua cette mort à l'imprudence du curé. Celui-ci, pour consoler Navineau, fit l'oraison funèbre de sa fille et la déclara sainte.

On raconte une équipée d'un autre genre. Il y avait dans le village un cabaretier qui parlait assez hardiment et se moquait de ces innovations de pénitence qui lui enlevaient sans doute quelques pratiques. Le curé trouva bientôt un prétexte de se venger. Le cabaretier donnait à boire les dimanches et jours de fête, quand le service divin était fini, selon les ordonnances de l'archevêque de Sens. Duhamel l'entreprit sur cela ; le cabaretier s'en moqua, et comme le curé le menaçait s'il ne lui obéissait, cet homme, oubliant le respect qu'il devait à son pasteur, laissa échapper le nom de Dieu. A ce blasphème, le réformateur, transporté d'un zèle un peu intéressé, lui donna un grand soufflet à tour de bras et le renversa à ses pieds, car c'était un rude joûteur. Il ne s'en tint pas à cette punition ; il fit traîner le malheureux en prison, d'où il ne le laissa sortir qu'après lui avoir fait promettre de se mettre en pénitence pendant plus de quatre mois.

Citons encore un trait de la *vigilance et de la charité de cet excellent pasteur*. Un curé dans le voisinage de Saint-Maurice, après avoir causé du scandale, était revenu à Dieu. Duhamel le sut et crut que cet homme servirait à ses desseins s'il voulait se donner à lui ; il le cajola si bien que le curé se mit sous sa conduite, et il en fit aussitôt l'ornement de la pénitence publique. Il l'obligeait à monter en chaire sans soutane, les pieds et la tête nus, la corde au cou, et l'y tenait pendant tout l'office (1).

1. *Histoire du Jansénisme*, p. 441 sq.

Voilà les extravagances impies qui, à vingt-cinq lieues de Saint-Maurice, se transformaient sous la plume d'Arnauld en « vivante image de la Pénitence ancienne». Certes, ce n'était point par de telles folies qu'on pouvait remédier aux abus qui s'étaient glissés alors dans l'administration du sacrement de pénitence. Ces abus qui accusaient la faiblesse de ministres prévaricateurs, et non la défaillance et la corruption de l'Église, Bossuet les signalait et les flétrissait ainsi : « Il a pris, à quelques docteurs, une malheureuse et inhumaine complaisance, une piété meurtrière, qui leur a fait porter des coussins sous les coudes des pécheurs, chercher des couvertures à leurs passions, pour condescendre à leur vanité, et flatter leur ignorance affectée.... Ils confondent le ciel et la terre ; ils mêlent Jésus-Christ avec Bélial ; ils cousent l'étoffe vieille avec la neuve, contre l'ordonnance expresse de l'Évangile, des lambeaux de mondanité avec la pourpre royale : mélange indigne de la piété chrétienne ; union monstrueuse qui déshonore la vérité, la simplicité, la pureté incorruptible du christianisme». Mais en même temps le grand évêque signalait et flétrissait les docteurs jansénistes : « Quelques autres, non moins extrêmes, ont tenu les consciences captives sous des rigueurs très-injustes : ils ne peuvent supporter aucune faiblesse, ils traînent toujours l'enfer après eux et ne fulminent que des anathèmes.. Ils trouvent partout des crimes nouveaux et accablent la faiblesse humaine en ajoutant au joug que Dieu impose (1) ».

Entre ces docteurs extrêmes, saint Vincent de Paul, M. Olier le P. de Condren et les prêtres pieux et zélés qu'ils formaient, apportaient dans la direction des âmes cette charité pastorale, *sévère sans rigueur et douce sans flatterie* (2), dont saint François de Sales venait de donner de si beaux exemples et de si belles leçons. Cependant, arrivé à un âge où la froide raison aurait dû lui inspirer plus de justice, Arnauld écrivait à un ami : « Il n'y avait presque personne, en France, qui fut éclairé sur le délai de l'absolution, avant le livre de *la Fréquente Communion*. Et c'est ce qui fût cause qu'il fit tant de bruit, les uns condamnant ce qui y était dit sur ce sujet, comme une nouveauté blâmable, et les autres en étant ravis, et y donnant une approbation extraordinaire. Il ne paraît point que l'utilité

---

1. Oraison funèbre de Nicolas Cornet.
2. Panégyrique de saint François de Sales.

de ce délai ait été connue à saint Philippe de Néri ; et je pense qu'on doit dire la même chose du cardinal de Bérulle et du P. de Condren (1). » Ces Arnauld ont toujours eu « de la vanité à revendre ». Écoutons l'humble Vincent de Paul donner une leçon de modestie au superbe auteur de *la Fréquente communion* : « Peut-on ne pas s'apercevoir, disait-il, que les dispositions qu'exige ce jeune docteur pour la réception des saints mystères sont si hautes, si éloignées de la faiblesse humaine, qu'il n'y a personne sur la terre qui puisse s'en flatter ? Si, comme il le soutient sans aucun adoucissement, il n'est permis de communier qu'à ceux qui sont entièrement purifiés des images de la vie passée par un amour divin pur et sans mélange, qui sont parfaitement unis à Dieu seul, entièrement parfaits et entièrement irréprochables, peut-on se dispenser de dire avec lui que ceux qui, selon la pratique de l'Église, communient avec les dispositions ordinaires, sont des chiens et des antechrists ?... Non, avec de tels principes, il n'appartient plus de communier qu'à monsieur Arnauld, qui, après avoir mis ces dispositions à un si haut point qu'un saint Paul en serait effrayé, ne laisse pas de se vanter plusieurs fois dans son apologie qu'il dit la messe tous les jours (2). »

En effet, il n'appartenait plus qu'à M. Arnauld de communier : le livre de *la Fréquente Communion* avait fait déserter la table sainte. Ce résultat désastreux nous est attesté par un saint et par une femme du monde. Il importe de recueillir leur témoignage. Il nous permettra de juger le jansénisme, non pas dans les beaux ouvrages de MM. de Port-Royal et de leurs amis, mais à ses fruits parmi le peuple chrétien.

« La lecture de ce livre (*la Fréquente Communion*), écrivait Vincent de Paul à un de ses prêtres, au lieu d'affectionner les hommes à la fréquente communion, les en retire plutôt. L'on ne voit plus cette hantise des sacrements qu'on voyait autrefois, même à Pâques. Plusieurs curés se plaignent de ce qu'ils ont beaucoup moins de communiants que les années passées : Saint-Sulpice en a trois mille de moins; M. le curé de Saint-Nicolas du Chardonnet, ayant visité les familles après Pâques, en personne et par d'autres, nous dit dernièrement qu'il a trouvé quinze cents de ses paroissiens qui n'ont pas communié ; et ainsi des autres. L'on ne voit quasi personne qui s'en approche les

---

1. Lettre à M. Du Vaucel, 30 septembre 1689.
2. Cité par Rohrbacher, *Histoire de l'Église*, t. XXV, p. 455.

premiers dimanches des mois et les bonnes fêtes, ou très-peu, et guère plus aux *religions,* si ce n'est encore un peu aux jésuites (1). »

Entendons maintenant madame de Choisy écrivant à son amie, la comtesse de Maure, au sujet d'une petite brouille survenue entre elle et la marquise de Sablé, très-affectionnée à Port-Royal et à la bonne mère Angélique :

« A l'exemple de l'amiral de Châtillon, je ne me décourage pas dans la mauvaise fortune. J'ai senti avec douleur la légèreté de madame la marquise, laquelle, persuadée par les Jansénistes, m'a ôté l'amitié que les Carmélites m'avaient procurée auprès d'elle. Je vous prie, Madame, de lui dire de ma part que je lui conseille en amie de ne s'engager pas à dire qu'elle ne m'aime plus, parce que je suis assurée que dans dix jours que je suis obligée d'aller loger à Luxembourg, je la ferai tourner casaque en ma faveur. Entrons en matière. Elle trouve donc mauvais que j'aie prononcé une sentence de rigueur contre M. Arnauld. Qu'elle quitte sa passion, comme je fais la mienne, et voyons s'il est juste qu'un particulier, sans ordre du Roi, sans bref du Pape, sans caractère d'évêque ni de curé, se mêle d'écrire incessamment pour réformer la religion, et exciter par ce procédé là, des embarras dans les esprits, qui ne font autre effet que celui de faire des libertins et des impies. J'en parle comme savante, voyant combien les courtisans et les mondains sont détraqués depuis ces propositions de la grâce, disant à tous moments : « Hé ! qu'importe-t-il comme l'on fait, puisque, si nous avons la grâce, nous serons sauvés, et si nous ne l'avons point, nous serons perdus ? » Et puis il concluent par dire : « Tout cela sont fariboles. Voyez comme ils s'étranglent *trétous.* Les uns soutiennent une chose, les autres une autre. » Avant toutes ces questions-ci, quand Pâques arrivoient, ils étoient étonnés comme des fondeurs de cloche, ne sachant où se fourrer et ayant grands scrupules. Présentement ils sont gaillards, et ne songent plus à se confesser, disant : « Ce qui est écrit est écrit. » Voilà ce que les Jansénistes ont opéré à l'égard des mondains. Pour les véritables chrétiens, il n'étoit pas besoin qu'ils écrivissent tant pour les instruire, chacun sachant fort bien ce qu'il faut faire pour vivre selon la loi. Que messieurs les Jansénistes, au lieu de remuer des questions délicates, et qu'il ne faut point communiquer au peuple, prêchent par leur exemple, j'aurai pour eux un respect tout extraordinaire, les considérant comme des gens de bien, dont la vie est admirable, qui ont de l'esprit comme les anges, et que j'honorerais parfaitement s'ils n'avaient point la vanité de vouloir introduire des nouveautés dans l'Église. Je crois

---

1. Lettre de saint Vincent de Paul à l'abbé d'Horgni, 25 juin 1648.

fermement que si M. d'Andilly savait que j'eusse l'audace de n'approuver pas les Jansénistes, il me donnerait un beau soufflet, au lieu de tant d'embrassades amoureuses qu'il m'a données autrefois. Je ne vous écris pas de ma main, parce que je prends des eaux de Sainte-Reine, qui me donnent un froid si épouvantable que je ne puis mettre le nez hors du lit. Mais, madame, la colère de madame la marquise ira-t-elle, à votre avis, à me refuser la recette de la salade ? Si elle le fait, ce sera une grande inhumanité, dont elle sera punie en ce monde et en l'autre (1). »

Ce ne fut pas seulement à Paris qu'on eut à déplorer les ravages du jansénisme dans la piété chrétienne. A mesure qu'il se répandit dans les provinces, il y produisit rapidement des fruits de mort. Bientôt on vit partout des curés, imbus de l'esprit d'Arnauld, refuser pendant de longues années l'absolution à leurs paroissiens, les détourner de l'accomplissement du devoir pascal, différer la première communion des enfants jusqu'à l'âge de vingt et trente ans, laisser mourir les malades sans sacrements, et crier à la violation des saintes règles et de la discipline ecclésiastique, dès qu'on voulait s'opposer à leur conduite barbare et sacrilége (2).

Il était nécessaire d'indiquer ce résultat pratique des doctrines d'Arnauld pour bien apprécier le débat, nous devrions dire le combat, qui va s'engager autour du livre de *la fréquente Communion*. Les jésuites furent les premiers à dénoncer cet ouvrage. Du haut de la chaire de la chapelle de Saint-Louis, dans la rue Saint-Antoine, où il prêchait alors avec un grand succès, le P. Nouet, ancien professeur de rhétorique, démasqua le docteur inconnu *qui se cachait comme Calvin avant de répandre ouvertement son venin*. M. Sainte-Beuve se moque de l'éloquence du révérend père, et lui trouve des mots peu élégants. Il reconnaît toutefois que « le fond du reproche (adressé par le P. Nouet à son adversaire) était qu'on voulait rendre les autels déserts et la sainte table inaccessible, sous prétexte de les honorer, et qu'il y avait partie liée de couper les vivres aux fidèles (3). » Ce reproche nous paraît assez mérité. En le

---

1. *Port-Royal*, t. 5, p. 72.
2. On peut lire à la fin du 3ᵉ volume des *Mémoires* du P. Rapin plusieurs documents authentiques sur la conduite de quelques curés jansénistes dans divers diocèses. Rien de plus navrant, et ce n'est là cependant qu'un coin du tableau !
3. *Port-Royal*, t. 2, p. 180.

formulant dès la première heure, le P. Nouet montrait une grande clairvoyance, qui rachète amplement à nos yeux les défauts de sa réthorique. M. Sainte-Beuve ne connaît d'ailleurs ces défauts que par « ces langues sincères, et ces plus véridiques » de Port-Royal, ce qui nous explique et les ridicules de l'orateur et les railleries du critique. Arnauld et ses amis avaient prévu cette attaque. Ces fiers et courageux défenseurs de la vérité devaient bientôt vouer au mépris les *docteurs* qui voulaient combattre saint Augustin *en renards et non en lions* (1). Ils ne dédaignèrent pas cependant de ruser pour se mettre à l'abri des coups qu'ils redoutaient. Ils jugèrent prudent de faire précéder le livre de *la fréquente Communion* de nombreuses approbations épiscopales et de lui donner ainsi la la marque authentique de l'orthodoxie. Mais ils eurent soin de ne soumettre à l'examen des prélats que le corps de l'ouvrage à peine imprimé, c'est-à-dire une suite de *propositions*, de *réponses*, de textes et de conclusions qui avaient la simple prétention d'éclaircir « un escrit intitulé : « *Question, s'il est meilleur de communier souvent que rarement* (2). » Ils se gardèrent bien de produire la *préface*, pièce capitale où Arnauld avait condensé toute la théologie ascétique de Saint-Cyran, et qui devait rester comme le guide pratique des confesseurs jansénistes. Une fois les approbations obtenues, la *préface*, tenue cachée jusque-là, prit sa place d'honneur, et le livre de *la fréquente Communion* fut livré au public.

Deux évêques, Nicolas Sanguin, évêque de Senlis, et Louis d'Attely, évêque de Riez, trouvèrent si dangereux le livre décapité qu'on avait soumis à leur examen, qu'ils prièrent le P. Mairat, supérieur du P. Nouet, d'obliger le prédicateur de Saint-Louis à réfuter l'ouvrage d'Arnauld. De sorte que cet ouvrage fut attaqué avant qu'il fût mis en circulation orné de l'approbation de seize prélats. M. Sainte-Beuve accuse le P. Nouet d'avoir écrit lui-même l'approbation d'un de ces prélats, l'archevêque de Tours, Victor Le Bouthillier, et il trouve piquant de voir le révérend père prêcher avec ardeur contre le livre qu'il avait loué avec non moins

---

1. *Considération sur l'entreprise de maître Nicolas Cornet*, par Arnauld.
2. Cet *écrit* était un extrait de l'*Institution des Prêtres* du chartreux Molina. Le P. de Sesmaisons, jésuite, l'avait fait pour sa pénitente madame de Sablé, à laquelle madame de Guéméné, dirigée par les Jansénistes, reprochait de communier trop souvent. Madame de Guéméné se hâta de mettre la consultation du R. P. entre les mains d'Arnauld.

d'ardeur quelques mois auparavant. Ce qu'il y a de piquant, c'est que M. Sainte-Beuve fasse prêcher le P. Nouet contre l'ouvrage d'Arnauld, *revêtu des approbations*, alors que les sermons du Père commencèrent au *mois de mai*, que les approbations, sauf une, sont datées des mois de *juin*, *juillet* et *août*, et qu'elles ne parurent avec le livre complet qu'à la fin d'août ou dans les premiers jours de septembre. Malgré tout, *il reste prouvé* pour M. Sainte-Beuve *que le Père Nouet en personne avait rédigé l'approbation* de l'archevêque de Tours, datée *du 23 juin*, avant de commencer ses sermons, *au mois de mai*. Que voulez-vous ? *Lancelot le dit positivement*. Et *quand c'est un Lancelot qui parle*... les dates elles-mêmes ont tort de le contredire.

La prédication du P. Nouet « découvrit tout le poison d'un si pernicieux livre, tout caché qu'il était sous les fleurs les plus exquises de l'éloquence de Port-Royal (1). » Elle élargit aussi le cercle de la discussion. On ne parla plus que de *la fréquente Communion*. « La division se mît dans les familles, les enfants commencèrent à disputer contre leurs pères, les femmes contre leurs maris, les pénitents contre leurs confesseurs, quand ils leur refusaient l'absolution. On appelait excommuniés dans le public ceux qu'on retranchait de la communion. Le scandale qui croissait tous les jours alla jusque-là qu'on vit profaner ce qu'il y a de plus saint et de plus inviolable dans le secret de la confession, et il se trouva même, à l'occasion d'une conduite si nouvelle, des maris aller observer leurs femmes jusque dans le sacré tribunal de la Pénitence (2). » Cependant le prince de Condé faisait imprimer ses *Remarques chrétiennes et catholiques* sur le livre qui agitait si profondément l'opinion; le P. Lombard écrivait ses *lettres d'Eusèbe à Polémarque* ; Raconis, évêque de Lavaur, sa *Brève anatomie du libelle* ; le P. Petau, son traité *de la Pénitence publique*. Assurément, au point de vue littéraire, ces polémistes perdirent « leur escrime contre M. Arnauld de *la fréquente Communion*, » comme dit Gui Patin (3). M. Sainte-Beuve, après Boileau, a beau jeu contre leur français et leur style malsain et suranné. Mais il y avait là autre chose qu'une question de littérature, et, dans

---

1. *Histoire du Jansénisme*, p. 501.
2. *Mémoires* du P. Rapin, t. 1, p. 33.
3. *Lettres*, lettre 2.

une controverse théologique, il n'est pas nécessaire de parler le français d'un académicien pour avoir raison.

Le carême arriva ; à Paris, et dans plusieurs villes, Amiens, Toulouse, Marseille, les prédicateurs agitèrent la grande question du moment. La mêlée s'agrandit, elle s'envenima aussi ; à Amiens, par exemple, « on pensa en venir aux mains et se cantonner sur la diversité de ces opinions (1). » Dans cette conflagration générale, les femmes se distinguèrent par leur empressement à s'enrôler et à combattre sous la bannière de Jansénius. Le P. Rapin, qui est bien informé quand il donne des renseignements sur les dames, sur le ton et l'esprit des sociétés (M. Sainte-Beuve se plaît à le reconnaître), a sur ce sujet des chapitres qu'il aurait pu intituler : *Les précieuses ridicules et les femmes savantes de la Grâce.* Je lui emprunte abondamment.

On ne parlait que de saint Augustin dans les ruelles. Les femmes du grand monde se rangèrent aisément du côté des nouveaux docteurs, parce qu'elles y étaient considérées et qu'on y avait une grande déférence pour leurs sentiments. Celles surtout qui, après une jeunesse peu régulière, recherchaient la réputation de prudes dans un âge plus avancé, étaient les plus zélées et les plus ardentes. D'ailleurs la dévotion devenait à la mode, car la reine était dévote. Il ne paraissait point à la cour d'autre parti pour les femmes, et beaucoup pensèrent à se rendre considérables par là. Mettant en pratique les sermons de leurs austères directeurs, elles commencèrent à prendre des collerettes et des manches pour se couvrir le sein et les bras (2). Cette réforme eut du succès : on appela ces manches *à la Janséniste.*

La dévotion n'était pas le seul mobile de cet engouement des femmes pour Port-Royal. Les dames qui se piquaient d'esprit étaient charmées de voir la princesse de Guéméné, la

---

1. *Mémoires* d'Omer Talon (année 1644).
2.   TARTUFE, *tirant un mouchoir de sa poche,*
    Ah ! mon Dieu ! je vous prie
    Avant que de parler, prenez-moi ce mouchoir.
                    DORINE.
    Comment !
                    TARTUFE.
    Couvrez ce sein que je ne saurais voir
    Par de pareils objets les âmes sont blessées, etc.

comtesse de Brienne, la marquise de Liancourt parler d'un air décisif de la doctrine de Molina et de celle de saint Augustin, s'enfoncer dans les abîmes les plus profonds de la prédestination, citer l'histoire des semi-pélagiens, le concile d'Arles, le second concile d'Orange ; elles se persuadaient qu'il ne fallait que devenir Jansénistes pour devenir savantes. Ces savantes firent les docteurs. Une d'elles, par exemple, et de la plus haute condition, toute heureuse d'avoir rencontré dans quelque ouvrage traduit de saint Augustin un endroit qui lui paraissait venir à l'appui d'une opinion de Jansénius, accourait sur l'heure vers son curé avec son trésor, lui montrait du doigt le passage formel, et remerciée, félicitée même par l'honnête pasteur qui n'osait, par égard, la contredire, s'en retournait triomphante. Une autre, à une objection qui lui était faite sur un point de dogme, répondait résolument : « *Nous* ne *nous* prononçons pas là-dessus, *nous* enseignons autre chose. » Un jour la duchesse de Longueville présidait dans son hôtel une réunion d'évêques. Des gens d'affaires demandèrent à la voir ; on leur répondit : « Madame ne peut vous parler ; elle travaille aux affaires de l'Église. »

C'est madame de Longueville et son amie mademoiselle de Vertus que la Rochefoucauld appelait les *mères de l'Église* ; madame de Guéméné, madame du Plessis-Guénégaud, madame de Sablé, la duchesse de Luynes, méritaient aussi ce titre glorieux. Comme nous les trouverons souvent à côté de nos *Messieurs*, signalons, sans avoir la prétention d'achever le portrait, quelques traits de la physionomie janséniste de ces héroïnes de Port-Royal.

Madame de Guéméné. — La dévotion fut le dernier de ses amours, suivant le mot de Saint-Evremond. M. d'Andilly fut un de ses galants lorsqu'elle était jeune. Pomponne, la maison de campagne d'Arnauld, et Compurai, le château de la princesse, étaient assez rapprochés : ce voisinage entretenait l'amitié. Une fois converti, le brillant disciple de Saint-Cyran voulut convertir à son tour, et l'objet de son *amour* devint l'objet de sa *charité*. Les casuistes n'étaient pas les seuls à connaître les ressources des distinctions subtiles et de la pureté d'intention. Madame de Guéméné racontait à ses amies l'heure et la circonstance de sa conversion : ce fut à la suite d'un entretien qu'elle eût avec M. d'Andilly, une après-dîner, alors que le matin même elle avait passé le temps de la messe à imaginer une nouvelle coiffure pour se parer, tant elle était vaine.

L'heureux apôtre se hâta de présenter sa conquête à l'abbé de Saint-Cyran. Le *souverain* directeur parla de Dieu et du salut à la princesse d'une manière où elle prit goût ; elle se fit bâtir un appartement à Port-Royal pour s'y retirer. Un passage des *Mémoires* du cardinal de Retz nous apprend que ces saintes ardeurs s'attiédirent bientôt :

« Le diable avait apparu justement quinze jours devant ceste advanture à madame la princesse de Guéméné, et il lui apparaissait souvent, évoqué par des conjurations de M. d'Andilly, qui le forçait je crois de faire peur à sa dévote, de laquelle il estoit encore plus amoureux que moi, mais en Dieu et purement spirituellement. J'évoquai de mon costé un démon qui luy parut soubs une forme plus bénigne et plus agréable. Il la tira au bout de six semaines du Port-Royal où elle faisait de temps en temps des escapades plutost que des retraites. » Malgré ces rechutes on ne désespéra jamais à Port-Royal du salut de l'illustre pénitente. D'ailleurs, elle s'employait avec beaucoup de zèle à prévenir la reine en faveur des nouvelles opinions, elle contribuait largement aux frais de l'agrandissement du monastère de la mère Angélique ; elle usait de son influence sur le coadjuteur de l'archevêque pour arrêter la condamnation de *la Théologie familière* et faire lever l'interdit dont les prédications de M. Singlin avaient été frappées. Madame de Guéméné resta toujours fidèle au cardinal et à Jansénius. Quand la bulle condamnant les cinq propositions parut, après l'emprisonnement de Retz, elle fut voir la reine, qui lui dit en l'apercevant : « Enfin, madame, nous avons une bulle : vous la recevrez sans doute, car on a promis à Port-Royal de se soumettre. » — « Oui, madame, répondit la princesse, nous recevrons la bulle quand votre Majesté aura reçu le bref que nous attendons pour l'élargissement du cardinal de Retz. »

Madame Du Plessis-Guénégaud. — Femme d'un secrétaire d'État peu satisfait du cardinal Mazarin, travaillant à renverser le ministre, elle entra plus par politique que par dévotion dans le parti de M. Arnauld, qui était aussi celui des mécontents. Elle était alors jeune, bien faite, et comme elle avait beaucoup d'esprit, qu'elle faisait les honneurs de sa maison avec une grâce parfaite et une vraie magnificence, son salon était un des plus célèbres de Paris. Elle habitait l'hôtel de Nevers, au bout du Pont-Neuf. C'était là le grand théâtre où se débitait avec éclat le nouvel évangile de Port-Royal. La politesse de la maîtresse du logis, la bonne chère, car la table y était d'une grande délicatesse et d'une grande somptuosité, la compagnie la plus choisie des gens de robe et d'épée, et toutes sortes de divertissements d'esprit y attirait tant de monde, que l'hôtel de Nevers devint le rendez-vous le plus fréquenté des Jansénistes. L'évêque de Comminges, cousin-germain de la comtesse, le prince de Marcillac, depuis duc de La Rochefoucauld, le maréchal d'Albert, la marquise de Liancourt, la comtesse de Lafayette, la marquise de Sévigné, M. de Pomponne, fils de M. d'Andilly, l'abbé Testu, ami intime de madame Du Plessis, beau parleur, mais sujet aux vapeurs à la mode, l'abbé de Rancé, homme agréable et spirituel avant d'être l'austère réformateur de la Trappe, les Barillon et tout ce qu'il y avait de brillant parmi la jeunesse, à la ville ou à la cour, se rendaient régulièrement chez la comtesse, soit à Paris, soit à Fresne, séjour délicieux et assez rapproché de la capitale.

Madame Du Plessis se servait de ses talents et de son influence pour étendre l'empire de la vérité et prêcher les cinq propositions. Toutefois, à l'hôtel de Nevers comme à Port-Royal, on disait alors : « Sauf le jugement suprême du Siége apostolique. » Lorsque ce jugement fut connu, ces belles protestations de soumission s'évanouirent. Nous connaissons la réponse de madame de Guéméné à la reine. Madame Du Plessis manifesta ses sentiments d'une autre manière. La duchesse d'Aiguillon, ayant appris l'arrivée de la bulle, pria la marquise du Vigean d'aller l'annoncer à sa bonne amie, au bout du Pont-Neuf. Celle-ci courut à l'hôtel de Nevers ; on lui dit que la comtesse avait pris médecine, mais qu'elle ne laisserait pas de la recevoir. En la voyant entrer, madame Du Plessis lui demanda : « Avons-nous des nouvelles de Rome ? — Oui, répondit la marquise, mais vous n'êtes pas en état de m'écouter parce que vous avez été purgée. — Point du tout. — Assurément ! — Je vous assure. — La bulle est venue, ma chère, dit alors la marquise ; les Jansénistes sont condamnés. » Au même moment, la comtesse pressée courut à la garde-robe, où elle pensa crever de dépit et de sa médecine.

Madame de Sablé. — Quand elle donna occasion au livre de *la fréquente Communion*, elle était sous la direction des Jésuites. Gagnée au parti par M. d'Andilly et la mère Angélique, elle se retira à Port-Royal de Paris pendant la prospérité de ce monastère. Un de ses admirateurs passionnés, M. Cousin, nous assure qu'elle y menait une vie pieuse, mais agréable et fort douce. Elle s'occupait de la grande affaire de son salut, sans en négliger aucune autre, le soin de sa santé, le goût de toutes les délicatesses, y compris la friandise, celui de la belle littérature, surtout la passion d'un certain crédit pour soi, pour ses amis, pour tout le monde. Elle avait fait de son appartement un autre hôtel de Rambouillet en petit, très-aristocratique, encore un peu galant, toujours très-bel esprit, d'une dévotion élégante et d'abord assez peu sévère. En même temps qu'on faisait chez elle de la dévotion et du bel esprit, on y faisait aussi des confitures et de merveilleux ragoûts ; on y composait des élixirs pour les vapeurs et des recettes contre les maladies (1). Aussi l'abbé de la Victoire lui dit un jour que le diable qu'elle avait banni de sa chambre, de sa garde-robe et de son cabinet, où tout était devenu modeste depuis qu'elle s'était réformée, s'était habilement retranché dans la cuisine. Ces belles pénitentes de Port-Royal avaient gardé chacune leur démon. La Rochefoucauld trouvait que celui de madame de Sablé faisait merveille dans son retranchement. Il lui écrivait : « Vous ne pouvez faire une plus belle charité que de permettre que le porteur de ce billet puisse entrer dans les mystères de la marmelade et de vos véritables confitures, et je vous prie très-humblement de faire en sa faveur tout ce que vous pourrez... Si je pouvais espérer deux assiettes de ces confitures dont je ne méritais pas de manger autrefois, je croirais vous être redevable toute ma vie. » Le grand moraliste disait encore à son amie en lui envoyant des *Maximes* : « Voilà tout ce que j'ai de maximes ; mais comme on ne fait rien pour rien, je vous demande un potage aux carottes, un ragoût de mouton. » Un janséniste mandait à madame de Sablé qu'un fort honnête homme venait le chercher en carrosse pour le mener faire l'essai de son chocolat. La comtesse de Bregy l'assurait un jour que rien n'était plus délicieux que de manger de ses potages en l'écoutant parler. M. de Saint-Cyran, qui recommandait d'accoutumer les *petits Messieurs* « à manger toutes sortes de légumes, de la morue, des harengs, » n'inspira pas la même mortification à leurs pères et à leurs mères. La bonne chère fut dès le commencement fort estimée dans la haute société jansé-

---

1. *Madame de Sablé,* par Victor Cousin, p. 92.

niste. Elle eut son traiteur préféré, Guille, le Véfour ou le Brebant de l'époque, qui naturellement se convertit. On lui apprit si bien qu'il n'y avait point de salut à espérer hors du bienheureux troupeau de la nouvelle Église, qu'il regardait le reste des hommes comme des réprouvés. Aussi les vins les plus exquis, les viandes les plus délicates, les bisques et les ragoûts les plus délicieux, lui semblaient-ils n'être que pour les prédestinés de Port-Royal, qui étaient les vrais enfants de la maison. Cette théorie de Guille fut pratiquée même au pur foyer de la pénitence, dans l'austère couvent de la mère Angélique. Marie de Beauvillers, abbesse de Montmartre, racontait au P. Rapin qu'obligée pendant la Fronde de se retirer à Paris, elle rendit un jour visite à l'abbesse de Port-Royal, où on lui servit une collation si recherchée qu'elle avouait n'avoir jamais mangé de meilleure pâtisserie. Mais la Mère Angélique, Guille et même madame de Sablé étaient surpassés dans les raffinements de la table par un de leurs pères vénérés, M. de Gondrin, archevêque de Sens. Ce grand évêque, dont le docteur Arnauld, dans la préface de *la Fréquente Communion*, vantait le zèle pour le rétablissement de la discipline, offrait à ses amies de somptueux festins. Il inventa un parfum qui n'eut point de rival, tant la dépense en était excessive. Toutes les bougies des lustres et des chandeliers étaient parfumées (1). Il faisait tremper dans de l'ambre liquéfié les bougies de cire dont il se servait à table. Elles rendaient une si suave odeur, qu'on cessait de manger pour se livrer aux enivrements de ces émanations délicieuses. Il avait soin de mettre sous chaque couvert une paire de gants de femme musqués; l'eau d'ange, le jasmin et la fleur d'orange étaient répandues à profusion. Un jour il fit servir un repas qu'il donnait à madame la duchesse de Longueville et à quelques autres dames des plus mondaines de Paris, par autant de jeunes hommes mollement et richement vêtus. Ce prélat cependant s'appelait dans ses lettres pastorales le successeur des Apôtres, l'imitateur de leurs vertus, et flétrissait les jésuites et les capucins comme corrupteurs de la morale et séducteurs des âmes. Nous avons trouvé plusieurs fois

---

1. « Les parties du parfumeur, dit le P. Rapin, qui montaient pour ce seul article à huit cents francs, sont encore à payer. Ce parfumeur s'appelait Valdor. La cause fut plaidée au Parlement de Paris, où l'archevêque fut condamné à payer. »

Escobar à Port-Royal ; il ne serait pas difficile d'y rencontrer *Tartufe*.

Madame de Sablé, qui appréciait sans doute beaucoup les parfums et les galantes surprises de l'archevêque, devait moins aimer les emportements de son zèle plâtré. Elle était « tout à fait ennemie des extrémités. » Même au moment de sa plus grande ferveur, elle ménagea ses anciens amis au risque de blesser les nouveaux. C'est ainsi qu'elle pria un jour la maréchale de la Motte, gouvernante des enfants de France, d'amener à Port-Royal le Dauphin, qui n'avait que trois ou quatre ans. Le petit prince, étant arrivé chez la marquise, voulut visiter son appartement ; on le mena dans un cabinet qui regardait sur le chœur des religieuses ; on lui ouvrit la fenêtre, et il en vit quelques-unes qui priaient Dieu. Il leur cria en même temps d'en haut : « Qu'on vienne m'ouvrir ! je suis le Dauphin. » Grande rumeur dans le couvent ! La Mère Eugénie, qui ne connaissait pas la marquise, crut qu'il y avait du dessein, et n'approuva pas cette visite des persécuteurs de la Vérité. Citons encore un trait de la *tolérance* de madame de Sablé. On trouve dans ses papiers, raconte M. de Sainte-Beuve, un petit billet du P. Rapin, sur une certaine salade mangée la veille au soir chez M. le premier Président de Lamoignon, et qui avait été trouvée fort bonne ; c'était un secret de friandise de madame de Sablé. « On souhaite avoir le secret de la faire, écrit le P. Rapin : je tâcherai d'avoir le temps pour aller le demander moi-même. » Le Père Rapin emportant sa recette de salade, et Nicole apportant un petit traité de morale, purent se rencontrer sur l'escalier de la marquise (1). On comprend pourquoi le P. Rapin trouve des excuses au jansénisme de madame de Sablé et pourquoi Port-Royal, dans son Nécrologe, lui mesure la louange avec une parcimonie qui n'est pas dans ses habitudes. Cependant, quoiqu'elle n'eût pas persévéré jusqu'à la fin, madame de Sablé avait bien mérité des Jansénistes en leur amenant madame de Longueville, qui devint la *grande actrice* du parti.

Madame de Longueville. — Comme toutes ses contemporaines, elle s'occupa beaucoup de théologie à l'apparition de *la fréquente Communion*. Quand elle accompagna son mari à Munster, elle emmena le Père Esprit, de l'Oratoire, pour discourir

---

1. *Port-Royal*, t. 5, p. 76.

avec lui de la grâce et de la prédestination, trouvant cela fort beau ; elle s'occupa bien plus de saint Augustin que des négociations diplomatiques. La gouvernante de sa belle-fille disait à sa maîtresse : « Votre belle-mère décide à table en se jouant des choses dont les Pères et les conciles ne parlent qu'en tremblant. » On connaît les aventures galantes et guerrières de l'héroïne de la Fronde. Après s'être tout permis, elle trouvait la morale des jésuites trop relâchée ; le concile de Trente lui faisait pitié. Elle tourna contre les ennemis de la Grâce son ardeur belliqueuse, et mérita bientôt avec son inséparable amie (1), mademoiselle des Vertus, le titre auguste que leur donna La Rochefoucauld. Mademoiselle des Vertus publia un jour qu'elle avait été guérie miraculeusement d'une fluxion sur le genou par la sainte épine que gardaient les filles de la Mère Angélique. Les docteurs du parti déclarèrent le prodige très-authentique, ce qui augmenta beaucoup la dévotion du peuple pour les autels de Port-Royal. Madame de Longueville était moins mystique. Elle n'avait pas besoin de miracle pour autoriser le pouvoir doctoral qu'elle s'était attribué : ses charmes lui suffisaient. Rapin l'appelle la grande enchanteresse. Elle parlait mieux que personne et savait flatter avec un art incomparable. Elle fit plus pour le progrès de la nouvelle doctrine que n'avaient fait tous les discours et tous les écrits de ses directeurs. Elle gagna bien des dames de la cour, où, après la mort de la reine-mère, la cause de la bonne doctrine fut presque abandonnée. Mais ces conquêtes de ruelles où la duchesse se signalait n'étaient que le prélude de conquêtes plus illustres et plus importantes. Elle attira dans les rangs des défenseurs de la vérité un grand nombre de prélats. Elle les invitait à la venir voir, tenait avec eux des conférences dans son hôtel, et les cajolait si bien, qu'ils se laissaient mener avec une admirable docilité. Ces champions de madame de Longueville, comme on les nommait, avaient seuls son estime entre tous les membres de l'épiscopat. Quand on lui parlait des évêques qui s'étaient si hautement déclarés avec le Pape contre

---

1. « Elles étaient vêtues en vraies tourières de carmélites et passaient l'une et l'autre une partie de leur vie dans une affectation de minauderies éternelles, gémissant sans cesse toutes deux, au coin de leur feu, sur les désordres du siècle et sur les malheurs de l'Église, médisant avec hauteur de tout le monde par principe de réforme. » Rapin, t. 3, p. 236.

le jansénisme, elle disait en haussant les épaules : « Est-ce que ce sont des évêques, que ces gens-là? C'est l'évêque d'Alet, l'évêque de Pamiers, l'évêque d'Angers, l'évêque de Beauvais, qui sont de vrais évêques, non pas ces prélats de cour. » Pour correspondre avec ces vrais évêques et d'autres amis qui habitaient la province, elle se servait d'un homme dont elle avait éprouvé le dévouement pendant les guerres de la Fronde. C'était un gascon appelé Janet ; il laissa croître sa barbe et se revêtit d'un habit d'anachorète. La duchesse crut qu'il ne serait pas facile aux ennemis de découvrir le courrier de la grâce sous le froc méprisé d'un ermite, et elle s'en divertissait avec son frère, le prince de Conti. Ces sortes d'intrigues étaient tellement chères à madame de Longueville, qu'elle eût été capable de se faire janséniste par le seul plaisir qu'elle y trouvait. C'était l'ermite qu'on chargeait des paquets les plus importants ; c'était lui qui faisait les ambassades les plus secrètes. On le voyait paraître de temps en temps à la porte du cabinet de la duchesse sans qu'on le connût ; il recevait ses instructions, qu'il accomplissait dans le mystère le plus impénétrable. Tout en faisant les affaires de Port-Royal, l'ermite n'oubliait pas les siennes ; il apportait tant de soin et d'habileté à augmenter son bien, qu'on l'appela le coupeur de bourses de la nouvelle opinion. Le P. Rapin avait ouï dire au P. Talon, qui le connaissait, qu'en moins de dix-huit mois il envoya plus de cent mille francs à ses parents. Il ne parlait jamais que de Dieu, le pauvre homme ! avec ceux qui n'étaient pas du parti, et il en parlait d'un air si touchant qu'il attendrissait jusqu'aux larmes ses auditeurs. Sous cette barbe et ce froc d'ermite, ne vous semble-t-il pas reconnaître le bon monsieur Tartufe? Nous l'avons déjà trouvé à Port-Royal déguisé en prélat ; le voici devenu anachorète. Nous le verrons encore changer plusieurs fois de costume dans cette sainte maison où il est né assurément, s'il n'y est pas mort.

Quand vint l'heure de la *persécution*, madame de Longueville cacha chez elle, « comme faisait autrefois sainte Mélanie, ceux que l'on chassait de toutes parts. Elle les cachait encore plus dans son cœur que dans son hôtel (1). » Les Messieurs célèbrent surtout les charités de la duchesse à l'égard des

---

1. *Mémoires* de Fontaine, t. 4, p. 301.

défenseurs de la vérité. Aussi *cette pieuse princesse, après avoir réjoui l'Église de la terre et du ciel par la solidité de sa conversion,* eut le bonheur de *mourir comme elle avait vécu depuis tant d'années, c'est-à-dire dans de grands sentiments de pénitence. Dieu est maintenant la récompense de ses vertus si chrétiennes ; il lui ouvre son sein, comme elle a ouvert ses entrailles de charité à ses serviteurs. Que Jésus-Christ lui rende à la vue des anges et de son Père céleste ce qu'elle a fait si longtemps dans un si grand secret... Avec quels yeux n'aura-t-elle pas vu dans le ciel l'admirable M. de Bernières, dont Dieu s'était servi pour fomenter et nourrir les premiers feux de sa conversion ! et quelles actions de grâces ce saint homme, en la voyant, aura-t-il rendues à Dieu, qui avait mis lui-même la main à l'édifice pour l'affermir et l'achever, puisque sans son secours tout serait tombé par terre* (1) ! » — Tel est le style des décrets de canonisation janséniste. Port-Royal est vraiment et uniquement — dans la pensée de beaucoup — la porte du ciel. Tous, messieurs et dames, frères et sœurs, prennent place dans le bienheureux séjour ; ils s'y cantonnent, autour de saint Augustin probablement, et y soutiennent encore que les cinq propositions ne sont pas dans Jansénius.

A côté des femmes illustres de Port-Royal, dont nous venons de citer quelques noms, il faut placer la foule bourgeoise des pénitentes de M. Duhamel, le curé de Saint-Maurice, devenu curé de Saint-Merri, à Paris. Duhamel, nous l'avons vu, était prédicateur et charlatan, humble et évaporé, décisif et patelin, baisant tout le monde et n'aimant personne, de toutes les parties de dévotion et de toutes les intrigues.

La chaire de Saint-Merri devint comme le premier écho de Port-Royal, où l'on faisait retentir le bruit de la trompette du nouvel évangile par la bouche de cet apôtre. Duhamel exerça bientôt un véritable empire sur tous ses paroissiens, mais il régna encore plus sur les femmes que sur les hommes ; il faisait faire à ses pénitentes une confession générale, et il devenait ainsi le maître de celles qu'il dirigeait par cet attachement d'où elles ne reviennent point, dit le P. Rapin, quand

---

1. *Mémoires* de Fontaine, t. 4, p. 302.

une fois elles se sont livrées à un directeur par une confidence si générale de leur personne et par une déclaration de toute leur vie. Son collègue à la cure de Saint-Merri, Edme Amyot, écrivait au père Annat, confesseur de Louis XIV : « Sa maison est toujours pleine de dames, auxquelles il fait des caresses comme en font les galants les plus passionnés ; il les prend par les mains et par les bras, il les pince également avec familiarité (1), il les touche au visage en disant quelques mots d'édification sur la dévotion et sur l'amour de Dieu, ou en se recommandant à leurs prières. Il a autant d'artifice pour se couvrir qu'il en a pour dépouiller les femmes et leur faire donner jusqu'à leurs chemises. Il tient longtemps en pénitence celles qui ont de la difficulté à lui donner, pour les attendrir, et il épouvante des jugements de Dieu celles qui lui résistent ; il y en a plusieurs qui en sont mortes, et d'autres devenues folles. Dans l'église, il se compose le visage à la modestie, ayant toujours les yeux baissés (2) ; hors de l'église, ce ne sont que privautés, caresses, mignardises, qu'il accompagne toujours de quelques paroles de piété. Il a une maison en la paroisse sous le nom d'un certain Chanlat, proche le cloître, où il voit les

1.   TARTUFE, *prenant la main d'Elmire, et lui serrant les doigts.*
Oui, Madame, sans doute ; et ma ferveur est telle...
ELMIRE.
Ouf ! vous me serrez trop.
TARTUFE.
C'est par excès de zèle.
De vous faire aucun mal je n'eus jamais dessein
Et j'aurais bien plutôt...
ELMIRE.
Que fait là votre main ?
TARTUFE,
Je tâte votre habit : l'étoffe en est moelleuse.

2.   ORGON.
Chaque jour à l'église il venait d'un air doux
Tout vis-à-vis de moi se mettre à deux genoux.
Il attirait les yeux de l'assemblée entière
Par l'ardeur dont au ciel il poussait sa prière :
Il faisait des soupirs, de grands élancements,
Et baisait humblement la terre à tous moments...
Je lui faisais des dons, mais, avec modestie,
Il me voulait toujours en rendre une partie...
Je vois qu'il reprend tout, et qu'à ma femme même
Il prend, pour mon honneur, un intérêt extrême.

dames qui viennent de nouveau à sa direction : les conférences pour les convertir durent plusieurs mois et plusieurs fois la semaine, deux ou trois heures par jour, selon le mérite des personnes si elles sont belles, mondaines, riches. »

Ce n'était pas seulement dans sa maison du cloître que Duhamel avait ses dévôts entretiens. On lit dans l'abrégé manuscrit de l'*Histoire du jansénisme*, conservé à la bibliothèque de Troyes :

« On emprunta alors de grosses sommes d'argent pour accroître le Port-Royal de Paris, où on élevait avec un fort grand soin les filles de qualité, surtout celles qui avaient de l'esprit, à qui on apprenait le latin, les Pères, saint Augustin et le grand mystère de la grâce et de la prédestination. Duhamel, curé de Saint-Merri, ne contribuait pas peu aux frais qu'il fallait faire. Il s'était rendu maître de la plupart des veuves de sa paroisse ; il avait l'adresse d'engager les plus considérables à de petites parties de dévotion et à des rendez-vous sur le mont Valérien, où l'on faisait des conférences sur la grâce et sur la doctrine de saint Augustin, dont les bourgeoises étaient charmées, et tout cela se terminait par de petites collations propres et honnêtes, mais qui ne laissaient pas d'inspirer à la compagnie un certain air de familiarité, qui est toujours d'un grand ragoût à des femmes avec un directeur d'importance et de réputation, quand il sait relâcher à propos quelque chose de sa gravité de père spirituel et de pasteur par condescendance à ses brebis. Ces femmes si attachées à Duhamel étaient entre autres la Devarize, veuve d'un conseiller au Parlement, la Doublet, veuve d'un avocat, la Dubosc, veuve d'un marchand, la Humbert, veuve d'un chirurgien (1). »

Le dévot et galant curé de Saint-Merri ressemble assez à l'ami de M. Orgon et de madame Prenelle. On ne s'étonnerait pas de l'entendre dire au Mont-Valérien ou dans la maison de M. Chalat :

« L'amour qui nous attache aux beautés éternelles
N'étouffe pas en nous l'amour des temporelles, etc. »

1. Cité par l'éditeur des *Mémoires* du P. Rapin, t. 1, p. 128.

Et encore, en acceptant les libéralités des ses veuves :

> « Ceux qui me connaîtront n'auront pas la pensée
> Que ce soit un effet d'une âme intéressée...
> Ce n'est, à dire vrai, que parce que je crains
> Que tout ce bien ne tombe en de méchantes mains...
> Et ne s'en servent pas ainsi que j'ai dessein
> Pour la gloire du ciel et le bien du prochain. »

Mais n'insistons pas ; M. de Sainte-Beuve, qui ne voit dans Tartufe que le casuiste de Pascal, et dans Duhamel qu'une innocente victime des calomnies des jésuites, nous répondrait avec madame Pernelle :

> « Les langues ont toujours du venin à répandre ;
> Et rien n'est ici-bas qui s'en puisse défendre...
> Mon Dieu ! le plus souvent l'apparence déçoit ;
> Il ne faut pas toujours juger sur ce qu'on voit. »

Faisons encore connaissance avec quelques curés jansénistes de Paris. Ils sont tous illustres, car on était théologien, prédicateur, directeur incomparable dès qu'on épousait les intérêts de Port-Royal. C'est toujours le P. Rapin qui nous introduit, et qui parle.

Antoine de Bréda, curé de Saint-André-des-Arts, fut gagné des premiers par le goût qu'il prit à la direction des dames de sa paroisse. La duchesse de Luynes, qui fut une de ses premières pénitentes, lui fit venir ce goût. Madame de Luynes, détournée du monde par le peu de succès qu'elle y avait, se fit dévote ; elle fréquenta la paroisse, prit le curé pour directeur, et eut une grande docilité pour ses instructions. Le curé, charmé d'avoir une duchesse pour pénitente, la cultiva soigneusement, la visitant tous les jours presque et souvent même plus d'une fois. Cette fréquentation fit un attachement mutuel, et comme rien n'attachait tant que la nouvelle doctrine, M. de Bréda, pour se conserver sa dévote, la fit janséniste. L'exemple de la duchesse fructifia dans la paroisse Saint-André : la présidente de Hersé et bien d'autres femmes se mirent sous la direction de leur pasteur. Celui-ci voyait avec plaisir qu'il était secondé dans son zèle par Sainte-Beuve, docteur de Sorbonne, qui faisait aussi de grandes conquêtes pour Port-Royal. Il habitait sur cette paroisse. Il demeurait avec sa mère et deux sœurs, jeunes, mondaines et grandes joueuses, qui attiraient chez elles beaucoup de monde. Le docteur avait son cabinet au second étage de la maison, de sorte que ses pénitentes se rencontraient souvent sur l'escalier avec les galants de ses sœurs : ce qui faisait mal à propos de petits embarras aux dévotes et des quiproquos de galanterie et de dévotion. On se plaignit à M. de Bréda, qui pria Sainte-Beuve d'avertir ses sœurs. Les jeunes filles n'étaient pas d'humeur à se réformer sitôt ; elles répondirent à leur frère qu'elles attendraient la grâce efficace de Port-Royal et le renvoyèrent à son saint Augustin. Cependant le confessionnal de Sainte-Beuve fut bientôt plus fréquenté que celui du curé, lequel vit le nombre de ses pénitentes diminuer de jour en jour. Madame de Luynes et mademoiselle de Châteauvieux elles-mêmes le quittèrent et passèrent au docteur. M. de Bréda ne supporta pas cette concurrence. Il obligea le docteur à se retirer, et, pour ressaisir son prestige et se venger, il renonça au jansénisme, devint moliniste ou quelque chose d'approchant. Quant à M. de Sainte-Beuve, privé de son confessionnal à Saint-André, il demanda en vain un asile dans les autres églises paroissiales : les curés qui craignirent un rival, l'éconduisirent. Il fut réduit à se faire directeur en chambre garnie.

M. Mazure, curé de Saint-Paul, se signala moins par le nombre de ses pénitentes et l'éclat de sa direction que par ses querelles avec les Jésuites, ses paroissiens. Tantôt il voulait les obliger à l'encenser quand il portait le Saint-Sacrement à la Fête-Dieu, en passant devant leur église ; tantôt il faisait donner des batailles par ses prêtres aux pères de la maison professe, quand on faisait chez eux des enterrements de quelqu'un de la paroisse ; d'autres fois il refusait les derniers sacrements à ses paroissiens qui s'étaient confessés aux Jésuites. Un jour, le célèbre P. de Lingendes prêchait à Saint-Paul sur la nécessité de faire une bonne confession à l'heure de la mort. Il dit que tous les confesseurs étaient bons à ce dernier moment pourvu qu'ils fussent habiles, et que les plus habiles étaient les meilleurs. A ces mots, le curé fit sonner les cloches, entonner vêpres et contraignit le prédicateur à se taire. — Inutile d'ajouter que M. Mazure était fort estimé à Port-Royal.

M. Merlin fut curé de Saint-Eustache par l'autorité des dames des halles, qui se révoltèrent pour repousser le candidat de la Cour et soutenir le pasteur de leur choix. Les troubles durèrent trois jours. On sonna le tocsin, on fit des barricades, et on menaça de piller l'hôtel du chancelier. Une députation de harengères alla trouver la reine. Elles lui adressèrent un discours pour lui démontrer que M. Merlin devait être curé de Saint-Eustache parce que tous les Merlin l'avaient été de père en fils (1). M. Merlin, d'un caractère timide, ne servit pas avec éclat les Jansénistes dans sa paroisse, mais il les laissa faire.

M. Rousse, curé de Saint-Roch, et M. Grenet, curé de Saint-Benoît, furent très-dévoués à Port-Royal. C'étaient eux qu'on avait chargés de soutenir contre les religieux les droits de la hiérarchie dans les assemblées des curés de Paris. La façon dont les Jansénistes s'y prirent pour se rendre ces curés favorables mérite d'être rapportée. L'archevêque de Sens, qui savait le charme puissant qu'exerce sur certaines gens un excellent repas, pria son ami, M. Rousse, de lui donner à dîner, et de réunir à cette occasion quelques-uns de ses confrères. Au jour marqué, les invités se rendirent avec exactitude à la maison curiale de Saint-Roch. Le prélat présida la fête. Il prit un air familier et se laissa aller à sa belle humeur. Pour animer le repas de cette joie qui est le plus grand assaisonnement des viandes et de la table, après qu'on eut fait des projets de ligue contre les réguliers, qu'on eut bien déclamé contre les priviléges, et qu'on eut discouru en l'air sur les pouvoirs du Pape et sur la hiérarchie, il s'avisa, pour réchauffer les esprits, de faire un ragoût de reste de gibier ; il demanda un réchaud, de l'orange et d'autres ingrédients qui piquent l'appétit. Il ne manquait plus que du poivre blanc. Sans poivre blanc, le plat était manqué, et il ne s'en trouva pas au logis. Grande émotion parmi les convives ! Mais l'archevêque lève les yeux au ciel, semble invoquer la Toute-Puissance céleste et, ouvrant sa croix pastorale, il la trouve remplie de poivre blanc fort exquis : le ragoût était sauvé ! Les applaudissements éclatent et la gaieté redouble ; tous les cœurs étaient conquis (2).

1. *Mémoires* de Mademoiselle, cités par l'éditeur des *Mémoires* du P. Rapin.
2. L'évêque d'Angers, frère du docteur Arnauld, imitait Monsieur de Sens. Sa table absorbait les revenus de son évêché, et même un peu plus. Mais « ce prélat *très-sobre*, dit un historien, avait néanmoins une assez bonne table, parce qu'il croyait dans les commencements devoir se

Cette petite débauche si tendre et si pleine de privautés fit tout l'effet qu'on s'était proposé. Ce fut là l'origine des assemblées des curés de Paris. Ils formèrent une espèce de corps avec un syndic, eurent leurs jours de réunion, dressèrent des statuts, et quoiqu'ils ne se déclarassent pas ouvertement pour la nouvelle doctrine, ils ne laissèrent pas que de servir indirectement les Jansénistes. Ils donnèrent l'exemple aux curés des autres villes du royaume. On commença à faire partout de grands éloges de la hiérarchie et à ne prôner que les *hiérarches*. On appelait de ce beau nom ceux qui s'attachaient à leur paroisse et suivaient la direction de leur curé. Et comme on n'approuvait à Port-Royal que la dévotion de la paroisse et que la direction des curés parce qu'on voulait leur donner du crédit et les attirer, cette fantaisie devint alors tellement à la mode que, jusque dans les compagnies les plus libres de toute attache janséniste, on se moquait des dames qui se confessaient à des réguliers, comme n'étant pas de la hiérarchie. Rien ne diminua si fort l'influence des religieux et ne releva davantage la paroisse, chose si méprisée auparavant, qu'on abandonnait les cures les plus considérables de la capitale aux Picards, aux Normands et aux Manceaux, comme des postes peu dignes de gens de qualités. L'abbé Olier fut le premier de condition qui par zèle pour les âmes se fit curé ; plusieurs l'imitèrent, mais non pas poussés par le même motif : les considérations d'intérêt s'y mêlèrent. Ce furent donc les Jansénistes qui mirent en vogue cet esprit de paroisse qui régna depuis si fort à Paris. « *Ce n'est pas*, ajoute le P. Rapin, — sans doute pour calmer les scrupules des curés qui se trouveraient un peu jansénistes en ce point, — *ce n'est pas que ce ne fût une chose fort louable de s'affectionner à sa paroisse, puisque c'est une dévotion selon l'esprit de l'Église, qui la conseille aux fidèles* ; mais cet attachement devint alors blâmable par l'esprit d'intrigue qui s'y mêla et par les excès d'autorité auxquels se portèrent la plupart des curés. »

Curés et docteurs, grandes dames et bourgeoises, commencèrent à s'agiter et à se grouper autour de M. Arnauld pour défendre le livre attaqué de *la Fréquente communion*. Nous avons signalé l'ardeur de la première lutte : elle fut grande

---

servir de ce moyen pour connaitre et gagner messieurs les Angevins. » O pureté d'intention !

des deux côtés. Cependant la reine régente et le cardinal Mazarin voulurent mettre un terme à cette dispute théologique, qui troublait et divisait si profondément les esprits, et résolurent de la soumettre au juge infaillible, assis sur la chaire de saint Pierre. Au mois de mars (1644), Arnauld reçut l'ordre d'aller « rendre raison de sa doctrine au Pape, qui était le principe de la doctrine. » Ce fut le chancelier Séguier qui signifia cet ordre au docteur, en présence de M. d'Andilly. « Que répondrai-je à la reine ? » lui demanda-t-il. — « Que je ne suis point cité juridiquement à Rome, répondit le digne élève de *Petrus Aurelius ;* qu'une pareille citation serait d'ailleurs contraire aux lois de l'Église de France, qui veulent que les causes nées dans son sein y soient jugées par elle, et à celles du royaume, qui ne permettaient pas qu'un sujet soit justiciable d'un tribunal étranger (1). » Les Jansénistes renforcés des Gallicans virent dans l'ordre de la reine « les lois de la nation sur l'ordre des jugements mises à l'écart, l'Inquisition introduite en France sous une forme déguisée, un tribunal étranger substitué aux tribunaux du royaume pour juger les sujets du roi (2). » Aussi « *toute la France,* dit le P. Quesnel (3), se remua » pour empêcher le docteur d'obéir. *Toute la France,* c'est pour les Jansénistes le Parlement et la Sorbonne. Le Parlement et la Sorbonne, en effet, se remuèrent beaucoup. A ce grand bruit, le cardinal, s'excusant sur ce qu'il ne connaissait pas l'usage du royaume, renvoya l'affaire au chancelier. Pendant que Messieurs de la grand'Chambre et Messieurs des Enquêtes étaient aux prises sur cette grave question d'État qui suspendit durant un mois l'exercice de la justice, M. de Barcos, le neveu de M. de Saint-Cyran, se cachait chez la princesse de Guéméné, car il était également compromis : c'est lui qui avait inséré dans la préface de *la Fréquente communion* la fameuse phrase, *les deux chefs de l'Église qui n'en font qu'un.* Il conseillait à Arnauld de se cacher aussi, pensant que le parti avait tout à gagner à rester encore dans l'ombre et le silence. Quelques amis aussi timides que Barcos, mais pour d'autres motifs, faisaient craindre au docteur les périls du voyage, ou les prisons de l'Inquisition à Rome (4). » Les plus hardis s'écriaient :

1. *Vie de messire Antoine Arnauld,* t. 1, p. 57.
2. *Vie de messire Antoine Arnauld,* t. 1, p. 58.
3. *Histoire de la vie et des ouvrages de M. Arnauld,* p. 119.
4. *Vie de messire Antoine Arnauld,* t. 1, p. 65.

« Oui, il faut aller à Rome défendre hautement la vérité. On en reviendra plus glorieux. » M. Arnauld penchait vers ce dernier parti, qui était celui de madame de Longueville et de M. d'Andilly ; il aurait aimé à faire *le lion*. L'exemple et les conseils de M. de Barcos prévalurent, et il se décida à faire le *renard*. Il se retira chez M. Hamelin, contrôleur des ponts et chaussées, qui vint tout exprès habiter au faubourg Saint-Marceau, *afin d'y garder plus sûrement son trésor* (1). Il eut soin d'écrire à la reine pour lui annoncer « qu'il se retirait entre les bras de Dieu » ; il l'assurait que c'était pour se soustraire *aux violences de ses ennemis qu'il s'allait mettre à couvert sous l'ombre des ailes de Dieu, où il lui offrirait sans cesse ses prières pour la prospérité de Sa Majesté* (2). » M. Fontaine, qui accuse les adversaires d'Arnauld « de tumultes séditieux et de plaintes sanguinaires (3), » nous dit que le grand docteur, une fois dans son asile, « vivait paisiblement, comme un agneau, pendant qu'une infinité de personnes frémissaient contre lui comme des loups. »

Cet agneau, qu'Alexandre VII appela le *perturbateur du repos public*, profita de l'impunité que lui assurait sa retraite pour poursuivre sa lutte contre l'Église catholique. Urbain VIII avait condamné l'*Augustinus*. Afin sans doute qu'on ne se doutât pas que c'était la peur seule de l'Inquisition qui l'avait empêché d'aller rendre compte de sa foi au Pape, Arnauld publia l'*Apologie pour M. Jansénius, évêque d'Ypres, et pour la doctrine de saint Augustin, expliquée dans son livre intitulé* Augustinus. M. Sainte-Beuve reproche au Père Nouet et à ses confrères d'avoir appelé Arnauld *hérétique*. « Nous, ajoute-t-il, qui lisons jusqu'au bout dans l'âme et dans les arrières-pensées d'Arnauld, nous saurons à quoi nous en tenir. Le calvinisme secret d'Arnauld est une chimère et une imposture (4). » Si au lieu de lire jusqu'au bout dans l'âme et dans les arrière-pensées du docteur, M. Sainte-Beuve eût lu les premières pages de l'*Apologie*, il aurait vu que le calvinisme d'Arnauld n'est pas une imposture. Arnauld y renouvelle en effet ce dogme de Calvin : *Dieu a voulu positivement exclure de la vie éternelle et de son royaume ceux qu'il n'a pas prédestinés.* Cette répro-

---

1. *Port-Royal*, t. II, p. 287.
2. *Mémoires de Fontaine*, t. I, p. 381.
3. *Mémoires de Fontaine*, t. I, p. 358.
4. *Port-Royal*, t. II, p. 180.

bation n'est pas seulement négative, mais positive. Dans une première *Apologie* écrite en 1643 en réponse aux sermons d'Isaac Habert, M. Arnauld disait encore avec Calvin, que *Jésus-Christ n'est mort que pour les fidèles et les élus.* Ne serait-ce pas là du calvinisme ? Naturellement, dans ces deux *Apologies* où il se glorifie de *copier et de traduire Jansénius, grand et saint évêque, l'ornement de toute l'Église,* M. Arnauld reproduit les erreurs fondamentales de son illustre maître. Jansénius appelait la grâce suffisante un *monstre de grâce ;* Arnauld l'appelle *une grâce du diable.* Jansénius enseignait que *toute grâce de Jésus-Christ est efficace,* que *toute grâce fait* que la volonté veut et agit ; Arnauld enseigne que *la grâce de Jésus-Christ ne manque jamais d'avoir son effet.* Jansénius, repoussant la liberté d'indifférence nécessaire pour mériter et démériter, n'admettait avec Calvin qu'*une simple nécessité ;* Arnauld admet que *la liberté* subsiste avec la nécessité inévitable d'agir. Jansénius affirmait que *quelques commandements* sont impossibles même aux justes, selon les forces présentes de l'homme ; Arnauld affirme que c'est là *une maxime indubitable dans la doctrine de saint Augustin.* Jansénius déclarait que *Jésus-Christ n'est pas mort pour les infidèles, ni pour les justes qui ne persévèrent pas.* Arnauld déclare que *Jésus-Christ n'est mort que pour les fidèles et les élus qui sont appelés tous les hommes, parce qu'ils sont pris des hommes de toutes sortes de conditions.* Ainsi c'était bien la pure et exacte doctrine de l'évêque d'Ypres que l'apologiste défendait. Et cependant, après l'avoir défendue durant quarante-trois ans, il écrira tout un volume (1) pour prouver que son jansénisme est un *fantôme.* Gardons-nous bien d'accuser la bonne foi du grand docteur : M. Sainte-Beuve aurait pour nous des « mots peu élégants. » Disons simplement que M. Arnauld dut lire *dans son âme et dans ses arrière-pensées* au lieu de relire ses ouvrages.

L'*Apologie* acheva de populariser *monsieur Jansénius,* qui avait par lui-même « un air trop sombre, trop sec et trop scolastique (2). » Elle acheva aussi de convaincre les hommes éclairés qui avaient signalé l'hérésie naissante, qu'ils ne s'étaient point trompés et que le temps était venu de combattre le jansénisme sans trêve ni merci. Mais avant de nous engager

---

1. *Phantôme du jansénisme ou justification des prétendus Jansénistes.*
2. Rapin, *Mémoires,* t. I, p. 95.

dans cette grande bataille, allons reconnaître les *saints* de l'armée ennemie, se préparant à la lutte dans le *Désert* de Port-Royal des Champs. L'heure est propice : M. d'Andilly, obéissant aux désirs que M. de Saint-Cyran lui avait exprimés en lui léguant son cœur, quitte le monde et va rejoindre *les bienheureux solitaires*.

VII.

M. Arnauld d'Andilly dans le monde et dans le *Désert*. — La *Clélie* chez nos *Messieurs*, et nos *Messieurs* dans la *Clélie*. — Les Romans et les Jansénistes. — Le plus tendre des amis et le plus dur des pères. — Mélibée « dans un cadre chrétien. » — Influence politique des poires et des pavies de M. d'Andilly. — Multiplication des *solitaires*. — Régiment janséniste pendant la Fronde. — L'abbaye de *Thélème* réalisée à Port-Royal, mais *saintement et en Dieu*. — Marques de cette école de la Pénitence. — Jardiniers et Philosophes. — Contradiction entre les principes et la conduite de nos *Messieurs*, entre leur conduite et leurs biographies, entre leur morale spéculative et leur morale pratique : *Exercices* de l'une, *Règlements et instruction* de l'autre. Les Jansénistes jugés et classés par un Janséniste. —

« On pouvait bien dire de M. d'Andilly : « *Qu'êtes-vous allé voir dans le Désert ?* » s'écrie Fontaine, en racontant l'arrivée « du saint vieillard » à Port-Royal des Champs. Le premier disciple de Saint-Cyran n'avait pas attendu l'heure de la retraite, ni celle de la vieillesse, pour pratiquer la vertu avec une perfection qui rappelait à son biographe enthousiaste la louange même que Jésus-Christ décernait à saint Jean-Baptiste. « Il avait pendant toute sa vie joint ensemble deux choses presque inalliables, c'est-à-dire la politesse du monde avec une grande innocence, un esprit très-pénétrant avec une simplicité incroyable, une générosité héroïque avec une profonde humilité (1). » Quelques traits de la vie de M. d'Andilly nous montreront jusqu'à quel point ce panégyrique est mérité.

M. d'Andilly était le fils aîné d'Arnauld, l'avocat que nous avons vu déployer à tout propos les *maîtresses voiles* de son éloquence contre la Compagnie de Jésus. Tout jeune encore, il entra dans les finances, dont son oncle, Isaac Arnauld, était intendant. Or, dit M. d'Andilly dans ses *Mémoires*, « comme

1. *Mémoires* de Fontaine, t. II, p. 236.

mon oncle était extrêmement prévoyant et qu'il jugeait que l'inclination que le roi portait à MM. de Luynes les pourrait porter un jour à une faveur, il m'avait conseillé de faire amitié avec eux ; et je n'y eus pas grand'peine, parce qu'ils furent bien aises d'avoir quelqu'un qui les pût servir, comme je faisais, de tout mon pouvoir. » M. d'Andilly, qui avait *l'esprit très-pénétrant,* n'eut pas *grande* peine à suivre ce conseil, ni grand profit.

L'Intendant mourut en 1617 : son neveu demanda à lui succéder. Albert de Luynes, le favori, lui promet la place de secrétaire d'État, qu'il ne lui donne pas, et fait échouer ses projets pour l'intendance. M. Du Fossé raconte ainsi cet échec de la prévoyance de l'oncle et de la pénétration du neveu : « Le roi Louis XIII, qui connaissait le mérite de M. d'Andilly, le voulut faire secrétaire d'État, mais il supplia Sa Majesté de l'en dispenser (1). » Comme c'est bien tourné ! Vraiment ! ces Messieurs de Port-Royal, ces immortels défenseurs de la vérité, ont une grâce particulière — et qui a été très-efficace pour leur renommée — de travestir l'histoire à leur avantage. Au lieu de secrétaire d'État, M. d'Andilly devint premier commis de M. de Schomberg, surintendant des finances. Mais, comme il avait *de la vanité à revendre,* dit Tallemant, il affectait devant le monde de faire paraître qu'il avait tout le pouvoir imaginable sur l'esprit du surintendant. M. de Schomberg n'y prenait pas plaisir, et disait : « Mon Dieu ! cet homme parle beaucoup ! » M. de Schomberg tombe en disgrâce, son premier commis, qui joignait une *humilité profonde* à une *générosité héroïque,* l'abandonna et se tourna vers le duc d'Orléans. Son ambition éprouva de cruels mécomptes. Le maréchal d'Ornano, qui l'avait fait nommer intendant général de la maison du prince, l'éconduisit, jaloux de son influence, disent les uns, trahi par lui, affirment les autres. Le fait est que le maréchal fut enfermé à Vincennes par Richelieu, lequel offrit sa place à M. d'Andilly ; n'était-ce pas la récompense de sa trahison ? Le duc d'Orléans ne voulut pas de M. d'Andilly, — sans doute parce qu'il lui était trop dévoué — et Richelieu l'oublia. « Tant de choses, dit l'humble M. d'Andilly, qui arrivèrent ensuite, empêchèrent Son Éminence de donner son applica-

---

1. *Mémoires* de M. Du Fossé, p. 72.

tion à ce qui me regardait. » Il se retira dans sa terre de Pomponne.

Le cardinal cependant se ressouvint de lui et le nomma intendant de l'armée des maréchaux la Force et Brezé. Servien, le secrétaire d'État, lui annonça cette faveur. M. d'Andilly écrit dans ses *Mémoires* : « Je reçus une lettre de M. Servien, écrite de sa main, ce qu'il faisait rarement, à cause de l'incommodité de son œil, par laquelle il me mandait que le roi m'avait choisi pour m'envoyer intendant dans cette armée, et qu'encore que ce ne fût pas un emploi tel que je le pouvais espérer, je devais compter pour beaucoup de ce qu'on m'envoyait chercher dans ma maison, comme autrefois les dictateurs à la charrue. » Quelle profonde humilité !

Avant de suivre ce nouveau Cincinnatus dans la brillante carrière qui s'ouvre enfin devant lui, entrons dans sa *pauvre* maison et voyons-le dans son *petit champ*. A coup sûr, c'est ici, ou nulle part, que nous le trouverons vivant dans une *incroyable simplicité* et *dans une grande innocence*. Un de ses fils, l'abbé Arnauld, qui, lui aussi, a laissé des *Mémoires*, va nous faire les honneurs de Pomponne :

Ce n'était tous les jours, en ce temps là, que jeux d'esprit et parties galantes... Et un jour que nous étions à Pomponne, madame la marquise de Rambouillet, avec une troupe choisie, résolut de l'y venir surprendre. M. Godeau en était ; il ne pensait point en ce temps-là à devenir prince de l'Église, comme il le fut quelques années après, ayant été fait évêque de Grasse et puis de Vence. Ceux qui l'ont connu savent qu'il était fort petit, et à l'hôtel de Rambouillet on l'appelait le Nain de la princesse Julie. Ils partirent de Paris en deux carrosses ; et sur les cinq heures du soir, deux ou trois cavaliers viennent à Pomponne comme s'ils eussent été des maréchaux-des-logis d'une compagnie de cavalerie, et demandent à faire le logement. Aussitôt on court au château en avertir M. d'Andilly, qui, n'étant pas accoutumé à recevoir de ces sortes d'hôtes, vient fort échauffé trouver ces messieurs, les interroge de leur ordre, s'étonne qu'on lui ait voulu causer ce déplaisir, et les prie de ne rien faire qu'il n'ait parlé à leurs officiers. Pendant qu'il raisonne avec eux, on entend sonner la trompette : il avance croyant que ce fût la compagnie ; mais il fut étrangement surpris de voir le Nain de la princesse Julie, lequel, armé à l'antique et monté sur un grand coursier, sans lui donner le loisir de le reconnaître, pousse sur lui à toute bride et lui rompt au milieu de l'estomac une lance de paille qu'il avait mise en arrêt, lui jetant en même temps un cartel de défi en vers fort galants. Il ne fut pas longtemps à revenir de l'étonnement où cette surprise l'avait jeté ; car les deux carrosses parurent aussitôt, et les éclats de rire lui firent perdre sa mauvaise humeur. Il reçut cette agréable compagnie de meilleur cœur qu'il n'aurait fuit l'autre ; mais ce ne fut pas sans avoir puni par quelques soufflets ce petit Nain audacieux de sa téméraire entreprise.

Comme le dit M. Sainte-Beuve : « Il nous faut rabattre du d'Andilly-Cincinnatus ; » il nous faut rabattre aussi du d'Andilly-Saint-Jean-Baptiste. L'innocent et austère dictateur de Pomponne ne perdit rien de son amabilité pendant son séjour à l'armée.

Dans la célèbre *Guirlande de Julie,* tressée en 1644 par les hôtes de l'hôtel Rambouillet, on trouve un madrigal d'Arnauld. C'est le lys qu'il fait ainsi parler en l'honneur de la belle princesse :

> De la reyne de l'air je suis la fleur divine ;
> Ma blancheur de son lait tire son origine.
> . . . .
> Et je veux de ma gloire enrichir la beauté ;
> En vain toutes les fleurs, dans leur pompe suprême,
> Se vantent de t'orner d'un royal diadème ;
> Leur plus superbe éclat n'a point de majesté.
>   Nul autre que le lys sans audace n'aspire
> A te rendre un honneur qui soit digne de toy ;
> Elles parent ton front, et je t'offre un empire,
> Puisqu'en te couronnant je t'égale à mon Roy.

M. de Saint-Cyran *ne faisait pas plus de cas des belles paroles que des fleurs du printemps;* et, un jour trouvant les élèves de Lancelot qui étudiaient Virgile, il leur dit : « Voyez-vous cet auteur là ? il s'est damné, oui, il s'est damné en faisant ces beaux vers, parce qu'il les a faits par vanité et pour plaire au monde (1). » Les madrigaux de M. d'Andilly n'étaient-ils pas faits par vanité et pour plaire au monde, et dès lors, leur auteur ne méritait-il pas la damnation éternelle ? Non. M. d'Andilly avait pris ses précautions contre les reproches de sa conscience et la dure sentence de son maître : il avait joint ensemble deux choses presque inalliables, la galanterie et la dévotion. Dans ses parties galantes, il portait les saintes pré-

---

1. *Mémoires* de Lancelot, t. I, p. 39.

occupations de l'apostolat dont M. de Saint-Cyran l'avait revêtu. Il prêchait les belles personnes, dédaignait les laides, et *aimait mieux*, comme disait madame de Sévigné, *sauver une âme qui était dans un beau corps qu'une autre*. Ses sermons étaient toujours accompagnés de quelques embrassades, ou ses embrassades de quelques sermons.

Au milieu des flammes de la fournaise ardente où il resta jusqu'à un âge avancé, comment M. d'Andilly s'y prit-il pour garder intactes les ailes de son innocence ? car ses amis nous assurent qu'elles ne furent point atteintes. Il pensa que pour faire revivre la primitive Église, il pouvait bien se servir des moyens que les casuistes avaient employés pour la corrompre. Il adopta le système de la *pureté d'intention*, système pernicieux chez les Jésuites, excellent chez les apôtres de la Grâce. D'ailleurs M. de Saint-Cyran, «. le docteur souverain, » n'avait-il pas enseigné que *toutes choses sont pures et nettes à ceux qui le sont* (1) ? M. d'Andilly aima donc ses belles contemporaines *en Dieu et pour Dieu*. Le cardinal de Retz, qui lui disputait madame de Guéméné, écrivait que le bonhomme en était *plus amoureux que lui, mais en Dieu* et purement, — spirituellement, — ce que Molière traduit ainsi :

Tartufe (à Elmire).
Je puis vous dissiper ces craintes ridicules,
Madame, et je sais l'art de lever les scrupules.
. . . .
Selon divers besoins, il est une science
D'étendre les liens de notre conscience,
Et de rectifier le mal de l'action
Avec la pureté de notre intention.

Personne n'a mieux pratiqué la pureté d'intention que les Jansénistes en général, et M. d'Andilly en particulier. Ainsi, en 1637, dès la mort de sa femme, il promet de se retirer du monde ; toutefois, il ne tînt pas sa promesse : il avait pour rectifier le mal de l'action une intention si pure ! Il différait, en effet, sa retraite parce qu'il espérait être nommé précepteur du Dauphin. Anne d'Autriche y avait d'abord songé. Mais depuis la mort de Richelieu l'amitié d'Arnauld pour Saint-Cyran et son

1. *Question Royalle.*

zèle pour la nouvelle doctrine avaient eu des éclats compromettants. Anne d'Autriche, devenue régente (1643), renonça à son projet. « Je sais, écrivait M. d'Andilly à un de ses amis, maître d'hôtel de la Reine, je sais que depuis douze jours elle a dit qu'un des plus grands regrets qu'elle eût, était qu'il (M. d'Andilly) eût de certaines opinions; et que sans cela il n'y eût personne en France entre les mains duquel elle eût voulu mettre le roi qu'entre les siennes. » Éloigné du préceptorat, Arnauld pouvait entrer dans la maison du roi, qui n'était pas encore formée. C'est pourquoi il tâchait de faire oublier *certaines opinions*. Il multipliait les *avis, lettres* et *mémoires* qu'il avait pris coutume d'adresser à Anne d'Autriche sur la conduite des affaires, en vue sans doute de montrer son aptitude à instruire le Dauphin. C'est ce que son ami Saint-Ange appelait *envoyer à la reine du petit Museac*. Museac était le secrétaire de M. d'Andilly.

« Il ne manquerait rien à mon bonheur, disait alors M. Arnauld — qui soupirait *après le moment de s'enfermer à Port-Royal* (1), — si Sa Majesté connaissait le fond de mon cœur, puisqu'elle n'y verrait rien qui lui pût donner la moindre peine, et qu'elle y remarquerait une si violente passion pour son service, et un tel respect pour sa personne, qu'elle se trouverait sans doute obligée par justice d'ajouter plus de foi à des paroles aussi sincères, qui seront toujours les miennes, qu'aux impressions que des personnes très-intéressées ou trèsmal informées s'efforcent de lui donner pour lui faire croire des choses sur mon sujet ou qui ne sont point du tout, ou qui sont très-innocentes (2). » Comme on sent dans ces lignes que M. Arnauld n'est pas si *détaché* qu'il veut bien le dire (3), *des intérêts du monde !*

Après avoir essayé de faire revenir la reine-mère de ses préventions, il voulut donner aux personnes *très-mal informées* une meilleure idée de ses sentiments. Il ne trouva rien de plus propre à ce dessein que de publier une édition complète de ses œuvres. Ses poésies parurent les premières sous ce titre : *OEuvres chrétiennes de M. Arnauld d'Andilly*, **sixième édition**. Dans la préface, il adresse à Urbain VIII un très-beau

---

1. Fontaine, *Mémoires*, p. 234.
2. Lettre citée dans la *Vérité sur les Arnauld*, t. I, p.
3. *Ibid.*, I, 24.

compliment. « Ceux qui se plaisent à faire des vers, dit-il, devraient choisir principalement des sujets de piété ; et il y a de quoi s'étonner que plus de personnes n'y travaillent en un temps où nous avons pour exemple celui qui possède si dignement la qualité de chef de l'Église. Qui ne sait que ce pasteur souverain des âmes joint aux sacrées occupations de la première charge du monde le soin de nous faire voir les miracles de la divinité dans ses illustres ouvrages, où Rome se voit encore triomphante par la magnificence de ses vers ? »

Assurément le Pape ne pouvait manquer d'être sensible à cet éloge et d'y trouver un témoignage du respect de M. Arnauld pour le Saint-Siége. Dès lors, n'aurait-il pas vu avec plaisir arriver aux premières dignités de la cour de France, l'appréciateur sincère de sa personne et de son talent ? M. d'Andilly y comptait bien, et cette intention lui a fait pardonner son compliment par les historiens jansénistes. Il ne lui suffisait pas de gagner le Souverain-Pontife en le flattant. Il désirait vivement gagner par le même procédé les évêques de France. Il édite, dans ce but, les *Lettres de Saint-Cyran*, et les leur dédie « comme un tribut de sa soumission, de son respect, de sa piété et de sa reconnaissance. » Dans cette dédicace, il proclame l'orthodoxie de son maître et aussi la sienne. « Je ne puis jamais oublier ce que j'ai appris de ce grand homme, que l'un des principaux exercices de l'adoration qu'ils taschoit de rendre à Dieu, estoit de regarder avec une obéissance respectueuse sa volonté dans le ciel, et son Église sur la terre, et que les deux premiers objets de sa révérence dans cette Église, estoient l'Église de Rome, comme le chef du corps immortel de Jésus-Christ, et l'Église de France, comme l'une des plus saintes et des plus nobles parties de ce divin corps. »

Mais dans l'Église, la compagnie de Jésus était une puissance, et les amis de Saint-Cyran étaient fort soupçonnés de nourrir contre elle des projets hostiles. M. Arnauld se hâta de détruire ces soupçons, qui nuisaient à son ambition et à ses intérêts. Après les lettres de Saint-Cyran, il donna au public sa propre correspondance, où ses calomniateurs purent lire une lettre de M. d'Andilly à un jésuite, le P. Lejeune, dans laquelle il fait profession de la plus profonde admiration et de la plus grande amitié pour plusieurs fils de Saint-Ignace, assure que M. de Saint Cyran partage ses sentiments et se recommande à leurs prières.

Toutes ces manœuvres ne réussirent point à M. Arnauld. La maison du roi fut constituée et il en fut exclu. Comme pour le préceptorat, « le fantôme du jansénisme » effraya la reine. M. Arnauld se consola de ses échecs, qu'il attribuait au fantôme et au cardinal Mazarin, par cette réflexion que « ceux à qui Dieu fait la grâce de *mépriser tout ce qui les regarde en particulier pour ne considérer que lui seul* et ne penser qu'à s'acquitter de leurs devoirs, ne sont pas propres à des favoris. »

Bien convaincu désormais que la cour lui était fermée, M. Arnauld se retira au Désert pour « contempler, avec cette gravité qui lui était si naturelle, les cris du monde dont Dieu le tirait, les agitations de la cour dont il le mettait à l'abri, les emplois pénibles du siècle dont il le débarrassait, l'adorer dans ce port tranquille, et voir avec douleur le naufrage de tant de personnes que son bon cœur lui avait rendu amis, mais que son exemple n'avait pas la force de tirer de cette mer comme il s'en sauvait (1). »

Ce fut au printemps de 1646 que M. Arnauld, sauvé malgré lui des agitations de la cour et des emplois pénibles du siècle, arriva au milieu des solitaires et put *enfin satisfaire cette longue soif dont il brûlait depuis tant de temps* (2). Mademoiselle de Scudéry a décrit dans un de ses romans, la *Clélie*, cette arrivée du saint vieillard auquel elle donne le nom de Timante :

Je me souviendrai toute ma vie, dit Mélesgène, d'un jour qu'il (Timante) arriva en un lieu où il était attendu par dix ou douze personnes qu'il aimait fort, et dont il était fort aimé ; car encore qu'il ne semble pas possible qu'un homme en un seul instant puisse satisfaire à tout ce que la civilité et l'amitié demandent de lui en une semblable rencontre, il le fit admirablement, et soit par ses actions, soit par ses paroles, par ses caresses, par son empressement obligeant et par sa joie, il leur fit entendre qu'il leur était fort obligé, qu'il était ravi de les voir, qu'il les aimait, qu'il avait cent choses à leur dire, qu'il avait enfin pour eux tous les sentiments qu'ils pouvaient souhaiter qu'il eût. Il disait un mot à l'un, un mot à l'autre ; il embrassait deux ou trois de ses amis tout à la fois ; il tendait la main à une de ses amies ; il parlait bas à une autre ; il parlait haut à tous ensemble, et l'on peut

1. Fontaine, *Mémoires*, t. II, 234, 235.
2. Fontaine, *Mémoires*, t. II, 234.

presque dire qu'il allait et venait sans changer pourtant de place, tant il portait de soin à faire que tous ceux qui l'environnaient fussent contents de lui. Voilà à peu près quel est Timante, qui a pour amis dans sa retraite un petit nombre d'hommes aussi vertueux et aussi éclairés que lui (1).

Ces *Messieurs* condamnèrent un jour les romans et les comédies et appelèrent les auteurs de ces ouvrages, *empoisonneurs publics*. Ils firent une exception pour la *Clélie*. Racine (la grâce l'avait alors abandonné) signala cette contradiction entre la conduite et les principes de ses maîtres : « J'avais ouï dire que vous aviez souffert patiemment qu'on vous eût loués dans ce livre horrible. L'on fit venir au Désert le volume qui parlait de vous : il y courut de main en main, et tous les solitaires voulurent voir l'endroit où ils étaient traités d'*illustres*. » Les solitaires protestèrent et répondirent que le roman n'avait été lu que par M. d'Andilly. Lire des romans à Port-Royal, quelle affreuse calomnie ! Cependant madame de Sablé, une amie de Timante et de ses vertueux compagnons, écrit à la comtesse de Maur qui lui avait prêté la *Relation de l'Isle imaginaire* : « Je vous renvoie le livre avec un grand regret ; j'en voudrais bien avoir un qui fût tout à moi, *et qu'il me fût permis d'en*

---

1. Clélie, t. VI.
Mademoiselle de Scudéry donne dans cette partie de ce volume, une description allégorique du vallon de Port-Royal. Un capucin, le P. Zacharie de Lisieux, publia en 1658 une *Relation du pays de Jansénie*. C'est encore une description allégorique, mais l'allégorie est plus vraie que celle du célèbre roman et partant moins flatteuse pour nos *Messieurs*. « Peut-être, dit le P. Rapin, qui ne manque pas de citer le Père Zacharie, que ce capucin voulut se moquer par là du plaisir que les solitaires de Port-Royal prirent de voir leur solitude si bien décrite dans le roman de Clélie.... L'auteur place la contrée de la Jansénie dans le voisinage de la Libertinie, de la Désespérie et de la Calvinie.... Le titre d'héroïne est donné en ce pays à toutes les femmes pécunieuses qui contribuent par leur bien à l'avantage de cet état, et l'honneur qu'on leur fait de leur donner rang parmi les docteurs est un grand ragoût ; mais il faut auparavant qu'elles lisent certaines traductions qui sont les chefs-d'œuvre du pays. On y voit des animaux inconnus ailleurs, des loups couverts de laine, des renards apprivoisés avec des poules, sans leur faire de mal ; des pies qui se signalent par leur caquet, en ne disant que des injures.... Parmi les eaux dont leur pays est arrosé il y a un lac semblable à celui de Genève ; la figure en est un peu différente. De tous les fruits, il n'y a que le bon chrétien qui ne réussit pas en ce pays, quelque soin qu'on y apporte. » Rapin, *Mémoires* t. III, p. 41.

récréer la solitude de certains anachorètes de nos amis (1). »
Chose plus piquante, nos *Messieurs* ne se contentèrent pas de lire les romans à la mode ; ils en composèrent eux-mêmes. Gomberville, zélé janséniste, avait publié, avant sa conversion, son roman de Polexandre. Touché par la grâce, il ne trouva rien de mieux que d'employer sa plume à écrire l'histoire de *la jeune Alcidiane*. Seulement, instruit par ses saints directeurs, il rectifia cette fois le mal de l'action par la pureté d'intention. Ses héros ont lu l'*Augustinus* et la *Théologie familière*.

Dans une certaine île du soleil, un grand-prêtre, devenu solitaire, tient des discours sur le peu de liberté de l'homme déchu, dans le sens de Jansénius, et il ajourne ses pénitents et consultants. Il les renvoie jusqu'à l'heure marquée par la Grâce, selon la méthode de Saint-Cyran.... Dans une autre île, un ermite, Pacôme, dans ses discours prophétiques, est comme un vague et solennel écho, mais un écho qui sonne bien creux, de quelqu'un de nos solitaires des Champs (2).

Les solitaires des champs se laissèrent donc entraîner un peu par cette concupiscence littéraire que Jansénius avait anathématisée et que Saint-Cyran avait signalée comme un plaisir criminel. Cependant, pour rassurer leur conscience, ils se rappelaient sans doute que le saint abbé leur avait dit : « Il y a trois sortes de livres qui édifient l'Église et les fidèles : les premiers sont ceux des Écritures saintes ; les seconds sont ceux des conciles et des Pères ; les troisièmes, *ceux des hommes de Dieu qui ont répandu leur cœur devant lui en faisant leurs ouvrages*. Tous les autres, quelque saints que soient leur sujet et leur matière, sont des livres qui, par la matière et par le corps, tiennent du judaïsme, et par l'esprit, du paganisme (3). » Saint-Cyran avait encore indiqué à ses disciples une marque à laquelle ils reconnaîtraient les livres écrits par des hommes de Dieu, de ceux qui tiennent du judaïsme et du paganisme. C'est *qu'ils produisent des effets de grâce dans les âmes de ceux qui les lisent*. Et quels effets de grâce ne devait pas produire la lecture de la *jeune Alcidiane* avec ses sermons du grand-prêtre

---

1. *Madame de Sablé*, par V. Cousin, p. 79.
2. *Port-Royal* par Sainte-Beuve, t. II, p. 266.
3. *Mémoires* de Fontaine, t. II, p. 53.

de l'île du soleil et ses prophéties de l'ermite Pacôme, la lecture même de la *Clélie* avec sa description enthousiaste de Port-Royal, son portrait idéalisé de *Timante*, et ses beaux passages où les solitaires étaient traités d'illustres ? En vérité, Racine avait bien tort de reprocher à nos *Messieurs* de lire certains romans. Élève de Port-Royal, il aurait dû connaître la casuistique littéraire du *souverain docteur*, et savoir qu'avec la grâce de saint Augustin, comme avec le ciel de Molina, on trouvait des accommodements.

M. Arnauld accommoda très-bien les règles de la pénitence observées à Port-Royal avec ses habitudes de vie facile, égoïste surtout. Ses admirateurs cependant nous parlent de ses austérités, et nous affirment que *durant près de trente années il a passé sans discontinuer une vie si peu agréable aux sens, et sans jamais prendre aucun divertissement* (1). Mais ce que ces *Messieurs* entendent *par vie si peu agréable aux sens,* nous paraît fort supportable. M. d'Andilly, nous racontent-ils, avait pris par avance le titre de surintendant des jardins. A peine arrivé à Port-Royal, il se mit à « faire défricher, aplanir les terres, dresser et bâtir des terrasses, planter des arbres fruitiers et les tailler. L'on peut dire qu'avec tous les soins qu'il prit, toutes les peines qu'il se donna, et l'argent qu'il y dépensa, il fit d'un jardin tout en friche, tout inégal, et hideux à voir, un jardin des plus agréables qu'il y eût alors pour la beauté des terrasses, et pour l'abondance de toutes sortes de beaux fruits (2). » Remarquons ces mots *l'argent qu'il y dépensa.* Cet argent, M. d'Andilly l'employait aux embellissements du Désert au détriment de son fils aîné, Antoine Arnauld, qu'il n'aima jamais. Il vendit sa terre d'Andilly. Le contrat de vente devait être ratifié par Antoine ; son père, pour obtenir sa signature, lui fit beaucoup de promesses et n'en tint aucune. « Je fus trouver mon père à Paris, dit Antoine dans ses *Mémoires* ; il me confirma ses promesses, et m'obligea de ratifier le contrat..., qui était le plus grand tort qu'il pût me faire. Il me donna cent pistoles, et je n'en ai jamais eu davantage (3). » Ce pauvre Antoine nous explique l'*incroyable générosité* que Fontaine louait dans le saint vieillard. « Ce n'était pas qu'il fût avare, poursuit-il ; on pouvait l'accuser au contraire d'être

---

1. Du Fossé, *Mémoires*, p. 75.
2. Du Fossé, *Mémoires*, p. 74.
3. *Mémoires* de l'abbé Arnauld p. 63.

libéral et même prodigue. Mais par malheur pour ses enfants il ne *l'était que pour lui-même et pour ses nouvelles amitiés*, qu'en un autre homme que lui on aurait pu nommer amours, avec assez de raison.... Son humeur plus que libérale ne le quitta pas dans le Désert ; il eut besoin de tout ce qu'il avait quitté pour la satisfaire, et ce fut à moi à me réduire. » Le séjour prolongé de M. d'Andilly dans la *célèbre école de la pénitence* ne le ramena pas à des sentiments plus équitables envers son fils aîné. Nous avons deux monuments de son aversion persévérante. Le premier est une lettre que le marquis de Pomponne, le fils préféré d'Arnauld, écrit à son père pour le prier en son nom et au nom de l'évêque d'Angers de revenir dans ses *Mémoires* sur le silence qu'il y gardait au sujet de leur frère Antoine :

..... Je ne suis pas seulement de son avis (de M. d'Angers) touchant mon frère, moi je vous en prie. Et tout ce qu'Antoine a fait lorsqu'il portait l'épée, et son changement de profession doit y être marqué. Comme il est l'aîné de votre famille, il semble que ce soit aussi celui dont vous devez parler davantage. Si vous descendez jusqu'à nous en particulier dans ces *Mémoires*, il aurait sujet de sentir vivement que vous l'eussiez oublié. Ainsi non-seulement je crois absolument nécessaire, mais je vous supplie encore très-humblement de parler de lui en une manière qui marque votre amitié, et qui fasse voir un jour à vos petits-fils qu'une des plus grandes bénédictions d'une famille, c'est lorsqu'un père se loue de tous ses enfants. Avouez seulement qu'il y a en cela quelque ressentiment, car je sais bien que vous conviendrez assez qu'il n'en faut pas avoir (1).

Le second monument est un article du testament de M. d'Andilly. Après avoir disposé de tous ses biens en faveur de ses enfants préférés et de ses amis, le saint vieillard écrit :

Comme il ne me reste, *grâce à Dieu*, rien de considérable dont je puisse disposer, outre les legs que j'ai faits et ne pouvais ne point faire, et à quoi tout ce que j'ai de vaisselle d'argent sera employé, avec ce que je laisserai en argent, que je ne garde que pour cela, il ne me reste qu'à dire *que je donne à mon fils aîné mon crucifix de bronze.*

1. *La vérité sur les Arnaud*, t. II p. 13.

Voilà jusqu'où s'étendait la *générosité héroïque* de M. Arnauld à l'égard de son fils qu'il avait dépouillé. Sans doute il voulut que ce pauvre Antoine se rappelât toujours que son père n'avait eu pour lui qu'un cœur de bronze.

C'est aux pieds de ce crucifix, dans la solitude de Port-Royal, que M. d'Andilly se reposait de ses travaux de jardinage par des travaux littéraires qui sont demeurés aussi célèbres que les fruits *monstres* qu'il obtenait de ses espaliers. Il traduisit saint Eucher (*du Mépris du monde*), saint Augustin (*les Confessions*), les Vies des saints Pères du désert, l'Echelle de saint Jean Climaque, les Œuvres de sainte Thérèse, de B. Jean d'Avila, l'Histoire de Josèphe. « Ce genre d'existence, remarque M. Sainte-Beuve, mi-partie d'étude et mi-partie de jardinage, n'était certainement pas trop mortifiant, les sens reposés y trouvaient leur charme. Qu'est-ce là autre chose que le vieillard de Virgile, celui du Galèse, dans un cadre chrétien ? C'est un Mélibée d'églogue, à Port-Royal, et qui se peut dire à lui-même sans ironie :

Insere nunc, Meliboee, piros ; pone ordine vites (1). »

M. Sainte-Beuve ne craint pas, quand les révérends Pères ne sont point en cause, de contredire *les plumes véridiques* et *les langues sincères* de Port-Royal, qui prétendent que M. Arnauld mena au Désert une vie *peu agréable aux sens* et ne prit *aucun divertissement*. Ainsi le disciple chéri de l'austère Saint-Cyran, ce souverain docteur qui damnait Virgile, ce grand pénitent, ce saint vieillard, cette colonne de l'Église renouvelée, ne fut qu'un Mélibée d'églogue. On n'est jamais trahi que par les siens.

Notre Mélibée n'oubliait pas la cour, ni la ville. Comme sa bonne amie, madame de Guéméné, il faisait des *escapades* à Paris ; il recevait ses amis à Port-Royal ; il leur écrivait de belles épîtres et leur envoyait de beaux fruits. Voici une de ses lettres à madame de Sablé ; elle annonce un panier de poires pour l'illustre pénitente, et un panier de pavies pour mademoiselle de Montpensier.

Je vous envoie un panier de fruits pour Mademoiselle, et je serai bien aise qu'il vous plût de prendre la peine de le faire décacheter et

---

1. *Port-Royal*, t. II, p. 259.

puis recacheter, afin de voir si vous le trouvez assez beau. Je pense que vous ne désapprouverez pas d'envoyer à ces sortes de personnes les paniers cachetés, ainsi que je fais toujours, afin qu'elles soient assurées que personne n'a pu y toucher. En vérité, je n'aime plus à faire des présents de fruit, particulièrement de pavies, parce que je voudrais qu'ils fussent fort beaux. Et croiriez-vous bien qu'il a fallu choisir sur plus de trente arbres et entre plus de quatre ou cinq cents pavies ce peu que j'envoie à Mademoiselle? Cependant ceux qui ne s'y connaissent pas croyent qu'ils viennent tous ainsi.

Comme vous m'avez mandé que vous aimez les fruits musqués, je vous envoie tout ce que j'ai d'une poire si rare et si excellente à mon gré que je voudrais fort en avoir davantage; mais j'attendrai que vous m'en disiez votre jugement pour savoir si je l'estime trop ou trop peu.

J'oubliais à vous dire que vous m'obligeriez de faire savoir que, pour trouver ces pavies excellents, il les faut manger extrêmement mûrs. »

Cette lettre fait venir l'eau à la bouche, sensation qu'on n'éprouve guère en lisant les annales de la vraie pénitence chrétienne.

Dans la *célèbre école* de la *pénitence janséniste*, on était trop bon philosophe pour n'avoir pas su avant Brillat-Savarin, que *la gourmandise n'est qu'un acte de notre jugement par lequel nous accordons la préférence aux choses qui sont agréables au goût sur celles qui n'ont pas cette qualité.* Nous serions bien tenté, si nous en avions le temps, de contempler ces bienheureux solitaires, choisissant entre quatre ou cinq cents les poires destinées à Mademoiselle, et de respirer longuement le parfum qui s'échappe de ces paniers entourés de tant de soins. Retenons toutefois ce nouvel exemple de la profonde humilité de M. d'Andilly : il attendra que madame de Sablé lui dise son jugement, pour savoir s'il estime trop ou trop peu une poire musquée, des plus rares et des plus excellentes. Peut-on se montrer plus humble...... et plus galant?

Mélibée ne gardait pas rancune aux dieux qui lui avaient fait de si doux loisirs ; il était d'ailleurs dans un cadre trop chrétien pour ouvrir son âme au ressentiment. Il envoyait des poires et des pavies à la Reine et au cardinal, qui les appelait en riant *des fruits bénis* (1). Ces petits présents expliquent

---

1. Lancelot, *Mémoires* t. 1, p. 128.

peut-être ce que Mazarin disait des dispositions de la régente à l'égard des *Messieurs :* « La Reine est admirable dans l'affaire des jansénistes ; quand on en parle en général, elle veut qu'on les extermine tous ; mais quand on lui propose d'en perdre quelques-uns, et qu'il faut commencer par M. d'Andilly, elle s'écrie aussitôt qu'ils sont trop gens de bien et trop bons serviteurs du Roi. » Cette influence politique des pavies de M. Arnauld n'était pas sans doute étrangère à l'ardeur avec laquelle il les cultivait, ni à l'exquise attention qu'il mettait à les offrir aux personnes d'importance, ni aux louanges qu'on leur a décernées dans les histoires de Port-Royal.

Ainsi protégés, les *premiers ermites des Champs* avaient vu leur nombre s'accroître rapidement. Le livre *de la Fréquente communion*, les *Apologies* de Jansénius, l'exemple de M. d'Andilly avaient attiré beaucoup de monde à la pénitence. Voici les plus célèbres de ces convertis de la deuxième heure (1).

Arnauld DE LUZANCI, fils de M. d'Andilly. — Page chez le cardinal Mazarin, enseigne au Havre, il mêle la lecture de la vie des saints aux plaisirs et aux ambitions de la vie mondaine. La petite vérole, dont il faillit mourir, l'amena au Désert où il embrassa de tout son cœur la profonde solitude et l'austère pénitence qu'il y vit pratiquer. Il faisait valoir les terres avec M. le Maître et conduisait le ménage.

Victor PALLU, docteur en médecine de la Faculté de Paris. — Après trente années passées dans la dissipation du siècle, il songea à se donner à Dieu. Mais il n'entra réellement dans la voie de pénitence que lorsque M. Hillerin, ancien curé de Saint-Merri, lui eut donné à lire, aux eaux de Forges, *la Fréquente communion*. M. de Saint-Cyran mourut dans ses bras et le confirma dans la vérité. Sa manière agréable de converser auprès des malades charmait tout le monde : on avait presque de la joie de tomber malade pour jouir des entretiens du médecin pénitent.

Pierre MANGUELIN. — C'était un chanoine de Beauvais. Il savait la philosophie, la chronologie, l'histoire ecclésiastique, la théologie scolastique et les Pères. Il donna comme docteur son approbation au livre de *la Fréquente communion*, il en fut récompensé, car la lecture des vérités qui sont proposées dans cet ouvrage le pénétra de componction et Dieu lui fit la grâce

---

1. D'après Besoigne, *Histoire de l'abbaye de Port-Royal*, t. 4, p. 3, sq.

de le détacher de tout, meme de son canonicat. M. Singlin l'avait chargé de confesser les solitaires, bien qu'il eut déclaré qu'il n'avait pas l'expérience nécessaire pour conduire des pénitents de ce haut rang.

Wallon DE BEAUPUIS. — Le docteur Arnauld lui enseigna la philosophie, en Sorbonne, et lui fit sentir de bonne heure le défaut d'une théologie purement scolastique. M. Manguelin, en lui prêtant *la Fréquente communion*, lui fit trouver l'idée d'une conversion véritable, et, malgré les remontrances d'un oncle capucin, il embrassa les pures maximes de la piété chrétienne. Il était le collègue de Lancelot dans la direction des petites écoles; il faisait des recueils pour aider Arnauld, Nicole, Sacy dans la composition de leurs ouvrages.

Litolphi MARONI DE SUZARRE, évêque de Bazas. — Encore un converti de *la Fréquente communion*. Résolu de mettre en pratique ce qu'il venait de lire, le bon évêque demanda à M. Singlin de le diriger dans la pénitence. Après quelques délais salutaires, le prudent directeur le jugea digne d'entrer dans la société des illustres solitaires. On le vit donc avec étonnement arriver à Port-Royal, portant la croix, déterminé à se démettre de son évêché, demandant à vivre et à mourir en pénitent. Les saints ermites s'écriaient : *La pénitence pour le salut est donc aussi ouverte aux évêques* ? Après un an de retraite, M. de Bazas fut prié de retourner dans son diocèse pour y répandre la bonne doctrine.

François JAKINS, gentilhomme anglais. — Client de M. le Maître avocat, il devint bientôt disciple de M. le Maître pénitent. Il était jardinier de l'abbaye. Un jour, chose grave, il fit rire M. Fontaine. Celui-ci le regardait travailler; comme on parlait d'une grande bête enragée qui faisait de grands dégats, il lui dit : « Que feriez-vous, monsieur, si vous la voyiez maintenant entrer dans votre jardin ? » Il lui répondit d'un air résolu : « Je lui fourrerais mon bêche dans son gueule. » M. Fontaine ne put s'empêcher de rire et il s'est cru obligé d'en faire l'aveu dans ses *Mémoires*.

Raphaël MOREAU, chirurgien. — Il semble que la Providence ne voulait pas que ces bons solitaires manquassent d'aucun secours dans les choses nécessaires : médecin, chirurgien, cordonnier, cuisinier, menuisier, etc. se trouvaient à Port-Royal.

D'ÉPINOIS SAINT-ANGE. — Il était fils d'une bonne amie de

M. d'Andilly et un des élèves préférés de M. Saint-Cyran ; c'était un double titre aux attentions des directeurs : On lui confia l'emploi de vitrier; il faisait des lanternes de fer-blanc.

Pertuis de la Rivière, cousin-germain du duc de Saint-Simon. — Il était protestant ; devenu catholique, il fut converti une seconde fois par l'évêque de Bazas. Il occupait à Port-Royal la charge de garde des bois où il passait à proprement parler toute sa vie.

M. Le Secq et M. de Portes. — Deux jeunes officiers que M. d'Andilly convertit pendant le siége de Montpellier. M. d'Andilly s'entretint d'abord avec M. Le Secq, dont la vertu le charmait ; il lui parla de M. de Saint-Cyran. M. Le Secq ensuite allant passer la nuit à la tranchée auprès du marquis de Portes ne fit que s'entretenir avec lui de choses merveilleuses qu'on lui avait racontées de ce grand serviteur de Dieu. Ils prirent dès lors la résolution de se mettre sous sa conduite.

Antoine Giroust, prêtre. — Converti le lendemain de son ordination par sa sœur religieuse de Port-Royal, il prit la résolution, qu'il exécuta, de ne jamais monter à l'autel. Il mourut en 1672, et *il fut enterré en laïc*. L'enterrement laïque des prêtres était fréquent au saint Désert.

M. de la Petitière. — Il était chevalier de Saint-Michel et passait pour la meilleure épée de France. Après avoir tué en duel un parent du cardinal, il se cacha. Le Seigneur lui ouvrit les yeux dans cette retraite forcée. Il vint à Port-Royal passer quelque temps ; il en sortit ensuite pour se mettre chez un cordonnier en qualité d'apprenti. Quand son apprentissage fut fini il retourna au Désert exercer son métier. On ne l'appelle dans les annales des Champs que le saint cordonnier.

Charles Duchemin, prêtre. — Il commença les exercices de la pénitence par renoncer aux fonctions ecclésiastiques. Il s'employait avec un courage infatigable au labour et aux ouvrages les plus rudes de la campagne. Il ferrait les chevaux et les pansait dans leurs maladies, aussi bien que les autres animaux de la ferme. Nous ne savons comment les directeurs de Port-Royal conciliaient ces fonctions avec la haute idée que Saint-Cyran avait donnée à ses disciples en ne souffrant pas qu'on employât les prêtres à faire même les fonctions des ordres qui leur sont inférieurs. Personne, aux Champs, ne sut jamais son nom de famille ni sa qualité de prêtre : la mort seule dévoila ce mystérieux pénitent.

François Bouilli, chanoine d'Abbeville. — Il renonça tout jeune au siècle et à sa stalle; il vint s'ensevelir dans la solitude où il vécut vingt et un ans. D'abord il s'occupa à toutes les différentes sortes de services qui se présentaient à faire dans la maison. Mais dans la suite il se fixa au jardinage, et se chargea entièrement du jardin des Granges, dans la culture duquel il eut l'honneur de voir sous lui l'illustre abbé de Pontchâteau en qualité d'apprenti jardinier. Il était aussi vigneron et il planta lui-même la vigne de la ferme.

MM. de Gué de Bagnols et de Bernières. Ni l'un ni l'autre n'étaient proprement du nombre des pénitents domiciliés à Port-Royal, mais ils méritent d'être comptés parmi eux, puisqu'ils étaient 1° les anges de Port-Royal tant pour les religieuses que pour les solitaires et les théologiens amis de la maison; 2° les procureurs généraux de toutes les œuvres de charité. M. de Bagnols persuada son père de se dépouiller d'une somme de quatre cent mille livres comme mal acquise : toute cette fortune fut déposée aux pieds de M. Singlin.

M. Hamon — un autre médecin ; il jouera plus tard un grand rôle. Il était moins aimable que M. Pallu. Celui-ci était fort accommodant, laissait la liberté aux malades de parler, de réfléchir, de contredire ; accordait des saignées et des purgations suivant le goût des particuliers. On ne trouva plus cette complaisance dans M. Hamon. Quand il avait fait son ordonnance, il fallait obéir ; on portait le joug un peu impatiemment. Un médecin, nommé Duclos, ayant eu quelque entrée à Port-Royal, plut beaucoup aux solitaires : toute sa médecine gisait dans les pilules ; ces Messieurs commencèrent à se servir de lui dans leurs maladies. Ensuite le duc de Luynes donna entrée à un empyrique, nommé Jacques, qui guérissait avec une poudre. Le bon M. Hamon fut abandonné ; il gémit beaucoup moins de sa disgrâce que des disputes fréquentes qui arrivaient au Désert entre les partisans de M. Duclos et ceux de M. Jacques.

Cette multiplication des pénitents rendit nécessaire l'agrandissement de Port-Royal. Il y fut pourvu par M. de Bagnols et surtout par le duc de Luynes, une de « ces âmes cachées que Dieu tenait en réserve dans le secret impénétrable de sa prescience et qui venaient se donner à lui dans le moment qu'il avait marqué par ses décrets éternels (1). » Le duc, nous de-

---

1. Fontaine; *Mém.*, t. II, p. 261.

vançons un peu les temps, fit bâtir le château de Vaumurier, à quelques pas du monastère restauré et fortifié par ses soins. On était en pleine Fronde. Les *bons serviteurs du Roi* étaient entièrement dévoués au Coadjuteur. Les Mémoires ne sont pas très-explicites sur la part que les Jansénistes prirent aux armements de la Fronde, et Port-Royal a voulu les nier. Cependant les pamphlets ne s'en taisent pas. Le régiment de Paris, que commandait M. de Luynes, composé de 1500 hommes, y est appelé le régiment janséniste : ce régiment était à la solde des bourgeois de Paris ; il n'était pas bien brave. On l'envoya rejoindre l'armée de la Fronde, campée à Villejuif ; quand il approcha on lui cria : Qui vive ?

> Il crut qu'il était déjà mort,
> Et demanda quartier d'abord ;
> Il était fait de jansénistes,
> D'illuminés et d'arnaudistes,
> Qui tous en cette occasion
> Requéraient la confession,
> Dont ils avaient blâmé l'usage.
> J'ouis un de ce badaudage
> Qui demandait à Dieu tout bas
> La grâce qu'il ne croyait pas (1).

La guerre passée, la Mère Angélique revint avec ses religieuses et ses pensionnaires habiter sa chère vallée, que le jardin de M. d'Andilly et les constructions du *bon duc* avaient transformée. Les solitaires se logèrent aux *Granges*, ferme de Port-Royal peu éloignée du monastère, où quelques-uns de nos Messieurs gardèrent leur appartement. Religieuses et solitaires vécurent dans la plus étroite union. Les *Messieurs* servaient les *Mères*. Le P. Rapin n'en revient pas :

On vit des prêtres, des chanoines et d'autres personnes attachées aux autels ; on vit des cavaliers, des gens de robe, des avocats, des pères de famille renoncer à l'état où la providence de Dieu les avait appelés et à leur première vocation pour en suivre une autre qui n'avait encore jamais eu lieu parmi des chrétiens et que les canons des Conciles et les saints Pères ont toujours déconseillée aux fidèles comme d'un usage très-dangereux, sçavoir est que des hommes s'enferment dans un même lieu pour servir des filles. Il fallait une doctrine aussi nouvelle que celle qu'on enseignait à Port-Royal pour autoriser une

1. Note de l'éditeur des *Mémoires* du P. Rapin, t. I, p. 252.

fantaisie de dévotion aussi peu usitée dans les premiers siècles... Et cette fantaisie de dévotion eut alors tant de vogue dans le parti, parce qu'une des principales industries des chefs était d'imprimer dans les esprits une si haute estime et une si singulière vénération pour ces religieuses qu'elle y tint lieu d'un exercice de vertu des plus saints qu'on pût pratiquer, et que le plus grand éloge qu'on donna à ces personnes que je viens de nommer, pour rendre leur nom recommandable à la postérité, fut de marquer dans les épitaphes qu'on leur a dressées dans l'église de Port-Royal des Champs, et qu'on y voit encore aujourd'hui, que leur insigne mérite avait été de ce qu'ils avaient renoncé à tous les ordres de la providence de Dieu sur eux, qui sont marqués d'ordinaire par une première vocation, pour habiter avec des filles, les servir dans les fonctions même les plus abjectes de la vie, assister à l'office divin qu'elles célébraient avec bien de la dévotion, pour y chanter les louanges de Dieu, entrer dans une espèce de concert avec elles et y faire un même cœur : ce qui était une grande satisfaction pour eux, parce qu'on les regardait comme les seules véritables chrétiennes qu'il y eût alors dans l'Église, tous les autres fidèles étant corrompus, ou dans leurs mœurs ou dans leur créance, et qu'ainsi rien n'était plus capable de sanctifier des chrétiens que de vivre en la compagnie et au service de si saintes filles, qu'on faisait passer pour le seul modèle qui restait dans l'Église de la vie des vrais fidèles (1).

Que nous sommes loin de ces communautés religieuses nées au souffle des saints, vivant d'une règle approuvée par l'Église, et couvrant l'éclat de leurs vertus du voile de l'humilité ! Nous trouvons à Port-Royal des chrétiens réunis pour pratiquer la pénitence ; mais ce qui les anime, c'est moins le désir de se sanctifier, que l'ambition de faire refleurir la primitive Église. Eux-mêmes s'appellent à cette prétentieuse vocation ; ils n'ont d'autres règles que leurs imaginations propres ou celles de guides sans autorité, parce qu'ils sont sans mission. Ils vivent, en général, austèrement, purement ; mais, comme les Pharisiens, ils sonnent de la trompette devant eux, élargissent les bords de leur tunique et donnent de magnifiques proportions aux franges de leurs manteaux. Ils sont souverainement dédaigneux de tout ce qui ne porte pas le sceau de la grâce efficace : ils se proclament les seuls purs, les seuls saints, les seuls élus. Ouvrez les *Mémoires* des Jansénistes, vous y verrez partout ce triple caractère d'individualisme (qui n'est au fond

1. Rapin, *Mémoires*. t. II, p. 264, sq.

que du rationalisme) d'illuminisme et d'orgueil. Par exemple, Fontaine écrit, après avoir raconté l'arrivée aux Champs de M. d'Andilly et de quelques autres *Messieurs* :

Je contemplais avec une admiration toujours nouvelle ces personnes choisies de Dieu de toute éternité, que le secret instinct de son esprit faisait venir au Désert. La grâce était l'étoile qui les conduisait avec joie... Dieu faisait tout lui seul. Il était la colonne qui les conduisait dans ce Désert, la voie qui les y menait, le guide qui les y faisait arriver, la main qui les y soutenait, le bras puissant qui les retenait par la douceur d'une manne céleste. Il ne leur ôtait pas leurs plaisirs, mais les y changeait. On les voyait se rendre comme de nouveaux disciples dans cette école de pénitence ; y apprendre une langue qui jusque-là leur avait été inconnue ; y vivre d'une manière dont ils avaient peu d'exemples ; renoncer aux biens de ce monde, non comme ceux qui le font en apparence, mais très-véritablement ; faire passer le changement de leur cœur jusqu'au changement de leurs vivres et de leurs vêtements qui étaient pauvres, mais d'une pauvreté qui ne ressemblait pas à celle des personnes religieuses, qui est devenue honorable, et dont le sac et le froc sont plus révérés que l'écarlate et la soie. Toutes ces personnes paraissaient bien persuadées que depuis que Dieu a fait cesser les occasions du martyre, et que les chrétiens ne se font plus des roues et des chevalets où on les tourmentait, comme autant d'échelles pour monter au ciel, il ne restait plus maintenant qu'à le ravir par la pénitence...

Cette vertu n'était presque plus en usage. Les personnes du clergé l'ignoraient presque autant que les laïques, et tout le monde se laissait endormir dans une vie molle. Mais pour réveiller les hommes de cet assoupissement, vous faites paraître, ô mon Dieu, des personnes de l'un et de l'autre sexe, qui sonnent *tacitement* de la trompette et qui, *sans faire du bruit au dehors*, ne laissent pas de faire sortir de leur retraite, par leurs secrets gémissements, une voix plus puissante que celles des prédicateurs... Aussi, mon Dieu, vous avez ouvert par eux à beaucoup de personnes les yeux et le cœur ; et vous avez dès ce monde récompensé leurs travaux, parce qu'ils ont vu le fruit, que, comme des grains de froment morts dans le sein de la terre, ils produisaient par les bénédictions de votre grâce...

Ce que j'admirais moi-même dans ces bons serviteurs de Dieu, c'est que le nombre s'augmentait tous les jours, et qu'on ne voyait point arriver là néanmoins le mal que produit d'ordinaire la multiplication qui est le relâchement, car on n'a qu'à ouvrir les yeux pour voir ce qui est arrivé tous les jours et de tout temps dans l'Église en général, et ce qui arrive dans les maisons particulières. Dès que le nombre y croît, la vertu y diminue... C'est le désordre ordinaire que causent les multiplications et les agrandissements dans les maisons religieuses; et c'est ce qu'on n'a point vu à Port-Royal des Champs... On y faisait revivre le bonheur de la primitive Église. On y voyait refleurir cette sainte générosité dans tous ceux qui embrassaient la pénitence, qui se privaient plus sévèrement de l'usage des biens, que ceux qui se sont engagés solennellement à le faire. Nul membre ne démentait la beauté de tout le corps (1).

Le verbeux M. Fontaine poursuit et recommence sans cesse son panégyrique : *il ne se trouve jamais long*. Cependant, ces saints solitaires, ces bienheureux jardiniers, qu'il nous représente avec leurs petits justaucorps de toile, ou d'autre étoffe qui ne valaient pas mieux, enfoncés dans la retraite, fuyant tout visiteur, comme s'ils eussent vu un serpent, épris de la pauvreté, de l'abjection et de la pénitence, n'avaient renoncé ni aux contestations de l'amour-propre, ni à celles de la science profane. Les historiens amis relèvent ces imperfections avec discrétion et indulgence. Comme chacun voulait tenir en bon ordre tout ce qui était confié à ses soins, chacun aussi désirait avec chaleur tout ce qui lui était nécessaire pour ce qui l'occupait. Ceux qui se mêlaient du jardinage, avaient souvent de petites altercations pour quelques tas de fumier. L'un plaidait pour des blés et pour des avoines ; l'autre prétendait que ses légumes et ses choux ne devaient pas être méprisés ; l'autre présentait requête pour ses plants d'arbres ; celui-là disait que sa vigne devait être préférée à tout. Après le jardinage et l'agriculture, la médecine jetait la division parmi les pénitents. On a vu que M. Hamon, M. Duclos et M. Jacques introduisirent la discorde à Port-Royal. M. Duclos était un ami de M. d'Andilly ; il venait le voir dans la solitude, trouvait beaucoup d'honnêteté dans ces Messieurs et leur en témoignait beaucoup ; il s'insinua doucement dans leurs esprits. On prit plaisir à voir un homme qui était de bonne composition, et qui avec une pilule guérissait toute sorte de maux. On ne parlait plus d'autre chose à Port-Royal que des effets merveilleux des pilules de M. Duclos, dont M. d'Andilly relevait le mérite avec de grands éloges. Néanmoins, les ordonnances sévères de M. Hamon et la poudre de M. Jacques recommandée par le duc de Luynes gardèrent leurs partisans, ce qui occasionnait des disputes fréquentes.

2. Fontaine, *Mémoires*, t. II, p. 256 sq.

La philosophie cartésienne vint soulever de nouveaux différends. Si nous pénétrons à certains jours dans le château de Vaumurier, nous y trouverons nos jardiniers, nos vignerons changés en académiciens, en philosophes ; ils discutent sur les tourbillons de Descartes, embrassent son système et traduisent ses Méditations. Ils s'occupent surtout de cette grande question : les bêtes sont-elles des horloges ? M. Fontaine a conservé le souvenir de ces doctes préoccupations des solitaires dans une page de ses *Mémoires*, qu'il convient de placer, comme contraste, à côté du sévère tableau qu'il a tracé de leur vie d'austérité et de silence.

Combien aussi s'éleva-t-il de petites contestations dans ce Désert touchant les sciences humaines de la philosophie, et les nouvelles opinions de M. Descartes ! Il n'y avait guère de solitaire qui ne parlât d'*automate*. On ne se faisait plus une affaire de battre un chien. On lui donnait fort indifféremment des coups de bâton, et on se moquait de ceux qui plaignaient ces bêtes comme si elles eussent senti de la douleur. On disait que c'étaient des horloges ; que les cris qu'elles faisaient quand on les frappait, n'étaient que le bruit d'un petit ressort qui avait été remué, mais que tout cela était sans sentiment. On clouait sur des ais de pauvres animaux, par les quatre pattes, pour les ouvrir tout en vie, et voir la circulation du sang ; ce qui était une grande matière d'entretien.
Le château de M. le duc de Luynes était la source de toutes ces curiosités, et cette source était inépuisable.

Ces curiosités nous offriraient une transition naturelle aux curiosités mathématiques et physiques dont s'occupait alors Pascal, déjà touché par la grâce efficace, déjà brouillé avec les jésuites de Montferrand, qui l'accusaient de s'attribuer les travaux des Italiens, avec le Père Noël, de Paris, qui soutenait *le plein du vide*, et bientôt vengeant dans les *Provinciales* son amour-propre de savant blessé et sa nouvelle croyance religieuse. Mais, avant d'entrer dans la mêlée où Pascal va se couvrir de gloire aux dépens de la vérité, de la justice, et de l'honneur, écoutons encore un peu ce qui se dit à Vaumurier.

« On y parlait sans cesse, continue M. Fontaine, du nouveau système du monde selon M. Descartes, et on l'admirait... M. Arnauld, qui avait un esprit universel et qui était entré dans le système de M. Descartes sur les bêtes, soutenait que ce n'étaient que des horloges et que, quand elles criaient, ce n'était qu'une roue d'horloge qui faisait du bruit. M. de Liancourt lui dit : « J'ai là les deux chiens qui tournent la broche (1) chacun leur jour. (M. de Liancourt était bon janséniste.) L'un s'en trouvant embarrassé, se cacha lorsqu'on l'allait prendre, et on eut recours à son camarade pour tourner au lieu de lui. Le camarade cria, et fit signe de sa queue qu'on le suivit. Il alla dénicher l'autre dans le grenier et le houspilla. Sont-ce là des horloges ? » dit-il à M. Arnauld, qui trouva cela si plaisant, qu'il ne put faire autre chose que d'en rire (2). »

1. Ces chiens tournaient la broche en marchant dans une roue comme les écureuils dans leur cage.
2. Fontaine, *Mémoires*, tom. III, p. 74 ; tom. IV, p. 206. Je trouve dans *le Véritable esprit des nouveaux disciples de saint Augustin* (tom. 1, p. 87), une histoire de chiens qui voulurent sans doute venger sur deux de nos *Messieurs* leurs frères ouverts tout en vie à Port-Royal :
« Un jour, c'est un abbé janséniste qui parle, que nous voyagions à cheval, un ecclésiastique et moi, nous nous égarâmes sur le soir, et la nuit nous surprit au milieu de la campagne. Après avoir marché longtemps au hasard, sans savoir où nous étions, ni où nous devions aboutir, nous arrivâmes enfin à une ferme écartée, et nous y demandâmes le couvert. Le maître et la maîtresse du logis nous reçurent avec toute la charité possible. On prit nos chevaux, on nous alluma un grand feu : ces bonnes gens nous préparaient *un fort bon souper* à leur manière, et nous commencions à nous trouver à notre aise, lorsqu'un imprévu nous fit regretter l'embarras dont nous nous étions tirés. En effet, nous étant avisés de sortir dans la cour, voici deux mâtins qui viennent comme pour se jeter sur nous. Le fermier était sur le seuil de la maison et dit à sa servante : Marie, donne-moi ce bâton, que j'assomme ces deux jansénistes. La peur nous saisit dans le moment (*c'était pourtant une belle occasion de souffrir pour la vérité*), nous fuyons de toutes nos forces, sans savoir où nous allons, les chiens nous suivent et le fermier nous suit, tous criant à pleine tête : Arrêtez-vous, pestes d'animaux ! Mon compagnon tombe dans la mare : plus heureux que lui je l'avais évitée, et je courais toujours, lorsque le fermier nous dit : Eh, Messieurs ! ne craignez rien, ils ne vous feront pas de mal ; les chiens s'écartent, nous tirons mon compagnon de l'eau et nous rentrons à la maison... Le chagrin que nos hôtes témoignaient de cette aventure nous convainquit pleinement qu'ils ne nous voulaient point de mal... Je demandai au fermier comment on appelait ses chiens. Nous les appelons, dit-il, *jansénistes*. Pourquoi donc, repris-je, les appelez-vous de la sorte ? C'est, répliqua-t-il, le Père Procureur des jésuites, dont je suis le fermier, qui leur a donné ce nom à cause qu'ils avaient mordu son compagnon et qu'ils lui avaient déchiré sa robe. La fermière ajouta : Le P. Procureur nous a dit qu'il n'y avait que les jansénistes qui mordissent et qui déchirassent les jésuites... Mais, lui dis-je, savez-vous bien ce que c'est qu'un janséniste ? Non, répartit-elle, je ne sais pas quelle bête c'est. Ce n'est pas une bête, repris-je, c'est un homme. Cet homme-là est donc bien méchant, répliqua-t-elle, qui mord et qui déchire nos bons Pères ? Le mari et la femme

O bienheureux solitaires, en lisant ce récit, votre ami lui-même, M. Sainte-Beuve, ne peut s'empêcher de s'écrier : « On se demande où est Saint-Cyran (1) ? » Il est vrai qu'il vous félicite de cette déviation de l'esprit du *souverain docteur*, puisque, grâce à elle, vous devîntes cartésiens en haine des jésuites, enveloppâtes Aristote dans l'anathème que vous aviez prononcé contre Molina, et mîtes la nouvelle philosophie à la mode jusque parmi les dames. Toutefois, si M. Sainte-Beuve vous absout, votre saint évêque d'Ypres vous condamne. N'est-ce pas lui qui écrivait, dans *la Réformation de l'homme intérieur* :

> Celui à qui Dieu aura fait la grâce de la vaincre (la concupiscence de la chair) sera attaqué par une autre d'autant plus trompeuse qu'elle paraît plus honnête. C'est cette curiosité toujours inquiète, qui a été appelée de ce nom à cause du vain désir qu'elle a de savoir, et que l'on a publié du nom de science. Elle a mis son siège dans l'esprit... C'est de ce principe que vient le désir de se repaître les yeux par la vue de cette grande diversité de spectacles : de là sont venus le cirque et l'amphithéâtre, et toute la vanité des tragédies et des comédies : *de là est venue la recherche des secrets de la nature* qui ne nous regardent point, qu'il est inutile de connaître, et que les hommes ne veulent savoir que pour le savoir seulement... »

Vous lisiez, ô bienheureux jardiniers, cette condamnation de la curiosité scientifique dans la belle traduction de M. d'Andilly, et vous continuiez à clouer des chiens sur des ais pour observer la circulation du sang, et vous sortiez de votre *silence plein de piété*, pour faire de *grands entretiens* sur l'amas de rognures, dont Descartes venait de composer le soleil, et vous parliez tous, même M. François, d'automate, et vous vous moquiez de ceux qui plaignaient les bêtes que vous frappiez et éventriez pour le plaisir de constater que leurs cris étaient simplement le bruit d'un petit ressort qui avait été remué. N'importe, cette nouvelle contradiction entre vos principes et votre conduite n'a pas diminué votre gloire ; le monde est encore persuadé que dans le *Désert* de Port-Royal des Champs vous n'étiez occupés qu'à retracer une image vivante de la péni-

---

nous dirent sur cela beaucoup de naïvetés qui nous réjouirent. » — Il n'y avait pas de quoi.

1. *Port-Royal*, t. II, p. 317.

tence ancienne, et vous êtes restés à ses yeux de *bienheureux jardiniers*, de *saints solitaires*, d'*humbles pénitents* et surtout de grands hommes. Triomphez ; vous aviez bien attaché le masque ; vos amis l'ont consolidé et embelli, et malgré les efforts des bons Pères, il tient encore solidement à votre figure.

Il y a dans le *Supplément au Nécrologe de l'abbaye de Port-Royal* une pièce intitulée : *Exercices de piété des solitaires ;* c'est une apologie souvent reproduite par les panégyristes et destinée à conserver l'auréole menteuse dont la sainteté de ces Messieurs s'est couronnée. C'est ainsi qu'on y lit sous ce titre, *leur solitude :*

Ils ne s'entretiennent que des nouvelles de l'autre monde, dont Jésus-Christ et l'esprit de Dieu nous instruisent dans l'Évangile, et par les saints pères. *Ils ont renoncé à toutes celles de celui-ci*, et à l'exemple de saint Charles, ne songent qu'à faire fortune dans la cour des anges et des bienheureux, *n'ayant de curiosité que pour apprendre la science des saints... Ils ne voient personne, et ne sont vus de personne...* »

Le véritable règlement des jansénistes, solitaires des Champs et pénitents de la ville, est celui que Charles Roberti dei Vettori, nonce à Turin, envoya au Saint-Office et qu'on lut en 1667 dans une congrégation tenue devant le Pape. Le P. Rapin le trouva au Saint-Office et en prit copie. Cette pièce a pour titre : *Règlement et instructions de Messieurs les disciples de Saint-Augustin de l'union*. Elle nous ramène à la réalité et nous fait très-bien connaître que, malgré le dire du *Nécrologe*, nos saints avaient *d'autre ambition* que celle de se sauver, *d'autre affaire que celle de leur conscience, d'autre joie que d'être pénitents et solitaires, d'autre aversion que celle de tout péché, de tout intérêt et de toute intrigue.*

I.

La fin principale de cette union sera de remédier aux abus et aux désordres qui se sont glissés dans l'Église depuis saint Augustin, par les différents sentiments qu'on a pris de son excellente doctrine ; de rétablir les prêtres et les ecclésiastiques dans l'estime des peuples et dans l'exercice de la conduite des âmes que les moines ont usurpé ; d'ôter aux peuples la trop grande confiance qu'ils ont aux religieux...

Premier moyen de se mettre en estime.

1° Pour bien s'établir auprès des peuples, il est à propos qu'on tâche de régler ses mœurs, *au moins quant à l'extérieur*, afin que par une vie exemplaire on donne bonne opinion de la doctrine ;

2° On se portera et l'on tâchera de porter les peuples à quelques pratiques extérieures de piété, comme visiter les malades et les prisonniers, honorer le saint sacrement de l'autel, *ce qui servira à éloigner le peuple de croire que la doctrine de saint Augustin est conforme à celle des Calvinistes ;*

3° On publiera partout que la doctrine de l'Église, comme on l'a mise en usage, est trop large ; que les pénitences ordinaires ne sont nullement conformes aux péchés et à la pratique de l'Église primitive; qu'on profane plutôt le saint sacrement de l'autel qu'on ne l'honore de la façon qu'on fréquente aujourd'hui la sainte communion ;

4° On déclarera les abus qui se sont glissés dans l'Église par la conduite des religieux et par le droit qu'ils se sont donné de se faire suivre au mépris des paroisses et des vrais pasteurs ;

5° *On se louera fort les uns les autres ;*

6° Ils feront profession d'être savants ; pour en acquérir du moins la réputation ils parleront souvent dans les chaires et dans les compagnies de la prédestination et de la grâce.

Second moyen.

1° Ils seront soigneux de recueillir tout ce qui a été écrit contre les moines, pour s'en servir dans les rencontres, en sorte toutefois qu'il y paraisse plus de zèle que d'animosité ;

2° Ils feront connaître aux peuples l'ignorance des religieux et leurs déréglements.

Troisième moyen.

Ruiner la doctrine des mérites et établir celle de la grâce...

INSTRUCTIONS POUR L'ÉTABLISSEMENT DE LA DOCTRINE DE LA PRÉDESTINATION.

Première instruction.

Comme il faut se gouverner avec les suspects.

... Ils déclareront qu'ils n'en veulent nullement aux bons religieux.

Ils ne feront point de difficulté de désavouer la doctrine de l'évêque d'Ypres et dire qu'ils ne sont point jansénistes...

Ils ne diront point ouvertement leur opinion, mais l'exposeront sous des termes qui la feront paraître semblable à l'opinion commune...

Ils pourront même dire que Dieu donne des grâces aux réprouvés.

Quoique nous ne connaissions point d'autre liberté que celle qui est opposée à la contrainte, il faut toutefois faire sonner bien haut le nom de liberté...

Quoique la grâce impose à la volonté la nécessité d'agir, il ne faut point se servir du mot de nécessité, mais il faut dire que la grâce victorieuse emporte la volonté sans la contraindre.

Il faut bien se garder d'avancer d'abord certaines propositions choquantes, comme : que Jésus-Christ n'est pas mort pour tous les hommes, que les commandements de Dieu sont impossibles, qu'il n'y a point de grâce suffisante, mais, soit qu'on prêche ou qu'on écrive, il ne faut parler que de la grâce victorieuse ; on aura le reste quand on pourra obtenir cela. On dira que la contestation qui est entre les jansénistes et les molinistes ne vient que de ce qu'ils ne s'entendent pas, que l'une et l'autre opinion n'est point hérétique...

Ils témoigneront être des gens paisibles, bien fâchés du bruit et du scandale que cause cette contestation dans l'Église, qu'ils ne veulent que la paix, afin qu'on ne les croie pas les auteurs principaux de tous ces mouvements.

S'ils veulent dire leur opinion devant des gens suspects, que ce soit au moins par forme de narration, disant : les jansénistes avancent telles ou telles choses...

Si on leur demande raison de leur doctrine... ils sera bon quelquefois de ne répondre que par ce mot de saint Paul répété tant de fois dans saint Augustin : *altitudo !*

Ils auront tous une liste des grands éloges que les papes et les conciles ont donnés à saint Augustin, afin de faire recevoir son autorité avec une telle promptitude et une telle vénération que l'on ne se donne pas la liberté de rechercher le sens de ses paroles.

. . . .

Seconde instruction.

Comme il faut se gouverner avec les simples.

... Il faut les traiter à peu près avec les mêmes précautions que les suspects pour ne pas les choquer...

Pour peu qu'on reconnaisse en eux l'amour de la nouveauté, il faut leur donner la doctrine comme nouvelle à l'Église d'à-présent et aux scolastiques.

Les femmes et les filles seront propres à recevoir cette doctrine et à lui donner vogue ; c'est pourquoi il faut s'insinuer par toutes sortes de voies auprès d'elles, et surtout par des dévotions extraordinaires, parce qu'elles aiment le changement et sont fort capables d'attirer les hommes à leur sentiment.

Quand il y aura quelque livre propre à insinuer cette doctrine, les riches sont exhortés d'en faire provision et d'en avoir un nombre proprement reliés pour donner ou pour prêter... Si dans le pays on ne trouve personne propre à faire cette dépense, on la fera de la bourse commune.

Troisième instruction.

Pour les indifférents et les neutres.

Les disciples unis pourront traiter avec ceux qu'ils reconnaîtront ni pour ni contre, comme il a été dit des suspects, avec discrétion.

Ils pourront faire couler des écrits ou imprimés dans les bonnes maisons, et en envoyer en forme de lettres aux notables des lieux...

Il faut faire mystère des principaux articles de notre religion pour attirer leur curiosité...

Quatrième instruction.

Avec les fervents et les dévots.

Ils leur représenteront que la plus solide dévotion est celle de saint Augustin.

. . . .

Que la plus grande gloire et la plus grande vertu de l'homme est de croire que la grâce fait tout en nous et sans nous.

Cinquième instruction.

Pour les indévots et les libertins.

Ils diront... que Dieu a résolu de toute éternité notre salut et notre damnation, et que nous ne pouvons changer ses arrêts ; que les pratiques de mortification des moines ne servent de rien si l'on n'est en grâce ; que c'est la grâce et non pas nos œuvres, qui fait notre mérite, si mérite il y a, et que si nous ne sommes en grâce ces bonnes œuvres sont des péchés mortels ;

Que si le concile de Trente enseigne le contraire, il faut dire qu'il n'était pas œcuménique et qu'il n'était composé que de moines et semblables autres ;

Que tous les savants et bons esprits sont jansénistes.

On leur dira ce qu'on ne dit pas aux autres, que Jésus-Christ n'est pas mort pour les réprouvés, qu'il ne donne aucune grâce, qu'il n'y a point de grâce qui ne soit efficace..., que quand on a reçu cette grâce, c'est une grande marque de prédestination ; et qu'on reconnaît cette grâce par certains indices.

Sixième instruction.

Avec les prélats, prêtres et autres ecclésiastiques.

Les disciples de saint Augustin auront grand soin de traiter nos seigneurs les prélats avec de grandes soumissions, et messieurs les prêtres avec bien du respect et de la cordialité, pour marquer qu'ils savent mieux reconnaître la dignité sacerdotale que les religieux.

Ils feront entendre aux prêtres que les moines n'ont que du mépris pour eux, que la direction des âmes et le ministère de la prédication leur appartiennent de droit, primativement à tout autre, et que les moines n'en sont en possession que par usurpation ; qu'ils ne sont point dans l'ordre de la hiérarchie, et que leur office n'est que de pleurer leurs péchés ;... que tous leurs soins ne tendent qu'à tenir les prêtres séculiers dans la haine et le mépris des peuples.

Il faudra encourager les prêtres de se faire paraître dans les chaires en leur procurant de l'emploi. Ils s'assembleront et s'uniront autant qu'il sera possible par le lien de la charité, pour faire corps contre les religieux.

Ils s'efforceront de gagner au parti... ceux qui seront en réputation de prêcher et d'écrire le mieux.

Septième instruction.

Comme ils doivent se comporter entre eux.

Les disciples unis de la sorte seront tellement liés ensemble dans cette alliance spirituelle que rien ne soit capable de les désunir...

Ils ne communiqueront ces instructions qu'à ceux qui seront bien affermis dans la doctrine et dans la haine des adversaires...

Les plus sensés et les plus capables pourront faire profession ouverte de la doctrine, et faire la guerre ouvertement aux adversaires ; les autres non.

Les derniers s'appelleront disciples secrets, tels qu'en avait le fils de Dieu...

Ils tâcheront de faire une bourse commune pour fournir aux frais...

On gardera un secret inviolable...

Cette pièce, qui n'a pas besoin de commentaire, nous découvre la vraie physionomie des Messieurs. Une citation de Saint-Evremond complètera le portrait. Saint-Evremond avait pour ami un élève de Port-Royal, M. d'Aubigny, grand aumônier de la reine d'Angleterre, à qui il raconta un jour que le père Cannaye avait jugé devant lui les jésuites avec une très-grande impartialité.

Il n'est pas raisonnable, lui répondit le prélat, que vous rencontriez plus de franchise parmi les jésuites que parmi nous. Prenez la peine de m'écouter, et je m'assure que vous ne me trouverez pas moins homme d'honneur que le révérend père dont vous me parlez.

Je vous dirai que nous avons de fort beaux esprits qui soutiennent le jansénisme par leurs ouvrages ; de vains discoureurs qui, pour se faire honneur d'être jansénistes, entretiennent une dispute continuelle dans les maisons ; des gens sages et habiles qui gouvernent prudemment les uns et les autres.

Vous trouverez dans les premiers de grandes lumières, *assez* de bonne foi, souvent trop de chaleur, quelquefois *un peu* d'animosité.

Il y a dans les seconds beaucoup d'entêtement et de fantaisie. Les moins utiles fortifient le parti par le nombre ; et les considérables lui donnent de l'éclat par leurs qualités.

Pour les politiques, ils emploient chacun leur talent à gouverner la machine par des moyens et par des ressorts inconnus aux particuliers qu'ils font agir...

Nos directeurs se mettent peu en peine des divers sentiments des docteurs ; leur but est d'opposer C. à C., E. à E., de faire un grand parti dans l'église, et une grande cabale dans le monde. Ils font mettre la réforme dans un couvent sans se réformer : ils exaltent la pénitence sans la faire : ils font manger des herbes à des gens qui cherchent à se distinguer par des singularités, tandis qu'on leur voit manger tout ce que mangent les personnes de bon goût.

Cependant nos politiques, tels que je vous les dépeins, servent mieux le jansénisme même par leur direction, que nos écrivains par tous leurs livres (1).

Nous connaissons maintenant d'une manière suffisante les *Défenseurs de la vérité* ; voyons-les à l'œuvre, car, comme parle Bossuet, les esprits s'émeuvent et les choses se mêlent de plus en plus.

1. Œuvres nouvelles de M. Saint-Evremond. Troisième partie, *conversation de M. Saint-Evremond aeec M. d'A****

VIII.

Les docteurs jansénistes. — Ils charment la fleur de l'école. — Les docteurs catholiques. — Partialité de M. Sainte-Beuve ; il s'en accuse à l'abbé Gorini. — Hardiesse des jeunes bacheliers. — Influence des prédications du P. Desmares. — Desmares avait-il les qualités extérieures de l'orateur ? nos *Messieurs* disent oui, nos *Messieurs* disent non. — Conférence du P. Desmares avec le P. de la Barre : *Quid est tibi, mare quod fugisti ?* — M. Singlin, autre orateur à la mode. Dispute sur le fonds et la forme de ses sermons entre M. Sainte-Beuve et Fontaine. — *Prêcher par la bouche d'autrui,* une des *manières* de nos *Messieurs* : origine de cette *manière* ; Saint-Cyran l'enseigne par ses actes et la condamne par ses paroles. — Raison de cette *manière*. — Nicolas Cornet et les cinq Propositions. — Violente opposition des jansénistes : M. Arnauld *apparaît comme un jeune lionceau*. — Intervention du Parlement. — Les docteurs et les évêques catholiques en appellent à Rome. — M. Sainte-Beuve dans les confidences du P. Annat et du P. Dinet. — Saint Vincent de Paul en face du jansénisme. — Lettre des évêques catholiques à Innocent X. — Un émissaire janséniste part pour Rome. — Saint Amour, son portrait, son séjour à Venise. M. de Matharel lui raconte l'aventure d'Hersent. — Sa peur du *Saint-Office* à Rome. — Instruction de MM. les *Pères*. — Lettre des évêques augustiniens au Pape. — Les députés de renfort. — Le Mercure de M. Hallier. — Les députés catholiques. — *Innocente simplicité de la colombe, ruses des plus vieux serpents*. — Réponse du P. Rapin aux accusations de Fontaine et de M. Sainte-Beuve.

C'était surtout en Sorbonne que la tempête janséniste émouvait les esprits et mêlait de plus en plus les choses. Les docteurs partisans des nouvelles opinions s'y étaient multipliés, comme les solitaires *au bienheureux Désert*. Là le grand exemple du *saint vieillard*, M. d'Andilly, attirait les élus au combat de la pénitence ; ici le brillant génie de *l'admirable docteur*, Antoine Arnauld, gagnait maîtres et élèves aux dogmes de M. d'Ypres. Richer, l'ennemi de la suprématie du souverain Pontife, lui avait rendu les conquêtes faciles. Gallicans et jansénistes étaient faits pour s'entendre ; ils confondirent d'abord leur haine contre Rome et bientôt, leur cause et leur doctrine.

Gallicanisme et jansénisme furent et sont demeurés les deux faces d'une même bannière, bannière peu glorieuse dont les plis fanés ont fini par abriter de nos jours d'ignominieux apostats.

Citons les premières recrues d'Antoine Arnauld : Le Feron ; il dirigeait Arnauld avant que Dieu lui *eut donné la volonté d'être fils* de M. de Saint-Cyran ; M. Sainte-Beuve l'appelle un savant et pieux docteur. Il fut pieux puisque, devenu chanoine et archidiacre de Chartres, il écrivit à Rome pour se disculper de l'accusation de jansénisme ; mais il ne mérite guère le titre de savant, car son évêque l'excusa sur sa simplicité (1). — Guillebert, professeur de philosophie au collége des Grassins. Il enseigna le premier que la liberté pouvait subsister avec la nécessité, ce qui, sans doute, fait dire au *Nécrologe* de Port-Royal que « la Faculté de théologie de Paris eut peu de docteurs aussi habiles que lui. » Devenu curé de Rouville, au diocèse de Rouen, toute sa conduite et toutes ses actions *furent marquées au sceau de la grâce*. Les Du Fossé et les Pascal se mirent sous sa direction. « Le jeune Pascal commença à apprendre de lui qu'il faut soumettre au joug de la religion la raison la plus sublime et la plus capable d'aller au vrai, et que ses lumières les plus propres, malgré leur étendue et leur vivacité, doivent le céder aux saintes obscurités de la foi (2). » Quand il mourut, Antoine Arnauld écrivit à M. de Barcos que la *vérité avait perdu un très-zélé défenseur*. — Beauharnais, un des approbateurs de l'édition parisienne de l'*Augustinus*. Le P. Rapin assure qu'il était si ignorant, qu'Arnauld fut obligé de composer l'approbation qu'il lui demandait. — Bourgeois ; il fut à Rome défendre le livre de la *Fréquente communion*. C'était un des plus habiles, sinon des plus éloquents théologiens du parti. — Puis toute une pléiade : Mazure, Faydeau, Hermant, La Lane, Dorat, Taignier, Quéras. — Enfin le docteur Sainte-Beuve. Il secondait Arnauld de tout son pouvoir, dit le P. Rapin, et de tout le crédit qu'il s'était acquis sur l'esprit des écoliers, qu'il avait soin de cultiver par des entretiens particuliers, outre les écrits qu'il donnait en classe sur la grâce, conformément à la doctrine de l'évêque d'Ypres. Les discours qu'il faisait d'un air insinuant, en expliquant ses leçons, lui attiraient un grand nombre d'auditeurs.

1. *Mémoires* du P. Rapin, t. I, p. 44, note.
(2) *Nécrologe*.

Arnauld et ses docteurs ne choisissaient pas en aveugles leurs disciples. Il recherchaient particulièrement ceux qui avaient de l'esprit ou du moins de la hardiesse ; on aimait encore mieux que les autres ceux qui avaient quelque animosité contre les jésuites. C'était une marque de prédestination que d'être leur ennemi. Mais l'assurance du salut éternel n'était pas la seule que nos *Messieurs* donnassent aux jeunes étudiants. Ils leur affirmaient que bientôt tous les évêques du royaume se déclareraient pour saint Augustin ; surtout ils assuraient que dans six ans, ils seraient maîtres de tous les évêchés pour les distribuer à ceux qui suivraient la nouvelle doctrine.

Cependant la foi catholique ne resta pas sans défenseurs. Les plus sages et les plus célèbres docteurs de l'Université, Isaac Habert, Raconis, Lescot, Cornet, Pereyret, Le Moine, Grandin, Morel, s'opposèrent vaillamment à l'audace *de cette volée de jeunes docteurs* jansénistes. François de Raconis, évêque de Lavaur, se signala entre tous. Déjà il avait découvert et dénoncé l'hérésie de *deux chefs qui n'en font qu'un,* contenue dans la préface de *la Fréquente communion*. Pour punir Raconis, Boileau l'a niché dans un vers moqueur du *Lutrin*, et M. Sainte-Beuve a déclaré que l'évêque de Lavaur avait mauvais goût. Le mauvais goût littéraire était un peu partout alors. Nous connaissons plus d'un janséniste qui n'écrivait pas autrement que Raconis. M. Sainte-Beuve, qui sait tout, connaît très-bien un petit écrit d'un jésuite *érudit et spirituel*, le P. Vavassor, où, dès 1652, on reprochait aux écrivains de Port-Royal les circuits de périodes, les longueurs de phrases interminables, une étendue, une ampleur, une rotondité qui sentait le barreau des jours solennels, la monotonie fastidieuse, la redondance et le sempiternel retour des mêmes raisons, des mêmes arguments, l'absence totale de variété, d'ornement dans l'élocution, etc. M. Saint-Beuve avoue que le P. Vavassor n'avait pas si tort, mais il l'avoue discrètement et il se hâte de nous avertir qu'à son avis Pascal a couvert des splendeurs correctes de son style tout le fratras littéraire de ses amis, et racheté par son esprit toute leur sottise (1). Les adversaires de nos *Messieurs* n'ont pas eu cette fortune, et M. Sainte-Beuve, qui estime plus le style que la vérité, ne le leur pardonne pas. Voulez-vous savoir le secret de cette partialité ? M. Sainte-Beuve l'a livré à un

---

(1) *Port-Royal*, tom. III, p. 50-51.

éminent défenseur de l'Église. « Critiques gênés que nous sommes, lui disait-il, *obligés* à d'extrêmes ménagements par *bon goût* et *par politesse* envers les auteurs que nous connaissons personnellement et *qui sont le plus souvent nos amis, c'est tout* si nous pouvons insinuer quelquefois le blâme ou le doute sous l'éloge et à travers le compliment (1). »

Le zèle des docteurs orthodoxes fut impuissant à ramener la jeunesse de la Sorbonne séduite par l'esprit de nouveauté et charmée de pouvoir faire une opposition doctrinale à ses vieux maîtres, ce qui a été de tout temps le grand plaisir des écoliers. D'ailleurs les propositions jansénistes, que les bacheliers inséraient dans leurs thèses, Desmares, l'incomparable Desmares, les faisait retentir dans les chaires de Notre-Dame et de Saint-Roch, et la gloire dont il se couvrait encourageait l'audace de ses jeunes admirateurs ; ils se voyaient déjà prédicateurs applaudis, par cela seul qu'ils prêcheraient la grâce de saint Augustin. Je trouve dans le premier volume des *Vies intéressantes et édifiantes des religieuses de Port-Royal* trois relations de la vie de Toussaint-Guy-Joseph Desmares. Or la première dit : — « Tout se trouvait dans sa manière de prêcher... le son d'une voix sonore et où il n'y avait rien ni d'aigre, ni de faux ; le geste qui était naturel et proportionné aux choses ; jusqu'à l'air de son visage qui était mortifié et recueilli... » La seconde relation dit au contraire : « Il ne possédait aucun des talents extérieurs ; il était petit et de peu de mine, et n'avait rien d'agréable ni dans sa personne, ni dans sa prononciation. »

Quoiqu'il en soit, le P. Desmares enflammait les esprits. Un jésuite, le P. de la Barre, lui donnait la réplique dans la chaire de Saint-Benoît, paroisse de l'Université. Ce tournoi oratoire n'était pas fait pour apaiser la controverse. Le P. Rapin raconte à ce sujet une anecdote qui peint bien l'ardeur que les hommes du monde eux-mêmes apportaient à ces disputes théologiques. Quelque temps après Pâques, nous sommes en 1647, Paget, maître des requêtes, homme riche et *somptueux en sa table*, donna à dîner. Le P. Desmares, qui était de ses amis, s'y trouva avec le marquis du Coudray-Montpensier, le marquis de la Rocheposay et quelques autres. On parla de la grande question du jour, de saint Augustin et de Molina. Le

---

Vie de M. Gorini, par l'abbé F. Martin, p. 246.

P. Desmares dit ce qu'il voulut sans trouver de contradicteurs parmi des gens peu versés dans la connaissance des mystères de la grâce. Malheureusement il traita les jésuites peu charitablement. Le marquis du Coudray lui fit remarquer qu'il n'était ni chrétien, ni honnête de parler mal du prochain en son absence, et lui dit qu'il serait bien aise de le voir aux prises avec un jésuite. Le P. Desmares accepte le défi et le combat. « Le P. de la Barre, dit le marquis, est de mes amis et de mon pays ; il ne me refusera pas. » En effet, on avertit le révérend Père ; on prend jour pour la conférence, et on se donne rendez-vous à Arcueil. Le P. Desmares, pour marquer encore plus son assurance, demanda des témoins et des spectateurs ; outre le marquis de la Rocheposay, il prit pour second La Barde, docteur de Sorbonne, le marquis de Liancourt et Bernières, maître des requêtes. Le P. de la Barre prit le P. Deschamps, le maréchal de la Meilleraye et d'Orgeval, maître des requêtes aussi. Avant d'avoir combattu, le P. Desmares chantait victoire ; il faisait courir le bruit que le P. de la Barre, ou délibérait, ou se trouvait mal, ou que ses supérieurs interdisaient la conférence, ce qui obligea le jésuite à être plus ponctuel au rendez-vous. Le jour assigné, d'Orgeval l'y mena de bonne heure. Comme ils étaient hors du faubourg, leur carrosse fut arrêté par le fils du marquis du Coudray qui apportait une lettre de la Rocheposay pour les avertir que le P. Desmares ne croyait pas devoir entreprendre une dispute en matière de religion sans la permission de l'archevêque de Paris. Du Coudray en colère répond à la Rocheposay qu'on avait eu du temps pour obtenir cette permission, si on eut voulu sincèrement la conférence ; d'Orgeval persiste à aller quand même à Arcueil, d'où on envoya un gentilhomme à cheval aux témoins du P. Desmares, afin qu'il fut bien constaté que les disciples de saint Augustin avaient manqué à leur parole. L'aventure fut bientôt connue. Le lendemain le chancelier dit malicieusement à Orgeval qu'il était allé contre les ordonnances en nouant des conférences sur la religion sans la permission du roi. Celui-ci répondit sur le même ton qu'il n'avait prétendu faire qu'une action de charité pour tirer de l'erreur un de ses collègues qui s'était laissé gâter l'esprit par la nouvelle hérésie. Bernières, piqué au vif, tire de sa poche un Nouveau Testament et dit au chancelier : « Voilà ma créance et mon évangile ; je n'en ai pas d'autres. » On se moqua un peu de lui. Mais on fit des railleries plus fortes du P. Desmares, et on lui appliqua ce verset des psaumes : *Quid est tibi, Mare, quod fugisti ?*

En ces mêmes années, Singlin, le confesseur de nos *Messieurs*, prêchait *avec force la vérité* et attirait un auditoire d'élite dans l'église de Port-Royal de Paris. « Avec le P. Desmares, dit M. Sainte-Beuve, il est un des précurseurs incontestable de l'éloquence toute grave et saine des Bourdaloue et des Le Tourneux. » Nous ne connaissons pas les sermons du prédicateur de Saint-Roch. Mais nous avons lu ceux de M. Singlin, et il nous semble que comparer cette parole sans couleur, sans profondeur et sans vie à l'éloquence *grave* et *saine* de Bourdaloue, c'est comparer un ruisseau desséché à un fleuve qui coule à pleins bords. La Mère Angélique (que M. Sainte-Beuve s'entende avec elle!) trouvait que M. Singlin parlait « comme un courtaut de boutique (1). » M. Sainte-Beuve nous avertit « qu'on ne peut guère juger du genre de talent oratoire de M. Singlin d'après les cinq ou six volumes d'*instructions chrétiennes*, » parce que « l'érudition de ses sermons n'est pas de lui ; il la demandait à M. Arnauld, à M. de Saci qui lui en préparaient la *matière* ; il apprenait ce *fonds* par cœur ; mais cela *s'animait bientôt d'une nouveauté d'onction sur ses lèvres* (2). » Si nous en croyons Fontaine, c'est tout le contraire qui avait lieu dans cette prédication en collaboration. M. Singlin donnait la matière, le fonds, et M. Arnauld, surtout M. de Saci, l'abeille attique de Port-Royal, *animaient tout cela d'une nouveauté d'onction*, si nouveauté d'onction il y avait :

C'étaient ces Messieurs là qui pour l'ordinaire dressaient *en secret* les sermons que M. Singlin faisait. Ils s'adressaient d'ordinaire à M. de Saci, *en lui disant en gros sur quoi il voulait prêcher,* et sur quel endroit de son évangile il voulait plus particulièrement s'étendre. M. de Saci *ayant bien pris ses vues et ses idées, tournait cela ensuite à sa manière,* et il mettait la liaison et l'ordre qu'il fallait. Ainsi quelque invisible que fût M. de Saci, et quelque silence qu'il gardât, on peut dire qu'il ne laissait pas de prêcher par la bouche de M. Singlin. M. de Saci lui prêtait sa plume, et M. Singlin lui prêtait sa langue... Il attribuait tout à M. de Saci, comme au premier auteur *de ce qu'il ne faisait*

---

1. *Vies édifiantes*, t. 1, p. 384.

2. *Port-Royal*, tom. 1, p. 469, sq.

que réciter. (M. Sainte-Beuve traduit : qu'*il animait d'une nouveauté d'onction*) (1).

Fontaine ajoute qu'il n'y a que les personnes peu instruites des manières de Port-Royal qui pourraient s'étonner de cet échange de plume et de langue. C'était effectivement *une manière* de ces Messieurs. Lorsque le P. Desmares fut interdit, il prêcha aussi par la bouche d'autrui :

> Le temps de son silence et de sa retraite, dit une Relation, fut encore rempli par différents services qu'il rendait à plusieurs personnes pour la prédication... Il satisfaisait à tout cela, mais avec un si grand secret de sa part, que les personnes mêmes qui vivaient avec lui, ni ses amis les plus confidents, n'en ont jamais rien su de sa bouche, ne voulant pas même l'avouer quand on lui en demandait la vérité ; mais plusieurs de ceux qui ont profité de ce trésor l'ont dit avec reconnaissance ; et pour les autres qui n'en parlaient point, les sermons qu'ils prêchaient le disaient assez, parce que on y voyait tout d'un coup l'esprit, les lumières et les principes du P. Desmares, comme les rayons d'un soleil qu'on ne pouvait méconnaître. Il a donné à quelques-uns des Octaves entières, à d'autres des Avents et des Carêmes... Il parlait ainsi dans les plus célèbres chaires de Paris, même dans le temps qu'on lui faisait garder le silence... (2).

Pour trouver l'origine de cette *manière* janséniste de prêcher dans le temps qu'on garde le silence, il faut remonter à Saint-Cyran. On se rappelle qu'il fournissait les sermons de son bon ami Jansénius. Aussi un jour énumérant au *saint Désert* les règles qu'il fallait garder dans l'étude contre la tentation de la science, il enseigna à ses disciples que « la troisième règle est de prendre plaisir à communiquer de ce que nous faisons et à en parler.... » Si cette règle semble autoriser *la manière* d'emprunt oratoire fort bien pratiquée à Port-Royal, pour la plus grande gloire de saint Augustin, nous trouvons dans la dernière conversation que M. de Saint-Cyran eut avec M. Singlin quelques préceptes sur la prédication tout opposés à cette pratique charitable : « Comment me conseillez-vous de faire pour préparer mes sermons ? dit M. Singlin. — Je ne chercherais pas maintenant à prêcher, comme vous pouvez bien juger, dit M. de Saint-Cyran ; mais si Dieu m'en

---

1. *Vies intéressantes*, t. 1, p. 169.
2. Fontaine, *Mémoires*, t. II, p. 291.

présentait l'occasion, et l'obligation de l'embrasser, je lui demanderais, en me présentant devant lui, les pensées sur le passage qu'il m'aurait fait choisir, et puis simplement je les mettrais en chefs par écrit, et après les avoir d'heure en heure arrosées par de fréquentes oraisons, je m'en irais prêcher (1). »

Pourquoi Saint-Cyran ne communiqua-t-il pas sa méthode à Jansénius au lieu de lui envoyer ses sermons ? Pourquoi M. Singlin ne la suivit-il pas, au lieu d'aller trouver M. de Saci ? Pourquoi les clients du P. Desmares n'arrosaient-ils pas d'heure en heure leur sujet de fréquentes oraisons, au lieu d'aller frapper à la porte du célèbre oratorien ? Il faut bien se garder de croire que ces prédicateurs commandités ne fussent pas fâchés que le public leur attribuât les rayons des soleils cachés auxquels ils les empruntaient et que reconnaissaient les seuls initiés *aux manières de Port-Royal.* Non. Une plus sainte pensée les guidait ; il fallait éclipser l'éloquence *des voix pélagiennes* qui séduisaient les fidèles. Et quels moyens plus propres à ce pieux dessein que de mettre des sermons éloquents dans des bouches sans grâce, comme parle M. Sainte-Beuve ? L'éloquence y était, et le prodige aussi, ce qui valait encore mieux. « Car, dit ingénuement Fontaine, il parut clairement que ce grand fruit que produisaient les prédications de M. Singlin, venait de Dieu seul, et non pas des hommes. » Puis, comme s'il ne connaissait pas le mystère des coulisses, le bonhomme s'écrie, et beaucoup devaient s'écrier comme lui : « Quelle maison de religieuses, ou quelle société aujourd'hui, s'ils avaient eu des hommes comme M. Arnauld, M. de Saci, et M. Le Maître, ne les auraient pas produits à la prédication, pour attirer la gloire à leur maison, en risquant le salut de ceux qu'ils y sacrifieraient ? » On entend la réponse : « Ce ne seraient pas les jésuites » ; on ne saurait l'amener plus habilement. O Pascal ! quel joli volume vous auriez ajouté aux lettres d'un provincial, si, déposant toute fausse honte, après avoir mis en scène les révérends Pères, vous aviez choisi vos personnages parmi vos amis !

Revenons vers la Sorbonne où la voix des prédicateurs de la grâce trouvait des échos que multipliaient sans cesse l'exemple et les leçons des docteurs jansénistes. « Ce parti, zélé et puissant, charmait du moins agréablement, s'il n'emportait tout à fait la fleur de l'école et de la jeunesse ; enfin, il n'oubliait rien pour entraîner après soi toute la Faculté de théologie. »

---

1. Fontaine. *Mémoires*, t. II, p. 135.

Nicolas Cornet (1) était alors syndic de la Faculté de théologie. « C'était un docteur de l'ancienne marque, de l'ancienne simplicité, de l'ancienne probité... Voyant les vents s'élever, les nues s'épaissir, les flots s'enfler de plus en plus, sage, tranquille et posé qu'il était, il se mit à considérer attentivement quelle était cette nouvelle doctrine, et quelles étaient les personnes qui la soutenaient. Il vit donc que saint Augustin, qu'il tenait le plus éclairé et le plus profond de tous les docteurs, avait exposé à l'Église une doctrine toute sainte et apostolique touchant la grâce chrétienne ; mais que, ou par la faiblesse naturelle de l'esprit humain, ou à cause de sa profondeur ou de la délicatesse des questions, ou plutôt par la condition nécessaire et inséparable de notre foi, durant cette nuit d'énigmes et d'obscurités, cette doctrine céleste s'est trouvée nécessairement enveloppée parmi les difficultés impénétrables : si bien qu'il y avait à craindre qu'on ne fût jeté insensiblement dans des conséquences ruineuses à la liberté de l'homme ; ensuite il considéra avec combien de raisons toute l'école et toute l'Église s'étaient appliquées à défendre les conséquences ; et il vit que la Faculté des nouveaux docteurs en était si prévenue, qu'au lieu de les rejeter, ils en avaient fait une doctrine propre : si bien que la plupart de ces conséquences, que tous les théologiens avaient toujours regardées jusqu'alors comme des inconvénients fâcheux, au devant desquels il fallait aller pour bien entendre la doctrine de saint Augustin et de l'Église, ceux-ci les regardaient au contraire comme des fruits nécessaires, qu'il en fallait recueillir ; et que ce qui avait paru à tous les autres comme des écueils contre lesquels il fallait craindre d'échouer le vaisseau, ceux-ci ne craignaient point de nous le montrer comme le port salutaire auquel devait aboutir la navigation. Après avoir ainsi regardé la face et l'état de cette doctrine..., il s'appliqua à connaître le génie de ses défenseurs. Saint Grégoire de Nazianze, qui lui était fort familier, lui avait appris que les troubles ne naissent pas dans

---

1. « Il était d'Amiens. où sa famille a laissé de la descendance, M. Cornet-d'Incourt, par exemple. Ce dernier, fidèle aux traditions et à la race, soutenait les jésuites à la Chambre sous la Restauration ; il se prit un jour notamment à les défendre contre son collègue d'alors, M. Du Vergier de Hauranne ; toute la Chambre partit d'un éclat de rire et l'écho répéta l'oracle : *Pugnent ipsique nepotes.* Note de M. Sainte-Beuve, *Port-Royal*, tom. II, 149.

l'Eglise par des âmes communes et faibles : « Ce sont, dit-il, de grands esprits, mais ardents et chauds, qui causent ces mouvements et ces tumultes » ; mais ensuite, les décrivant par leurs caractères propres, il les appelle excessifs, insatiables, et portés plus ardemment qu'il ne faut aux choses de la religion : paroles vraiment sensées, et qui nous représentent au vif le naturel de tels esprits... plus capables de pousser les choses à l'extrémité, que de tenir le raisonnement sur le penchant ; et plus propres à commettre ensemble les vérités chrétiennes qu'à les réduire à leur unité naturelle : tels enfin, pour dire en un mot, qu'ils donnent beaucoup à Dieu, et que c'est pour eux une grande grâce de céder entièrement à s'abaisser sous l'autorité suprême de l'Église et du Saint-Siége (1). »

Cornet, aussi avisé que savant, comprit que pour frapper efficacement, il fallait frapper juste. De concert avec ses amis Pereyret, Le Moine, Morel, il chercha dans l'*Augustinus* les principes fondamentaux de la doctrine de Jansénius. Il s'avança à travers cette épaisse forêt de textes et de raisonnements où M. d'Ypres avait caché ses erreurs capitales, jusqu'au cœur du gros in-folio : il trouva *l'âme du livre*. « Aucun n'était mieux instruit du point décisif de la question. Il connaissait très-parfaitement et les confins et les bornes de toutes les questions de l'école; jusqu'où elles couraient et où elles commençaient à se séparer : surtout il avait grande connaissance de la doctrine de saint Augustin et de l'école de saint Thomas. Il connaissait les endroits par où ces nouveaux docteurs semblaient tenir les limites certaines, par lesquels ils s'en étaient divisés. C'est de cette expérience, de cette connaissance exquise, et du concert des meilleurs cerveaux de la Sorbonne, que nous est né cet extrait de cinq propositions, qui sont comme les justes limites par lesquelles la vérité est séparée de l'erreur ; et qui étant, pour ainsi parler, le caractère propre et singulier des nouvelles opinions, ont donné le moyen à tous les autres de courir unanimement contre leur nouveauté inouïe (2). »

Ces propositions, autour desquelles la lutte va désormais se concentrer, étaient primitivement au nombre de sept (3).

---

1. Bossuet, *Oraison funèbre de Nicolas Cornet.*
2. *Ibid.*
3. Les deux propositions retranchées étaient celles-ci:
L'Église a estimé autrefois que la pénitence sacramentelle secrète ne suffisait pas pour les péchés secrets.
L'attrition naturelle suffit pour le sacrement de pénitence.

Cornet n'avait d'abord d'autre but que de les faire censurer par la Sorbonne. Le 1ᵉʳ juillet 1649, il demande à l'Assemblée de nommer des commissaires pour examiner les propositions présentées. Les docteurs jansénistes jettent feu et flamme. Les docteurs orthodoxes soutiennent avec énergie le projet du syndic. « On entendit des voix, dans la confusion et dans le tumulte de la délibération qui parlaient de martyre et d'autres nouvelles barricades si l'on passait plus avant (1). » Malgré cette violente opposition, le projet mis aux voix fut adopté et on nomma les commissaires examinateurs. Cet échec ne fit qu'accroître l'ardeur des partisans de l'évêque d'Ypres. L'abbé de Bourzeis, dans un petit écrit intitulé *Propositiones de gratia in Sorbonæ facultate propediem examinandæ propositæ*, se hâte de placer les propositions extraites sous l'autorité inviolable de saint Augustin. Il déclare qu'elles ne renferment que la pure doctrine du saint docteur. Arnauld, caché *sous les ailes de Dieu* chez madame Agran, une sainte veuve *sa pénitente affidée*, « apparaît comme un jeune lionceau » dans ses *Considérations sur l'entreprise faite par M. Cornet, syndic de la faculté, en l'Assemblée de juillet* 1649. Il découvre dans le projet du syndic un complot formé par les disciples de Molina et les ennemis de la solide pénitence pour ruiner la doctrine de saint Augustin qui les condamne. Cornet n'est que l'instrument des Jésuites dont il a porté la robe, et son ami Pereyret est un insolent : ils veulent combattre en renards et non en lions. Les injures et les invectives se pressent sous la plume du docteur courroucé ; ce ne sont que des excès, que des énormités, que de la passion, que lâchetés inouïes, que hardiesses insupportables, qu'aveuglement et que toutes sortes d'attentats. — C'était le bon goût de M. Arnauld. Est-il possible, quand on a, comme M. Sainte-Beuve, savouré les aménités de ce langage, de supporter *les mots peu élégants* du P. Nouet et le *style de la classe* de Raconis ?

Les *Messieurs* ne s'en tinrent pas à cette belle indignation. Ils empêchèrent l'Assemblée du 1ᵉʳ août d'entendre le rapport des commissaires et en appelèrent au Parlement, comme d'abus, de la conclusion prise le mois précédent. Ils remirent leur requête, signée par plus de soixante docteurs, entre les mains

---

1. Rapin, *Mémoires*, t. II, p. 281.

de Broussel, « l'homme du Parlement alors le plus à la mode (1). »
Cependant ils apprennent qu'une censure imprimée des *Propositions* court dans Paris, ils adressent aussitôt une nouvelle requête et obtiennent que les signataires de cette censure, Cornet, Pereyret et Morel, comparaissent devant la chambre des vacations. Le président Le Coigneux défendit la publication de la censure et toute controverse à ce sujet jusqu'à ce que la cour en eût autrement ordonné.

Cornet, que Fontaine regardait, bien à tort, *comme le philistin audacieux, bouffi de la force de ses armes,* et les amis du syndic, se soumirent de bonne grâce. Ils désavouèrent la censure imprimée, ils renoncèrent même à poursuivre l'examen des *Propositions* devant la Faculté. Ils avaient compris que les Jansénistes entraveraient sans cesse, par leurs requêtes, le jugement de la Sorbonne, et que d'ailleurs ce jugement n'aurait pas assez d'autorité pour être accepté de tous et terminer des débats aussi passionnés. Et tandis que Messieurs de Port-Royal, ces défenseurs zélés, ces gardiens incorruptibles des saintes traditions de l'antiquité chrétienne, en appellent au Parlement, les docteurs orthodoxes, accusés d'avoir changé la discipline de l'Église, portent la cause au Saint-Siège, suivant la coutume que consacre la foi indéfectible de Pierre et qu'ont observée tous les siècles chrétiens. Ici, comme partout la conduite des *Messieurs* dément leurs paroles. Sectaires, ils sont marqués au front du signe qui flétrit leurs aïeux aussi bien que leurs descendants : l'hypocrisie.

M. Sainte-Beuve, naturellement, ne voit dans le dessein de Cornet et de ses amis qu'une intrigue des Révérends Pères. « Les Jésuites de Rome en relation suivie avec ceux de Paris, et particulièrement, *dit-on*, le P. Annat, futur confesseur du roi, écrivant au P. Dinet, qui l'était alors, avertirent que si on faisait demander la censure des *Propositions* par une portion du Clergé de France, on réussirait infailliblement auprès du Pontife, qui serait jaloux de donner signe de souveraineté (2). » Voilà ce que M. Sainte-Beuve a lu dans les lettres (qui lui ont été sans doute communiquées) des Jésuites de Rome à ceux de Paris. Nous qui n'avons pas été dans les confidences échangées entre le P. Annat et le P. Dinet et qui n'avons pas une

---

1. Rapin, *Mémoires*, t. I, p. 285.
2. *Port-Royal*, t. III, p. 11.

critique assez fine pour les deviner, ni assez indépendante pour les supposer, nous nous en tenons à l'histoire. Or, à ce grand jour de l'histoire (il vaut bien la pâle et peu sûre lumière des *on dit*), un saint nous apparaît qui fut le promoteur infatigable de l'appel au Pape.

Vincent de Paul avait été le premier à reconnaître l'hérétique dans Du Vergier de Hauranne ; le premier il avait signalé « les opinions erronées de l'évêque d'Ypres autorisées par M. de Saint-Cyran et les autres personnes du même parti. » Il fut encore le premier, par l'ardeur, dans le projet de porter les Propositions au tribunal suprême de l'Église. Cette courageuse attitude, ce zèle agissant de saint Vincent de Paul ne nous surprend pas. Lui, si doux, si tendre, se montra « comme une colonne de fer et un mur d'airain (1) » en face du Jansénisme. C'était toujours la charité qui l'inspirait ; c'était la charité qui lui dictait, en faveur des petits enfants abandonnés, ces paroles pleines d'un pathétique immortel que tout le monde connaît, et ces lignes, qu'il écrivait à l'un de ses prêtres, au sujet des nouveaux hérétiques : « Se taire en pareille circonstance, c'est conniver au mal ; en de pareilles causes, le silence est suspect, et nous serions coupables si, par notre silence nous laissions un cours libre à l'erreur. » Sensible aux misères corporelles qui pesaient sur ses contemporains, comment saint Vincent de Paul ne l'aurait-il pas été aux misères de leur âme ? Et quelles misères plus lamentables que celles que l'hérésie entraîne après elle ? « Aussi, il ne pouvait voir les progrès des Jansénistes sans gémir devant Dieu dans le secret de son cœur et sans en implorer son assistance pour en arrêter le cours. Quelles mortifications ne fit-il pas alors pour fléchir la colère de Dieu, afin qu'il lui plût de détourner ce malheur dont les commencements paraissaient déjà si terribles (2) ! » Saint Vincent de Paul se macérant pour désarmer la colère divine, et M. Arnauld et ses amis en appelant au Parlement pour assurer le triomphe de l'erreur, quel contraste ! Décidément on trouve bien quelques fanfarons de vertu parmi les *bienheureux* défenseurs de la *Vérité*.

Le Supérieur des prêtres de la Mission ne se contentait pas de gémir dans le secret de son cœur. Avec le P. Dinet, confes-

---

1. Rapin, *Mémoires*, t. I, p. 317, sq.
2. *Ibid.*, p. 318.

seur du roi, les fidèles docteurs de la Sorbonne, Habert, évêque de Vabres, et quelques prélats arrivés déjà à Paris pour l'Assemblée du Clergé de 1651, il travailla activement à faire rédiger, puis à faire signer par les évêques, une lettre collective demandant au Souverain Pontife de juger les propositions extraites de l'*Augustinus*. Le zèle de ces hommes de bien ne fut point stérile ; quatre-vingt-cinq prélats signèrent la lettre qui fut envoyée à Innocent X par l'intermédiaire du Nonce. Nous traduisons ici cette lettre, non-seulement parce qu'elle fut le point de départ de toute la procédure contre les cinq *Propositions*, mais surtout parce qu'on y entend un écho magnifique de la croyance de notre ancien épiscopat français à l'infaillibilité doctrinale du Pape.

Très-Saint Père,

C'est la coutume ordinaire de l'Église de porter au Siége Apostolique les causes majeures, et la foi indéfectible de Pierre exige à bon droit que cette coutume soit toujours observée. Pour obéir à cette loi très-juste, nous avons estimé qu'il était nécessaire d'écrire à Votre Sainteté au sujet d'une affaire des plus importantes touchant la religion. Il y a dix ans que la France, à notre grande douleur, est violemment agitée à cause du livre posthume et de la doctrine du Révérendissime Cornélius Jansénius, évêque d'Ypres. Ces agitations, il est vrai, devraient être apaisées tant par l'autorité du Concile de Trente, que par celle de la bulle d'Urbain VIII d'heureuse mémoire, qui a condamné les dogmes de Jansénius et confirmé les décrets de Pie V et de Grégoire XIII contre Baïus.

Votre Sainteté a établi par un nouveau décret la vérité et la force de cette bulle ; mais parce que chaque proposition en particulier n'a pas été notée d'une censure spéciale, on a laissé un prétexte aux chicanes et aux feintes de plusieurs. Nous espérons qu'il n'en sera plus ainsi, si Votre Sainteté, comme nous l'en supplions, définit clairement et distinctement quel sentiment il faut avoir en cette matière. C'est pourquoi nous la conjurons d'examiner ces propositions à l'égard desquelles la dispute est plus dangereuse et la contestation plus échauffée, et de porter sur chacune d'elles un jugement clair et certain. (*Suit l'énumération des cinq Propositions.*)

Votre Sainteté a depuis peu éprouvé combien l'autorité du Siége Apostolique a eu de pouvoir pour abattre l'erreur du *Double Chef de l'Église*. La tempête a été aussitôt apaisée : la mer et les vents ont obéi à la voix et au commandement de Jésus-Christ. Ce qui fait que nous vous conjurons, Très-Saint Père, de prononcer sur le sens de ces Propositions un jugement clair et décisif, auquel le Révérendissime Jansénius lui-même près de mourir a soumis son ouvrage, et de dissiper ainsi toute obscurité, de rassurer les esprits chancelants, d'empêcher les divisions, de redonner à l'Église sa tranquillité et son éclat. Dans cette espérance, nous offrons à Dieu nos souhaits et nos vœux, afin que ce roi immortel des siècles comble Votre Sainteté de longues et heureuses années, et qu'il ajoute à un siècle de vie, une bienheureuse éternité.

Les démarches de Cornet, du P. Dinet, de saint Vincent de Paul, et le succès qui les couronnaient, jetèrent l'alarme dans le camp janséniste. On n'y eut plus qu'une double préoccupation : savoir l'effet que la lettre des quatre-vingt-cinq produisait à Rome, le neutraliser, et faire écrire au Pape une contre-lettre par les évêques augustiniens, afin de l'embarrasser par cette opposition.

Saint-Amour, un des docteurs qui s'était le plus violemment opposé à l'examen des *Propositions*, et qui avait déjà fait un voyage en Italie, partit pour Rome, dès 1650, « comme pour le Jubilé, mais *très-probablement* dans un but moins dévotieux, » dit M. Sainte-Beuve, qui peut être très-certain que son *frais* et *gaillard* Saint-Amour pensait peu à gagner les indulgences de l'année sainte en entreprenant son voyage.

Voici le portrait de cet émissaire de Port-Royal signé par Briennes :

Louis Gorin de Saint-Amour, fils du cocher de Louis XIII, que Sa Majesté aimait fort à cause de son adresse à bien mener son carrosse, et pour quelques autres bonnes qualités qui étaient dans ce cocher du corps (1) ; ce Louis, dis-je, de Saint-Amour, de fils de cocher, devint *par son savoir-faire* Recteur de l'Université de Paris, la plus célèbre de l'univers, et ensuite de la Maison et Société de Sorbonne. Il avait un corps et une mine plus propre encore à conduire le carrosse du Roi qu'à porter le bonnet et le chapeau sur les bancs de la Sorbonne, qui pliaient sous les pieds de cet autre Hercule ; plus grand et plus fort n'était point celui de la Fable ; je doute qu'il fût plus éloquent, et plus courageux. Tel donc, et plus terrible encore, parut, durant sa licence, le gigantesque Saint-Amour. Les Cornet, les Pereyret et les Moine, ce trio de docteurs molinistes, craignaient plus Saint-Amour tout seul que tout le parti janséniste tout ensemble. En effet, c'était pour eux un redoutable adversaire. Quel homme, bon Dieu ! aujourd'hui à Paris, demain à Rome ; et de là, comme un fantôme, porté en l'air, ou sur un cheval de Pacolet, on le voit au *prima mensis*, où la seconde lettre de M. Arnauld allait être censurée tout d'une voix...

1. Les *cochers du corps* conduisaient les carrosses du roi et de la reine.

Ce fut M. Hallier, alors qu'il *défendait l'honneur et les droits du Clergé de France*, qui facilita la promotion de Saint-Amour au doctorat. Il le chérissait. « Cette amitié, dit le P. Rapin, s'était fomentée par de petits régals que Saint-Amour faisait à Hallier, qui aimait le bon vin, dont Saint-Amour, qui ne le haïssait pas, était toujours bien pourvu. Il y ajoutait des omelettes à la janséniste : car on donnait ce nom à tout ce qu'il y avait d'exquis pour le manger dont on était assez curieux parmi les importants de la cabale, qui n'étaient nullement sévères ni à eux-mêmes, ni à leurs amis. Ils se traitaient bien, s'étant laissé persuader que ce qui est bon ne doit être que pour des élus comme eux (1). » Tandis que les importants se traitaient bien, les autres, c'est l'abbé d'Aubiny qui nous l'a appris, *mangeaient des herbes* au *Désert*, pour l'édification publique.

Saint-Amour, que nous connaissons maintenant, pour se rendre en Italie, prit la route de Genève où il comptait de bons amis parmi les ministres calvinistes. Arrivé à Venise, il y fit un assez long séjour. Louis de Matharel, « estoit pour lors résident pour le roy près cette république, et y soutenoit cette charge, depuis deux ou trois années qu'il n'y avoit pas d'ambassadeur, avec beaucoup de réputation (2). » M. de Matharel, d'origine italienne (3), sut si bien se faire estimer, que le Sénat voulut lui accorder le titre de *noble Vénitien*, mais il refusa généreusement cette faveur en disant qu'il ne recevait de grâce que du roi son maître. Les grâces du roi ne lui manquèrent pas : il devint secrétaire général de la marine, et bientôt après intendant-général de justice, police et finances de la marine du Levant. Sa mère était fille de Claude Le Cirier, l'un des cent gentilshommes de Louis XIII ; un de ses cousins, Nicolas de Matharel, avait été aumônier du roi. Le nom de Matharel n'était donc pas inconnu à Saint-Amour qui dût se hâter de se présenter chez le résident. Il était trop bavard pour dissimuler le vrai motif qui l'amenait en Italie. Loin de l'ap-

---

1. Rapin, *Mémoires*, t. I, p. 287.
2. *Journal* de Saint-Amour, p. 47.
3. Cette maison est sortie de Ravenne ; elle est établie en France depuis 1385. Elle a donné à l'État plusieurs hommes distingués, et à l'Église deux cardinaux, un évêque, un général des Feuillants qui fut confesseur du pape Paul V et qui mourut en odeur de sainteté à Rome. La Chenaye dit qu'il a été béatifié.

prouver, Louis de Matharel essaya de le décourager ; il lui raconta l'aventure de Claude Hersent, un disciple de saint Augustin un peu trop zélé, qui venait d'échapper, par miracle, aux prisons du Saint-Office à Rome. Claude Hersent, invité à donner le sermon pour la fête patronale, dans l'église de Saint-Louis, s'était mis dans la tête que ce serait une belle occasion de se signaler que de prêcher la doctrine de l'évêque d'Ypres au milieu de Rome. Il pensait qu'à l'abri de l'amitié de l'ambassadeur de France, qui se servait de lui, car il était fort plaisant, pour animer sa table et réjouir ceux qu'il y invitait, il pouvait tout oser. Suivant la manière de nos Messieurs, on prôna à l'avance le sermon et le prédicateur. Le concours fut grand. Les cardinaux Barberin, d'Este et des Ursins s'y trouvèrent avec l'ambassadeur et une foule considérable de Français et d'Italiens. Hersent, avec une hardiesse de déclamateur achevé, débite devant cette illustre et nombreuse assemblée, que *l'homme en perdant l'innocence a perdu la liberté ; qu'on ne peut résister à la grâce, dont le pouvoir est toujours victorieux.*

C'était la pure doctrine janséniste, le sermon fut prononcé avec tant de brusquerie et si peu de gravité, qu'on n'y prit pas garde. Mais le prédicateur, encouragé sans doute par ce beau succès, eut l'effronterie de faire imprimer son discours et de le dédier au Pape avec une épître peu respectueuse pour Sa Sainteté et remplie des louanges de l'évêque d'Ypres. Cette audace ne pouvait rester impunie. Ordre fut donné d'arrêter Hersent au moment où il rendait visite à l'ambassadeur de Malte. Heureusement pour lui, tandis que les sbires le guettaient, un carrosse de l'ambassade française passe devant la porte, il s'y jette, et échappe à l'Inquisition.

A ce récit, M. de Matharel ajouta quelques considérations pour dissuader Saint-Amour de poursuivre son voyage. Il lui représenta « combien cette fâcheuse rencontre mettrait encore en plus mauvaise odeur à Rome tous ceux qui y passeraient pour jansénistes ; il lui dit que le soin général qu'il devait prendre autant qu'il pouvait qu'aucun Français ne se trouvât embarrassé dans des affaires difficiles et odieuses en ce pays-là, parce que cela retournerait toujours au déshonneur de la nation, l'obligeait de lui témoigner les craintes qu'il avait, s'il allait à Rome sitôt après ce dernier mécontentement qu'Hersent venait d'y donner de lui, qu'on entrât en jalousie de lui dès qu'on le verrait; qu'on ne le considérât comme un homme, substitué en sa place pour les intérêts de la même cause, et qu'on n'y prit résolution de prévenir, en le mettant en lieu de sûreté, toutes sortes d'intrigues et d'autres choses désagréables... ; qu'il avait fait diverses choses en France contre les Mendians, contre M. Cornet et M. Hallier qui ne seraient pas fort goûtées à Rome, et qu'il ne pouvait lui dissimuler que sa pensée était qu'il ferait fort bien, s'il pouvait, de n'y point aller (1). »

C'était parler d'or. Saint-Amour répondit au chargé d'affaires que « le témoignage de sa conscience ne lui reprochait rien qu'on pût lui objecter avec justice; que sans regret pour ce qu'il avait fait à Paris, il était sans appréhension pour l'avenir ; qu'au contraire, il était résolu de soutenir et de justifier à Rome et partout ailleurs, dans toutes les occasions qui pourraient en arriver, tout ce qu'il avait dit en France (2). »

Cependant, dès son entrée dans Rome, les sages conseils de M. de Matharel et l'histoire d'Hersent revinrent à sa mémoire. La peur du Saint-Office tempéra les ardeurs de son zèle et doua tout à coup notre Hercule d'une prudence et d'une discrétion merveilleuses. Il ne veut pas voir le Pape pour ne pas se faire remarquer ; quand ses amis de Paris lui demandent des nouvelles de la lettre des quatre-vingt-cinq, il leur répond qu'il est surveillé, qu'il a peu de connaissances à Rome, que sa santé n'est pas rétablie, qu'il a d'autres affaires qui ne lui permettent pas de disposer tout à fait de son temps. Au reste, il leur conseille d'envoyer une députation à Rome pour y défendre la vérité ; il leur donne beaucoup de raisons pour les décider à prendre ce grand parti, mais il leur donne beaucoup aussi pour leur en signaler les périls et l'inutilité. La plus considérable des raisons qu'il donne contre son projet est que « les Jésuites ont bien du pouvoir sur les officiers du Saint-Office. » L'image d'Hersent poursuivi par les sbires ne quitte pas Saint-Amour, cet Hercule comme l'appelait Brienne, cet Ajax théologien, comme l'appelle M. Sainte-Beuve. Il dissimule sa redoutable massue, effroi des Cornet, des Pereyret; au lieu de faire le lion, il fait le renard, rôle qu'Arnauld, caché sous les ailes de Dieu, jugeait digne des seuls ennemis de Port-Royal. Il s'insinua auprès de quelques cardinaux, du général des Augustins, de

---

1. *Journal* de Saint-Amour, p. 47.
2. *Ibid.*, p. 48.

plusieurs Dominicains qu'il engagea à soutenir la doctrine de Saint Augustin et de Saint Thomas sur l'efficacité de la Grâce. Avec toute sa circonspection, Saint-Amour se laissa aller à parler trop ingénument. Sous le bonhomme on découvrit le fameux janséniste de l'appel au Parlement. Il fut signalé aux Inquisiteurs, qui décidèrent de l'arrêter. Mais le Pape consulté, détourna la couronne du martyre de la tête de ce brave : *Lasciatelo andare,* laissez-le aller, dit-il, et ce fut par un jésuite (observe, peut-être avec un peu de malice, le P. Rapin) que Saint-Amour « fut averti charitablement, du danger où il était, ce qui le fit partir plus tôt, malgré les lettres très-pressantes qu'il reçut de Paris de différer son départ par le besoin qu'on avait à Rome d'un homme aussi habile que lui (1). » Les lettres de Paris étaient en effet fort pressantes. Le docteur Taignier lui écrivait :

« Nous avons considéré les raisons qui sont dans vos lettres et nous avons jugé que la députation était absolument nécessaire. Maintenant nous travaillons à la faire réussir. Messieurs de Val-Croissant et de Bourzeis entreront dans le nombre des députés, et ils iront vous trouver pour vous fortifier. Cependant vous demeurerez, s'il vous plaît, au lieu où vous êtes, et n'en partirez point que *Messieurs nos pères* vous le mandent, car vous êtes le député-né et le directeur de la députation. »

La peur fut plus forte que l'obéissance due à Messieurs les pères de Port-Royal. Pourtant Saint-Amour, qui voyageait avec un jeune gentilhomme, n'osa pas le ramener en France sans lui avoir fait baiser les pieds du Pape, et, un peu rassuré par le *Lasciatelo andare* d'Innocent X, il demanda et obtint une audience fort courte où il s'effaça le plus qu'il pût. Le 13 avril 1651, il quittait Rome, fort satisfait de s'être tiré si heureusement d'un si mauvais pas, dit le P. Rapin, et résolu de ne s'y plus exposer. Sa résolution changea à Gênes où de nouvelles lettres de Paris vinrent l'arrêter. On lui mandait que tout était perdu sans lui ; que les évêques augustiniens l'avaient choisi pour les représenter auprès du Pape ; qu'il n'y avait rien à craindre pour lui, quand on saurait qu'il était député des évêques de France, protecteurs de la doctrine de Saint Augustin ; qu'on aurait du respect pour une qualité que le droit des gens

---

1. Rapin, *Mémoires*, t. I, p. 328.

et la seule équité seraient capables de rendre inviolable, si d'ailleurs on pensait à l'inquiéter. Ainsi rassuré, Hercule reprend sa massue, Ajax redevient théologien, et plein d'une noble ardeur, il retourne à Rome, où il trouva des lettres de recommandation pour plusieurs cardinaux, les instructions des *Pères*, et une lettre des évêques augustiniens pour le Souverain Pontife.

Voici les instructions qu'il recevait de Port-Royal :

> Faites tous vos efforts possibles afin qu'on ne prononce rien sur les propositions ; mais si vous voyez qu'on voulût prononcer, il faudrait tâcher de faire faire trois choses, savoir : 1° que l'on déclarât expressément que l'on ne veut donner nulle atteinte ni à la doctrine, ni à l'autorité de saint Augustin, que le Saint-Père veut être révérée de tous les fidèles ; 2° que l'on ne prétend blesser nullement la grâce efficace par elle-même et nécessaire à toutes les bonnes actions, à tous les bons mouvements de la volonté qui regardent le salut ; 3° qu'on ne veut aussi donner aucune atteinte aux propositions selon la connexion qu'elles peuvent avoir avec la même doctrine de la grâce efficace par elle-même, nécessaire à tous les bons mouvements de la volonté. *Dites-leur que sans cela ils condamnent Clément VIII, Paul V, et toute la Congrégation de Auxiliis.* Ce n'est pas qu'il ne fût bien plus à souhaiter qu'on ne fît rien de tout ; mais, si l'on fait quelque chose, je ne vois pas de meilleur tempérament *pour donner quelque satisfaction à tout le monde* et pour ne pas réduire les choses à l'extrémité. Gardez-vous bien de proposer ce tempérament que dans la dernière extrémité (1).

On voit combien nos Messieurs redoutaient ce jugement clair et décisif que les évêques demandaient au Saint-Siége ; on voit aussi avec quel art ils s'abritent derrière saint Augustin, avec quel *désintéressement* ils proposent un tempérament qui satisfasse tout le monde, et on admire le soin qu'ils prennent de la mémoire de Clément VIII, de Paul V. Quelle foi dans ces grands serviteurs de Jésus-Christ, et tout ensemble quelle humilité : ils se défient des lumières du Saint-Esprit et lui dictent ses oracles !

Saint-Amour n'était pas pressé de communiquer à la cour romaine les sages conseils des solitaires. Sans doute, il était *député des évêques de France* ; néanmoins, il avoue dans son

---

1. Lettre de l'abbé de Val-Croissant, M. Lalane.

Journal qu'il s'imaginait de temps en temps entendre le pape dire à Albissy, l'assesseur du Saint-Office : *Faites-le prendre* (1). Tout son courage se réduisit à demander une audience au Souverain Pontife, qu'il obtint « après s'être présenté bien des fois à l'antichambre pour y débiter les raisons de son ambassade (2). » En présence d'Innocent X, Saint-Amour se retrouva bon janséniste : il fit un long et fastueux discours dans lequel il dénatura l'histoire des cinq propositions. Le Pape lui répondit que si c'était l'affaire de la bulle d'Urbain VIII, qui avait condamné la doctrine de Jansénius, la cause était définitivement jugée ; que si c'était une nouvelle affaire, il vit Albissy. Ce nom calma l'éloquence débordante de Saint-Amour ; il présenta la lettre des prélats qui le députaient, et se retira.

Bien qu'un peu longue (les Jansénistes ne savent ni parler, ni écrire avec concision) il nous faut lire cette lettre :

Très-Saint Père,

Nous avons appris que quelques-uns de Messieurs nos confrères ont écrit à Votre Sainteté touchant une affaire importante et difficile et qu'ils la supplient de vouloir bien décider nettement quelques propositions qui excitèrent l'année dernière un grand trouble dans la faculté de Paris, sans aucun fruit. Ce qui ne pouvait réussir autrement, puisque ayant été faites à plaisir et composées en des termes ambigus, elles ne pouvaient produire d'elles-mêmes que des disputes pleines de chaleur dans la diversité des interprétations qu'on y peut donner, comme il arrive toujours dans les propositions équivoques. Ainsi Messieurs nos confrères nous permettront, s'il leur plaît, de dire que nous ne saurions approuver leur dessein. Car, outre que les questions de la Grâce et de la prédestination divine sont pleines de difficultés et qu'elles ne s'agitent d'ordinaire qu'avec de violentes contestations, il y a encore d'autres raisons très-considérables, qui nous donnent sujet de croire que le temps où nous sommes n'est pas propre pour terminer un différend de cette importance : si ce n'est que Votre Sainteté veuille, pour porter un jugement solennel, ce qui ne semble pas être leur intention, y procéder selon les formes pratiquées par nos pères, reprendre l'affaire dès son origine et l'examiner toute entière et de nouveau en entendant les parties, comme firent Clément VIII et Paul V, de sainte mémoire. Car, si Votre Sainteté n'en usait pas de la sorte, ceux qui seraient condamnés se plaindraient avec justice de l'avoir été par les calomnies et par les artifices de leurs adversaires, sans avoir été entendus. A quoi ils pourraient peut-être ajouter que cette cause avait

---

1. Saint-Amour, *Journal*, 2e partie, ch. 14.
2. Rapin, *Mémoires*, t. 1, p. 378.

été portée à Votre Sainteté avant que d'avoir été jugée dans un concile d'évêques. Et pour fortifier la justice de leurs plaintes par des exemples de l'ancienne discipline de l'Église, ils allègueraient le concile d'Alexandrie contre Arius, celui de Constantinople contre Eutychès, ceux de Carthage et de Milève contre Pélage et d'autres. Et certes, Très-Saint Père, s'il était à propos d'examiner ces propositions et d'en décider, l'ordre légitime des jugements de l'Église universelle, joint à la coutume observée dans l'Église gallicane, veut que les plus difficiles questions qui naissent en ce royaume soient d'abord examinées par nous. Ce qui étant, l'équité nous obligerait de considérer mûrement si ces propositions dont on se plaint à Votre Sainteté ont été faites à plaisir pour rendre odieuses quelques personnes et pour exciter du trouble; en quels livres, par quels auteurs, en quel sens elles ont été avancées et soutenues; d'entendre sur cela de part et d'autre ceux qui contestent, de voir les ouvrages sur ces propositions, d'en distinguer les véritables sens d'avec les faux et les ambigus, de nous informer de tout ce qui s'est passé sur ce sujet depuis qu'on commence à en disputer, et après cela faire entendre au Saint-Siége tout ce que nous aurions ordonné en cette affaire (où il s'agit de la foi), afin que tout ce que nous aurions prononcé avec justice sur cette matière fût confirmé par votre autorité apostolique. Mais, en s'adressant comme on fait directement à votre siége sans que nous ayons examiné et jugé la cause, par combien d'artifices la vérité ne peut-elle point être opprimée? Par combien de calomnies la réputation des prélats et des docteurs ne peut-elle point être noircie? et par combien de tromperies Votre Sainteté ne peut-elle pas être surprise? car d'un côté on voit ceux en faveur desquels messieurs nos confrères ont écrit à Votre Sainteté soutenir fermement et opiniâtrement que le plus grand nombre des scolastiques est de leur opinion, et que leur doctrine est plus conforme à la bonté de Dieu et à l'équité de la raison naturelle; d'autre part, ceux qui s'attachent entièrement à saint Augustin déclarent que les questions dont il s'agit ne sont plus problématiques; que c'est une affaire finie il y a longtemps; que ce sont les décisions des conciles et des papes, et principalement du Concile de Trente, dont les décrets sont presque entièrement composés des paroles et des maximes de saint Augustin, comme tous ceux du second concile d'Orange. Ainsi, au lieu d'appréhender notre jugement et le Vôtre, ils le désirent, ayant sujet de se promettre de Votre Sainteté, qu'étant assistée du Saint-Esprit, Elle ne se départira point en la moindre chose de ce qui a été ordonné par les saints Pères, et qu'il n'arrive pas que la réputation du Saint-Siége et de l'Église romaine tombe dans le mépris des hérétiques, qui observent de près jusques aux moindres de ses actions et de ses paroles. Mais nous avons sujet d'espérer que cela n'arrivera jamais, principalement si, pour retrancher à l'avenir toute contestation, il plaît à Votre Sainteté, en marchant sur les traces de vos prédécesseurs, d'examiner à fond cette affaire et d'entendre selon la coutume les défenses et les raisons des parties. Ayez donc agréable, Très-Saint Père, ou de permettre que cette dispute si importante qui dure depuis plusieurs siècles, sans que l'unité catholique en ait été altérée, continue encore un peu de temps, ou de décider toutes les questions en y observant les formes légitimes des jugements ecclésiastiques. Et que Votre Sainteté emploie, s'il lui plaît, tout son zèle pour faire que les intérêts de l'Église, qui a été confiée à sa conduite, ne soient blessés en aucune sorte dans cette rencontre. Dieu veuille durant plusieurs années combler Votre Sainteté de toute prospérité et de tout bonheur.

Ainsi, ils parlent au nom de l'Église gallicane ; ils disent dédaigneusement des quatre-vingt-cinq : *quelques-uns de Messieurs nos confrères;* ils accusent de mensonge ceux qui ont extrait les cinq propositions, et d'imprudence ceux qui demandent qu'elles soient jugées ; ils apprennent au Souverain Pontife que le temps n'est pas opportun pour terminer ce différend, et lui enseignent, au cas qu'il voulût le terminer, la marche qu'il doit suivre : qu'il entende les deux parties, surtout qu'il ne s'expose pas à ce qu'on puisse lui reprocher que la cause n'a pas été jugée par un concile d'évêques avant d'avoir été portée au Saint-Siége, car c'est la règle de l'Église universelle et en particulier de l'Église gallicane ; ils lui font connaître, pour l'instruire des soins qu'il doit prendre dans son jugement, les précautions minutieuses dont ils entoureraient eux-mêmes leur décision; ils l'avertissent que sans cette décision préalable, la vérité peut être opprimée, le Saint-Siége trompé, leur réputation noircie ; ils lui annoncent que le Saint-Siége et l'Église romaine tomberaient dans le mépris, s'il s'écartait en la moindre chose de ce qui a été ordonné par les Pères qui ont depuis longtemps tranché en leur faveur les questions de la grâce ; ils l'invitent enfin à employer tout son zèle à sauvegarder les intérêts de l'Église dans cette rencontre.....

Et ceux qui tiennent au Souverain Pontife cet impudent langage sont au nombre de........ *Onze !* A leur tête figure l'archevêque de Sens, cet Henri de Gondrin que toutes les larmes des pénitents du *saint Désert* ne laveront jamais des hontes de son épiscopat (1). Quelle différence entre ces onze et les quatre-

---

1. Saint-Cyran les avait lavées par avance en émettant ce principe : « Un évêque qui n'est pas lâche, qui s'oppose aux puissances en parlant libre-

vingt-cinq ! Les uns demandent simplement une sentence claire et définitive à laquelle ils se soumettent par avance, soit qu'elle les frappe, soit qu'elle les justifie ; les autres plaident, récriminent, menacent, et formulent le jugement que le Saint-Siége doit rendre contre leurs adversaires. On sent que l'esprit de saint Vincent de Paul anime ceux-là, tandis que ceux-ci s'agitent au souffle de l'erreur.

Cependant, le roi et la reine-mère avaient joint leurs instances à celles des évêques, et demandé à Innocent X de se prononcer sur les cinq propositions. Ils avaient été devancés par le roi de Pologne, Casimir, dont la cour, où le confesseur de la reine, François de Fleury, avait apporté la doctrine d'Arnauld et de Jansénius, retentissait de bruyantes querelles théologiques. Le pape résolut de satisfaire tous ces vœux.

Sur la nouvelle qu'on en eût bientôt à Port-Royal, on s'y décida à presser le départ des docteurs choisis *pour fortifier* Saint-Amour. Ces députés de renfort furent Jacques Brousse, chanoine de Saint-Honoré, La Lane, abbé de Val-Croissant, Angran, licencié de la Faculté. Cornet peignait ainsi les deux premiers dans un mémoire adressé au P. Dinet :

Vous saurez donc, mon Révérend Père, que Brousse a passé dans la Faculté pour un esprit faible, qu'il a cru la venue de l'Antechrist ; qu'il a suivi avec admiration un visionnaire comme lui, qui se disait le Paraclet ; qu'il a été mis en prison pour avoir prêché séditieusement ; qu'il a été souvent interdit de la prédication ; qu'il est un de ceux qui s'opposèrent à mon syndicat parce que j'étais trop attaché au Pape. Il s'est élevé hautement dans la Faculté contre ces deux propositions : 1° *On ne peut appeler à aucun tribunal du jugement du Pape*; 2° *Les évêques sont institués par le Pape*; il me dénonça à l'avocat général Omer Talon de ce que j'avais laissé passer dans une thèse ces deux propositions. Il est colère et s'emporte aisément.

L'abbé de La Lane est aussi prompt que le premier, mais il n'est pas si fou ; c'est lui qui a composé le livre de la Grâce efficace par elle-même ; il s'est déclaré contre le Pape et contre les religieux en toutes occasions dans la Faculté. Et quoiqu'il soit superbe et emporté, il a plus de modération que le premier.

Saint-Amour est aussi opposé au Pape que les deux autres, plus caché, mais aussi plus ignorant.

ment peut purger par cette unique action tous les péchés de sa vie, quelques grands qu'ils soient. » Lancelot, *Mémoires*, t. II, p. 125. — C'est le *pecca fortiter et crede fortius* de Luther.

Plus ignorant ! Devenu docteur par la grâce des omelettes et du bon vin, Saint-Amour n'eut jamais le temps d'étudier. Ses travaux d'*Hercule* et ses combats d'*Ajax* le détournèrent sans cesse de la science. N'importe, il est resté, aux yeux de M. Sainte-Beuve, *le grand champion janséniste*. Cela suffit à sa gloire.

Pour Angran, dit le P. Rapin, c'était un jeune homme de peu de capacité, mais qui était devenu considérable par l'attachement du docteur Arnauld à sa sœur, sa pénitente bien-aimée et sa dévote favorite.

Comme les onze prélats s'appelaient *les évêques de France*, nos trois docteurs se dirent *les députés de la Sorbonne*. Ils arrivèrent à Rome le 5 décembre 1651. Ils commencèrent aussitôt « leurs sollicitations auprès des Cardinaux avec tout le faste que l'abondance et les recommandations du parti pouvait leur donner ; ils firent par leur équipage et par leur dépense un fort grand bruit dans un pays où l'on a bien de la considération pour cet éclat extérieur qui va à l'ostentation.... Pour se bien mettre dans l'esprit de l'ambassadeur de France, ils s'attachèrent d'abord à lui faire la cour et à l'accompagner dans les marches qu'il faisait, où il lui fallait du cortége, pour gagner par là ses bonnes grâces (1). »

Tandis que les députés *de la Sorbonne* donnaient ainsi à leur titre, déjà fort brillant par lui-même, le relief des faveurs du représentant du roi et de leur grand train, le docteur Hallier, qui avait été élu syndic à la place de Cornet, ne perdait pas de vue les intérêts de la bonne cause qu'il avait embrassée avec autant d'ardeur que de sincérité. De Paris, il suivait les quatre docteurs dans leurs menées à Rome et s'opposait au progrès de leur crédit. Il employait à cette fin un cordelier son parent, le P. Mulard. « C'était un homme qui n'avait pour tout talent de négociateur que bien de la hardiesse et encore plus de témérité ; ces deux qualités jointes à celle d'un froc qui se fourre partout, étaient tout le mérite du pélerin (2). » Ce singulier personnage instruisait très-bien son patron de ce qui se passait à Rome et il inspirait une vraie terreur aux jansénistes. Qu'on en juge parce qu'en écrivait Taignier à Saint-Amour :

---

1. Rapin, *Mémoires*, t. I, pp. 415, 425.
2. *Ibid* t. I, p. 414

Le P. Mulard est véritablement le Mercure de M. Hallier ; c'est lui qui est le porteur de ses lettres, c'est lui qui est l'interprète de ses pensées et de ses conceptions chimériques. Il n'a point trouvé d'homme plus propre que ce moine... pour insinuer ses calomnies et ses injures dans l'esprit du sieur Albizzy et ceux d'entre les qualificateurs, les consulteurs et les officiers desdites congrégations qui sont aux gages des Jésuites. Il était bien raisonnable que ce sage docteur, qui autrefois avait très-courageusement défendu l'honneur et les droits du clergé de France (*au temps de ses petits régals avec Saint-Amour*), et qui depuis, par un horrible changement, est devenu l'ami de ceux qui ont toujours tâché de flétrir cet honneur,... n'eût pas d'autre interprète de ses mauvais desseins qu'un moine, c'est-à-dire, un véritable adversaire et un ennemi juré de la sainte hiérarchie. C'est en cela que consiste le jugement de Dieu sur ce docteur déplorable et c'est par cette infâme commission que Dieu veut faire connaître à toute l'Église de France qu'il ne l'a jamais servie avec toute la sincérité et l'affection qu'il devait.....

Saint-Amour, qui devait pourtant son bonnet de Docteur au nouveau syndic, répondait qu'il fallait dénoncer Hallier à l'Université et faire prendre contre lui des conclusions. « Si on mortifie cet homme comme il le mérite, s'écriait-il, quel exemple pour les siècles à venir et pour ceux qui entrent dans des pratiques semblables aux siennes ! »

Mais l'*Ajax théologien* ne dédaignait pas les finesses d'Ulysse. Il disait à Taignier :

Pour les personnes qui ont donné charge au P. Mulard......, je n'en ai point voulu parler du tout afin que si l'Université prenait ensuite des conclusions rigoureuses et humiliantes pour elles.. ... ces mêmes personnes me considérassent moins comme l'auteur de leur disgrâce. Tout ce que j'ai pu faire a été de les désigner et de les nommer dans des endroits de ma lettre qui ne semblaient pas tendre à cette fin, mais sur lesquels néanmoins l'Université peut se fonder légitimement pour en conclure tout ce que bon lui semblera..... Il faut, s'il vous plaît, faire observer à M. le Recteur fort soigneusement, qu'il manie ma lettre de telle sorte qu'il paraisse au dehors qu'on en a plus reconnu que je n'avais dessein d'en découvrir..... (1).

M. Sainte-Beuve remarque quelque part que Saint-Amour, *dans son grand coffre, avait de l'esprit*. En attendant que nous trouvions son esprit, nous trouvons ici sa morale : elle est aussi large que son coffre est grand.

1. *Mémoires* du P. Rapin, *dans les notes*, t. I, p. 416, 417.

Hallier et *son Mulard*, comme dit *élégamment* Saint-Amour, n'agissaient qu'en leur nom, et les docteurs catholiques songeaient à envoyer à Rome une députation qui pût parler au nom des évêques et de la Sorbonne. Ce projet ne s'exécutait jamais. La Providence le fit aboutir par des voies singulières. « Le Moyne, raconte le P. Rapin, sollicitait Dominique Séguier, évêque de Meaux, de faire proposer au clergé la nécessité qu'il y avait de penser à un fonds pour les frais d'une députation de docteurs à Rome ; ce prélat promettait de s'y employer, et rien ne se faisait, lorsqu'il tomba entre les mains de Jean Colombet, curé de Saint-Germain l'Auxerrois, une lettre venant de Rome, écrite par Saint-Amour ou par quelqu'un de ses collègues, pleine d'insultes, avec ces termes : *Ces fanfarons de molinistes qui faisaient tant de bruit à Paris, n'osent paraître à Rome.* Cette lettre qui courut par la ville et dont on faisait des trophées à Port-Royal, tomba par hasard entre les mains de Colombet. C'était un homme de bien, mais de petit génie, et ce fut d'un instrument si faible dont Dieu voulut bien se servir pour commencer ce grand œuvre de la députation des docteurs de Sorbonne, dont dépendait tout le succès de l'affaire de la condamnation des Propositions. Cet homme, touché des railleries que faisaient déjà les jansénistes..... réveilla les esprits dans la Sorbonne, et après avoir fait faire une quête par les dames de sa paroisse, où l'on trouva environ mille écus, il fut porter cette petite somme au docteur Hallier, son ami, pour l'exciter par là à penser au voyage de Rome. Ce docteur qui n'avait rien tant à cœur fut bientôt persuadé. Et comme tout citoyen peut se faire soldat quand sa patrie est attaquée, il crut que tout docteur de Sorbonne peut se députer lui-même pour la défense de la Religion dans une nécessité pareille à celle-ci. ...... Il jette les yeux sur Lagault, docteur de Sorbonne comme lui, son ami et son allié, et sur Joysel qu'on jugea plus propre que les autres par l'accès qu'il pourrait avoir à la cour de Rome sur le crédit de son frère, célèbre banquier en cette cour, ce docteur ayant les autres qualités de capacité et de vertu requises à une affaire de cette importance. Ce fut de la sorte que se fit la députation des docteurs catholiques....... (1). »

Les quatre-vingt-cinq évêques, Cornet et ses amis, approu-

---

1. Rapin, *Mémoires*, t I, p. 430.

vèrent la résolution et les choix du syndic, remplacé, au mois d'octobre 1657, par le docteur Grandin, au grand mécontentement des jansénistes qui écrivaient, quelques jours avant sa nomination, à leurs amis de Rome : « On s'opposera à l'élection de M. Grandin, à cause de sa qualité *infâme* de censeur des livres. » La reine recommanda la députation à l'ambassadeur de France, et, témoignage plus glorieux encore pour nos docteurs, M. Olier, M. de Bretonvilliers, et saint Vincent de Paul contribuèrent aux frais de leur voyage et de leur séjour à Rome. Ces héros de la charité et du zèle pastoral savaient que l'homme ne vit pas seulement de pain, et ils estimaient que ce n'était point détourner de leur destination les trésors qu'ils versaient dans le sein des malheureux que d'en consacrer une partie à assurer, dans toute sa pureté, à leurs contemporains l'indispensable aliment de l'âme : la vérité.

. Voilà « *toute cette manœuvre* (1) » qui porta le procès à Rome. Les *Messieurs* n'eurent pas assez d'anathèmes contre ceux qui la conduisirent. Leurs appels aux barricades, leurs violentes interruptions dans les assemblées de la Faculté, leurs requêtes multipliées au Parlement, leurs injurieuses *considérations* en latin et en français, leurs rugissements de lionceaux, leurs applaudissements à l'intervention de la justice séculière vivement sollicitée, leurs dénonciations ténébreuses, leurs insinuations perfides, ils ont tout oublié, et, levant au ciel leurs mains sans tache, ils s'écrient :

On voyait d'un côté tout ce que la malice la plus raffinée et la prudence la plus artificieuse pouvaient produire, et l'on ne voyait de l'autre que *l'innocente simplicité de la colombe* qui avait à se défendre contre *les détours et les ruses des plus vieux serpents*, et *une douceur d'agneau* qui avait à lutter *contre des loups,* qui ne se mettaient point en peine de se couvrir de la peau de brebis. Des gens d'une profondeur de pensée digne des Achitophels, dont la politique animait tous les ressorts des vieillards infatués, confirmés dans la fourberie, tramaient sourdement des pièges, se riaient en secret de la bonté de ceux qu'ils attaquaient, remuaient tout contre eux, sollicitaient sans bruit Rome et la France, et faisaient éclater tout d'un coup ce qu'ils avaient malignement concerté pendant un long temps, *sans qu'on eût aucune ressource pour parer des coups imprévus : tant ils avaient bien pris les devans* (1).

1. Sainte-Beuve, *Port-Royal*, t. III, p. 12.
2. Fontaine, *Mémoires*, t. I. p. 125, 126.

Nous pourrions demander à M. Sainte-Beuve ce qu'il pense de la mesure et de la vérité de ce langage, et pourquoi il n'a pas un mot de blâme pour ces excès, lui qui s'indigne d'entendre le P. Brisacier appeler, précisément à l'époque où nous sommes, les religieuses de Port-Royal *Vierges folles, impénitentes, incommuniantes*, et même *Callaghanes !* du nom de M. de Callaghane, un de leurs amis dévoués, comme il s'indignait autrefois contre le P. Nouet dont l'éloquence se laissa aller à des « mots peu élégants », comme il s'indignera plus tard contre le P. Meynier, assez osé pour prétendre que le jansénisme « ruinait le mystère de l'Incarnation ? » Il nous répondrait peut-être encore ce qu'il écrivait, en un jour de sincérité, à M. Gorini.

Ne l'obligeons pas à renouveler cet aveu ; plaçons plutôt à côté des accusations d'intrigue, de manœuvre que Fontaine fulmine avec l'indignation d'un croyant de Port-Royal, et que M. Sainte-Beuve formule froidement, comme il sied à un sceptique, une citation du P. Rapin qui les réfute victorieusement. Le P. Rapin parle de l'éclat avec lequel les députés jansénistes paraissaient à Rome, et il ajoute : « L'on ne voulait faire du bruit que pour marquer avec plus de faste la bonne opinion qu'on avait du succès de cette affaire, dont on venait tête levée poursuivre le jugement par une députation si célèbre et par l'empressement qu'on faisait paraître de vouloir être jugé. Mais Dieu, qui, par des ressorts secrets de sa providence, va à son but avec sa douceur et sa force ordinaires, se servait de la vanité de ces gens-là pour les aveugler en les faisant eux-mêmes solliciteurs d'une décision sur les propositions dont il s'agissait, qu'ils appréhendaient comme l'écueil où la nouvelle doctrine devait échouer. Car la députation des docteurs jansénistes réveilla les esprits des personnes zélées pour la religion et les fit penser à une députation de docteurs catholiques pour l'intérêt de l'Église. Ce qui fut une disposition pour engager le pape à connaître le fond de cette affaire, et pour imposer silence aux deux parties par une solennelle décision, ainsi que nous verrons dans la suite (1). »

1. Rapin, *Mémoires*, t. III, p. 386.

IX.

Condamnation des cinq Propositions : Actualité et beauté du récit du P. Rapin. — M. Sainte-Beuve, « âme libre, » *en juge différemment* : sa manière de *débrouiller et définir les choses*. — Manœuvre des députés jansénistes à Rome. — Arrivée des députés catholiques. — Portrait d'Innocent X. — Le Pape nomme une congrégation. — Contraste de conduite entre les députés. — La congrégation commence ses travaux : Mode de procéder. — Injustes récriminations des jansénistes. — Traits de ressemblance entre le *libéralisme* contemporain et le jansénisme. — Les intrigues de l'Opposition janséniste rappellent celles de l'Opposition libérale au concile du Vatican : elles ne réussissent pas. — Admirable constance d'Innocent X. — Dernières instructions de « MM. les Pères » de Port-Royal à leurs députés : Comble de l'impudence et de la présomption. — Saint-Amour et ses collègues parlent devant le Pape « très-fortement, très-agréablement. » — Espérances *de quinze jours*. — Suprêmes et viles démarches pour obtenir l'ajournement de la bulle. — La bulle paraît. — Sentiment des jansénistes : Leur sympathie pour Genève. — La bulle est reçue en France. — « Les haleines de Port-Royal. »

Personne n'a mieux raconté que le P. Rapin l'histoire de la condamnation des cinq Propositions. Son récit est d'autant plus intéressant qu'il est plein d'actualité ; on y voit à l'œuvre l'infaillibilité pontificale solennellement proclamée de nos jours ; on y apprend comment le Souverain-Pontife personnellement infaillible exerce cette divine prérogative. A côté des docteurs et des évêques qui demandent simplement une décision et s'y soumettent par avance, qu'elle leur soit favorable ou contraire, on trouve d'autres docteurs et d'autres évêques, « grands hommes, éloquents, hardis, décisifs, » qui prétendent diriger la procédure, qui dictent l'oracle que le Saint-Esprit doit rendre, qui appellent à leur aide le pouvoir civil et l'opinion publique, qui crient à l'inopportunité, qui accusent la cour romaine de tyrannie parce qu'elle ne veut pas ouvrir à leur éloquence le champ d'une dispute publique et contradictoire, qui accusent les jésuites de tout mener, qui cherchent enfin, par toutes sortes d'intrigues, à temporiser, espérant que la mort du Pape déjà bien vieux viendra bientôt détourner le coup dont ils se sentent menacés. Au milieu de cette agitation, on contemple avec joie un pape de plus de quatre-vingts ans calme et souriant à tous, mais ferme, actif, vigilant, poursuivant son but avec une invincible constance, « consultant toutes les lumières de la terre, comme s'il n'avait rien à espérer des lumières du ciel, et, après s'être éclairci des choses dont il avait à décider, s'adressant à Dieu comme s'il n'avait rien eu à attendre des hommes (1). » Et lorsque, remontant du XVIIe siècle au nôtre, d'Innocent X à Pie IX, on retrouve la même grandeur planant victorieuse sur les mêmes misères vaincues, on se sent fortifié, malgré les épreuves du temps, dans la foi au perpétuel triomphe des Vicaires de Jésus-Christ et de la sainte Église : alors on bénit Dieu de tenir, au-dessus des sept collines de Rome, toujours radieux, toujours vainqueur de la poussière, des nuages et des ténèbres, ce soleil de la papauté qui illumine le monde.

M. L. Aubineau, l'éditeur du P. Rapin, écrit donc avec raison : « Je suis persuadé qu'aucun catholique ne saurait lire sans se réjouir et remercier Dieu les livres VII et VIII de nos *Mémoires* (2). » M. Sainte-Beuve (il aurait pu se dispenser de nous en prévenir) n'est pas de cet avis. « L'éditeur des *Mémoires*, dit-il, recommande ces livres ou chapitres à l'admiration des âmes catholiques romaines: les âmes libres ou simplement chrétiennes en jugeront différemment (3). » Ame libre ou *simplement* chrétienne, M. Sainte-Beuve résume et juge en quelques lignes *l'affaire de la bulle et les circonstances de son enfantement*.

... Le principal artifice contre eux (les avocats jansénistes) leur paraissait consister en ce qu'on refusa de les entendre contradictoirement à leurs adversaires. Saint-Amour et ses amis, tout pleins et bouillants de leur doctrine, et déjoués sous main, sans la pouvoir faire éclater et retentir, s'écrient volontiers comme le héros :

Et combats contre nous à la clarté des cieux !

Le récit de leurs mésaventures serait long. Voulaient-ils faire imprimer à Rome, à leurs frais, les livres de saint Augustin qu'ils jugeaient

---

1. Rapin, *Mémoires*, t. II, p. 2.
2. *Préface*, p. XXIV.
3. *Port-Royal*, t. III, p. 19.

décisifs sur la matière, et qu'on y lisait peu, ou qui même y étaient assez rares, ils éprouvaient pour l'impression mille difficultés que leur suscitait Albizzi, lequel cependant laissait imprimer à leur barbe un écrit du P. Annat adversaire. Ils étaient obligés, souvent, pour faire arriver leurs écritures au Pape, d'attendre son retour de promenade et de le saisir au passage dans l'antichambre. On assure que le Pape hésita jusqu'au dernier moment : arrivé au bord du fossé, dit Pallavicino (l'un des membres de la congrégation), il s'arrêta court, et on ne pouvait le faire avancer... Mais les cardinaux adversaires poussèrent a une conclusion prompte, et touchèrent le ressort de l'infaillibilité personnelle. Le Pape avait dit un jour à Saint-Amour, en lui montrant son Crucifix : « Voilà mon conseil en ces sortes d'affaires. » En effet il répéta par la suite à M. Bosquet, évêque de Lodève, qu'à cette occasion le Saint-Esprit lui avait fait voir clairement la vérité, en lui dévoilant dans un moment les matières les plus difficiles de la théologie : espèce d'*infaillibilité d'enthousiasme* qui parut une énormité à tous les catholiques non ultramontains (1).

M. Sainte-Beuve écrit trois ou quatre pages de ce ton dégagé et assuré : c'est ce qu'il appelle *débrouiller les choses et les définir*. Il juge que cela suffit pour prouver que les âmes catholiques romaines ont tort de juger de l'affaire de la bulle différemment que les âmes libres ou simplement chrétiennes. Il demande même pardon « d'avoir à toucher des matières du dehors qui le jettent si loin de ces études chéries, de ces sérieux et nobles entretiens, de ces graves et saints caractères, son véritable, son unique sujet. » « Mais, dit-il, ils furent nobles et humbles à ce prix. Le monde du dehors fut tel pour eux que je le montre. » Ce bon et tendre ami des *Messieurs* voit le monde du dehors avec la liberté de son âme qui est grande, et la simplicité de son christianisme qui est extrême. Sa liberté d'âme lui permet de tout débrouiller, de tout définir à l'avantage de ses clients ; sa simplicité de christianisme ne lui permet pas de soupçonner que Dieu se servait des docteurs jansénistes et des docteurs catholiques, des consulteurs et du Pape, pour tout débrouiller et tout définir à l'avantage de l'Église. M. Sainte-Beuve eût peut-être compris l'importance du débat engagé devant le Saint-Siége et l'ineptie des termes d'*infaillibilité d'enthousiasme*, qu'il emploie pour désigner l'infaillibilité personnelle du Souverain-Pontife, s'il avait ap-

1. *Port-Royal*, t. III, p. 19, sq.

profondi ces *matières du dehors*, auxquelles il craint de toucher. Il s'est surtout privé d'une grande jouissance en ne jetant qu'un coup d'œil dédaigneux sur *le monde du dehors. Ces graves et saints caractères* qu'il admire tant (l'admiration n'est pas le partage exclusif des *âmes catholiques romaines*), ne brillent pas dans ce monde du dehors d'un moindre éclat que que dans l'ombre sacrée de Port-Royal. Il aurait pu continuer avec eux ses *sérieux et nobles entretiens*, et applaudir encore à l'*élévation*, à l'*humilité* de leur cœur. Donnons-nous ce plaisir que s'est refusé M. Sainte-Beuve, de peur sans doute d'admirer les livres VII et VIII des Mémoires du P. Rapin, où nous trouvons les *Messieurs* tels qu'ils furent pour ce monde du dehors, et ce monde tel qu'il fut pour eux.

Pendant que les docteurs catholiques s'acheminaient vers Rome, Saint-Amour et ses compagnons n'épargnaient rien pour prévenir les esprits en faveur de la doctrine de Port-Royal. Non contents de *cortéger* l'ambassadeur de France, de visiter les cardinaux, de solliciter les généraux d'ordre, ils préparèrent une édition des Traités de saint Augustin contre Pélage. Ils eurent soin de joindre au texte (ce que M. Sainte-Beuve ne dit pas), des notes où ils distillèrent les erreurs de Jansénius. Ces notes n'échappèrent pas à l'œil vigilant de l'assesseur du Saint-Office, lequel fit saisir l'édition chez l'imprimeur, Ignatio Lazara. A cette nouvelle, les députés courent chez le cardinal Spada, dont ils avaient gagné les bonnes grâces; ils se plaignent vivement du procédé : « Où est la liberté, lui disent-ils, s'il ne nous est pas permis de faire imprimer les ouvrages de saint Augustin, pour montrer la conformité de notre doctrine avec la sienne ? » Le cardinal promet de leur faire rendre justice et se hâta d'aller informer le Pape de ce qui se passait. « A quoi bon, lui répondit Innocent X, imprimer saint Augustin dont les bibliothèques sont pleines ? » — M. Sainte-Beuve affirme cependant que les livres de saint Augustin y étaient assez rares. — « C'est en petit qu'ils l'impriment, dit le cardinal, pour le faire voir plus commodément à leurs commissaires, qui pourraient s'effaroucher d'un saint Augustin en grand, qu'il faudra souvent consulter. » Il ajouta (ce que nos Messieurs lui avaient persuadé) que ce n'était que pour faciliter ces recherches qu'on avait pensé à cette édition, et que Sa Sainteté pourrait donner lieu de croire aux députés qu'elle était prévenue contre eux si elle leur ôtait un moyen si innocent de se défendre. Le Pape fit appeler Albizzi, l'assesseur du Saint-Office, pour savoir le mystère de cette affaire. Celui-ci expliqua au Souverain-Pontife comment les docteurs jansénistes, n'ayant pas eu le front de falsifier le texte de saint Augustin, qu'on aurait aisément vérifié par d'autres éditions, avaient falsifié les notes marginales, où ils avaient mis les principaux points de leur doctrine... Il fut d'avis qu'on leur permit d'imprimer saint Augustin sans notes. Le cardinal Spada se retira assez honteux d'être venu soutenir de son crédit un pareil artifice.

Il nous semble qu'au lieu d'être *déjoués sous mains*, nos docteurs cherchaient à jouer sous mains leurs adversaires. Puis, voyez ces héros toujours prêts à s'écrier :

Et combats contre nous à la clarté des cieux !

Le P. Annat lance contre eux, au grand jour, son traité *de Libertate incoacta* ; aussitôt ils en appellent au Pape et à l'ambassadeur, pour obliger ce vaillant défenseur à rester dans l'ombre et à cacher ses armes. Au lieu de combattre à la clarté des cieux, ils préféraient intriguer. Ils couraient de chez le P. Luca Vadingo, religieux de l'ordre de l'étroite-Observance, chez le P. Raphael Aversa, clerc régulier du couvent de Saint-Laurent *in Lucina* ; de chez le P. Ubaldin, général des Somasques, chez le P. Hilarion Rancati, supérieur du couvent de Sainte-Croix de Jérusalem. Leur assiduité, leurs flatteries, leurs honnêtetés, et l'éclat de leur train, car ils allaient toujours en équipage, suivis d'estafiers, éblouirent ces bons Pères et les séduisirent. Ils gagnèrent aussi le général des Augustins et celui des Dominicains. On s'imagine aisément, vu l'importance des personnages, de quelles caresses nos Messieurs les entouraient. Ils ne manquaient pas d'envoyer à Port-Royal les bulletins de leurs conquêtes, qui passaient de main en main dans le parti, où l'on disait triomphalement : « Les généraux d'ordre se déclarent ! »

Cette belle ardeur ne faisait point oublier aux députés de la Sorbonne les soins dus à leur santé. M. Brousse quitta la Ville-Éternelle, persuadé que l'air n'y était pas bon pendant l'été. Quand M. Hallier et ses compagnons arrivèrent à Rome, le Pape, qui les reçut avec le plus bienveillant empressement, leur avoua en souriant qu'il avait été peu édifié « de la délicatesse du chef de la députation de leurs adversaires, dont le zèle pour sa foi n'aurait pas été assez fort pour soutenir les premiers rayons des chaleurs du mois de mai. » Dans cette première audience, Hallier harangua Innocent X en italien, n'omit rien, *et ne fut pas ennuyeux*, dit Lagault (1), qui pensait certainement aux flots intarissables de l'éloquence janséniste. Il lui déclara que l'affaire des *cinq propositions* n'avait rien de commun avec celle *de Auxiliis*, agitée sous Clément VIII ; qu'il s'agissait de savoir si le livre de l'évêque d'Ypres avait été censuré dans les formes, et qu'ils n'étaient venus que pour lui demander la confirmation de la bulle d'Urbain VIII. Après ce discours, Hallier remit au Pape la lettre des 86 évêques, dont les sentiments pleins de respect et de soumission envers le Saint-Siége firent encore mieux ressortir aux yeux du Souverain-Pontife l'inconvenance des conseils et des menaces que lui avaient envoyés les prélats de Port-Royal.

On sut bientôt dans Rome avec quelle amabilité Innocent X avait accueilli les députés catholiques. Saint-Amour en devint rêveur. Lagault écrivait à un de ses amis de Paris :

Depuis notre audience, nos ennemis ont bien rabattu de leur caquet: ils viennent nous sonder pour découvrir nos desseins : nous ne les ménageons pas, et nous ne faisons rien sans bon conseil, dont nous sommes bien assistés ici. Au reste que Messieurs les jansénistes disent ce qu'il leur plaira, il y a ici (apprenez-le, M. Sainte-Beuve) des bonnes têtes et des gens *qui lisent et entendent* saint Augustin pour le moins aussi bien qu'eux : ils veulent leur persuader que sous le nom de Jansénius le dessein des jésuites est d'attaquer leur doctrine. C'est pourquoi nous vous prions de voir à Paris les docteurs jacobins et de faire en sorte qu'ils écrivent à leur général que cette affaire n'a rien de commun avec la doctrine de son ordre : ce qui est si véritable que nous l'avons déclaré au pape dans notre *Mémorial :* et nous avons eu le bonheur de commencer à lui plaire par cette déclaration.... (2)

M. Sainte-Beuve, qui a sur le caractère d'Innocent X « de *curieux* renseignements, des renseignements que tout garantit judicieux et impartiaux, » puisque M. Henri Arnauld les lui fournit, ne reconnaît à ce pape d'autres qualités que l'indécision, l'avarice et la finesse ; il nous le représente hésitant jusqu'au dernier moment dans l'affaire des *cinq propositions*, puis tranchant tout à coup le débat par un moment d'inspiration

1. Lettre du 17 juin,
2. Lettre du 16 juin.

du Saint-Esprit, et un coup d'*infaillibilité d'enthousiasme*. Nos renseignements sont moins *curieux* que ceux de M. Sainte-Beuve, mais ils sont plus judicieux et plus impartiaux. Écoutons le P. Rapin :

Le pape allait cependant son chemin et suivait le plan qu'il s'était lui-même proposé. C'était un homme de tête, résolu, à qui on n'en faisait pas aisément accroire, d'un grand sens pour les affaires, éclairé, ne se fiant aux yeux d'autrui que quand il ne pouvait pas s'instruire par lui-même. Sa sobriété était si grande qu'il ne dépensait pour sa table que deux *jules* par repas, à ce qu'on dit. (*Henri Arnauld, devenu évêque d'Angers, aimait les longs et somptueux repas ; M. Sainte-Beuve était un peu janséniste en cet endroit, même le Vendredi saint : on comprend leur antipathie par les deux* JULES *d'Innocent X.*) Le peu de temps qu'il donnait à sa nourriture lui en donnait un plus grand pour les affaires, qu'il aimait, parce que sa capacité lui rendait tout facile et que son expérience le mettait en état de n'être presque jamais surpris (1).

C'est avec ces qualités que le Souverain Pontife commença l'examen des *cinq propositions*. Il nomma une congrégation composée des cardinaux Roma, Spada, Ginetti, Ceccini, Chigi. Il choisit Roma parce qu'il le croyait homme de bien, incorruptible, zélé pour l'intérêt de la religion ; Spada, parce qu'il connaissait sa capacité ; Ginetti, parce qu'il était doux, patient, laborieux ; Ceccini, parce qu'il était dataire ; Chigi, parce qu'il était son secrétaire d'État. Aux garanties qu'offraient cette congrégation, Innocent X joignit d'autres précautions. Il fit écrire aux Universités d'Allemagne et d'Espagne pour leur demander leur sentiment sur les cinq propositions. Il joignit aux cardinaux onze consulteurs pris parmi les plus célèbres théologiens. « Enfin, dit admirablement le P. Rapin, il consulta toutes lumières de la terre comme s'il n'avait rien à espérer des lumières du ciel, et, après s'être éclairci des choses dont il avait à décider par toutes les voies que pouvait lui fournir la prudence humaine, il s'adressa à Dieu comme s'il n'avait rien à attendre des hommes. » Si M. Sainte-Beuve sait ce que signifie son *infaillibilité d'enthousiasme*, il doit voir que ce ne fut point celle d'Innocent X. Mais peut-être ne s'entend-il pas bien lui-même.

1. Rapin, *Mémoires*. t. I, p. 491.

Le 11 juillet 1652, l'établissement de la congrégation fut notifié aux députés jansénistes, chez le cardinal Roma, qui leur dit : « Vous êtes ici, Messieurs, au nom de quelques évêques de France, comme aussi au vôtre, pour avoir de Sa Sainteté l'éclaircissement de quelques propositions qui font beaucoup de trouble en France. Le pape a ordonné sur ce sujet une congrégation, ainsi que vous l'avez demandé, et afin que vous puissiez aller informer en particulier, si vous le voulez, les cardinaux qui en sont, vous serez averti qu'il y en a cinq, savoir : Spada, Ginetti, Ceccini, Chigi et moi. Quand vous serez prêts aussi, et que vous désirerez nous parler à tous ensemble en congrégation, vous nous avertirez ; nous prendrons un jour pour le faire et nous vous le dirons. »

M. l'abbé de Valcroissant répondit en latin. M. le cardinal Roma dit encore un mot pour témoigner le désir qu'il avait lui-même que cette congrégation produisit tous ses bons effets et l'espérance qu'il en concevait. « Nous lui en fîmes nos très-humbles remerciements, et il nous conduisit jusques où il put vers la porte de la chambre, avec des excuses qu'il nous fit de ce que sa lassitude ne lui permettait pas d'aller plus loin. Ce que je ne rapporte pas, ajoute Saint-Amour, qui s'extasie à diverses reprises sur la politesse des cardinaux et des prélats romains, pour aucun avantage ni satisfaction que nous en puissions tirer pour ce qui nous touche, mais seulement pour rapporter comme les choses se sont passées et reconnaître en passant la bonté et la courtoisie de ce pieux cardinal (1). » Messieurs de Port-Royal oublieront bientôt cette courtoisie et cette piété de leurs juges.

Les députés catholiques furent à leur tour appelés chez le même cardinal. « Nous avons été cette semaine passée, écrit Lagault, appelés tous trois par le cardinal Roma, qui nous a intimé la congrégation et nous a dit que nous pouvions, cela étant, informer les députés, soit de vive voix, soit par écrit, soit particulièrement, soit collégialement. Nous répondîmes que nous serions toujours prêts, mais que surtout nous le priions qu'on ne tirât pas l'affaire en longueur, parce que le mal allait toujours en empirant. Le cardinal répondit : *Vestra signoria non dubiti che si fara presto, presto.* Néanmoins il n'est pas encore temps de le dire, car les *presto* d'Italie sont

---

1. *Journal*, v. part., ch. 1.

quelquefois des années. Bonne espérance pourtant, meilleure que jamais (1). »

Ce n'étaient pas seulement les députés catholiques qui demandaient qu'on ne laissât pas traîner en longueur l'affaire des cinq propositions. La reine et le roi de France ordonnaient à leur ambassadeur d'insister auprès du pape pour qu'il prononçât au plus tôt le jugement demandé par les évêques. Le bailli de Valencé écrivait au comte de Brienne, secrétaire d'État.

« ..... J'ai exécuté les ordres de Leurs Majestés ; j'en ai parlé à Sa Sainteté et à quelques cardinaux de la congrégation députée à cette affaire : et l'on peut s'assurer que l'on en verra bientôt la fin, parce que Sa Sainteté s'y échauffe sans vouloir entrer en de grandes questions vagues comme celles qui ont été agitées sous Clément VIII et Paul V. S'arrêtant seulement aux cinq propositions présentées par lesdits Jansénistes, il veut qu'elles soient diligemment examinées et résolues, et autant que je puis juger ce ne sera pas à l'avantage des auteurs, c'est-à-dire de Jansénius (2). »

En effet, lisons-nous dans nos *Mémoires*, on entrevoyait déjà par le train que prenait l'affaire et par les premières démarches qu'avaient faites les Jansénistes et leurs adversaires, qu'elle ne réussirait pas au contentement des premiers, et autant remarquait-on d'artifices et de finesse dans ceux-ci, autant trouvait-on de candeur, de simplicité, de droiture et de probité dans les autres. Et ce fut par cet air simple, honnête, doux, modeste, qu'ils attirèrent sur eux les yeux des cardinaux, leurs commissaires, et de ceux avec lesquels ils traitaient. Les jansénistes faisaient une grande dépense, marchaient par la ville à grand train, ne faisaient leur sollicitation qu'en carrosse suivis d'estafiers, logeant dans un beau palais, faisant de grandes libéralités, répandant de l'argent partout et vivant en grands seigneurs. Les autres n'allaient qu'à pied, sans suite, à petit bruit, dans une grande modestie, et logeant dans un logis fort commun. Ces différents équipages ne laissèrent pas que de faire différentes impressions dans les esprits : et le public commença par là à juger des uns et des autres avant que le pape en eût jugé lui-même (3).

---

1. Lagault, lettre du 22 juillet 1652.
2. Dépêche du 9 septembre.
3. Rapin, *Mémoires*, t. I, p. 496

Il nous faut suivre les cardinaux et les consulteurs dans leurs travaux pour préparer leur jugement doctrinal du Souverain Pontife, et les Jansénistes de Rome et de Paris dans leurs intrigues pour faire triompher leur cause.

La mort du cardinal Roma retarda la première congrégation, qui n'eut lieu que le 24 septembre 1652, chez le cardinal Spada. Comme toutes les congrégations qui se tinrent jusqu'au 20 janvier 1652 offrent à peu près la même physionomie, nous dirons seulement comment les choses s'y passaient, sans entrer dans le détail de chaque séance. Ainsi que nous l'avons vu, on avait fait connaître aux députés qu'ils pouvaient plaider leur cause soit de vive voix, soit par écrit, mais en même temps on leur avait déclaré qu'on ne les entendrait pas contradictoirement et qu'on ne leur communiquerait pas non plus, pour les réfuter, les mémoires qu'ils donneraient pour éclairer les examinateurs. A cette décision, qui prévenait d'interminables disputes dans le présent, on en joignit une autre, qui ne leur permettait pas d'en soulever plus tard : on résolut d'examiner les *cinq propositions* en elles-mêmes et dans le sens de l'auteur d'où elles avaient été tirées, puisque c'était le livre de Jansénius qui avait excité les troubles. Une fois ces résolutions arrêtées, voici comme on procéda : on lisait la proposition qui devait faire l'objet de la séance. Les consulteurs, par rang d'âge ou de dignité, la tournaient, comme dit le P. Rapin, dans tous les sens dont elle pouvait être susceptible, et finissaient par la qualifier. Ils ne ménagèrent ni le temps, ni leurs voix ; « ils étaient tous de fort habiles gens, ils voulurent donner des preuves de leur suffisance aux cardinaux. Peut-être affectèrent-ils trop de se faire paraître ; mais cette affectation ne devait nullement être suspecte aux intéressés, qui n'avaient pas lieu de trouver à redire à la diligence de ceux qui examinaient ces propositions, puisqu'elles n'allaient qu'à en chercher le véritable sens (1). » Un secrétaire, Albizzi, l'assesseur du Saint-Office, écrivait sur un registre les qualifications données aux propositions par chaque orateur. Il serait trop long de les énumérer, car vingt sessions n'épuisèrent ni le zèle, ni l'éloquence des théologiens consulteurs. Remarquons seulement avec le R. Rapin, qu'un jésuite, Palavicin, « fut de tous les consulteurs celui qui traita la doctrine de Jansénius le plus favorablement.

---

1. Rapin, *Mémoires*, t. 2, p. 8.

Ce jésuite, bien loin d'opiner dans le sens de Molina, s'en écarta en tout ; il n'eut même aucun égard aux sentiments ordinaires de sa compagnie. C'était un esprit particulier, sujet à des idées, qui se piquait de dire et de penser autrement que les autres. »

Pendant que les cinq propositions étaient ainsi examinées avec une attention scrupuleuse et une souveraine impartialité, les Jansénistes, pour sauver *la vérité et confondre les méchants*, déployaient l'esprit d'intrigue dont ils étaient largement doués. Ils inventèrent tous les moyens d'opposition que les héros du *libéralisme* ont rajeuni à l'époque du Concile du Vatican. On a fait remarquer ce trait de ressemblance entre les défenseurs opiniâtres du *libéralisme* et ceux du *jansénisme*, qu'ils se prétendent catholiques malgré le pape qui les condamne. Ce trait n'est pas le seul : ainsi pour ceux-ci et pour ceux-là, leur doctrine est un *fantôme* inventé par la haine de leurs adversaires, et l'article le plus important et le mieux observé de leur règlement est de « se louer fort les uns les autres. »

Voici un autre trait de famille. Les grands hommes du libéralisme, demandent à la veille du concile la publicité, la liberté des discussions, la lutte à visage découvert. Et ils mettent des masques, s'engagent dans de ténébreuses intrigues, ne montrent que rarement leur vrai visage et leur vrai nom ; *ils se donnent tous les caractères d'une secte* (1). Les grands hommes du jansénisme reconnus aussi « de race *léonine*, pugnace et généreuse (2), » ne parlent que de défendre la vérité, en discussion publique et solennelle, par la seule force de leur éloquence et de leur science, de sacrifier de bon cœur toutes choses d'ici-bas pour son triomphe ; ils somment leurs adversaires de se découvrir, et sont toujours prêts à s'écrier :

Et combats contre nous à la clarté des Cieux !

Mais au moment de la lutte, ils n'emploient d'autres armes que la ruse, la flatterie, l'appel au pouvoir séculier, des articles de gazette, des factums, des remontrances, des mémoriaux remplis d'injures, de fausse science et de calomnies.

---

1. Mgr Plantier, évêque de Nîmes, *Lettre pastorale sur la définition dogmatique de l'infaillibilité du Souverain Pontife.*
2. *Port-Royal*, t. II, p. 172.

Rome vit pendant près de deux ans ces Hercule et ces Ajax manœuvrer pour entraver le jugement que le monde chrétien attendait du Saint-Siége. La manœuvre fut habile, vigoureuse, prolongée. Comme on pourrait s'y méprendre, j'avertis que nous sommes à Rome, en 1652-1653 et non en 1870. Nous avons déjà signalé la prétention des prélats augustiniens et de leurs députés de tracer au Saint-Père les règles à suivre dans l'examen des cinq propositions. Ils voulaient absolument imposer à Innocent X le mode de discussion publique et contradictoire adopté par Clément VIII dans l'affaire *de Auxiliis*. Même lorsque le cardinal Chigi, fatigué de leurs réclamations, leur eut adressé cette sévère, mais juste parole : « Est-ce à vous à imposer la loi à vos juges ? » ils continuèrent d'insister. « ... Tous Messieurs les prélats, écrivait l'évêque de Châlons aux députés jansénistes, vous conjurent de demeurer fermes, c'est-à-dire de ne parler jamais qu'en présence, et de ne donner d'écrits que dans les formes observées dans les congrégations *de Auxiliis*. Ils se reposent sur votre prudence et votre courage ordinaires (1). » « ... Ils vous recommandent, ajoutait le docteur Sainte-Beuve, d'être forts et intrépides jusque dans les extrémités (2). » Quelquefois on se radoucissait, et l'on mêlait des hommages aux conseils adressés de Paris au Souverain Pontife. « Quoique la prééminence du Saint-Siége de Rome soit assez grande d'elle-même pour n'avoir pas besoin de ces sortes de consultations, quand il s'agit de porter son jugement touchant des dogmes de très-grande importance, nous espérons néanmoins que le Saint-Père aura beaucoup d'égard aux circonstances présentes et qu'il considérera moins en cette rencontre la rigueur exacte de son droit que l'utilité de toute l'Église et le besoin de calmer dans tous les siècles futurs ces orages et ces tempêtes (3). »

Les Jansénistes qui savaient que les disputes solennelles permises par Clément VIII n'avaient point abouti à une décision doctrinale du Saint-Siége, ne demandaient à les renouveler que pour arriver au même résultat négatif. Ils espéraient aussi gagner du temps grâce à ces disputes que leur inépuisable éloquence aurait éternisées. Or gagner du temps, c'était gagner leur cause. Il y avait entre la cour de Rome et la cour de

---

1. Saint-Amour, *Journal*, p. 315.
2. *Ibid.*
3. *Ibid.*, p. 347.

France assez de sujets politiques de mécontentement ; ne pouvait-il pas surgir tout à coup quelque accident qui romprait l'accord du pape et du roi sur le terrain religieux ? Puis, Innocent X était vieux, il pouvait mourir ; peut-être son successeur ne voudrait pas s'engager dans ces redoutables questions de la grâce efficace. Ainsi raisonnaient nos Messieurs. Mais le Pape ne songeait point à mourir. « Je ne sais, écrivait Lagault, qui donne au cardinal Mazarin les avis de la maladie du Pape ; il est plus vigoureux que jamais, il s'est mieux porté que moi depuis que nous sommes ici, et il y a plus de sept ou huit mois qu'il n'a eu la moindre incommodité. Le jour de l'Annonciation se fit la cavalcade, où il fit trotter sa mule et mouiller les cardinaux d'importance, et en riait fort à son aise. » Innocent X n'était point disposé non plus à imiter Clément VIII. « Il ne détermina rien, disait-il, et je veux déterminer quelque chose. » Quand les Jansénistes virent qu'ils ne pouvaient amener le Pape à modifier le règlement de la Congrégation établie pour instruire l'affaire des cinq propositions, ils firent tous leurs efforts pour entraver sa marche. Taignier écrit à Saint-Amour :

On a mandé de Rome à quelques-uns des Messeigneurs que la congrégation ne vous a point été accordée pour vous faire justice, mais pour vous surprendre, à dessein de rendre un jugement contradictoire... Prenez bien garde aux surprises. On a écrit que le seigneur Albissy, qui doit être secrétaire dans cette congrégation, travaille puissamment pour les Jésuites, comme étant à eux, et qu'il s'est engagé à porter leurs intérêts jusques aux extrémités. Messeigneurs seraient d'avis que vous fissiez tous vos efforts pour le récuser, en cas qu'il y eût apparence d'y pouvoir réussir. Il y a assez de cause de récusation contre lui... Après cela, Messeigneurs disent qu'il ne faudrait plus qu'un jésuite au rang des consulteurs et quelque capucin.... (1) — Il ne faut point paraître tandis que Palavicini, Modeste et Albissy seront des consulteurs : ils portent tous leur récusation sur leur front (2).

Saint-Amour développa toutes les causes de récusation que Port-Royal trouvait contre Albissy et les jésuites ; il ne parvint pas à les faire écarter. Cet insuccès ne découragea point ces Messieurs. Ils n'avaient pu composer à leur gré la congrégation :

1. Saint-Amour, *Journal*, p. 299.
2. Lettre du docteur Sainte-Beuve.

ils voulurent l'empêcher de fonctionner en refusant aux consulteurs les mémoires qui leur étaient nécessaires pour commencer leurs travaux. En vain les cardinaux et le Pape lui-même prièrent les députés jansénistes de fournir leurs mémoires et de mettre fin aux « lenteurs étudiées qu'ils apportaient à l'information. « Ils obéissaient aux ordres venus de Paris « de ne point donner d'écrits que dans les formes observées dans les congrégations *de Auxiliis* (1), d'écrire le moins qu'ils pourraient sur l'explication des cinq propositions (2). » Devant cette obstination « les commissaires, dit le P. Rapin, se résolurent de faire sommer ces docteurs de produire, parce qu'ils n'avaient point encore de quoi s'occuper. Et le quinzième du mois (août 1652), jour de l'Assomption, un estafier apporta à Saint-Amour, sur le soir, un billet de la part du cardinal Barberin, pour l'avertir de se rendre le lendemain matin avec ses deux collègues au palais du cardinal Roma. Ils s'y trouvèrent ; la sommation leur fut faite dans les formes... Le cardinal leur dit qu'il y avait plus d'un mois que la congrégation était établie et qu'ils n'avaient encore fourni aucun écrit ; que le pape voulait expédier cette affaire ; que si dans quinze jours ils n'étaient prêts, sa Sainteté y pourvoirait ainsi qu'elle jugerait à propos (3). » Les docteurs se décidèrent à fournir leurs mémoires. Pour les composer, ils appelèrent à leur aide un avocat, le signor Eugenio ; ils espéraient que cet avocat « parlerait pour la justice de leurs demandes avec plus de force qu'ils n'oseraient le faire eux-mêmes, qu'il presserait sa Sainteté et leurs Éminences avec plus de liberté qu'ils ne pourraient prendre, qu'ils en tireraient enfin quelques secrets et quelque lumière qu'ils ne pourraient en tirer eux-mêmes (4). »

Quand les Jansénistes virent que la Congrégation se mettait à l'œuvre, ils déployèrent leurs grands moyens d'intimidation et d'attaque. Ils cherchèrent à gagner à leur cause l'opinion publique. « Laissez-les ordonner tout ce que bon leur semblera, disait le docteur Sainte-Beuve à ses amis, nous saurons fort bien débrouiller toutes choses.... Si on veut faire un galimatias, il nous sera aisé de faire voir à toute l'Europe et la bonté de notre cause et le mauvais procédé qu'on aura tenu

1. Lettre de l'évêque de Châlons.
2. Lettre du docteur Sainte-Beuve.
3. Rapin, *Mémoires*, t. I, p. 501.
4. Saint-Amour, *Journal*, p. 269.

pour donner atteinte à une doctrine qu'on n'oserait condamner ouvertement (1). » Pour instruire « toute l'Europe », ils publiaient les récits mensongers que Saint-Amour leur envoyait de Rome. Saint-Amour, outre qu'il avait des amis parmi les consulteurs qui ne gardaient point le secret juré, allait aux nouvelles dans les antichambres du pape et des cardinaux. « Ces entretiens d'antichambres sont une espèce de manége fort en usage à Rome, surtout dans les palais où les affaires attirent du monde, et c'est d'ordinaire là que, dans l'oisiveté où se trouvent la plupart des gentilshommes et des officiers qui sont à la suite des cardinaux, des ambassadeurs et des autres personnes importantes qui se rendent visite ou qui s'assemblent chez les ministres ou dans les autres lieux, les nouvelles de dehors et les intrigues du dedans de Rome se débitent à tous venants. Saint-Amour s'allait quelquefois fourrer dans ces lieux-là, ou pour savoir ce qui s'y disait qui eût quelque rapport à son affaire, ou pour s'y faire écouter.... Ce fut là qu'il allait dire que « ce n'était qu'artifices, qu'impostures, que calomnies du côté de leurs adversaires, qui ne pensaient qu'à envelopper de nuages et de ténèbres l'affaire dont il s'agissait...; qu'on ne cherchait qu'à déguiser le fait au lieu de l'éclaircir, et qu'on ne prétendait que surprendre les commissaires par des précipitations étudiées (2). » C'étaient ces calomnies et ces mensonges que Messieurs de Port-Royal, à Paris, « faisaient mettre malicieusement dans la gazette. » « Saint-Amour, dit Lagault, peu satisfait déjà de Rome et de ce qui s'y fait sur l'affaire, écrit en France mille faussetés de M. Hallier et de la procédure de l'affaire dont il s'agit; on dit même qu'il les a rendues publiques par la gazette. M. Hallier s'en est plaint à M. l'ambassadeur, lequel en ayant rendu compte au secrétaire d'État, le cardinal Chigi, et au cardinal Spada, ils ont traité cela de friponnerie l'un et l'autre... Ce serait perdre son temps de réfuter ces calomnies... Laissons ces Messieurs triompher dans les gazettes (3). » Non contents de triompher dans les gazettes, ces Messieurs, toujours pour « faire voir à l'Europe la bonté de leur cause, » triomphaient dans leurs leçons en Sorbonne, dans leurs livres et leurs fac-

---

1. Saint Amour, *Journal*, p. 317.
2. Rapin, *Mémoires*, t. 2, p. 12.
3. Rapin, *Mémoires*, t. I, p. 502.

tums qu'ils répandaient partout, et dans les requêtes qu'ils adressaient au Souverain Pontife. Ils distribuaient à Rome le livre *de la Grâce victorieuse* de Lalane, et des mémoriaux où ils « débrouillaient toutes choses » à leur manière. « Comme leurs mémoriaux leur tenaient au cœur, raconte le P. Rapin, Saint-Amour alla le jour de la fête de saint Hilaire à l'antichambre du Pape pour se plaindre de ce qu'on ne leur faisait pas de justice ; il y trouva l'évêque de Borgo, le commandeur du Saint-Esprit, le sacristain de Saint-Pierre, et quelques autres personnes de sa connaissance ; il leur dit avec sa hardiesse ordinaire qu'il avait lu le matin dans les leçons de son bréviaire que saint Hilaire étant à Constantinople, et voyant l'Église attaquée avec bien de la violence par les Ariens, présenta à l'empereur trois mémoriaux pour lui demander une conférence avec eux; que lui et ses collègues faisaient la même demande au pape ; qu'Hallier et ses collègues, semblables aux Ariens, qui avaient plus de crédit à la cour de l'empereur que de capacité, ne voulaient point de conférence. C'est ainsi que Saint-Amour se comparait sans façon à saint Hilaire, et ses adversaires à Valens et à Ursacius, évêques Ariens, pour se donner du succès. Et tout cela ne lui réussissait pas (1). » Effectivement, Lagault écrit le 3 février 1653 : « Messieurs les jansénistes ont présenté plusieurs mémoriaux au Pape et lui ont fait demander s'il y avait répondu. Il repartit : Que veulent-ils que je réponde à des injures ? Ces mémoriaux ne sont pleins que d'injures contre M. Albissy, les Jésuites et les docteurs qui sont venus contre eux. »

Aux mensonges, aux injures, Port-Royal joignit la théorie de *l'inopportunité* et fit entrevoir les périls qu'amènerait la condamnation des cinq propositions. C'est le docteur Sainte-Beuve qui les signale avec un zèle sous lequel se cachent les plus déloyales et les plus perfides provocations.

Il faut, disait-il, ménager les docteurs de Paris. Il n'est pas nécessaire d'aliéner les esprits de ceux qui ont toute la dévotion possible pour le Saint-Siége, ce qu'on fera sans doute si on ne leur fait pas justice..... On risque de les porter à se liguer avec les *Richéristes*.....
— Il y a bien des personnes qui sont fort peu affectionnées vers le Saint-Siége, qui souhaitent qu'on ne nous conserve point la justice, prétendant par là nous attirer à leur parti. Pour moi, j'espère que Dieu ne nous abandonnera pas jusqu'à ce point, mais je ne sais si cela

1. Rapin, *Mémoires*, t. 2, p. 33.

ne diminuerait point de beaucoup la haute estime qu'on doit avoir pour ce qui émane d'un trône si vénérable (1)..... Si ce dont les Molinistes se vantent est véritable, ce sera une des choses les plus désavantageuses au Saint-Siége, et qui diminuera dans la plupart des esprits le respect et la soumission qu'ils ont toujours conservés pour Rome, et qui fera incliner beaucoup d'autres dans les sentiments des *Richéristes*..... Souvenez-vous que je vous ai mandé il y a longtemps, que de cette décision dépendra le renouvellement du *Richérisme* en France, ce que je crains très-fort (2).

Il ne manquait plus à nos Messieurs que de soulever en leur faveur contre le Saint-Siége les susceptibilités de l'État. Pour y arriver, ces grands chrétiens, ces grands caractères, employèrent un moyen bien misérable. Les billets portés aux cardinaux commissaires et aux consulteurs, par les officiers du Saint-Office, pour l'indiction des assemblées, étaient ainsi conçus : *Die lunæ.... Januarii crit congregatio Sancti Officii in palatio E. R. D. card. Spada.* Ils prirent copie du billet du général des Augustins, et, pour en avoir un original, ils firent arracher en secret celui qui était attaché à la porte du cardinal Chigi. Ils envoyèrent aussitôt en France cette pièce capitale ; la congrégation établie pour examiner les cinq propositions y était appelée *Congrégation du Saint-Office* : la France pouvait-elle accepter le jugement d'un tribunal qu'elle ne reconnaissait pas ? Pouvait-elle ne pas réclamer contre un pareil attentat aux glorieuses libertés de son église ? Jérôme Bignon, avocat général du Parlement de Paris, fut averti de veiller sur ces libertés menacées. Saint-Amour fut chargé de faire entendre au Pape qu'on veillait au capitole du Gallicanisme, et qu'en vain la congrégation du *Saint-Office* rendrait ses arrêts. Taigner lui écrivait :

Nous sommes d'avis que, quand l'on vous presserait sur la congrégation, vous remontriez que vous vous êtes adressés au pape pour obtenir de Sa Sainteté une décision qui fût reçue sans aucune contestation des parties, ce qui ne pourrait pas être après tout ce que les Jésuites ont dit des décrets du Saint-Office et de l'Inquisition, si le Saint-Office s'engageait dans l'examen des cinq propositions.... De plus, que vous êtes aussi obligés de remontrer que la décision qui viendrait du Saint-Office serait sujette à être infirmée ou au moins méprisée, puisque la juridiction du Saint-Office n'est pas sans contestation dans la France, et

1. Saint-Amour, *Journal*, p. 317.
2. *Ibid.*, p. 462.

que les Parlements ne la veulent point recevoir, et qu'il arriverait sans doute qu'on ordonnerait que ce décret ne serait point reçu, ce qui serait exposer l'Église encore dans de plus grands embarras qu'auparavant. Il est vrai que c'est un pas assez difficile, mais je voudrais en prévenir la rudesse ou la difficulté en parlant aux personnes qui ont accès auprès de Sa Sainteté et auprès de M. le cardinal Spada. Car enfin, quand vous comparaîtriez, ce n'est rien faire, supposé que l'ordre de la France se maintienne, comme sans doute il se maintiendra, par la défense de recevoir ce décret, de crainte que la congrégation du Saint-Office ne soit reçue en France. Cela représenté sérieusement, avec la force de M. de Saint-Amour, fera sans doute un très-bon effet et pourra prévenir beaucoup de difficultés.

Malgré ces intrigues de Port-Royal, conduites avec toute la force de M. Saint-Amour, Innocent X, ferme, résolu allait droit au but, et, par ses ordres, la congrégation poursuivait ses travaux avec un redoublement d'activité. C'était un beau spectacle que ce Pontife octogénaire, ces vénérables cardinaux, ces savants consulteurs préparant à la vérité un triomphe nouveau sans se laisser décourager, ni même distraire un instant par les misérables agitations soulevées autour d'eux. On était à une de ces heures bénies où l'on voit manifestement l'action de l'Esprit Saint sur l'Église (1). Les députés catholiques, qui ne cherchaient point à prendre le devant sur ce divin Esprit, dont l'inspiration suggère toujours à propos toute vérité à son épouse, étaient pleins d'espérance.

. Nous trouvons tous les jours de nouveaux sujets de louer Dieu dans le progrès de notre affaire : voilà déjà six congrégations. Le pape, de son plein mouvement, a commandé qu'on les tînt deux fois toutes les semaines, voyant que l'affaire n'allait pas assez vite.... Véritablement en tout cela nous reconnaissons des coups extraordinaires de la Providence de Dieu ; car cela est inouï dans Rome. Nous le souhaitions bien ainsi, mais nous n'osions pas nous en ouvrir : il s'est trouvé que le pape, de lui-même, sans sollicitation quelconque, a donné cet ordre. Il a été en cela inspiré de Dieu, qui a aussi inspiré à beaucoup de personnes

---

1. « On continue toujours à travailler ; on doit tenir demain une quatrième congrégation et nous espérons que ce mois-ci, on ne discutera point. De savoir ce qui s'y résout, cela ne se peut, parce que chacun de ceux qui y assistent nous disent : *Temo la scommunica*, c'est-à-dire : Je crains l'excommunication. Néanmoins on nous dit que Dieu nous assistera, et un homme qui y a assisté m'a dit : *Video visibiliter influere Spiritum Sanctum*. Cela me console plus que tout le reste. » Lagault, *lettre* XVI.

de considération de lui en parler, et il leur a fait réponse que tout ce qu'on peut faire en cette affaire, il y faut faire ; et c'est avec vérité qu'il le dit, car il a apporté en cela toute la vigilance que le chef universel de l'église doit avoir pour une affaire de telle conséquence. Prions Dieu pour la conservation de sa santé, qui à présent est aussi bonne qu'elle a été de longtemps ; il a plus de vigueur de corps et d'esprit qu'il n'avait il y a deux ans. C'est une tête aussi forte et d'aussi généreuse résolution qu'il s'en puisse trouver. Au reste, pour la décision, il prend tous les moyens possibles pour la faire de telle façon qu'on n'y puisse trouver à redire. Il a consulté toutes les universités, je crois, de l'Europe ; il appelle les meilleurs théologiens de Rome *de omni ordine* ; il y a deux jacobins et deux augustins ; et je crois que tout cela contribuera à rendre le jugement plus ferme, en telle sorte que s'il y a après cela d'assez malheureux pour être rebelles au Saint-Siége, ils seront dignes de tous les anathèmes de l'Église et de l'indignation de tous les bons catholiques (1).

Lorsque les consulteurs eurent fini de qualifier les cinq propositions, Innocent X ordonna au cardinal Spada de proposer aux députés jansénistes de venir devant la congrégation donner leurs explications, il lui recommanda de les entendre plusieurs fois, si un jour ne suffisait pas pour produire leur défense. Mais Sainte-Beuve leur avait mandé au nom de messieurs les Pères que, vue la manière dont on avait composé la congrégation, ils devaient obtenir du Pape qu'il déclarât nul tout ce qui s'y était fait, comme étant contre tout ordre de justice. « Si vous ne l'obtenez pas, ajoutait-il, demandez la bénédiction du Saint-Père, et vous retirez. Que si on condamne les propositions, nous nous consolerons *tanquam digni habiti pro nomine Jesu contumeliam pati.* — Notre comparution donnerait lieu de dire que nous avons été condamnés après avoir été entendus. » Saint-Amour et ses collègues répondirent donc au cardinal Spada « qu'ils ne pouvaient passer les bornes de leur commission, que les évêques leur avaient ordonné de ne paraître en présence de la congrégation que pour disputer. » En vain l'ambassadeur de France voulut les engager à se rendre aux désirs du Souverain Pontife ; ils persistèrent dans leur refus. Le bailli de Valence disait au comte de Brienne, dans une dépêche du 3 février 1652 :

On travaille ici sans cesse pour condamner authentiquemen l'un des

1. *Lettre* de Lagault.

deux partis. Je n'ai pas peu de peine à maintenir en quelque sorte de paix les défenseurs de l'une et de l'autre doctrine. Ceux qu'on qualifie de Jansénistes, qui sont l'abbé de la Lane, Saint-Amour et Angran, ont refusé ces jours passés de parler de vive voix en la congrégation établie pour terminer ces nouveaux différends qui éclatent dans l'Église sur la grâce efficace et la suffisante, insistant à vouloir entrer en dispute avec leurs adversaires, ce que le pape ne veut pas permettre, donnant toutefois aux uns et aux autres la liberté d'écrire ce qu'ils voudront ; mais l'ergoterie et les disputes ne concluant rien, il ne veut pas qu'on s'amuse à perdre le temps à cela, et il veut que tout ce qui sera mis, pour les motifs de la décision, sur ladite grâce efficace et suffisante, soit par écrit et bien signé, pour n'être point désavoué par ceux qui l'auront mis sur le tapis pour la défense de leurs opinions. Les défenseurs seront bien étonnés qu'à la fin ils n'auront plus d'échappatoires de raisons pour dire un jour que la résolution des cinq propositions dont il s'agit n'a pas été dans les formes pour imposer silence à ceux qui seront condamnés, ne cherchant que des chicanes, comme de dire que cette doctrine a été examinée au tribunal de l'Inquisition, qui n'est point reconnu en France ; qu'ils n'ont point eu de conférence en public avec le sieur Hallier et ses collègues...; puisque le Saint-Père, après avoir eu l'avis de tous les cardinaux et consulteurs, qui ont formé cette congrégation, tiendra une assemblée célèbre, en sa présence, où seront appelés les uns et les autres et écoutés tant qu'il leur plaira. Ensuite émanera l'oracle qui devra mettre la paix dans l'Église. La crainte que j'ai eue de me rendre incapable de faire le médiateur entre ces deux partis m'a souvent empêché de faire du bruit sur les libertés trop grandes qu'ont prises quelques-uns de ces messieurs de parler des affaires du royaume avec peu de respect: les Calvinistes étant ennemis de la Monarchie, j'ai pris mauvaise augure de ceux qui s'approchent de cette hérésie, tant en ce qui regarde la doctrine que la politique.

Il y a dans cette dernière phrase une allusion aux bons rapports noués déjà par nos Messieurs avec les ministres de Genève et à la participation des Jansénistes aux révoltes de la Fronde. A Paris comme à Rome, en politique comme en religion, Port-Royal faisait de l'opposition. Les députés catholiques continuèrent d'offrir par leur modestie, leur déférence, un contraste frappant avec l'arrogance et l'opiniâtreté de leurs adversaires. Ils se rendirent avec empressement à l'invitation du cardinal Spada. Ils parlèrent avec fermeté, science et modération. « M. Hallier montra quels étaient les ruses et les artifices des Jansénistes pour couvrir leur secte : la première, de faire semblant à Rome de ne point défendre Jansénius, quoiqu'à

Paris ils ne fassent autre chose que d'écrire pour le défendre ; la deuxième, qu'ils prenaient le nom de disciples de saint Augustin faussement ; la troisième, que faussement aussi ils enseignaient de ne pas avoir une autre doctrine que les Thomistes... M. Joisel parla de toutes les nouveautés des Jansénistes dans la discipline ecclésiastique, leur catéchisme, leurs *heures*, les pénitences publiques ; et moi j'ai montré l'importance pour l'Église de condamner au plus tôt les Jansénistes : 1° parce que les Calvinistes protestaient que c'était la doctrine de Calvin, et que si on ne prononçait, les Calvinistes diraient qu'on commençait à douter de notre doctrine ; 2° parce que, si on ne prononçait dans peu de temps, cette secte prévaudrait... et qu'elle s'attaquerait directement au Saint-Siége... De plus je fis voir comme il fallait prononcer distinctement et nettement contre Jansénius, ou qu'autrement on ne remédierait pas au mal (1). »

J'espère que Dieu donnera bénédiction à nos discours et qu'ils auront effet. Je crois que nos adversaires sont bien empêchés ; sans qu'ils y pensent, ils fortifient notre cause par leur procédé. Bon courage ! il y a lieu d'espérer plus que jamais. Je crois que le Pape n'attend plus que les écrits des consulteurs, à quoi on travaille promptement, et qu'après on fera faire des prières publiques. Cela est bien raisonnable. Combien cela durera, *quis scit ?* il peut arriver des incidents imprévus... (2).

Innocent X ne laissa pas l'affaire traîner en longueur. La Congrégation revit les suffrages. Le secrétaire, Albissy, donna lecture de chaque proposition et des qualifications dont elle avait été l'objet. Les consulteurs approuvaient ou rectifiaient leurs qualifications qui étaient consignées sur un registre. Ce travail de révision achevé, on porta le registre au Pape et on avertit les consulteurs de se tenir prêts à soutenir devant lui leur sentiments sur les propositions comme ils l'avaient fait devant les commissaires. En effet, le 10 mars 1653, les cardinaux Spada, Ginetti, Pamphile, Chigi, suivis des treize consulteurs et du secrétaire, furent introduits devant Sa Sainteté qui les attendait. « Quand ils eurent tous pris leurs places, après quelques momens de silence, le Pape ouvrit la conférence par

---

1. Lagault, *lettre* XXXII.
2. Ibid., *lettre* XXV.

l'invocation du Saint-Esprit, et déclara à l'assemblée qu'il avait appris avec quel soin et quelle application les consulteurs avaient examiné et qualifié les propositions ; qu'il s'était fait lire leurs sentiments et qu'il s'était informé de tout ce qui s'était passé dans la congrégation ; que maintenant, pour la consommation d'une si importante affaire, il se croyait obligé de les ouïr en personne, pour ne pas donner lieu aux mécontents de dire qu'on l'eût surpris, en s'en rapportant à la bonne foi des autres, et qu'on lui en eût fait accroire, afin qu'après les avoir tous entendus, et après avoir imploré l'assistance du Ciel par les prières qu'il avait ordonnées par la Ville, il pût être en état de rendre le calme à l'Église par la décision que les prélats de France et une grande partie de la chrétienté attendaient avec impatience pour l'intérêt de la religion (1). » En moins d'un mois, du 10 mars au 7 avril, dix congrégations furent tenues sous la présidence du Pape.

Il y avait dans l'activité infatigable de ce vieillard quelque chose de surnaturel qui frappait d'admiration les députés catholiques :

C'est une espèce de miracle qu'un pape de quatre-vingts ans passés, se soit résolu de lui-même de prendre, parmi toutes ses occupations, deux jours de la semaine pour travailler à cette affaire et d'y employer trois heures et demie chaque fois. La première fois, après avoir entendu sept consulteurs, il voulait entendre tous les autres, si on ne l'eût averti que cela pourrait préjudicier à sa santé. Il a dit à M. l'ambassadeur sur ce sujet qu'il se contraindrait incessamment à travailler, qu'il s'estimerait très-heureux de mourir pour la foi, et qu'il ne ferait point difficulté par conséquent de prodiguer sa vie et sa santé pour une telle affaire. Aussi y travaille-t-il avec un zèle et une patience incroyables. Il est attentif à tout ce qu'on lui dit, n'interrompt personne... Il s'est résolu de mettre *manus ad radicem*, et nous espérons bien que Jansénius y sera condamné pleinement... (2). — « Il continue toujours avec le même zèle et empressement. Il dit à M. l'ambassadeur, à la dernière audience, qu'il avait grande compassion de ces trois pauvres docteurs qui attendent ici si longtemps à leurs dépens ; qu'il ferait tout ce qu'il pourrait pour l'avancement de cette affaire ; que la dernière fois il avait encore fait apporter la chandelle, et qu'il y eût encore travaillé jusqu'à deux ou trois heures de nuit, s'il n'eût eu pitié des consulteurs, dont la plus grande partie est fort âgée, qui sont obligés de demeurer devant lui près de quatre heures debout et même sans

---

1. Rapin, *Mémoires*, t. 2, p. 67
2. Lagault, *lettre* XXXI.

calotte... (1). Tout le monde s'étonne ici de la patience du pape à son âge, et je ne puis dire autre chose que c'est Dieu qui agit extraordinairement en cette affaire. Le pape prend un tel plaisir à entendre parler de ces matières qu'il les étudie tous les jours ; il ne parle que de cela et il faut le retirer par force des congrégations ; il en a voulu faire deux jours de suite. Vous vous étonnez peut-être de la longueur ; si vous aviez un peu pratiqué dans l'Italie, vous ne vous étonneriez pas. Ils sont étonnés ici de la diligence qu'on apporte à cette affaire et protestent qu'elle est tout extraordinaire... On nous fait entendre qu'après la semaine de Pâques le pape nous appellera les uns et les autres pour nous entendre. Je ne doute pas que nos adversaires feront ce qu'ils pourront pour retarder. Ils feront comme les gens qui craignent de perdre un procès et qui font toujours de nouvelles productions pour empêcher le jugement... (2).

Lagault, en envoyant à Paris ces détails consolants et glorieux, recommandait de ne pas les publier. Cependant Port-Royal ne les ignorait pas et ses alarmes redoublaient. Il envoya à Rome deux nouveaux députés, le P. Desmares et Manessier. « C'est une belle équipée, disait Lagault, d'envoyer ici deux personnes a qui le roi a défendu les chaires à cause qu'elles prêchaient le jansénisme ! Pensent-ils être mieux reçus ici pour cela ? » Desmares et Manessier apportaient de nouvelles instructions que nous retrouvons dans les lettres écrites de Paris par le docteur Sainte-Beuve. Voyant bien qu'ils ne pouvaient *empêcher la bulle de paraître,* ils voulurent du moins qu'elle fût conçue en termes *prudents,* qu'elle ne *donnât lieu à personne de s'en plaindre,* et que Port-Royal PÛT ÊTRE CONTENT *et maintenir hautement la définition du pape.*

J'ai charge de vous mander que s'il arrivait qu'on fît une bulle qui condamnât les Propositions sans les distinguer et mettre hautement à couvert le sens de la grâce efficace, que vous fassiez toutes les instances et poursuites possibles pour faire que le pape s'explique... C'est ce que Messeigneurs les prélats m'ont commandé de vous écrire fortement ; et particulièrement de joindre avec vous tant que faire se pourra tous les disciples de saint Thomas. Car il ne sera point dit qu'on nous opprime injustement, qu'après avoir malicieusement forgé des propositions pour nous noircir, on couronne cette malice par une bulle équivoque, et que nous nous en taisions.

1. Lagault, *lettre* XXXIII.
2. Ibid., *lettre* XXXIV.

Qu'on insère que nous avons toujours déclaré ne vouloir prendre part dans la défense de ces Propositions que dans le sens auquel elles enfermaient la nécessité de la grâce efficace : *par ce moyen la bulle nous serait favorable, et de plus elle ferait passer nos adversaires pour des calomniateurs et des successeurs des Semi-pélagiens aussi bien dans leurs mœurs et dans leur procédé, que dans leur doctrine...*

J'estime que la définition sera *si prudente*, que personne n'aura lieu de s'en plaindre. Autrement ce ne serait pas se servir de l'avantage que nous lui présentons. Et comme nous disons que les Propositions ne sont pas les nôtres, qu'elles sont équivoques, qu'elles ont des sens très-mauvais, mais qu'elles en ont un très-bon qui est de saint Augustin et de saint Thomas, je me persuade que le Pape prononcera que ces propositions ne peuvent être soutenues que dans ce sens et avec explication, et non pas toutes nues... *S'il fait cela, les Jésuites penseront avoir leur compte et n'oseront rien dire, et nous aurons le nôtre ;* nous aurons tous sujet d'être contents et de maintenir hautement la définition du pape. *Et je ne vois point qu'il puisse prononcer d'une autre manière sans faire tort à l'autorité du Saint-Siége, à la vérité et à sa propre personne* (1).

Il ne semble pas possible de pousser plus loin la présomption, la témérité, l'oubli et le mépris de l'assistance divine promise à l'Église, et cependant écoutez les dernières instructions du secrétaire de *Messeigneurs les prélats* : Albissy ne doit pas dresser la bulle ; elle doit être vue et examinée mûrement avant de paraître, *tant par sa Sainteté que par les Augustins et les Jacobins ;* elle doit contenir les *Mémoriaux des députés et la substance des lettres des prélats !*

Jusqu'au dernier moment, les députés jansénistes se flattèrent d'obtenir une bulle *qui fît leur compte*. Sur leurs instances réitérées et appuyées par l'ambassadeur de France qui voulait ménager encore un parti si puissant à Paris, Innocent X daigna leur promettre qu'il les entendrait en audience publique. Cette audience eut lieu le 19 mai. Ils s'y rendirent portant « quantité de livres et d'écrits (2). » Saint-Amour nous a laissé un long et triomphant récit de cette journée.

Le Pape était assis dans une chaire semblable à celle dans laquelle il donne ses audiences ordinaires, qui regardait la porte, en telle sorte

---

1. Lettres rapportées par Saint-Amour, *Journal*, p. 437-439.
2. Lettre de Lagault.

que dès l'entrée, nous eûmes le pape en face, environ à dix pas de nous. A un pas de la chaire de Sa Sainteté, il y avait de chaque côté deux bancs à dos qui étaient de bois ornés de peintures... Il y avait deux de ces bancs de chaque côté en droite ligne, en sorte qu'ils faisaient les deux côtés d'un parquet carré, au milieu duquel il y avait sur le plancher un tapis de Turquie... Les quatre cardinaux étaient assis sur ces bancs et ils avaient leurs bonnets sur la tête... Les consulteurs étaient tous debout, et tête nue derrière et du long des bancs où les cardinaux étaient assis. Le carré que ces bancs et ces personnes ainsi disposées faisaient, était ouvert et vide du côté de la porte, vis-à-vis du pape, et il était justement de la grandeur qu'il fallait raisonnablement afin que nous puissions y être tous cinq de front. C'est pourquoi, pour occuper toute cette place, M. l'abbé de Valcroissant se mit au milieu, le P. Desmares à sa droite, moi à sa gauche, M. Manessier à la droite du P. Desmares, et M. Angran à ma gauche.

Quand nous fûmes ainsi rangés jusque sur le bord du tapis de pied, nous y fîmes tous une génuflexion, et au même instant le pape nous fit signe de la main de nous lever et nous dit ce mot: *Proponite*, Dites ce que vous avez à dire. M. l'abbé de Valcroissant ayant pris haleine, quand il commença la harangue, il fit encore une génuflexion en disant : *Beatissime Pater,* et nous tous avec lui. Nous nous levâmes aussitôt et il continua sa harangue posément et gravement et l'anima d'une façon très-forte et très-agréable (1).

L'abbé de Valcroissant parla deux heures et demie, toujours très-fortement et très-agréablement. Saint-Amour interrompit son collègue et, non moins fortement et non moins agréablement, se livra entre deux pieuses génuflexions à une improvisation où il dévoila « tous les excès des Jésuites et les injures horribles du P. Adam en particulier contre saint Augustin. » Le P. Desmares parla plus fortement, plus agréablement, plus longuement encore. Il n'acheva pas son discours. « « A la fin de sa première partie, le jour étant beaucoup diminué, il ne pouvait presque plus lire les passages qu'il citait et qu'il avait été obligé d'écrire dans un papier, ce qui le fit douter s'il entrerait dans la seconde partie. S'étant un peu arrêté en ce doute, le pape et toute l'assemblée demeura dans le silence, et ses collègues lui dirent tout bas qu'il continuât, parce que le pape attendait cela. Mais il commença si tard sa seconde partie qu'il fût obligé de quitter sa place deux ou trois fois avec quelque sorte d'indécence pour aller à la fenêtre lire

---

1. Saint-Amour, *Journal*, p. 461.

ces passages ; et enfin, le jour manquant tout à fait, il fut contraint de témoigner qu'il ne pouvait plus lire, afin qu'on apportât de la lumière ; mais le secrétaire dit tout haut : « C'est assez » et le fit cesser (1). »

Les députés présentèrent alors au Souverain-Pontife leurs volumineux *Mémoires* ; ils lui demandèrent la permission de parler encore devant la congrégation, et « se retirèrent fort satisfaits d'avoir été si favorablement écoutés. » Le cardinal Spada « leur donna de grandes louanges » ; l'ambassadeur « leur fit des compliments » ; le général des Augustins accompagné des principaux de son ordre vint « les remercier de ce qu'ils avaient dit pour la défense de saint Augustin » ; les cardinaux Ginetti et Chigi « les louèrent fort » ; le cardinal Pamphile « leur fit aussi de grandes honnêtetés sur leur action » ; enfin, Monsignor d'Ornano leur apprit qu'on disait dans le palais que le pape avait été extraordinairement satisfait de leurs discours. » Là-dessus, ils écrivent à Paris que leur cause est gagnée. Port-Royal tout entier « donna de grandes bénédictions au pape, qui y passa, l'espace de quinze jours ou environ, pour un des successeurs de saint Pierre le plus accompli des derniers siècles (2). »

Ces bénédictions allaient bientôt faire place aux imprécations les plus violentes. Innocent X fit offrir aux députés catholiques de les entendre à leur tour. Ils répondirent qu'ils n'avaient plus rien à ajouter à ce qu'ils avaient déjà dit. Le modeste Saint-Amour assure qu'ils ne voulurent pas « que le pape et la congrégation pussent faire une comparaison qui les aurait rendus ridicules et méprisables. » Dès lors, le Saint-Père ne pensa plus qu'à promulguer une sentence définitive. Il prit une dernière fois conseil des cardinaux, demanda à l'ambassadeur le fidèle tableau de l'état des esprits en France, prescrivit de nouvelles prières publiques, dicta lui-même la condamnation des Propositions, les qualifiant les unes après les autres ; il fit lire jusqu'à trois fois la bulle devant les cardinaux « qui, témoins que Sa Sainteté avait fait devant Dieu et devant les hommes tout ce qui se pouvait, s'en remirent à sa prudence et aux lumières qu'il avait d'en haut, sur le dessein de cette constitution (3). » Les députés jansénistes, effrayés des bruits

1. Rapin, *Mémoires*, t. 2, p. 100.
2. *Ibid.*, t. 2, p. 102.
3. *Ibid.*, t. 2, p. 105.

qui commençaient à courir par la ville qu'on allait les condamner, firent une tentative désespérée et digne de leur grand caractère pour arrêter le bras déjà levé pour les frapper. Saint-Amour fit proposer à Dona Olympia de grands présents si elle voulait détourner le pape de prononcer ; on offrit à Albissy un service magnifique de vaisselle d'argent, s'il voulait empêcher la bulle ; on gagna le cardinal Pimentel, arrivé en toute hâte d'Espagne. Bien sûr de fomenter la division en France par les querelles religieuses, ce cardinal se constitua le défenseur *in extremis* des Jansénistes. Il demanda à Innocent X d'attendre encore avant de condamner l'évêque d'Ypres. Le pape indigné lui répondit : « Sachez que la pourpre dont vous êtes revêtu n'est que pour vous apprendre qu'il faut donner votre sang et votre vie pour la religion ; et vous venez la combattre en sollicitant un délai qui serait capable de la ruiner. » Enfin, malgré tous les obstacles, le 31 mai 1653, veille de la Pentecôte, Innocent X signa dans le palais du Quirinal la bulle qui condamnait comme hérétiques les cinq Propositions. Elle fut affichée quelques jours après avec toutes les formalités d'usage et bientôt expédiée dans tout l'univers catholique.

La cause était jugée, mais, hélas ! l'erreur continua à lever une tête insolente.

M. Hallier et ses collègues rapportèrent à Dieu tout l'honneur de leur victoire, où plutôt ils ne virent dans leur succès que la victoire de la vérité ; ils déposèrent aux pieds du Souverain-Pontife l'hommage de leur reconnaissance et de leur vénération ; ils remercièrent tous leurs protecteurs et leurs amis, et, ces devoirs accomplis, ils ne se hâtèrent pas de reprendre le chemin de la France que tous ne devaient pas revoir (1) ; ils restèrent quelque temps en Italie. Le pape leur promit les premiers bénéfices vacants pour les récompenser de leur zèle ; ils n'avaient pas sollicité ces faveurs, car, comme l'écrivait Lagault, *ils n'avaient entrepris leur voyage que pour le service de Dieu et de l'Église*. Les députés jansénistes, au contraire, quittèrent Rome avec précipitation. Ils allèrent cependant, avant leur départ, baiser les pieds du Saint-Père et recevoir sa bénédiction, Innocent X se montra d'une bienveillance extrême. Sur une demande du P. Desmares, il leur dit qu'il n'avait pas voulu condamner la grâce efficace par elle-

1. Lagault mourut en Suisse.

même de saint Thomas, ni la doctrine de saint Augustin, parole dont les Jansénistes se servirent dès lors pour échapper à la bulle, et poursuivre leur lutte « le front haut et le cœur léger. » Leurs députés s'arrêtèrent à Florence, à Venise, à Padoue, à Vienne, à Zurich, à Bâle, liant partout des relations avec l'ennemi de l'Église. Ils restèrent deux mois à Venise, vivant dans l'intimité des disciples scandaleux de Fra Paolo Sarpi, un maître de Saint-Amour. Ce fut là qu'ils reçurent les premières lettres de Port-Royal après qu'on y eût appris la condamnation du Jansénisme. Quelques extraits nous montrent quels étaient les sentiments de ces chrétiens accomplis :

« Enfin le tonnerre est tombé et a lancé son carreau... Nous n'entendons par les rues, dans les maisons et parmi les compagnies d'autre bruit que celui des triomphes molinistes... Ce bruit ne nous étonne point ; au contraire. C'est une antipérisase qui fait redoubler les forces aux vrais défenseurs des vérités évangéliques pour les soutenir et les défendre, et de vive voix et par écrit, avec plus de vigueur que jamais... Il semble que la providence de Dieu ne nous ait pas voulu abandonner en cette occasion, car *avant* toutes ces nouvelles nous avions fait imprimer en latin et en français les sens de ces propositions... ; ce qui fait que presque tout le monde juge de l'effet de cette bulle avant de l'avoir vue, et il n'y a pas jusqu'à messieurs le Pénitencier et Amiot qui n'ayent dit (à ce qu'on m'a rapporté) qu'elle était en une manière qui ne nous faisait point de mal que parmi la populace et les ignorants (1). »

« Nous avons copie de la bulle par le moyen des banquiers. Après l'avoir bien considérée, nous avons trouvé qu'elle ne contient rien qui ne soit dans nos sentiments. Nous la recevons *avec toute soumission*. Il ne se peut dire qu'elle est la joie des Thomistes... Ce qui les afflige dans leur joie, c'est ce que nous ne nous plaignons pas de la condamnation : que nous disons que Sa Sainteté *n'a fait que ce que nous avions fait il y a longtemps* (2). »

« Ne vous chagrinez point pendant votre voyage. La constitution a fait plus de disciples à saint Augustin qu'elle n'en a diminué le nombre ; tous nos ennemis se sont extrêmement fortifiés et *ils sauront faire valoir avec vigueur* la déclaration du pape (la parole dite au P. Desmares)... C'est un coup de Dieu de ce que Sa Sainteté s'est ainsi expliquée... C'est l'unique consolation que nous attendons dans l'état où nous

---

1. Saint-Amour, *Journal*, p. 559.
2. *Ibid.*, p. 560.

sommes, quoique cet état ne nous ait point changés et que nous soyons aussi intrépides que jamais (1). »

« ... Les disciples de saint Augustin sont plutôt humiliés devant les ignorants que condamnés devant les capables et désintéressés.

« L'opinion des Jansénistes n'y est point condamnée (dans la bulle). Mais il y a une forte présomption contre l'opinion des Jésuites et *une forte pour l'approbation de celles* des Jansénistes (2). »

« Il faut que je vous dise une pensée qui me vient à l'esprit (c'est la mère Angélique qui parle à M. Arnauld) ; c'est qu'il me semble que notre siècle n'était pas digne de voir un aussi grand miracle qu'aurait été celui-ci, que cinq particuliers (qui, bien que pieux et zélés pour la vérité, ne sont pas des saints qui fassent des miracles) eussent pu, seuls être assez puissants pour résister à toutes les intrigues et les cabales des Molinistes, à toutes les poursuites de M. Hallier, à toutes les lettres de la reine, et à toute la corruption de la cour de Rome. Il ne faut pourtant pas perdre courage (3)... »

« Éloignez-vous de ces terres infidèles et cruelles (Rome) ; regagnez le lieu où l'on trouve encore un peu de foi, de probité, de religion, et faites vœu, si vous m'en croyez, de ne repasser les monts de votre vie. Si on savait s'y bien prendre, la justice viendrait trouver le monde sans qu'il fût nécessaire de la venir chercher là où à peine est-elle connue de nom (4)... »

Un bon mot que je trouve raconté dans le *Journal* de Saint-Amour achèvera de nous convaincre de la *soumission* de nos Messieurs de Paris : M. Brousse et M. de Launoy se rencontrent chez M. Bignon « qui envoie des baise-mains à ces Messieurs qui ont parlé avec tant de zèle pour la défense de la vérité. » Ils sortent ensemble, et tiennent dans la rue ce petit colloque : « Vous savez que M. Hallier revient de Rome ? — Non. — Il en revient, je l'ai appris d'un évêque qui m'a dit qu'il apportait une *grande pancarte :* ce fut son mot, voulant dire une bulle (5). »

Je ne m'étonne plus de lire dans le P. Rapin que « dans un repas que les ministres donnèrent aux députés à Zurich, ils se servirent d'une copie de la bulle pour coiffer un flacon de vin par dérision (6). » M. Sainte-Beuve « comprend très-bien qu'en

1. Saint-Amour, *Journal*, p. 560.
2. *Ibid.*, p. 561.
3. *Port-Royal*,
4. Saint-Amour, *Journal*, loc. cit.
5. Saint-Amour, *Journal.*, p. 525.
6. Rapin, *Mémoires*, t. 2, p. 123.

sortant de Rome, les députés augustiniens se soient accommodés des ministres réformés, » et il trouve que « les Jésuites répondaient assez spirituellement, quand on leur demandait ce qu'ils entendaient par ce terme de janséniste : *Un janséniste, c'est un calviniste disant la messe* (1). » Saint-Amour chercha à Bâle, avec le savant Buxtorf, ce qui pourrait réunir les différentes communions, et ils indiquaient la doctrine de la grâce comme le terrain commun d'une réconciliation possible (2) ; il n'approuva jamais Arnauld de s'acharner si fort à combattre les protestants. Le P. Desmares disait : « Nous leur avons laissé l'Écriture Sainte et nous n'avons pris pour nous que la scolastique et des raisons tout humaines. M. Feydeau déplorait avec madame de Ventadour que nos prédicateurs ne prêchassent point l'Écriture comme les ministres (3). » Ce n'était donc pas sans motif que M. Hallier disait à M. Des Lions :

« Que MM. de Lalane et Saint-Amour avaient eu toujours grande correspondance avec les ministres de Zurich pendant leur négociation à Rome ; qu'ils (les ministres) les ont traités à leur retour ; qu'on y a soutenu (à Zurich) des thèses où Jansénius est approuvé comme enseignant leur doctrine *neque plus neque minus* ; — que le Pape lui disait que M. de Saint-Amour serait un pur ministre à Genève, ou ailleurs. — Qu'ils avaient eu l'intelligence avec Cromwell ; que le P. Desmares était un franc calviniste dans l'âme ; — qu'ils furent de Zurich à Bâle en compagnie de six ministres ; que M. de Sainte-Beuve avait dit à quatre ou cinq docteurs : *Le Pape en aura le démenti* (4). »

C'est ainsi qu'on entendait et qu'on pratiquait à Port-Royal la soumission due au juge suprême de la foi. Les *Vieux Catholiques* de nos jours n'ont rien inventé. Les Messieurs surent comprimer quelque temps la révolte qui grondait au fond de leur cœur. « Il ne se peut rien faire dans l'état présent des choses, que nous n'attirions sur nous une tempête épouvantable *et que nous n'exposions la vérité à des inconvénients très-certains*. Nous serons donc dans un très-grand calme... Vous savez : qui éclate hors de propos, ruine ordinairement

1. *Port-Royal*, t. 3, p. 595.
2. *Ibid.*,
3. *Ibid.*
4. *Journaux* de M. Des Lions, cité par M. Sainte-Beuve, *Port-Royal*, t. 3, p. 592.

tous les biens que l'on pourrait faire (1) ! » Ce n'était pas le moment *d'éclater*. Sur l'ordre du Roi, la *déclaration* pour l'exécution de la bulle fut publiée à Paris le 7 juillet 1653, et ensuite par tout le royaume. Les évêques, la Sorbonne, le clergé et les fidèles reçurent la constitution d'Innocent X avec un empressement qui toucha le cœur de cet illustre pontife, et lui fit dire « que les Français étaient la fleur des catholiques, et véritablement édifiants par leur obéissance vers le Saint-Siége (2). » Hélas ! les Jansénistes ne permirent pas que la France méritât longtemps ce bel éloge. « Nous craignons les haleines de Port-Royal, » disait Lagault. Ces souffles empoisonnés vont se déchaîner, pénétrer partout, et ternir pendant deux siècles la gloire catholique de notre patrie.

1. *Lettre* de Taignier à Saint-Amour.
2. Rapin, *Mémoires*, t. 2, p. 136.

X.

L'Assemblée générale du clergé de France réprime l'esprit de révolte qui agite Port-Royal. — Petit cri d'horreur poussé par M. Sainte-Beuve. — *Évasions* inventées par les Jansénistes. — Libre discussion. — Mesures arrêtées. — Le formulaire voté en principe. — Le docteur Arnauld oppose son jugement à celui du pape et des évêques. Il appelle à son aide M. Le Maître. — *Les torrents d'éloquence* du célèbre avocat. — Ses *plaidoyers* revus, purifiés et publiés : vue d'intérieur de Port-Royal. — Histoire d'un almanach. — Le duc de Liancourt : ses rapports avec Port-Royal, son démêlé avec Saint-Sulpice. — Arnauld prend sa défense. — Les cinq Propositions sont-elles dans Jansénius ? Avant la bulle, Arnauld, l'abbé de Bourzéis disent oui ; après la bulle, ils disent non. — Censure de la Sorbonne. — Arnauld chez les dames Angran. — Nicole le rejoint : son portrait. — Heures de relâchement. — Livres de polémique. — Entrée de Pascal.

Les évêques et les docteurs catholiques connaissaient l'esprit de révolte qui agitait Port-Royal. De concert avec le roi, la reine-mère et le cardinal Mazarin, ils s'efforcèrent « d'arrêter le cours de ceux qui voulaient être rebelles à la lumière (1). » De 1654 à 1656, ils profitèrent de la tenue à Paris de l'Assemblée générale du clergé pour couper court, par de sages et décisives mesures, « aux évasions que l'on avait inventées afin de rendre inutiles la Constitution d'Innocent X (2). » « C'était atteindre le point délicat de la *persécution,* » dit M. Sainte Beuve. Et il ajoute : « Les Molinistes, qui désiraient mettre leurs adversaires dans l'impossibilité d'adhérer *moyennant raisonnement,* travaillèrent à serrer de plus en plus le filet, ou, si l'on aime mieux, le garrot, pour faire feu contre eux, durant ce temps, plus à l'aise. Curieux et chétif exemple, à l'étudier de près, de la méchanceté des hommes (3) ! »

1. *Lettre circulaire* (de 1653) *à NN. SS. les archevêques et évêques du royaume.*
2. *Relation des délibérations du clergé,* p. 8 (édit. de 1661).
3. Sainte-Beuve, *Port Royal,* t. III, p. 25.

Étudié de près l'exemple est fort chétif, même nul, et ce qu'il a de curieux, c'est qu'il se transforme à mesure qu'on remonte aux sources, c'est-à-dire, aux *délibérations du clergé*. On y trouve les Jansénistes assez maîtres de leurs mouvements, de leur plume et de leur langue. Ils présentent leurs interprétatons, ils produisent leurs preuves, ils formulent leurs objections, ils discutent les sentiments de ces terribles Molinistes qui les reçoivent, les écoutent, leur répondent, alors que le débat était déjà clos, l'arrêt prononcé, et qu'il ne restait plus qu'à obéir. Il y a loin de là à des gens serrés dans un filet, garrottés, sur lesquels on fait feu tout à l'aise, sans qu'il leur soit permis de se défendre. En vérité, le petit cri d'horreur que ce tendre M. Sainte-Beuve pousse en présence du filet, du garrot et des coups de feu de l'intolérance moliniste, nous fait sourire. Voyez, en effet, quelle barbarie !

Messieurs de Port-Royal, dont « la déférence pour les décisions de Rome n'allait pas jusqu'à sacrifier la doctrine de l'Église aux prétentions de cette cour (1), qui, « en se souvenant des prérogatives du premier siége, n'oubliaient pas les droits de la vérité, » soulevaient, pour éluder la bulle, une double question. Une question de fait : les cinq Propositions condamnées étaient-elles dans Jansénius, ou lui étaient-elles faussement attribuées ? Une question de droit : en quel sens ces Propositions, à les supposer fidèlement extraites de Jansénius, avaient-elles été condamnées ? Les Jansénistes soutenaient que les cinq Propositions n'étaient pas dans Jansénius et qu'elles avaient été condamnées dans un sens qui n'étaient en rien celui de Jansénius. C'est ainsi qu'ils adhéraient à la bulle *moyennant raisonnement*. C'était soustraire Jansénius aux anathèmes de Rome : sa doctrine ne recevait aucune atteinte des décisions du Saint-Siége ; la Constitution n'avait rien défini et le débat restait ouvert.

Les évêques et les docteurs qui avaient déféré le jansénisme au tribunal du Souverain-Pontife, comprirent la manœuvre et le danger. Dès 1654, l'Assemblée du clergé résolut d'enlever tout subterfuge aux défenseurs obstinés de l'*Augustinus*. Elle y mit de la patience et montra des égards, comme on peut s'en convaincre en lisant ses *Délibérations*. Curieux et bel exemple, à l'étudier de près, dirons-nous à notre tour, de la

---

1. *Vie de messire Antoine Arnauld*, t. 1, p. 115.

longanimité de l'Église, qui ne *brise jamais le roseau cassé, ni ne marche sur la mèche encore fumante !* Les Jansénistes fournirent aux prélats leurs *Mémoires* et leurs *Instructions* ; l'*Augustinus* fut étudié de nouveau ; les textes accusateurs furent reconnus authentiques en séance publique. Tout fut librement discuté, mûrement examiné et l'on conclut que, loin d'être faussement attribuées à Jansénius, les cinq Propositions n'exprimaient pas assez le venin répandu dans son gros *in-folio*, dont elles renfermaient cependant toute la substance ; que les cinq Propositions étaient condamnées dans leur sens propre, qui était le sens de Jansénius, c'est-à-dire que la doctrine contenue dans les cinq Propositions et plus amplement étendue dans le livre de l'évêque d'Ypres avait été réprouvée par la Constitution d'Innocent X.

« Il y avait certains esprits, disent les *Délibérations*, qui voulaient que l'on crût qu'ils étaient blessés de ce que l'on mêlait dans la condamnation d'hérésie le nom d'un auteur qui avait été évêque. Il fallut satisfaire à la délicatesse de cette plainte. » On calma ces esprits si délicats sur l'honneur de M. d'Ypres. On leur fit cette remarque : Jansénius, dans son livre et dans son testament, a déclaré qu'il soumettait l'*Augustinus* au jugement du Saint-Siége ; il a défendu à ses exécuteurs testamentaires de le faire imprimer avant d'avoir obtenu l'approbation. Sans doute ses amis n'ont pas été fidèles à sa dernière volonté, mais, par cette soumission, il a mis son nom à couvert de l'anathème.

Les amis de Jansénius publiaient encore que sa doctrine était celle de saint Augustin, et que la doctrine de saint Augustin était celle de l'Église romaine sur la grâce. Cette assertion fut longuement et doctement réfutée. De tout temps, répondit-on, les hérétiques ont produit la Sainte-Écriture, et les Pères pour soutenir leurs erreurs. Néanmoins les papes et les conciles ont toujours condamné les fausses doctrines et par cela même les fausses interprétations de l'Écriture et des Pères sur lesquelles les sectaires les appuyaient. Ainsi, dans le cas présent, l'Église ne condamne pas la doctrine de saint Augustin, mais l'interprétation erronée qu'en donnent l'évêque d'Ypres et ses disciples. Saint Augustin expliqué dans son vrai sens, tel que le concile de Trente l'a entendu conformément à la règle de la foi et de la tradition catholiques dont ce concile était le juge, se trouve ouvertement contraire aux subtilités de Jansénius, qui ruinent également le dogme chrétien et le pur enseignement de l'illustre évêque d'Hippone.

Cependant les Jansénistes insistent. Ils veulent à tout prix sauver au moins le sens de Jansénius : ils déclarent aux prélats qu'ils consentent à condamner les cinq Propositions en quelque sens qu'elles puissent avoir, pourvu qu'on s'abstienne de dire que c'est au sens de Jansénius. A cette ouverture, l'assemblée ne voulant rien précipiter, s'ajourna afin de se donner le loisir de comparer encore le texte de l'*Augustinus* avec les cinq Propositions. A la reprise des séances, l'*Augustinus* fut placé sur le bureau ; on lut les passages que les Jansénistes citaient pour prouver que les cinq Propositions n'étaient pas contenues dans cet ouvrage ; on démontra sans peine la mauvaise foi des Jansénistes dans leurs citations. On lut aussi les textes de saint Augustin que les Messieurs alléguaient comme renfermant une doctrine identique à celle des cinq Propositions. Convaincus déjà de citations frauduleuses, les défenseurs de l'*Augustinus* le furent bientôt de fausse interprétation.

« Après les beaux discours que Messeigneurs les prélats firent sur ce projet en opinant, » le cardinal Mazarin prit la parole. La politique bien plus que la religion inspirait le premier ministre. L'archevêque de Paris venait de mourir, 21 mars 1654. Aussitôt le coadjuteur, le cardinal de Retz, prisonnier à Vincennes, avait pris, par procuration, possession de l'archevêché, et les curés de Paris, presque tous jansénistes, l'avaient proclamé archevêque dans leur paroisse. Quatre mois après, quand Retz s'échappera du château de Nantes, ces mêmes curés chanteront des *Te Deum*. Les Jansénistes comptaient sur le concours et la protection du nouvel archevêque, qu'ils croyaient dévoué à leur cause et gagné à leur doctrine. L'astucieux cardinal ne se servait des Messieurs que pour avancer ses propres affaires et en tirer de grosses sommes d'argent. Il ne réalisa jamais leurs espérances, toujours trompées et toujours entretenues avec un égal artifice. La proclamation des curés de Paris, leurs *Te Deum*, les relations de Port-Royal (1)

---

1. Voir sur ces relations l'intéressant *Mémoire* de M. de Chantelauze inséré dans le t. V du *Port-Royal* de M. Sainte-Beuve. M. de Chantelauze, comme l'affirmait son illustre ami, est un homme savant et de la vieille roche pour l'érudition. Cependant nous sommes surpris qu'il nous dise — à propos de la lettre composée par Messieurs de Port-Royal et adressée au clergé de

avec le mortel ennemi de Mazarin, stimulaient le zèle du premier ministre contre les Jansénistes. Toutefois pour ne pas s'élever au-dessus des vues et des intérêts d'une politique tout humaine, le cardinal n'en était pas moins dans le vrai, lorsque donnant à l'Assemblée du clergé son avis sur l'affaire des cinq Propositions, il faisait des observations aussi pleines de justesse que celles-ci :

Avant la décision du pape, on n'avait jamais douté, ni en France ni en Flandre, que les cinq Propositions ne continssent l'abrégé de la doctrine de Jansénius. De France on avait envoyé cinq docteurs à Rome pour défendre cette doctrine. On s'était avisé de mettre en doute, depuis la condamnation, ce qui avait été tenu pour constant auparavant, afin d'éluder par ce moyen la bulle du pape. L'examen qui a été fait par Messeigneurs les commissaires dans leurs conférences et dans l'Assemblée, par chacun des prélats en son particulier justifie assez l'exposé qui est dans la constitution dont l'autorité ne peut être violée par qui que ce soit. Quant à la conformité de la doctrine de saint

France par le cardinal de Retz arrivé à Rome, après son évasion de Nantes : — « Dans cette apologie de sa conduite, écrite d'un style élevé, éloquent, véhément, les solitaires avaient poussé l'*illusion (ce qui donne la mesure de leur entière et naïve bonne foi)* jusqu'à faire dire à leur pasteur que sa situation était comparable à celle des Athanase, des Chrysostôme, des Cyrille, des Thomas de Cantorbéry. » Ici comme ailleurs, la bonne foi des Jansénistes est-elle bien sincère, entière, naïve ? Nous n'oserions pousser l'illusion aussi loin que M. de Chantelauze. Le licencieux archevêque de Sens, M. de Gondrin, recevait de la part des Messieurs des louanges aussi considérables et aussi peu méritées que celles qu'ils décernaient au cardinal de Retz. En entourant la tête de leurs héros de l'auréole de la sainteté, de la persécution, du martyre, de la science, les solitaires se couronnaient eux-mêmes ; ils ne distribuaient si largement la gloire que parce qu'elle leur était renvoyée plus largement encore par l'admiration publique. M. de Chantelauze a visité Port-Royal avec M. Sainte-Beuve. Son spirituel cicérone aurait pu lui raconter bien joliment, comme Racine dans sa première petite lettre, l'anecdote des deux capucins et de la mère Angélique. Après quoi, il lui aurait sans doute dit : « L'historiette est pour prouver qu'on a vu de tous temps les Jansénistes louer ou blâmer le même homme, selon qu'ils sont contents ou peu satisfaits de lui. » (Sainte-Beuve, *Port-Royal*, t. VI, p. 110.) Mais, sans doute, M. de Chantelauze, qui narre avec autant de grâce et d'esprit que M. Sainte-Beuve, devait parler à son ami de Marie Stuart ou de Retz, et les solitaires étaient oubliés. On sait que M. de Chantelauze a publié dans le *Correspondant* une étude décisive sur Marie Stuart. Son *Mémoire* sur Retz fourni à M. Sainte-Beuve, ne sera qu'un chapitre d'une histoire complète du coadjuteur, d'après des documents nouveaux et de la plus grande importance.

Augustin avec celle de Jansénius, on peut considérer que l'évêque d'Ypres témoignait lui-même, par les déclarations contenues dans son livre et dans son testament, qu'il doutait de la vérité de ses opinions, puisqu'il les soumettait à la censure du Saint-Siége. Il ne prétendait pas y soumettre la doctrine de saint Augustin, qui n'a point été soupçonnée d'erreur par l'Église romaine, mais l'interprétation particulière qu'il donnait aux passages de ce Père, interprétation qu'il assurait avoir été inconnue aux écoles de théologie depuis cinq cents ans.

C'est ainsi que la *Relation des Délibérations* résume le discours de Mazarin ; elle poursuit :

« On examina aussi l'expédient qui avait été proposé, de recevoir la condamnation des cinq Propositions en quelque sens qu'elles puissent avoir, pourvu que l'on ne dît pas qu'elle est faite au sens que Jansénius les enseigne. Outre l'absurdité qu'il y avait de condamner ces Propositions *en quelque sens qu'elles puissent avoir*, puisque selon eux (les Jansénistes) elles peuvent avoir un sens catholique, on remarqua que, par ces termes généraux, l'on voulait rendre inutile la condamnation, qui est claire et très-expresse dans la Constitution. On observa divers exemples des artifices dont s'étaient servi les anciens hérétiques pour surprendre par les ambiguïtés des paroles la sincérité des évêques catholiques. De sorte que l'on jugera que cet expédient était contraire à la paix et à l'union des esprits que l'on recherchait, puisqu'elle ne pouvait être fondée sur une ambiguïté qui est la source des divisions, mais sur la vérité et l'unité de la foi....

« L'affaire mise en délibération, il fut arrêté que l'on déclarerait par voie de jugement *donné sur les pièces produites de part et d'autre, que la Constitution avait condamné les cinq Propositions comme étant de Jansénius et au sens de Jansénius* ; et que le pape serait informé de ce jugement de l'Assemblée par la lettre qu'on écrirait à Sa Sainteté, et qu'il serait aussi écrit sur le même sujet à Messeigneurs les prélats (1). »

Les lettres au pape et aux prélats du royaume furent écrites. Le Souverain-Pontife répondit, le 29 septembre 1654, par un Bref adressé à l'Assemblée générale du clergé de France. Après avoir loué le zèle des évêques, Innocent X approuvait et confirmait ce qu'ils avaient décidé au sujet de la bulle ; puis il déclarait que, par la bulle du 31 mai 1653, *il avait con-*

1. *Délibérations du clergé.*

damné dans les cinq Propositions la doctrine de Cornélius Jansénius contenue dans le livre intitulé Augustinus.

Au mois de mai 1655, dans une réunion d'évêques qui précéda l'Assemblée générale du clergé un peu retardée, il fut résolu que l'on écrirait une lettre commune à tous les prélats pour leur donner connaissance de la déclaration de Sa Sainteté, et qu'on leur enverrait une copie de la bulle, du Bref et des lettres écrites par les Assemblées précédentes. De plus, « pour arrêter le cours d'un des plus grands maux dont l'Église pût être affligée, on décida de les convier à faire souscrire la bulle et le Bref de Sa Sainteté par tous les chapîtres, les recteurs des Universités, par toutes les communautés séculières et régulières, par tous les curés et bénéficiers de leurs diocèses, et généralement par toutes les personnes qui étaient sous leur charge. » C'est de là, que naquit le *Formulaire*, et non de l'imagination de M. de Marca, archevêque de Toulouse, comme le prétend M. Sainte-Beuve. Il prétend aussi que le *Formulaire* fut décrété par l'Assemblée de 1656. Il fut décrété par l'Assemblée de 1655 et rendu exécutoire par celle de 1656. M. Sainte-Beuve, qui se *consumait à tâcher d'être exact*, nous aurait su gré de lui signaler cette petite erreur de date.

Tandis que le pape et les évêques affirmaient solennellement que les cinq Propositions étaient dans Jansénius et renfermaient sa doctrine. M. Arnauld affirmait non moins solennellement que les cinq Propositions *n'avaient été soutenues de personne ; qu'elles avaient été forgées par les partisans des sentiments contraires à ceux de saint Augustin ; qu'en les attribuant à Jansénius, on imposait des hérésies à un évêque catholique qui a été très-éloigné de les enseigner; qu'il avait lu avec soin le livre de Jansénius et n'y avait point trouvé ces propositions.* En revanche, M. Arnauld ajoutait qu'il avait trouvé dans saint Augustin *que la grâce, sans laquelle on ne peut rien, avait manqué à un juste en la personne de saint Pierre en une occasion où l'on ne peut dire qu'il n'ait point péché* (1).

Arnauld, qui parle si péremptoirement, s'était pourtant promis, après la publication de la bulle, de garder le silence, un silence *respectueux*. Il était alors à Port-Royal des Champs, ne

---

1. *Seconde lettre de M. Arnauld, docteur de Sorbonne, à un duc et pair de France.*

demandant qu'a se taire, assure Fontaine, *et à demeurer dans la retraite, souhaitant être sans bouche et sans oreilles.* Écoutons encore M. Fontaine, au risque de le ranger parmi ces esprits *injudicieux* dont les rapprochements hyperboliques — M. Olier disant de M. Picoté, son confesseur : « Il me semble que Dieu me parle par sa bouche, comme il parlait à son peuple par celle de Moïse (1), » — choquent si fort, de notre côté, le goût attique de M. Sainte-Beuve :

Cependant, Dieu permettait ainsi qu'il se retraçât à nos yeux quelque chose de semblable à ce qui s'était fait dans les commencements de l'Église, où un petit nombre d'élus, comme d'innocents agneaux, avaient à résister à des adversaireres redoutables, et à soutenir de toutes parts des armées de loups à qui rien ne manquait de tout ce qui est capable d'intimider les cœurs les plus intrépides, et d'ébranler les esprits les plus assurés.

A ce spectacle, Arnauld ne put contenir plus longtemps son ardeur et sa plume. « Ayant travaillé toute sa vie à connaître la vérité, et à la puiser dans la source pure de l'Écriture, — c'est toujours le judicieux Fontaine que nous citons, — il se sacrifia de bon cœur pour la défendre contre ceux qui la combattaient..... Il était dans l'Église comme une lampe ardente et brûlante..... Combien de personnes ont profité de ses doctes veilles !..... On était surpris en approchant de M. Arnauld, de voir toute l'antiquité présente en quelque sorte devant ses yeux et tout ce qui s'était passé dans toute l'Église réuni dans un seul homme..... Ainsi ce bienheureux Désert renfermait en même temps, et toute la lumière des plus grands docteurs, et toute la plus grande sainteté des parfaits solitaires (2). » Décidé à ne plus *tenir la vérité captive par une lâche timidité, l'admirable docteur*, M. Arnauld, en qui était présente toute l'antiquité ecclésiastique avec toute la lumière des plus grands docteurs, s'adjoignit cependant un collaborateur, son neveu, M. Le Maître, le célèbre avocat qu'un dépit d'amour, probablement, plutôt que l'attrait de la grâce, avait conduit aux

---

1. « M. Picoté et Moïse ! dit M. Sainte-Beuve, c'est un peu rude ; mais avec ces esprits *injudicieux, il ne faut s'étonner de rien.* » Nous verrons du côté de Port-Royal, Arnauld et Moïse ! Arnauld et Jésus-Christ ! Madame Petit et Judith ! etc., etc.

2. Fontaine, *Mémoires*, t. III, p. 130, 133, 135, 136.

pieds de Saint-Cyran et jeté au bienheureux Désert. « Ainsi, dit M. Fontaine, on vit que Dieu avait appelé cet homme admirable pour lui consacrer les talents qu'il lui avait donnés, et pour employer au service de l'Église ces torrents d'éloquence qui coulaient de sa plume. Il l'avait rendu un miracle de la Grâce avant de l'en rendre le défenseur. Il avait rempli son esprit d'humilité dès les premiers temps de sa retraite.... pour le préparer peu à peu à entrer dans les intérêts de la Vérité, et pour purifier à loisir par ses larmes cette éloquence qui lui était devenue si naturelle, et que la délicatesse de sa conscience craignait d'avoir rendue un peu trop humaine. On ne perd rien de ce qu'on veut bien perdre pour Dieu. Jamais l'éloquence de ce saint pénitent ne fut admirée davantage que lorsqu'il l'employa pour la Vérité (1). »

M. Le Maître fut un des fondateurs de l'*Empire des Traductions*, empire bien funeste aux fortes études classiques, que Port-Royal établit et qu'il n'entendit pas se laisser enlever (2). Le saint pénitent traduisit surtout les SS. Pères et des vies de saints. « Il songeait — pensée digne d'un bon janséniste — à composer une légende qui fût purgée de toutes les fables que des auteurs peu judicieux y ont introduites (3). » Au milieu de ces pieux travaux, précisément en cette année 1656 où Arnauld l'appelle à son aide, il donna au public ses *Plaidoyers*. Il les revit auparavant. Il sanctifia leur éloquence *trop humaine* par l'intercalation de nombreux textes des Pères; il y mit de la spiritualité, comme le dira bientôt Racine dans ses *Petites Lettres*. Malgré cette purification, *les torrents d'éloquence* de M. Le Maître roulent les Pères de l'Église, les historiens, les philosophes, les poètes dans un pêle-mêle assez profane, où s'entrechoquent sans fin toutes les figures de la rhétorique. Sous les voûtes du palais, *ces torrents* faisaient un fracas qui était trouvé beau. Lorsque cette « bouche qui était l'admiration de toute la France, » s'ouvrait, « les plus fameux prédicateurs demandaient permission de ne point prêcher ce jour-là, afin de pouvoir assister aux plaidoyers (4). »

---

1. Fontaine, *Mémoires*, t. III, p. 140.
2. Voir la lettre où Nicole critique les traductions de M. Du Bois, de l'Académie française, qu'il qualifie de *prétendant à l'empire des traductions*. (Nicole, *lettres nouvelles*, lettre 40.)
3. Du Fossé, *Mémoires*, p. 159.
4. Fontaine, *Mémoires*.

La publication de ses plaidoyers causa à M. Le Maître de *longues peines de corps et d'esprit*. Quoique Fontaine jette des voiles charitables sur cette *malheureuse affaire*, elle nous offre une vue d'intérieur de Port-Royal assez ressemblante ; il faut nous y arrêter un instant. Quelques libraires avaient donné deux éditions fort défectueuses des *Plaidoyers*. Comme elles se vendaient bien, à cause de la réputation de l'auteur, ils menaçaient encore d'en donner une troisième plus complète et par conséquent plus mauvaise. La renommée de M. Le Maître allait être compromise. Or la renommée de M. Le Maître était alors le plus beau fleuron de la couronne de Port-Royal. Les beaux esprits du parti, ceux *qui faisaient valoir le jansénisme par leurs ouvrages* (1), représentèrent au solitaire que ces éditions défiguraient son ouvrage, déshonoraient son nom, et qu'il devait lui-même publier ses plaidoyers. A cette seule proposition, M. Le Maître sentit toutes ses douleurs passées se renouveler. L'idée du palais et du métier qu'il y avait fait lui revint dans la mémoire, et l'*effroyable* aversion qu'il avait conçue de ses pièces d'éloquence l'empêcha d'y penser de nouveau. Ses amis insistèrent ; ils lui dépeignirent, avec beaucoup de force et de chaleur, le mal qui reviendrait de ces éditions imparfaites. M. Le Maître resta sourd et inflexible. Cependant M. de Sacy trouva un biais : M. Le Maître reverrait ses discours, un de ses amis les publierait, et ainsi M. Le Maître ne paraîtrait pas dans l'impression qui se ferait. Un jésuite n'aurait pas mieux trouvé ; le biais fut accepté. L'ami choisi fut M. d'Issali, avocat au Parlement.

M. Le Maître, après sa retraite, avait adressé à Dieu les plus ferventes prières pour qu'il répandît dans le cœur de M. d'Issali les mêmes grâces qu'il lui avait faites, et qu'il lui donnât le même éloignement du palais ; surtout il avait tâché d'empêcher que son confrère ne s'engageât dans le mariage, afin que si Dieu avait voulu un jour exaucer ses prières et toucher le cœur de son ami, il se trouvât dans la même liberté de suivre la voix divine, qu'il avait été lui-même au temps de sa conversion. Il lui faisait part de ce qu'il trouvait de plus beau sur ce sujet dans ses lectures. « M. Le Maître m'a fait l'honneur à moi-même, dit avec fierté M. Fontaine, de m'employer à

---

1. M. d'Aubigny à Saint-Évremond

transcrire quelques-uns de ces passages, pour les envoyer à cet ami. » Dieu n'exauça pas les prières de M. Le Maître, et son ami goûta plus les charmes d'une femme que la beauté des passages des saints Pères : il se maria. Mais la Grâce ne l'abandonna pas pour cela ; elle présida même à son mariage. Tout ce qu'il y avait de personnes de la plus grande piété s'en mêlèrent. M. de Bagnols en fut l'entremetteur ; M. Singlin et M. de Sacy avouèrent qu'ils n'avait jamais offert à Dieu que ce mariage ; la Mère Angélique l'honora de quelques présents de noces. Elle s'offrit de se charger de l'éducation des filles qui en viendraient, et M. de Sacy avec M. Le Maître lui firent la même offre pour les garçons. M. d'Issali fut reconnaissant ; il se constitua l'intrépide avocat des Jansénistes, qui, naturellement, ne manquent jamais dans leurs *Mémoires* de le traiter de *célèbre*. Un tel ami ne pouvait être qu'un éditeur zélé. M. Le Maître lui confia ses papiers revus et corrigés. L'impression commença et se poursuivit activement. La nouvelle s'en répandit bientôt. Et voilà que les saints, les vrais disciples de l'austère Saint-Cyran, qui, à l'exemple du maître, haïssaient *la belle tissure des paroles*, furent extraordinairement blessés de cette nouvelle. « Quoi, disaient-ils, M. Le Maître travaille à la publication de ses plaidoyers, après avoir fait depuis près de vingt ans profession publique de silence, et embrassé un état de pénitence ! Il y a bien plus de danger pour le salut à imprimer des plaidoyers qu'à les réciter dans une chambre du palais, puisque c'est en quelque sorte les réciter devant tous les hommes et dans tous les siècles. Plusieurs saints autrefois ont suivi le barreau avec éclat, mais il ne s'en trouve pas qui aient revu et publié depuis leur conversion et depuis leur baptême des harangues propres à leur acquérir une gloire toute humaine, ni qui aient permis qu'un autre les publiât. » — On avait beau répondre à ces Messieurs que M. Le Maître ne paraissait point, et qu'il était à l'égard de cette impression comme un homme mort. « Un homme mort, répliquaient-ils, ne ressuscite pas de son tombeau pour revoir ses anciens ouvrages. » D'ailleurs, M. Le Maître n'avait-il pas composé ses plaidoyers avant d'avoir répandu son cœur devant Dieu dans les larmes de la pénitence, et lui-même n'avait-il pas entendu sortir de la bouche du souverain Directeur, M. de Saint-Cyran, cette sentence : *Les livres des hommes de Dieu qui ont répandu leur cœur devant lui en fai-*

sant leurs ouvrages édifient l'Église et les fidèles. Tous les autres quelque saints que soient leur sujet et leur matière, sont livres qui, par la matière et par le corps, tiennent du judaïsme, et, par l'esprit, du paganisme.

M. Singlin fut de l'avis du maître et des disciples. Il ne put s'empêcher de témoigner à M. Le Maître la douleur qu'il avait de le voir travailler à cette impression. Qui fût bien embarrassé ? M. Le Maître. Il se trouva dans de grands déchirements d'esprit qui le firent tomber en langueur et lui occasionnèrent une fièvre double-quarte. M. Singlin, touché jusqu'au fond du cœur de son état, crut qu'il ne devait pas oublier qu'il était père, et poussa la tendresse jusqu'à lui représenter, avec son zèle ordinaire, que le dessein que Dieu lui avait inspiré depuis tant d'années de vivre et de mourir dans la retraite et la pénitence devait lui rendre la fièvre plus supportable, quelque longue et affaiblissante qu'elle fût ; il n'était plus question de M. d'Issali et de l'impression commencée. .

M. Le Maître ne pensait pas à ses pièces d'éloquence avec cette effroyable aversion dont parle Fontaine. Même converti, il était resté sensible à ses plaidoyers. « Combien de fois dans les insomnies de M. Le Maître, dit M. Sainte-Beuve, une plaidoierie ardente ne s'empara-t-elle pas de son âme un moment distraite, et, s'y formant en éloquent orage, réveillant un dernier écho du barreau sonore, ne fit-elle pas retentir par quelque clameur confuse les pauvres murailles de sa chambre glacée (1) ! » Malade, découragé par l'opposition qu'il avait rencontrée, incapable de s'occuper de l'affaire qui lui tenait à cœur, il pria M. de Sacy de faire entendre raison à ses trop austères censeurs. Car il connaissait avec quelle sagesse et avec quelle douceur son frère accordait les choses les plus embarrassées. La négociation de M. de Sacy fut longue. Pourtant M. Le Maître, qui était chaud, aidait de son mieux la sagesse et la douceur du négociateur par toutes sortes de bonnes raisons qu'il lui soufflait. M. de Sacy lui disait que rien n'était plus persuasif que ces raisons, et qu'il s'y rendait tout à fait ; mais que néanmoins ceux pour qui il devait avoir le plus de déférence, persistaient toujours à réprouver la publication des plaidoyers, jusqu'à s'étonner même comment on pouvait

---

1. Sainte-Beuve, *Port-Royal*, t. III, p. 315.

encore délibérer : tant ils étaient persuadés que cela était clair et ne souffrait pas de doute.

La chose fut ainsi longtemps agitée. D'un côté M. Le Maître ne parut jamais plus orateur que dans la justification qu'il fit de lui-même dans cette affaire ; de l'autre côté M. de Sacy ne parut jamais avoir plus de conduite pour ménager tous les esprits. Cependant ni l'éloquence de l'un, ni l'habileté de l'autre ne produisaient l'effet qu'ils en attendaient. Il fallait avoir le sens bien perverti pour croire que ce fût l'amour de la gloire qui portât M. Le Maître à cette publication. Aussi le saint pénitent finit-il par se fâcher et déclarer, avec humilité néanmoins, qu'il rendait grâces à Dieu de ce qu'en le convertissant il lui avait ôté de l'esprit la vanité et l'ambition de signaler son nom dans le monde par des ouvrages d'éloquence ; qu'il n'avait plus d'autre prétention dans le monde que d'y être oublié et mis au nombre des morts ; que s'il avait le malheur d'être passionné pour la gloire, il la chercherait par d'autres moyens que par ses plaidoyers ; que depuis dix-huit ans il ne pensait plus à une réputation éternelle sur la terre, mais à une vie éternelle dans le ciel. — Ces protestations ne firent pas changer de sentiment aux amis de M. Le Maître. Mais le ciel qui s'intéressait visiblement à tout ce qui touchait Port-Royal, veillait sur les plaidoyers. Dans la première ferveur de sa conversion, M. Le Maître voulait brûler ses discours, qu'il laissait moisir dans un coin de sa chambre. M. de Saint-Cyran s'y opposa ; il trouva bon seulement qu'il les retouchât pour en ôter ce qui ne serait plus assez proportionné avec l'état qu'il avait choisi. Il est manifeste que M. de Saint-Cyran, dont on connaît l'aversion pour les livres profanes, n'aurait pas agi ainsi, s'il n'eût eu une vue prophétique des desseins de Dieu sur les ouvrages du nouvel élu de la Grâce. M. Le Maître, qui gardait ce souvenir au fond de son cœur, espérait, contre toute espérance, que l'affaire s'arrangerait. Il ne fut point trompé. Dieu, fléchi par ses prières et par ses larmes, tourna tous les esprits de telle sorte qu'on jugea à propos de ne plus suspendre l'impression et la publication des *Plaidoyers*. Ce fut ainsi que Dieu, qui se sert de tout pour sa gloire et pour l'épreuve de ceux qui le servent, sut tirer ces papiers de leur obscurité, lorsque l'heure en fut venue.

Dans le monde, les *Plaidoyers furent trouvés admirables.* Nos Messieurs, modérés en tout comme il convenait à des pénitents, se contentèrent de les lire avec plaisir lorsqu'on en eut fait les présents. M. de Sacy lui-même, qui ne quittait qu'avec peine l'Écriture et saint Augustin — excepté pour composer ses *Enluminures* — voulut bien les lire ; et il écrivit à son frère qu'il y avait trouvé des choses fort solides et même ecclésiastiques. Ce fut son compliment ; il est modeste. M. de Gomberville, un ami du dedans encore, enfle un peu plus la voix (1). Il adresse ce quatrain à l'illustre avocat :

> Je te dirai ce que je pense,
> O grand exemple de nos jours !
> J'admire tes nobles discours,
> Mais j'admire plus ton silence.

Est-ce une épigramme ? la pureté d'intention de M. de Gomberville ne nous permet pas cette interprétation. L'épigramme, Racine la décocha un jour qu'il était en rupture avec Port-Royal. Ce jour-là, les solitaires qui s'étaient opposés à l'impression des plaidoyers, durent éprouver une petite satisfaction capable de les faire manquer à la charité, s'ils pouvaient y manquer. C'était à propos de la querelle survenue entre les Messieurs et Desmarets qui, laissant le roman pour la théologie, avait osé attaquer le jansénisme. Racine, imprudemment provoqué par les solitaires, écrit dans sa première *petite lettre* :

.... Quelles exclamations ne faites-vous point, sur ce qu'un homme qui a fait autrefois des romans, et qui confesse, à ce que vous dites, qu'il a mené une vie déréglée, a la hardiesse d'écrire sur les matières de la religion ? Dites-moi, Monsieur, que faisait dans le monde M. le Maître ? il plaidait, il faisait des vers : tout cela est également profane selon vos maximes ; il avoue aussi dans une lettre qu'il a été dans le déréglement, et qu'il s'est retiré chez vous pour pleurer ses crimes. Comment donc avez-vous souffert qu'il ait tant fait de traductions, tant de livres sur la matière de la grâce ? ho ! ho ! direz-vous, il a

---

1. M. de Gomberville, quoique *pénitent*, avait composé, nous l'avons dit, *la jeune Alcidiane*. Il avait aussi écrit, avant sa conversion, un autre roman *Polexandre*. Comme M. Le Maître, même dans sa vieillesse, il ne put jamais se résoudre à condamner les amusements de sa jeunesse ; sans se rendre à aucune des raisons qu'on lui alléguait, il les soutint toujours innocents. C'est ce que nous apprend le *Supplément au Nécrologe de Port-Royal*, qui fait cependant avec éloge mémoire du bonhomme.

fait auparavant une longue et sérieuse pénitence. Il a été deux ans entiers à bêcher le jardin, à faucher les prés, à laver les vaisselles. Voilà ce qui l'a rendu digne de la doctrine de saint Augustin. Mais, Monsieur, vous ne savez pas quelle a été la pénitence de Desmarêts. Peut-être a-t-il fait plus que tout cela. Croyez-moi, vous n'y regarderiez point de si près, s'il avait écrit en votre faveur. C'était le seul moyen de sanctifier une plume profanée par des romans et par des comédies.

Les Messieurs répondirent :

.... C'est vainement que vous comparez la conduite de M. Le Maître avec celle de Desmarêts... Quelle estime peut-on avoir pour vous, quand on voit que vous comparez si injustement deux personnes, dont les actions sont autant opposées qu'elles le peuvent être ? Tout le monde sait que M. Le Maître a fait des plaidoyers que les jurisconsultes admirent, où l'éloquence défend la justice, où l'Écriture instruit, où les pères prononcent, où les conciles décident. Et vous comparez ces plaidoyers aux romans de Desmarêts, qu'on ne peut lire sans horreur... Pouvez-vous dire que M. Le Maître a fait dans sa retraite *tant de traductions de Pères*, et le comparer à Desmarêts, qui fait gloire de ne rien traduire ?...

Racine répliqua :

.... Je n'ai point prétendu égaler Desmarêts à M. Le Maître ; il ne aut point pour cela que vous souleviez les juges et le palais contre moi ; je reconnais de bonne foi que les plaidoyers de ce dernier sont, sans comparaison, plus dévots que les romans du premier ; je crois bien que si Desmarêts avait revu ses romans depuis sa conversion, comme on dit que M. Le Maître a revu ses plaidoyers, il y aurait, peut-être, mis de la spiritualité, mais il a cru qu'un pénitent devait oublier tout ce qu'il a fait pour le monde. Quel pénitent ! dites-vous, qui a fait des livres de lui-même, au lieu que M. Le Maître n'a jamais osé faire que des traductions. Mais, Messieurs, il n'est pas que M. Le Maître n'ait fait des préfaces, et vos préfaces sont fort souvent de fort gros livres. Il faut bien se hasarder quelquefois ; si les saints n'avaient fait que traduire, vous ne traduiriez que des traductions...

M. Le Maître, qui n'existait plus quand Racine publiait ses petites Lettres, aurait reçu ces traits en parfait esprit de pénitence et aurait béni la main qui les lui lançait, car, après la publication de ses plaidoyers, ce n'étaient plus les échos sonores du barreau qui se réveillaient dans son âme un moment distraite, mais des remords déchirants. Il écrivait à la Mère Agnès : « Les plaidoyers me reviennent dans l'esprit. Il me semble que j'y ai horriblement offensé Dieu. » Et pour apaiser la colère de Dieu, pour calmer les tourments d'une conscience que la sombre doctrine de Jansénius remplissait de terreurs, il souhaitait de pouvoir s'enfoncer dans une retraite plus profonde, dans un pénitence plus sévère. Hélas ! sous l'empire de leur cruelle théologie, M. Le Maître et tous ses compagnons de solitude, peuvent dire avec le plus illustre d'entre eux, Pascal : « Le paix ne sera parfaite que quand le corps sera détruit ! » Doux rayons d'espérance dont j'ai vu resplendir le front des saints pénitents dans l'église catholique, divins sourires que j'ai surpris à travers leurs larmes, parfums d'exquise aménité que j'ai respirés dans leurs entretiens, charmante simplicité, aimable condescendance sous lesquelles ils m'ont caché leurs cilices et déguisé leurs austérités, ô joie, ô paix des cœurs contrits et humiliés dans l'amour et l'obéissance au souffle du pur esprit de l'Évangile, où êtes-vous ? Port-Royal ne vous a jamais connus !

Revenons au moment où les torrents purifiés de M. Le Maître ne demandaient qu'à s'échapper du bienheureux Désert, au signal de M. Arnauld. Ce signal, le grand Docteur ne pouvait tarder davantage de le donner sans trahir la grâce et la vérité. Les jésuites ne venaient-ils pas, dans une pièce de vers débitée dans leur collège, d'appeler les jansénistes : *Runa Gebenneis prognata paludibus*, grenouilles du lac de Genève ! Les jésuites n'avaient-ils pas, au lendemain de la Bulle, publié un almanach où ils représentaient *la déroute et la confusion de Jansénius* ? Cet almanach fit événement ; en voici l'histoire d'après le P. Rapin.

Un vrai disciple de saint François de Sales et de saint Vincent de Paul, Adrien Gambart, confesseur des visitandines du faubourg Saint-Jacques, voyait avec regret que le peuple ne comprenait pas ce que Rome venait de décider au sujet de la grâce. Il crut que le crayon le lui ferait mieux entendre que la plume, et, comme il dessinait assez bien, il imagina une *illustration* d'almanach pour l'année 1654. D'un côté, il plaça le pape entouré de cardinaux et de prélats, la tiare en tête, et revêtu de ses ornements pontificaux. Innocent X lançait la foudre sur une hydre à cinq têtes, image des cinq propositions condamnées. De l'autre côté, Louis XIV était sur son trône, l'esprit du zèle divin l'animait, et la Justice lui présentait son épée. Dans le bas, l'évêque d'Ypres, avec des ailes de chauve-souris, s'enfuyait dans les bras de Calvin et d'autres hérésiarques. Avec lui, l'erreur, l'ignorance, la tromperie, sous forme de monstres, étaient terrassées par les foudres du souverain pontife. M. Gambart, charmé de son idée, voulut la confier au burin d'Alexandre Boudan, célèbre graveur de la rue Saint-Jacques. Boudan, qui servait les jésuites, porta ce dessin au P. de Champsneufs, préfet des études au collége de Clermont. Le Père, en toute prudence, lui conseilla de ne pas se charger de ce travail, parce qu'on ne manquerait pas de l'attribuer aux jésuites, avec lesquels ses relations intimes étaient bien connues. M. Gambart se rabattit sur un graveur de moindre réputation, Jean Ganière, qui accepta sans consulter les révérends pères. L'*Almanach* eut un tel succès, que l'éditeur gagna en peu de temps plus de mille écus. Tout le monde voulait avoir son almanach. Il n'y eut pas d'artisan dans Paris dont l'*illustration* de M. Gambart ne décorât la boutique. On riait fort aux dépens de Jansénius. Messieurs de Port-Royal goûtèrent peu ce procédé. A leur prière, le lieutenant-civil, qui était de leurs amis, envoya le pauvre graveur apprendre en prison le pouvoir souverain de la grâce de l'évêque d'Ypres. C'est par ces traits de douceur que nos *innocents agneaux* répondaient à leurs *sanguinaires persécuteurs*. Mais ils avaient compté sans le crédit de M. Gambart auprès de la reine, laquelle, informée du but de la publication, rendit la liberté à Ganière et lui permit de continuer à débiter l'*almanach*. On jugea seulement qu'il devait ôter à Jansénius ses ailes de chauve-souris. Le graveur sacrifia aussitôt cet appendice peu respectueux. Le peuple ne fut pas de cet avis ; il s'opiniâtra à demander qu'on remit les ailes, et, à sa grande joie, les ailes furent remises.

C'est ainsi que « *les jésuites,* comme l'affirmait M. Arnauld et comme le répète M. Sainte-Beuve, *publièrent* ce scandaleux almanach. » N'importe, on voulait la guerre, tout prétexte était bon, et la guerre recommença. Tandis que M. de Sacy rimait une plate et dégoûtante satyre, les *Enluminures du fameux almanach des Jésuites,* à laquelle l'*étrille du pégase janséniste* répondait avec plus d'esprit et de verve mordante que de charité, M. Arnauld, secondé par M. Le Maître, combattait les Molinistes de tout nom et de toute robe, dont l'intolérance vraiment incroyable allait jusqu'à ne pas vouloir se contenter d'une adhésion raisonnée qui changeait en triomphe la déroute — autrement grave que celle de l'almanach — infligée au jansénisme par les décisions de Rome. Il établissait contre eux « la grande question du *fait* et du *droit*, vraie thèse d'avocat, qui devint une logomachie interminable (1). »

Le cas du duc de Liancourt avec les Messieurs de Saint-Sulpice vint fort à propos apporter un nouvel aliment aux ardeurs guerrières de l'*admirable* docteur. Roger du Plessis, duc de Liancourt, était l'ornement de Port-Royal. « J'avoue, s'écrie Fontaine, que je voudrais bien parler de M. le duc et de madame la duchesse de Liancourt, mais ce grand objet m'épouvante, et je crains qu'une main aussi faible que la mienne ne le gâte en le touchant (2) ! » Le duc suivait un règlement de vie approuvé par Arnauld, qui lui imposait sept pénitences par jour. La récitation du bréviaire et des psaumes en était une. La duchesse fit à ce sujet quelques observations aux éminents directeurs de son mari. Elle craignait que cette récitation n'ennuyât un peu Monsieur, et elle leur raconta que quelques jours auparavant, l'ecclésisastique qui lisait tout haut le bréviaire afin que M. de Liancourt le récitât après lui, étant arrivé à cette antienne où il y a neuf *Alleluia*, commença et dit *Alleluia*, — *Alleluia* répondit le duc. L'ecclésiastique répéta deux ou trois fois *Alleluia*, mais voyant que M. de Liancourt ne reprenait pas, transporté d'un saint zèle, il s'écria : Monsieur, l'office divin se dit très-exactement ; il faut encore dire *Alleluia*, il y en aura neuf. — Hé, Monsieur, que n'entrez-vous tout d'un coup en matière ? risposta le duc de mauvaise humeur.

M. Arnauld, plein de condescendance, dispensa M. de Liancourt des *antiennes* et des *répons*. En compensation, il lui prescrivit d'éviter « dans ses entretiens de trop parler des disputes du temps, à moins qu'il ne fût avec des personnes dont il put espérer instruction et édification. » Ces Messieurs prenaient leurs précautions contre M. Olier, dont « le zèle pour la conversion de ceux des paroissiens qui avaient des liaisons avec

---

1. Sainte-Beuve, *Port-Royal*, t. III, p. 29.
2. Fontaine, *Mémoires*, t. IV, p. 231.

Port-Royal était sans mesure (1). » Ils n'ignoraient pas que M. de Liancourt s'était prêté en 1652 à une conférence que le saint curé lui avait proposée pour l'éclairer sur le jansénisme ; ils ne voulaient pas qu'il s'exposât une seconde fois à ce danger dans lequel la grâce pouvait lui manquer. M. de Liancourt savait reconnaître les tendres sollicitudes dont son salut était l'objet. Il aimait ceux qui le dirigeaient avec tant de sagesse et de prudence. Il avait confié sa petite fille aux religieuses de Port-Royal de Paris. Il logeait dans son hôtel le P. Desmares et l'abbé de Bourzéis. Tout son plaisir était de venir voir les solitaires des *Champs*. Il se fit bâtir un petit appartement dans ce Désert, et il le préférait à toutes ses belles terres. Tout le monde y était édifié de son extrême civilité, continue M. Fontaine, que nous citons et qui ne revient pas de son admiration pour la civilité de M. le Duc. Il saluait la moindre personne qu'il rencontrait sur son chemin. Le vacher lui paraissait vénérable. Il ouvrait les yeux, le regardait fixement en le saluant, et il faisait rire ceux qui l'accompagnaient, en leur demandant si ce n'était pas un de ces Messieurs. Il croyait toujours qu'il avait quelque pénitent de considération caché, comme M. Le Maître, par exemple, sous un grossier vêtement gris.

Cependant il avait une affection particulière pour M. Arnauld. « Il le priait de venir souvent chez lui dans son hôtel de Paris et dans sa maison de Liancourt, où il prenait plaisir de lui servir de belles carpes de ses canaux qu'il appelait ordinairement des monstres, qu'il ne servait pas indifféremment à toutes sortes de personnes, mais qu'il faisait conserver avec un très-grand soin pour les amis choisis pour qui il avait une particulière considération (2). » Ces belles carpes monstres, conservées avec un très-grand soin pour les amis choisis, font pendant aux fruits monstres de M. d'Andilly, et rappellent ces paroles de l'abbé d'Aubigny à Saint-Évremond : « Nos directeurs font manger des herbes à des gens qui cherchent à se distinguer par des singularités, tandis qu'on leur voit manger tout ce que mangent les personnes de bon goût (3). »

Or c'est à ce grand seigneur, à ce disciple bien-aimé de

---

1. *Vie de messire Antoine Arnauld*, t. I, p. 129.
2. Fontaine, *Mémoires*, t. IV, p. 264.
3. *Œuvres choisies de Saint-Évremond*, etc., par Ch. Gidel, p. 143.

M. Arnauld — « On aura peine à le croire dans les siècles à venir ! » s'écrie M. Fontaine — que Messieurs de Saint-Sulpice osèrent refuser l'absolution. M. Sainte-Beuve, qui suit fidèlement M. du Fossé (1), raconte ainsi la chose : M. de Liancourt « s'étant présenté, le 31 janvier 1655, à un M. Picoté, prêtre de sa paroisse et son confesseur ordinaire, il ne put recevoir l'absolution. Il venait d'achever sa confession détaillée, et attendait la parole du prêtre, quand celui-ci dit : « Vous ne me parlez point d'une chose de conséquence, qui est que vous avez chez vous un janséniste, un hérétique ; vous ne me parlez point non plus d'une petite fille que vous faites élever à Port-Royal, et du commerce que vous avez avec ces Messieurs. » Le confesseur exigeant un *mea culpa* là-dessus, et parlant même de rétractation publique, le pénitent ne put se résoudre d'aucune manière à s'en accuser, et il sortit paisiblement du confessionnal (2). »

M. du Fossé a égaré M. Sainte-Beuve, qui prodigue ses fines railleries à M. Picoté, à M. Olier, à M. Vincent de Paul et à toute la respectable famille de ces doux. « Ils n'eurent jamais, dit-il, à l'égard des nôtres que du miel aigri. » Ce n'est pas du miel aigri que ces doux eurent pour les Jansénistes, mais un saint zèle, ennemi de toute lâche complaisance. Ces doux donnèrent plus d'une fois des leçons de fermeté pastorale aux forts du bienheureux Désert. C'est ce qui arriva pour M. de Liancourt. Le duc s'était tenu dans ses terres depuis la bulle, un peu embarrassé, à ce qu'on prétend, d'un engagement qu'il avait donné par écrit à M. Olier de se soumettre dès que le pape aurait parlé. En 1655, il retourna dans son hôtel à Paris. Il y avait près de quinze ans que sa femme et lui se confessaient à un prêtre de la paroisse, nommé Charles Picoté (3).

1. Du Fossé, *Mémoires*, chap. xvi.
2. Sainte-Beuve, *Port-Royal*, t. iii, p. 29, 30.
3. M. Picoté, laid à faire peur, cachait sous un extérieur rebutant de grandes vertus et de grandes lumières pour la direction des âmes. Il confessait beaucoup. Il avait la réputation d'un saint, et il usait du crédit que lui assurait, même à la cour, cette réputation pour recommander les affaires religieuses importantes, surtout pour demander des aumônes et quelquefois aussi pour dire de bonnes vérités. « Un jour la duchesse d'Aiguillon, sa pénitente, le convia à un repas qu'elle donnait au petit Luxembourg, son hôtel, où plusieurs personnes de qualité étaient invitées. M. Picoté s'y trouva ; on servit devant lui six ortolans dans un plat, oiseaux rares et très-chers pour la saison. M. Picoté les mangea tous sans savoir ce que c'était. Madame la

Il alla lui rendre visite à son retour de la campagne, dit le P. Rapin ; et, comme il voulait prendre des mesures avec lui pour se confesser à la Purification, M. Picoté, informé des relations de son pénitent avec Messieurs de Port-Royal, en obtint la promesse faite à M. Olier de rompre ce commerce dès que le Saint-Siége se serait déclaré, le supplia de lui donner du temps pour prendre conseil sur la conduite qu'il devait tenir à son égard et le pria de revenir le jour de la fête ou la veille. Cette réponse choqua M. de Liancourt, qui alla sur l'heure se plaindre au P. Vincent, supérieur-général des pères de la mission, ami intime du curé de Saint-Sulpice, qui était alors

duchesse qui les demanda au maître d'hôtel pour les distribuer, ayant appris que M. Picoté les avait mangés sans façon, s'informa de lui s'il savait ce qu'il avait mangé et pour combien d'argent. « Oui, madame, répliqua M. Picoté, je viens de manger six moineaux qu'on vient de servir devant moi, qui valent peut-être cinq ou six sols. » — Cinq ou six sols ! s'écria la duchesse. Vous vous connaissez bien mal en ortolans ; ils coûtaient six louis d'or. — « Vous êtes folle, madame, répondit M. Picoté, d'avoir fait une si grosse dépense pour acheter six oiseaux dont le prix aurait mieux été employé à soulager les pauvres. » — Le roi vit M. Picoté qui se promenait dans la cour du Louvre ; il demanda quel était ce prêtre mal bâti ; on lui répondit que c'était un saint qui venait voir quelquefois la reine sa mère. Il le fit appeler pour lui parler. Il se recommanda à ses prières, et M. Picoté lui dit avec une grande simplicité : « Sire, vous nous avez coûté bien des coups de discipline à M. Olier et à moi. » — Lorsque la duchesse d'Aiguillon le prit pour son directeur, les Jansénistes firent tout ce qu'ils purent pour l'en détourner, disant que c'était un prêtre ignorant. Pour l'en convaincre, ils l'engagèrent de le convier de venir dîner chez elle avec l'un d'eux, et qu'ils lui feraient des questions fort communes auxquelles il ne pourrait répondre. La duchesse en voulut avoir l'expérience. Ce savant lui demanda dans la conversation l'explication d'un passage de saint Augustin très-difficile. M. Picoté fit une courte prière à la sainte Vierge. En même temps, il eût une vue claire et distincte de la difficulté proposée, il expliqua si nettement le passage que le docteur janséniste en demeura confus et n'osa plus l'interroger. — Ce fut M. Picoté qui engagea la duchesse d'Aiguillon, nièce et héritière du cardinal Richelieu, à distribuer une partie de ses immenses richesses en aumônes dans toutes les provinces du royaume, pour y soulager les pauvres dans les temps de disette et de calamités, et à employer l'autre soit à soutenir les évêques qui allèrent évangéliser en ce temps-là les infidèles des Indes, de la Chine et du Nouveau-Monde, soit à doter le séminaire des missions étrangères. (Rapin, *Mémoires*, t. II, *pièces justificatives*.)

Si M. Picoté eût été janséniste, son nom rayonnerait d'un éclat incomparable et serait prononcé avec admiration dans les histoires et les éloges de Port-Royal. Certainement, nos Messieurs auraient comparé M. Picoté comme ils comparent M. de Saint-Cyran, M. Singlin, M. de Sacy, M. Arnauld, etc., aux saints les plus illustres de l'ancienne et de la nouvelle loi, et M. Sainte-Beuve n'aurait pas dit: *C'est un peu rude !*

M. de Bretonvilliers. Il dit à M. Vincent qu'on lui avait refusé l'absolution, quoique le confesseur n'eût fait que représenter au duc qu'il avait besoin de temps pour prendre conseil. Le bon supérieur de Saint-Lazare promit d'intervenir. Mais le curé de Saint-Sulpice lui apprit que les quatre plus célèbres docteurs de la Sorbonne, consultés par lui sur le cas de M. de Liancourt, avaient répondu par écrit que « vu la disposition où se trouvait ce seigneur, qui ne gardait pas une parole donnée si solennellement à son curé sur sa conduite, le confesseur serait bien fondé de lui refuser l'absolution. » Saint Vincent de Paul rapporta cette décision à M. de Liancourt, qui demanda alors si, après avoir trouvé ailleurs des confesseurs moins scrupuleux, il pourrait venir communier à sa paroisse. Les docteurs consultés une seconde fois répondirent affirmativement, et M. de Bretonvilliers finit par déclarer qu'il avait ordonné que, si le duc de Liancourt se présentait à la communion, on ne la lui refusât pas. Le duc alla le voir pour le remercier.

Quoique l'affaire se fût accommodée par la douceur et en quelque façon au contentement de M. de Liancourt, on ne saurait s'imaginer à quel point cette conduite du confesseur et cette fermeté du curé alarma le petit troupeau janséniste ; car, si la qualité du duc de Liancourt, la considération où il était dans le royaume, ses établissements, son alliance avec le maréchal de Schombert, son crédit dans la paroisse de Saint-Sulpice et dans le faubourg Saint-Germain, n'avaient pu le mettre à couvert d'un traitement si rude, que serait-ce de mille gens moins puissants et plus attachés à la nouvelle doctrine ? Quel exemple pour les autres curés de Paris et de tout le royaume (1).

Messieurs de Port-Royal se hâtèrent de prendre la défense de M. de Liancourt et de démontrer l'injustice du procédé des Sulpiciens. Ils espéraient ainsi détruire l'effet du bel exemple de vigilance et de fermeté qu'ils venaient de donner. Ils espéraient en même temps détacher le duc de M. Picoté et de Saint-Sulpice (2).

1. Rapin, *Mémoires*, t. II, p. 236-9.
2. Ils y réussirent complètement. Le doux M. Fontaine — qui nous semble avoir aussi son miel aigri, — parlant des *têtes mal faites* de Saint-Sulpice — le trait vise M. Picoté — nous apprend que M. de Liancourt disait, après son démêlé, *qu'ils étaient peu propres à conduire des hommes et qu'il leur confierait à peine la conduite de ses poules d'Inde.*

Nul n'était mieux préparé que M. Arnauld pour *opposer les lois de la discipline ecclésiastique au fanatisme insolent* de M. de Bretonvilliers (1). Il publia sa *Lettre à une personne de condition*, où il blâme « la témérité de ces prêtres qui, sans autorité, s'arrogeaient le droit de retrancher de la communion de l'Église Messieurs de Port-Royal. » Mais autant il blâme *ces tyrans des consciences*, autant il loue ses amis, sans s'oublier lui-même, le tout avec une grande abondance de textes des Pères. Ce n'était pas en vain que toute l'*Antiquité ecclésiastique était renfermée en lui* ; il le prouvait sans ménagement pour ses lecteurs. Il finissait en consolant M. de Liancourt, et en l'engageant à s'estimer « heureux d'avoir souffert pour la justice *une si violente persécution*. » Cette lettre ne resta pas sans réponses ; à leur tour ces réponses provoquèrent une *Seconde lettre à un Duc et Pair*, « un des plus beaux ouvrages qui soient sortis de la plume de ce Docteur (2). » En effet, c'est dans cette *seconde lettre* que M. Arnauld soutint contre le Pape et l'Assemblée générale du clergé de France, que les cinq Propositions, malicieusement forgées, n'étaient pas de Jansénius ni dans Jansénius.

Quand Arnauld affirmait que les cinq Propositions n'étaient pas dans Jansénius, il aurait dû se rappeler que lui et ses amis affirmaient, quelques années auparavant, qu'elles y étaient et qu'elles exprimaient la doctrine augustinienne. On ne manqua pas de placer sous ses yeux les textes imprimés trop facilement et trop effrontément oubliés. Pascal, qui va nous assurer qu'il n'a vu personne qui ait trouvé les cinq Propositions dans l'*Augustinus*, disait : « Si la curiosité me prenait de savoir si ces Propositions sont dans Jansénius, son livre n'est pas si rare, ni si gros (3) que je ne puisse le lire tout entier pour m'en éclaircir, sans consulter la Sorbonne (4). » Pascal aurait pu trouver, pour s'en éclaircir, des livres moins gros et moins rares encore, par exemple, les opuscules de l'abbé de Bourzéis intitulés : *Propositiones de Gratia in Sorbona propediem examinandæ*, — *Lettre d'un abbé à un abbé,* deux ou trois ouvrages du docteur Arnauld, les *Considérations* sur l'entreprise

---

1. *Vie de Messire Antoine Arnauld*, t. I, p. 131.
2. Ibid., p. 138.
3. Pascal aurait-il moins *pratiqué*, moins *labouré* l'*Augustinus* que M. Sainte-Beuve, qui l'appelle *le gros* in-folio ?
4. *Première lettre à un Provincial*.

de M. *Nicolas Cornet*, — la seconde *Apologie pour M. Jansénius*, — l'*Apologie pour les saints Pères*. Ces bons amis de Pascal avaient lu Jansénius dès qu'il parut, et ils y avaient trouvé les cinq Propositions, qu'ils n'y trouvaient plus quand Rome eut déclaré qu'elles y étaient. Le fait est curieux ; on en douterait si les textes n'étaient là ; en l'honneur de la bonne foi de nos Messieurs, imposons-nous le sacrifice de lire quelques-uns de ces passages.

M. Arnauld parle des Docteurs nommés pour examiner les cinq Propositions soumises à la censure de la Faculté de Théologie par Nicolas Cornet, et il s'écrie :

Il ne faut que lire la première des Propositions qu'ils ont soumise à leur examen, pour connaître que leur dessein est de fouler aux pieds l'autorité du saint Docteur de la Grâce, puisqu'il n'y a point de maxime plus fortement établie en tous ses ouvrages, et plus liée à tous les principes de sa doctrine que celle-là. Et c'est ce qu'ils n'ont pu ignorer, *puisqu'ils l'ont tirée presque mot à mot du livre de M. l'évêque d'Ypres, où elle est justifiée* par un si grand nombre de passages très-clairs et très-évidents, tirés de saint Augustin, qu'il n'y a personne si opiniâtre qui le puisse contester. Et *il n'y a peut-être en tout ce livre aucune proposition si pleinement, si clairement, et si invinciblement prouvée* par la conformité de tous les écrits de ce grand Docteur de la Grâce (1)

« *Cette Proposition*, s'écrie à son tour l'abbé de Bourzéis, *ne peut être rejetée qu'en renversant de fond en comble tout l'édifice de la Grâce de Jésus-Christ* (2). »

Ce même abbé nous apprend que *Jansénius* enseigne *très-solidement* la seconde Proposition ; et il nous indique les livres et les chapitres de l'Augustinus où l'on peut s'en convaincre, le livre 3ᵉ et le 2ᵉ ch. du livre 25 (3). D'ailleurs, M. Arnauld prend la peine de résumer ainsi cet enseignement du maître : *Quelque endurci que soit le cœur de l'homme, il ne résiste jamais à la grâce intérieure de Jésus-Christ....* (4).

On se rappelle la troisième des Propositions *malicieusement forgées* par M. Cornet : *Pour mériter ou démériter dans l'état de nature déchue, il n'est pas besoin que l'homme ait la liberté qui exclut la nécessité, mais il suffit qu'il ait la liberté qui exclut la contrainte.*

---

1. *Considérations sur l'entreprise de M. Nicolas Cornet,* p. 75.
2. *Propositiones de Gratia in Sorbona propediem examinandæ,* p. 6.
3. Ibid., p. 14, 15.
4. *Première Apologie.*

L'abbé de Bourzéis, après avoir posé en principe que *tout ce qui est volontaire est libre,* et qu'*il est très-clair que la nécessité d'inclination naturelle* (c'est-à-dire qui ne vient d'aucune violence) *ne détruit point la liberté, la louange et le mérite,* attribue ce sentiment *à Jansénius, lequel prouve,* dit-il, *par l'autorité* de saint Augustin, des Pères de tous les âges, et des principaux théologiens que *la seule exception de contrainte est nécessaire* pour la véritable liberté, et par conséquent *pour le mérite.*

Arnauld disait à M. Habert, qui dénonça le premier, en chaire, les erreurs de Jansénius :

Tout ce que M. le théologal peut reprendre dans M. d'Ypres, c'est qu'il a enseigné... que la liberté peut subsister avec la nécessité inévitable d'agir, pourvu que cette nécessité vienne de la volonté même et de l'immuable fermeté qui l'attache à son objet, comme est la nécessité dans les Bienheureux au regard de l'amour de Dieu, en quoi ils ne sont pas exempts de contrainte.

Comme pour la seconde Proposition, l'abbé de Bourzéis nous donne pour la quatrième les endroits où Jansénius l'a enseignée, et nous renvoie au livre 8°, du ch. 6 au ch. 11.

Même obligeance pour la cinquième. On la trouve, dit-il, dans l'*Augustinus,* au ch. 20 du livre 8°, *de la Grâce du Sauveur.* Dans son *Apologie pour M. Jansénius,* Arnauld affirme que *Jésus-Christ n'est point mort généralement pour tous les hommes, n'étant point mort, à proprement parler, pour la justification des infidèles et pour le salut des réprouvés.*

Avons-nous mal lu ? N'avons-nous pas usé de certaines lunettes, comme dit M. Sainte-Beuve, avec lesquelles on peut lire dans le même livre ce qu'avec des verres seulement changés d'autres n'y lisent pas ? Non, non, répond l'abbé de Bourzéis : « Ces Propositions sont dans l'*Augustinus* de Jansénius, ou quant aux termes, ou quant au sens et à la force des termes. *In Jansenii Augustino jacent, vel quoad verba, vel quoad verborum vim ac sententiam.* »

Cependant nous venons d'entendre Arnauld nous déclarer, dans sa *Seconde lettre à un Duc et Pair,* que les cinq Propositions ne sont pas dans Jansénius, qu'elles ont été inventées à plaisir. Avait-il mieux examiné Jansénius ? Non. Mais le Pape avait condamné ces Propositions, et, selon le mot d'ordre de

Port-Royal : *Le Pape en aura le démenti*, ces Propositions ne devaient plus se trouver dans Jansénius. D'ailleurs, en les effaçant de l'Augustinus, l'*admirable Docteur* avait eu soin d'en recueillir l'essence et de l'enfermer dans sa fameuse phrase : *La grâce sans laquelle on ne peut rien a manqué à un juste en la personne de saint Pierre dans une circonstance où l'on ne peut dire qu'il n'ait point péché.* C'était, en effet, renouveler la première des cinq Propositions, *tirée mot à mot de M. l'évêque d'Ypres*, de laquelle découlent les autres, comme le constate M. Arnauld dans son *Apologie pour les saints Pères* (1).

Ces deux assertions, que la *Lettre à un Duc et Pair* jetait comme un démenti à la face de l'Église catholique et dont on comprend maintenant toute l'impudence, furent déférées à la Faculté de Théologie, la première comme *téméraire, scandaleuse, injurieuse au Pape et aux évêques de France* ; la seconde, comme *téméraire, impie, blasphématoire, frappée d'anathème et hérétique.* Pendant deux mois, décembre 1655 et janvier 1656, la Sorbonne fut le théâtre d'un débat passionné où se signalèrent les docteurs jansénistes conduits et dominés par l'Ajax théologien, le gigantesque Saint-Amour. M. Arnauld multiplia écrit sur écrit pour se justifier. Il fut même — ce qui fait *souffrir* M. Sainte-Beuve et *saigner* son cœur, — jusqu'à demander pardon au pape et aux évêques d'*avoir parlé dans sa lettre comme il y parle.* Il fut encore plus loin : il reconnut avec Saint Thomas deux espèces de grâces, assez confusément toutefois et sans employer les termes du docteur angélique. Ce n'était pas ce que la Faculté demandait ; elle demandait que M. Arnauld se soumît *simplement, sans détour,* au jugement du pape et des évêques condamnant comme hérétique la doctrine de Jansénius et qu'il reconnût ainsi avec candeur qu'il s'était trompé en contredisant l'oracle infaillible du Saint-siége. Arnauld refusa avec obstination. La censure qui flétrissait ses deux propositions et l'excluait de la Sorbonne fut prononcée le 31 janvier.

Certainement, disait le décret, la Sacrée Faculté souhaiterait de tout son cœur qu'en condamnant la doctrine de M. Arnauld, elle pût épargner sa personne, qui lui est très-chère, comme un fils à sa mère.

---

1. *Apologie pour les saints Pères*, préf., p. 17.

C'est pourquoi elle l'a souvent exhorté par des amis de venir aux assemblées, de se soumettre à sa Mère, d'abjurer cette fausse et pestilente doctrine, de prendre les mêmes sentiments qu'elle, et *d'honorer Dieu le Père de N.-S. Jésus-Christ, d'un même esprit, d'un même cœur et d'une même bouche* avec elle. Cependant il n'a pas seulement méprisé les conseils et les exhortations d'une mère toute pleine d'amour pour lui, mais encore, le 27 du présent mois de janvier, il a fait signifier à la dite faculté, par un huissier, qu'il protestait de nullité contre tout ce qu'elle avait fait et ferait ci-après. C'est pourquoi la Faculté a jugé qu'il devait être rejeté de sa compagnie, effacé du nombre de ses Docteurs et tout à fait retranché de son corps....

Arnauld se plaisait à raconter à ses amis qu'à l'heure même où la censure était prononcée en Sorbonne, il se promenait tout seul et priant Dieu dans une galerie tout en haut de la maison, dans la cour de Port-Royal, aussi tranquille que si l'affaire ne l'eût point regardé. Il arriva que tout d'un coup ces paroles de saint Augustin sur le psaume 118 lui furent mises dans l'esprit : « *Puisqu'ils* n'ont persécuté en moi que la Vérité, secourez-moi donc, Seigneur, afin que je combatte pour la Vérité jusqu'à la mort. » « C'est ainsi, ajoute l'historien qui rapporte ce trait, que lorsque les hommes charnels croyaient l'avoir abattu et désarmé, il se relevait avec plus de courage, s'offrant à Dieu pour continuer à défendre la Vérité, sans s'appuyer sur d'autres forces que celles de la Grâce qu'il défendait, et sans mettre d'autres bornes à ses combats que celles de sa vie (1). » « Cette pierre précieuse que les architectes ont rejetée, s'écrie M. Fontaine, dans une véhémente apostrophe à *l'antique Sorbonne*, deviendra malgré leurs efforts une des plus célèbres pierres de l'Église. Je prie Dieu que ceux qui se heurtent si inconsidérément contre elle, ne s'y brisent pas, et qu'elle n'écrase pas ceux sur qui elle tombera. » « Quoiqu'il n'eût rien de bon, selon le monde, à attendre en soutenant la Vérité, dit-il encore, M. Arnauld aimait mieux s'exposer à tout que de se taire ; et dans la pleine persuasion où il était

---

1. *Histoire de la vie et des ouvrages de M. Arnauld*, p. 111, 112.

Le P. Quesnel, auteur de cette Histoire, compare en cet endroit le docteur Arnauld à Joseph vendu par ses frères, à saint Jean-Chrysostôme déposé par ses collègues, exilé par la cour, à Jésus-Christ crucifié par son peuple. Plus loin il établit un interminable parallèle entre le docteur Arnauld et Moïse ! Et M. Sainte-Beuve a oublié de nous dire qu'il trouvait *cela rude, injudicieux*. Il est vrai, M. Arnauld n'est pas M. Picoté.

qu'il ne souffrirait point pour des opinions humaines, mais pour le sacré dépôt de la Vérité divine qu'il avait reçu de ses pères, il rendait grâces à Dieu, s'il le rendait digne de souffrir pour elle. Il ne s'effrayait point du nombre ni de la force de ceux qu'il prévoyait avoir à combattre ; mais s'abandonnant à Dieu, laissant entre ses mains le succès d'une cause qui était la sienne même, s'assurant sur la fidélité de ses promesses, et ne doutant point de sa toute-puissance, il méprisait de bon cœur toutes les choses d'ici-bas, et soupirait vers les éternelles qui lui étaient toujours présentes, et qu'il savait ne devoir jamais passer (1). »

Ne croirait-on pas, à ces fiers accents, qu'Arnauld va quitter sa galerie solitaire pour venir, avec l'intrépidité d'un martyr, combattre aux yeux des foules, *à la clarté des cieux*, *les hommes charnels* qui *censuraient* en lui saint Augustin et saint Chrysostôme (2) ? Ne semble-t-il pas entendre *Polyeucte* s'écriant :

> .... Allons aux yeux des hommes
> Braver l'idolâtrie et montrer qui nous sommes :
> C'est l'attente du ciel, il nous la faut remplir.
> Je viens de le promettre et je vais l'accomplir.

On est un peu surpris quand on voit où se termine ce grand courage tant célébré. Malgré sa bravoure, Arnauld se garde bien de *s'exposer à tout*. Il s'arrange pour écrire tout à son aise le plus qu'il peut, et pour souffrir le moins possible. Soupirant vers les choses éternelles, il ne méprisa pas tant qu'on veut bien le dire celles d'ici-bas. Après avoir protesté par huissier contre la censure de la Sorbonne, Arnauld, comme s'expriment les Relations des Messieurs, *se rendit invisible ; il s'ensevelit dans une retraite inaccessible à ses persécuteurs*. Il quitta Port-Royal des Champs et se cacha soigneusement à Paris, chez madame Angran. « Il faut savoir, raconte le P. Rapin, qu'il y avait alors à Paris deux belles-sœurs de ce nom, riches, jeunes, fort attachées au parti, et toutes deux veuves ; l'une demeurait à la rue de la Verrerie, qui avait épousé un conseiller de la Cour des aides, frère propre de l'autre qui avait épousé un conseiller du Grand-Conseil, nommé de Bélisi, qui demeurait

---

1. Fontaine, *Mémoires*, t. III, p. 147, 124.
2. *Testament spirituel de M. Arnauld.*

à la pointe de l'île de Saint-Louis. Celle-ci, pour se déguiser encore davantage, avait plusieurs noms; on l'appelait l'Amie des Anges, parce que la mère Angélique Arnauld, Abbesse de Port-Royal, l'aimait fort, et par anagramme à son véritable nom, qui était *Catos Angran,* on la nommait parmi les gens du secret les plus affidés, *Tocca Granna.* Ce nom, qui avait quelque chose d'extraordinaire et un air bizarre, devint célèbre dans le parti, où on ne laissait pas d'aimer ces manières-là qui tenaient du roman.

« Ces deux dames logeaient le docteur Arnauld, tantôt l'une, tantôt l'autre, parce qu'il trouvait plus de sûreté dans ce changement de demeure. Mais quoiqu'elles fussent également appliquées à cacher leur directeur et qu'elles employassent à sa conservation et à sa subsistance la meilleure partie de leur bien et leur plus grande attention, comme à l'ouvrage le plus important qui fût alors dans la cabale, toutefois celle de l'île était la favorite, ou parce qu'elle avait plus d'esprit, ou qu'elle était mieux faite, ou enfin parce qu'elle était plus dévouée aux volontés du docteur et plus zélée pour la nouvelle doctrine. Étant de la paroisse de Saint-Merry dans le temps que la nouvelle doctrine commençait à y fleurir, elle fut gagnée au parti par Feydeau, à qui elle se confessa par hasard, et depuis on lui trouva tant de mérite qu'on lui donna pour directeur le docteur Arnauld, qui s'attacha à elle par inclination ; et par là toute la famille des Angran contracta une étroite liaison avec le Port-Royal. Angran de Lailly fut un des députés à Rome pour y aller défendre la doctrine ; mais depuis il renonça au doctorat pour se marier. Angran, conseiller de la Cour des aides, se dévoua aussi au parti. Ce fut chez lui qu'Arnauld se cacha pendant la Fronde ; et sa femme, s'étant fort attachée à Arnauld, après la mort de son mari, épousa l'abbé de Roucy, confident d'Arnauld, qui le trompa pour avoir les écus de la veuve. Sa belle-sœur de Belisi, qui était plus riche, faisait encore plus de dépense ; c'était elle qui fournissait aux frais que les jeunes bacheliers étaient obligés de faire pour leurs degrés, ce qui attira tant d'écoliers à Sainte-Beuve quand il commença à dicter le Jansénisme en Sorbonne. L'abbé Mazure, curé de Saint-Paul, l'abbé Galefer, attaché à l'évêque de Châlons, Feydeau, Ariste et tous les importants avaient grand soin de faire leur cour à cette veuve, qui devint une des grandes béates du parti. C'était chez elle, à ce qu'on dit, qu'Arnauld était caché (1). » Les doux rayons qui s'échappent à travers les portes bien fermées de cette demeure hospitalière éclairent un peu ces paroles si sombres de Fontaine : « Cette innocente victime (Arnauld) de la passion des hommes avait peine à trouver un asile. Il fuyait la lumière, comme s'il eût été criminel, et il trouvait à peine des retraites assez noires pour s'y cacher (2). »

M. Le Maître suivit son oncle chez madame Angran, et continua de mettre à son service *les torrents d'éloquence qui coulaient de sa plume*. M. Le Maître ne suffisant pas à l'*invincible* docteur pour tenir tête à tous ses ennemis, Arnauld s'adjoignit M. Nicole. Nicole, né à Chartres, en 1625, était encore tout jeune. Il était venu à Paris pour étudier la théologie en Sorbonne. Mais il demeura toujours simple clerc tonsuré et ne prit que le degré de bachelier. Il lisait beaucoup et toutes sortes de livres, les auteurs classiques grecs et latins, les Pères, les philosophes, les historiens, les poètes, les romanciers. Il ne fut jamais un janséniste extrême. Il était entré à Port-Royal, où il avait deux tantes religieuses, par les Petites-Écoles, ne songeant qu'à l'étude des belles-lettres dans la solitude. Il avait cependant poussé une pointe dans la théologie Augustinienne, mais en curieux. Il ne pensait pas à combattre pour elle. Il se compare à « un homme qui, se promenant sans dessein dans un petit bateau sur le bord de la mer, aurait été porté par une tempête en haute mer et obligé de faire le tour du monde ». Nicole revint au bord, monta même sur le rivage de la *grâce suffisante* où nous le trouverons honoré de l'amitié de Bossuet. Lorsqu'il était en haute mer, au plus fort de ses controverses, il ne défendit pas la pure doctrine de Saint-Cyran et de l'évêque d'Ypres. Il s'appliqua, suivant ses propres expressions, à rendre cette doctrine si plausible, à la dépouiller tellement d'un certain air farouche qu'on lui donnait, qu'elle fût proportionnée au goût de tous les esprits (3). Les Messieurs de Port-Royal, restés raides et inflexibles sur le dogme de la grâce efficace, ne lui pardonnèrent pas sa modération. Ils lui témoignèrent leur mécontentement d'abord, et plus tard, quand Nicole eut quitté M. Arnauld, leur indignation. Mais Nicole, avec ses

---

1. Rapin, *Mémoires*, t. II, p. 241, 242.
2. Fontaine, *Mémoires*, t. III, p. 158.
3 Nicole, *Traité de la grâce générale*, 1ʳᵉ partie, t. IV.

yeux bleus, sa taille médiocre, son air pacifique, sa voix douce, son naturel timide, ne laissait pas que d'avoir bec et ongles pour se défendre et pour attaquer. Il appelait Pascal un *ramasseur de coquilles*, les Messieurs, les dames, les religieuses demeurés inflexibles, *ces Troyens et ces Troyennes à la robe traînante* ; il tournait en ridicule la dévotion des pénitentes de M. de Sacy pour les reliques de leur saint directeur ; il se moquait des prétendues guérisons miraculeuses obtenues par l'intercession de M. de Pontchâteau ; et, quand il faisait le tour du monde janséniste, de son petit bateau, il lança contre les nôtres plus d'un trait finement aiguisé. Les nôtres ripostèrent ; les siens dissimulèrent le plus possible. « Les Jansénistes, dit M. Sainte-Beuve, ont le don du secret. De ces querelles de famille et de ces troubles du Désert rien ne transpirait au dehors. L'alliance étroite avec Arnauld couvrait tout. Nicole ne laissait pas d'être son aide de camp fidèle, inséparable, et indispensable (1). »

Avant de raconter les exploits du général et de son aide de camp, pénétrons encore un moment, cette fois à la suite d'un ami, dans leur château fort de l'île Saint-Louis ou de la rue de la Verrerie. On ne s'imagine assez généralement les Jansénistes qu'*avec de grandes robes et comme des personnages toujours graves et sérieux*, ainsi que dit Pascal de Platon et d'Aristote. On se trompe. Eux aussi étaient d'honnêtes gens qui riaient comme les autres avec leurs amis. Ce n'est pas le médisant P. Rapin qui nous l'apprend, c'est le bon Fontaine :

....,. M. Le Maître disait de Nicole qu'*il faisait de fréquents voyages dans l'île des abstractions* ; et cent fois *nous avons eu le plaisir* de voir qu'allant à sa chambre, au lieu d'en ouvrir la porte, il allait ouvrir la porte d'un lieu de commodité qui en était assez proche.

Je ne sais comment un jour, en parlant de faire un lit, M. Le Maître, qui voyait son inapplication à ce qu'il faisait, lui dit qu'il mettait en fait qu'étant abstrait comme il l'était, il ne pourrait jamais venir à bout de faire un lit. M. Nicole fut surpris de cette proposition, se piqua d'honneur sur l'heure ; et rappelant en lui-même tout ce qu'il avait de présence d'esprit, il entreprit, comme un grand *Opera*, la fatigue de faire son lit, voulant même nous avoir pour témoins de son savoir-faire. Nous le regardions tranquillement. Il est vrai qu'il faisait

---

1. Sainte-Beuve, *Port-Royal*, t. IV, liv. 5, ch. 7.

merveille. Il suait beaucoup. Il tournait fort sa petite figure. La paille, la plume, tout fut bien remué. Il ne laissa pas un petit pli. Il s'applaudissait en secret d'avoir l'avantage sur M. Le Maître en présence d'une bonne compagnie : mais par malheur pour lui, lorsqu'on visita son chef-d'œuvre, il se trouva qu'il n'avait mis qu'un drap et avait oublié l'autre : ce qui nous divertit un peu, et le fit aussi sourire lui-même, quoiqu'il fût un peu honteux (1).

Ces *heures de relâchement* étaient rachetées par des heures terriblement occupées. Arnauld n'oubliait pas cette verge redoutable, comme dit un de ses historiens, que la Vérité avait mise entre ses mains pour châtier ceux qui la persécutaient, et pour soutenir ceux qui l'aimaient. Aidé de M. Le Maître et de Nicole, de Nicole surtout, il publia, après la censure : *Vindiciæ sancti Thomæ circa Gratiam sufficientem ; — Fratris Nicolaï Theses molinistæ notis thomisticis dispunctæ ; — Vera sancti Thomæ de gratia sufficiente et efficaci doctrina dilucide explanata ; — Dissertatio Theologica quadripartita, super illa propositione SS. Chrysostomi et Augustini : Defuit Petro tentato Gratia, sine qua nihil poterat*. Ces savants et lourds volumes n'atteignaient point leur but. La Sorbonne faisait exécuter avec rigueur le décret de censure ; l'Assemblée générale du clergé allait prescrire la signature du Formulaire ; le peuple s'engouait de l'almanach illustré de Gambart ; les *honnêtes gens* de la cour et de la ville parlaient beaucoup de ce qui se passait à la Faculté de Théologie sans y rien entendre, et se gardaient bien de se renseigner dans les *dissertations quadripartites* de l'*admirable Docteur*. Le Jansénisme était perdu. En vain Arnauld tire ses bombardes avec un redoublement d'ardeur : les disciples de saint Augustin plient, l'opinion publique les abandonne, les Molinistes triomphent. Tout à coup le champ de bataille change d'aspect : les vaincus chantent victoire, les *honnêtes gens* admirent, les libertins applaudissent, Port-Royal humilié brille aux yeux de tous d'un éclat fascinateur. Une nouvelle arme, une nouvelle tactique, un nouveau soldat ont produit ce revirement soudain de fortune : Pascal a lancé ses Provinciales. Arnauld peut multiplier ses heures de relâchement et ses grosses pièces peuvent cesser de tonner.

1. Fontaine, *Mémoires*, t. III, p. 177, 178.

XI.

Pascal : nature de son génie. — Son enfance ; maladie et sortilége. — Ses premiers travaux : plagiats. — Préludes des *Provinciales.* — Première conversion. — Pascal inquisiteur. — Comment *il ne fait plus d'autre étude que celle de la religion.* — Il quitte Jansénius pour Montaigne. — Pascal amoureux. — Mademoiselle de Roannez. — *Vie de tempête.* — Seconde conversion de Pascal. — Mademoiselle de Roannez à Port-Royal — elle en sort. — Pascal dirige la *chère sœur exilée.* — Il est reçu au bienheureux Désert. — Comment *les solitaires ne s'entretenaient que des nouvelles de l'autre monde.* — La vérité et les balais mis par Pascal au rang des meubles superflus. — Les *Provinciales.* — Leur origine, leur composition, leur impression, leur publication et leur vogue. — Réponse des jésuites. — Morale relâchée de Pascal en fait de citations, de sincérité d'impartialité. — Conséquences morales des *Provinciales.* — M. Havet, le comte Beugnot et Bailleul. — La *morale des honnêtes gens, la religion de Fénelon,* et M. Sainte-Beuve. — Mérite littéraire des *Provinciales.* — De Maistre explique leur vogue persévérante. — Racine retourne victorieusement contre Port-Royal les armes de Pascal : ses deux *petites Lettres.*

Puissant mais amer génie, Pascal nous offre les plus étranges contrastes. Il nous ravit par d'admirables raisonnements et nous confond par de pitoyables sophismes ; il s'élance à des hauteurs de pensée prodigieuses et s'égare en de puériles subtilités ; il raille avec enjouement et il écrit avec le sang de son cœur que le doute torture ; il se livre sans retenue à tous les plaisirs du monde, et se jette sans ménagement dans toutes les pratiques de la pénitence la plus outrée ; il se règle sur la justice la plus sévère et se laisse conduire par la passion la plus aveugle ; il défend la vérité avec l'éloquence d'un père de l'Église, et soutient le mensonge avec l'impudence d'un sectaire ; il sacrifie la raison à la foi et finit par immoler la foi à la raison. Tout est grand en lui, et, sauf quelques beaux endroits, tout est désolé, tout est tourmenté. Il apparaît comme ces hautes montagnes de l'Auvergne, sa patrie, volcans éteints dont les flancs sont sillonnés de longues et noires traînées de lave, à travers lesquelles des bouquets de verdure surgissent çà et là, mêlant l'image de la vie aux sombres tableaux de la mort. L'existence de Pascal est un drame ; il n'est pas facile d'en trouver le nœud. Cependant, aucun des hommes illustres de Port-Royal n'a été étudié plus que lui. Mais nos Messieurs ont fait pour sa biographie comme pour ses ouvrages : ils n'ont pas laissé passer jusqu'à nous *de certaines choses* qui auraient compromis la réputation de leur *saint* (1). Cherchons toutefois et rassemblons quelques traits où le grand homme du jansénisme nous apparaisse sous son véritable aspect.

Blaise Pascal naquit à Clermont en 1623. Dès son bas âge, il fut saisi d'une maladie inconnue qu'on attribua aux maléfices d'une mendiante. Menacée d'être pendue, la sorcière avoua que le sort qu'elle avait jeté sur l'enfant était la mort et qu'il fallait que quelqu'un mourût à sa place. Elle demanda une bête. On lui offrit un cheval. Elle répondit que sans faire de si grands frais un chat lui suffisait. Elle demanda aussi un enfant qui n'eût pas sept ans pour cueillir, avant le lever du soleil, neuf feuilles de trois sortes d'herbes dont elle composa un cataplasme. Les invocations au diable aidant, la mort du chat, le cataplasme mystérieux ramenèrent à la vie, entre minuit et une heure, le jeune Blaise, qu'on avait cru trépassé (2). Ainsi « ce ne sont pas, comme aux beaux jours de la Grèce, les Muses qui envoient les abeilles déposer leur miel sur les lèvres de l'enfant consacré au dieu de l'éloquence : c'est un démon malfaisant qui couvre de ses noires ailes le berceau de la victime prédestinée (3). » Le démon malfaisant ne quitta jamais la victime ; ses noires ailes ne cessèrent de projeter leur ombre sinistre sur son existence. Pascal avait à peine trois ans lorsqu'il perdit sa mère. Comme presque tous ceux que ce malheur a frappés dans leur enfance, il manquera de tendresse, de sensibilité : ses passions seront toutes de

---

1. Arnauld écrivait à M. Périer à propos de l'édition des *Pensées* que ces Messieurs préparaient : « Il ne faut pas être si difficile ni si religieux à laisser un ouvrage comme il est sorti des mains de l'auteur, quand on le veut exposer à la censure publique... Il ne faut pas vous étonner si, ayant laissé passer (dans une première révision) *de certaines choses* sans être choqués, nous trouvons maintenant qu'on les doit changer. » (Cousin, *Blaise Pascal*, p. 157.)

2. *Mémoire de la vie de M. Pascal, écrit par Mademoiselle Périer, sa nièce* publié par M. Cousin.

3. Henri Martin, *Histoire de France*, t. XII, p. 91.

tête, il méritera qu'on doute s'il est né de femme (1). Le cœur ne se développe tout à fait que sous le rayonnement de l'amour maternel. S'il ne connut pas la chaude lumière qui jaillit de l'âme d'une mère, Pascal vit de bonne heure l'austère génie de la science l'inonder de ses clartés et le dévorer de ses ardeurs. De la sorte, tandis que son cœur restait comme un germe enfoui dans une terre privée de soleil, son esprit doué d'une merveilleuse fécondité arrivait presque tout à coup à son complet épanouissement. A douze ans, il épouvantait son père, savant mathématicien, par un vrai prodige : il avait démontré seul la trente-deuxième proposition d'Euclide, dont on lui donna dès lors les éléments à lire à ses heures de récréation. A seize ans il composa (*en prenant, il est vrai, presque tout de M. Desargues*, dit Descartes) son petit *Traité des Sections coniques*. A dix-neuf ans il inventa la fameuse *machine arithmétique* qui porte son nom. A vingt-quatre ans il publiait ses *Expériences nouvelles touchant le vide*.

Les Jésuites contestèrent à Pascal ses expériences et le mérite de ses découvertes. Le P. Noël écrivit à Paris son traité, *le Plein du Vide*, « pour venger, disait-il, dans sa dédicace au prince de Conti, la Nature accusée de vide. » Ses confrères de Clermont-Ferrand, avec moins de bizarrerie et plus de vérité, firent soutenir des thèses dans lesquelles on accusait le jeune savant de s'être attribué les travaux de l'Italien Torricelli. Descartes acheva de dépouiller Pascal de la gloire qu'il avait rapportée des sommets du Puy-de-Dôme. « C'est moi, écrivit-il, en 1649, à M. de Carcavi, qui l'ai avisé *il y a deux ans* de faire cette expérience, et qui l'ai assuré que bien que je ne l'eusse pas faite, je ne doutais pas du succès. » Pascal, dit un de ses historiens, « méprisa cette réclamation ou n'y fit aucune réponse ». Il était beaucoup plus facile de mépriser que de répondre. — Pascal fut beaucoup plus sensible aux attaques des révérends pères. Il sembla à nos Messieurs *que la Société provoquait la guerre sanglante qu'il lui fit quelques années après* (2). Il nous semble, en effet, que, sous air de venger la vérité et la morale jansénistes, les *Provinciales* feront payer aux défenseurs de la grâce suffisante la dette des défenseurs de

---

1. Bayle, *Dictionnaire historique*.
2. *Discours sur la vie et les ouvrages de Pascal*, p. 23, t. I des *Œuvres de Blaise Pascal*, édit. de La Haye.

l'*horreur du vide* et de Torricelli. « Combien voit-on de gens — (*même à Port-Royal*) — qui ne peuvent plus reconnaître aucune bonne qualité, ni naturelle, ni acquise, dans ceux contre qui ils ont conçu de l'aversion ou qui ont été contraires en quelque chose à leurs sentiments, à leurs désirs, à leurs intérêts? Cela suffit pour devenir tout d'un coup à leur égard téméraire, orgueilleux, ignorant, sans foi, sans honneur, sans conscience (1). »

Ce fut au milieu de ces spéculations scientifiques que la Grâce visita Pascal pour la première fois. Il était venu habiter Rouen avec son père, nommé intendant, et ses deux sœurs, Gilberte, qui s'y maria à M. Périer (de Clermont) et Jacqueline, qui pensait alors plus au monde et à la poésie qu'aux délices du cloître. Pascal le père, dit une Relation, « avait de la piété mais elle n'était pas assez éclairée ». Pour éclairer sa piété, « Dieu, qui avait sur lui et sur sa famille des desseins de miséricorde, permit qu'il lui arrivât un accident qui fut l'occasion de sa conversion et de celle de ses enfants. » Il tomba sur la glace et se démit une cuisse. On appela pour la lui remettre deux rebouteurs fameux et d'ailleurs gentilshommes, M. de la Bouteillerie et M. des Landes, son frère — non pas son ami, comme l'affirme, par distraction, M. Sainte-Beuve. — « Ce furent eux qui d'abord ouvrirent les yeux à M. Pascal le père et lui montrèrent le chemin du salut (2). » Ils le mirent en relation avec « un grand serviteur de Dieu », M. Guillebert, curé de Rouville. Ils lui prêtèrent, ainsi qu'à ses enfants, les « livres de piété qu'ils lisaient » et qu'ils distribuaient volontiers, le *Discours sur la réformation de l'homme intérieur* de Jansénius, traduit par M. d'Andilly, les *Traités de M. de Saint-Cyran*, la *Fréquente Communion*, « et d'autres de ce genre (3) ».

Le jeune Pascal fut le premier et le plus profondément touché. Il porta son père à se donner entièrement à Dieu ; il décida, non sans quelque peine, sa sœur Jacqueline, assez mondaine et sur le point de se marier, à se consacrer à Jésus-

---

1. *La Logique ou l'Art de penser, par Messieurs de Port-Royal*, chapitre xx 3ᵉ partie.

2. *Supplément au Nécrologe*, p. 592.

3. *Recueil de plusieurs pièces pour servir à l'histoire de Port-Royal* (Utrecht, 1740), p. 250.

Christ, et à ne plus vivre que selon les pures maximes de l'Évangile. Son ardeur de néophyte ne put se renfermer dans la demeure paternelle et se signala au dehors. Pascal dénonça auprès de l'archevêque de Rouen un capucin. — Un capucin aussi, à Bayonne, avait servi à l'exercice de l'éloquence et du zèle que Du Vergier allait déployer contre les Jésuites : *il n'est rien tel que les Jésuites.* — Frère Saint-Ange, c'était le nom du capucin de Pascal, soutenait, non pas en chaire, mais en conversation, des doctrines très-singulières et tout à fait folâtres. Ces épithètes sont de M. Sainte-Beuve, qui trouve que Pascal poussa le pauvre visionnaire l'épée dans les reins plus que de raison (1). Ce serait peut-être le cas de rappeler ici au moins une des véhémentes apostrophes des *Provinciales* aux *lâches et cruels persécuteurs* des Jansénistes. Mais M. Sainte-Beuve nous trouverait *injudicieux*. Tant de bruit pour un capucin, dirait-il ; pour un janséniste, à la bonne heure !

Les *Relations*, qui se taisent sur cet épisode de la vie de Pascal, comme sur bien d'autres, nous assurent qu'à ce moment de première ferveur, « il comprit que la religion chrétienne oblige à ne vivre que pour Dieu, à ne rechercher que lui et à ne travailler que pour lui plaire. Ces vérités lui firent une telle impression, qu'il résolut de terminer ces curieuses recherches auxquelles il s'était appliqué tout entier jusqu'alors, pour ne penser qu'à l'unique chose que Jésus-Christ appelle nécessaire. Il ne fit plus d'autre étude que celle de la religion, et commença à goûter les charmes de la solitude chrétienne, où l'on a l'avantage de communiquer avec le Maître des Anges et des hommes (2). » Or c'est précisément en ces années 1646-1647 que Pascal faisait et publiait ses expériences sur la pesanteur de l'air. D'ailleurs, presque jusqu'à la fin de sa vie, il s'occupa de ces études purement scientifiques que *l'Art de penser* déclarait inutiles, moins estimables que l'ignorance (3). La date de ces divers traités de physique ou de géométrie ne s'accorde point avec le témoignage des pieuses Relations. Il est vrai que sans en faire son unique occupation, Pascal, dans cette *première conversion*, étudia la religion bien plus par curiosité que par amour de Dieu. Il voulut connaître le monde moral

1. Sainte-Beuve, *Port-Royal,* t. II, p. 481.
2. *Recueil d'Utrecht,* p. 251.
3. *Logique de Port-Royal,* premier discours.

que les livres de Port-Royal lui révélaient. S'il faut en croire les Messieurs, Pascal renouvela le miracle de son enfance ; comme il avait découvert la trente-deuxième proposition des *Éléments* avant d'avoir lu Euclide, ainsi sans avoir lu les Pères, de lui-même, par la pénétration de son esprit, racontait M. de Sacy, il trouva les mêmes vérités qu'ils ont trouvées (1). La curiosité, avons-nous dit, poussa Pascal à explorer l'âme humaine. Nous aurions mieux fait de dire que ce fut le dégoût ; il nous l'apprend dans une de ses *Pensées* :

J'avais passé beaucoup de temps dans l'étude des sciences abstraites ; *mais le peu de gens avec qui on peut communiquer m'en avaient dégoûté.* — (Le goût lui en revenait vite.) — Quand j'ai commencé l'étude de l'homme, j'ai vu que ces sciences abstraites ne lui sont pas propres, et que je m'égarais plus de ma condition en y pénétrant que les autres en les ignorant, et je leur ai pardonné de ne s'y point appliquer. Mais j'ai cru trouver au moins bien des compagnons dans l'étude de l'homme, puisque c'est celle qui lui est propre. J'ai été trompé. Il y en a encore moins qui l'étudient que la géométrie.

Dégoûté de l'étude des sciences abstraites, trompé dans l'étude de l'homme, où il ne trouvait que des compagnons de piété et non de science, Pascal quitta Jansénius pour Montaigne, « qui rejette bien loin cette vertu stoïque, qu'on peint avec une mine sévère, un regard farouche, des cheveux hérissés, le front ridé et en fureur, dans une posture pénible et tendue, loin des hommes, dans un morne silence, et seule sur la pointe d'un rocher (2). » Avec son nouveau maître, il prit goût aux leçons des académiciens. Aussi, même lorsqu'il se sera élevé au-dessus de ces docteurs plongés dans l'ivresse de la science et qui ont le cœur vide de la vérité, même lorsque Dieu, répandant dans son cœur d'autres douceurs et d'autres attraits, l'aura rappelé de ce plaisir dangereux, *a jucunditate pestifera*, comme dit saint Augustin, — c'est M. de Sacy qui parle et qui traduit, — Pascal ne parviendra pas à mettre *à part*, suivant le conseil de ses directeurs, tout ce que dit Montaigne. Ses *Pensées* seront plus d'une fois celles mêmes des

---

1. Fontaine, *Mémoires*, t. III, p. 79.
2. Pascal, *Entretien avec M. de Sacy*, dans les *Mémoires* de Fontaine, t. III, p. 95.

Essais, tant il restera sous le charme de l'*incomparable auteur de conférer,* charme décevant qui cachait les plus amères inquiétudes. Pascal ne sentit pas tout de suite la pointe déchirante de cette flèche empoisonnée du doute qu'il emportait de ses lectures philosophiques. Il se détournait de plus en plus du chemin de Port-Royal, où l'appelait l'austère idéal entrevu dans Jansénius, pour pratiquer dans les plaisirs du monde cette science de Montaigne *naïve, familière, plaisante, enjouée, et pour ainsi dire folâtre, qui suit ce qui la charme* (1).

Ce qui charmait Pascal, en ces années de science plaisante et folâtre, c'était la sœur du duc de Roannez. Pascal n'était pas passé tout à coup de ses expériences touchant le vide aux expériences des passions du cœur. De Rouen il venait souvent à Paris pour y soigner sa santé fort compromise par sa continuelle application au travail. Sa sœur Jacqueline l'accompagnait. M. Guillebert n'avait pas manqué de leur indiquer la demeure des amis de la Vérité. M. Singlin reconnut bientôt dans Jacqueline *toutes les marques d'une véritable et parfaite vocation,* et, en 1648, Pascal demanda à son père de permettre à sa sœur d'entrer au couvent de Port-Royal. Le père s'y refusa ; il emmena ses enfants en Auvergne. Jacqueline vécut à Clermont en véritable recluse ; Blaise, au contraire, alla dans le monde, où il oublia les sermons de M. Singlin ; car Fléchier raconte dans ses *Grands Jours* qu'il eut à cette époque un premier attachement pour *une belle savante, la Sapho du pays.* Revenu à Paris avec sa famille, Pascal le père y mourut en 1651. Sa mort semblait lever l'obstacle qui s'opposait à l'entrée en religion de Jacqueline. Mais ce fut alors son frère qui y mit des entraves. Néanmoins, dès que la succession paternelle fut réglée, Jacqueline quitta le monde au grand mécontentement de celui qui l'avait poussée le premier à se donner à Dieu. Elle prit le nom de sœur Sainte-Euphémie, qu'elle devait rendre célèbre ; elle fit profession au commencement de l'année 1653. Elle voulut apporter une dot à Port-Royal, et elle crut qu'elle le pouvait faire sur sa part de l'héritage paternel. Cette résolution étonna madame Périer et surtout Pascal, qui avait compté sur la part de sa sœur, et qui ne

---

3. Pascal. *Entretien avec M. de Sacy.*

s'exécuta qu'avec peine (1). Sœur Sainte-Euphémie écrivait dans une Relation, que les Jansénistes se gardèrent bien de publier et que M. Cousin a mise au jour :

Ils s'irritèrent si fort de mes desseins, croyant que je leur faisais injure de leur préférer des personnes étrangères à qui je voulais faire du bien en les déshéritant, comme s'ils m'avaient désobligée, qu'enfin, ma chère mère, ils prirent presque la charité que j'avais dessein de faire, pour une marque d'amitié envers ces personnes à leur préjudice, tout en la manière qu'auraient fait des personnes vraiment du monde, et qui n'auraient su ce que c'est d'être à Dieu.

On le voit, Pascal, ainsi que le dit le Recueil d'Utrecht, en adoucissant les expressions autant qu'il peut, « n'était plus le même qu'auparavant. Comme on lui avait interdit toute étude, il s'était engagé insensiblement à revoir le monde, à jouer et à se divertir pour passer le temps. Au commencement cela était modéré, mais enfin il se livra tout entier à la vanité, à l'inutilité, au plaisir et à l'amusement, *sans se laisser aller cependant à aucun déréglement*. La mort de M. son père ne lui donna que plus de facilité et de moyens pour continuer ce train de vie (2). » Comme les écrivains de Port-Royal, M. Sainte-Beuve atténue de son mieux cette infidélité de Pascal à la grâce. « Ce n'était que pure mondanité, » dit-il. Il défend surtout Pascal des faiblesses amoureuses que des historiens ont voulu lui prêter, en se fondant sur son fameux discours *retrouvé* (nos Messieurs l'avaient perdu), où il disserte des *passions de l'amour*. Il avoue cependant que Pascal parle de ces passions comme quelqu'un qui n'est pas sans quelque expérience et qui s'y est essayé (3). Pascal s'y était essayé à Clermont ; il s'y livra tout entier à Paris et s'y meurtrit le cœur. « Il eut en ces temps-là, dit sa sœur Jacqueline, d'horribles attaches. » Bien fortes expressions qui peuvent donner beaucoup à penser, remarque M. Cousin (4). Quelle fut la nouvelle *Sapho* qui captiva le jeune savant ? On ne saurait le dire avec une entière certitude. Quelques expressions du *Discours sur les passions de l'amour* nous apprennent qu'elle était d'un rang plus élevé que

---

1. *Jacqueline Pascal*, par Victor Cousin, p. 175.
2. *Recueil d'Utrecht*, p. 157, 8.
3. Sainte-Beuve, *Port-Royal*, t. II, p. 500.
4. *Jacqueline Pascal*, p. 244.

celui de Pascal, que Pascal, pour se découvrir, se lança dans la vie du grand monde, qu'il resta longtemps sans oser se déclarer, qu'il eut le bonheur de plaire :

> L'homme seul est quelque chose d'imparfait ; il faut qu'il trouve un second pour être heureux. Il le cherche bien souvent dans l'égalité de la condition... Néanmoins l'on va quelquefois bien au-dessus, et l'on sent le feu s'agrandir, quoiqu'on n'ose pas le dire à celle qui l'a causé... Une haute amitié remplit bien mieux qu'une commune et égale le cœur de l'homme... Dans quel transport n'est-on point de former toutes ses actions dans la vue de plaire à une personne que l'on estime infiniment! L'on s'étudie tous les jours pour trouver les moyens de se découvrir... Cet attachement à ce que l'on aime fait naître des qualités que l'on n'avait pas auparavant : l'on devient magnifique sans l'avoir jamais été... La vie de tempête surprend, frappe, pénètre... On s'élève par cette passion et on devient toute grandeur ; il faut donc que le reste ait proportion, autrement cela ne convient pas, et partant cela est désagréable... Un rayon d'espérance, si bas que l'on soit, relève aussi haut qu'on était auparavant. C'est quelquefois un jeu auquel les dames se plaisent; mais quelquefois en faisant semblant d'avoir compassion, elles l'ont tout de bon : que l'on est heureux quand cela arrive !

Avec quelques historiens, je crois que la personne qui eut tout de bon compassion de Pascal fut la sœur du duc de Roannez, avec lequel il était lié de la plus étroite amitié. N'était-ce pas pour faire oublier à la famille ducale l'infériorité de sa naissance qu'il menait un train de vie véritablement fastueux ? Mademoiselle de Roannez aurait volontiers uni sa destinée à celle de Pascal dont la gloire avait déjà consacré le nom. Néanmoins le mariage n'eut pas lieu. D'où vint l'obstacle ? On est réduit aux conjectures. On lit dans une note du Recueil d'Utrecht, au *Mémoire sur la vie de Pascal :*

> M. le duc de Roannez avait un très-bon esprit et il commença assez jeune à avoir des sentiments de religion. Depuis qu'il eut goûté M. Pascal, qui était son voisin, il s'attacha tellement à lui qu'il ne pouvait plus se passer de le voir. Il n'avait guère que vingt-quatre ans lorsque M. Pascal, s'étant donné à Dieu, lui persuada d'entrer dans le même sentiment que lui, et de se mettre sous la conduite de M. Singlin. Quelque temps auparavant il pensait à épouser mademoiselle de Menus, qui était la plus riche héritière du royaume. Mais sa conversion pensa coûter cher à M. Pascal, qui demeurait alors en son hôtel. Car le comte

d'Harcourt, oncle de M. le duc de Roannez, s'emporta contre lui, et le concierge de ce jeune seigneur vint un matin à la chambre de M. Pascal avec un poignard pour le tuer (1).

Ne faudrait-il pas avancer un peu la date de cet événement et mettre les noms de mademoiselle de Roannez et de Pascal à la place de ceux de mademoiselle de Menus et du jeune duc ? Messieurs de Port-Royal, que M. Cousin soupçonne avec raison d'avoir altéré la biographie de Pascal écrite par sa sœur, madame Périer, ont bien pu arranger, pour la plus grande édification du public, le drame dont l'hôtel de M. de Roannez fut le théâtre. Sans doute le duc d'Harcourt ou madame de Roannez trouvèrent Pascal de trop petite naissance. Quoi qu'il en soit, Pascal dut renoncer à ses espérances. Ce ne fut pas sans en ressentir un profond chagrin et sans en garder contre la société une sourde rancune qui éclatera à plusieurs reprises dans les *Pensées*. Bien que ces mécomptes lui eussent inspiré « un grand mépris du monde et un dégoût presque insupportable de toutes les personnes qui en sont, ce qui devait le porter, selon son humeur bouillante, à de grands excès (2) », il resta encore un an avant de se séparer de « toutes les choses qui pouvaient contribuer à lui faire aimer le monde, et auxquelles on avait raison de le croire fort attaché (3) ».

Cependant, disent les Relations, « le Seigneur poursuivait M. Pascal depuis longtemps...; lorsqu'il était le plus prêt de prendre des engagements avec le monde, de *se marier* et d'acheter une charge, Dieu le toucha une seconde fois.... La Providence disposa divers événements pour le détacher peu à peu de ce qui était l'objet de ses passions (4). » Nos Messieurs comptent trois de ces événements providentiels. Le premier fut l'accident du pont de Neuilly. Un jour du mois d'octobre 1654, étant allé se promener, selon sa coutume, au pont de Neuilly, dans un carrosse à quatre chevaux, les deux premiers prirent le mors aux dents vis-à-vis un endroit où il n'y avait pas de garde-fous, et se précipitèrent dans la Seine. Heureusement la première secousse rompit les traits qui les attachaient au train de derrière, et le carrosse demeura sur le bord du

---

1. *Recueil d'Utrecht*, p. 273.
2. Lettre de Jacqueline à Mme Périer.
3. Ibid.
4. *Recueil d'Utrecht*, p. 153.

précipice. — Le second événement fut une vision mystérieuse dont Pascal conserva le souvenir dans un écrit hiéroglyphique qu'il porta jusqu'à sa mort entre l'étoffe et la doublure de son habit. Le troisième événement fut un sermon de M. Singlin. Comme il était avec sa sœur à Port-Royal, le sermon vint à sonner ; il fut l'entendre. Le prédicateur prouva qu'on ne devait point s'engager dans une charge ou dans le mariage comme font tous les gens du monde, qui n'agissent que par habitude, par coutume et par des raisons tout humaines ; mais qu'il faut consulter Dieu auparavant... Pascal, qui était assuré que le prédicateur n'avait pu être prévenu à son sujet (qui sait?), en fut vivement touché.

D'après nos Messieurs, le premier de ces événements « fit prendre à M. Pascal la résolution de rompre ses promenades et de mener une vie plus retirée ». Par le second « Dieu lui ôta cet amour des vaines sciences, auquel il était revenu. » Par le troisième « Dieu acheva en lui son œuvre (1). »

Racine, nourri à Port-Royal, devait penser à son temps lorsqu'il s'écriait :

Et quel temps fut jamais plus fertile en miracles !

Ses maîtres en voyaient partout, et les déclaraient toujours opérés en leur faveur. Nous ne partageons pas leur crédulité, surtout en ce qui touche cette intervention divine dans la vie de Pascal. La sœur Sainte-Euphémie n'en parle pas dans ses lettres où elle raconte la conversion de son frère. Il faut chercher la cause de cette conversion dans la rupture de son mariage qui le dégoûta du monde. D'ailleurs, les maladies et les infirmités étaient revenues, et l'accident du pont de Neuilly les avait aggravées. « On se représente sans peine, dit un historien, la commotion que dut recevoir la machine frêle et languissante de Pascal. Il eut beaucoup de peine à revenir d'un long évanouissement ; son cerveau fut tellement ébranlé que dans la suite, au milieu de ses insomnies et de ses exténuations, il croyait voir de temps en temps, à côté de son lit, un précipice prêt à l'engloutir (2). » Désillusionné, souffrant, abattu, Pascal chercha la paix dans la retraite et les pratiques de la piété, dont sa sœur n'avait cessé de lui parler.

1. *Recueil d'Utrecht* p. 258-26.
2. *Discours sur la vie et les œuvres de Blaise Pascal*, p. 44.

Vers la fin de septembre dernier (1654), écrit Jacqueline à madame Périer, il vint me voir, et à cette visite il s'ouvrit à moi d'une manière qui me fit pitié, en m'avouant qu'au milieu de ses occupations qui étaient grandes, et parmi toutes les choses qui pouvaient contribuer à lui faire aimer le monde, et auxquelles on avait raison de le croire fort attaché, il était de telle sorte sollicité à quitter tout cela, et par une aversion extrême qu'il avait des folies et des amusements du monde et par le reproche continuel que lui faisait sa conscience, qu'il se trouvait détaché de toutes choses d'une telle manière qu'il ne l'avait jamais été de la sorte, ni rien d'approchant.

En quittant le monde, Pascal n'y laissa pas *ce qui faisait l'objet de ses passions*. Mademoiselle de Roannez le suivit dans sa retraite. « Elle s'échappa un matin de chez madame sa mère, et vint à Port-Royal où on la reçut. Elle fut mise au noviciat et elle y prit le nom de sœur Charlotte de la Passion. Madame sa mère, ne pouvant la persuader de sortir de ce monastère, obtint bientôt une lettre de cachet, avec laquelle elle la vint chercher (1). »

Nous trouvons dans les Lettres de la mère Agnès Arnauld le récit de la sortie de mademoiselle de Roannez. Ce récit envoyé à une religieuse de l'abbaye de Tart, à Dijon, fait bien connaître l'amie de Pascal :

Je me prévaux donc de votre bonne disposition pour vous demander deux semaines (de silence) au lieu d'une, sans préjudice de ce qui pourra arriver qui méritera de rompre la règle, comme je fais aujourd'hui pour vous donner part à notre affliction de la sortie de mademoiselle de Roannez, qu'on nous a ravie samedi dernier avec des violences extrêmes, madame sa mère n'ayant voulu écouter aucune raison ni aucune prière de sa part. On ne saurait représenter la douleur de cette bonne demoiselle, qui aurait sans doute fléchi madame sa mère, sans une sœur qu'elle a religieuse bénédictine, qui se trouva à cette belle action. Elle est dans cette ville au retour des eaux de Bourbon, qui animait cette dame à se rendre inexorable. Elle (mademoiselle de Roannez) demanda pour toute grâce, ne pouvant rien obtenir, qu'on la laissât passer sa fête céans qui était le lendemain, ayant nom Charlotte ; ce que la religieuse ne voulut jamais permettre, n'ayant autre parole à dire, sinon : Il faut que vous sortiez tout à cette heure. Cette pauvre fille fit des cris étranges à ce dernier refus ; et il lui échappa de dire : Que je suis malheureuse d'avoir une telle sœur !

Recueil d'Utrecht, p. 301.

Elles avaient amené avec elle un exempt... Madame d'Aumont parla audit exempt comme il fallait, fort sagement, mais généreusement... Elle dit tout le fait à la religieuse (bénédictine), non pas en face, mais elle l'entendit bien... Cette dame s'offensa de cela, mais elle le méritait bien.

Nous avons été dans la douleur jusqu'à hier, vingt-quatre heures après qu'elle (mademoiselle de Roannez) nous envoya une demoiselle qui a été sa gouvernante pour nous dire de ses nouvelles qui sont de consolation, étant si ferme, si sage, si touchée, qu'ils ne savent tous que dire. Elle envoya quérir ses bréviaires et ses livres de lecture. Elle ne voit qui que ce soit, que ceux qui aiment la maison et qui pleurent la persécution qu'on lui a faite. Elle a déclaré à madame sa mère qu'elle ne serait jamais autre que religieuse ; et pour preuve, elle se décoiffa devant elle, pour lui montrer qu'elle n'avait plus de cheveux. Elle a fait ce coup-là sans l'avis de personne, en pleine nuit, la veille qu'on la vint quérir, craignant que cela n'arrivât. Elle me dit le lendemain au matin qu'elle avait eu un si furieux instinct de faire cela qu'elle n'y avait pu résister, et que son bon ange et elle n'avaient guère arrêté à le faire. Il en fallut rire, car il n'y avait plus de remède. Je vous dis un échantillon de tout, ma très-chère mère, afin que vous ne soyez point trop touchée de douleur ; le principal est qu'elle est constante. M. Singlin en a été ému jusqu'aux larmes ; néanmoins il est tout consolé de sa disparition ; il dit qu'elle est merveilleusement avancée en quatre mois. Il lui a dit qu'il ne craignait pas qu'elle s'affaiblît, mais qu'elle prît garde à ne plus s'irriter... Je vous recommande de tout mon cœur ma chère sœur exilée, et je supplie très-humblement les trois couvents que vous me mandez qui ont tant de charité que de n'en point manquer pour nous, qui sommes l'objet de la haine *de tous les dévots* du temps, de vouloir offrir à Dieu cette bonne fille, afin qu'il la soutienne et qu'elle ne s'aigrisse point (1).

Mieux que M. Singlin, Pascal consolait la *chère sœur exilée*. On a conservé une partie de leur correspondance toute religieuse, mais sous l'austérité de laquelle on sent la tendresse. On remarque dans une lettre de Pascal cette phrase tristement significative : « La paix ne sera faite que quand le corps sera détruit (2). »

Le Recueil d'Utrecht, avec toute sa réserve, ne laisse aucun doute sur cette persévérance de mutuelle affection. « Tant que Pascal vécut, dit-il, il lui fut d'un grand secours pour la con-

---

1. *Lettres de la mère Agnès Arnauld*, publiées par M. Fougère t. I, p. 445.
2. Henri Martin, *Histoire de France*, t. XII, p. 92.

fiance qu'elle avait en lui (1). » Quand Pascal fut mort, sa vocation religieuse, dont M. Singlin répondait, s'évanouit bientôt. Elle resta un an — juste le temps sans doute de laisser repousser ses cheveux — enfermée avec ses bréviaires, ses livres de lecture et ses tendres souvenirs ; puis elle vit le monde et pensa à se marier. Elle épousa M. de la Feuillade.

Une fois décidé à changer de vie, Pascal eût à passer par tous les degrés d'une véritable initiation avant d'être admis au bienheureux Désert, parmi les pénitents. Le plus difficile fut de lui faire accepter M. Singlin pour confesseur ; un prêtre de sa paroisse lui paraissait suffire.

... Je vis clairement, dit la sœur Sainte-Euphémie sa première directrice — que ce n'était qu'un reste d'indépendance caché dans le fond du cœur qui faisait arme de tout pour éviter un assujettissement qui ne pouvait être que parfait dans les dispositions où il était... Je me contentai de lui dire que je croyais qu'il fallait faire pour le médecin de l'âme comme pour celui du corps, choisir le meilleur ; qu'il est vrai que l'évêque est notre directeur naturel, mais qu'il n'était pas possible à celui de Paris de l'être de tous ses diocésains, ni même aux curés, ni même aux prêtres des paroisses, quand ils seraient capables de l'être de quelqu'un ; — (*pourquoi donc nos Messieurs blâmaient-ils les Jésuites de confesser ?*) — que lorsque M. de Genève avait conseillé de choisir un directeur entre dix mille, c'est-à-dire tel qu'on le préférerait à dix mille, lui qui était évêque et grand zélateur de la hiérarchie n'avait pas prétendu borner le choix de chaque personne dans les prêtres de sa paroisse.

Pascal accepta M. Singlin. Ce fut alors à M. Singlin à faire des difficultés. M. de Saint-Cyran lui avait appris «qu'*il faut que Dieu change le cœur le premier et le renverse avant que le prêtre entreprenne d'absoudre l'âme, bien plus, avant qu'il entreprenne de la recevoir à pénitence* (2). »

Il ne put cependant résister longtemps aux bonnes raisons qu'il eut « *de ne pas laisser périr des mouvements si sincères et qui donnaient tant d'espérances d'une heureuse suite.* » Pascal voulut aussitôt aller trouver son directeur, qui était alors aux *Champs* pour prendre quelques remèdes. Il pensait d'y aller dans le plus grand mystère, en changeant de nom, en laissant *ses gens* dans un village voisin, en prétextant un

1. *Recueil d'Utrecht*, p. 301.
2. Fontaine, *Mémoires*, t. II, p. 110.

voyage d'affaire à la campagne. M. Singlin ne fut pas de cet avis ; il lui ordonna de l'attendre à Paris. Enfin, étant de retour, il le reçut. Mais, « voyant ce grand génie, il crut qu'il ferait bien de l'envoyer à Port-Royal des Champs, où M. Arnauld lui prêterait le collet en ce qui regardait les autres sciences, et où M. de Sacy lui apprendrait à les mépriser (1). » Pascal fit ses adieux à son bon ami le duc de Roannez, qui pleura beaucoup, et partit avec M. de Luynes, chez qui il resta quelque temps à Vaumurier, d'où il se rendit à Port-Royal et y obtint une cellule parmi les solitaires. Il fut dans une joie extrême, comme il l'écrivit à sa sœur, de se voir logé et traité en prince, mais en prince au jugement de saint Bernard, dans un lieu solitaire où l'on fait profession de pratiquer la pauvreté en tout où la discrétion le peut permettre. Il raconte à Jacqueline comme il assiste à tout l'office, comme il se lève à cinq heures du matin sans la moindre incommodité, comme il brave par le jeûne et les veilles toutes les règles de la médecine ; il n'oublie pas de lui décrire la cuillère de bois et la vaisselle de terre dont il se sert. Si Pascal était heureux, Port Royal des Champs et de Paris étaient dans l'allégresse. « Qui pourrait, s'écrie un chroniqueur, exprimer la joie que la conversion et la retraite de M. Pascal causa à tout Port-Royal ? Quelle reconnaissance n'y témoigna-t-on pas au Seigneur pour avoir rendu humble cet esprit si élevé, ce philosophe dont la réputation était si répandue ? Quelle plus grande preuve de la toute-puissance de la grâce de Dieu (2) ? » Aussi les solitaires traitèrent-ils Pascal non-seulement en prince au jugement de saint Bernard, mais encore en prince, au jugement du monde savant et lettré. Ils lui faisaient les honneurs de longs entretiens sur la philosophie, la géométrie, la physique, dans lesquels Pascal *charmait et enlevait tout le monde.* Nos Messieurs qui, M. le Maître l'affirmait même en revoyant ses plaidoyers et en *plaidant* pour eux, *ne s'occupaient que des nouvelles de l'autre monde, parlaient sans cesse,* dit M. Fontaine, du nouveau système du monde selon M. Descartes, dans lequel M. Arnauld était entré. Pascal eut donc l'occasion d'en dire son sentiment. « Il pensait comme Descartes que les bêtes n'étaient que des automates, mais il *se moquait fort* de sa ma-

---

1. Fontaine, *Mémoires*, t. III, p. 78.
2. *Recueil d'Utrecht*, p. 270.

tière subtile. Il ne pouvait non plus souffrir sa manière d'expliquer la formation de toutes choses et disait souvent : « *Je ne puis pardonner à Descartes* ; il aurait bien voulu dans toute sa philosophie pouvoir se passer de Dieu, mais il n'a pu s'empêcher de lui faire donner une chiquenaude pour mettre le monde en mouvement ; après cela il n'a plus que faire de Dieu (1). » La lettre de Descartes à M. de Carcavi n'était pas oubliée. M. de Sacy, « dont la conduite était de proportionner ses entretiens à ceux avec qui il parlait, » mit un jour Pascal sur son fort et lui parla des lecteurs de philosophie dont il s'occupait le plus. Cette conversation sur Épictète et Montaigne nous a été conservée par Fontaine et elle ravit justement M. Sainte-Beuve, qui en fait une fine et gracieuse analyse (2). En écoutant Pascal, « M. de Sacy croyait être dans un nouveau pays et entendre une nouvelle langue, et il se disait en lui-même ces paroles de saint Augustin : O Dieu de vérité ! ceux qui savent ces subtilités de raisonnement, vous sont-ils pour cela plus agréables (3) ? » Il interrompit quelquefois le brillant causeur pour opposer saint Augustin à Montaigne, et lui faire des compliments qui étaient aussitôt rendus. « Je vous suis obligé, Monsieur ; je suis sûr que si j'avais lu longtemps Montaigne, je ne le connaîtrais pas autant que je le connais par l'entretien que je viens d'avoir avec vous. Cet homme devrait souhaiter qu'on ne le connût que par les récits que vous faites de ses écrits ; il pourrait dire avec saint Augustin : *Ibi me vides, attende.* Je crois assurément que cet homme avait de l'esprit, mais je ne sais si vous ne lui en prêtez pas un peu plus qu'il n'en a eu, par cet enchaînement si juste que vous faites de ses principes. » Pascal répondait « que s'il lui faisait compliment de bien posséder Montaigne et de le savoir bien tourné, il pouvait lui dire sans compliment qu'il possédait bien mieux saint Augustin, et qu'il le savait bien mieux tourner, quoique peu avantageusement en faveur du pauvre Montaigne (4). »

La sœur Jacqueline de Sainte-Euphémie à qui Pascal mandait ces passe-temps, que le salon de madame de Sablé pouvait envier à la solitude de Port-Royal, s'en étonnait :

1. *Recueil d'Utrecht*, p. 272.
2. Sainte-Beuve, *Port-Royal*, t. ii, p. 382.
3. Fontaine, *Mémoires*, t. iii, p. 90.
4. Ibid., t. III. p. 93.

J'ai autant de joie de vous trouver gai dans la solitude que j'avais de douleur quand je voyais que vous étiez dans le monde. Je ne sais néanmoins comment M. de Sacy s'accommode d'un pénitent si réjoui, et qui prétend satisfaire aux vaines joies et aux divertissements du monde par des joies un peu plus raisonnables et par des jeux d'esprit plus permis, au lieu de les expier par des larmes continuelles. Pour moi, je trouve que c'est une pénitence bien douce, et il n'y a guère de gens qui n'en voulussent faire autant. Je m'en rapporte pourtant bien à sa conduite et en demeure fort en repos (1).

« J'ai mon brouillard et mon beau temps au-dedans de moi » dira Pascal dans ses *Pensées*. Le beau temps qui régnait dans son âme, à son entrée à Port-Royal, fit bientôt place au brouillard. Sans doute les doux souvenirs du monde, qui le poursuivaient dans sa cellule, ramenaient trop vivement la pensée vers ce qu'il avait quitté. Il voulut les amortir sous les coups de la pénitence. Son *humeur bouillante* l'emporta à des exagérations d'austérité que sa sœur fut obligée de blâmer :

On m'a fort congratulée par la grande ferveur qui vous élève si fort au-dessus de toutes les manières communes que vous mettez les balais au rang des meubles superflus... Il est nécessaire que vous soyez, au moins durant quelques mois, aussi propre que vous êtes sale, afin qu'on voie que vous réussissez aussi bien dans l'humble diligence et vigilance sur la personne qui vous sert que dans l'humble négligence de ce qui vous touche ; et après cela, il vous sera glorieux et édifiant aux autres de vous voir dans l'ordure, s'il est vrai toutefois que ce soit le plus parfait, dont je doute beaucoup, parce que saint Bernard n'était pas de ce sentiment.

Ce billet de Jacqueline à son frère est daté du 1ᵉʳ décembre 1655. Encore un mois, et Pascal commencera ses *Provinciales* où on ne soupçonnera guère un pénitent se plaisant dans la saleté et l'ordure. On n'aurait pas dû y soupçonner non plus un ami de Port-Royal. Pascal, mettant la vérité, comme les balais, au rang des meubles superflus, va déclarer dans ses lettres *qu'il n'est pas de Port-Royal* (2), qu'il n'a *jamais eu d'établissement avec les solitaires*, qu'il n'est pas *un homme de*

---

1. *Lettre de la sœur Sainte-Euphémie à son frère Pascal.* Recueil d'Utrecht p. 268.

2. « *Nous savons en quel sens il est vrai que Pascal n'était point de Port-Royal*, dit M. Sainte-Beuve : *il n'y demeurait pas au moment où il écrivait toutes ses lettres.* » Tout de bon, M. Sainte-Beuve, un Père casuiste n'aurait pas mieux trouvé.

Port-Royal (1). Le mensonge coulait comme l'éloquence de la plume de Pascal portant la guerre chez les jésuites mêmes. Le *Mentiris impudentissime*, qu'il jetait si cavalièrement à la face de ses ennemis, se retourne contre lui, et demeure attaché à son front. Et, ainsi qu'il le remarque, *la qualité de menteur enfermant l'intention de mentir* (2), c'est avec connaissance et avec dessein qu'il écrivit ses *Menteuses* (3), sans croire déchoir de l'état de grâce.

« Voici de quelle manière Pascal — (qui n'est pas de Port-Royal) — s'engagea à y travailler. Il était à Port-Royal des Champs en janvier 1656. Comme on travaillait alors en Sorbonne à la condamnation de M. Arnauld, ces Messieurs pressèrent fort ce docteur, qui était aussi à Port-Royal, de se défendre, et ils lui disaient : *Est-ce que vous vous laisserez condamner comme un enfant, sans rien dire, et sans instruire le public de quoi il est question ?* Il composa donc un écrit dont il fit lui-même la lecture. Ces Messieurs n'y donnant aucun applaudissement, M. Arnauld, qui n'était point jaloux de louanges, leur dit : *Je vois bien que vous ne trouvez pas cet écrit bon, et je crois que vous avez raison.* Puis il dit à M. Pascal : *Mais vous qui êtes jeune, vous devriez faire quelque chose.* M. Pascal fit donc une première lettre et la lut à ces Messsieurs. M. Arnauld dit aussitôt : *Cela est excellent, cela sera goûté, il faut la faire imprimer.* Tous ayant été du même avis, on le fit (4). »

La première lettre à un provincial parut quelques jours avant la censure qui excluait Arnauld de la Faculté de théologie, et flétrissait les deux propositions extraites de sa *Seconde lettre à un duc et pair*. Le docteur, qui ne fut jamais d'humeur à se laisser condamner *comme un enfant sans rien dire*, vint à Paris, suivi de M. Le Maître et de Nicole, *travailler aux ouvrages* qu'il opposa à la Sorbonne. Pascal s'y rendit aussi « pour continuer le succès de ses lettres. Il alla se mettre dans une auberge, rue des Poirières, à l'enseigne du roi David, *vis-à-vis le collége des jésuites*, quoi qu'il eût une maison de louage à Paris. M. Périer arrivant en cette ville dans le même temps,

---

1. *Lettres provinciales*, XVI, XVII.
2. *Lettre* XV.
3. C'est ainsi que de Maistre appelait les *Lettres provinciales*.
4. *Recueil d'Utrecht*, p. 277.

alla se loger dans la même auberge comme un homme de province, sans faire connaître qu'il était beau-frère de M. Pascal, qui y était sous le nom de M. de Mons (1). » M. Arnauld, dans la solitude que des veuves opulentes lui rendaient douce, écrivait ses *Dissertations quadripartites*. Mais l'éclat de sa *plume d'or* pâlissait devant le succès des *Provinciales*, qui était prodigieux. Il est vrai que les Messieurs et *les mères de l'Église* ne s'y épargnaient pas.

D'abord les érudits Arnauld, Sacy, Nicole et leurs amis de la Sorbonne fournissaient abondamment à Pascal les données théologiques et les textes des casuistes, qu'il mettait en œuvre. « Je suis devenu grand théologien en peu de temps et vous allez en avoir des marques, » dit Pascal dans sa première *lettre*. Thomassin, qui la lut certainement, dut bien rire, et, malgré ces *marques* nouvelles, il dut répéter son mot : « Voilà un jeune homme qui a bien de l'esprit, mais qui est bien ignorant (2). Nos Messieurs étaient savants pour lui. Il usa de leur science sans trop la contrôler. Comme le dit M. Sainte-Beuve, « il fit flèche de tout bois. » L'essentiel était que la flèche fût acérée, légère, et surtout habilement empoisonnée. C'est à quoi Pascal s'appliquait seul, à l'enseigne du roi David. Une fois la lettre écrite, un comité de lecture s'assemblait. La lettre était *relue* et *embellie*, s'il y avait lieu. Restait à la faire imprimer, et ce n'était pas facile sans *privilége du roi* ; il fallait tromper la vigilance du lieutenant de police. Ces Messieurs y réussirent merveilleusement. « L'habileté avec laquelle les auteurs de cet ouvrage ont trompé la vigilance de l'inquisition française, dit l'abbé Grégoire, peut servir de modèle (3). » D'ordinaire, Picard, le fidèle laquais de Pascal, portait le manuscrit à M. Frontin, proviseur du collége d'Harcourt, qui avait soin de le faire imprimer tantôt dans le collége même, tantôt ailleurs, un peu partout. Les relations abondent en détails piquants sur ces impressions clandestines.

Un jour le P. de Fretat, jésuite, parent de M Périer, vint lui rendre une visite à l'auberge où il logeait avec Pascal. « Il lui

---

1. *Recueil d'Utrecht*, p. 278.
2. Mot prononcé par le P. Thomassin au sortir d'un long entretien avec Pascal, lequel dit de son côté : Voilà un bonhomme qui est terriblement savant, mais qui n'a guère d'esprit. »
3. *Les ruines de Port-Royal*, p. 72.

dit qu'ayant l'honneur de lui appartenir, il était bien aise de l'avertir qu'on était persuadé dans la Société que c'était M. Pascal, son beau-frère, lequel vivait dans la retraite, qui était l'auteur des *petites lettres* qui couraient Paris contre les jésuites, et qu'il devait le lui dire et lui conseiller de ne les pas continuer, parce qu'il pourrait lui en arriver du chagrin. M. Périer le remercia, et lui dit que cela était inutile, et que M. Pascal lui répondrait qu'il ne pouvait pas les empêcher de l'en soupçonner, parce que quand il leur dirait que ce n'était pas lui, ils ne l'en croiraient pas, et qu'ainsi s'ils s'imaginaient que cela était, il n'y avait point de remède. Le P. de Fretat se retira làdessus, disant toujours qu'il était bon de l'avertir, et qu'il prît garde à lui. M. Périer fut fort soulagé quand il s'en alla ; car il y avait sur son lit une vingtaine d'exemplaires de la septième ou de la huitième lettre, qu'il y avait mis pour sécher. Il est vrai que les rideaux étaient un peu tirés, et heureusement un frère que le P. de Fretat avait amené avec lui, et qui s'était assis auprès du lit, ne s'était aperçu de rien. M. Périer alla aussitôt en avertir M. Pascal, qui était dans la chambre audessus de lui, et que les jésuites ne croyaient pas si proche d'eux (1).

Les jansénistes ne s'en tiraient pas toujours avec des réponses équivoques comme celle de M. Périer au P. de Fretat. Leur libraire, Charles Savreux, fut arrêté. On saisit tout ce qu'on trouva chez lui. Mais, dit Beaubrun, « M. Savreux ne fut point étourdi de ce coup ; il tint ferme et reçut cette disgrâce d'une manière très-chrétienne, qui faisait croire qu'il avait eu moins ses intérêts en vue que l'amour de la vérité et la crainte de Dieu, en s'exposant à rendre service à Messieurs de Port-Royal. C'est ce qui engagea tous les amis à s'intéresser pour sa liberté, et à offrir leurs prières à Dieu pour sa délivrance (2). » Deux autres libraires de Port-Royal, Petit et Desprez, furent aussi soupçonnés. Petit imprimait la seconde *Provinciale*, lorsque le commissaire vint chez lui ; il ne s'y trouva pas. Sa femme, raconte M. de Saint-Gilles, monta à l'imprimerie, mit les formes, quoique fort pesantes, dans son tablier, et passant à travers les gardes, comme une Judith, alla les porter chez un

---

1. *Recueil d'Utrecht*, p. 278.
2. Cité par M. Sainte-Beuve, t. III, p. 56.

voisin où, dès la même nuit, on tira trois cents exemplaires, et le lendemain douze cents (1). — Madame Petit une Judith ! n'est-ce pas un peu rude ? Les amis de Pascal ne haïssaient pas autant que lui *les mots d'enflure*. Nonobstant, M. Sainte-Beuve les estime fort judicieux.

M. de Saint-Gilles était alors le *factotum* de Port-Royal. Aidé des conseils de M. Arnauld, qu'on n'aurait pas cru si pratique il ne gérait pas trop mal les affaires de Port-Royal ; il nous l'apprend lui-même :

C'est moi qui, immédiatement, ai fait imprimer par moi-même les quatre dernières lettres au Provincial, savoir la 7e, 8e, 9e et 10e. D'abord il fallait fort se cacher et il y avait du péril ; mais, depuis deux mois, tout le monde et les magistrats eux-mêmes prenant grand plaisir à voir dans ces pièces d'esprit la morale des jésuites naïvement traitée, il y a eu plus de liberté et moins de péril ; ce qui n'a pourtant pas empêché que la dépense n'en ait été et n'en soit encore extraordinaire.

Mais M. Arnauld s'est avisé d'une chose que j'ai utilement pratiquée. C'est qu'au lieu de donner ces lettres à nos libraires Savreux et Desprez pour les vendre et nous en tenir compte, nous en faisons toujours tirer de chacune 12 rames, qui font 6,000, dont nous gardons 3,000 que nous donnons, et les autres 3,000 nous les vendons aux deux libraires ci-dessus, à chacun 1,500 pour un sol la pièce ; ils les vendent, eux, 2 s. 6 ds et plus. Par ce moyen, nous faisons 50 écus qui nous payent toute la dépense de l'impression, et plus ; et ainsi nos 3,000 ne nous coûtent rien, et chacun se sauve.

Quand la Lettre était imprimée, avant de la lancer dans le public, on en assurait la vogue par une bruyante réclame ; on en *faisait faire*, dit le P. Rapin, *les fanfares de la proclamation dans toutes les cérémonies que peuvent faire des gens fiers de leur succès et qui sentent leur prospérité*. Les dames de la Grâce se chargeaient de ce soin. Voici une excellente page du P. Rapin, qui nous initie *aux cérémonies* de la réclame. Ce qui se passa pour la sixième Lettre dut arriver pour les autres, à ce moment décisif.

J'ai déjà remarqué que l'hôtel de Nevers, qui est à l'entrée du Pont-Neuf du côté du faubourg Saint-Germain et qui est devenu depuis l'hôtel de Conty, était alors le réduit le plus agréable de Paris par le concours de la plupart des gens d'esprit, qui y brillaient le plus et qui fréquentaient cette maison, attirés par l'honnêteté, la politesse,

1. Cité par M. Sainte-Beuve, t. III, p. 58.

la magnificence de la maîtresse, qui était, comme j'ai dit, la comtesse du Plessis, femme du secrétaire d'État. Comme elle prenait aisément l'empire, par la qualité de son esprit, sur ceux qui l'approchaient, ce fut à elle à qui on s'adressa de Port-Royal, où elle avait de grandes liaisons, afin qu'elle fît valoir les *petites Lettres* auprès de ces beaux esprits, en les obligeant à en appuyer le succès de leurs suffrages dans le monde, où ils s'étaient acquis tant de crédit. La comtesse profita d'une si belle occasion de se signaler auprès d'un parti qu'elle estimait déjà beaucoup, et où elle ne doutait pas qu'on ne l'estimât elle-même. Elle s'y engagea d'autant plus volontiers qu'elle ressentit fort l'honneur qu'on lui faisait d'avoir recours à elle, étant naturellement officieuse, qu'elle suivait l'inclination qu'elle avait d'être mêlée à des intrigues d'esprit, étant vaine, et qu'elle contentait un peu sa vengeance contre le ministre, croyant lui faire dépit de s'attacher à un parti qui passait alors pour contraire à la cour, sans faire réflexion que les grands établissements de son mari et de sa maison dépendaient uniquement de la faveur, comme elle ressentit après. Ainsi l'espérance qu'on eut à Port-Royal qu'elle ferait bien, se trouva conforme à l'idée qu'on en avait et eut tout l'effet qu'on s'en était promis; car elle fit merveille dans cette conjoncture, où tout réussit beaucoup mieux encore qu'on ne l'avait projeté.

Devant que la sixième lettre parût dans le public, on en envoya une copie à la comtesse pour la faire voir à ses amis, c'est-à-dire à ceux qui lui rendaient leurs assiduités, qui étaient l'abbé de Rancé, depuis le fameux abbé de la Trappe; l'abbé Testu, célèbre par ses vers de dévotion et par ses sermons; Barillon l'aîné, conseiller d'État et ambassadeur en Angleterre; Barillon le cadet, qui se fit appeler Morangis au conseil et dans ses intendances; Courtin, signalé pour ses ambassades dans les cours du Nord; Pélisson, qui était alors le secrétaire favori du surintendant Fouquet, et quelques autres. La comtesse les ayant assemblés chez elle, on prétend qu'elle leur déclara l'intérêt qu'elle prenait aux affaires de Port-Royal; que ceux qui le gouvernaient étaient ses bons amis; que, dans la distribution qui commençait à se faire des petites lettres dans le monde, elle venait d'être privilégiée, parce qu'on lui avait envoyé celle qui allait paraître avant que de la donner au public, pour savoir son sentiment et celui de ses amis, c'est-à-dire pour les engager tous à lui devenir favorables et à la prôner dans le monde. Elle leur dit qu'ils avaient trop d'esprit pour ne pas sentir eux-mêmes la beauté de ces lettres, pour lesquelles elle leur demandait leur protection; elle leur représenta même qu'ils trouveraient de quoi exercer leur zèle en contribuant de leurs suffrages à décrier une morale aussi pernicieuse que celle des nouveaux casuistes qui désolaient la religion par leur relâchement; que, sans examiner si la doctrine de Port-Royal avait été condamnée à Rome ou non, il paraissait qu'elle était préférable à celle des Jésuites par la seule considération de la morale.

Après ce préambule, la Lettre fut lue, et elle ne pouvait pas manquer d'être admirée par des gens aussi disposés à plaire à la comtesse, et qui lui étaient en toutes manières aussi dévoués. Ils vont comme autant de trompettes publier par tout Paris que la sixième lettre au Provincial commence à paraître, qu'elle était encore bien plus belle que celles qui avaient paru ; ce qu'ils dirent d'un ton si affirmatif, que l'approbation de gens si habiles, faite dans un si grand concert, redoubla l'impatience et la curiosité qu'on eut de la voir... Et ce fut avec ces préparations qu'on la distribua dans le public (1).

On distribuait les *Provinciales* partout. M. d'Andilly les envoyait régulièrement à son disciple, M. de Fabert, alors gouverneur de Sedan. « Ce qui s'est passé là entre M. d'Andilly et Fabert, dit M. Sainte-Beuve, a dû se produire plus ou moins de la même manière, au même moment, en vingt et en cent cas à peu près semblables. Tous les amis, tous les correspondants de Port-Royal étaient en mouvement. M. d'Andilly surtout manigançait en tout sens pour recuelllir des suffrages (2). » — M. de Pontchâteau écrivait à M. de Saint-Gilles : *J'ai envoyé une grande quantité de lettres au Provincial en notre pays.* » — « Jamais la poste ne fit de plus grands profits, lit-on dans les *Entretiens de Cléandre et d'Eudoxe* (3). On envoya des exemplaires dans toutes les villes du royaume ; et, quoique je fusse assez peu connu de Messieurs de Port-Royal, j'en reçus, dans une ville de Bretagne où j'étais alors, un gros paquet *port payé.* » Racine trouvait les *Provinciales* à Nîmes et à Uzès, « aux mains, non des catholiques, mais des huguenots qui s'en gaudissent (4). » — La reine de Suède, Christine, arrive-t-elle à Paris, on se hâte de lui offrir les chefs-d'œuvre que toute la ville admirait, et Arnauld écrit aussitôt : « On a donné les douze lettres à la reine de Suède ; elle les reçut avec joie ; mais nous ne savons pas encore le jugement qu'elle en fait ; car ce ne fut qu'avant-hier au soir qu'on les lui présenta, et elle partit hier pour la cour (5). »

---

1. Rapin, *Mémoires*, t. II. p. 367.
2. Sainte-Beuve. *Port-Royal*, t. III, p. 598.
3. Par le P. Daniel.
4. Sainte-Beuve, *Port-Royal*, t. VI, p. 39.
5. Lettre du 17 septembre 1656.

Arnauld pouvait quitter ce souci : le succès des *Provinciales* était universel.

En face de cette vogue, les jésuites firent la seule réponse possible ; ils dénoncèrent les impostures, les mensonges de Pascal et sa mauvaise foi en matière de citations. Le mérite littéraire des *petites Lettres* ne nous doit pas faire absoudre leur auteur de ces accusations ; elles ne sont que trop fondées. Madame de Sablé elle-même ne put s'empêcher de reprocher à Pascal sa morale relâchée en fait de citations. Il lui répondit « que c'était à ceux qui lui fournissaient les mémoires sur quoi il travaillait à y prendre garde et non pas à lui, qui ne faisait que les arranger (1). » Pascal s'en lavait les mains un peu trop lestement. M. Sainte-Beuve formule le même reproche que madame de Sablé en ces termes modérés :

« Pascal, comme tous les gens d'esprit qui citent, tire légèrement à lui ; il dégage l'opinion de l'adversaire plus nettement qu'elle ne se lirait dans le texte complet ; parfois il arrache *quatre mots* de tout un passage, quand cela lui va et sert à ses fins ; il aide volontiers à la lettre ; enfin, dans cette ambiguïté d'autorités et de décisions, il lui arrive par moments aussi de se méprendre. C'est là tout ce qu'on peut dire, sans avoir droit de mettre en doute sa sincérité (2). »

Je ne vois pas comment on peut dire tout cela, sans avoir droit de mettre en doute la sincérité de Pascal. Faut-il plutôt mettre en doute celle de ses *fournisseurs* ? Je crois plus vraisemblable qu'Arnauld, en qui se trouvait toute l'érudition ecclésiastique, donnait les textes complets, et que Pascal, les trouvant sans doute un peu longs, les coupait, en homme d'esprit, au bon endroit. Il y a plus. Pascal était-il sincère quand il affirmait qu'il était *sans attachement, sans liaison, sans relation* avec Port-Royal ? « Si toutes les Provinciales étaient vraies comme cette assertion-là, répond M. Sainte-Beuve, il ne faudrait pas trop s'étonner que de Maistre eût mis à côté du *Menteur* de Corneille ce qu'il appelle les *Menteuses* de Pascal (3). » Était-il sincère lorsqu'il soutenait qu'on avait toujours refusé aux Jansénistes de leur montrer les cinq proposi-

---

1. Rapin, *Mémoires*, t. II, p. 395.
2. Sainte-Beuve, *Port-Royal*, t. III, p. 125.
3. *Ibid.*, t. III, p. 76.

tions dans l'Augustinus ; qu'Innocent X avait fait examiner seulement si les propositions étaient hérétiques, mais non pas si elles étaient de Jansénius ; que les Jansénistes étaient d'accord avec les nouveaux thomistes ; qu'il fallait séparer la question de *fait* de celle de *droit* ? M. Sainte-Beuve ne le pense pas. Il raconte que Pascal, à qui on avait demandé s'il ne se repentait pas d'avoir écrit les *Provinciales*, répondit : « Si j'étais à les faire, je les ferais encore plus fortes ; » et il ajoute : « s'il avait songé à la portion dont nous avons seulement parlé jusqu'ici (les trois premières lettres et les 17, 18), et que l'autre efface, à ses explications purement défensives du jansénisme, il aurait dit : « Si c'était à le recommencer *je les ferais plus franches* (1). »

Ainsi la morale relâchée de Pascal en fait de sincérité est évidente ; elle ne l'est pas moins en fait d'impartialité. M. Sainte-Beuve, qui a ses heures de franchise, l'avoue encore. Il rappelle que le P. De Champ prouva dans une solide dissertation que la fameuse doctrine de la probabilité n'était pas particulière aux jésuites, qu'elle avait été reçue par les théologiens de toutes les écoles et de tous les ordres, que son premier adversaire avait été un jésuite ; il rappelle aussi que le P. Daniel, pour prouver que Pascal, s'il l'avait voulu, aurait pu imputer à tout autre ordre, aux dominicains par exemple, tout aussi bien qu'aux jésuites, la doctrine de la probabilité, s'amusa à substituer dans la cinquième Provinciale, des noms et des extraits d'auteurs dominicains à ceux des auteurs jésuites, et il poursuit :

« Pourquoi s'être allé prendre aux jésuites, entre tant d'autres, d'une doctrine qui ne leur appartient pas en propre et qui n'est pas de leur invention ? Voilà le fond de toutes ces apologies. Je les ai lues, et j'y trouve du vrai. C'est ainsi encore que ces pères ont produit des textes de plus de trente de leurs auteurs qui, avant la condamnation par le pape Innocent XI des *soixante-cinq propositions* (1679), s'étaient prononcés pour *la nécessité de l'amour de Dieu dans la pénitence*, pour cet amour filial et tendre dont leurs courroucés adversaires les accusaient de se passer. Ils n'ont pas trouvé un moins grand nombre de textes à fournir contre ce qu'on a bizarrement appelé le *péché philosophique*... Je sais toutes ces choses, et

---

1. Sainte-Beuve, *Port-Royal*, t. III, p. 86.

j'en pourrais ajouter d'autres dans le même sens, n'était la peur de paraître tomber dans le dossier (1). »

Voltaire, qui connaissait le dossier des jésuites et celui de Pascal, a rendu ce jugement :

« Il est vrai que tout le livre (*les Provinciales*) portait sur un fondement faux : on attribuait adroitement à toute la Société les opinions extravagantes de plusieurs jésuites espagnols et flamands : on les aurait déterrées aussi bien chez des casuistes dominicains et franciscains. On tâchait dans ces lettres de prouver qu'ils avaient un dessein formé de corrompre les mœurs des hommes, dessein qu'aucune secte, qu'aucune société n'a jamais eu et ne peut avoir. Mais il ne s'agissait pas d'avoir raison, il s'agissait de divertir le public (2). »

Pascal eut un malheur plus grand que de manquer de sincérité et d'impartialité. Il tua la morale sévère pour laquelle il combattait, il affermit la morale relâchée et contribua à répandre cet esprit d'incrédulité dont le souffle a rempli de ruines l'Église et la société. M. Sainte-Beuve le confesse sans détour :

« Pascal (il n'y a pas à se le dissimuler) fit plus qu'il n'avait voulu ; en démasquant si bien le dedans, il contribua à discréditer la pratique ; en perçant si victorieusement le casuisme, il atteignit, sans y songer, la confession même, c'est-à-dire ce tribunal qui rend nécessaire ce code de procédure morale... Ce qu'un de ses descendants les plus directs, Paul-Louis Courier, a dit du confessionnal, l'auteur des *Provinciales* l'a préparé (3). »

M. Havet est du même avis que M. Sainte-Beuve : « L'esprit de Pascal a commencé les ruines que l'esprit du dix-huitième siècle et du nôtre a poursuivies, ruines par l'éloquence au-dehors, ruines par la philosophie au-dedans. L'action destructive de ses idées se continue après lui, et va bien au-delà de ses idées mêmes. Discours de tribunes, pamphlets, éclats de la presse quotidienne, tout cela relève des Provinciales ; le Pascal des *Petites lettres* demeure l'éternel modèle de l'éloquence d'opposition... Toutes les fois que l'esprit moderne se prépare pour quelque combat, c'est là qu'il va prendre des armes (4). »

1. Sainte-Beuve, *Port-Royal*, t. III, p. 127.
2. Voltaire, *Siècle de Louis XIV*, chapitre 37.
3. Sainte-Beuve, *Port-Royal*, t. III, p. 390.
4. Havet, *Études sur les pensées de Pascal*.

L'esprit moderne ne dédaigne pas de prendre aussi des armes dans cette foule d'obscurs pamphlets que les Jansénistes multiplièrent pendant plus d'un siècle autour des *Provinciales* comme pour leur faire un cortége digne d'elles, sinon par le talent qui brille dans ces livres, au moins par la haine dont ils débordent. Le comte Beugnot, qui défendit les jésuites sous la Restauration, et la liberté d'enseignement sous le gouvernement de juillet, racontait une anecdote fort instructive. Bailleul avait fondé le *Constitutionnel* pour servir d'organe à l'opposition libérale, et comme ses attaques, qui cependant épargnaient plus la monarchie que la religion, lui attiraient de nombreuses condamnations, il venait gémir chez le père de M. Beugnot. « Mon père, dit le comte, le conso ait de son mieux et le plaisantait parfois sur des infortunes qui augmentaient la popularité et les profits de son journal. Il lui tint un jour, en ma présence, ce langage : « Toi, ton parti et ton journal, vous n'êtes que des imbéciles ; vous n'osez pas vous en prendre directement aux Bourbons, et parce que vous savez que le clergé leur est favorable, vous attaquez chaque matin la religion, ses idées, ses dogmes, son influence légitime, et vous révoltez par là mille consciences, mille sentiments vénérables auxquels tout gouvernement doit appui. La mode de l'incrédulité est passée ; la Révolution nous en a guéris. Change tes batteries ; ce n'est pas la religion qu'il faut combattre, mais l'influence politique que certaines corporations ou certains membres du clergé peuvent exercer. Si tu veux réussir, prends pour point de mire les jésuites (1). Les lois leur sont contraires ; les tribunaux, en sévissant contre eux, croiront se montrer les fidèles héritiers des parlements ; et comme le gouvernement résistera, vous lui ferez sur ce terrain une guerre où tous les avantages seront de votre côté. Va de ce pas, mon cher Bailleul, sur le quai, et achètes-y, ce qui ne te coûtera pas cher, un tas de vieux livres qui y sont exposés depuis deux siècles et où sont développés tous les crimes et méfaits de la société de Jésus. Lis ou fais lire ce fatras, imprime tout cela dans les colonnes de ton journal ; ce sera de bonne guerre... » Bailleul et ses collaborateurs goûtèrent ce conseil, où ils re-

---

1. Ce conseil rappelle celui que le chevalier de Méré donna à Pascal de laisser les matières de la grâce dont il avait traité dans ses premières lettres, pour se jeter sur la morale des jésuites, ce qui fit le succès des *Provinciales*.

connurent *le doigt de Dieu*, et se mirent immédiatement à l'œuvre. C'est ainsi, disait le comte Beugnot, que fut entreprise cette fameuse lutte contre les jesuites, qui défraya, pendant les dix dernières années de la Restauration, la haine de ses adversaires... (1). »

M. Sainte-Beuve, on le pense bien, ne se désole pas des conséquences morales des *Provinciales* ; il s'en réjouit au contraire. Sans doute elles ont ruiné la vraie morale chrétienne, mais elles ont hâté l'éclosion de la *morale des honnêtes gens* ; elles ont ébranlé la religion de Bossuet, mais elles ont créé ce qu'on appelle la *religion de Fénelon*. Il est intéressant d'entendre là-dessus l'historien de Port-Royal.

Qu'est-ce que la morale des honnêtes gens ?

« Cette morale des honnêtes gens n'est pas la vertu, mais un composé de bonnes habitudes, de bonnes manières, d'honnêtes procédés reposant d'ordinaire sur un fonds plus ou moins généreux, sur une nature plus ou moins *bien née*.... Elle n'affecte guère le fonds général de bonté ou de malice humaine. Quand survient quelque grande crise, quand quelque grand fourbe, quelque grand criminel heureux s'empare de la société pour la pétrir à son gré, cette morale des honnêtes gens devient insuffisante ; elle se plie et s'accommode, en trouvant mille raisons de colorer ses cupidités et ses bassesses. On en a eu des exemples. — (*Le vôtre entre autres, M. Sainte-Beuve !*) — Quand quelque violent orage soulève les profondeurs et les boues d'alentour, cette morale du rez-de-chaussée s'en trouve un peu éclaboussée, c'est le moins (2). »

C'est le moins, en effet ; car plus d'une fois, cette morale un peu éclaboussée est vigoureusement conspuée par quelque bouche éloquente qui venge la morale chrétienne. C'est ainsi que tout le monde pensait à Sainte-Beuve lorsque le P. Lacordaire laissait tomber du haut de la chaire de Notre-Dame ces paroles qui devaient si tristement et si entièrement s'appliquer à notre auteur :

« Vous connaissez tous Érasme. C'était, en ce temps-là, le premier académicien du monde. A la veille de tempêtes qui devaient ébranler l'Europe et l'Église, il faisait de la prose avec l'élasticité la plus consommée. On se disputait

---

1. *Eloge du comte Beugnot*, journal officiel du 11 novembre 1873.
2. Sainte-Beuve, *Port-Royal*, t. III, p. 361, 362.

dans l'univers un de ces billets. Les princes lui écrivaient avec orgueil. Mais quand la foudre eut grondé, quand il fallut se dévouer à l'erreur ou à la vérité, donner à l'une ou à l'autre sa parole, sa gloire, son sang, ce bonhomme eut le courage de demeurer académicien, et s'éteignit dans Rotterdam, au bout d'une phrase éloquente encore mais méprisée (1).

La religion de Fénelon, à l'établissement de laquelle Pascal a une grande part, ne gêne pas trop la *morale des honnêtes gens*. Selon l'idée coulante que s'en fait M. Sainte-Beuve, c'est une dévotion *humaine* et *traitable*. « On l'honore, dit-il, on la salue et l'on s'en passe (2). Et l'on garde autour de soi, jusque dans sa vieillesse, « une grande quantité de femmes, comme le sultan Saladin (3) ; » et l'on célèbre le vendredi-saint en mangeant avec ses amis un *faisan truffé* (4).

Voilà donc le chemin parcouru par les *Provinciales*; elles partent d'un éloquent mensonge et aboutissent à l'incrédulité que Nicole appelait justement la grande hérésie des derniers temps. Les austères chrétiens de Port-Royal n'ont pas de quoi tant applaudir. Certes, si le beau est la splendeur du vrai, il faut avouer que, même au seul point de vue littéraire, le chef-d'œuvre de Pascal ne mérite pas toute l'admiration qu'on lui prodigue. Les *Provinciales* ont au plus haut degré cette beauté artificielle qui naît des qualités du style, qui ne séduit que

---

1. Lacordaire, *Conférences de N.-D.*, 23 conf.
2. Sainte-Beuve, *Port-Royal*, t. III, p. 290.
3 Prosper Mérimée, *Lettres à une inconnue*, t. II, lettre cccix.
4. « Il ne faudrait pas croire cependant qu'il se soit mangé des saucissons et des boudins, comme on le répète encore. » (*Souvenirs et indiscrétions, par le dernier secrétaire de M. Sainte-Beuve*, p. 219.) Des saucissons et des boudins auraient pesé sur la conscience, pardon, sur l'estomac de ces libres-mangeurs. Mais un *faisan truffé*, un filet au vin de *Madère* !... « On rougirait d'avoir à se justifier. » (*Lettre* de M. Sainte-Beuve, ibid. p. 235).
Ce menu, remarque le dernier secrétaire, *n'a rien d'anti-religieux*. » Ce secrétaire est accommodant et accommodé au maître. Il remarque encore que ce dîner fut appelé du vendredi-saint, *bien qu'il n'eût aucun rapport avec la fête du jour*. Les *souvenirs et indiscrétions* ne font honneur ni à la mémoire de M. Sainte-Beuve, ni au bon sens de son dernier secrétaire. Celui-ci nous apprend (p. 144) qu'assis près du maître, à table, il s'oubliait parfois à dire des *bêtises*, selon l'expression de M. Sainte-Beuve lui-même. » Nous le croyons sans peine.

l'esprit, et dont, à force de génie, tout sujet peut être plaqué. Mais elles n'ont pas cette beauté naturelle qui jaillit des entrailles même du sujet, et qui, lorsqu'elle rayonne à travers une forme digne d'elle, saisit l'esprit et le cœur, les remplit de nobles sentiments et les élève vers l'idéal. Quoi qu'il en soit, le mérite littéraire des Provinciales ne suffit pas à expliquer la vogue dont elles jouissent encore (bien qu'on ne les lise plus guère) dans notre société mondaine et lettrée. De Maistre a signalé la cause de cette vogue persévérante :

« Aucun homme de goût, dit-il, ne saurait nier que les *Lettres provinciales* ne soient un fort joli libelle, et qui fait époque dans notre langue, puisque c'est le premier ouvrage véritablement français qui ait été écrit en prose. Je n'en crois pas moins qu'une grande partie de la réputation dont il jouit est due à l'esprit de faction, intéressé à faire valoir l'ouvrage, et encore plus peut-être à la qualité des hommes qu'il attaquait. C'est une observation incontestable et qui fait beaucoup d'honneur aux jésuites, qu'en leur qualité de *janissaires de l'Église catholique*, ils ont toujours été l'objet de la haine de tous les ennemis de cette Église. Mécréants de toutes couleurs, protestants de toutes les classes, jansénistes surtout n'ont jamais demandé mieux que d'humilier cette fameuse société ; ils devaient donc porter aux nues un livre destiné à lui faire tant de mal. Si les *Lettres provinciales*, avec le même mérite littéraire, avaient été écrites contre les capucins, il y a longtemps qu'on n'en parlerait plus...

« En général, un trop grand nombre d'hommes, en France, ont l'habitude de faire, de certains personnages célèbres, une sorte d'apothéose après laquelle ils ne savent plus entendre raison sur ces divinités de leur façon. Pascal en est un bel exemple (1). »

L'apothéose de Pascal, c'était justice, a grandi avec l'incrédulité ; elle a grandi aussi avec la gloire de Port-Royal. Quand les *Dieux* que le *bienheureux Désert* nous réservait n'étaient encore que les *Messieurs*, leurs contemporains connurent

---

(1) De Maistre, *de l'Église gallicane*, liv. I, ch. IX. Il faut lire tout ce livre, où le vigoureux et profond penseur fait justice de la gloire usurpée de Port-Royal. M. Sainte-Beuve consacre tout un chapitre de son histoire à réfuter De Maistre ; mais les ongles roses de sa fine critique ne peuvent, malgré son bon vouloir et ses airs triomphants, entamer ce granit des Alpes.

quelques-unes de leurs imperfections. Racine faillit rappeler aux triomphateurs de la morale relâchée que le capitole n'est pas loin de la roche tarpéienne. Heureusement pour eux, Boileau arrêta la plume de son ami et calma son ressentiment. M. Sainte-Beuve le loue de cette bonne action. Néanmoins, il serait d'avis qu'on imprimât à la suite des *Provinciales* les deux lettres de Racine « qui retournent contre les amis de Pascal les mêmes armes, maniées par un esprit qui n'est inférieur à aucun en grâce moqueuse, en ironie élégante et cruelle (1). « Mais c'est précisément pour cela qu'on ne les imprime pas à cette place. C'est une raison pour nous de les relire ici. Elles soulagent la conscience révoltée de l'œuvre que Pascal accomplit : mieux que les *Provinciales*, elles méritent le nom d'*immortelles vengeresses*.

Nicole, en lutte théologique avec Desmarêts, rappela que la première profession de son adversaire avait été de faire des romans et des pièces de théâtres et ajouta: *Un faiseur de romans et un Poëte de théâtre est un empoisonneur public, non des corps, mais des âmes des fidèles, qui se doit regarder comme coupable d'une infinité d'homicides spirituels.* Racine eut quelques raisons de penser qu'il était particulièrement visé par ce trait. Il répondit de manière à troubler le succès des *Provinciales* et des *Visionnaires* (c'est le titre que Nicole donna à ses Lettres contre Desmarêts; il avait déjà publié les *Imaginaires* contre les jésuites).

Monsieur, je vous déclare que je ne prends point de parti entre M. Desmarêts et vous. Je laisse à juger au monde quel est le visionnaire de vous deux. J'ai lu jusqu'ici vos Lettres avec assez d'indifférence, quelquefois avec dégoût, selon qu'elles me semblaient bien ou mal écrites. Je remarquais que vous prétendiez prendre la place de l'auteur des Petites Lettres ; mais je remarquais en même temps que vous étiez beaucoup au-dessous de lui; et qu'il y avait une grande différence entre une Provinciale et une Imaginaire. Je m'étonnais même de voir Port-Royal avec Messieurs Chamillard et Desmarêts. Où est cette fierté, disais-je, qui n'en voulait qu'au pape, aux archevêques et aux jésuites?...

Et qu'est-ce que les romans et les comédies peuvent avoir de commun avec le jansénisme ? Pourquoi voulez-vous que ces ouvrages d'esprit soient une occupation peu honorable devant les hommes et horrible devant Dieu ? Faut-il, parce que Desmarêts a fait autrefois un roman et des comédies, que vous preniez en aversion tous ceux qui se

---

(1) Sainte-Beuve, *Port-Royal*, t. VI, p. 115.

sont mêlés d'en faire? Vous avez assez d'ennemis. Pourquoi en chercher de nouveaux? Oh! que le Provincial était bien plus sage que vous! Voyez comme il flatte l'Académie dans le temps même qu'il persécute la Sorbonne! Il n'a pas voulu se mettre tout le monde sur les bras. Il a ménagé les faiseurs de romans. Il s'est fait violence pour les louer. Car, Dieu merci, vous ne louez jamais que ce que vous faites. Et, croyez-moi, ce sont peut-être les seules gens qui vous étaient favorables. Mais, si vous n'étiez pas content d'eux, il ne fallait pas tout d'un coup les injurier. Vous pouviez employer des termes plus doux que ces mots « d'empoisonneurs publics et de gens horribles parmi les chrétiens. »

Pensez-vous que l'on vous en croie sur parole? Non, non, Monsieur, on n'est point accoutumé à vous croire si légèrement. Il y a vingt ans que vous dites tous les jours que les cinq Propositions ne sont pas dans Jansénius; cependant on ne vous croit pas encore.

Mais nous connaissons l'austérité de votre morale; nous ne trouvons point étrange que vous damniez les poètes. Vous en damnez bien d'autres qu'eux. Ce qui nous surprend, c'est de voir que vous voulez empêcher les hommes de les honorer. Hé! Monsieur, contentez-vous de donner les rangs dans l'autre monde, ne réglez point les récompenses de celui-ci. Vous l'avez quitté il y a longtemps. Laissez-le juger des choses qui lui appartiennent....

Notre siècle, qui ne croit pas être obligé de suivre votre jugement en toutes choses, nous donne tous les jours les marques de l'estime qu'il fait de ces sortes d'ouvrages dont vous parlez avec tant de mépris; et malgré toutes ces maximes sévères que toujours quelque passion vous inspire, il ose prendre la liberté de considérer toutes les personnes en qui l'on voit luire quelques étincelles du feu qui échauffa autrefois ces grands génies de l'antiquité (Sophocle, Euripide, Térence, Homère et Virgile).

Vous croirez sans doute qu'il est plus honorable de faire des *Enluminures*, des *Chamillardes*, et des *Onguents* pour la brûlure. Que voulez-vous, tout le monde n'est pas capable de s'occuper à des choses si importantes; tout le monde ne peut pas écrire contre les jésuites. On peut arriver à la gloire par plus d'une voie.

Mais, direz-vous, il n'y a plus maintenant de gloire à composer des romans et des comédies. Ce que les païens ont honoré est devenu horrible parmi les chrétiens. Je ne suis point théologien comme vous. Je prendrai pourtant la liberté de vous dire que l'Église ne nous défend point de lire les poètes, qu'elle ne nous commande point de les avoir en horreur. C'est en partie dans leurs lectures que les anciens Pères se sont formés... Saint Augustin cite Virgile aussi souvent que vous citez saint Augustin... Et vous autres, qui avez succédé à ces Pères, de quoi vous êtes-vous avisé de mettre en français les comédies de Térence? Fallait-il interrompre vos saintes occupations pour devenir des traducteurs de comédies ? Encore, si vous les aviez données avec leurs grâces, le public vous serait obligé de la peine que vous avez prise. Vous direz peut-être que vous en avez retranché quelques libertés. Mais vous dites aussi que le soin qu'on prend de couvrir les passions d'un voile d'honnêteté, ne sert qu'à les rendre plus dangereuses. Ainsi, vous voilà vous-mêmes au rang des empoisonneurs. Est-ce que vous êtes maintenant plus saint que vous n'étiez en ce temps-là ? Point du tout. Mais en ce temps-là Desmarêts n'avait pas écrit contre vous.

Le crime du poète vous a irrité contre la poésie... Vous avez même oublié que mademoiselle de Scudéry avait fait une peinture avantageuse du Port-Royal dans sa *Clélie*. Cependant j'avais ouï dire que vous aviez souffert patiemment qu'on vous eût loués dans ce livre horrible. L'on fit venir au Désert le volume qui parlait de vous. Il y courut de main en main, et tous les solitaires voulurent voir l'endroit où ils étaient traités d'illustres. Ne lui a-t-on pas même rendu ses louanges dans l'une des Provinciales, et n'est-ce pas elle que l'auteur entend lorsqu'il parle d'une personne qu'il admire sans la connaître ?... Tout de bon, Monsieur, ne vous semble-t-il pas qu'on pourrait faire sur ce procédé les mêmes réflexions que vous faites tant de fois sur le procédé des jésuites ? Vous les accusez de n'envisager dans les personnes que la haine ou l'amour qu'on avait pour leur compagnie. Vous deviez éviter de leur ressembler. Cependant on vous a vus de tout temps louer ou blâmer le même homme, selon que vous étiez content ou mal satisfait de lui. Sur quoi je vous ferai souvenir d'une petite histoire que m'a contée autrefois un de vos amis. Elle marque assez bien votre caractère.

Il disait qu'un jour deux capucins arrivèrent à Port-Royal et y demandèrent l'hospitalité. On les reçut d'abord assez froidement, comme tous les religieux y étaient reçus. Mais enfin il était tard et l'on ne put se dispenser de les recevoir. On les mit dans une chambre, et on leur porta à souper. Comme ils étaient à table, le diable qui ne voulait pas que ces bons pères soupassent à leur aise, mit dans la tête de quelqu'un de vos Messieurs que l'un de ces capucins était un certain père Maillard, qui s'était depuis peu signalé à Rome, en sollicitant la bulle du pape contre Jansénius. Ce bruit vint aux oreilles de la mère Angélique. Elle accourut au parloir avec précipitation et demande qu'est-ce qu'on a servi aux capucins ; quel pain et quel vin on leur a donnés ? La tourière lui répond qu'on leur a donné du pain blanc et du vin des Messieurs. Cette supérieure zélée commande qu'on le leur ôte et qu'on leur mette devant eux du pain des valets et du cidre. L'ordre s'exécute. Ces bons pères, qui avaient bu chacun un coup, sont bien étonnés de ce changement. Ils prennent pourtant la chose en patience, et se couchent non sans admirer le soin qu'on prenait de leur faire faire pénitence. Le lendemain ils demandèrent à dire la messe ce qu'on ne put pas leur refuser. Comme ils la disaient, M. de Bagnols entra dans l'église et fut bien surpris de trouver le visage d'un capucin de ses parents dans celui que l'on prenait pour le père Maillard. M. de Bagnols avertit la mère Angélique de son erreur, et l'assura que ce père était un fort bon religieux et même dans le cœur assez ami de la vérité. Que fit la mère Angélique ? Elle donna des ordres tout contraires à ceux du jour de devant. Les capucins furent conduits avec honneur de l'église dans le réfectoire, où ils trouvèrent un bon déjeuner qui les attendait, et qu'ils mangèrent de fort bon cœur, bénissant Dieu qui ne leur avait pas fait manger leur pain blanc le premier.

Voilà, Monsieur, comme vous avez traité Desmarêts, et comme vous avez toujours traité tout le monde. Qu'une femme fût dans le désordre, qu'un homme fût dans la débauche, s'ils se disaient de vos amis, vous espériez toujours de leur salut ; s'ils vous étaient peu favorables, quelque vertueux qu'ils fussent, vous appréhendiez toujours le jugement de Dieu pour eux. La science était traitée comme la vertu. Ce n'était pas assez pour être savant d'avoir étudié toute sa vie, d'avoir lu tous les auteurs, il fallait avoir lu Jansénius et n'y avoir point lu les Propositions. Je ne doute point que vous ne vous justifiiez par l'exemple de quelque Père. Car qu'est-ce que vous ne trouvez point dans les Pères ?... Enfin je vous demanderai volontiers ce qu'il faut que nous lisions... Encore faut-il que l'esprit se délasse quelquefois. Nous ne pouvons pas toujours lire vos livres. Et puis, à vous dire la vérité, vos livres ne se font plus lire comme ils faisaient. Il y a longtemps que vous ne dites plus rien de nouveau. En combien de façons avez-vous conté l'histoire du pape Honorius ? Que l'on regarde ce que vous avez fait depuis dix ans, vos disquisitions, vos dissertations, vos réflexions, vos considérations, vos observations, on n'y trouvera qu'une chose, sinon que les Propositions ne sont pas dans Jansénius. Hé ! Messieurs, demeurez-en là. Ne le dites plus. Aussi bien, à vous parler franchement, nous sommes résolus d'en croire plutôt le pape et le clergé de France que vous.

Pour vous, Monsieur, qui entrez maintenant en lice contre Desmarêts, nous ne refusons point de lire vos Lettres. Poussez votre ennemi à toute rigueur. Examinez chrétiennement ses mœurs et ses livres. Employez l'autorité de saint Bernard pour le déclarer visionnaire. Établissez de bonnes règles pour nous aider à reconnaître les fous. Nous nous en servirons en temps et lieu. Mais ne lui portez point de coups qui puissent retomber sur les autres. Surtout, je vous le répète : gardez-vous bien de croire vos Lettres aussi bonnes que les Lettres Provinciales. Ce serait une étrange vision que celle-là. Je vois bien que vous voulez attraper ce genre d'écrire. L'enjouement de M. Pascal a plus servi votre parti que tout le sérieux de M. Arnauld. Mais cet enjouement n'est point du tout de votre caractère. Vous retombez dans les froides plaisanteries des *Enluminures*... Retranchez-vous donc sur le sérieux. Remplissez vos Lettres de longues et doctes périodes. Citez les Pères. Jetez-vous sur les anthithèses. Vous êtes appelé à ce style. Il faut que chacun suive sa vocation.

Nicole avoue (1) que la lettre de Racine « courut fort dans le monde. » Il en donne cette raison : « Elle avait un *certain éclat* qui la rendait assez proportionnée aux petits esprits dont le monde est plein. » Il oublie que ces petits esprits admiraient les *Provinciales* et que par là ils devenaient grands aux yeux de ses amis. Il oublie encore les procédés de Pascal, lorsqu'il se plaint que « le jeune poète contait des histoires *faites à plaisir*, enveloppait tout le Port-Royal dans son différend, déchirait M. Le Maître, la mère Angélique, M. de Sacy, la traduction de Térence. » Mais lorsqu'il affirme que « tout était faux dans cette lettre, et contre le bon sens, depuis le commencement jusqu'à la fin, » il est permis de supposer qu'il ne dit pas ce qu'il pense. Nicole connaissait aussi bien que Racine « le dedans de la place. » Aussi bien il n'essaya pas de répondre. Barbier d'Aucourt et Du Bois le firent pour lui chacun de leur côté, et se répandirent en plates railleries. Racine se défendit par cette seconde lettre :

« Je pourrais, Messieurs, vous faire le même compliment que vous me faites, je pourrais vous dire qu'on vous fait beaucoup d'honneur de vous répondre. Mais j'ai une plus haute idée de tout ce qui sort de Port-Royal, et je me tiens au contraire fort honoré d'entretenir quelque commerce avec ceux qui approchent de si grands hommes. Toute la grâce que je vous demande, c'est qu'il me soit permis de vous répondre en même temps à tous deux : car quoique vos lettres soient écrites d'une manière bien différente, il suffit que vous combattiez pour la même cause, je n'ai point d'égard à l'inégalité de vos humeurs, et je ferais conscience de séparer deux jansénistes. Aussi bien je vois que vous me reprochez à peu près les mêmes crimes : toute la différence qu'il y a, c'est que l'un me reproche avec chagrin, et tâche partout d'émouvoir la pitié et l'indignation de ses lecteurs, au lieu que l'autre s'est chargé de les réjouir. Il est vrai que vous n'êtes pas venu à bout de votre dessein : le monde vous a laissés rire et pleurer tout seuls ; mais le monde est d'une étrange humeur, il ne vous rend point justice : pour moi, qui fais profession de vous la rendre, je puis vous assurer au moins que le mélancolique m'a fait rire et que le plaisant m'a fait pitié. Ce n'est pas que vous demeuriez toujours dans les

---

(1) Dans l'*Avertissement* placé en tête des *Imaginaires*, en 1667.

bornes de votre partage : il prend quelquefois envie aux plaisants de se fâcher, et aux mélancoliques de s'égayer, car sans compter la manière ingénieuse dont il nous peint ces romans qu'on voyait *à la tête d'une armée et à la queue d'une charrue,* il me dit assez galamment que si je veux me servir de l'autorité de saint Grégoire en faveur de la tragédie, il faut me résoudre à être toute ma vie le poète de la Passion. Voyez à quoi l'on s'expose quand on force son naturel : il n'a pu rire sans abuser du plus saint de nos mystères, et la seule plaisanterie qu'il ait faite est une impiété. Mais vous vous accordez surtout dans la pensée que je suis un poète de théâtre ; vous en êtes pleinement persuadés et c'est le sujet de toutes vos réflexions sévères et enjouées. Où en seriez-vous, Messieurs, si l'on découvrait que je n'ai point fait de comédies ? Voilà bien des lieux communs hasardés, et vous auriez pénétré inutilement tous les replis du cœur d'un poète.

Par exemple, Messieurs, si je supposais que vous êtes deux grands docteurs, si je prenais mes mesures là-dessus, et qu'ensuite, car il arrive des choses plus extraordinaires, on vînt à découvrir que vous n'êtes rien moins tous deux que de savants théologiens ; que ne diriez-vous point de moi ? Vous ne manqueriez pas encore de vous écrier que je ne me connais point en auteurs, que je confonds les *Chamillardes* et les *Visionnaires,* et que je prends des hommes fort communs pour de grands hommes ; aussi, ne prétendez pas que je vous donne cet avantage sur moi ; j'aime mieux croire sur votre parole que vous ne savez pas les Pères, et que vous n'êtes tout au plus que les très-humbles serviteurs des *Imaginaires.*

Je croirai même, si vous voulez, que vous n'êtes point de Port-Royal, comme le dit un de vous, quoiqu'à dire le vrai j'ai peine à comprendre qu'il ait renoncé de gaieté de cœur à sa plus belle qualité. Combien de gens ont lu sa lettre, qui ne l'eussent pas regardée si le Port-Royal ne l'eût adoptée, si ces Messieurs ne l'eussent distribuée avec les mêmes éloges qu'un de leurs écrits ? Il a voulu, peut-être, imiter M. Pascal, qui dit dans quelques-unes de ses Lettres qu'il n'est point de Port-Royal. Mais, Messieurs, vous ne considérez pas que M. Pascal faisait honneur à Port-Royal et que Port-Royal vous fait beaucoup d'honneur à tous deux. Croyez-moi, si vous en êtes, ne faites point difficulté de l'avouer, et si vous n'en êtes point, faites tout ce que vous pourrez pour y être reçus. Vous n'avez que cette voie pour vous distinguer. Le nombre de ceux qui condamnent Jansénius est trop grand ; le moyen de se faire connaître dans la foule ? Jetez-vous dans le petit nombre de ses défenseurs : commencez à faire les importants, mettez-vous dans la tête qu'on ne parle que de vous, et que l'on vous cherche partout pour vous arrêter ; délogez souvent, changez de nom si vous ne l'avez déjà fait, ou plutôt n'en changez point du tout, vous ne sauriez être moins connus qu'avec le vôtre : surtout louez vos Messieurs, et ne les louez pas avec retenue. Vous les placez justement après David et Salomon : ce n'est pas assez, mettez-les devant ; vous ferez un peu souffrir leur humilité, mais ne craignez rien ; ils sont accoutumés à bénir tous ceux qui les font souffrir.

Aussi vous vous en acquittez assez bien ; vous les voulez obliger à quelque prix que ce soit. C'est peu de les préférer à tous ceux qui n'ont jamais paru dans le monde : vous les préférez même à ceux qui se sont le plus signalés dans leur parti ; vous rabaissez M. Pascal pour relever l'auteur des *Imaginaires* ; vous dites que M. Pascal n'a que l'avantage d'avoir eu des sujets plus heureux que lui. Mais, Monsieur, vous qui êtes plaisant et qui croyez vous connaître en plaisanterie, croyez-vous que le pouvoir prochain et la grâce suffisante fussent des sujets plus divertissants que tout ce que vous appelez les Visions de Desmarêts ? Cependant, vous ne nous persuaderez pas que les dernières Imaginaires soient plus agréables que les premières Provinciales ; tout le monde lisait les unes et vos meilleurs amis peuvent à peine lire les autres.

Pensez-vous même que je fasse une grande injustice à ce dernier de lui attribuer une Chamillarde ? Savez-vous qu'il y a d'assez bonnes choses dans ces Chamillardes ? Cet homme ne manque point de hardiesse, il possède assez bien le caractère de Port-Royal. Il traite le pape familièrement, il parle aux docteurs avec autorité... Mais cela serait plaisant que je prisse contre vous le parti de tous vos auteurs, c'est bien assez d'avoir défendu M. Pascal.

Comment peut-on aller au théâtre ? Comment peut-on se divertir lorsque la vérité est persécutée, lorsque la fin du monde s'approche, lorsque tout le monde a tantôt signé.... C'est ce qu'allégua un jour fort à propos un de vos confrères, car je ne dis rien de moi-même. C'était chez une personne qui en ce temps-là était fort de vos amies. Elle avait eu beaucoup d'envie d'entendre lire le Tartuffe, et l'on ne s'opposa point à sa curiosité ; on vous avait dit que les jésuites étaient loués dans cette comédie, les jésuites au contraire se flattaient qu'on en voulait aux jansénistes, mais il n'importe, la compagnie était assemblée, Molière allait commencer, lorsqu'on vit arriver un homme fort échauffé, qui dit tout bas à cette personne : Quoi, Madame, vous entendez une comédie le jour que le mystère de l'iniquité s'accomplit ? Ce jour qu'on nous ôte nos mères ? Cette raison parut convaincante, la compagnie fut congédiée. Molière s'en retourna bien étonné de l'empressement qu'on avait eu pour le faire venir et de celui qu'on avait pour le renvoyer... En effet, Messieurs, quand vous raisonnez de la sorte, nous n'aurons rien à répondre, il faudra se rendre, car, de me demander comme vous faites si je crois la comédie une chose sainte, si je la crois propre à faire mourir le vieil homme, je dirai que non, mais je vous dirai en même temps, qu'il y a des choses qui ne sont pas saintes et qui pourtant sont innocentes ; je vous demanderai si la chasse, la musique, le plaisir de faire des sabots et quelques autres plaisirs que vous ne vous refusez pas à vous-mêmes, sont fort propres à faire mourir le vieil homme, s'il faut renoncer à tout ce qui divertit, s'il faut pleurer à toute heure ? Hélas ! oui, dira le mélancolique, mais que dira le plaisant ? Il voudra qu'il lui soit permis de rire quelquefois, quand ce ne serait que d'un jésuite ; il vous prouvera comme ont fait vos amis que la raillerie est permise, que les Pères ont ri, que Dieu même a raillé. Et vous semble-t-il que les Lettres Provinciales soient autre chose que des comédies ? Dites-moi, Messieurs, qu'est-ce qui se passe dans les comédies ? On y joue un valet fourbe, un bourgeois avare, un marquis extravagant, et tout ce qu'il y a dans le monde le plus digne de risée. J'avoue que le Provincial a mieux choisi ses personnages ; il les a cherchés dans les couvents et dans la Sorbonne : il introduit sur la scène tantôt des jacobins, tantôt des docteurs et toujours des jésuites. Combien de rôles leur fait-il jouer ? Tantôt il amène un jésuite bon homme, tantôt un jésuite méchant et toujours un jésuite ridicule. Le monde en a ri pendant quelque temps, et le plus austère janséniste aurait cru trahir la vérité que de n'en pas rire. Reconnaissez-donc, Monsieur, que puisque nos comédies ressemblent si fort aux vôtres, il faut bien qu'elles ne soient pas si criminelles que vous le dites. Pour les Pères, c'est à vous de nous les citer, c'est à vous ou à vos amis de nous convaincre par une foule de passages que l'Église nous interdit la comédie en l'état qu'elle est ; alors nous cesserons d'y aller, et nous attendrons patiemment que le temps vienne de mettre les jésuites sur le théâtre.

J'en pourrais dire autant des romans... Quel moyen de retourner aux romans quand on a lu une fois les voyages de Saint-Amour, Windrok, Palafox et tous vos auteurs ? Sans mentir ils ont une toute autre manière d'écrire que les faiseurs de romans, ils ont toute une autre adresse pour embellir la vérité ; aussi vous avez grand tort quand vous m'accusez de les comparer avec les autres. Je n'ai point prétendu égaler Desmarêts à M. Le Maître... Voilà, Messieurs, tout ce que je voulais vous dire ; car pour l'histoire des capucins, il paraît bien par la manière dont vous la niez que vous la croyez véritable. L'un de vous me reproche seulement d'avoir pris des capucins pour des cordeliers. L'autre me veut faire croire que j'ai voulu parler du Père Mulard. Non, Messieurs, je sais bien combien ce cordelier est décrié parmi vous ; on se plaignait encore en ce temps-là d'un capucin et ce sont des capucins qui ont bu le cidre ; il se peut faire que celui qui m'a conté cette aventure, et qui y était présent, n'a pas retenu exactement le nom du Père dont on se plaignait, mais cela ne fait pas que le reste ne soit véritable ; et pourquoi le nier ? Quel tort cela fait-il à la mère Angélique ? Cela ne doit pas empêcher vos amis d'achever sa vie qu'ils ont commencée. Ils pourront même se servir de cette histoire et ils en feront un chapitre particulier qu'ils intituleront : *De l'esprit de discernement que Dieu avait donné à la sainte Mère.*

Vous voyez bien que je ne cherche pas à faire de longues lettres : je ne manquerais pas de matières pour grossir celle-ci, je pourrais vous rapporter cent de vos passages, comme vous rapportez presque tous les miens, mais ou ils seraient ennuyeux et je ne veux pas que vous vous ennuyiez vous-mêmes, ou ils seraient divertissants et je ne veux pas qu'on me reproche, comme à vous, que je ne divertis que par les passages des autres ; je prévois même que je ne vous écrirai pas davantage, je ne refuse point de lire vos apologies, ni d'être spectateur de vos disputes, mais je ne veux point y être mêlé. Ce serait une chose étrange que pour un avis que j'ai donné en passant je me fusse attiré sur les bras tous les disciples de saint Augustin. Ils n'y trouveraient pas leur compte ; ils n'ont point accoutumé d'avoir à faire à des inconnus. Il leur faut des gens connus et des plus élevés en dignité : je ne suis ni l'un ni l'autre, et par conséquent, je crains peu ces vérités dont vous me menacez. Il se pourrait faire qu'en voulant me dire des injures vous en diriez au meilleur de vos amis. Croyez-moi, retournez aux jésuites, ce sont vos ennemis naturels. »

Racine allait livrer cette lettre à l'impression, lorsque des amis lui firent comprendre « qu'il n'y avait point de plaisir à rire avec des gens délicats qui se plaignent qu'on les déchire dès qu'on les nomme » ; d'autres « lui dirent que les lettres faites contre lui étaient désavouées de tout Port-Royal, que ces Messieurs ne lui gardaient pas la moindre animosité, et ils lui promirent de leur part un silence qu'il n'avait pas songé à leur demander. » Racine se rendit facilement à ces raisons ; « sans s'intéresser davantage dans le parti des comédies ni des tragédies, il se résolut de leur laisser jouer à leur aise celles qu'ils donnaient tous les jours avec Desmarêts et les jésuites » Mais, à quelque temps de là, une seconde édition des *Imaginaires* et des *Visionnaires* paraissait à Liége, augmentée des lettres de Barbier d'Aucourt et de Du Bois. Dans l'*avertissement* du second volume, Nicole se laissait aller aux plus vifs reproches contre le *jeune poète*. Le jeune poëte vit bien que les bons solitaires étaient aussi sensibles que les gens du monde, et qu'ils n'étaient pas si fort occupés au bien commun de l'Église qu'ils ne songeassent de temps en temps aux petits déplaisirs qui les regardaient en particulier. Il se décida à publier sa seconde Lettre avec la première et il écrivit, pour cette édition, une préface où le dard de l'abeille irritée se fait sentir à chaque ligne. Lisons quelques paragraphes :

« Les réponses qu'on m'avait faites n'avaient pas assez persuadé le monde que je n'avais point de bon sens. *On n'avait point encore honte d'avoir ri en lisant ma lettre.* Mais aussi ne fallait-il pas qu'un homme d'autorité, comme l'auteur des *Imaginaires*, se donnât la peine de prouver ce qui en était. C'était bien assez pour lui de prononcer, il n'importe que ce soit dans ma propre cause. L'intérêt n'est pas capable de séduire de si grands hommes. Ils sont les seuls infaillibles.

Il dit que je suis un jeune poète, il déclare *que tout était faux dans ma lettre et contre le bon sens, depuis le commencement jusqu'à la fin.* Cela est décisif. Cependant elle fut lue de plusieurs personnes, qui n'y remarquèrent rien contre le sens commun. Mais ces personnes étaient sans doute *de ces petits esprits dont le monde est plein.* Ils n'ont que le sens commun en partage ; ils ne savent pas qu'il y a un véritable bon sens qui n'est pas donné à tout le monde, et qui est réservé à ceux qui connaissent le véritable sens de Jansénius.

A l'égard des faussetés qu'il m'impute, je demanderais volontiers à ce vénérable théologien en quoi j'ai erré : si c'est dans le *droit* ou dans le *fait* ?... Ils n'ont nié que le fait des capucins, encore ne l'ont-ils pas nié tout entier. Mais ils en croiront tout ce qu'ils voudront : je sais bien que quand ils se sont mis en tête de nier un fait, toute la terre ne les obligerait pas de l'avouer.

Toute la grâce que je lui demande, c'est qu'il ne m'oblige pas non plus à croire un fait qu'il avance, lorsqu'il dit que le monde fut partagé entre les réponses qu'on fit à ma lettre, et qu'on disputa longtemps laquelle des deux était la plus belle. Il n'y eut pas la moindre dispute là-dessus ; et d'une commune voix elles furent jugées aussi froides l'une que l'autre. Il ne fallait pas qu'il les redonnât au public, s'il avait envie de les faire passer pour bonnes. Il eût parlé de loin, et on ne l'aurait pu croire sur sa parole.

Mais tout ce qu'on fait pour ces Messieurs a toujours un caractère de bonté que tout le monde ne connaît pas.. : il suffit qu'un écrit soit contre monsieur l'Archevêque, ils le placeront tôt ou tard dans leurs recueils : ces impiétiés ont toujours quelque chose d'utile à l'Église.

Enfin il est aisé de connaître, par le soin qu'ils ont pris d'immortaliser ces réponses, qu'ils y avaient plus de part qu'ils ne disaient. A la vérité, ce n'est pas leur coutume de laisser rien imprimer pour eux qu'ils n'y mettent quelque chose du leur. On les a vus plus d'une fois porter aux docteurs les *approbations* toutes dressées. La louange de leurs livres leur est une chose trop précieuse. Ils ne s'en fient pas à la louange de la Sorbonne. Les *avis de l'imprimeur* sont d'ordinaire des éloges qu'ils se donnent à eux-mêmes ; et l'on scellerait à la chancellerie des *priviléges* fort éloquents, si leurs livres s'imprimaient avec *privilége.* »

Au moment où Racine se disposait à donner cette édition, Boileau arriva à Paris d'où il était absent lorsque la querelle avait éclaté. Son ami, qui se plaisait à lui demander conseil, fut aussitôt lui communiquer le tout, lettres et préface. « Boileau l'écouta de grand sang-froid, loua extrêmement le tour et l'esprit de l'ouvrage, et finit en lui disant : « Cela est fort joliment écrit, mais vous ne songez pas que vous écrivez contre les plus honnêtes gens du monde. » Cette parole fit rentrer Racine en lui-même ; les obligations qu'il avait à Messieurs du Port-Royal lui revinrent toutes à l'esprit ; il supprima sa seconde lettre et sa préface, et retira le plus qu'il put des exemplaires de la première lettre (1). »

Les disciples de saint Augustin furent facilement persuadés qu'ils ne trouveraient pas leur compte à garder rancune à leur élève, qui les menaçait d'un écrivain aussi redoutable que Pascal. Le tendre Racine savait les bons endroits pour les piqûres, comme le remarque M. Sainte-Beuve. Nos austères Messieurs qui auraient cru trahir la vérité que de ne pas rire des *comédies* du Provincial avaient compris que si le jeune poète continuait à les démasquer ainsi d'une main sûre et sans pitié, ils allaient devenir à leur tour un sujet immortel de risée. Ils furent enchantés que Boileau l'eut désarmé ; ils s'empressèrent de lui pardonner généreusement. La réconciliation eut lieu chez M. de Sacy. La prose française y perdit un chef-d'œuvre, et la conscience chrétienne un vengeur qui aurait fait expier cruellement aux Jansénistes la satisfaction que leur donnait le triomphe de Pascal.

(1) Racine, *Œuvres*, dans *les grands écrivains de la France*, t. IV, p. 272.

XII.

Deux prédictions célèbres. — *L'horrible persécution.* — Ménagements de la Cour à l'égard des solitaires. — La mère Angélique nous fait pleurer. — M. de Pontchâteau nous fait rire. — Le prêtre laboureur, le chanoine vigneron. — *Facilités admirables* pour le commerce du monde pratiquées à Port-Royal. — *Dieu essuie les larmes de ses serviteurs et de ses servantes*, le miracle *de la sainte Épine.* — Fausse interprétation qu'en donnent les Messieurs. — *Petite plaisanterie* de M. Le Maître : encore les *facilités admirables* pratiquées par les amis de Pascal. — Impartialité de Rome ; condamnation de l'*Apologie pour les casuistes.* — Port-Royal conspire. — Le Formulaire : la signature en est rendue obligatoire. — Pascal dresse le Mandement des Vicaires-généraux de Paris. — La sœur Sainte-Euphémie *première victime* du Formulaire. — Sa lettre contre la séparation du *fait* et du *droit*. — Pascal adopte les idées de sa sœur ; il se sépare de ses amis. — Ses derniers sentiments dévoilés dans ses dernières *Pensées*. — Pascal vit et meurt en combattant l'Église catholique. — Mort de la mère Angélique. — Son influence, sa haine contre Rome, culte qu'on lui rend. — Projet d'accommodement. — *Les valets de pied* des *princes de l'armée d'Achab.* — M. Lancelot chez l'archevêque de Paris — Convocation à un grand et rare spectacle.

Les chants de la victoire dont Port-Royal retentit dès l'apparition des Provinciales ne furent pas de longue durée ; la signature du Formulaire les changea bientôt en lamentations. D'ailleurs, les Jansénistes savaient que « l'heure de la puissance des ténèbres approchait » : une sœur Jeanne ou Catherine, de l'institut de Mme Poulaillon, et un grand serviteur de Dieu leur avaient prédit depuis longtemps *la violente persécution.* Dans un entretien que M. Le Maître eut le 2 juillet 1653 avec la mère Angélique au sujet de la Bulle d'Innocent X contre les cinq Propositions, il lui dit qu'on était à la veille de voir l'effet de deux prédictions. « La première fut faite par une sainte fille, dit-il, que Mme Poulaillon avait fait venir à Paris instruire des filles du Refuge et que M. Singlin connut alors. Cette fille lui dit qu'il s'élèverait une grande persécution pour la vérité ecclésiastique et que plusieurs dévots l'abandonneraient. M. Singlin lui ayant demandé au sujet d'un fameux d'alors (saint Vincent de Paul) s'il ne défendrait pas la vérité, car il l'estimait en ce temps-là, elle lui dit : *Tant s'en faut, il sera du nombre des persécuteurs* (1). Cette bonne fille vint voir M. Singlin à Port-Royal quand elle partit de Paris. Il m'a dit qu'elle était si humble et si remplie de l'esprit de Dieu, que lui ayant dit que c'était une chose très-utile de faire un renouvellement une fois en sa vie, d'entrer dans l'état humble d'un pénitent et d'être séparée quelque temps de l'Eucharistie, pour satisfaire à Dieu par cette humiliation des fautes qu'on peut avoir commises envers un mystère si auguste... ; elle fut aussitôt touchée de ce désir, quoiqu'elle eût toujours vécu très-innocemment et très-saintement, et elle poursuivit ensuite M. Singlin afin qu'il la mît quelque temps en cet état de péni-

---

(1) Marguerite Périer, nièce de Pascal, raconte dans son *Mémoire au sujet de M. Singlin* en quelle occasion cette sainte fille fit sa prophétie. M. Singlin, alors diacre et encore sous la direction de saint Vincent de Paul, faisait le catéchisme aux enfants de l'hôpital de la Pitié. « M. Vincent allait de temps en temps à la Pitié, parcequ'il en était supérieur. Un jour M. Singlin, sortant de l'église, aperçut au fond de la cour M. Vincent qui parlait à quelqu'un. Comme il avait quelque chose à lui dire, il resta sur le perron de l'église, attendant que M. Vincent se détachât de ceux à qui il parlait. Durant qu'il était là, il survint une dévote de M. Vincent, nommée sœur Jeanne ou sœur Catherine. Cette fille dit à M. Singlin : *Vous attendez M. Vincent ?* Il dit que oui, et elle répondit : *Et moi aussi*. Pendant ce temps-là qui fut assez long, cette fille lui dit : *Eh, mon Dieu ! Monsieur, il faut bien prier Dieu pour l'Église, car il va s'élever une grande persécution dans l'Église et il y aura du sang répandu*. M. Singlin lui ayant dit : Qu'est-ce que ce sera donc que cette grande persécution ? Elle répondit : *Monsieur, il y aura une horrible persécution, tous les gens de bien vont être horriblement persécutés*. M. Singlin, qui croyait qu'il n'y avait point dans le monde un plus grand homme de bien que M. Vincent (il y avait M. de Saint-Cyran), lui dit, en le lui montrant : Hélas ! ma sœur, ce saint homme-là va donc être bien persécuté ? Elle fit un grand soupir et lui dit : *Hélas ! non, Monsieur. Hélas ! il sera des persécuteurs...* Quelque temps après, M. Singlin fit connaissance avec M. Du Vergier de Hauranne, et comme il trouva en lui autant de piété que dans M. Vincent et *infiniment* plus de science et de connaissance de la religion, il quitta M. Vincent et s'attacha à M. de Saint-Cyran. » (*Recueil d'Utrecht*, p. 169.) Au bas de ce passage du *Mémoire de Marguerite Périer*, les éditeurs du *Recueil* ont mis cette note : « On sait assez ce que les jésuites firent faire à M. Vincent au sujet du livre de *la fréquente Communion* et de celui de Jansénius... A l'égard de Port-Royal, il ne paraît pas avoir employé son crédit contre ce monastère, à qui on ne porta les grands coups qu'après sa mort. Cependant la mère Angélique dit dans une lettre écrite à M. Le Maître, le 12 mars 1665, « que M. Vincent décrie Port-Royal plus doucement à la vérité que les jésuites, mais que par un zèle sans science il désire autant sa

tence : ce qu'il ne put lui refuser. » Mademoiselle Périer assure (dans son *Mémoire* sur M: Singlin) que « depuis le jour de la prophétie, *il ne vit plus* la dévote et *n'y pensa plus*. » M. Le Maître assure, au contraire, que M. Singlin vit sa dévote et une *Relation* affirme qu'il y pensait souvent. Chaque fois qu'il arrivait quelque événement fâcheux, il s'écriait : « Ma dévote me l'avait bien dit. » M. Sainte-Beuve a négligé de mettre d'accord toutes ces plumes *véridiques*.

« L'autre prédiction est que M. de Razas nous a dit étant ici à Port-Royal, qu'un grand homme de Dieu lui avait dit qu'il s'élèverait une violente persécution dans l'Église. Je ne sais, ajoute M. le Maître, si ce n'était pas M. Gault, évêque de Marseille, mort en odeur de sainteté, son ami intime (1)... »

Arrivé au moment où ces sinistres prophéties vont s'accomplir, M. Fontaine s'écrie :

Par quel secret jugement Dieu permettait-il que ces hommes se donnassent tant de licence contre ceux qui le servaient avec tant de fidélité ? On méditait de les proscrire et de les écraser, dès qu'ils ne voulaient pas plier le genou devant Aman, pour faire sans discernement tout ce qu'on voulait... Eh ! quel plaisir pouvaient prendre ces hommes violents à s'établir sur les ruines du bien le plus solide, à faire un malheureux trafic des âmes, et à les vendre à ceux qui leur donnaient en échange une gloire passagère ! Victimes malheureuses, plus

ruine que les autres par une malice toute franche. » Sa simplicité faisait qu'il ne voyait point les conséquences des mauvaises affaires dans lesquelles on l'engageait, et c'est ainsi qu'on peut l'excuser ; mais que la cour de Rome le propose en cela à imiter dans une Bulle de canonisation, *c'est ce qui est intolérable*, et les Parlements ont eu raison de s'élever avec force contre une pareille Bulle. » — Les Messieurs ne voulaient des saints que chez eux, et des saints infiniment savants en saint Augustin et en Jansénius. Ils eurent dès l'origine des prophètes, des thaumaturges. Leur nombre fut toujours croissant. Les décrets de canonisation remplissent les histoires de Port-Royal. Et la grande mère Angélique, et le grand M. Le Maître, et tous ces grands chrétiens *de race léonine*, qui se moquaient du zèle sans science de M. Vincent, mort victime de son héroïque charité, portaient sur leur poitrine un morceau de la chemise de M. de Saint-Cyran, comme une précieuse relique, se prosternaient sur la tombe de M de Bagnols, auxquels ils attribuaient des guérisons miraculeuses, croyaient aux prophéties de sœur Catherine, en attendant que MM. des Parlements, après s'être élevés contre la Bulle de canonisation de saint Vincent de Paul, vinssent à saint Médard invoquer le bienheureux diacre Paris. O bêtise humaine ! O punition de l'orgueil !

(1) *Recueil*, t. I, p 172.

vendues elles-mêmes, et plus foulées aux pieds par les démons, qu'ils ne foulaient les saints sous leurs pieds (1) !

Les faits ne répondent pas à ces pathétiques images. Ces violentes persécutions, ces horribles attaques se bornèrent, en ces années 1656-1660, à la fermeture des Petites-Écoles et à la dispersion momentanée des solitaires réunis aux *Champs*. Encore ces mesures furent-elles exécutées avec beaucoup de ménagement. La reine-mère permit même à M. d'Andilly de rester au Désert. « Elle avait intérêt, disait-elle agréablement, qu'il n'abandonnât pas ses arbres, dont il lui donnait tant de beaux fruits. » Obligé cependant de se soumettre à la *sentence d'exil* qui frappait tous les pénitents, il se retira quelques jours à Pomponne, où il reçut bientôt du cardinal Mazarin, un ordre « de s'en retourner le 1er mai dans sa chère solitude, et d'y aller jouir de la pleine ouverture du printemps, » dit M. Sainte-Beuve, qui reconnaît que le cardinal mit le comble aux procédés (2). Tandis que les choses se passaient ainsi en douceur, la mère Angélique, l'esprit plein des terribles prédictions de la dévote de M. Singlin, écrivait à la reine de Pologne :

Nos ermites ne sont pas encore dispersés, mais nous n'attendons que l'heure, *Notre Saint Père l'ayant demandée au Roi...*

Les préparatifs de notre persécution s'avancent tous les jours : *on attend du Tibre l'eau et l'ordre pour nous submerger.*

Enfin tous nos ermites sont sortis d'ici : il n'y reste plus que mon frère d'Andilly ; il faut qu'il sorte aussi... Notre vallée a été vraiment une vallée de larmes... »

Elle écrivait aussi à M. Le Maître :

Mon frère d'Andilly, qui était demeuré le dernier et qui semblait être exempt d'une obéissance si rude, part aujourd'hui... Nous verrons un jour en l'autre monde, et peut-être encore en celui-ci, une partie des causes que Dieu a eues de laisser opprimer ses serviteurs et en apparence la vérité même... (3).

Ne nous hâtons pas de mêler nos larmes à celle de tous ces *saints foulés aux pieds* ; voici M. de Pontchâteau qui nous

---

(1) Fontaine, *Mémoires*, t. III, p. 261.
(2) Sainte-Beuve, *Port-Royal*, t. III, p. 166.
(2) *Recueil d'Utrecht*, p. 232.

oblige à rire, en nous racontant comment ses amis savaient pratiquer l'*équivoque maudite et ses détours burlesquement pieux*. Le lieutenant civil Daubray vint à Port-Royal des Champs, de la part du roi, voir si les solitaires s'étaient retirés. Il alla d'abord à la ferme d'en haut appelée *les Granges*. Il trouva les logements vides et seulement M. Charles qui avait soin du labourage. Ce laboureur était *Messire Charles Du Chemin*, prêtre du diocèse d'Amiens. *Quelque chose de fort extraordinaire*, dit le Nécrologe, l'avait conduit à Port-Royal, en 1648, à l'âge de trente ans; une femme qu'il avait assistée à la mort, et près de laquelle il veillait, lui avait paru tout en feu. Il vit dans ce phénomène un avertissement miraculeux, un signe de son indignité comme prêtre. Il passa trente-huit ans dans la pénitence, sans jamais dire la sainte messe et toujours occupé aux plus rudes travaux de la campagne, que *Dieu bénit abondamment*, remarquent nos Messieurs, depuis que son serviteur en eut pris soin (1). Il ne sortit qu'une fois de sa retraite pour aller recueillir l'héritage de son père. Ce fut ce serviteur de Dieu que le lieutenant civil rencontra d'abord aux Granges. Il l'interrogea pendant deux heures et demie, le prenant pour un bon paysan. M. Charles joua son personnage de *ménager* à merveille, feignant d'être ce qu'il n'était pas. Comme on lui demandait entre autres choses ce qu'on apprenait à ces *petits Messieurs*, il répondit : *Est-ce que je sçais ça, Monsieux. I. disont qu'aprenons l'humanité. Les maîtres i tourmentont bian ces pauvres enfants ; i son allés promener: i en ont bian besoin*. Le lieutenant civil lui demanda encore où était l'imprimerie. Le bonhomme répondit qu'il ne connaissait point de sœur de ce nom-là dans la maison. M. Daubray lui dit alors : *Où sont les presses ?* Il le mena tout doucement au pressoir. Un *vigneron* qui fut questionné après le laboureur répondit avec autant de sincérité. L'interrogatoire fini, le lieutenant civil lui dit : Bonhomme mettras-tu bien-là ton nom, il répliqua : *Monsieux, je sommes plus accoutumé à tenir une bêche qu'une plume.* Sur quoi le magistrat repartit : Fais comme tu pourras. — Ce vigneron qui ne savait pas tenir une plume, était M. Bouilli, chanoine d'Abbeville. Il n'avait

---

(1) Sainte-Beuve, *Port-Royal*, t. III, p. 130. — Supplément au Nécrologe, p. 538.

pas trouvé que ce fût assez de se dépouiller de son bien en le donnant au monastère des Champs, dit le Supplément au Nécrologe ; il se donna encore lui-même, employant ses soins, ses forces et son travail pour le service de la maison, pendant vingt et un ans, avec une charité et une humilité qui ont édifié tous ceux qui l'ont connu. Il faisait son occupation de prendre soin du jardin potager et de la vigne qui y était jointe. C'était l'ami intime du tendre M. Fontaine, lequel lui demandait souvent, « en lui voyant son petit juste qui lui allait jusqu'aux reins, et qui était d'un méchant droguet, où étaient ses belles soutanes de soie et si traînantes d'autrefois (1). »

Pendant qu'aux Granges se jouaient ces *petites pièces jansénistes*, Pascal, écrivant *la grande tragi-comédie* (1), les *Provinciales*, faisait dire au Père casuiste : « Je veux maintenant vous parler des facilités que nous avons apportées pour faire éviter les péchés dans les conversations et dans les intrigues du monde. Une chose des plus embarrassantes qui s'y trouve, est d'éviter le mensonge, et surtout quand on voudrait bien faire accroire une chose fausse. C'est à quoi sert admirablement notre doctrine des équivoques, par laquelle *il est permis d'user de termes ambigus, en les faisant entendre en un autre sens qu'on les entend soi-même*, comme dit Sanchez. — Je sais cela, mon Père, lui dis-je. — Nous l'avons tant publié, continua-t-il, qu'à la fin tout le monde en est instruit (*même à Port-Royal*). Mais savez-vous bien comment il faut faire, quand on ne trouve point de mots équivoques ? — Non, mon Père (3). » — Eh ! Monsieur Pascal, vos amis venaient de vous l'apprendre ; MM. Charles et Bouilli savaient Sanchez aussi bien que le bon Père et pratiquaient mieux que lui la doctrine que vous lui faites attribuer au célèbre docteur. En vérité, Monsieur, qui pourra voir sans rire la manière dont vous jouez votre *tragi-comédie* ?

La visite du lieutenant civil causa de grandes alarmes à Port-Royal. Mais un heureux événement vint apporter une consolation ineffable, pour parler le langage ému de M. Fontaine, aux serviteurs et aux servantes de Dieu. Port-Royal avait un excellent ami, qui était M. de la Poterie, un ecclé-

---

(1) Fontaine, *Mémoires*, t. IV, p. 96.
(2) Expressions de M. Sainte-Beuve.
(3) *Provinciales*, lettre IX.

siastique de condition et de piété, fort dévot aux saintes reliques. Entre celles qu'il avait recueillies avec grand soin, il prétendait avoir une des épines de la couronne de Notre-Seigneur. Il l'avait prêtée aux Carmélites du faubourg Saint-Jacques, qui l'avaient portée en procession dans leur maison. Les religieuses de Port-Royal, touchées de la même dévotion, avaient aussi demandé à la voir, et elle leur fut portée le 24 mars 1656. Ce jour-là qui se trouvait le vendredi de la troisième semaine du Carême, on chantait à l'introït de la messe ces paroles du psaume LXXXV : « *Fac mecum signum in bonum....* Seigneur faites éclater un prodige en ma faveur, afin que mes ennemis le voyent et soient confondus ; qu'ils voyent, mon Dieu, que vous m'avez secouru et que vous m'avez consolé. » On plaça le reliquaire sur un petit autel contre la grille du chœur, où, après vêpres, toute la communauté vint le baiser, les religieuses professes les premières, ensuite les novices et les pensionnaires. Parmi celles-ci était une nièce de Pascal, Marguerite Périer. Elle souffrait depuis plus de quatre ans d'une fistule lacrymale qui suppurait. Quand ce fut à son tour de vénérer la Sainte Épine, la maîtresse des pensionnaires, qui tenait entre ses mains le reliquaire de peur que les enfants l'eussent fait tomber, lui dit : Ma fille, priez pour votre œil, et en même temps elle lui appliqua la sainte relique sur la partie malade. Après la cérémonie, la petite Marguerite ne fut pas plutôt dans sa chambre, qu'elle dit à sa compagne : Ma sœur, je n'ai plus de mal, la Sainte Épine m'a guérie. — Évidemment, Dieu sortait de son secret pour faire connaître l'innocence de Port-Royal (1), où les miracles arrivent toujours à propos.

Cette guérison miraculeuse fit bientôt grand bruit. Des médecins et des chirurgiens la constatèrent ; les vicaires généraux de Paris la déclarèrent authentique après information. Je me garderais bien de dire, comme Gui Patin, qu'il n'est pas difficile de découvrir les ficelles de ces approbateurs de miracles, qu'il était loin d'estimer, ainsi que le faisaient nos Messieurs, *les plus grands hommes du siècle* (2). M. Sainte-

---

1. *Recueil d'Utrecht*, p. 281.

2. ... Je m'étonne comment ils (les jésuites) n'ont rien dit contre ces approbations de miracles, *qui non carent suis nervis*. Le bonhomme Bouvard est si vieux, que *parum abest a delirio senili*. Hamon est le médecin ordinaire et domestique de Port-Royal des Champs, *ideoque recusandus*

Beuve me répondrait que le pape Benoît XIII croyait au miracle de la Sainte Épine (1). Je remarquerai seulement avec quel luxe de raisonnements les Jansénistes interprétèrent en faveur de leur cause la guérison de la nièce de Pascal. « Si on pouvait douter de la justification de la maison de Port-Royal par ce miracle et par les autres, disait M. de Sacy à ses amis, il n'y aurait point de vérité dans l'Église que l'on ne pût obscurcir. Si ces miracles n'excluaient point, il n'y en aurait point dont on put se servir contre l'esprit contentieux et opiniâtre, et que tous ceux que Dieu a faits ou par ses serviteurs ou par lui-même, seraient aisément éludés par le même esprit de chicane qu'on employait contre celui-ci. C'est pourquoi ce doute combattait toute l'Église, et détruisait le fond de l'Évangile, en n'attaquant qu'une maison particulière... » Il ajoutait « qu'il ne trouvait point que dans une contestation publique et dans une persécution, il se soit fait des miracles qui n'aient passé, au jugement de l'Église (*tout est là en effet*), pour la justification de ceux parmi lesquels et en faveur desquels Dieu les faisait... Qu'à l'égard des religieuses de Port-Royal, et de ceux qui les conduisaient, dont on accusait la conduite et la doctrine, il était évident que les miracles justifiaient l'une et l'autre, que Dieu témoignait par les effets extraordinaires de sa puissance qu'il était avec eux, et qu'il résidait parmi eux comme parmi son peuple et son royaume, qu'il voulait protéger en opposant sa puissance à celle des hommes... ; qu'il fallait que ceux qui ne voyaient pas des choses si évidentes fussent pire que des aveugles (2)... » A M. de Sacy et à tous ses amis, il n'y a qu'une seule réponse à faire, non pas cette parole que M. Sainte-Beuve emprunte à Montesquieu : *L'idée des faux miracles vient de notre orgueil*, etc., mais cette observation du P. Rapin : « Rien n'est plus extravagant que de prétendre prouver une fausseté par un miracle ; c'est une en-

---

tanquam suspectus; les deux autres (Isaac et Eusèbe Renaudot) ne valurent jamais rien, et même l'aîné des deux est le médecin ordinaire du Port-Royal de Paris. *Imo ne quid deesse videatur ad insaniam sæculi*, il y a cinq chirurgiens-barbiers qui ont signé le miracle. Ne voilà-t-il pas des gens bien capables d'attester de ce qui peut arriver *supra vires naturæ* ? Des laquais revêtus et bottés, et qui n'ont jamais étudié... (*Nouvelles Lettres de Gui Patin*, t. II, p. 206.)

1. Sainte-Beuve, *Port-Royal*, t. II, p. 183.
2. Fontaine, *Mémoires*, t. III, p. 195, 196.

treprise de visionnaire, les miracles ne pouvant avoir lieu que pour établir la vérité... Saint Paul ne veut pas qu'on l'écoute lui-même, ni qu'on croye un ange envoyé du ciel, s'il disait quelque chose de contraire à ce que dit l'Église, et Messieurs de Port-Royal voudront qu'on croye leurs prétendus miracles et qu'on ne croye pas le Saint-Siége ! Ils parlent autrement que l'Église et prétendent qu'on les écoute ! Cela est-il juste (1) ? » Est-il juste aussi de faire dépendre la vérité de l'Église et de l'Évangile lui-même d'un miracle constaté par cinq chirurgiens-barbiers, bottés et savants comme des laquais, et par deux vicaires-généraux sans mission ?

Nous serait-il permis de nous égayer un peu au moment solennel où retentit cette *voix terrible et sainte qui étonne la nature et console l'Église* janséniste ? M. Fontaine nous le propose, non sans quelque hésitation toutefois ; à côté des enseignements si graves de M. de Sacy au sujet du miracle, il place une petite plaisanterie de M. Le Maître.

Cet homme admirable, dit-il, pouvait bien être persécuté et obligé de changer de demeure ; mais il ne pouvait pas n'être pas gai. (Décidément nos bons Messieurs *sont d'honnêtes gens comme les autres, qui aiment à rire.*) Lorsque nous étions dans cette maison retirée, comme j'ai dit, *sans y voir personne*, une chambre humide et malsaine où j'étais me causa un grand mal de dents (2) et un abcès à la joue pour

---

1. Rapin, *Mémoires*, t. II, p. 419.
2. C'était le cas d'invoquer saint Augustin, qui n'aurait pas manqué sans doute de renouveler pour lui le miracle qu'il fit en faveur de la mère Agnès et dont M. Le Maître fut témoin. — La mère Agnès, dit une Relation, étant tourmentée en 1651 d'un horrible mal de dents, M. d'Andilly son frère aîné qui la voyait dans la douleur au parloir, touché de pitié lui dit tout d'un coup : Ma sœur, vous avez assez souffert, nous sommes Augustiniens, il faut invoquer saint Augustin, qui a été autrefois tourmenté et guéri sur le champ d'un mal pareil, comme il le dit dans ses *Confessions*. — Sur quoi la mère dit : Je vous assure que j'ai besoin comme lui que Dieu me guérisse, car je n'en puis plus. — Elle dit aussitôt à deux ou trois filles ses assistantes: Mes sœurs, et vous, mon frère, je vous supplie donc de prier Dieu présentement qu'il me guérisse si c'est sa volonté. Ce qu'elles ayant fait en se mettant à genoux, aussitôt qu'elles eurent achevé leur courte prière, tout son mal s'évanouit en un moment. J'ai écrit ceci le 2 octobre 1654 : Le Maître. » Les Relations de Port-Royal, même au XVIIe siècle, le siècle de Pascal, sont pleines de miracles que les *Augustiniens* obtiennent et qu'ils opèrent. Que sera-ce au siècle suivant ?

lequel on fit venir M. Dalencé (un des chirurgiens-barbiers approbateurs dont parle Gui Patin) afin qu'il y mît la lancette. M. Le Maître, qui depuis longtemps avait un assez grand mal de jambe, voulut prendre cette occasion pour le lui montrer ; mais sa principale intention était de savoir ses sentiments sur le miracle de Port-Royal, qui venait d'arriver tout fraîchement. M. de Saint-Gilles se trouva alors avec nous (*c'est ainsi qu'ils ne voyaient personne*). Quand la jambe eut été visitée, M. Le Maître contrefit le gentilhomme, et dit à M. Dalencé que nous étions venus d'Angers, et que nous étions à Paris pour quelque affaire. (*Vous voyez, M. Pascal, combien notre bon Père a raison d'affirmer que les casuistes ont tant publié et la doctrine des équivoques, et celle des restrictions mentales, et celle de la direction d'intention, qu'à la fin tout le monde est instruit de ces facilités pour éviter les péchés dans le commerce du monde. Allons, convenez que votre bon Père se flatte quand il assure que ces subtilités admirables sont propres à sa compagnie.*) M. Le Maître prit occasion insensiblement de parler de Mgr l'évêque d'Angers. Il dit que c'était un très-honnête homme, mais qu'il était terriblement janséniste. Il glissa ensuite qu'il avait à Paris des parents qui l'étaient pour le moins autant que lui. Il dit après qu'on leur faisait rudement la chasse. Il ajouta qu'on disait qu'ils s'étaient avisés depuis peu d'une bonne invention, et qu'en gens d'esprit ils faisaient intervenir des miracles fort à propos ; mais que pour eux, gentilshommes, ils avaient communément l'oreille dure à ces histoires. M. Dalencé l'arrête là. — « Oh ! pour cela, Monsieur, dit-il, il n'y a point d'homme à Paris qui puisse mieux vous dire les choses. Tout a passé par nos mains. J'ai été témoin oculaire de tout. C'était moi qui devais faire l'opération. » — Et là-dessus il rapporta toute l'histoire... Il dit cent choses obligeantes de la maison de Port-Royal à des personnes qui lui étaient entièrement inconnues et qui en savaient assurément plus qu'il ne leur en pouvait dire : et il exhorta M. Le Maître à y faire un tour. — « Vous y verrez sûrement de très-honnêtes gens, dit-il. C'est une grande providence de Dieu que vous soyez tombé entre nos mains pour savoir à fond les choses. Désabusez-vous sur ma parole, comme je l'ai été par mes yeux. » — M. Le Maître contrefaisant toujours un peu l'incrédule. — « Non, non, dit M. Dalencé, voyez vous-même ces personnes. Dites que vous y venez de ma part. Demandez un M. Singlin, qui est un prêtre bien sage. » — « Comment dites-vous, dit M. Le Maître, feignant de ne pas connaître ce nom ? — « M. Singlin, » répéta M. Dalencé. — « Donnez-moi une plume, et je l'écrirai, dit M. Le Maître, il faut que je le voye. » — « Voyez aussi une demoiselle Bourneaux, qui est une excellente fille. » — Bourneaux ! dit M. Le Maître, écrivant encore ce nom. — « Vous n'aurez pas été deux fois là que l'on vous y fera dîner » (*à moins que l'on vous prenne pour le P.*

Mulard). — Cet entretien (*il est digne de Molière !*) dura fort longtemps ; et M. Dalencé, dont on sait quelles étaient les occupations, s'y échauffa si fort, qu'il y passa quatre ou cinq heures. Il n'y eut pas moyen peu de jours après de ne lui pas découvrir ce piége innocent qu'on lui avait tendu ; et tout le reste de sa vie, du plus loin qu'il nous voyait, il s'écriait en riant : « Ha ! voilà donc nos gentilshommes angevins (1). »

Revenons au sérieux avec M. Fontaine : « Ce miracle éclatant, dit-il, dont presque tout Paris voulut être témoin oculaire, produisit quelque chose de semblable à ce que fit autrefois le miracle que Dieu opéra en faveur de saint Ambroise à Milan, dans la découverte des précieux corps de saint Gervais et de saint Protais. La persécution de l'impératrice Justine n'en fut pas tout à fait éteinte, dit saint Augustin ; mais au moins elle fut un peu ralentie, et donna quelque relâche. C'est ce qui arriva à Port-Royal. On donna quelque repos à ces solitaires persécutés. Nous sortîmes de *notre tombeau*, et revînmes avec joie retrouver notre chère solitude de Port-Royal des Champs (2). » Enhardis par le prodige que Dieu venait de faire si visiblement pour eux et par les belles conséquences qu'ils tiraient de cette attention du ciel, les jansénistes poursuivirent avec une ardeur renouvelée la guerre offensive qu'ils avaient commencée contre les casuistes. Pascal écrivit d'éloquents *factums* pour les curés de Paris, qui dénonçaient à tous leurs confrères de France la morale corrompue des jésuites. Rome, toujours impartiale, condamna (1659) l'*Apologie pour les casuistes*, du P. Pirot ; la Sorbonne la censura, et les prélats qui s'élevaient avec plus de force contre le jansénisme, furent les premiers à foudroyer cette œuvre, dont il serait souverainement injuste de rendre responsable toute la compagnie de Jésus. Le triomphe de ceux qui avaient dénoncé l'*Apologie* fut complet, et la joie de Messieurs de Port-Royal entière. « Mais, remarque un historien, qu'auraient-ils dit si les jésuites avaient soutenu que l'apologiste n'avait rien assuré que de vrai, qu'on avait mal pris ces décisions, que c'était un fait sur lequel il n'appartient ni au pape ni aux prélats de prononcer, parce que l'Église entière peut se tromper dans la discussion des faits et l'intelli-

---

1. Fontaine, *Mémoires*, t. III, p. 198, sq.
2. Fontaine, *Mémoires*, t. III, p. 201.

gence des textes ? Je crois que Port-Royal ne serait pas pressé de réfuter cette réplique, qui ne souffre point de réponse dans ses principes (1). »

Dans le même temps qu'ils poursuivaient au grand jour et avec succès cette guerre acharnée contre les casuistes, les jansénistes en poursuivaient une autre contre Mazarin, mais celle-ci dans l'ombre, comme de vrais conspirateurs. L'infatigable M. de Saint-Gilles fit le voyage de Hollande pour voir le cardinal de Retz alors à Rotterdam. Il venait « le trouver, dit Gui Joly, de la part des jansénistes, qui se voyant fort pressés du côté de la cour de Rome et de celle de France, s'adressèrent au cardinal pour lui proposer de s'unir à eux, avec offre de tout leur crédit et de la bourse de leurs amis, qui étaient fort puissants, lui conseilla fortement d'éclater, et de se servir de toute son autorité, qui serait appuyée vigoureusement de tous leurs partisans. » Le cardinal, *dont le courage était amolli*, ne se souciait plus d'*éclater*. Il se contenta d'user de la bourse et de la plume de ses *puissants* alliés ; il donna cependant à leur envoyé son chiffre pour correspondre ; c'était leur laisser encore quelque espérance.

Devant l'audace et les intrigues toujours croissantes de Port-Royal, l'Assemblée du clergé de 1660-1661 continua l'œuvre de répression commencée par les assemblées précédentes. Dès le 15 décembre 1660, le roi fit appeler au Louvre les trois présidents, et leur déclara que pour son salut, pour sa gloire et pour le repos de ses sujets, il voulait terminer l'affaire des jansénistes ; il leur enjoignit de s'appliquer à chercher les moyens les plus propres et les plus prompts pour extirper cette secte, et leur promit de les appuyer de son autorité. Après un mois et demi d'examen et de délibération, l'assemblée décida que la signature du Formulaire serait rendue obligatoire. La Faculté de théologie de Paris, ayant reçu cette décision, déclara d'un consentement unanime qu'elle approuvait entièrement la formule de foi et la souscription qui en était ordonnée. Voici comment était conçu ce Formulaire :

Je me soumets sincèrement à la constitution du pape Innocent X du 13 mai 1653, selon son véritable sens, qui a été déterminé par la constitution de notre saint Père Alexandre VII du 16 octobre 1656.

1. *Mémoires chronologiques et dogmatiques*, t. II, p. 380.

Je reconnais que je suis obligé en conscience d'obéir à ces constitutions, et je condamne de cœur et de bouche la doctrine des cinq propositions de Cornélius Jansénius, contenue en son livre intitulé *Augustinus,* que ces deux papes et les évêques ont condamnée, laquelle doctrine n'est point celle de saint Augustin que Jansénius a mal expliquée contre le vrai sens de ce saint docteur.

Le roi ordonna que ces décisions de l'Assemblée seraient exécutées. En même temps le lieutenant civil vint signifier aux supérieures des deux monastères de Port-Royal de renvoyer les pensionnaires ; quelques jours après il vint encore leur porter l'ordre de renvoyer aussi les novices et les postulantes, avec défense d'en recevoir à l'avenir. *Voilà la grande persécution qui s'élève,* fut le cri qui retentit aussitôt dans les saintes maisons de la grâce. On y avait préparé, dit le P. Rapin, « les esprits des religieuses les plus ferventes pour la nouvelle opinion comme des victimes que la Providence destinait au martyre. On leur disait que l'Église ne consistait plus que dans le Port-Royal ; qu'elles étaient les seules fidèles qui restaient au monde, et qu'il n'y avait de foi sur la terre que dans leur maison ; que les restes d'un si sacré dépôt étaient entre leurs mains ; que Dieu allait les mettre à l'épreuve de la tribulation et des souffrances, pour reconnaître jusqu'où irait leur fidélité (1). » Ces discours produisaient l'effet que les habiles meneurs en attendaient : « Ma mère, demandaient les religieuses à leur abbesse, quand les bourreaux viendront nous prendre pour nous mener au martyre, ne faudra-t-il pas que nous prenions nos grands voiles ? » M. Sainte-Beuve, si facile à s'attendrir sur les victimes de l'intolérance moliniste, ne peut s'empêcher, aux grands récits pathétiques de ses bons amis, de faire cette remarque : « Ce qui me gâte tous ces récits, c'est l'exagération manifeste et un excès de naïveté dans l'opiniâtreté, une disproportion du ton aux objets, à laquelle on a peine à se faire (2). »

En effet, ce n'était pas leur sang, mais la signature du formulaire qu'on demandait aux religieuses comme aux ecclésiastiques de Port-Royal. Encore cette signature leur était-elle rendue facile par le mandement des vicaires-généraux de Paris qui la prescrivait. Pascal avait dressé cette pièce, « dont la

---

1. Rapin, *Mémoires,* t. III, p. 25.
2. Sainte-Beuve, *Port-Royal,* t. IV, p. 45.

rédaction demandait une plume délicate », dit M. Sainte-Beuve. Il s'agissait de permettre aux amis de Jansénius de signer en conscience une déclaration par laquelle ils se soumettaient à la sentence du pape ; tout l'art consistait à interpréter au même moment cette sentence, à la réduire à la seule doctrine, et à insinuer des réserves sur le point de fait, sans pourtant les laisser trop paraître (1). » Pascal ne possédait pas encore apparemment « cette tendresse pour la vérité si vive, si délicate », que M. Sainte-Beuve ne conçoit « rien de plus admirable. » Un jésuite n'aurait pas mieux réussi que lui à donner cette ambiguïté à l'ordonnance des vicaires-généraux. « Les termes, affirme l'*apologiste* des religieuses, en avaient été concertés *avec tant d'adresse*, que les clauses essentielles qui déterminaient nettement la signature à ne signifier la créance qu'à l'égard de la foi, y étaient *un peu cachées* et qu'il fallait quelque attention pour les reconnaître (2). » Plus sincères que leurs directeurs, les religieuses de Port-Royal, *ennemies de tout équivoque* (3), eurent peine à signer une déclaration dont les expressions étaient ménagées *d'une manière qui leur paraissait trop subtile*. De toutes, celle qui témoigna le plus de répugnance fut la sœur de Pascal. Elle signa cependant. Mais son corps ne put supporter l'accablement de son esprit ; ce fut ce qui la fit tomber malade et mourir bientôt après. En sorte qu'elle fut, comme elle l'avait prédit, la *première victime* de la signature (4).

Quelque temps avant sa mort, sœur Sainte-Euphémie avait écrit au sujet du mandement dressé par son frère, devenu trop habile casuiste, une lettre qui donna lieu à un grave dissentiment entre les défenseurs de Jansénius. On a admiré dans cette lettre des *accents élevés et pathétiques, l'énergie du caractère, la beauté des convictions* (5). Hélas ! ces accents, cette énergie, ces convictions, ce n'est pas la foi catholique qui les inspire; c'est le plus pur orgueil de l'hérésie. Est-ce une humble vierge du Christ qui parle ou un sectaire impudent ?

... Je ne puis dissimuler la douleur qui me perce jusqu'au fond du cœur de voir que *les seules personnes* à qui il semblait que *Dieu eut*

---

1. Sainte-Beuve, *Port-Royal*, t. III, p. 344.
2. *Apologie pour les religieuses de Port-Royal*, 2ᵉ partie, ch. 2.
3. Du Fossé, *Mémoires*, p. 233.
4. *Recueil d'Utrecht*, p. 312.
5. Cousin, *Jacqueline Pascal*, p. 318.

confié sa vérité lui soient si infidèles, si j'ose le dire, que de n'avoir pas le courage de s'exposer à souffrir, quand ce devrait être la mort, pour la confesser hautement...

Qui empêche tous les ecclésiastiques *qui connaissent la vérité*, lorsqu'on leur présente le formulaire à signer, de répondre : Je sais le respect que je dois à Messieurs les évêques ; mais ma conscience ne me permet pas de signer qu'une chose est dans un livre où je ne l'ai pas vue ; et après cela attendre en patience ce qui arrivera. Que craignons-nous ? le bannissement pour les séculiers, la dispersion pour les religieuses, la saisie du temporel, la prison et la mort si vous voulez ! Mais n'est-ce pas notre gloire et ne doit-ce pas être notre joie ?...

Mais peut-être on nous retranchera de l'Église ? Mais qui ne sait que *personne n'en peut être retranché malgré soi*, et que l'esprit de Jésus-Christ étant le seul qui unit ses membres à lui et entre eux, *nous pouvons bien être privés des marques, mais non jamais de l'effet de cette union, tant que nous conservons la charité*, sans laquelle nul n'est membre vivant de ce saint corps...

Je crois que vous savez assez qu'il ne s'agit pas ici seulement de la condamnation d'un saint évêque, mais que *sa condamnation enferme formellement celle de la grâce de Jésus-Christ*, et qu'ainsi, si notre siècle est assez malheureux qu'il ne se trouve personne qui ose mourir pour un juste, c'est le comble du malheur que de ne trouver personne qui le veuille *pour la justice même*...

Je sais bien qu'on dit que ce n'est pas à des filles à défendre la vérité ; quoiqu'on pût dire, par une triste rencontre du temps et du renversement où nous sommes, que *puisque les évêques ont des courages de filles, les filles doivent avoir des courages d'évêques*...

Il m'est indifférent de quels termes on use, *pourvu qu'on n'ait nul sujet de penser que nous condamnons ou la grâce de Jésus-Christ ou celui qui l'a si divinement expliquée*. C'est pour cela qu'en mettant ces mots : « Croire tout ce que l'Église croit, » j'ai omis « et condamné tout ce qu'elle condamne ; » mais je crois qu'il n'est pas temps de le dire, *de peur qu'on ne confonde l'Église avec les décisions présentes*, comme feu M. de Saint-Cyran a dit que les païens ayant mis une idole au même lieu où était la croix de Notre-Seigneur, les fidèles n'allaient point adorer la croix, *de peur qu'il ne semblât qu'ils allaient adorer l'idole*.

La sœur Sainte-Euphémie savait quelle *plume délicate* avait écrit le mandement des vicaires-généraux, et voici comme elle l'apprécie :

J'admire la subtilité de l'esprit, et je vous avoue qu'il n'y a rien de mieux fait que le mandement. Je louerais très-fort un hérétique en la manière que le père de famille louait son dépensier s'il était aussi finement échappé de la condamnation ; mais des fidèles, des gens *qui connaissent et qui soutiennent la vérité de l'Église catholique,* user de déguisement et biaiser, je ne crois pas que cela se soit jamais vu dans les siècles passés, et je prie Dieu de nous faire tous mourir aujourd'hui plutôt que d'introduire une telle conduite dans son Église.

En vérité, je vous le demande au nom de Dieu, dites-moi quelle différence vous trouvez entre ces déguisements et *donner de l'encens à une idole sous prétexte d'une croix qu'on a dans la manche.*

Jacqueline avait lu les *Provinciales*, et ce dernier trait va frapper en pleine poitrine Pascal, qui dans sa cinquième lettre accusait les jésuites de permettre aux chrétiens des Indes « l'idolâtrie même, par cette subtile invention, de leur faire cacher sous leurs habits une image de Jésus-Christ, à laquelle ils leur enseignent de rapporter mentalement les adorations publiques qu'ils rendent à l'idole Cacinchoon et à leur Keumfucum. »

Ces reproches touchèrent Pascal, et quand sa sœur fut morte, il eut bientôt l'occasion de montrer qu'il avait hérité de son intrépide, mais aveugle obstination à confesser sans déguisement, en fait et en droit, l'orthodoxie de la doctrine de Jansénius. Le mandement équivoque fut dénoncé au roi et au pape (1661). Le roi, après avoir pris l'avis des évêques présents à la cour, révoqua cette ordonnance, et le pape adressa aux vicaires-généraux un bref qui flétrissait leur conduite et leur enjoignait de faire un nouveau mandement et de prescrire la signature pure et simple du formulaire. Les vicaires-généraux, que le souverain pontife appelait *semeurs de zizanie, perturbateurs de l'Église,* se soumirent d'assez mauvaise grâce. Leur second mandement causa beaucoup d'embarras aux Messieurs et aux religieuses. On eut assez de peine de convenir des modèles de signature, les uns les trouvant clairs, les autres les trouvant obscurs. Enfin les religieuses se déterminèrent, par l'avis des principaux Messieurs, à signer le mandement avec l'addition suivante :

Nous abbesse, etc., considérant que dans l'ignorance où nous sommes de toutes les choses qui sont au-dessus de notre profession et de notre sexe, tout ce que nous pouvons est de rendre témoignage de la pureté de notre foi, nous déclarons volontiers par cette signature qu'étant soumise avec un profond respect à N. S. P. le Pape et n'yant rien de si précieux que la foi, nous embrassons sincèrement et de cœur tout ce que Sa Sainteté et le pape Innocent X en ont décidé, et rejettons toutes les erreurs qu'ils ont jugé y être contraires. »

Pascal, animé désormais de l'esprit de sa sœur, n'approuva pas cette *addition*, que défendaient Arnauld et Nicole. Il soutenait que, comme dans la vérité le sens de Jansénius n'était autre que le sens de la grâce efficace, le pape Alexandre VII ayant condamné le sens de Jansénius, et le formulaire l'exprimant ainsi sans expliquer ce qu'il entendait par là, on ne pouvait empêcher que cette condamnation ne tombât sur la grâce efficace, ni même se défendre d'y avoir consenti en le souscrivant, à moins que d'excepter formellement la grâce efficace et le sens de Jansénius ; d'où il concluait que les religieuses ne l'ayant pas fait, et s'étant contentées de marquer qu'elles ne souscrivaient qu'à la foi, leur signature pouvait être prise pour une condamnation de la grâce efficace, puisqu'elles se soumettaient à tout ce que les papes avaient décidé. Il réfuta ses amis qui combattaient son opinion dans un écrit où il s'exprimait ainsi :

... Dans la vérité des choses, il n'y a point de différence entre condamner la doctrine de Jansénius sur les cinq propositions, et condamner la grâce efficace... La manière dont on s'y est pris pour se défendre contre les décisions des papes et des évêques qui ont condamné cette doctrine et ce sens de Jansénius, a été tellement subtile, qu'encore qu'elle soit véritable dans le fond, elle a été si peu nette et si timide, qu'elle ne paraît pas digne de vrais défenseurs de l'église.
Le fondement de cette manière de se défendre a été de dire qu'il y a dans les expressions un fait et un droit, et qu'on promet la créance pour l'un et le respect pour l'autre. — Toute la dispute est de savoir s'il y a un fait et un droit séparés, ou s'il n'y a qu'un droit: c'est-à-dire si le sens de Jansénius qui y est exprimé, ne fait autre chose que marquer le droit.
Le Pape et les évêques sont d'un côté et prétendent que c'est un point de droit et de foi, de dire que les cinq propositions sont hérétiques au sens de Jansénius ; et Alexandre VII a déclaré dans sa constitution que, *pour être dans la véritable foi, il faut dire que les mots de sens de Jansénius ne font qu'exprimer le sens hérétique des propositions*, et qu'ainsi c'est un fait qui emporte un droit et qui fait une

portion essentielle de la profession de foi, comme qui dirait : *Le sens de Calvin sur l'Eucharistie est hérétique ;* ce qui certainement est un point de foi.

Et un très-petit nombre de personne qui font à toutes heures des petits écrits volants, disent que ce fait est de sa nature séparé du droit.

Il faut remarquer que ces mots de fait et de droit ne se trouvent ni dans le mandement, ni dans les constitutions, ni dans le formulaire, mais seulement dans quelques écrits qui ont mille relations nécessaires avec cette signature, et, sur tout cela, examiner la signature que peuvent faire en conscience ceux qui croient être obligés en conscience à ne point condamner le sens de Jansénius.

Mon sentiment est, pour cela, que comme le sens de Jansénius a été exprimé dans le mandement, dans les bulles et dans le formulaire, il faut nécessairement l'exclure formellement par sa signature, sans quoi on ne satisfait point à son devoir.

D'où je conclus que ceux qui signent purement le formulaire, sans restriction, signent la condamnation de Jansénius, de saint Augustin, de la grâce efficace.

Je conclus en second lieu que qui excepte la doctrine de Jansénius en termes formels, sauve de condamnation et Jansénius et la grâce efficace.

Je conclus en troisième lieu, que ceux qui signent en ne parlant que de la foi, n'excluant pas formellement la doctrine de Jansénius, prennent une voie moyenne qui est abominable devant Dieu, méprisable devant les hommes, entièrement inutile à ceux qu'on veut perdre personnellement.

Le judicieux auteur de l'*Histoire des cinq propositions*, l'abbé Dumas, a fait observer que personne n'avait plaidé plus vivement que Pascal pour la distinction du droit et du fait.

« A entendre M. Pascal dans la dix-septième et la dix-huitième de ses lettres, rien n'était plus solide ni plus clair que la distinction et la séparabilité du fait et du droit dans l'affaire des cinq propositions : il n'y avait, selon lui, nulle contestation sur le droit, mais uniquement sur le fait : en cela seul qu'on accusait le Pape de s'être laissé tromper, et qu'on refusait d'acquiescer à sa décision ; M. Pascal et les jansénistes la recevaient très-sincèrement au regard du point de droit, et s'y croyaient obligés ; le sens condamné par le Pape n'était nullement la doctrine de la grâce efficace par elle-même ; cette doctrine était reconnue orthodoxe par tout le monde, jusque dans Rome et même des jésuites. C'est ce qui sert de fondement à ces deux lettres, et d'où M. Pascal prend occasion d'accuser le P. Annat et les jésuites de *passion*, de *malignité*, de *fourberie* et de *violence* contre les jansénistes (1). »

Pascal, qui changeait si manifestement sa manière de voir, accusait ses amis de variations sur la doctrine de la grâce efficace ; il leur reprochait dans un *écrit volant* d'avoir tenu dans les livres publiés depuis les constitutions un langage différent de celui qu'ils tenaient auparavant. Aussi il voulait qu'on revît tous ces livres pour les réduire à une parfaite conformité. Ici encore il oubliait qu'il avait affirmé, parlant de ses amis, que leur doctrine sur la grâce n'avait jamais changé, et qu'ils n'en avaient point eu d'autre que celle de l'école de saint Thomas. Ce qu'il y a de plus curieux dans ce curieux chapitre de l'histoire des variations jansénistes, c'est la réponse que nos Messieurs firent à Pascal. Ils lui dirent que « *sans consulter lui-même les preuves de ce qu'il avançait, il se contentait des mémoires que lui fournissaient quelques-uns de ses amis, qui n'avaient pas regardé d'assez près les passages dont ils les composaient. D'où il était arrivé qu'il n'avait pu éviter de tomber dans un assez grand nombre de méprises ; qu'il y avait dans son écrit des histoires toutes fabuleuses qui servaient de fondement à ces prétendues contrariétés qu'il leur imputait ; et des dialogues où l'on fait dire aux gens de part et d'autre des choses dont il n'a jamais été parlé* (2). » N'est-il pas piquant d'entendre les jansénistes faire chorus avec les jésuites pour reprocher à Pascal sa morale relâchée en fait de citations ? Mais pourquoi nos Messieurs trouvaient-ils mauvais ce qu'ils applaudissaient dans les Provinciales ? n'était-ce pas le cas de se rappeler la parole de l'Évangile : « Ne faites pas aux autres ce que vous ne voulez pas qu'on vous fasse à vous-même ? »

Les partisans de l'ambiguité et de l'équivoque tentèrent une dernière fois de rallier Pascal à leur sentiment. Il y avait si peu de temps qu'il l'avait abandonné, que l'espérance de l'y ramener leur était permise. Arnauld, Nicole, Sainte-Marthe, et d'autres encore des principaux, se réunirent chez lui. L'assemblée, ayant entendu les raisons de part et d'autre, par déférence ou par conviction, se rangea au sentiment de MM. Arnauld et Nicole. Ce que voyant Pascal, qui aimait la vérité, dit

---

1. *Histoire des cinq propositions de Jansénius*, t. I, p. 250.
2. *Lettre d'un ecclésiastique à un de ses amis*, p. 811.

mademoiselle Périer, par dessus toute chose, qui, malgré sa faiblesse, avait parlé très-vivement pour mieux faire sentir ce qu'il sentait lui-même, fut si pénétré de douleur qu'il se trouva mal, et perdit la parole et la connaissance. Tout le monde fut surpris et s'empressa pour le faire revenir (1). « Quelle grandeur morale ! s'écrie M. Sainte-Beuve ; et qu'ils sont heureux ceux qui peuvent souffrir à ce point pour l'intégrité de la conscience jusqu'à défaillir, jusqu'à mourir (2) ! » Cette grandeur morale de mauvais aloi parut tard, s'éclipsa bientôt, et l'intégrité de la conscience ne jeta pas son éclat sur la dernière heure de Pascal. Accablé d'infirmités qu'aggrava ce douloureux différend, le plus illustre des défenseurs de la vérité mourut le 19 août 1662, et en mourant il trompa indignement son confesseur. Jusque dans les bras de la mort il pratiqua l'*équivoque maudite*. M. Beurier, curé de Saint-Étienne du Mont, appelé auprès de Pascal lui administra les sacrements sans exiger une rétractation formelle. Il s'en crut dispensé parce que son pénitent lui avait dit qu'il blâmait M. Arnauld et les autres Messieurs, qu'il était en différend avec eux sur les matières du temps et qu'il ne partageait pas entièrement leurs sentiments. « Comme ce bonhomme, dit le recueil d'Utrecht, n'était pas fort instruit du fond de ces matières, et qu'il croyait que M. Arnauld était le plus ferme de tous ces Messieurs de Port-Royal, cette idée le porta à dire ce qu'il pensait là-dessus : savoir que M. Pascal blâmait M. Arnauld et ces Messieurs, et qu'il croyait qu'ils allaient trop avant dans les matières de la grâce et n'avaient pas assez de soumission pour N. S. P. le Pape, en quoi on ne pouvait mieux prendre le contre-sens de la pensée de M. Pascal (3). » M. Beurier avait dit *ce qu'il pensait là-dessus* à l'archevêque de Paris, M. de Péréfixe, qui lui en fit faire et signer une déclaration. Cette déclaration fut bientôt connue, et les amis de Pascal se hâtèrent de protester. « Il fut bientôt prouvé que M. Beurier, de très-bonne foi d'ailleurs, avait pris la pensée de Pascal au rebours, et que s'il y avait eu, entre Messieurs de Port-Royal et celui-ci, quelque dissidence, ç'avait été parce qu'il était plus avant et plus de

---

1. *Recueil d'Utrecht*, p. 325.
2. Sainte-Beuve, *Port-Royal*, t. III, p. 356.
3. *Recueil d'Utrecht*, p. 348.

Port-Royal qu'eux-mêmes (1). » Le bonhomme de curé désavoua sa déclaration ; il écrivit à madame Périer qu'il *reconnaissait que les paroles* de son pénitent *pouvaient avoir et avaient en effet un autre sens que celui qu'il leur avait donné* (2).

Hélas! oui, les paroles de Pascal sur son lit de mort avaient un autre sens. Bien loin de revenir à l'humble et entière soumission que tout catholique doit à l'Église, l'auteur des *Provinciales* expira plus avancé qu'aucun de ses amis dans l'esprit de révolte et de schisme. Ses dernières *Pensées* ne laissent malheureusement aucun doute à cet égard :

Toutes les fois, écrit-il, que les jésuites surprendront le pape, on rendra *toute la chrétienté parjure.*
Le pape est très-aisé à être surpris à cause de ses affaires et de la créance qu'il a aux jésuites ; et les jésuites sont très-capables de le surprendre à cause de la calomnie.
Le silence est la plus grande persécution. Jamais les saints ne se sont tus. Il est vrai qu'il faut vocation ; mais ce n'est pas des arrêts du conseil qu'il faut apprendre si l'on est appelé, c'est de la nécessité de parler. Or, *après que Rome a parlé et qu'on pense qu'elle a condamné la vérité*, et qu'ils l'ont écrit, et que les livres qui ont dit le contraire sont censurés, *il faut crier d'autant plus haut qu'on est censuré plus injustement* et qu'on veut étouffer la parole plus violemment, jusqu'à ce qu'il vienne un pape qui écoute les deux parties et qui consulte l'antiquité pour faire justice.
Si mes Lettres sont condamnées à Rome, ce que j'y condamne est condamné dans le ciel.
Ad tuum, Domine Jesu, tribunal appello.
J'ai craint que je n'eusse mal écrit, me voyant condamné ; mais l'exemple de tant de pieux écrits me fait croire au contraire. Il n'es plus permis de bien écrire.
Toute l'Inquisition (tribunal de Rome) est corrompue ou ignorante !
Il est meilleur d'obéir à Dieu qu'aux hommes (le pape et les évêques).
Je ne crains rien, je n'espère rien. Les évêques ne sont pas ainsi.
Port-Royal craint, et c'est une mauvaise politique.
Je ne crains pas vos censures.

Ainsi Pascal meurt les blasphèmes de Luther à la bouche, et en poussant le cri orgueilleux de tous les hérétiques que le

---

1. Sainte-Beuve, *Port-Royal*, t. III, p. 369.
   Supplément au Nécrologe, p. 281.

Saint-Siége condamne : *Ad tuum, Domine Jesu, tribunal appello !* La gloire n'effacera jamais à nos yeux les stigmates de sectaire dont le front du grand homme est flétri. Nous proclamons son génie, mais nous ne dirons jamais qu'il le mit au service de la vérité. Nous l'avons vu, les *Provinciales* sont un immortel mensonge. Et quant à ses *Pensées*, fragments d'un ouvrage interrompu par la mort, quel homme sensé en soutiendra la philosophie, la morale, la politique, la théodicée ? La philosophie de Pascal nie la certitude humaine ; sa morale, la justice naturelle, et elle déclare le mariage un homicide et presque un déicide ; sa politique est celle de l'esclavage et elle a pour base cet axiome devenu tristement fameux de nos jours : *Le droit, c'est la force ;* sa théodicée repousse les preuves physiques de l'existence de Dieu et proclame que l'homme ne peut savoir *ni quel est Dieu, ni même s'il est* (1). Non, Pascal ne mit pas son génie au service de la vérité ; il ne le mit qu'au service des passions et des doctrines d'une secte funeste qui l'empêcha d'étendre ses ailes et de planer, au-dessus d'un étroit et sombre horizon, dans les splendeurs et les espaces infinis du vrai. Il ne lui reste qu'une gloire incontestable : celle de fondateur de la prose française : personne ne la lui dispute ; elle ne doit pas faire oublier que ce *grand chrétien* vécut et mourut en combattant l'Église catholique dans ses défenseurs, dans son chef et dans ses décisions.

La mort de la mère Angélique, Angélique *la grande*, avait précédé d'un an celle de Pascal. Entrée au cloître sans vocation, elle embrassa néanmoins, grâce à l'énergie de son âme qui était peu commune et aux sages conseils de saint François de Sales, les pratiques sévères de la vie religieuse et les fit refleurir dans son monastère. Son nom brillerait sans tache à côté de celui des saintes réformatrices qui illustrèrent l'histoire ecclésiastique de notre patrie au commencement du XVIIe siècle, si Saint-Cyran, l'*homme fatal,* n'était venu tout corrompre ; à la séve catholique, il substitua le venin de l'hérésie. Port-Royal eût renouvelé la gloire de Clairvaux et rivalisé avec le Carmel restauré ; il ne fut qu'un ardent foyer d'erreurs dont la mère Angélique fut l'altière vestale. Elle se distingua par sa haine contre Rome. Nous l'avons entendue oser mettre dans la bouche très-pure du bienheureux évêque de Genève les

---

1. Voir la belle étude de M. Cousin sur Pascal, *Préface.*

propos les plus outrageants au sujet *des désordres de la cour de Rome* ; nous l'avons entendue, après la Bulle d'Innocent X, parler *de la corruption* de cette cour, et, à l'époque de la dispersion des solitaires, *de l'eau du Tibre qui devait les submerger*. Quand le pape et les évêques eurent ordonné la signature du formulaire, elle institua des prières publiques pour demander le triomphe de la doctrine condamnée ; elle fit faire une neuvaine de processions où elle-même porta la croix ; elle encouragea ses filles à la résistance. « *Je crois qu'on pleure*, leur disait-elle, en voyant leurs alarmes ; *allez, mes filles, vous n'avez point de foi. Qu'est-ce que tout cela ? Ce ne sont que des mouches. Espérez en Dieu et ne craignez rien. Tout ira bien.* » Elle rendit le dernier soupir (6 août 1664) en assurant à ses religieuses que dans l'autre monde *elle travaillerait comme il faut à leurs affaires*. M. Fontaine appelle la mère Angélique *martyre de la vérité* et lui adresse cette prière :

Étoile de ces derniers temps, que Dieu a fait briller dans son Église, que votre lumière ne nous soit pas inutile ! Jetez du ciel des regards favorables sur ceux qui ont eu le bonheur de vous connaître et d'être honorés de votre affection. Je suis le dernier d'entre eux, mais que le parfum de votre charité coule jusqu'aux franges du vêtement. Mon âme demeure fortement attachée à vous. J'ai déjà ressenti les effets de votre assistance : j'espère que vous me la continuerez jusqu'au bout (1).

Hermant, chanoine de Beauvais, que Dom Clemencet appelle, pour cela sans doute, *un des plus grands hommes du* XVIIe *siècle*, déclarait que « *la très-chère et très sainte mère avait été la fille des saints évêques et des saints abbés, la mère des vierges et des abbesses, le modèle et la consolation des docteurs.* »

« Mais, poursuit ce grave historien, la sainteté de la mère est établie sur des témoignages plus forts que ceux des hommes, c'est-à-dire sur celui de Dieu même, qui l'a fait connaître en accordant à sa foi et à ses prières, lorsqu'elle vivait, des guérisons miraculeuses, et en faisant après sa mort, par son intercession, plusieurs prodiges des plus éclatants. » Combien y a-t-il de saints et de saintes, que l'on honore

---

1. Fontaine, *Mémoires*, t. III, p. 291.

d'un culte public, dont la sainteté n'est pas établie sur des preuves aussi certaines et aussi frappantes que l'est celle de la sainte mère Angélique (1) ?

Le culte de la mère Angélique se répandit bientôt avec ses reliques dans toute l'Église janséniste. On conserva son cœur dans un cœur de cuivre doré et on le porta en procession tous les ans, le jour anniversaire de la mort de la grande servante de Dieu (2).

La mère Agnès écrivait à madame de Foix, coadjutrice de Saintes :

Il faut donc, ma très-chère mère, vous traiter dans la dernière confiance en vous envoyant tout ce que vous désirez de notre chère mère, savoir : du sang de son cœur et une petite croix faite de celle qu'elle portait sur son habit qui est le présent qui est parfaitement bien reçu, et à quoi on peut moins trouver à redire parce que c'est un objet de dévotion ; il y en a qui les font enchâsser dans des croix d'or, d'argent et de cristal ; et pour vos filles, de son voile et quelques images qui ont touché à son cœur. Votre dévotion est admirable en ce qu'elle ne veut point faire d'expérience, n'y en ayant point d'une personne qui a tant donné de preuves qu'elle était parfaitement à Dieu, plus de cinquante ans durant (3).

La mort de la sœur Sainte-Euphémie, de Pascal, de la mère Angélique permit aux modérés du parti de tenter de conduire à leur gré la barque augustinienne. Au lieu de lutter contre la tempête, ils cherchèrent un abri où ils auraient attendu des jours meilleurs pour reprendre hardiment leur course. L'ambition d'un de leurs bons amis, M. de Choiseul, évêque de Comminges, vint à propos servir leur dessein. Il aspirait à succéder sur le siége métropolitain de Toulouse à M. de Marca, promu à l'archevêché de Paris. Son frère, le maréchal Du Plessis-Praslin de Choiseul, était gouverneur du duc d'Orléans ; il le pria de faire au roi et à la reine la demande de l'archevêché convoité. Il la fit ; mais le roi lui répondit que M. de Comminges était janséniste, qu'on lui mandait de Languedoc qu'il intri-

---

1. D. Clemencet, *Histoire générale du Port-Royal*, t. IV, p. 97, 99.
2. Besoigne, *Histoire du Port-Royal*, t. II, p. 487.
3. *Lettres de la mère Agnès Arnauld*, t. II, lettre CCCLXVI.

guait avec l'évêque d'Aleth, à qui il était fort attaché, pour empêcher la signature du formulaire, et faire une cabale d'évêques pour l'opposer à ceux des deux dernières Assemblées, et qu'on ne lui parlât point de lui. A cette réponse, le maréchal écrivit à son frère d'un ton assez aigu, lui reprochant de gâter ses affaires et celles de sa famille par son attachement à Port-Royal et lui disant que s'il ne s'aidait lui-même on ne pourrait pas le servir. L'évêque de Comminges, qui avait de l'esprit, touché de ces remontrances, vint à Toulouse sur la fin de l'été 1652, sous prétexte de quelques affaires de son diocèse, mais en effet pour y chercher par le moyen des jésuites une voie d'accommodement ; il s'en expliqua au président de Miremont, son ami, qui l'était aussi du P. Ferrier, professeur de théologie au collège des jésuites. Après avoir arrêté un plan avec le prélat, le président fut voir le révérend Père ; il amena la conversation sur les controverses religieuses du temps, et lui demanda si c'était une affaire où il n'y eût aucune apparence d'accommodement. Le Père lui répondit qu'un accommodement lui paraissait difficile. Cependant, après plusieurs discours, M. de Miremont fit agréer au révérend Père d'avoir une entrevue à ce sujet avec l'évêque de Comminges, qui se trouvait par hasard à Toulouse depuis quelques jours. Ce n'était pas sans calcul qu'il s'était adressé au P. Ferrier. Il le savait lié d'une étroite amitié avec le P. Annat, confesseur du roi. Et ils ne doutaient point que les conférences commencées à Toulouse ne fussent continuées à Paris, ce que souhaitait fort l'évêque, qui cherchait à se produire. Le P. Ferrier et M. de Choiseul, amenés à la maison de campagne du président, trouvèrent plusieurs expédients à proposer à Messieurs de Port-Royal et à leurs adversaires pour amener une conciliation. Ils en écrivirent l'un au P. Annat et l'autre à ses amis de Paris. De part et d'autre les réponses furent favorables. Ils demandèrent alors et obtinrent la permission de venir à Paris et d'ouvrir des négociations avec les principaux jansénistes (1).

M. Sainte-Beuve se demande quel peut être le dessein réel qu'on eut à l'origine de cette affaire et il se fait et se fait faire toutes sortes de réponses. Le P. Rapin lui aurait indiqué le but que chacun poursuivait. Le P. Ferrier, loin de songer à

---

1. Voir Rapin, *Mémoires*, t. III, p. 213 sq.

devenir coadjuteur du confesseur du roi, ne songeait qu'à mettre un terme aux divisions qui désolaient l'Église en France ; M. de Choiseul visait l'archevêché de Toulouse ; les jansénistes espéraient détourner les coups dont ils étaient menacés, reprendre en sous-œuvre le débat sur les cinq Propositions terminé par les décisions de Rome, et, à l'aide de quelque concession habile, faire proclamer orthodoxe la doctrine de l'*Augustinus*. Le P. Ferrier comprit bientôt l'intention de nos Messieurs et il se retira ; M. de Choiseul, qui voulait à tout prix se recommander à l'attention du roi, continua à négocier avec ses amis. La plupart de ceux-ci auraient volontiers adopté un projet d'accommodement qui, concerté avec adresse, n'aurait demandé à leur conviction d'autre sacrifice qu'un pur respect extérieur pour la chose jugée. C'était continuer les finesses et les ambiguïtés du premier Mandement des vicaires généraux, de l'*Addition* au Formulaire. Arnauld, qui avait d'abord adopté cette politique tortueuse, même lorsque Pascal se décida à la combattre, s'éleva contre le projet. Il y avait d'abord consenti. Mais comme sœur Sainte-Euphémie avait changé Pascal en confesseur intraitable de la vérité, sœur Angélique de Saint-Jean rappela l'admirable docteur à cette intrépide vaillance qui lui faisait mépriser *toutes les choses de la terre*. Dans un conseil tenu à la grille de Port-Royal, Arnauld ayant exprimé l'avis qu'on devait poursuivre les ouvertures de paix qui arrivaient en temps si opportun, sa nièce se jeta à ses pieds pour le conjurer de sauver la doctrine de saint Augustin et de ne pas l'abandonner aux hasards des négociations. « Vous ne savez, lui répondit le docteur, ce que vous demandez. Le bruit est qu'on va vous perdre si l'accommodement ne se fait. — Qu'importe, dit la sœur Angélique de Saint-Jean, il s'agit de la religion. Qu'est devenu votre zèle ? Avez-vous si peu de foi et si peu de confiance en Dieu? Allez ! Si vous abandonnez la doctrine de saint Augustin, je la défendrai jusqu'au dernier soupir de ma vie. » Ce cri toucha M. Arnauld. D'ailleurs il n'était naturellement que trop porté à l'entendre. « Les doigts lui démangeaient déjà de ne plus écrire, de ne plus avoir à ranger en bataille ses raisons et démonstrations (1). » Il rentra avec Nicole dans son château-fort, où il se remit à foudroyer les ennemis de la

---

1. Sainte-Beuve, *Port-Royal*, t. IV, p. 166.

Grâce. Ses amis ne lui cachèrent pas leur dépit. Rien ne put le faire revenir sur sa belliqueuse détermination.

Il écrivait avec une écrasante logique à M. Singlin :

> Y a-t-il donc rien de plus naturel que de demander à ceux qui me font ce scrupule, si celui que l'on regarde comme le plus éclairé de tous nos amis (M. Singlin) n'était pas aussi croyable en 1657 qu'en 1663... On soutenait alors que l'Église n'a jamais approuvé les subtilités et les explications éloignées lorsqu'il s'agit de la vérité et de la justice. Quelle est donc cette nouvelle Église qui a changé tout d'un coup d'esprit, et qui approuve comme une conduite évangélique ce que l'Église de Jésus-Christ n'a jamais approuvé? Enfin l'Église a voulu jusqu'en 1657 que l'on fût ferme et sincère... mais tout cela est changé en 1663. Ces pensées si généreuses se sont évanouies. Je n'insulte point, Monsieur,... je vous parle dans un véritable gémissement de cœur.

M. Sainte-Beuve attribue à l'entêtement d'Arnauld la rupture du projet à la réalisation duquel Port-Royal avait attaché « bien des espérances ». Les *Politiques* de Port-Royal, ceux dont l'abbé d'Aubigny parlait à Saint-Evremont et qui menaient tout, auraient bien laissé M. Arnauld bouder et écrire sous sa tente, et auraient volontiers poursuivi les négociations entamées. La preuve en est que, même après la retraite du docteur, nos Messieurs, de concert avec l'évêque de Comminges, envoyèrent à Rome une exposition doctrinale fort captieuse et une déclaration des sentiments où ils se trouvaient à l'égard de la soumission due au Souverain Pontife, avec promesse d'accomplir ce qu'on leur ordonnerait. Ce qui rompit tout, ce fut la vigilance de l'Assemblée du clergé. Les évêques avaient vu avec déplaisir l'ouverture de négociations qui renouvelaient une question terminée par les décisions de l'Église. Quand ils surent que les Jansénistes avaient écrit au Pape, ils l'avertirent aussitôt des dispositions secrètes dont les défenseurs artificieux de l'*Augustinus* étaient animés. En même temps, chargés par le roi d'examiner la déclaration de Port-Royal pour l'accommodement, ils la cassèrent comme tendant à rétablir tout à fait le jansénisme et à rendre inutile tout ce qui avait été fait pour le détruire. A Rome, dans une congrégation de cardinaux, on jugea qu'on ne devait pas même répondre aux lettres de M. de Choiseul et de ses amis. C'est ainsi qu'échoua le projet d'accommodement. L'évêque de Comminges attribua cet échec à ses amis ; il en fut très-irrité et il disait qu'*il était obligé pour son honneur de découvrir des mystères qu'il avait couverts jusqu'à cette heure.* Madame de Sablé, qui était fort liée avec lui, s'appliqua à prévenir un éclat qui eût accablé Port-Royal (1). Elle lui demanda, *par l'estime qu'il avait eue pour ces gens-là, de ne pas tacher leur réputation de la perte de ses bonnes grâces.* Le prélat s'apaisa : les *mystères*, peu glorieux sans doute, restèrent couverts, et la réputation des Messieurs continua à briller sans tache.

Les idées de résistance ouverte de M. Arnauld triomphèrent. Arnauld n'était pas seul à les partager ; il avait pour lui, dit M. Sainte-Beuve, Nicole, qui était un homme de plume s'il en fut, et qui tout en voyant les défauts de son chef et en souffrant quelquefois, en essayant même de les tempérer, partageait pleinement ses goûts de polémique et les servait ; il avait l'humble caractère de M. de Sacy, dont la douceur opiniâtre et l'invariable patience regardaient peu aux circonstances générales et aux horizons environnants, et ne tenaient pas compte des opportunités d'agir et des saisons ; il avait M. de Roannez, M. Hermant et la petite église de Beauvais; il avait surtout sa nièce, la mère Angélique de Saint-Jean, à laquelle il aimait, a-t-on dit, à communiquer ses pensées sur les affaires de l'Église, « comme saint Ambroise en conférait autrefois dans le temps de la persécution avec sainte Marceline sa sœur, » et par qui il se laissait volontiers conseiller. Par elle il était assuré d'avoir pour disciples et servantes déclarés et unanimes toute cette communauté d'élite, dont les moindres filles se sentaient enorgueillies de reconnaître M. Arnauld pour oracle et de devenir les sentinelles avancées de la foi. « Dieu, qui choisit assez souvent les choses du monde les plus faibles pour confondre les plus fortes, a dit un historien de ce bord, avait dans Port-Royal des épouses intrépides, pendant que l'Église ne voyait que de la lâcheté dans la plupart de ses ministres. » Que n'auraient point fait ces pieuses filles pour mériter de tels éloges!...

« Port-Royal des Champs n'est qu'un avec vous, écrivait quelque temps auparavant la sœur Angélique de Saint-Jean à M. Arnauld ; *hasardez-nous. Peut-être que nous serons les valets de pied des princes de l'armée d'Achab, qui devaient*

---

1 Cousin, *Madame de Sablé*, p. 203.

entrer les premiers dans le combat et gagner la bataille (1). »

Ces valets de pied en jupon des princes de l'armée janséniste entrèrent bientôt dans la lutte. Le nouvel archevêque de Paris, après avoir attendu près de deux ans ses bulles, venait enfin de les recevoir le 10 avril 1664. M. Lancelot, resté longtemps dans l'ombre, en sortit à cette occasion. Les religieuses de Port-Royal le chargèrent d'aller en leur nom féliciter le prélat. M. de Péréfixe profita de cette circonstance pour prier l'envoyé des *sentinelles avancées de la foi* de leur faire entendre combien leur rôle était coupable et ridicule.

Représentez-leur, je vous prie, dit-il, qu'elles doivent se résoudre à chercher les moyens de contenter le roi : que deux papes ayant parlé, et les évêques ayant reçu leur jugement, les Facultés l'ayant admis, les docteurs et les religieuses ayant signé, et toutes les communautés ayant passé par là, il n'est nullement à-propos qu'une seule maison de filles veuille faire la loi aux autres, et paraître ou plus juste, ou plus intelligente que les papes, les évêques, les prêtres et les docteurs...

Monseigneur, répliqua Lancelot, comme elles n'ont à répondre que d'elles, elles ne croient pas devoir tant regarder ce qu'ont fait les autres que ce qu'elles doivent faire elles-mêmes : et, après tout, Monseigneur, si c'est une faute que celle-là, elle est sans doute bien pardonnable, puisqu'au plus on ne les peut accuser que de quelque trop grande retenue, et toute la grâce qu'elles demandent, c'est qu'on veuille bien au moins épargner leur tendresse de conscience pour ne les pas forcer à faire ce qu'elles ne croient pas pouvoir faire.

Oh! reprit l'Archevêque, cela se doit plutôt appeler entêtement qu'une tendresse de conscience. Des filles ne doivent jamais en venir jusque-là, quand le Pape et les évêques leur commandent quelque chose....

M. Lancelot ne se laissa pas convaincre. En sortant, il parla avec l'aumônier de M. de Péréfixe de la conversation qu'il venait d'avoir avec le prélat et lui dit :

Ces filles-là ne sont pas si peu instruites qu'elles ne sachent que quelque respect qu'elles doivent au Pape et aux prélats, il vaut pourtant mieux obéir à Dieu qui leur demanderait un compte rigoureux, en son jugement, d'une signature qui devant lui ne pourrait passer que pour un mensonge et pour la marque d'un faux témoignage. *Ainsi que*

---

1. Sainte-Beuve, *Port-Royal*, t. IV, p. 174.

M. de Paris fasse fond là-dessus, qu'il prenne telle mesure qu'il lui plaira, mais qu'il ne s'attende point à autre chose, s'il lui plaît.

La première mesure que prit l'archevêque fut de publier un mandement prescrivant la signature ; et la seconde, d'aller visiter Port-Royal pour tâcher de faire entendre raison aux religieuses récalcitrantes. Le mandement fut vivement attaqué par ce qu'il établissait une distinction mal entendue entre la foi divine et la foi humaine, demandant l'une pour le *droit* et l'autre pour le *fait*. Ce qui fit un si grand fracas, dit le P. Rapin, que M. de Péréfixe en fut étonné lui-même. Les écrits recommencèrent à se multiplier et à courir plus que jamais (1).

Laissons se multiplier et courir ces écrits dont les *Imaginaires* de Nicole furent les plus remarquables ; entrons avec l'archevêque dans le monastère de Port-Royal. Un ami des Religieuses nous y invite : « Paris, s'écrie-t-il, est maintenant un lieu où l'on doit accourir du bout du monde pour y voir de près le plus grand et le plus rare spectacle qui soit possible de s'imaginer (2). »

1. Rapin, *Mémoires*, t. III, p. 248.
2. *Abrégé de l'histoire ecclésiastique avec des réflexions*, t. II, p. 165.

XIII.

Théorie de la résistance enseignée aux religieuses de Port-Royal. — Sorts sacrés et songes mystérieux. — Deux portraits de l'archevêque de Paris. — Première visite de M. de Péréfixe à Port-Royal : il est joué par les religieuses. — Requêtes aux saints. — Seconde visite : protestation tumultueuse des religieuses ; crime de M. de Péréfixe : il appelle *pimbêche* Madame l'Abbesse. — Enlèvement des récalcitrantes. — Arrivée de la mère Eugénie, de la Visitation : son attitude humiliée choque les religieuses et M. Sainte-Beuve ; attitude d'un sénateur aux pieds de *Notre-Dame* de Saint-Gratien. — Espérance d'intervention divine déçue. — Sœur Eustoquie de Brégy et sœur Christine Briquet. — Calvinisme des religieuses de Port-Royal. — Les *Signeuses*. — Sœur Flavie et sœur Dorothée. — Dérèglement honteux de M. Chamillard : *il n'a pas dit prime à une heure et demie*. Confessions et communions *par lettres*. — La mère Angélique de Saint-Jean chez les Annonciades : ses disputes théologiques avec la mère de Rantzau ; son protestantisme et son mysticisme. — Réunion aux *Champs* de toutes les religieuses rebelles : surveillance et contrebande ; M. de Sainte-Marthe, perché sur un arbre, fait des petits discours. — Les chaises renversées. — Le célèbre M. Hamon, médecin et théologien : sa doctrine luthérienne sur les sacrements ; les religieuses la pratiquent. — Nos Messieurs défendent leurs saintes amies. — Affaire des quatre évêques. — Les champions de madame de Longueville. — Projet d'accommodement : fourberie des jansénistes. — La *paix* de Clément IX. — Triomphe des *confesseurs de la vérité*. — Médaille commémorative. — Mot de l'abbé de Hautefontaine.

Les religieuses de Port-Royal étaient préparées de longue main à contrister l'Église par le rare spectacle qu'elles allaient donner. Le 16 avril 1664, la mère Agnès écrivait à madame de Foix, coadjutrice de Saintes : « Notre Seigneur nous a donné trois ans d'intervalle pour nous disposer à tout... » « On mit à profit ce temps, dit M. Sainte-Beuve, comme dans une place de guerre qui s'attend de jour en jour à être assiégée... La mère Agnès rédigea un corps d'instructions, concerté sans doute de point en point avec la sœur Angélique de Saint-Jean, et revu et approuvé par M. Arnauld: *Avis donnés aux religieuses* de *Port-Royal sur la conduite qu'elles doivent garder au cas qu'il arrivât du changement dans le gouvernement de la maison.* On y voit ce qu'il faut faire si on enlève l'Abbesse ; si le roi en nomme une autre ; si l'on met des religieuses étrangères pour gouverner la maison ; comment on doit se conduire à l'égard des confesseurs imposés, etc. Tous les cas sont prévus, toutes les mesures possibles de résistance sont indiquées : c'est un traité complet de tactique en cas d'invasion et d'intrusion. On y apprend l'art de ne pas obéir par l'esprit en se soumettant extérieurement à ce qu'on ne peut empêcher(1); on y apprend à lutter pied à pied, avec méthode ; à pratiquer l'isolement et à établir une sorte de blocus intérieur ou de cordon sanitaire à l'égard des intruses... Cette théorie, à laquelle on dressa pendant plus d'une année une communauté d'élite, produisit tout son effet (2). » L'effet produit fut d'autant plus considérable qu'on ne s'était pas contenté d'enseigner aux religieuses cette théorie de la résistance. Leurs directeurs s'étaient surtout appliqués à leur donner une éducation théologique capable de suppléer aux lacunes de leur stratégie et de déjouer tous les plans de leurs adversaires, à leur former un tempérament guerrier qu'aucune lutte ne lasserait, qu'aucune défaite n'userait. On leur avait fortement imprimé dans l'esprit les grands principes de saint Paul et de saint Augustin, et bien d'autres aussi. Pour montrer dans quels abîmes d'erreurs étaient tombées ces intelligences d'élite, recueillons quelques fragments des instructions reçues soit à cette époque, soit un peu plus tard, en pleine *persécution.*

Il ne faut point craindre toutes les menaces qu'on vous pourra faire de brefs et de bulles, et tous ces commandements qu'on fera soit par l'autorité du Pape, soit par celle de M. l'Archevêque...

Bien loin d'avoir sujet de craindre l'excommunication, tant que vous demeurerez fidèles à ne rien faire contre votre conscience, vous

---

1. Malgré l'enseignement de *cet art,* un historien janséniste dit : « Sur tout on leur (aux religieuses de Port-Royal) a inspiré une extrême horreur pour toutes ces restrictions mentales et pour toutes ces fausses adresses inventées par les casuistes modernes dans la vue de pallier le mensonge et d'éluder la vérité. (*Abrégé de l'histoire ecclésiastique,* t. II, p. 148.)

2. Sainte-Beuve, *Port-Royal,* t. IV, p. 152. — Voir tout le détail de ces *Avis* dans Besoigne, t. II, p. 64, sq.

devez craindre au contraire que Dieu ne vous abandonnât si vous lui étiez infidèles en ce point...

Que si nous avons encore quelque chose à souhaiter après cela, c'est de vous supplier, comme ce grand apôtre (saint Paul) le faisait à l'égard de ses disciples, *ut non cito moveamini a vestro sensu, neque terreamini, neque per spiritum, neque per sermonem, neque per epistolam;* de ne vous point effrayer et de ne vous point troubler, de ne vous point affaiblir dans vos résolutions et les connaissances que Dieu vous a données, soit qu'il vienne des brefs et des bulles, soit qu'on vous tienne des discours pour vous effrayer, soit qu'on se vante même d'avoir l'esprit de Dieu dans tout ce qu'on vous commande, soit qu'on fasse même des miracles pour vous le persuader ; car l'apôtre a prédit que tout cela arriverait...

Remerciez Dieu de ce qu'il vous a choisies pour être comme les prémices du salut en ce temps-ci et les premières victimes de la persécution (1)...

La puissance des ténèbres aura ses bornes et la lumière paraîtra ; mais maintenant il leur faut dire : *Hæc est hora vestra et potestas tenebrarum,* c'est maintenant votre heure et la puissance des ténèbres. L'heure est venue d'enchaîner la vérité, de lui ôter toute liberté, de lui faire son procès, et même de la condamner sans lui faire son procès, étant trouvée assez criminelle de ce qu'elle est la vérité...

Nous gémissons sur le calvaire avec la Vierge, saint Jean et quelque peu de fidèles en voyant la vérité attachée à la croix ; et notre force est dans le silence, et dans la confiance que les ténèbres passeront, et qu'on verra la vérité sortir glorieuse du tombeau où on la voulait enfermer (2)...

Comme le bon Pasteur a donné sa vie pour ses brebis, il faut que ses véritables brebis souffrent pour lui être fidèles que ceux qui sont des larrons et non des pasteurs les égorgent, (3)...

Le démon rugit sans cesse contre la vérité et contre ceux qui sont à elle. Il a rugi au dehors de votre maison depuis près de trente années, mais vous n'entendiez pas ses rugissements. Il vous les fait entendre maintenant dans une autre manière au dedans de votre maison. *Il ne fera du mal qu'à ceux qui en auront peur.* C'est une pensée de saint Bernard (4)...

C'est le temps de faire paraître que notre maison est fondée sur la pierre, que les vents et les tempêtes ne peuvent ébranler : et cette

---

1. *Lettre de M. de Sainte-Marthe aux religieuses de P.-R.*
2. *Lettre de M. Feideau aux religieuses de P.-R.*
3. *Lettre de M. d'Alet à une religieuse de P.-R.*
4. *Lettre de M. Rebours à la mère prieure de P.-R.*

immobilité dépend, comme je crois, de ne rien écouter pour y avoir égard (1)...

Dieu a permis que nous fussions instruites et beaucoup plus fondées dans les véritables principes de la religion et de la piété que ne le sont une infinité de personnes religieuses... Il nous a donné par sa grâce de l'attachement à sa vérité... Il a tellement uni notre cause à celle de l'Église, et nos intérêts aux siens, qu'il semble que ce soient deux choses inséparables, et qu'on ne puisse ni l'opprimer ni la défendre sans nous opprimer ou nous défendre avec elle (2)...

Vous pouvez dire ce que Joseph disait à ses frères : ce que vous avez eu dessein de faire était mal, mais Dieu l'a changé en bien. N'est-ce pas un bien qu'il vous a procuré de vous choisir pour rendre comme vous faites un si illustre témoignage à la vérité ? N'est-ce pas un bien que vous ayez appris à tout le monde, par l'état où vous êtes, qu'il faut obéir à Dieu plutôt qu'aux hommes, et qu'étant les disciples de sa vérité vous soyez aussi les imitatrices de sa patience à tout souffrir pour elle ?... N'est-ce pas un bien de souffrir pour la justice, puisque le ciel en doit être la récompense (3)... »

Nous ne pouvons tout citer ; *les prières, les lettres, les petits traités, les petits écrits, les réflexions, les conférences, les extraits des Pères* à l'usage des religieuses de Port-Royal au temps de *la persécution et de la captivité*, sont innombrables. Mais ces enseignements et ces encouragements, que leurs directeurs leur donnaient avec tant d'abondance et d'assiduité, ne suffiraient pas à expliquer l'orgueilleuse opiniâtreté de ces filles ; elles avaient avant tout des signes manifestes que Dieu les approuvait, et elles s'écriaient : *Si Dieu est pour nous, personne ne sera contre nous.* C'est ainsi qu'on les voit, elles qui refusaient d'obéir aux décisions de l'Église, croire aux décisions du *sort* et à des songes mystérieux. La mère Agnès écrit à Henri Arnauld, évêque d'Angers :

Jusqu'où ne va point votre bonté de vous appliquer à tirer au sort pour nous dans l'*Imitation*, qui est comme un oracle qui répond à tout ce qu'on a dans le cœur ! C'est notre consolation de tirer souvent de la même sorte, principalement dans l'Écriture sainte. La dernière chose qui m'est arrivée, c'est les trois enfants dans la fournaise de

---

1. Lettre de la mère Agnès à M. Arnauld.
2. *Première conférence de la mère Angélique de Saint-Jean* (sur la nécessité de défendre l'Église chacun à sa manière).
3. Lettre xxx aux religieuses de P.-Royal.

Babylone. La réponse qu'ils firent au roi est notre règle pour nous faire allier ensemble la foi que Dieu nous peut délivrer et la résolution qu'encore qu'il ne le fasse pas, *nous n'adorerons pas l'idole du formulaire.* Une autre fois j'ai tiré le songe de Nabuchodonosor qu'il voulait qu'on devinât, et qu'ensuite on lui en dit l'interprétation. Il me semble que ce qu'on nous demande a du rapport à cela, car on veut que nous parlions avec science d'une chose que nous ne savons pas, en nous servant de ces mots : *Je crois et je confesse de cœur et de bouche,* etc. ; et l'interprétation de tout cela est fondée sur la révélation qui en a été faite au pape, et qui nous a été proposée en notre chapitre comme une vérité constante (1).

La mère Du Fargis, *de la meilleure école de Port-Royal* (2), racontait à ses sœurs des songes comme ceux-ci :

Il me semblait que j'étais avec quelques sœurs et que je parlais des affaires avec beaucoup de crainte dans l'attente de quelque grand malheur. Je disais entre autres choses que j'aurais voulu parler à quelqu'un qui me pût éclaircir les doutes que j'avais dans l'esprit touchant la signature, et en parler à M. d'Ypres lui-même. Il y eut une sœur qui me répondit que cela n'était pas difficile, qu'il était ici et parlait à toutes celles qui voulaient l'aller voir. Je m'en allai aussitôt dans le parloir de sainte Agnès où il était. Plusieurs sœurs se pressaient pour lui parler. J'attendis mon tour. Il disait à chacune en particulier une parole de l'Écriture que j'entendais distinctement ; il dit à une : *Celui qui persévérera jusqu'à la fin sera sauvé ;* et à une autre : *Celui qui vaincra aura la couronne.* Quand toutes les sœurs furent sorties, il me dit qu'il voulait m'entretenir plus à loisir que les autres. Je me souvins en l'approchant qu'il n'était plus de ce monde et lui dis que je le croyais mort ; il me répondit : *N'appelez pas morts ceux qui habitent la terre des vivants.* Il y avait avec lui dans le parloir de dehors un ecclésiastique debout à qui il parlait et qui avait une façon interdite et d'un homme embarrassé. M. d'Ypres parlait à cette personne avec chaleur, comme s'il eût été mal satisfait de ce qu'il lui disait. Cet ecclésiastique (*sans doute un des approbateurs du projet d'accommodement de M. de Comminges*) lui disait qu'il fallait avoir égard au temps, à l'autorité des personnes qui menaçaient de grands maux, et qu'il y avait des occasions où l'on était obligé de relâcher de quelque chose. Il lui répliqua avec une émotion qui parut sur son visage, qu'il ne recevait point d'excuses, et leva la main comme s'il eût voulu frapper, lui disant qu'il était un timide et un lâche, d'abandonner sous ces prétextes la défense de la justice. Cette personne me parut

1. Lettres de la mère Agnès à Arnauld, t. II, p 165.
2. Sainte-Beuve, *Port-Royal*, t. IV, p. 224.

rougir et répondit pour se justifier... J'entrai dans son sentiment en moi-même... Aussitôt se tournant vers moi, comme s'il eût deviné ma pensée, M. d'Ypres me dit : *Vous êtes la plus jeune de la maison ; cependant je vous dis que quand vous resteriez seule, vous êtes obligée de demeurer ferme jusqu'à la mort, sans que jamais le mauvais exemple vous ébranle en rien, et assurez-vous que c'est une heureuse singularité que d'être singulière à faire son devoir.*

Je lui proposai toutes les choses qui me faisaient de la peine sur cette affaire, et il me répondit avec une lumière et une netteté admirable, en sorte qu'il me satisfaisait entièrement... Il me dit en m'exhortant à souffrir pour une si bonne cause : *Ne craignez point de combattre pour la grâce ; ce sera la grâce qui combattra pour vous, et elle fera beaucoup plus pour vous que vous ne sauriez faire pour elle.* Je ne puis me souvenir comment finit cette conversation dans mon songe ; mais je sais qu'en me réveillant j'en avais l'esprit si rempli, qu'encore que tout ce qu'il m'avait répondu sur mes difficultés ne me fût pas demeuré dans la mémoire, il me semblait néanmoins qu'il me les avait toutes ôtées de l'esprit et que je l'avais tout à fait en repos... Je vis si distinctement M. d'Ypres, qu'il me semble que je sais comment il est fait et que je le reconnaîtrais aisément si je voyais son portrait, *pourvu qu'il fût semblable à celui que mon imagination me peignait en songe* (1).

Une autre fois la mère du Fargis vit en songe, par un trou qu'elle découvrit au fond d'une armoire où elle voulait cacher ses livres, une petite église fort jolie et parée ; elle y entra par cette ouverture. Un évêque disait pontificalement la messe, entouré de ses prêtres, parmi lesquels elle reconnut MM. Arnauld et Sainte-Marthe. Le célébrant lui parut avoir un air un peu étranger. Elle s'approcha pour le mieux voir et s'écria aussitôt: *C'est M. d'Ypres, je le reconnais bien, je l'ai déjà vu une fois.* Cependant elle douta un instant si c'était réellement cet illustre prélat. Mais une voix mystérieuse lui cria: *C'est un saint,* et la persuada tout à fait. Elle communia de la main du saint, qui lui dit: *La vérité de Dieu demeure en vous.* Après la célébration de la messe, et malgré un des assistants, elle suivit M. d'Ypres dans une chambre en désordre. L'évêque s'assit sur un petit bout de paillasse d'un lit tout renversé ; la religieuse

---

1. *Vies édifiantes des religieuses de P.-R.*, premier songe mystérieux de la mère du Fargis, t. I, p. 391.

2. *Vies édifiantes*, second songe mystérieux de la mère du Fargis, t. I p. 394.

se mit à genoux devant lui les deux mains jointes, recueillant avec avidité toutes les paroles qui tombaient de cette bouche infaillible. A la fin, M. d'Ypres lui dit : *Je prierai Dieu pour vous et croyez qu'il ne vous abandonnera point, et que si la vérité de Dieu demeure dans votre cœur, Dieu vous tiendra dans ses mains.* En disant cela, il lui mit la main sur la tête et elle ne le vit plus. A son réveil l'heureuse mère se trouva remplie de joie, de confiance et de courage (1).

On imagine sans peine quelle impression devait faire le récit de ces songes sur l'esprit des religieuses de Port-Royal, si disposées à voir partout le doigt de Dieu, et combien ces apparitions et ces oracles de M. d'Ypres devaient fortifier leur résolution de combattre jusqu'à la mort le bon combat pour la grâce et la vérité. Elles poussèrent le délire de l'exaltation jusqu'à communier en viatique, un certain jour, croyant qu'on les excommunierait le lendemain (2). Telles étaient les dispositions où l'archevêque de Paris trouva les religieuses, lorsqu'il vint les exhorter à la signature du formulaire. M. de Péréfixe avait-il les qualités nécessaires pour réduire à l'obéissance les dignes filles du fanatique Saint-Cyran?

J'ai sous les yeux deux portraits de l'archevêque de Paris. Le premier le représente comme un prélat un peu singulier et parfois ridicule, qui figurerait bien chez l'Arioste, bonhomme au demeurant, n'ayant que des colères paternes et ne tenant que des discours *à la papa* (1). Le second le représente comme un prélat qui ne manque ni d'esprit, ni de bon sens, ni surtout de bonté, trouvant, et avec assez de pittoresque, tous les mots justes pour qualifier la situation étrange du monastère de Port-Royal et la disposition d'esprit des religieuses (4). Ces deux portraits portent la même signature : C.-A. Sainte-Beuve. Lequel est ressemblant? C'est le second, répond M. Sainte-Beuve. Il a tracé le premier d'après les *relations* de Port-Royal, mais « ces relations, dit-il, écrites alors pour peindre l'archevêque en grotesque déposent plutôt aujourd'hui en sa faveur. » Comment de si saintes filles ont-elles pu s'oublier jusqu'à

---

1. *Vies édifiantes*, second songe mystérieux de la mère du Fargis, t. I, p. 394.
2. *Lettres de la mère Agnès Arnauld*, t. II, p. 170.
3. Sainte-Beuve, *Port-Royal*, t. IV, p. 179, 180.
4. Sainte-Beuve, *Port-Royal*, t. IV, p. 180.

peindre en grotesque leur premier supérieur, digne d'ailleurs, à beaucoup d'autres titres, de tant de respect ? M. Sainte-Beuve nous l'explique : ces saintes filles formaient « une secte d'esprits raffinés, affiliés entre eux, épris d'une certaine forme distinguée et savante de dévotion et méprisant volontiers tous ceux qui ne parlaient pas leur langue, qui n'étaient pas de leur lignée spirituelle et de leur doctrine. Elles ne se croyaient pas des nonnes ordinaires, des filles de Sainte-Ursule ou de Sainte-Marie (fi donc !), mais qui étaient de Port-Royal, c'est-à-dire du lieu du monde où l'on savait le mieux ce que c'est que la *grâce*, et où l'on avait là-dessus, dé tout temps, des directions de première main et des notions de première qualité. » Or quand M. de Péréfixe parlait familièrement à ces religieuses, « il paraissait, tout archevêque qu'il était, aussi ridicule et aussi mal avisé que le bonhomme *Gorgibus* de Molière, ou, si l'on veut, le bonhomme *Chrysale*, parlant à une précieuse, ou encore un homme de bon sens de la classe moyenne de la Restauration se lançant à causer politique avec une jeune beauté doctrinaire. Il avait affaire à des esprits infatués tout bas d'une excellence et d'une aristocratie de dévotion, et qui se disaient de lui : « Le bonhomme, l'archevêque de Cour, il n'y entend rien, il ne comprend pas (1) ! » S'il en est ainsi, M. Sainte-Beuve, pourquoi parlez-vous comme ces esprits infatués, raffinés, affiliés, comme ces précieuses ridicules de la grâce, et reproduisez vous le portrait en grotesque qu'ils nous ont laissé de l'archevêque de Paris ? Immoleriez vous par hasard l'homme de bon sens de la classe moyenne aux pieds de la jeune beauté doctrinaire ? -- Tout simplement M. Sainte-Beuve est dans l'embarras, il l'avoue ; car s'il ne veut pas faire tort à M. de Péréfixe, il veut encore moins paraître injuste envers les religieuses (2). Dans cette perplexité, il mélange d'abord avec une dextérité consommée l'éloge et le blâme : peu à peu cependant, ses scrupules se calment à l'endroit de l'archevêque ; son admiration pour les religieuses l'emporte, et dans son récit, le beau rôle est donné en définitive aux mères et aux sœurs de Port-Royal. Toutefois, même en suivant le récit des Relations jansénistes,

---

1. Sainte-Beuve, *Port-Royal*, t. IV, p. 180, 181.
2. Sainte-Beuve, *Port-Royal*, t. IV, p. 182.

ce rôle ne nous paraît pas si beau ; c'est uniquement celui de
de filles impertinentes et orgueilleuses. Voyez plutôt.

L'archevêque, accompagné de son grand vicaire, M. Du
Plessis de la Brunetière, arrive au monastère de Paris, le lundi
9 juin 1664. Après avoir exhorté toute la communauté à
l'obéissance, il veut interroger chaque sœur en particulier.
Mais, dans toute la journée, il ne peut en voir que deux. Elles
s'étaient concertées pour amuser le prélat par de longues
et oiseuses discussions. Les deux jours suivants, les religieuses renouvellent la même tactique. Dès qu'elles entendent
parler de soumission et de signature, elles font les étonnées
et jurent ne pas savoir le premier mot des questions doctrinales que Rome a tranchées. Néanmoins, pressées par l'archevêque, elles lui déduisent les raisons qu'elles ont de ne pas
obéir avec une facilité qui dénote une longue étude de la
théologie augustinienne, et une assurance hautaine qui dévoile
leur invincible opiniâtreté. Après trois jours d'inutiles exhortations, l'archevêque réunit toute la communauté et lui
dit :

> Vous préférez les sentiments particuliers d'une petite poignée de
> gens à ceux du pape et de votre archevêque. Ces personnes vous ont
> prévenues et vous ont engagées à soutenir leur parti. Je ne veux pas
> juger de leurs intentions; mais peut-être aimeraient-ils mieux vous voir
> périr que de vous voir vous rendre à ce que l'on désire de vous. Ils sont
> bien aises d'avoir pour eux une communauté comme celle-ci ; c'est un
> grand corps, ce sont des filles fort vertueuses, cela a de l'éclat ; ainsi
> ils font tout ce qu'ils peuvent pour vous retenir dans leurs opinions.
> Vous ne me persuaderez pas que vous n'avez pas lu leurs écrits, au
> moins quelques-uns; car je vois que les réponses que plusieurs d'entre
> vous m'ont faites sont les mêmes choses qui sont dans leurs feuilles
> volantes et dans leurs paperasses.

M. de Péréfixe, afin de rassurer les religieuses, brûla
devant elles leurs réponses qu'il avait écrites. Les religieuses répondirent à cet acte de délicatesse en conservant
soigneusement ces interrogatoires, qu'elles avaient rédigés
de leur côté et où elles s'étaient appliquées à peindre en grotesque le vénérable prélat. Avant de partir, l'archevêque
déclara qu'il leur laissait trois semaines pour faire réflexion
et qu'il leur donnait pour confesseur M. Chamillard, docteur
de Sorbonne, qui prit pour auxiliaire le P. Esprit, de l'Ora-

toire. Ces deux Messieurs cherchèrent tous les moyens de lever les difficultés et d'amener les religieuses à signer le formulaire. Mais, dit M. Sainte-Beuve, « ils ne réussirent, et surtout le P. Esprit, qu'à donner à leurs dépens une comédie à ces pieuses filles, moins pieuses en cela qu'on ne voudrait, puisqu'elles tournent en ridicule, dans leur relation, un honnête homme qui se mettait en quatre pour les tirer d'affaire (1), » La comédie qui se jouait à l'intérieur de Port-Royal était un drame douloureux pour les amis du dehors, aux yeux desquels les pieuses comédiennes devenaient des héroïnes incomparables, dignes des larmes et des hommages de toute l'Église, dignes des palmes et des honneurs réservés aux martyrs.

En vérité, écrivait M. d'Andilly à sa fille, la sœur Angélique de Saint-Jean, en vérité, vous êtes trop heureuses, et je m'estimerais trop heureux de participer à vos souffrances, pour pouvoir espérer de participer à vos couronnes ! Je vous donne et à toutes vos sœurs, de tout mon cœur, quoique je sois un très-grand pécheur, toute la bénédiction qu'un père peut donner à des enfants qu'il aime parfaitement, et qu'il estime trop heureux d'avoir mis au monde, en voyant de quelle sorte il a plu à Dieu de les recevoir pour siens...

De la même plume qui écrivait leurs moqueuses relations, ces filles si tendrement bénies rédigeaient requête sur requête *à saint Laurent, à sainte Marie-Madeleine, aux Apôtres saint Pierre et saint Paul, à Jésus-Christ couronné d'épines, à la sainte Vierge, à saint Bernard.* Si les saints du ciel étaient suppliés de couvrir Port-Royal de leur protection, les puissants de la terre n'étaient pas oubliés. Les *mères de l'Église*, madame de Sablé, madame de Liancourt, madame de Longueville, etc. déployaient toute leur activité en faveur de leurs *saintes amies*. Un acte d'obéissance aurait été plus agréable à Dieu et à l'archevêque que ces comédies, ces requêtes, ces intercessions. Voyant que le délai donné aux religieuses était expiré, M. de Péréfixe se rendit à Port-Royal. Il avertit la la communauté qu'il était temps de signer le formulaire et qu'il allait interroger chaque religieuse pour lui demander son adhésion, après quoi il aviserait à prendre les mesures

---

1. Sainte-Beuve, *Port-Royal*, t. IV, p. 200.

que sa conscience lui dicterait. Pendant cet interrogatoire, les religieuses étaient rassemblées près du parloir, dans la chambre de la mère Agnès, et se demandaient avec anxiété ce qu'allait faire l'archevêque. Pour le savoir elles eurent recours, selon leur habitude, *aux sorts*. « Dans cet effroi et cette attente, dit la relation, la mère Agnès ayant ouvert le Nouveau-Testament, elle trouva à l'ouverture du livre ces paroles : *Hæc est hora vestra et potestas tenebrarum* (c'est ici votre heure et la puissance des ténèbres) ; ce qui nous confirma dans la pensée que notre heure était venue de souffrir, et que nous ne devions plus penser à autre chose qu'à nous y disposer. » Encouragées par ce *sort*, les religieuses persévèrent toutes dans leur refus de signer. Saintement et justement indigné, l'archevêque réunit une seconde fois la communauté et parla ainsi :

Si jamais homme du monde a eu sujet d'avoir le cœur outré de douleur, je puis dire que c'est moi, qui ai plus de sujet que personne de l'avoir outré et pénétré, après vous avoir trouvées toutes dans l'opiniâtreté, la désobéissance et la rébellion, préférant par orgueil vos sentiments à ceux de vos supérieurs, et ne voulant point vous rendre à leurs avertissements et à leurs remontrances. C'est pourquoi je vous déclare aujourd'hui rebelles et désobéissantes à l'Église et à votre archevêque, et comme telles je vous déclare que je vous juge incapables de la fréquentation et de la participation des sacrements. Je vous défends de vous en approcher comme en étant indignes à cause de votre opiniâtreté et de votre désobéissance, et ayant mérité d'être punies et séparées de toutes les choses saintes. Je viendrai au premier jour pour y mettre ordre, selon que Dieu et ma conscience m'y obligent.

Loin de se soumettre enfin, les religieuses se récrièrent et protestèrent aussitôt et toutes ensemble. Au milieu d'une confusion inexprimable ce cri se fit entendre : *Il y a au ciel un autre juge.* M. de Péréfixe essaya vainement de leur imposer silence. Ce fut alors, ô crime irrémissible aux yeux de tout bon janséniste! qu'il se serait laissé aller jusqu'à appeler l'abbesse, *la vénérable* mère de Ligny, *petite pimbêche*.

Au moment où il sortait, il rencontra madame de Guémené, l'une des protectrices des révoltées, et il lui dit : « Elles sont pures comme des anges, et orgueilleuses comme des démons. » Ce jugement est resté celui de l'impartiale histoire.

Tandis que l'archevêque s'éloignait, la communauté se réunissait en chapitre et rédigeait une *protestation* contre la défense de participer aux sacrements. « Que Dieu soit juge entre lui et nous, » y disaient-elles, renouvelant le mot de Pascal et celui de tous les hérétiques qui se placent au-dessus de l'autorité de l'Église enseignante : « J'en appelle à votre tribunal, ô Seigneur Jésus ! »

M. de Péréfixe résolut d'enlever de Port-Royal les religieuses les plus récalcitrantes, de les placer dans d'autres communautés religieuses, et de confier la direction du monastère janséniste aux humbles filles de la Visitation Sainte-Marie. Le 26 août il accomplit son dessein. Cette journée est restée célèbre dans les relations où, en racontant les événements qui la remplirent, on ne manque pas d'évoquer tous les souvenirs de la Passion. Ce jour là donc, sur les deux heures de l'après-midi, l'archevêque (c'est le grand prêtre Caïphe) arriva accompagné de son grand vicaire, de l'official, de ses aumôniers et secrétaire, du lieutenant civil (c'est Ponce-Pilate), du prévôt de l'Ile, du chevalier du Guet, de Quatre commissaires, et d'une troupe d'exempts et d'archers (ce sont les soldats du Prétoire). Ces *puissances* de *ténèbres* étaient attendues. Dès le matin, M. d'Andilly était venu au parloir et avait prévenu les religieuses. Un saint enthousiasme, l'enthousiasme du martyre, s'empara de toute la communauté. Le vénérable vieillard récitait avec sa sœur ce verset du Ps. CXVII : *Voici le jour qu'a fait le Seigneur : réjouissons-nous, et soyons pleines d'allégresse.* » Une religieuse s'écriait : « Que cela est beau ! notre humiliation est à son comble ! l'admirable chose ! » Cependant les archers et les exempts se rangeaient dans la cour du dehors, le mousquet sur l'épaule, comme aurait fait une armée, et l'archevêque allait d'abord à l'église avec les ecclésiastiques et des dames qu'il avait amenées pour conduire dans des maisons étrangères celles qui étaient *les gardes fidèles et le trésor de Port-Royal*. Le prélat ordonna à la communauté d'aller au chapitre. Quand les religieuses furent rassemblées, M. de Péréfixe leur parla de la patience dont il avait usé envers elles, leur ayant donné deux mois entiers depuis la publication de son mandement pour souscrire le Formulaire. Il les prit à témoins qu'il les avait traitées avec toute sorte de bonté, et plutôt en les priant qu'en les commandant, lui qui était leur archevêque et leur supérieur ; il les assura qu'il avait éprouvé une grande peine, lorsque voyant leur opiniâtreté, il les avait privées des sacrements ; enfin il leur rappela qu'il leur avait promis, si elles n'obéissaient pas, de revenir dans peu pour ôter celles qu'il jugerait convenable.

Puis élevant la voix, il leur dit :

C'est aujourd'hui, mes chères sœurs, que je viens exécuter ce dessein ; voici celles que je prétends ôter, qu'elles écoutent s'il leur plaît attentivement : La mère Madeleine de Sainte-Agnès, la mère Catherine Agnès de Saint-Paul, la sœur Angélique-Thérèse, qui ira avec sa tante, la mère Agnès étant infirme, et sachant qu'elle a grand besoin de la sœur Angélique-Thérèse, je lui veux donner cette consolation ; la mère Marie-Dorothée de l'Incarnation ; la sœur Marguerite-Gertrude ; la sœur Marie de Sainte-Claire ; la sœur Angélique de Saint-Jean ; la sœur Agnès de la Mère de Dieu ; la sœur Madeleine de Sainte-Candide ; la sœur Anne de Sainte-Eugénie et la sœur Hélène de Sainte-Agnès, auxquelles j'ordonne de se retirer et de demeurer dans les maisons où on les conduira jusqu'à nouvel ordre.

Aussitôt que l'archevêque eut achevé de parler, la mère Abbesse lui dit : « Monseigneur, nous nous croyons obligées en conscience d'appeler de cette violence, et de protester, comme nous protestons présentement, de nullité et de tout ce que l'on nous fait et qu'on nous pourra faire. » La communauté se joignit à l'abbesse en criant tout d'une voix : « Nous en appelons, Monseigneur, nous protestons, nous protestons. » En même temps toutes les religieuses se jettent aux pieds de l'archevêque, et dans un tumulte indescriptible, tantôt suppliantes et tantôt hautaines, lui demandent miséricorde, le prient de ne pas les rendre orphelines, et s'écrient : « C'est donner la mort à la mère Agnès, c'est mettre le poignard dans son sein ; Dieu jugera au jour du jugement celui que vous portez contre nous. » Elles se relèvent : celles qui restent embrassent celles qui sont désignées pour quitter Port-Royal et leur disent le dernier adieu, comme si elles ne devaient plus les revoir. — M. de Péréfixe ne se laissa pas émouvoir par ces protestations, ces cris et ces sanglots. Il fit sortir du chapitre les sœurs qu'il avait nommées. Ces *malheureuses* victimes furent s'offrir dans l'église, où elles demeurèrent en prière. On les appela bientôt pour les emmener. « M. d'Andilly se trouva à la sortie des religieuses, dit M. Sainte-Beuve, comme il s'était trouvé à l'entrée de l'archevêque. Ce furent de sa part de nouvelles scènes. Il reçut et conduisit successivement au carrosse sa sœur, la vénérable mère Agnès, qui infirme, pouvait à peine y monter, puis ses trois propres filles. A celles-ci il donna tour à tour sa bénédiction, et les faisant entrer dans l'église, il les conduisit chacune par la main sur les marches du balustre comme pous les offrir à Dieu une seconde fois. Il donna la main également à toutes les mères et sœurs jusqu'à ce qu'elles fussent en carrosse, remplissant ainsi son devoir d'ami, de patron extérieur, de vieillard courtois et pieux et qui ne haïssait pas le dramatique (1). »

Le dramatique atteignit le plus haut degré du pathétique lorsque la mère Eugénie de Fontaine et cinq de ses filles arrivèrent de la Visitation à Port-Royal. Sitôt que les religieuses les virent, et comme elles étaient encore sur le pas de la porte, elles *protestèrent* et toutes *se portèrent pour appelantes*. En vain l'archevêque leur dépeignit les vertus et les qualités de leur nouvelle supérieure : elles ne répondirent qu'en *protestant encore de nullité*. Durant le discours de M. de Péréfixe, et dès que son nom eut été prononcé, la mère Eugénie « se tint prosternée, et les cinq autres religieuses furent aussi toujours à genoux, les mains jointes, et leur voile baissé avec un geste bien composé. » « Cette attitude humiliée, devant un supérieur qui après tout n'était qu'un homme, dit M. Sainte-Beuve, choquait l'esprit plus libre des filles de Port-Royal. » Elle choque aussi l'esprit plus libre encore de M. Sainte-Beuve. Saint François-Xavier, écrivant à genoux à son supérieur, saint Ignace de Loyola, est aussi pour lui un grand sujet de scandale. Il oublie que le tort des filles de Port-Royal était précisément de ne voir que l'homme dans l'archevêque de Paris. La mère Eugénie voyait en lui le représentant autorisé de Jésus-Christ, comme saint François-Xavier le voyait dans son supérieur, et c'était devant Celui au nom duquel tout genou doit fléchir que s'inclinent ces saints personnages, et non pas devant un simple mortel. D'ailleurs pourquoi se montrer si susceptibles ? M. Sainte-Beuve n'a-t-il pas vu, sans sortir du cloître de Port-Royal, les fils et les filles de saint-Cyran prosternés devant ce souverain directeur et ses successeurs non moins souverains et révérés ? Et lui-même, ne le trouve-t-on pas, dans les *lettres*

---

1. Sainte-Beuve, *Port-Royal*, t. IV, p. 210.

à la princesse, mettant, avec un geste bien composé, l'*hommage de son tendre et respectueux attachement aux pieds de Notre-Dame de Sainte-Gratien* ?

Une singulière espérance soutenait ces religieuses en révolte. Elles s'attendaient à quelque grand coup de la Providence, qui aurait désarmé leurs persécuteurs et dissipé *l'armée d'Achab*. Hélas ! la Providence ne répondit pas à cette attente. La mère Agnès, le jour même de la séparation, écrivait à son frère l'évêque d'Angers « que l'espérance qu'elle avait presque toujours eue que Dieu ferait quelque chose d'extraordinaire en leur faveur avait été contraire au dessein qu'il faisait paraître maintenant de les vouloir abandonner. » Quelques jours après, madame de Longueville, parlant à madame de Sablé de l'indigne traitement fait à leurs saintes amies, disait : «...Je crois M. Thomas bien penaud de n'avoir point eu de miracle à son secours ; pour moi, je suis un peu comme lui, car je ne puis croire que Dieu n'en fasse pas pour la punition d'un tel excès...» Dieu n'intervint pas ; cette *voix sainte et terrible qui étonne la nature* ne se fit pas entendre. L'archevêque consomma son œuvre : il installa la mère Eugénie comme supérieure, et M. Chamillard comme confesseur et directeur. Il exhorta encore les religieuses à l'obéissance, leur promit de venir les voir souvent et se retira. Nous avons suivi dans ce récit la relation de la sœur Saint-Alexis d'Hécancour de Charmont, qui se termine par ce post-scriptum :

Et afin que la présente relation, qui contient notre appel et protestation, puisse nous servir, et à nos mères et sœurs sorties, en temps et lieu ; nous l'avons relu et signé dans notre monastère de Paris le 27° jour d'août 1664.

Ayant appris par voie certaine que le dessein de Monseigneur est de pousser les choses à l'extrémité et d'en relever encore plusieurs de nous, à ces causes, ne sachant pas si nous serons en état ni de dresser de procès-verbal, ni de protester et d'appeler de cette violence, toutes ou partie de nous étant enlevées ; nous joignons ces lignes à nos actes de protestations précédentes, pour protester, appeler, ou opposer contre toutes les autres violences que nous jugeons bien qui suivront. Signé de cinquante-quatre religieuses.

Ces *appelantes* et *opposantes* étaient menées par les sœurs Eustoquie de Brégy et Christine Briquet, deux héroïnes dont

M. Sainte-Beuve a tracé un piquant portrait (1). En voici quelques traits : « La sœur Eustoquie contribua plus que personne à maintenir le parti des récalcitrantes. On a une quantité d'écrits d'elle à cette date ; elle se plaisait à raconter plume en main ses conversations soit avec M. Chamillard, soit avec l'archevêque, soit avec sa mère. Ces conversations écrites sentent une lectrice des romans de mademoiselle Scudéry bien plus qu'une élève de la mère Angélique. La mère de la sœur Eustoquie, madame de Brégy, était une précieuse qualifiée. On a d'elle quelques lettres et pièces galantes imprimées. La fille avait lu Jansénius dans le texte latin et citait les conciles ; la mère possédait l'*Astrée* et les Arrêts des Cours d'amour : il devait être curieux de les voir aux prises et *bec à bec*, comme dit Benserade. La fille avait beau jeu à relever la mère ; mais elle avait tort de parler d'elle sans aucun respect... Un jour que la comtesse de Brégy et l'archevêque se trouvèrent ensemble au parloir, l'entretien avec la sœur Eustoquie dura une heure et demie ; celle-ci soutint d'un ton de docteur, et avec une intrépidité encore plus impertinente qu'à l'ordinaire, l'impossibilité pour elle d'en venir jamais à la signature, quand même tout le monde, et même M. Arnauld céderait : sur quoi sa mère impatientée dit ce joli mot : « *J'ai une fille qui ne relève que de Dieu et de son épée.* » L'archevêque y applaudit fort, et l'entretien s'animant de plus en plus, la sœur Eustoquie acheva de s'y dessiner en docte héroïne, en chevalière de la Grâce. On avait précisément, ce jour-là ou la veille, arrêté à Port-Royal et conduit à la Bastille M. Akakia, qui était un très-honnête et très-utile homme d'affaires des religieuses. La sœur Eustoquie était outrée de cette arrestation de M. Akakia et elle le laissa trop voir à son ton ; ce qui fit que sa mère, allant au fond de la pensée qu'elle connaissait bien, dit au prélat : « Voyez-vous, Monsieur ! cette créature me mettrait bien en pièces pour conserver en son entier le soulier de M. Akakia, de M. Arnauld, de Monsieur et Madame la janséniste... » Madame de Brégy avait grand'raison en jugeant ainsi. L'archevêque, en sortant, dit devant les autres religieuses : « Jamais il ne s'est vu un orgueil semblable à celui de cette créature sous le ciel. Elle demeure dans son froid, sans s'émou-

---

1. Sainte-Beuve, *Port Royal*, t. IV, p. 266, sq.

voir de rien ; elle vous tient son *quant à moi*, et elle m'a répondu dans une hautainerie, dans une élévation et une assurance qui m'a fait rougir de voir un tel caractère d'esprit et une telle vanité dans une religieuse, et de voir qu'elle n'en rougit pas elle-même. Elle est au-dessus de tout, rien ne l'étonne, et personne n'est digne d'elle. » C'est la sœur Eustoquie elle-même qui nous transmet sur son compte ces témoignages à sa charge, et elle ne s'aperçoit pas, à la manière dont elle croit s'en faire honneur, qu'elle les justifie.

« Je me rappelle que lorsque j'avais l'honneur de causer avec M. Royer-Collard de ces caractères et personnages de Port-Royal, dès qu'il lui arrivait de prononcer le nom de la sœur Briquet : « et la sœur Christine Briquet, Monsieur !... » Il éclatait de rire, de ce rire mordant et bruyant qui lui était naturel. Elle faisait sa joie et sa jubilation, chaque fois qu'il y ressongeait... La différence de ton de cette nièce des Bignon d'avec la fille des Brégy, filleule de la reine, se fait vivement sentir : la précédente était de race de précieuse, celle-ci est de souche gallicane et doctrinaire ; elle part d'un principe ; elle porte dans la dévotion le procédé parlementaire, au lieu du genre Rambouillet... Elle avait réponse à tout et tenait tout ce monde en échec. Cette *dangereuse petite fille* justifiait de plus en plus ce que lui avait dit l'archevêque : « Je souhaiterais de tout mon cœur que vous eussiez quatre mille fois moins d'esprit que vous n'en avez... Il est certain que votre esprit vous perd. Vous êtes une dogmatiseuse, une théologienne et une philosophe. Vous vous mêlez d'enseigner une science..., dites-moi un peu comment elle s'appelle ? est-ce la théologie ou la philosophie dont vous faites profession ? » La sœur Christine ne le savait pas bien elle-même : par des appels continuels aux paroles de l'Écriture, elle allait à tout moment jusqu'aux limites du protestantisme. Un siècle plus tard, au lieu de Saint-Cyran et de M. Arnauld faites-lui lire Jean-Jacques ou engouez-la pour M. Necker, et vous verrez où elle ira. »

Des religieuses qui portaient dans la dévotion le procédé parlementaire ou le genre Rambouillet, et qui auraient été capables de comprendre et d'aimer Héloïse ou Corinne, ne pouvaient avoir que des dédains, des sarcasmes pour la mère Eugénie, le procédé de saint François de Sales et le genre de sainte Jeanne de Chantal. C'était tout naturel. La mère Eugénie et ses filles, disent ces esprits raffinés et libres, confondaient l'Église avec le pape; elles ne se contentaient pas de croire le pape infaillible, mais il semblait qu'elles rendaient participants de cette prérogative tous leurs supérieurs. Elles disaient, en voyant le portrait de Saint-Cyran : *Voilà un homme qui a mis le feu dans l'Église*, et elles appelaient M. d'Ypres un *blasphémateur*. Elles n'avaient d'autre science que l'obéissance aveugle et enfermaient dans cette vertu la loi et les prophètes. Elles étaient ignorantes au dernier point. Une d'elles, qui avait été supérieure, ne savait pas, lorsqu'elle vint à Port-Royal, combien il y avait de psaumes ni qui les avait composés. Elles étaient surprises quand elles entendaient alléguer quelques paroles de la Sainte Écriture; elles prenaient toute leur science dans les livres de leur bienheureux père, dans Rodriguès, dans la vie de M. Vincent; elles ignoraient la tradition, les conciles et l'histoire. La mère Eugénie ne cita jamais que ce passage de saint Paul : *Nous avons été ensevelis avec Jésus-Christ par le baptême*, et encore au lieu d'*ensevelis* elle dit *en sépulture*. La plus belle des raisons qu'elle donnait, en exhortant les révoltées à la signature, c'était : « Ma chère sœur, le pape a dit qu'il faut signer ; monseigneur l'archevêque le veut ; tout le monde le fait. » La sœur Séraphine fut même jusqu'à dire « qu'on était toujours obligé d'obéir au pape, parce que son autorité devait prévaloir au-dessus de toute autre. » On lui répondit : « L'autorité de Dieu, ma sœur, et celle de l'Évangile ne doivent pas pourtant céder à celle du pape. Sur quoi elle eut l'impudence d'établir cette maxime qu'*il ne fallait croire et tenir de l'Évangile que ce que le pape ordonnait que l'on en crût et que l'on en tînt* (1). »

Ainsi, à Port-Royal, on plaçait toujours l'Écriture au-dessus de l'autorité de l'Église, la Bible au-dessus du pape. Le jansénisme et le protestantisme se donnaient la main. En nous parlant de la mère Eugénie, les religieuses en révolte nous ont révélé elles-mêmes leurs sentiments calvinistes. Pour bien connaître le fond de leur cœur, il faut compléter cette révélation par quelques faits empruntés à un *mémoire* de la mère Eugénie.

Le P. Rapin a eu ce mémoire entre les mains et il en a donné un abrégé où nous lisons :

---

1. *Vies intéressantes et édifiantes des religieuses de Port-Royal*, t. II, p. 402, sq.

« Les religieuses de Port-Royal parlent de Rome comme d'un gouvernement de politique, d'intérêt et d'intrigue, où les jésuites, leurs ennemis déclarés, étaient les maîtres. — Elles n'ont d'estime que pour leurs *Messieurs* : « Je ne connais pas le pape, disait l'une d'elles ; je ne sais s'il fait bien ou mal, mais je connais nos Messieurs. » Elles soutenaient que le pape n'avait aucune connaissance de la doctrine et du livre de Jansénius, qu'il dormait pendant que les docteurs le défendaient devant lui, à Rome. Elles ajoutaient que c'était une idolâtrie toute pure que de croire l'infaillibilité du pape et que c'était attribuer à l'homme ce qui n'est propre qu'à Dieu. Elles se moquaient de l'excommunication du pape et de l'archevêque. L'Église était pour elles *l'assemblée des fidèles en charité*. D'ailleurs, pour retrouver la véritable Église, il fallait remonter aux premiers siècles, ou s'enfermer à Port-Royal. — Elles ne pouvaient entendre parler des jésuites sans émotion et sans s'emporter contre eux. On les entendit raconter qu'un jour les pensionnaires de Port-Royal des Champs habillèrent une poupée en jésuite, dont elles firent un sujet de divertissement aux mères, et à la fin du jeu elles jetèrent en cérémonie la poupée dans l'étang pour la noyer. Elles se consolaient de la privation des sacrements, en pensant que saint Paul, premier ermite, et sainte Marie égyptienne, qui avaient si peu communié, étaient devenus de grands saints. — Elles avaient une grande dévotion pour Saint-Cyran ; on donnait aux malades, pour les guérir, de l'eau où avait trempé sa main ; souvent on a trouvé des religieuses prosternées (O M. Sainte-Beuve !) devant le cœur et les entrailles de cet abbé, renfermés sous une pierre dans le cloître ; toutes les religieuses avaient son image dans leur cellule. On gardait — et on portait en procession — des os de Saint-Cyran, de Singlin, de Calaghan, de Rebours, de Bagnols, des mères Angélique, Marie des Anges, qu'on appelait les saints modernes (1). »

Que pouvaient la mère Eugénie et M. Chamillard contre de telles aberrations de doctrine et de conduite ? Avec toute leur douceur, toute leur modération, ils ne parvinrent pas à ramener à l'obéissance ces religieuses qu'il aurait fallu ramener d'abord à la foi catholique. Cependant, dès les premiers jours de leur gouvernement si contesté et si méprisé, sept signèrent

---

1. Rapin, *Mémoires*, t. III, p. 299, sq.

le Formulaire. Naturellement, les relations notent d'un signe funèbre le jour où ces étoiles tombèrent du ciel augustinien ; ce fut le 12 septembre 1664. Deux de ces sœurs *vendues à l'iniquité* sont restées célèbres : la sœur Flavie, qui fut établie sous-prieure et infirmière, et la sœur Dorothée, qu'on fit cellérière et tourière. La sœur Flavie surtout est l'objet des récriminations et des anathèmes des annalistes de Port-Royal; *ses défauts, sa trahison, ses brigues, ses artifices, ses mensonges insignes* sont consignés en détail dans d'interminables récits. Les religieuses fidèles à la grâce se consolaient en publiant les *déréglements* des *signeuses*. « Monsieur, disait la sœur de Saint Alexis à Chamillard, vous n'avez pas de quoi vous glorifier beaucoup : ce ne sont pas les plus vertueuses de la maison, ni les meilleurs esprits que vous avez attrapés. » Les plus *vertueuses* de la maison, les *meilleurs esprits*, goûtaient peu la direction de M. Chamillard et n'avaient aucune confiance en lui. Un jour, ce docteur ne leur avait-il pas avoué *qu'il n'avait pas dit Prime à une heure et demie après-midi*, alors que *les personnes qui les avaient conduites autrefois avaient toujours dit Prime avant dix heures*. Au reste, les directeurs du dehors continuaient à les assister par tous les moyens. Les religieuses entretenaient des communications régulières avec les mères déportées et leurs amis. Elles envoyaient leurs confessions par écrit ; elles demandaient en retour qu'on leur envoyât l'absolution, par lettre également, et qu'on mît sous le pli des hosties consacrées pour pouvoir communier. La folie et le sacrilège débordent. L'enlèvement des sœurs Eustoquie de Brégy et Christine Briquet, que l'archevêque ordonna enfin, ne dérouta point le parti des révoltées : comme la sœur Eustoquie, elles auraient toutes mis en pièces M. Chamillard, la mère Eugénie et la sœur Flavie, pour un soulier de M. Arnauld et même de M. Akakia. La sœur Flavie se rendit alors coupable du plus grand de ses crimes. On envoya aux religieuses enlevées leurs écritoires et quelques livres, mais on n'envoya rien à la sœur Eustoquie, et cela par le conseil de la sœur Flavie qui s'y opposa, en disant qu'il fallait lui faire faire pénitence de ses lectures et de ses griffonneries passées (1). La pénitence était bien trouvée pour cette fille savante et paperassière. Les mères transpor-

---

1. Dom Clemencet, *Histoire générale de Port-Royal*, t. VIII, 61.

tées dans divers couvents de Paris ne montrèrent pas, à part une ou deux, de meilleures dispositions.

La plus considérable et la plus considérée de ces *victimes* est la mère Angélique de Saint-Jean, qui fut enfermée au couvent des *Annonciades*. Dieu lui donnait des lumières extraordinaires. En voici un exemple qui ne laisse aucun doute : Interrogée au sujet du jeune duc de Chartres, Philippe d'Orléans (depuis régent du royaume) pour lequel elle avait voulu prier pendant deux mois, elle répondit qu'elle avait connu que ce prince *sauverait l'Église de France* (1). L'âme et l'esprit de cette prophétesse ravissent M. Sainte-Beuve. Quoi de plus ravissant, en effet, que de voir une religieuse, vouée à l'humilité et à l'obéissance, résister superbement à ses légitimes supérieurs et se poser en martyre? Quand elle se voit désignée pour quitter Port-Royal, elle s'applique ces paroles d'un grand confesseur de la foi : *Gaudeo plane quia hostia Christi effici merui*. Quand l'archevêque appelle les douze victimes pour les faire sortir, elle pense à ce terrible jour où Dieu rassemblera ses brebis de tous les lieux où elles auront été dispersées, et les séparera d'avec les boucs, sans que les conditions et les dignités puissent empêcher que chacune soit placée selon le mérite de ses œuvres. Au moment tragique où son père l'immole en son cœur, comme un autre Isaac, sur les marches du balustre, elle fait à Dieu cette prière : *Holocausta medullata offeram tibi*. Quand le carrosse les emporte, elle chante l'hymne de la Dédicace: *Urbs Jerusalem beata*, et se dit qu'elles étaient les pierres vivantes que l'on transportait pour les aller poser dans l'édifice spirituel de cette ville où elle espérait se trouver réunie avec toutes les personnes qu'elle venait de quitter.

Tout à coup, au milieu de ces mystiques interprétations d'une dévotion illuminée, le *procédé parlementaire* se fait jour. La supérieure des Annonciades, Mme de Rantzau, reçoit l'*incomparable* mère et la mène d'abord à la chapelle de l'*Immaculée conception*. « Le mystère m'était nouveau, dit la mère Angélique, n'y ayant point d'autel chez nous qui soit dédié aux opinions contestées. » Or elle, qui dédaignait de s'incliner devant l'image de Marie immaculée, fut prise d'un point de côté

---

1. « Ce qui a rapport, ajoute dom Clemencet, à la liberté que le régent accorda à la mort de Louis XIV, et qui donna occasion à l'*appel* de la bulle Unigenitus, *lequel a conservé le témoignage de la vérité dans l'Église.* »

dont elle mourut, en se prosternant sur le tombeau de M. de Sacy pour lui parler en faveur d'une sœur malade et lui demander en même temps sa sainte bénédiction pour elle-même. Le procédé parlementaire se fit jour plus d'une fois encore pendant la *captivité* de la mère Angélique. Après une longue conversation avec l'archevêque qui l'était venue voir, et dans laquelle la *prisonnière* avait soutenu contre le prélat et la supérieure la fameuse distinction du *droit* et du *fait*, Mme de Rantzau l'accompagna jusqu'à sa chambre. On en avait emporté la clef, de sorte qu'il fallut attendre quelque temps auprès de la porte. La dispute se ralluma.

Elle (madame de Rantzau) me dit que j'étais trompée, qu'il y allait de mon salut, que j'étais dans l'erreur et choses semblables. A quoi je répondis en général que je ne pouvais être dans l'erreur en croyant tout ce que l'Église croit quant à la doctrine et ne faisant difficulté que d'attester que les hérésies sont dans un livre où tout le monde ne les voit pas... Elle supposa toujours que par là nous nous séparions de la créance de l'Église, qui a toujours reconnu pour hérétiques ceux qui refusaient de condamner les hérésies et les auteurs. Sur quoi elle allégua les Origénistes qu'on avait obligés de dire anathème à Origène. — J'y répondis par saint Jérôme à Jean de Jérusalem à qui il donnait le choix ou de condamner Origène s'il condamnait ses erreurs, ou de nier que ses erreurs fussent d'Origène s'il ne voulait pas condamner Origène. — Elle voulut se fortifier du IVe concile, qui avait obligé Théodoret de dire anathème à Nestorius. — Cela me contraignit d'alléguer le Ve et le VIe touchant les *Chapitres* et Honorius. Dès qu'elle entendit parler d'Honorius, elle en prit la défense disant qu'il n'avait pas été condamné, mais que c'étaient les actes du concile qui avaient été falsifiés. — J'avais le plus beau champ du monde de répliquer, mais parce que je ne voyais ni utilité, ni plaisir à m'engager dans cette dispute avec une personne qui ne cherchait pas la vérité, mais qui se tenait si assurée de la savoir que toute contradiction lui passait pour hérésie. Je voulus rompre en lui disant que pour cette *prétendue* falsification, j'avais ouï dire que c'était un songe dont *tous les savants* se moquaient, et qui même ne pouvaient rien aux regards des erreurs de fait, dont on soutient que les Papes et les conciles mêmes sont capables ; mais que je laissais toutes ces contestations aux savants et ne me voulais mêler que de prier Dieu. — Elle me répliqua promptement comme pour me pousser plus avant, parce qu'elle voyait que je voulais me retirer de la dispute : Je sais toute l'histoire ecclésiastique, je sais, je répondrai à tout. — Je lui répliquai avec un peu de chaleur, car son empressement m'émut : Et moi, ma mère, je ne sais rien. C'est pourquoi cela va le mieux du monde pour ne pas disputer : car il n'y aurait pas de proportion... — Elle s'échauffa davantage et me dit qu'elle ne me laisserait pas, qu'il y allait de mon salut. — L'impatience me prit aussi, et, sans autre réponse, je lui fis une profonde inclination et me tournai devant une fenêtre, où je me mis à genoux pour prier Dieu, en attendant qu'on apportât la clef qu'on était allé quérir, car tout cela se passa sur la montée, à la porte de ma chambre.

Quelque temps après cette dispute sur la montée, la mère Angélique retrouvait toute sa science. Elle eut avec madame de Rantzau, qui la pressait toujours de se soumettre aux jugements infaillibles du Pape, de nombreuses conversations qu'elle émailla des plus belles fleurs de Jansénius et de Saint-Cyran. Lorsqu'on la menaça de l'excommunication elle répondit :

« Il arrive quelquefois que les successeurs de Saint-Pierre imitent un peu sa promptitude à tirer l'épée, et ils frappent trop tôt comme lui sans attendre la permission de Jésus-Christ. Mais alors Jésus-Christ guérit comme en ce temps-là l'oreille qui est coupée, et augmente intérieurement la foi et la charité à ceux que l'on a séparés sous prétexte de leur désobéissance. »

Aux grandes fêtes de la Toussaint, de Noël, de Pâques, elle demeura privée des sacrements. Mais *la foi lui persuadait assez que Dieu pouvait remplir ce vide et lui donner autant de force par la communication des souffrances de Jésus-Christ que par la participation du divin sacrement qui en est le mémorial.*

C'est ainsi que la mère Angélique, grande âme et grand esprit, portait le *procédé parlementaire* et protestait dans sa dévotion. Soyons justes toutefois, et reconnaissons qu'elle savait mêler à ce rationalisme le mysticisme le plus ardent. Dans sa chambre elle chantait l'office de la grand'messe ; elle faisait l'aspersion de l'eau bénite et ne manquait pas d'asperger le seuil de la porte, *de peur que l'esprit de séduction n'y entrât avec celles qui tâchaient de l'y amener.* Elle faisait aussi la procession, portant une croix. Mais elle ne récitait pas les litanies liturgiques. « J'avais fait, dit-elle, une litanie des noms de toutes nos sœurs de Paris et des Champs, des novices et postulantes du dehors et de tous nos amis et amies, en général de tous ceux pour qui je me croyais obligée particulièrement de prier et je les offrais tous à Dieu, l'un après l'autre, en disant à chaque personne : *Miserere ejus*. »

Les songes prophétiques venaient visiter la pauvre captive et la consolaient. Car c'était presque toujours l'image de sa chère Sion sortant de ses ruines qui lui apparaissait sur le bord de ces fleuves de Babylone où elle gémissait.

L'archevêque réalisa les rêves de la mère Angélique. Il vit que les religieuses restées à Port-Royal de Paris persévéraient dans leur guerre intestine contre la mère Eugénie, la sœur Flavie et les *signeuses*, et que les *exilées*, loin de subir la salutaire influence des communautés qui les avaient reçues, s'entêtaient de plus en plus dans leurs sentiments. Elles pouvaient aussi répandre leurs erreurs. Un de leurs plus zélés directeurs, l'évêque d'Aleth, y comptait bien. « Quel avantage pour elles, écrivait-il, d'être dignes de soutenir avec tant de fermeté et de vigueur la vérité abandonnée par le clergé de France, d'en être les premières victimes et d'avoir été destinées par une élection toute divine de porter cette vérité dans toutes les maisons où elles ont été conduites ; c'est pour faire miséricorde à d'autres maisons religieuses qui vivent dans une ignorance profonde de leur état, que Dieu les a séparées. Cette dispersion sera comme celle des apôtres, qui se fit pour répandre la connaissance de Jésus-Christ. »

D'ailleurs le roi se lassait de payer la pension des *captives*. Comme elles n'étaient pas toutes aussi mortifiées que la mère Angélique, leur entretien devenait assez onéreux. Car « leur délicatesse pour leur manger allait à tel excès qu'on ne pouvait leur faire de bouillon assez bon en la maison, ni rien servir à leurs tables dont elles ne fissent des plaintes (1). »

On pensa donc qu'il valait mieux rassembler le troupeau rebelle en un même lieu et faire le vide autour de lui. C'est ainsi qu'au mois de juillet 1665, les religieuses exilées, et celles demeurées avec la mère Eugénie se trouvèrent réunies à Port-Royal des Champs.

« Nous arrivâmes justement assez à temps, dit la mère Angélique, pour célébrer la fête de la Dédicace de l'église du monastère. Jamais nous ne chantâmes avec plus de joie et plus de consolation spirituelle : *Hæc est Domus Dei*.... C'est

---

1. Lettre de M. Gambart. Rapin, *Mémoires*, t. III, p. 270.

ici la maison de Dieu qui est solidement bâtie ; elle est fort bien fondée parce qu'elle est appuyée sur la pierre, et qu'elle ne met sa confiance qu'en la seule grâce de son Sauveur... »

Les communications avec leurs amis devinrent plus difficiles aux Champs qu'à Paris L'archevêque avait fait relever les murs de clôture et un exempt avec quatre gardes veillaient, de par le roi, sur tout ce qui entrait et sortait du monastère. Les confesseurs furent changés ; la privation des sacrements fut maintenue pour toutes les religieuses, excepté les converses. « Mais, dit le P. Rapin d'accord ici avec les Relations, elles trouvèrent moyen, aussi bien exercées qu'elles étaient, de tromper leurs gardes par leurs bons amis, qui, dans les nuits les plus obscures, allaient planter secrètement des échelles sur les murailles de l'enclos, aux lieux les plus écartés de la maison, et jetaient des paquets de lettres et d'imprimés, ou les portaient eux-mêmes, déguisés, sans scrupule de rompre la clôture, contre les canons, qu'ils n'observaient que quand ils leur étaient bons à quelque chose... Elles avaient d'autres voies de tromper les ecclésiastiques que l'archevêque leur avait donnés pour veiller à l'interdit des sacrements..., car tantôt elles se fourraient dans les places des converses qui avaient permission de communier, tantôt elles prenaient leurs voiles pour tromper les prêtres et surprendre la communion.... On disait même qu'Arnauld, qui se cachait dans Paris, allait toutes les semaines, déguisé, en charrette, à Port-Royal, et portait un nombre d'hosties consacrées qu'il leur passait par-dessus les murailles, qu'il escaladait, ou les faisait porter par un prêtre, nommé de Sainte-Marthe, grand aventurier, dont il se servait en cette qualité-là pour tromper les gardes (1). » Si M. de Sainte-Marthe ne leur apportait pas toujours des hosties consacrées, il ne manquait jamais de leur distribuer le pain janséniste de la parole de Dieu ; il avait la charité, raconte une Relation, de partir le soir de Paris ou de la maison où il demeurait près de Gif et de se trouver à certaine heure dans un endroit marqué, assez éloigné des gardes : il montait sur un arbre assez près du mur, au pied duquel étaient les religieuses, à qui il faisait des petits discours pour les consoler et les fortifier. C'était pendant l'hiver. Les rigueurs de la saison

---

1. Rapin, *Mémoires*, t. III, p. 304.

nous font admirer davantage la charité du prédicateur perché sur un arbre et l'avidité de son auditoire blotti au pied d'un mur.

On comprend que les confesseurs nommés par M. Péréfixe paraissaient bien vulgaires aux saintes recluses, lorsqu'elles les comparaient à leurs héroïques directeurs. Aussi avaient-elles pour eux des procédés dont l'indignité touche parfois au burlesque. Un jour, par exemple, un d'eux, M. de Saugey, veut lire aux religieuses une Ordonnance de l'archevêque. Celles-ci refusent de l'entendre s'il n'est accompagné de deux témoins, protestent par avance de nullité, se portent opposantes à tous les tribunaux, *même à celui de Jésus-Christ*. Le chapelain, *qui ne voulut pas se désister*, usa de stratagème. Au moment où la communauté se levait pour sortir du chœur après none, il s'approcha de la grande grille et se mit à lire *d'une voix tout à fait surprenante* la lettre de l'archevêque. Mais dès les premiers mots, les sœurs fuient avec tant de précipitation qu'elles renversent les chaises avec leurs manteaux. Aussitôt sœur Marie-Gabrielle *crut* entendre que les mères avaient ordonné de faire grand bruit et, obéissant à l'aveugle à ce *commandement sans auteur*, elle jette plusieurs chaises *avec une fureur et une agilité extraordinaire*. Une sœur converse voulut l'imiter en jetant les chaises de l'autre chœur, et sœur Anne-Eugénie, surmontant la répugnance qu'elle avait à contribuer à ce joli vacarme, retourna, par pure obéissance, car elle était déjà sortie, en jeter deux de toute sa force. Elle fut suivie de sœur Jeanne Fare, qui, voyant sœur Angélique sourire, se persuada qu'elle avait aussi jeté sa chaise et rentra dans le chœur en jeter une afin de ne pas perdre le mérite d'une si belle action. « Cette action, ajoute la Relation, quoique innocente dans le fond, ne laissa pas de scandaliser terriblement M. Du Saugey. » N'y avait-il pas de quoi ?

Au milieu de cette *sanglante persécution* qui ruinait de fond en comble *un des plus saints monastères de l'Église*, les religieuses trouvèrent dans leur médecin, l'honorable M. Hamon, qui avait la libre entrée de leur maison, un guide spirituel et un consolateur. M. Fontaine écrit en lettres d'or dans ses mémoires le nom de cet ami de Port-Royal. Dans le bienheureux Désert il n'y eut certainement que de *grands* hommes, que des hommes fameux, *savants, pieux, saints, célèbres, illustres*, et cependant M. Hamon *a été un des plus grands ornements d'entre eux.* « Dieu a fait voir le discernement qu'il faisait de ce fidèle serviteur d'avec nous autres, en le laissant toujours stable dans ce saint Désert dont la tempête nous a chassés, en l'y laissant subsister malgré les orages et les violences des hommes... Dieu savait les raisons de sa stabilité dans ce lieu, et l'usage qu'il y voulait tirer de lui quelque jour pour ses servantes affligées... Il a fait ce qu'auraient dû faire les évêques et les plus saints ecclésiastiques. Dieu en quelque sorte l'a tiré du rang des laïques, pour le faire passer au rang des docteurs les plus éclairés... Armé de ces armes de lumière, et toujours prêt à combattre pour ces saintes filles, auxquelles Dieu l'avait donné pour être leur consolation dans ces temps fâcheux d'une persécution qu'on aura peine à croire..., rien ne l'effrayait. Faisant ce qu'un évêque charitable aurait dû faire, il rendait inutile ce que des évêques impitoyables faisaient contre ces saintes religieuses (1). »

Voici par quelles maximes M. Hamon rendait inutile la privation des sacrements dont l'archevêque de Paris avait frappé les religieuses récalcitrantes de Port-Royal. Ne pouvant reproduire au long l'affreuse doctrine du sublime théologien nous nous bornons à citer sommairement quelques-uns des *motifs de consolation* qu'il offrait à ces saintes filles.

1° *La privation de la confession efface les plus grands crimes ; elle est beaucoup plus méritoire que la confession elle-même ; elle est une excellente pénitence.*

D'ailleurs elles peuvent toujours *se confesser à J.-C. qui est le grand prêtre, l'évêque de nos âmes; elles peuvent se confesser à un laïc, qui aura peut-être plus de lumière et plus de vertu que plusieurs prêtres... Jésus-Christ donnera l'absolution... La foi nous absout de nos péchés.. La louange de Dieu supplée au bienfait de l'absolution... La parole de Dieu supplée à l'absolution du prêtre.*

2° *La privation de l'Eucharistie est plus précieuse devant Dieu que le martyre : elle est une grande marque d'amour ; elle est beaucoup plus précieuse que l'Eucharistie même ; il suffit d'avoir communié une fois dans la vie.*

D'ailleurs on peut communier sans recevoir l'Eucharistie : *on communie toujours en vivant* ; si nous avons une véritable charité, nous devons croire que nous communions en effet, quand nous en voyons qui communient, ou même quand nous le savons.

1. Fontaine, *Mémoires*, t. IV, p. 395, sq.

Toutes les fois que nous croyons comme il faut avoir reçu le corps de J.-C., nous le recevons, etc.

3° Il y a un viatique meilleur que l'Eucharistie :

C'est la croix ; je ne sais même pas si le démon ne fuit pas davantage la croix que l'Eucharistie... La Vierge ne communia point le jour de la Cène du Seigneur, et Judas y communia.. Mais est-ce que Judas gagna beaucoup, et que la sainte Vierge perdit quelque chose ?

4° *Comment perdrions-nous quelque chose en ne recevant point l'Extrême-Onction ?*

Est-ce que, pouvant bien recevoir J.-C. sans l'Eucharistie, nous ne pourrons recevoir le Saint-Esprit sans l'huile ? Le refus de l'Extrême-Onction est pour nous une véritable Onction.

5° *Dieu sera content de nous si nous consentons volontiers que notre corps soit enterré sans aucune cérémonie, ou qu'il soit même privé de sépulture, pour rendre un témoignage à la vérité, qui soit authentique, dont on ne puisse douter...*

6° *Qu'on ne nous menace donc plus qu'on ne chantera point à notre enterrement, puisque nous aurons cette grande consolation, en demeurant fidèles à Dieu, que les anges y chanteront... J'aime mieux la musique du ciel que celle de la terre.*

M. Sainte-Beuve avait bien raison d'assurer aux protestants de Lausanne qu'en étudiant de près M. Hamon, leur patience aurait son fruit et serait récompensée (1). En effet, ils devaient trouver en lui un frère de Luther et de Calvin. M. Sainte-Beuve l'appelle un des *grands spirituels* du dix-septième siècle. Est-ce parce qu'*il a en lui quelque chose d'idéaliste et de mystique à la façon de l'Orient et du très-haut Orient*, parce qu'*il a du Brame et que sa religion donne quelquefois l'idée du boudhisme ?* Pour nous ce Brame de Port-Royal est un pieux ministre du saint Évangile, digne assurément *d'être goûté par tous les chrétiens sincères d'une autre communion.*

Malheureusement il fut goûté par les religieuses des Champs : il les endoctrina si bien et les soutint si bien que l'approche des jugements de Dieu ne fut pas capable de les faire revenir. Cinq d'entre elles moururent sans sacrements, dans leur désobéissance. *Une telle mort n'a rien que d'aimable,* a osé écrire M. Hamon, en racontant les derniers jours d'une de ces pauvres égarées (2). Avant de les enterrer, les sœurs chargeaient ces

---

1. Sainte-Beuve, *Port-Royal*, t. IV, p. 288.
2. Le *saint* évêque d'Aleth leur écrivait : *O qu'une telle mort est précieuse devant Dieu !*

mortes de leurs commissions pour l'autre monde et mettaient dans leurs mains une *requête* ou *procuration* signées de toutes. A ces récits, le cœur se soulève de pitié et d'horreur. On n'a que des larmes pour ces filles pures comme des anges, que l'orgueil a perdues et qui auraient été une des plus belles parures de l'Épouse de J.-C., si l'humilité avait guidé leur vertu dans les sentiers si doux de l'obéissance. Mais on n'a que de l'indignation pour les misérables docteurs qui les égarèrent et les perdirent. Malgré toutes les fleurs dont ils couvrent le cercueil de leurs victimes, malgré les apothéoses qu'ils leur décernent, on ne peut songer, sans une profonde tristesse, aux angoisses muettes de ces âmes aux prises avec l'agonie, à leurs doutes déchirants, aux horreurs des sombres perspectives qui s'offraient à elles, du côté de l'éternité. Les Relations nous parlent en vain de la sérénité des saints et des saintes de Port-Royal en face de la mort. Elles mentent. Les lèvres refroidies d'un Janséniste expirant ne connurent jamais l'angélique sourire des vrais enfants de l'Église catholique, qui s'endorment, absouts et confiants, sur le sein de cette tendre Mère.

Les Messieurs, on le pense bien, ne se contentaient pas de gémir en silence, tandis que les *fidèles servantes de Jésus-Christ* étaient si horriblement persécutées. Ils ne se contentèrent pas de fortifier par leurs *lettres, leurs traités, leurs extraits des Pères* ces vierges-martyres de la Grâce ; ils dénoncèrent au monde *les marques sanglantes de la colère de M. de Paris, les effets de la persécution de M. de Chamillard, qui ruinait de fond en comble un des plus saints et des plus réguliers monastères de France.* Arnauld et Nicole écrivirent quatre *Apologies pour les religieuses de Port-Royal;* Le Roy, abbé de Hautefontaine, lança sa *Lettre sur la constance et le courage qu'on doit avoir pour la vérité, avec les sentiments de saint Bernard sur l'obéissance qu'on est obligé de rendre aux supérieurs et sur le discernement qu'on doit faire de ce qu'ils commandent.* D'après l'abbé de Hautefontaine, le Pape, l'archevêque de Paris, les Évêques orthodoxes, le Roi, la Reine-mère et tous ceux qui travaillaient à détruire le jansénisme étaient des tyrans, des bourreaux, les successeurs de Néron, de Dioclétien, de Julien l'Apostat; les jansénistes étaient des martyrs, « eux, dit le P. Rapin, qui eurent un si grand soin de leur conservation et ne perdirent pas un poil de leur barbe pendant la prétendue persécution dont ils faisaient alors de si sanglantes descriptions. »

Pendant que les *plumes d'or* du parti vouaient ainsi à l'exécration des siècles futurs les tyrans de la foi augustinienne, les *saints évêques* protestaient contre la conduite de l'archevêque de Paris et s'opposaient de toute leur force à la signature du formulaire dans leur diocèse. Parmi ces saints prélats nous ne trouvons pas le *célèbre M. Godeau*, le *nain* de la princesse Julie, le panégyriste de *Petrus Aurelius*, l'ami de M. d'Andilly. Il s'était hâté de *signer*. Néanmoins, il compatissait de loin aux tribulations de Port-Royal. Un beau Mandedement aurait bien mieux fait l'affaire de nos Messieurs. « Il me semble, lui écrivait d'Andilly, qu'il ne suffit pas, dans une telle rencontre, d'avoir une charité épiscopale, mais qu'il faut y joindre la vigueur et la générosité de ces grands évêques des premiers siècles, en portant en faveur de la vérité et de la justice la parole de Dieu devant les rois et devant les princes pour les détromper... » Les plus célèbres des évêques, qui portaient alors la parole en faveur de la vérité devant les rois et les princes, étaient Henri Arnauld, d'Angers, Buzanval, de Beauvais, Caulet, de Pamiers, Pavillon, d'Aleth. Pavillon est resté le plus illustre d'entre ces illustres. Quand avait paru, en 1664, la Déclaration du Roi pour ordonner la signature pure et simple du formulaire, il défendit à ses prêtres de signer sous peine d'excommunication *ipso facto*, et il écrivait à Louis XIV pour lui exposer les motifs qu'il avait de ne pas se soumettre à la Déclaration royale. Oubliant que l'Assemblée du clergé et le roi ne faisaient qu'ordonner d'obéir aux ordres du Chef visible de l'Église, il estimait qu'ils avaient outrepassé leurs droits en imposant leurs décrets aux évêques , seuls juges de la doctrine. Il assurait au roi qu'il n'y avait point de jansénistes :

« La Déclaration, Sire, suppose qu'il y a dans votre royaume une hérésie jansénienne qui fait de grands progrès, qui est capable de corrompre la foi et la religion de vos sujets et de causer des troubles dans vos États. Néanmoins il n'y a rien de si vrai que c'est une pure supposition. » Cette lettre fut déférée au Parlement. L'avocat-général, M. Talon, blâma vivement M. d'Aleth.

Les Messieurs se hâtèrent de mettre leur éloquence au service de M. Pavillon. Un M. Varet, *homme d'un grand mérite*, réfuta le plaidoyer de l'avocat-général. « On offrit cet ouvrage à notre saint évêque pour l'adresser *en son nom* à l'Assemblée du clergé. Mais la modestie de M. d'Aleth, — *qui n'était pas encore fait aux pratiques jansénistes*, — ne lui permit pas d'adopter un écrit auquel il n'avait nulle part (1). »

Louis XIV, pour enlever tout prétexte aux récalcitrants, qui, comme M. d'Aleth, prétendaient que les Assemblées générales du clergé ne pouvaient les obliger à signer, pria le Pape d'envoyer lui-même aux prélats un formulaire avec un commandement exprès de le signer. Alexandre VII répondit aux désirs du roi par une Bulle où il ordonnait la signature immédiate de ce nouveau formulaire :

> Je soussigné me soumets à la constitution apostolique d'Innocent X, Souverain Pontife, du 31 jour de mai 1653, et à celle d'Alexandre VII, son successeur, du 16 octobre 1656, et rejette et condamne sincèrement les cinq propositions extraites du livre de Cornélius Jansénius intitulé *Augustinus*, dans le propre sens du même auteur, comme le Siége apostolique les a condamnées par les mêmes constitutions. Je le jure ainsi. Que Dieu me soit en aide et les saints Évangiles.

Ce n'était plus le roi ou l'assemblée, c'était le Souverain Pontife qui parlait. M. Pavillon n'avait plus qu'à s'incliner. Les *Messieurs* comprirent de quel poids la conduite d'un prélat, dont la réputation de sainteté était considérable, allait peser dans la destinée de leur cause. Son exemple, s'il se soumettait, ne manquerait pas d'entraîner tout l'épiscopat ; s'il résistait au contraire, tout était gagné. Il faut lire dans la *Vie de M. Pavillon* comment les jansénistes surent prévenir l'évêque d'Aleth et l'entourer de leurs conseils, malgré les sages avertissements que d'autres amis, plus éclairés et plus désintéressés, ne lui ménagèrent pas. Quelques-uns des Messieurs auraient voulu qu'il résistât ouvertement à la Bulle scandaleuse d'Alexandre VII. Toutefois, *à condition que M. d'Aleth mettrait la grâce efficace à couvert*, ces outranciers se rallièrent à l'avis de Nicole qui conseilla un mandement explicatif. M. Pavillon composa ce mandement qui maintenait la distinction du fait et du droit. On le revit à Paris, on l'approuva et dès son apparition, il s'en fit *une prodigieuse distribution*.

---

1. *Vie de M. Pavillon.*

Les trois satellites de l'évêque d'Aleth, Henri Arnauld, Buzanval, Caulet, publièrent des mandements analogues : l'arche sainte de la grâce était sauvée. Mais le roi fit casser, par un arrêt du Conseil, ces ordonnances qui ne permettaient la signature que moyennant raisonnement et distinction du fait et du droit, et le pape nomma une commission de neuf prélats pour juger les quatre évêques rebelles.

La mort d'Alexandre VII suspendit cette procédure ; son successeur, Clément IX, la reprit avec vigueur. Port-Royal était consterné. Dans le cercle de madame de Sablé, à l'hôtel de Longueville, à celui de Nevers, on gémissait amèrement sur la persécution dont les quatre plus saints évêques de l'Église étaient l'objet. La duchesse de Longueville résolut de les arracher à la condamnation qui les attendait. C'était une bataille à gagner ; elle fit appel à ces *champions*, c'est ainsi qu'on nommait les évêques que les cajoleries de la duchesse avaient enrôlés dans les rangs des disciples de saint Augustin. Dix-neuf prélats entrèrent dans les vues de madame de Longueville et prirent la défense des évêques accusés. L'archevêque de Sens, M. de Gondrin, que nous connaissons, était à leur tête. Ils écrivirent au pape qu'ils pensaient comme MM. d'Aleth, de Beauvais, d'Angers et de Pamiers. Ils avaient cependant tous publié déjà des mandements absolus et sans restriction ; ils avaient tous signé et fait signer purement et simplement le formulaire. Et maintenant ils confessent qu'ils n'ont point d'autres sentiments que ceux des quatre accusés qui avaient déclaré qu'ils n'exigeaient pas la créance du fait. Ainsi leur lettre au Vicaire de Jésus-Christ renfermait un mensonge évident, ou la signature du Formulaire n'avait été pour eux qu'un déguisement criminel. Menteurs, hypocrites et parjures, nous reconnaissons les grands chrétiens de Port-Royal. Après avoir écrit au pape, ces prélats s'adressèrent au roi et agitèrent devant ses yeux l'épouvantail de l'infaillibilité pontificale. Cette manœuvre n'eut pas le succès qu'on en attendait. Un arrêt déclara illicites les assemblées des évêques confédérés et défendit d'imprimer, vendre et débiter leur lettre. Les tacticiens du parti virent que la résistance ouverte allait tout perdre. « Nous sommes vingt qu'on n'a pas écoutés, avait dit M. de Gondrin à Le Tellier ; il y en aura bientôt quarante qui se feront écouter ! » — « Eh bien ! avait répondu le ministre, le roi fera le procès à ces quarante évêques, s'ils sont coupables, et à vous le premier ! » On revint aux idées d'accommodement. Elles avaient autrefois échoué ; néanmoins on jugea avec raison qu'elles pourraient aboutir dans les circonstances présentes. En effet, le secrétaire d'État, M. de Lyonne, s'était chargé de conduire les négociations. Il les entama et les poursuivit fort habilement et fort secrètement, de peur que les jésuites ne traversassent ses desseins (1).

Messieurs de Port-Royal, même l'intraitable docteur Arnauld, se prêtèrent avec empressement à toutes les finesses de la diplomatie. Seul, l'évêque d'Aleth fit des difficultés et faillit tout arrêter par son entêtement ; on finit par vaincre ses scrupules. Le nonce Bargelli, qui devait la nonciature de Paris à M. de Lyonne, le seconda avec autant de zèle que peu de clairvoyance. Il écrivit au pape, après en être convenu avec les promoteurs du projet d'accommodement, que les quatre évêques signeraient *sincèrement* le Formulaire, à condition qu'ils ne seraient pas obligés de rétracter leurs mandements. Clément IX accepta cette condition et chargea M. d'Estrées, évêque de Laon, d'être le médiateur entre le Saint-Siége et les évêques jansénistes. Ceux-ci avaient déjà préparé une lettre de soumission pour le souverain pontife, et la lui envoyèrent dès qu'ils connurent ses intentions conciliantes. Ils lui disaient qu'*ils avaient changé de conduite dans la signature du Formulaire,* qu'ils l'avaient

---

1. Le Tellier secondait le secrétaire d'État. Il eut d'abord quelque peine à s'y résoudre ; mais son fils, son fils chéri, dont les récents triomphes en Sorbonne présageaient la gloire future, *le menaça de toute son indignation,* s'il ne se prêtait à la manœuvre. Le père intimidé obéit. Ces menaces insolentes — et burlesques — sont restées jusqu'à notre temps de tradition dans les familles jansénistes. Nous intercalerons dans ces pages une polissonnerie analogue à celle du fils de M. Le Tellier. Le père, il est vrai, au lieu d'être ministre de Louis XIV, est un simple baron par la grâce (non gratuite) de Louis XVIII ; le fils, au lieu de porter le bonnet de docteur, qui demande une tête, est ceint tout vulgairement de l'écharpe municipale pour laquelle un ventre suffit ; et il ne s'agit pas de faire pièce au roi, au nonce, au pape, mais à un chétif curé. Nonobstant, mon histoire bien que réduite à ces minces personnages, ne tranchera pas trop de ton et de couleur avec nos récits du grand siècle ; car, à côté d'une vénérable descendante des *Mères de l'Église,* on trouvera l'Armande de Molière portant le casque d'Armide et *ne relevant,* comme sœur Eustoquie, la fille intraitable de madame de Brégy, *que de Dieu et de son épée.* — Réflexion faite, comme cette histoire est un peu longue, je me propose de la publier à part sous ce titre : *Le prince Hubert, seigneur et maire de Charmagnac.* Les lecteurs ne perdront rien pour attendre.

signé et fait signer comme les autres évêques de France, afin d'être unis à eux dans ce point de discipline et de manière d'agir, comme ils l'étaient dans la même doctrine et les mêmes sentiments de respect envers le Saint-Siége apostolique. — On ne pouvait mentir avec plus d'impudence. Les quatre évêques signèrent et firent signer le Formulaire, il est vrai, mais en accompagnant cette signature d'un *procès-verbal* dans lequel ils déclaraient: 1° ne pas comprendre dans les sens condamnés des cinq propositions la doctrine de saint Thomas et de saint Augustin sur la grâce efficace par elle-même, nécessaire à toutes les actions de la piété chrétienne ; 2° n'être tenus à l'égard du *fait* renfermé dans le Formulaire qu'à une soumission de respect et de discipline, parce que l'Église n'était pas infaillible dans ces sortes de faits. On eut bien soin de tenir ces *procès-verbaux* cachés avant que le pape eut répondu à la lettre et que la paix eut été proclamée. « Nous vous supplions au moins très-humblement, écrivait M. de Gondrin à l'évêque d'Aleth, de ne donner ni copie ni extrait de votre procès-verbal. » Le pape répondit qu'il était satisfait de la conduite des évêques. « Sire, dit le nonce en remettant à Louis XIV le bref de Clément IX, *c'est le rameau d'olivier et le signe de la paix.* » Toutefois, dit un historien janséniste, on ne jugea pas à propos de communiquer ce Bref, parce qu'il contenait *une fausseté notoire*, qui aurait obligé les quatre évêques de publier leurs *procès-verbaux*. On faisait dire au pape dans ce Bref *que les quatre évêques s'étaient soumis à la signature pure et simple* (1). » Cette fausseté notoire, que les quatre évêques avaient fort bien affirmée au souverain pontife, fut tenue dans l'ombre afin de ne pas donner l'éveil à ceux dont on avait surpris la bonne foi. Un Arrêt du Conseil fut publié pour mettre fin aux poursuites commencées contre les prélats et aux contestations religieuses. Il portait que le roi avait été informé par un Bref que les évêques d'Aleth, de Pamiers, d'Angers et de Beauvais avaient satisfait sa Sainteté par l'obéissance qu'ils avaient rendue aux constitutions apostoliques, en signant eux-mêmes et en faisant signer sincèrement dans leurs synodes le Formulaire d'Alexandre VII ; qu'il ordonnait que les bulles et constitutions continueraient d'être observées ; qu'il défendait à ses sujets de s'attaquer les uns les

---

1. Abrégé de l'Histoire ecclésiastique, t. XI, p. 307.

autres ; de s'appeler hérétiques et d'écrire sur les matières contestées.

Cependant quelque chose de la fraude des évêques transpira à Rome. Clément IX, à deux reprises différentes, demanda des attestations formelles et officielles de la sincérité des évêques. On les lui donna. Sur ces assurances renouvelées, le pape adressa un Bref aux quatre évêques pour leur témoigner sa satisfaction de ce qu'ils avaient signé *sincèrement* le formulaire, conformément à ce qui était prescrit par les lettres Apostoliques d'Innocent X et d'Alexandre VII. « Quoique à l'occasion de *certains bruits* qui avaient couru, disait le Souverain Pontife, nous ayons cru devoir aller plus lentement en cette affaire (car nous n'aurions jamais admis à cet égard *ni exception, ni restriction quelconque*, étant très-fortement attaché aux constitutions de nos dits prédécesseurs) présentement toutefois, après les assurances nouvelles et considérables qui nous sont venues de France, de la vraie et parfaite obéissance avec laquelle vous avez sincèrement souscrit le formulaire, nous avons bien voulu vous donner ici une marque de notre bienveillance paternelle.., » A la lecture de ce Bref l'évêque d'Aleth vit bien qu'on avait donné au pape l'assurance d'une *notoire fausseté*, savoir qu'il avait signé *sans exception ni restriction* et *sincèrement*, alors que ses amis lui avaient déclaré que Clément IX autorisait la signature avec explication et distinction du fait et du droit. Il s'en plaignit, et M. Arnauld rassura la conscience de son ami en lui faisant remarquer « que le pape demandait une signature *sincère*, que les signatures *avec distinction* devaient être estimées *sincères*, comme en effet c'étaient celles qui l'étaient le plus, la plupart de ceux qui ont signé *purement*, ne l'ayant pas fait *sincèrement*. « Cette grossière casuistique calma *les peines* de M. d'Aleth et fut le dernier mot de cet accommodement où nos Messieurs, comme dit le P. Rapin, ne parurent jamais plus jansénistes, c'est-à-dire plus artificieux, plus rusés, plus imposteurs.

Voilà ce qu'on appela la paix de l'Église ou de Clément IX. C'était une victoire pour les jansénistes ; ils la célébrèrent par de grandes démonstrations de joie, et surtout par les ovations qu'ils firent aux plus illustres confesseurs de la vérité (1). Ar-

---

1. Nos Messieurs s'attribuèrent la victoire en prose et en vers. Voici quelques fleurs de leur poésie écloses en ces jours de triomphe :

nauld reparut le premier. M. de Gondrin le conduisit chez le Nonce, qui lui dit que sa plume était une *plume d'or* ; M. de Lyonne le présenta au roi. L'admirable Docteur s'était préparé à cette présentation. Il y a sur cette préparation une page bien curieuse dans les Mémoires de Brienne.

Quelques jours avant que ce docteur fut présenté au roi, dit-il, me trouvant dans sa chambre, à l'hôtel de Longueville, je m'aperçus qu'il souffrait quelque peine intérieure, et lui en ayant demandé le sujet, il me répondit fort simplement : Je vous avoue, mon cher monsieur, que je me trouve fort embarrassé, parce que, n'ayant jamais vu le roi, je ne sais pas bien comment il lui faut parler. Plus j'y pense, et moins je trouve en moi de paroles dignes de ce grand prince, et qui répondent à la réputation, bien ou mal fondée, que m'ont acquise mes ouvrages... Si vous vouliez, vous qui avez tant d'usage de la cour, me tirer de la peine et de l'embarras où je me trouve, je vous en aurais la dernière obligation. » — « Je lui dis : Vous vous moquez..., moi, faire une harangue pour M. Arnauld ! Ma foi ! pour le coup si vous n'avez d'autre souffleur que moi, vous pouvez bien demeurer muet sur la scène qui vous effraie de loin, et vous paraîtra de près moins terrible.

   Arnaldo, Annatoque odiorum gratia causa est :
Hanc negat invictam hic, doctior ille probat.
   Arnaldi in sermone lepos, et gratia multa :
Gratia in Annato nulla, leposve fuit.
   Tandem composuit Rex, Papa judice, litem,
Arnaldique ratam sanciit esse fidem.
   Tum victus secum Annatus : Non gratia Christi
Me vicit, gratia regis, ait.

L'épigramme suivante est, dit le Recueil manuscrit où nous la trouvons, *du célèbre* père Bertaut, prêtre de l'Oratoire.

   Invenit finem longos agitata per annos
Quæstio : pax pulsis virginibusque data est
   Juri sola fides, factis reverentia : sicque
Quod numquam fuerat desiit esse malum.

La traduction janséniste qui accompagne cette pièce confirme ce que nous disons de la fourberie et de la mauvaise foi des sectaires :

  Enfin le grand procès de la grâce divine.
Malgré la bande noire en nos jours se termine.
   La célèbre distinction
   Fait cesser la division.
Le respect pour les faits, pour le droit la créance,
   Termes si longtemps contestés,
   Sujet de tant d'exils et de captivités,
Finissent les débats qui d'eux prirent naissance
   Et cette heureuse paix
Nous purge d'un venin *que nul ne vit jamais.*

Mais que voulez-vous dire au roi? Figurez-vous que je le suis, et parlez-moi sans autre préparation, comme nous faisons ensemble des affaires du prétendu jansénisme. — Il trouva l'expédient fort bon, et ayant pris son long manteau, ses gants et son chapeau, je me mis gravement dans son fauteuil, et lui s'étant retiré dans l'antichambre afin de faire toutes les cérémonies dont je voulus bien être son maître, après qu'il m'eut fait les trois profondes révérences qu'on a coutume de faire au roi, de la manière dont je lui montrai à les faire, je me levai de mon fauteuil, et sans ôter mon chapeau, j'écoutai fort sérieusement ce qu'il avait à me dire en qualité de suppliant, moi-même ayant à lui répondre en qualité de roi de théâtre. Il me parla à son ordinaire de fort bon sens ; et, sur-le-champ, sans lui donner le temps d'oublier ce qu'il venait de dire, je l'obligeai à prendre la plume et à le mettre sur le papier... Il en fut content et moi charmé, et il m'avoua que sans moi il aurait eu peine à se tirer de ce mauvais pas. »

La répétition avait été bonne : la représentation réussit. Le roi dit à M. Arnauld qu'il était bien aise de voir un homme de son mérite et qu'il souhaitait qu'il employât ses talents à défendre la religion. Il lui recommanda surtout de ne pas troubler la paix par de nouveaux écrits sur les contestations passées. M. Arnauld le jura. En sortant de chez le roi, il fut saluer le Dauphin et Monsieur ; il poursuivit pendant plusieurs jours ses triomphantes présentations. M. de Péréfixe lui donna cordialement sa bénédiction. Le curé de Saint-Jacques-du-Haut-Pas alla le recevoir à la porte de son église, où il vint dire la messe, en surplis et en étole, comme on faisait à l'archevêque ; il fit sonner toutes les cloches et allumer tous les cierges. Après la messe, le Docteur alla dîner chez M. de Sévigny, où on lui fit un grand régal. Tout le beau monde de Paris vint le complimenter à l'hôtel de Longueville. M. Arnauld, dit le P. Rapin, rendit ses visites aux personnes distinguées par le rang ou le nom. Il faisait cela volontiers, ayant assez bonne opinion de lui-même... Mais Nicole qui l'accompagnait, le faisait encore plus volontiers, n'ayant pas encore goûté les douceurs du succès et la prospérité, parce qu'il avait toujours été vagabond ou caché... L'évêque de Beauvais, qui voulut avoir part à la fête, voulut aussi se montrer..., mais on ne lui conseilla pas de continuer, n'ayant rien en sa personne propre à faire honneur au parti. On trouvait même je ne sais quoi de bas et de petit dans l'extérieur du docteur Arnauld, dont la physionomie ne passait pas le prêtre de village (1) ou tout au plus le vicaire. Outre qu'il bredouillait, on avait peine à l'entendre parler, car il n'avait plus de dents. Quand on disait cela à la duchesse de Longueville, qui n'en parlait qu'en l'admirant : « C'est lui, toutefois, disait-elle, qui est devenu le soutien de l'Église (2). »

M. de Sacy sortit de la Bastille, où depuis deux ans on l'avait enfermé avec M. Fontaine pour arrêter leurs manœuvres clandestines en faveur des religieuses rebelles. Son fidèle compagnon fut aussi mis en liberté. « J'avoue ma faiblesse, dit Fontaine ; j'avais si grande peur que son grand nom n'obscurcît le mien, que j'avais bien prié qu'en servant l'un on eût soin aussi d'y joindre l'autre. » Tous les amis de M. de Sacy « lui firent tour à tour un festin de réjouissance. Nul jour ne se passait sans que quelqu'un d'eux lui donnât ces marques d'amitié. Partout où il était il se faisait un grand concours de monde, qui ne pouvait se rassasier de voir un homme qui avait été si longtemps caché. Il eut la joie qu'on vit en sa personne d'une manière si éclatante que c'était Dieu qui le tirait seul de la puissance de ses ennemis visibles, comme cet humble défenseur de la grâce avait soutenu toute sa vie que lui seul pouvait tirer les âmes de la puissance des ennemis invisibles (3). »

Mais rien ne surpassa le brillant éclat du retour du P. Desmares, l'incomparable orateur. Tout Paris voulut l'entendre. On lui fit prêcher les quarante heures à Saint-André-des-Arcs. Laissons parler le P. Rapin :

L'assemblée y fut belle ; le nonce y vint, accompagné du coadjuteur de Reims (le fils de Le Tellier) et d'autres prélats. La princesse de Conti, la duchesse de Longueville, le duc et la duchesse de Liancourt, Arnauld, Nicole, Lalane, toute la cabale enfin s'y trouva. L'admiration y fut générale, les suffrages étant tous mendiés et de personnes intéressées. Jamais on ne prêcha d'un air plus triomphant au goût des gens du parti, ni d'une plus grande médiocrité au goût de ceux qui n'en étaient pas... Cependant à force d'éloges et d'admiration

---

1. Il paraît que les prêtres de village du temps du P. Rapin n'avaient pas bonne mine. Certainement, si le révérend Père eut vécu de nos jours, il n'aurait pas fait sa comparaison peu courtoise.

2. Rapin, *Mémoires*, t. III, p. 481.

3. Fontaines, *Mémoires*.

de commande, il fit tout le bruit qu'on s'était promis ; car, jamais, disait-on, il ne s'était mieux prêché. Ce qui donna lieu au parti de penser à chercher de l'emploi, pour le Carême suivant, à ce prédicateur ressuscité, qu'on engagea de prêcher, trois fois la semaine, aux Augustins de la reine Marguerite, dans le faubourg Saint-Germain.

Ce fut alors qu'on fit de nouvelles intrigues pour donner succès à la parole de Dieu. On avait posté des gens choisis de la garde des Cent-Suisses sur les principales avenues, pour y attirer le grand monde par cet extérieur de cérémonie qui donnait dans les yeux du peuple et qu promettait quelque chose de plus que le sermon. Les dames de la plus grande qualité et les plus parées y étaient placées aux premiers rangs ; ce qui était un grand attrait à toute la jeunesse de la cour, qu'on y voyait briller de toutes parts, pour parer l'auditoire où l'éclat et le faste avaient plus de part que la dévotion... La plupart des femmes de condition, qui d'ordinaire sont les plus vaines, ne s'y trouvaient que pour voir et y être vues. On se parait comme pour le bal, et tout s'y passait d'un air fort mondain (1).

Les religieuses de Port-Royal des Champs eurent part à ce triomphe. Plus délicates que leurs directeurs, elles résistèrent bien quelques jours ; pourtant elles se décidèrent *à en passer par des conditions pareilles à celles des quatre évêques*. L'archevêque leva l'interdit, mais les maisons de Paris et des Champs furent constituées en abbayes séparées pour le spirituel et le temporel, ce qui se fit cette fois sans protestation de nullité, sans appel, ni requête. La paix étendait partout ses douces influences. Aussitôt l'interdit levé, les cloches firent entendre leurs plus joyeux carillons ; le *Te Deum* retentit sous les voûtes depuis longtemps silencieuses de l'église ; les curés dévoués des villages environnants y conduisirent leurs fidèles en procession, en chantant des hymnes d'allégresse. Le Docteur Arnauld vint de Paris dire la messe de communauté. En peu de jours on vit refleurir le saint Désert. Les solitaires reviennent habiter les granges avec de nouvelles conquêtes qu'ils avaient faites pendant leur dispersion ; des postulantes et des pensionnaires nombreuses repeuplent le cloître ; les *mères de l'Église* accourent retremper leur zèle dans les pieuses et doctes causeries du parloir ; les *grands évêques* se hâtent d'apporter aux héroïnes de la Grâce leurs félicitations et leurs bénédictions.

---

1. Rapin, *Mémoires*, t. III, p. 498.

Des seigneurs de la Cour, des prêtres, des docteurs, des hommes d'épée, des magistrats imitent l'empressement des dames et des prélats. Tous se plaisaient à respirer l'odeur de vie qui se faisait sentir dans cette solitude où l'on n'entendait que des cantiques de louange et d'actions de grâces (1).

Les Messieurs voulurent consacrer par un monument la mémoire de cette date glorieuse de 1669 ; ils firent frapper à la Monnaie une grande médaille. D'un côté elle portait la figure et le nom du roi, de l'autre on y voyait sur un autel un livre ouvert, et sur le livre les clefs de saint Pierre, avec le sceptre et la main de justice du roi, passés en sautoir ; au-dessus un Saint-Esprit rayonnant avec ces mots à l'entour : *Gratia et pax a Deo* ; et ceux-ci au-dessous de l'autel : *Ob restitutam ecclesiæ concordiam* 1669. Le livre c'était l'*Augustinus* fermé par Innocent IX et Alexandre VII, rouvert par Clément IX ; les clefs de saint Pierre et le sceptre mêlés, c'était l'égalité de la puissance royale et pontificale ; le mot Gratia rappelait la doctrine chère à Port-Royal, et le mot Pax indiquait que l'accommodement était le prix de la victoire et non pas celui de l'obéissance et de la soumission. Le Nonce, qui commençait à ouvrir les yeux, fut porter une de ces médailles au roi et lui en faire des plaintes. Le roi indigné le fit entrer dans la salle où était réuni en ce moment son conseil, et d'un air un peu ému dit à ses ministres : « Qui de vous a fait faire une médaille janséniste sans m'en parler? » Le Tellier et Lyonne dirent qu'ils ne le savaient pas ; Colbert répondit qu'il avait ordonné une médaille pour jeter dans les fondements du Louvre, qu'on commençait à rebâtir. Le roi lui répliqua que la médaille n'avait nul rapport au Louvre et lui commanda d'envoyer sur l'heure l'ordre de briser le coin. Néanmoins, cette médaille se trouve dans le *Recueil des médailles du roi*, imprimé au Louvre en 1702. Il est vrai que Messieurs de l'académie royale supprimèrent les mots *gratia et pax a Deo*, mais, en compensation, ils ajoutèrent l'épithète *Gallicanæ* au mot *Ecclesiæ*.

Enfin, on s'y attend, nos Messieurs ne manquèrent pas de traîner à la suite de leur char de triomphe ceux qu'ils regardaient surtout comme les vaincus, les jésuites. Ils prirent su-

---

1. *Nécrologe,* préface.

rabondamment leur revanche de l'*Almanach illustré* et de la *Déroute de l'évêque d'Ypres*.

Au milieu de toutes ces fêtes destinées à célébrer un odieux mensonge, les Jansénistes eurent pourtant leur moment de franchise; car, tandis qu'ils triomphaient sur la scène et devant le public comme des gens qui ont vaillamment et noblement combattu, ils s'applaudissaient entre eux, dans les coulisses, d'avoir trouvé l'art et le secret d'escamoter la victoire. « Ça été, écrivait à Lancelot l'abbé de Hautefontaine, une espèce de *jeu de gobelets* dont je me figure que je rirais bien avec vous. »

Riez à votre aise, Messieurs de Port-Royal; vous avez si bien menti que le monde reconnaîtra toujours en vous l'*élite immortelle des honnêtes gens* et ne cherchera jamais que chez vos lâches et cruels persécuteurs, les imposteurs et les fourbes. O qu'il est utile de savoir jouer aux gobelets ! M. Sainte-Beuve n'était-il pas de cet avis ?

XIV.

Les jansénistes reprennent les armes. — Affaire de l'Université d'Angers. — Pamphlets du P. Quesnel contre la Cour romaine. — Mécontentement de Louis XIV. — Port-Royal menacé. — Fuite de M. Arnauld. — Mort de M. de Sacy : ses funérailles scandalisent Nicole. — Mort de la Mère Angélique de Saint-Jean. — Partialité des jansénistes à l'égard de M. de Harlay. — M. de Noailles archevêque de Paris. — Il favorise nos Messieurs. — Exploits des novateurs dans le chapitre de Paris. — Les *Nouvelles remarques*, le *Problème ecclésiastique*. — Encore le chapitre de Paris : l'affaire des Reliques. — Santeuil au saint Désert. — Le cas de conscience. — Découverte des projets et de l'organisation des jansénistes. — Analogie avec l'organisation des francs-maçons. — Bulle *Vineam Domini*. — Refus des religieuses de la recevoir sans restriction. — Influence politique du jansénisme en France. — La catastrophe approche. — Les prophètes de malheur. — Dispersion des religieuses de Port-Royal et démolition du monastère. — Représailles sanglantes des jansénistes révolutionnaires.

Les jansénistes avaient joué le Pape, le Roi, et tous les défenseurs de l'orthodoxie ; ils crurent les avoir désarmés. Ils déchirèrent les premiers le traité de paix et déployèrent au grand jour leur drapeau qu'ils avaient caché un instant, par ruse de guerre, mais qu'ils n'avaient jamais renié. Quelques-uns cependant, les politiques, auraient voulu que Port-Royal profitât de l'accommodement pour étendre sans éclat et sans bruit le règne de la morale sévère. Le Camus écrivait à l'abbé de Pontchâteau : « Votre sainte famille m'est souvent présente devant Dieu : rien ne la pourra tirer d'affaire qu'un grand silence et oubli du monde. » Les Messieurs étaient trop éloquents pour se taire, et trop persuadés de leur mission divine pour garder sous le boisseau la lumière que Jansénius et Saint-Cyran avait mise en leurs mains. Comme il convenait, ce fut un membre de *l'éloquente famille* qui d'abord éleva la voix.

Henri Arnauld, évêque d'Angers, un des quatre prélats qui avaient affirmé à Clément IX que leur signature du formulaire était conforme aux constitutions apostoliques, publia, en 1676, une ordonnance par laquelle il défendait à l'Université de sa ville épiscopale d'exiger, sans distinguer le fait du droit, le serment sur les cinq propositions. Il prétendait que le serment pur et simple troublait la paix de l'Église, uniquement fondée sur cette distinction reconnue et approuvée par le Souverain Pontife. L'Université, qui ne s'était point laissé envahir par les doctrines jansénistes, protesta contre le Mandement de l'évêque parjure. Un arrêt du Conseil d'État rendu au camp de Ninove, où le roi était alors, donna raison à l'Université. La Faculté de théologie décida que personne ne serait admis dans son sein et ne soutiendrait des thèses, qu'il n'eût signé le formulaire suivant l'usage pratiqué en Sorbonne, et que ceux qui avaient pris les degrés depuis 1668 seraient obligés de le souscrire dans un mois, s'ils ne l'avaient pas encore fait. Deux chanoines réguliers, un prêtre séculier des *plus mutins* et six curés de campagne, qui étaient docteurs et fort attachés à leur évêque, s'opposèrent seuls à cette conclusion ; elle fut énergiquement maintenue. Cent soixante-deux étudiants en théologie signèrent le Formulaire ; seize refusèrent, dont treize étaient élèves d'une communauté qui s'était formée depuis peu dans la ville, sans lettres patentes, et que le Gouverneur eut ordre de dissiper, ainsi qu'une autre communauté établie à la Flèche. C'étaient deux succursales de Port-Royal. « L'Université d'Angers, dit un historien, eut la gloire de demeurer inviolablement liée au pape et au corps des pasteurs dans les temps les plus difficiles... Il n'y en a point aujourd'hui dans le royaume dont la foi soit plus pure ou qui soit plus constamment attachée à l'Église et au centre de l'unité (1). » Aussi les jansénistes affirment que la Faculté de théologie de cette ville était *la plus ignorante qui fût dans le monde chrétien* (2). Puisse la nouvelle Université catholique d'Angers acquérir la célébrité de sa sœur aînée, retrouver ses nombreux élèves, et mériter comme elle, par l'éclat de son attachement aux pures doctrines, les stupides colères des ennemis de l'Église !

1. *Mémoires chronologiques*, tom. III, p. 122.
2. *Lettres d'Eusèbe Philatèle à M. François Morénas*, p. 305.

Mieux encore que l'évêque d'Angers, le P. Quesnel nous fait connaître quels sentiments de soumission envers Rome animaient les jansénistes à cette époque.

Plusieurs Facultés de théologie avaient condamné un petit livre intitulé : *Les avis salutaires de la B. V. Marie à ses dévots indiscrets*, où, sous prétexte de régler le culte de la Sainte Vierge, on le ruinait complétement. Un décret du Saint-Office le proscrivit en même temps que les Notes du Père de l'Oratoire sur saint Léon. Dès que cette condamnation lui est connue, Quesnel prend feu ; il en fait un Commentaire où il retrouve le langage furibond de Luther pour outrager le Souverain Pontife, les congrégations romaines et vilipender l'autorité du Saint-Siége. Ce n'est point un décret, selon lui, mais un libelle diffamatoire, contraire à la loi de Dieu et aux bonnes mœurs, plein de faussetés et d'impostures. Il trouve que *c'est une chose intolérable, une insolence insupportable* que des cardinaux défendent à tout le monde de retenir les livres qu'ils condamnent ; que c'est un renversement horrible que de préférer un petit moine appelé inquisiteur aux successeurs des apôtres et aux vicaires de Jésus-Christ, et qu'une congrégation de moines, *présidée par un prêtre ou un clerc habillé de rouge*, ait la hardiesse de menacer, de punir les évêques et les rois mêmes. Après avoir ainsi commenté le Décret de l'*index*, Quesnel écrivit une lettre au pape Clément X et une histoire de la censure : ces deux livres n'avaient rien à envier au premier. « Que mon ouvrage, dit-il dans l'un, ait été condamné dans un jugement où je ne voudrais pas même qu'il eût été approuvé, c'est ce qui est bien plus honteux pour le Saint-Siége. » Et dans l'autre : « Je sais bien que cela ne sera pas agréable à Rome : *mais il est bon de leur montrer les dents* (1). »

Louis XIV trouva mauvais ce que le P. Quesnel trouvait bon et empêcha ces Messieurs de montrer les dents. «Ayant appris que le docteur Arnauld et sa suite logeaient toujours à l'hôtel de Longueville, qui devenait la retraite de la cabale, ce qui lui parut avoir un méchant air, il pria assez sérieusement le prince de Condé de dire à la duchesse, sa sœur, que cette retraite et cette assemblée de gens de parti, qu'elle tenait en son hôtel,

---

1. *Mémoires chronologiques*, p. 126.

lui déplaisaient fort, qu'il n'avait pas voulu en faire du bruit à sa considération, mais qu'il lui dit qu'il ne voulait plus que cela se fît, parce qu'il paraissait en cette conduite un trop grand air de cabale. La duchesse alla dès le lendemain à Saint-Germain, sans consulter le prince son frère, pour se justifier auprès du roi, et, sans parler d'Arnauld ni des autres du parti qu'elle logeait, elle lui demanda permission de faire des assemblées de gens de bien comme l'abbé Bossuet, madame de Lamoignon, madame de Miramion et d'autres personnes non suspectes, pour les bonnes œuvres. Le roi qui vit bien qu'elle voulait le surprendre, lui répondit sèchement : « Point d'assemblées, Madame, s'il vous plaît, je vous en prie (1). » Madame de Longueville fut désormais plus prudente, mais elle continua à loger ses illustres amis et à les couvrir de son égide. Ceux-ci voulurent recommencer à *écrire fortement contre les abus*. Arnauld et Nicole concertèrent avec MM. de Rochechouart, évêque d'Arras, et de Montgaillard, évêque de Saint-Pons, une lettre au pape Innocent XI, *pour lui dénoncer les maximes d'une morale abominable que les casuistes ne cessaient de reproduire*. Il était manifeste que, sous prétexte de maintenir la pureté de la morale, on cherchait à renouveler les luttes passées. M. de Pomponne, le secrétaire d'État qui avait succédé à M. de Lyonne, était fils d'Arnauld d'Andilly. Il écrivit à son oncle, le docteur, que le roi n'était pas content de sa conduite. Malgré cet avertissement, M. Arnauld ne put se résoudre à garder le silence. Mallet, chanoine et archidiacre de Rouen, avait attaqué la *Traduction française* (et janséniste) *du Nouveau Testament de Mons ;* le docteur écrivit contre le chanoine une Requête adressée à Louis XIV. A l'hôtel de Longueville, on trouva la pièce admirable et digne de l'auteur. On la fit imprimer, afin de la répandre dans le public au moment qu'elle serait présentée. Mais le roi, sous les yeux duquel on avait placé une copie de la Requête, déclara en plein Conseil que celui qui s'en chargerait serait sur-le-champ envoyé à la Bastille. Madame de Longueville avertit son commensal, qui renonça à publier sa Requête, et surtout à l'offrir au roi. C'était pourtant une belle occasion d'être mis en prison pour la Vérité. L'intrépide docteur,

---

1. Rapin, *Mémoires*, t. III, p. 504.

au lieu de courir après les chaînes que M. de Sacy avait illustrées, se contenta de baiser avec résignation la main divine qui le frappait et à jouir de son opulente et sainte retraite.

Madame de Longueville avait quitté son grand hôtel pour se loger au faubourg Saint-Jacques, où tous ses amis la suivirent. L'affaire de la Régale était survenue ; les Messieurs soutenaient les évêques d'Aleth et de Pamiers dans leur résistance aux prétentions royales, ce qui les rendait de plus en plus antipathiques à Louis XIV. Il dit un jour à M. Vialart, évêque de Chalons, qui prenait leur défense : *Les jansénistes sont des esprits inquiets, des brouillons qui ne cherchent que les occasions de remuer et de faire du bruit.* Dans une autre occasion, il dit encore qu'*il ne trouvait plus que les jansénistes sur son chemin, qu'il voulait enfin étouffer cette cabale et qu'il serait en cela plus jésuite que les jésuites mêmes.* Tout annonçait que l'orage allait fondre sur la secte ; il éclata à la mort de madame de Longueville, que le roi ménageait (1679). Le salon de l'opposition fut d'abord fermé ; l'hôtel de la duchesse dut même rester vide : il fut enjoint à M. Arnauld de ne point tenir d'assemblées chez lui, et de ne point souffrir qu'on en tint. « Quelque accoutumé qu'il fût à la calomnie, depuis quarante ans que la *superstition*, *l'ignorance* et *l'envie* avaient conjuré contre son repos, il ne put voir sans émotion qu'on eut inspiré au roi des défiances sur sa fidélité, et qu'on l'eût fait regarder comme un homme d'intrigue et de cabale (1). » Plein d'indignation, il écrivit à M. de Pomponne une longue lettre justificative destinée à être montrée en haut lieu.

On suppose, y disait-il, qu'il y a dans la France un parti de nouveaux hérétiques qu'on n'a pu encore détruire, et qui serait capable de faire de grands maux à la Religion et à l'État, si on n'empêchait qu'il ne se fortifiât ; et on veut que je sois un des principaux chefs de ce malheureux parti... Si on a de quoi nous convaincre d'avoir de mauvais sentiments contre la foi, de soutenir une nouvelle hérésie, et d'employer divers moyens pour la répandre partout, que ne nous fait-on notre procès dans les formes ?

---

1. *Vie de Messire Antoine Arnauld*, t. II, p. 103.

Ainsi, malgré les bulles d'Urbain VIII, d'Innocent X, d'Alexandre VII, de Clément IX, qui flétrissent le jansénisme ; malgré les déclarations des Assemblées générales du clergé et du roi de France qui dénoncent le jansénisme à tous les évêques du royaume ; malgré le décret de la Sorbonne qui exclut le docteur Arnauld du sein de la Faculté de théologie, le docteur Arnauld soutient qu'il n'y a pas de jansénistes; et il affirme qu'on ne saurait les convaincre, lui et ses amis, de sentiments contre la Foi, malgré le jugement solennel de Rome, plusieurs fois rendu et proclamé dans toutes les formes. En vérité, on n'est pas plus impudent. On comprend pourquoi M. de Pomponne n'osa pas communiquer cette lettre à son maître ; on comprend aussi que M. Sainte-Beuve, impatienté de cet entêtement d'Arnauld, ait lâché le mot : *C'est bête* (1). On est quelquefois impartial envers ses meilleurs amis.

Le foyer persistant du jansénisme était toujours à Port-Royal des Champs, qui gardait avec fidélité les reliques, la mémoire, la doctrine et les traditions des saints des temps nouveaux. « C'était de là, pour employer le style allégorique de nos humbles Messieurs, c'était de là que Paul annonçait à toute la terre la gloire de la Grâce ; que Jean en imprimait la loi dans tous les cœurs ; que Jude confondait tous les faux prophètes ; que Pierre établissait ses plus légitimes droits, *sans oublier ce qu'il devait à ses frères* (2). » La destruction de ce monastère fut donc résolue : on y procéda lentement et par degrés au milieu des protestations, des requêtes, des gémissements, des cris de colère et des malédictions des disciples de saint Augustin, aux yeux desquels la ruine de Jérusalem n'était qu'une faible image de celle de la cité sainte de la Grâce. Leurs hyperboliques autant qu'insipides lamentations feraient croire à de noires iniquités, à des horreurs révoltantes, à des cruautés sans nom, à de véritables *dragonnades*. Cependant, lorsqu'on regarde, non plus sur le théâtre où Port-Royal, pour attendrir le public crédule, déroule ses infortunes avec une pompe menteuse, mais dans l'intimité et la réalité de l'histoire, on se rassure : tout l'appareil lugubre qui nous

---

1. Sainte-Beuve, *Port-Royal*, tom. III, p. 94.
2. *Troisième gémissement d'une âme*, p. 25.

épouvantait s'évanouit ; on rit même quand on aperçoit Santeuil folâtrant avec les solitaires et les religieuses sous ces cloîtres qu'on s'attendait à trouver remplis de scènes de violence ; on se réjouit de n'avoir pas été trompé par les récits fantastiques des victimes et de n'avoir pas maudit avec elles des tyrans imaginaires.

Le premier indice qu'on eut à Port-Royal des desseins arrêtés pour l'écraser dans sa prospérité renaissante fut une visite que l'archevêque de Paris — c'était M. de Harlay depuis 1670 — y fit faire par l'abbé Fromageau, vice-gérant de l'officialité. Selon l'usage, la mère Angélique écrivit le récit de cette visite. J'extrais de sa narration le passage suivant, qui nous montrera que les *plumes véridiques* des saintes filles savent déguiser la vérité.

« Insistant sur la tristesse du lieu et sur ce que le Désert était si affreux à voir qu'il semblait qu'on eût voulu y enterrer la maison, l'abbé insinua « que néanmoins la bonne compagnie rendait tous les lieux agréables, et qu'il y avait eu depuis longtemps, en celui-ci, beaucoup de personnes d'un mérite extraordinaire. » — Je lui dis en passant qu'on avait fort augmenté le nombre dans les récits que l'on en faisait et que, pour moi, je n'y avais jamais vu plus de cinq ou six ecclésiastiques (les journaux manuscrits de l'abbaye renfermaient cependant en ces années mêmes le nom de *soixante-seize* ecclésiastiques). Il répliqua qu'il parlait, en général, de tant d'habiles gens, ecclésiastiques ou laïques, qui étaient ici, parce qu'on ne les démêlait pas. Je lui répondis que je n'en avais connu qu'un seul laïque (les mêmes journaux en comptaient *vingt*), qui était M. Le Maître, que l'on pût désigner ainsi ; que d'autres personnes en petit nombre qui avaient été ici, n'étaient point des personnes d'étude, et qu'ils s'y occupaient dans des emplois ou de piété ou de charité, en servant la maison en diverses choses... »

« Je ne puis m'empêcher, en cet endroit, dit M. Sainte-Beuve, d'observer que la mère Angélique, *sans altérer la vérité*, et en se tenant sur la défensive selon son droit, à la fois par prudence et par humilité *diminue pourtant*, en fait, l'importance de la réunion de Messieurs de Port-Royal. Certes, les jours de fête et dans les saints temps, dans le Carême, à Pâques, dans l'octave du Saint-Sacrement, lorsque le Désert conviait tous ses fidèles, il y avait là un plus grand nombre de personnes d'étude... Mais le propre de ce monde de Port-Royal, de ce qu'on appelle vaguement ces Messieurs, c'est de n'être ni une société, ni une congrégation, ni quelque chose d'organisé et de saisissable. Laissez les faire : ils arrivent de tous les côtés, ils s'assemblent et se rallient d'eux-mêmes sans bruit, ils refont leur ruche ; mais à la première menace, au moindre signe d'orage, ils se dissipent, ils sont rentrés chacun dans leur ombre, et l'on ne trouve plus rien (1). » — C'est toujours le jeu de gobelets.

Huit jours après la visite de l'abbé Fromageau, le mercredi 17 mai 1679, l'archevêque se rendit lui-même à Port-Royal et, avec une politesse parfaite, il défendit aux religieuses, de la part du roi, de recevoir de nouvelles postulantes jusqu'à ce qu'elles fussent réduites à cinquante professes de chœur, leur ordonna de renvoyer les postulantes actuelles ainsi que leurs pensionnaires ; enfin, il pria M. de Sacy et les autres ecclésiastiques de quitter sans retard le Désert. Le même jour, après le départ de M. de Harlay, entre cinq et six heures du soir, mourut une religieuse, sœur Françoise Le Camus de Buloyer de Romainville. Le lendemain, le corps étant sur le bord de la fosse, la mère Angélique lui mit entre les mains jointes sur la poitrine, une requête au *grand pasteur des brebis que Dieu a ressuscité d'entre les morts.*

Nous en appelons à votre tribunal, Seigneur Jésus ! Les juges de la terre ferment l'accès aux plus justes plaintes, parce qu'ils veulent faire l'injustice sans contradiction : mais vous êtes vous-même notre justice, et vous nous rendrez et justice et miséricorde. Conservez-nous dans votre vérité, et nous rendez inébranlables dans l'union de la charité. Ame favorisée, qu'une providence de Dieu si particulière vient de délivrer si heureusement du filet des chasseurs, bénissez sa bonté et lui témoignez votre reconnaissance en le priant d'étendre sa miséricorde sur toute cette famille à laquelle il nous avait unie. Qu'il ne la laisse pas sans conduite, et qu'il lui conserve des pasteurs prudents et fidèles pour l'empêcher de s'égarer dans ce temps d'obscurité, afin que ceux qui s'efforcent de tendre des pièges aux âmes qui volent, n'aient pas le pouvoir d'en arrêter aucune pour l'empêcher de s'élever jusques à Dieu et d'y demeurer éternellement unie.

1. Sainte-Beuve, *Port-Royal,* tom. v, p. 164.

Quarante jours après, on mit une autre requête dans la fosse en forme de *relief d'appel* :

Au nom du Père, du Fils et du Saint-Esprit, nous, abbesse, prieure et religieuses de Port-Royal, voulant relever, selon les formes ordinaires, dans les quarante jours, l'appel que nous interjetâmes le 18 du mois passé au grand pasteur et au souverain juge, Jésus-Christ, etc.

Ces vierges folles poussaient le *procédé parlementaire* jusqu'au burlesque et même à la profanation. Au dehors, leurs amis ne montraient ni plus de goût, ni plus de mesure ; un d'eux comparait la sainte maison à la chaste Suzanne accusée par des témoins iniques et il s'écriait :

Ah ! vous l'aviez prédit, Seigneur: *l'iniquité est sortie de la ville de Babylone par des anciens qui étaient juges...* Ils parlent et ils sont crus; Suzanne jette un grand cri, mais elle n'est point écoutée ; les siens et ceux qui la connaissent répandent des larmes impuissantes et stériles; plusieurs de vos serviteurs, frappés d'une accusation si atroce, peuvent concilier avec peine ce qu'ils entendent avec ce qu'ils ont su de Suzanne jusqu'à ce jour ; mais l'autorité des accusateurs l'emporte; la foule ou aveugle ou prévenue juge sans discussions. Hélas! et Daniel ne paraît pas encore pour découvrir à tout le peuple la contradiction des témoins injustes (1).

Bien loin de paraître, Daniel (M. Arnauld) quittait la France le 17 juin 1679 ; un carrosse attelé de six chevaux emportait rapidement le prophète sur la route de Mons. L'*admirable* docteur n'était plus ce *jeune lionceau* dont M. Fontaine célébrait l'intrépide courage. Agé de soixante-huit ans, il n'était plus disposé à défendre la vérité *sans s'effrayer du nombre ni de la force de ceux qu'il prévoyait avoir à combattre.* Il estimait que mettre la frontière entre ses adversaires et lui était une sage précaution. D'ailleurs, il pensait, comme M. de Sacy, que *l'ordre de l'Évangile du fils de Dieu, et l'exemple des saints nous ont appris qu'il fallait aller aux souffrances en fuyant* (2).

Avant de partir, M. Arnauld avait averti la mère Angélique

---

1. *Troisième gémissement*, p. 25.
2. Fontaine, *Mémoires*, tom. IV, p. 27.

de son dessein et lui avait conseillé d'écrire au pape Innocent XI. — *Un pape vertueux et éclairé, qui faisait cas de la piété et des lumières de M. Arnauld.* — L'abbesse de Port-Royal composa une épitre digne de la renommée de la maison et dépêcha un courrier, M. de Pontchâteau, pour la remettre au Souverain Pontife. « On nous condamne sans nous accuser de quoi que ce soit »; telle était la grande plainte de la révérende mère. Madame l'abbesse n'était pas sincère : elle savait très-bien et on savait très-bien de quoi on les accusait, elle et ses religieuses. M. Grenet, curé de Saint-Benoit, église collégiale de Paris, nommé supérieur du monastère des Champs par M. de Péréfixe, eut avec M. de Harlay, dans les circonstances présentes, plusieurs conversations qu'il rapportait soigneusement à Port-Royal et que la mère Angélique écrivait non moins soigneusement. Dans l'une d'elles l'archevêque dit :

> Que depuis longtemps cette maison avait été sous la conduite de personnes qui n'avaient point eu de dépendance ni de relation à leur supérieur et à leur archevêque ; qu'ils avaient soustrait les religieuses de son obéissance, et les avaient rendues tellement attachées à leurs sentiments, qu'elles ne voulaient plus écouter ni suivre d'autres voix... qu'il avait fallu que l'ordre public leur cédât par condescendance (en 1669), et qu'au lieu de reconnaître la grâce qu'on leur faisait, elles s'étaient vantées d'avoir forcé l'ordre public de leur céder ; qu'on avait enseigné des maximes qui tendaient à rendre les inférieurs indépendants d'autre jugement que du leur, et que cela paraissait principalement dans les Apologies qu'on avait publiées pour les religieuses.

Ces entretiens ne laissaient aucun doute sur les projets de M. de Harlay. D'ailleurs, une dévote du parti, madame de Saint-Loup, sut de bonne source qu'au mois de février 1680 l'archevêque dit à un de ses amis qu'*il allait mettre la cognée à la racine*. On attendait que le Roi, qui était allé au devant de la Dauphine, fût revenu. « Il y a encore, disait le prélat quelques grenouilles qui croassent dans ces marais de Port-Royal, mais il ne faudra qu'un peu de soleil, au retour du roi, pour sécher ces marais et faire mourir les grenouilles. Le jansénisme sera bientôt détruit. » Il ajoutait que « bien qu'il fût âgé, il espérait vivre encore assez pour en voir l'entière destruction. » M. de Harlay se trompait ; il mourut en 1695, avant l'entière destruction de Port-Royal. Aux alarmes que les propos de l'archevêque répandaient dans le saint vallon s'ajoutèrent bientôt les deuils les plus cruels. M. de Sacy fut emporté presque subitement par la fièvre, à Pompone. Fontaine nous a laissé un récit des funérailles de son ami, où nous voyons éclater d'une manière qui scandalisait même Nicole, toute la dévotion des jansénistes pour leurs saints.

« M. de Sacy avait marqué par son testament, qu'il désirait d'être enterré à Port-Royal des Champs. Il voulut laisser son corps où son cœur avait toujours été, et se joindre après la mort avec les épouses de Jésus-Christ, d'avec qui une violence étrangère l'avait séparé... Ces saintes filles, qui souhaitaient avec tant d'ardeur de posséder ce trésor dont elles connaissaient le prix, ne laissèrent pas d'avoir des alarmes sur ce sujet, et de crainte qu'il ne leur échappât. Elles surent que les animosités n'étaient pas encore éteintes, et... qu'on pensait à ne pas donner les permissions nécessaires pour ce sujet. Ce qui fut cause, comme il fallait que le corps passât par Paris, que quelques dames de considération n'osèrent lui donner, comme elles l'auraient désiré, des marques de leur respect, en envoyant un grand nombre de flambeaux à la porte Saint-Antoine, pour le conduire avec décence au travers de la ville jusqu'à Saint-Jacques-du-Haut-Pas, où on le devait mettre en dépôt jusqu'au lendemain matin. On l'amena donc sourdement à Saint-Jacques, *sans que personne en fût averti.* Les *harangues* des curés qui le déposaient et qui le recevaient, étaient pleines des louanges d'un homme qui y avait été toujours presque aussi sourd pendant sa vie qu'il l'était alors. Tous ses amis (*qu'on avait avertis sans doute*) passèrent auprès de lui une bonne partie du soir. »

Mais « les frayeurs agissaient encore » ; on se décida à porter M. de Sacy à Port-Royal sans attendre le jour.

« On y mena ce corps au travers des glaces et des neiges les plus effroyables du monde, et il n'y eut pas un de ses amis qui comptât comme une fatigue le bonheur de l'accompagner et de le suivre dans ces pénibles chemins. Lorsqu'il fut arrivé aux portes de cette église *pour laquelle* il avait été consacré prêtre, et où il avait offert à Dieu son premier sacrifice, on alla au-devant de lui. On y rendit de grands témoignages à sa sainteté... On le fit ensuite entrer dans l'église, où une centaine de religieuses, plus brillantes de charité que les cierges qu'elles portaient dans les mains, le reçurent en pleurant, et on le posa au milieu d'une chapelle ardente. »

En attendant l'heure des dernières cérémonies, on résolut de découvrir le cercueil et de revêtir M. de Sacy des habits sacerdotaux, afin de donner aux religieuses la consolation de contempler leur père une dernière fois. Il n'y avait qu'une difficulté, qui était de savoir comment paraîtrait son visage. » Un visage décomposé n'eût pas répondu à la haute idée qu'on avait de la vertu du saint et aurait diminué sa réputation. « Il fallait donc le visiter. » M. Fontaine, madame de Fontpertuis, mademoiselle de Loistre, aidés d'un menuisier se livrèrent à cette vérification, après avoir fermé toutes les portes de l'église. M. Fontaine fut le premier qui passa la main dans la bière. Grâce aux neiges et aux glaces de la saison, le visage fut trouvé intact. « La paix que la mort y faisait régner alors était semblable à celle que la Grâce y avait toujours fait régner pendant sa vie. » M. Fontaine appelle ses amis pour admirer le prodige. Ils parlèrent à M. de Sacy comme s'il les avait écoutés ; ils l'embrassèrent comme s'il eût été sensible à ces témoignages de tendresse. On le revêtit des habits sacerdotaux, on chanta les psaumes ordinaires ; on fit les aspersions et les encensements, et ensuite on ouvrit les portes du couvent pour le porter au lieu qu'on avait préparé au-dedans pour sa sépulture.

« Nous portâmes ce corps au travers d'une longue haie de saintes religieuses, qui étaient venues le recevoir à leur porte le cierge à la main. Leurs yeux si mortifiés, si accoutumés à se fermer à tout le reste, ne purent, tout mouillés de larmes qu'ils étaient, s'empêcher de s'arrêter sur ce saint corps pendant qu'il passait seulement au travers d'elles, afin de démêler dans ces petits intervalles que nous leur donnions, les traits d'un visage qu'elles ne devaient plus revoir. Elles lui témoignèrent toutes le profond respect qu'elles avaient pour lui, par les inclinations que chacune faisait lorsqu'il passait devant elle ; et lorsqu'enfin il fut au lieu, *les principales s'empressèrent en l'accommodant pour le descendre dans la fosse, de lui donner de saints baisers*, pendant que tout le chœur continuait le chant... »

M. Sainte-Beuve trouve que cette cérémonie funèbre offrit un *grand et profond caractère* pour les cœurs restés fidèles, pour les âmes filiales. Il est vrai qu'il nous avertit que la mère Angélique, *un grand esprit,* y présidait et y donnait le ton. Il est vrai encore qu'à Port-Royal tout est grand, tout est profond, même les indécentes et ridicules tendresses de ces nonnes pour les restes mortels de leur directeur.

La mère Angélique ne voulut pas survivre à ce bien-aimé père de son âme. « Elle prodigua saintement le peu de temps qui lui restait de sa vie, en passant les jours et les nuits auprès du tombeau de M. de Sacy, et, dans les empressements que la brebis sentait pour suivre son pasteur, elle pria ce cher père de joindre ses vœux avec les vœux de sa fille, et de lui obtenir une grâce qu'elle demandait à Dieu avec tant d'instance. M. de Sacy, tout mort qu'il était, fit sentir qu'il était encore attentif aux désirs des vivants ; et les prières si ardentes que cette sainte épouse de J.-C. faisait sur son tombeau, furent, hélas ! bien promptement exaucées. Elle se releva de dessus ce sépulcre qu'elle arrosait de ses larmes. Elle se sentit frappée du coup de la mort (1)... » Quelques jours après, la mère Angélique allait « se rejoindre avec celui dont la mort même ne la pouvait séparer. »

La mort de l'archevêque de Paris consola un peu Port-Royal désolé. Comme il mourut subitement à Conflans, les Messieurs virent dans cette circonstance une punition terrible des torts, dont M. de Harlay s'était rendu coupable envers eux. Ils l'appelaient *un ministre de l'Antechrist, la vieille madame des Arquins.* Sans doute, l'éclat des talents et des services rendus à la religion et à l'État ne peut faire oublier les tristes défaillances de la vie privée de l'archevêque. Tout en défendant la bonne doctrine, il ne pratiqua pas assez la bonne morale. Toutefois, outre que les jansénistes ont enrichi son dossier *d'histoires terribles* plus ou moins authentiques, est-ce bien aux fidèles amis du cardinal de Retz et de M. de Gondrin à jeter la première pierre ? Est-ce bien à eux à se moquer du prélat parce qu'il se laisse dédier un livre où on le compare à saint Basile ? N'avaient-ils pas comparé à saint Athanase persécuté le Coadjuteur cachant ses vices plus que sa personne dans quelque taverne immonde d'Allemagne, et aux premiers successeurs des apôtres, le licencieux archevêque de Sens ! Mais

---

1. Fontaine, *Mémoires,* t. IV, p. 361.

nous savons depuis longtemps que les poids du sanctuaire de Port-Royal sont faux.

Le roi donna pour successeur à M. de Harlay l'évêque de Châlons, Antoine de Noailles, dont la famille était alors toute puissante, parce que madame de Maintenon destinait sa nièce et unique héritière au duc de Noailles. Les dévots applaudirent à cette nomination, et les jansénistes encore plus. Le prélat ne démentit les espérances ni des uns ni des autres. Dès qu'il fut installé, il ne parla que de réformes ; il demanda qu'on supprimât la comédie ; il s'informa par ses espions de ce qui se passait dans les familles, et adressa des réprimandes plus ou moins fortes aux pères, aux mères, aux enfants ; il fit des ordonnances pour remettre dans leur devoir les prêtres, les moines, les religieuses ; peu s'en fallut que les évêques n'essuyassent aussi sa censure, et que, se regardant comme le pape d'en deçà des monts, il ne les obligeât à garder plus exactement la résidence. Il se mêla de tant de choses et garda si peu de mesure, que peu de temps après son arrivée on fit sur lui cette chanson :

> Sire, votre bonne ville
> Demandait un grand prélat ;
> Votre Majesté facile
> Ne nous donne qu'un bêta.
> Tout Noailles est imbécile.
> Leur visage d'Evangile
> Sert aussi mal votre Etat
> Dans l'Église qu'au combat.

Ce n'était pas un janséniste qui avait rimé ces mauvais couplets. Nos Messieurs étaient au comble de la joie de voir M. de Noailles sur le siége de Paris ; il avait été de leurs amis à Châlons et leur conservait son amitié : il en donna l'assurance à Racine, qui était venu le complimenter au nom des religieuses des Champs. Fier du crédit et de la protection de l'archevêque, ils reprirent leurs desseins de réforme universelle. Le chapitre de Paris fut d'abord le théâtre de leurs nouveaux exploits. Tous les chanoines étant assemblés, l'un d'eux, M. Lenoir, qui avait été frère au Chapeau à Port-Royal, dit à tous ses collègues : « Voici les jours de salut, voici le temps favorable de ramener la religion à son ancienne pureté ; retranchons donc ce qu'il y a de superstitieux dans notre Église, dans notre office, dans nos cérémonies. » Joignant les actes aux paroles, M. Lenoir, avec l'approbation de plusieurs autres chanoines, enleva en plein jour, à la vue de tout le monde, une petite image de la Vierge qui était derrière le chœur, et devant laquelle les bonnes gens se faisaient dire des évangiles et brûler de petites bougies. Deux ou trois membres du chapitre seulement se récrièrent, mais en vain : M. de Noailles donna gain de cause aux dénicheurs de la Madone vénérée. Nous avons déjà vu que les jansénistes en voulaient surtout au culte de la Mère de Dieu. Rome avait condamné leurs *Avis de la sainte Vierge à ses dévots indiscrets*. Ils voulurent prendre leur revanche en faisant condamner à Paris, six mois après que M. de Noailles eut pris possession de son siége, la *Vie de la sainte Vierge* de Marie d'Agréda. Malgré les promesses et les menaces de l'archevêque, et l'exclusion des docteurs les plus redoutés, la censure de ce livre n'aurait point passé, si le syndic de la faculté eût été plus exact à compter les voix M. de Noailles avait eu soin d'agir sans paraître dans cette condamnation. Cependant les jansénistes le pressaient de se déclarer ouvertement en leur faveur. Le prélat craignait, s'il le faisait si tôt et avec tant d'éclat, qu'il ne s'attirât les reproches de sa famille et l'indignation de Louis XIV. Le pas était difficile ; il crut s'en tirer en hasardant, trois mois après l'affaire de Marie d'Agréda, une ordonnance sur la grâce, à propos de l'*Exposition de la foi touchant la grâce, et la prédestination,* ouvrage posthume de M. de Barcos, que nos Messieurs publièrent tout exprès, dirait-on, pour que l'archevêque s'expliquât. L'ordonnance était savante, bien écrite : il n'y manquait que du bon sens. M. de Noailles, en effet, y soufflait le chaud et le froid ; dans la première partie, il condamnait fortement le livre, et dans la seconde, il enseignait la pure doctrine de Jansénius. « Il avait pris les apparences d'Ésaü pour parler plus sûrement le langage de Jacob. » C'est la remarque que faisaient les modérés du parti, pour apaiser les rigoristes, qui auraient désiré une attitude plus nette. Cette explication métaphorique ne calma pas les *intransigeants*. Ils ne cessèrent de crier jusqu'à ce qu'on leur eût permis d'écrire contre l'ordonnance. M. de Noailles y consentit. Dom Gerberon, de la congrégation de Saint-Maur, attaqua vivement le mandement, et plus tard, quand, prisonnier de l'archevêque de Malines, on lui demanda s'il était bien l'auteur des *Nouvelles remarques sur l'ordonnance de Monseigneur l'archevêque de Paris contre l'Exposition de la foi,* il répondit : « Oui, c'est moi qui ai composé et fait imprimer ces remarques avec la permission et du consentement de cet archevêque, comme il paraît par une lettre du sieur Boileau, son confident, à Delorme mon imprimeur. » Ni M. de Paris, ni Boileau, ni Delorme ne dénièrent jamais l'existence de cette lettre.

Cette lâche condescendance de M. de Noailles ne fit qu'accroître l'audace de ses amis. Le plus ardent de leurs désirs était de faire révoquer les bulles qui flétrissaient leur patriarche, l'évêque d'Ypres : ils espéraient bien profiter de leur bonne fortune pour le réaliser. « Ou cela sera, répétaient-ils avec assurance, ou la France rompra avec Rome. » Toutefois, ils n'attaquèrent pas l'affaire de front ; ils prirent un biais. Ils commencèrent par demander la condamnation du système théologique le plus opposé à celui de Jansénius, qui était celui du cardinal Sfondrat. Ce cardinal avait écrit des livres ingénieux sur les matières de la grâce : le plus célèbre de ces livres est son *Nodus prædestinationis solutus,* qui ne parut qu'après la mort de l'auteur. C'est sur ce *Nodus* que s'acharnèrent les jansénistes ; ils ne purent cependant en dire autre chose, sinon qu'il renfermait des propositions dangereuses sur la grâce, sur la prédestination, et principalement sur l'état des enfants qui meurent sans avoir reçu le baptême. Néanmoins, ils se mirent à sonner la trompette pour exciter les évêques, les universités, les théologiens de toutes les écoles et de tous les pays, à demander la condamnation d'un ouvrage qui s'éloignait tant de la cruelle doctrine de l'*Augustinus.* A l'étranger, aucun écho ne répondit à cette clameur. En France, sur cent dix-huit évêques, quatre seulement, à la sollicitation de M. de Noailles, voulurent bien signer avec lui une lettre au Pape : ce furent Le Tellier, archevêque de Reims, De Sève, évêque d'Arras, de Broue, évêque d'Amiens, et Bossuet. A Rome, on se moqua de ce tintamarre et on ne répondit aux cinq prélats que pour louer leur soumission envers le Saint-Siége. L'affaire du *quiétisme* vint à propos couvrir cette défaite. Les jansénistes y virent un moyen de se venger du dédain de la cour romaine. Ils proposèrent à Fénelon de passer de son côté avec leurs *plumes d'or* et *leurs langues éloquentes,* et de prendre sous leur protection l'*Explication des maximes des saints.* L'archevêque repoussa ces offres compromettantes et déshonorantes. Le cygne de Cambrai aurait cru salir ses blanches ailes dans l'étang bourbeux de Port-Royal : il lui fallait des eaux plus limpides et plus vives.

M. de Noailles, qui n'était ni un cygne, ni un aigle, subissait avec une docilité à toute épreuve la domination de ses bons amis. Usant sans retenue de la permission donnée d'attaquer l'Ordonnance, un autre bénédictin, celui-ci de la congrégation de Saint-Vanne, dom Thierry Fagnier de Viaixnes, demanda au public la solution d'un *problème.* M. de Noailles, évêque de Châlons, avait approuvé avec le plus grand éloge les *Réflexions morales* du père Quesnel ; M. de Noailles, archevêque de Paris, venait de condamner l'*Exposition de la foi.* Or ces deux livres enseignaient la même doctrine. Le *problème* consistait à trouver « comment, deux livres étant si semblables que l'un ne peut être ni censuré, ni approuvé que l'approbation ou censure ne retombe sur l'autre, l'un a-t-il pu être approuvé, et l'autre condamné par le même juge ? »

Il était difficile de répondre : l'archevêque pleura de dépit, fit lacérer le libelle par la main du bourreau, et accusa hautement les jésuites de cette perfidie. Les Révérends Pères jurèrent qu'ils en étaient tout à fait innocents. Mais M. de Noailles, qui savait son Pascal, leur répondit : « Peut-on en croire un jésuite à son serment, et n'est-ce pas une de vos maximes qu'on peut jurer à faux avec des restrictions mentales ? » L'aversion que lui inspiraient ces effrontés menteurs redoubla son amitié pour nos candides Messieurs ; ils devaient bien rire sous cape de ce tour qui rappelle la scène de Géronte enfermé dans son sac et mettant sur le compte de spadassins imaginaires les coups qu'il reçoit de Scapin.

Le bonhomme d'archevêque n'était pas encore prêt à sortir de son sac et à reconnaître les fourberies dont il était la victime ridicule. Les chanoines jansénistes de la Métropole, et ils l'étaient presque tous, retranchaient avec une ardeur nouvelle ce qu'il y avait de superstitieux dans leur église. Une des choses qui faisaient le plus de peine à ces réformateurs brûlant d'une dévotion fanatique pour le doigt et la chemise de Saint-Cyran, le cœur et la robe de la mère Angélique, la calotte de Pavillon etc. (1), était l'honneur particulier qu'on rendait

---

1. « Je vous rends grâces pour votre joie sur la protection que Dieu a

dans leur cathédrale aux reliques qu'on y conserve. Le jour de la fête du saint dont on avait quelque relique, le bénéficier, en chape, précédé d'enfants de chœurs dont deux tenaient des cierges allumés, apportait, pendant la grand'messe, le fragment sacré sur le grand autel. La petite procession entrait par le bas du chœur, et le clergé, pour honorer la relique, se mettait à genoux sur son passage. Les chanoines jansénistes n'osèrent supprimer tout d'un coup cet usage immémorial. D'abord ils se contentèrent de sortir du chœur à l'approche de la procession *pour ne point*, disaient-ils, *fléchir le genou devant Baal*. Puis ils demeurèrent assis dans leurs stalles et narguaient la relique, quand elle passait devant eux ; enfin, ils demandèrent une réunion du chapitre où il fut décidé qu'on s'assemblerait extraordinairement, et que *sans discussion* la question serait décidée à la pluralité des voix. M. Le Gendre, qui a laissé des *Mémoires* où nous prenons tous ces récits, et deux autres chanoines étaient les seuls à s'opposer aux novateurs. L'archevêque, qui en voulait aussi aux reliques, ne l'ignorait pas, et, avant la réunion extraordinaire du chapitre, un jour de fête solennelle, pendant qu'il s'habillait pour la messe pontificale, il dit à M. Le Gendre, qui lui faisait sous-diacre : « Je sais ce qui se passe ; *on a de bonnes intentions* ; vous faites mal de vous y opposer : du reste, prenez garde à ne rien dire dont vous puissiez vous repentir. » Malgré cette menace, une voix au moins défendit le culte des saintes reliques, au sein de l'assemblée capitulaire où ces Messieurs en discoururent en véritables huguenots. Le bruit de ces disputes se répandit au dehors et la prétention des chanoines fit scandale. On en parla au roi, lequel se plaignit de la conduite de l'archevêque au maréchal de Noailles et à madame de Maintenon. Les plaintes royales eurent leur effet. Soudain les choses changèrent de face : il ne fut plus question à la Métropole de l'honneur qu'on doit aux

---

donnée tout sensiblement à M. de Rebecque (le P. Quesnel) dans le péril qu'il courut..... Se voyant en pleine nuit mené par un guide qui s'était égaré, il mit sur sa tête une grande calotte de taffetas noir qui venait d'un saint évêque (M. Pavillon). Il avait sur lui une camisole de chamois qui avait servi à un saint docteur de ses amis plus intimes (M. Arnauld). Il se souvint de les invoquer et d'implorer leur protection..... Il entendit la voix d'un guide inespéré qui se présenta..... qui les remit dans le chemin et les conduisit jusqu'à leur gîte. » Quelle merveille ! (Lettre de M. Vuillart.)

reliques; l'archevêque pria qu'on n'en parlât plus ; quelque temps après, étant venu à la grand'messe, le jour de Saint André, il se mit à genoux, et, la calotte à la main, il s'inclina profondément lorsque la relique de l'apôtre passa devant lui. Le maître avait parlé, et si la foi de l'archevêque gardait le bandeau qui l'aveuglait, le courtisan avait retrouvé sa souplesse. Après l'office, l'abbé Le Gendre, qui était à côté du prélat, voulut, non sans malice peut-être, le complimenter sur l'exemple édifiant qu'il venait de donner aux chanoines. M. de Noailles lui fit la moue et se tourna, sans lui répondre, d'un autre côté. Sauf à faire ensuite la moue, l'archevêque se serait prosterné, la calotte à la main, devant toutes les reliques du monde, afin de plaire au roi. Le chapeau de cardinal pour lui était un article secret du mariage de la nièce de madame de Maintenon avec le duc de Noailles, et Louis XIV, sollicité par la toute puissante favorite, ne cessait de presser le pape de l'accorder à M. de Paris, qui put bientôt cacher sous la pourpre ses nouvelles faiblesses pour les jansénistes.

La faveur dont l'archevêque entourait nos Messieurs s'étendait, on le pense bien, aux religieuses des Champs. C'était pour le saint Désert un dernier rayon de soleil. Le poëte Santeui était alors un des hôtes les plus assidus du monastère. Tout en cultivant l'amitié des jésuites, il offrait à Arnauld exilé le recueil de ses poésies, l'appelait *le vrai défenseur de la vérité, le boulevard de l'Église, son maître et son juge* ; il apportait à Port-Royal les reliques insignes de saint Bernard, que possédait l'abbaye de Saint-Victor de Paris; ses amies ; il composait des hymmes pour leur bréviaire, et se plaisait à les leur entendre chanter. Il n'aimait pas que les assistants mêlassent leur voix au chœur des religieuses. *Tais-toi*, dit-il un jour à un paysan qui chantait à côté de lui, *tais-toi, bœuf, laisse chanter ces anges*. En retour, les sœurs *prenaient un sensible intérêt à son salut éternel*, et l'engageaient à se mettre *sous la conduite de la grâce de J.-C.* Santeuil resta toujours folâtre, même en la compagnie des saints. Nous avons rencontré, il y a un instant, madame de Fontpertuis autour du cercueil de M. de Sacy ; la voici aux prises avec le poëte. On donnait à Port-Royal l'hospitalité à des sœurs quêteuses de Sainte-Claire. On leur laissait une chambre qui leur servait aussi de magasin, où elles mettaient en dépôt toutes les denrées qu'on leur donnait dans les petites villes et les villages des environs. Or il y en avait une qui était belle et qui affectait de montrer sa gorge, oubliant en quel lieu elle était. Cette gorge découverte scandalisa mademoiselle Bastier, qui avait été à madame de Longueville, et qui, par charité, servait de tourière. Elle reprit avec douceur la coquette religieuse, qui, loin de se corriger, lui répondit avec impertinence. Cette bonne demoiselle en fut si surprise qu'elle la laissa sans lui répliquer. Heureusement elle rencontra madame de Fontpertuis, qui, la voyant interdite, lui en demanda le sujet. La pudique tourière ne put s'empêcher de lui raconter ce qui venait d'arriver. La dame, qui n'était pas si timide, alla trouver la sœur à la gorge indécente. Elle commençait à lui faire une verte réprimande, lorsque Santeuil entra et, de l'air le plus galant du monde, aborda la noble sermoneuse, en lui disant : « *Bonjour, mon cœur, comment te portes-tu ?* » La morale sévère était compromise. « A qui en voulez-vous, Monsieur, » répondit madame de Fontpertuis avec un froid à glacer tout autre que Santeuil. Mais lui, continuant sur le même ton, s'écria : *Hô, hô, mon cœur ! est-ce que nous ne nous connaissons plus ?* Madame de Fontpertuis déconcertée n'eut d'autre ressource, pour sauver sa réputation et celle du couvent, que d'affirmer à la sœur de Sainte-Claire que Santeuil était un homme qui avait perdu l'esprit (1).

On trouvait au contraire, à Port-Royal encore plus qu'ailleurs, que le poëte avait infiniment d'esprit, car il donnait à la maison, aux religieuses, aux solitaires, les plus grandes louanges. Ces louanges d'un hôte burlesque, les chroniqueurs jansénistes les ont fidèlement recueillies, pour l'unique amour de la vérité. Un d'eux parle ainsi :

« M. de Santeul, chanoine régulier de Saint-Victor de Paris et auteur de tant de belles hymnes, se trouva à Port-Royal le jour de l'octave du Saint-Sacrement. Il nous divertit de son mieux pendant et après le dîner, et il nous dit mille choses les plus agéables du monde. J'en rapporterai ici ce que j'en ai retenu ; mais il s'en faudra bien qu'elles plaisent autant en ma relation qu'elles plurent lorsque M. de Santeul les disait, n'étant plus soutenues de ces manières inimitables, de ces gestes, de ce feu, ou plutôt de cette fureur avec laquelle il conte les choses, et ferait trouver beau ce qu'il y a de commun.

1. *Vies édifiantes,* t. I, p. 385.

Premièrement il nous fit l'éloge de Port-Royal en cent manières différentes : il nous dit qu'on n'y pouvait pas faire un pas sans marcher sur un saint.

Qu'il croyait plus à l'Eglise à cause des filles de Port-Royal qu'à cause des quatre conciles généraux; que leur exemple lui était toujours présent, et le soutenait dans toutes les difficultés de la vie. Quand je me lève, disait-il, pour aller à matines, quand on me fait boire de méchant vin, quand on me dit quelque injure, quand on me fait quelque affront, j'aurais de la peine à souffrir tout cela, mais je me dis à moi-même : Les religieuses de Port-Royal en souffrent et en ont bien souffert davantage; on leur a dit bien d'autres injures; elles en font bien plus que moi; elles mangent des carottes; elles font telles et telles choses, — et joignant les mains : Ah! saintes filles! ô mes anges! — qu'il était assuré que ce serait à Port-Royal que se tiendrait le jugement dernier; que c'était la Terre-Sainte; qu'on condamnerait là, par l'exemple de solitaires qui y ont demeuré, les folies, les vanités, les grandeurs, les péchés du monde; qu'il avait fait, en la considération des religieuses de Port-Royal, les hymnes de Saint-Bernard, et qu'il leur avait obtenu de Mgr l'Archevêque de Paris permission de les chanter; que dans cette permission l'archevêque les appelait : mes filles, mes très-chères filles, *melior portio gregis*! Grand éloge, ajouta-t-il, que j'ai procuré à ces saintes, *et qui a été mis dans leurs archives.* »

Santeuil, à propos des hymnes de saint Bernard, se mit à louer toutes ces hymnes et à mépriser celles du bréviaire romain, qu'il *aurait prises pour se dégoûter de la religion, s'il avait voulu se faire hérétique, turc, athée.* Enfin il mit le comble à la satisfaction de ses hôtes et de ses hôtesses, et à la bonne opinion qu'il leur donnait de son mérite, en les régalant d'une histoire de jésuite et de capucin :

« Il nous dit encore qu'un jésuite, en lui montrant il y a quelques jours, dans la rue Saint-Antoine, la borne auprès de laquelle M. Hermant tomba en apoplexie, lui avait dit : Voilà la pierre où mourut cet hérétique! — Quel flegme ne fallait-il pas avoir, ajouta-t-il, pour souffrir un tel outrage fait à la mémoire d'un si grand homme! je ne fus pas si patient lorsqu'un capucin, nommé le père Poulier, méprisa en ma présence les sermons de M. Le Tourneux; nous étions à table; je lui jetai à la barbe un plat d'œufs au miroir. »

Puisque nous sommes au monastère des Champs, restons-y jusqu'à sa destruction; quand elle sera accomplie, nous suivrons le docteur Arnauld dans ses pérégrinations à l'étranger et dans ses derniers combats. Les joyeux propos de Santeuil n'égayèrent pas longtemps le saint vallon. On n'y entendit plus bientôt que des chants funèbres. Tous les maîtres, tous les disciples, tous les amis de Port-Royal voulaient être ensevelis dans cette terre privilégiée. Et, comme la mort emportait rapidement cette première génération janséniste, l'illustre, la grande génération, une nouvelle tombe s'ouvrait presque chaque jour dans cette nécropole des défenseurs de la vérité. On aurait laissé les religieuses disparaître tranquillement à leur tour, si elles s'étaient contentées de pleurer silencieuses et résignées sur ces sépultures chéries, mais elles disaient avec M. Fontaine : *Que pourrons-nous vous répondre, ô mon Dieu, lorsque vous nous demanderez l'usage que nous avons fait de la vue, des avis, de la conduite de ces admirables personnes ?* Et elles publiaient les miracles qu'opéraient les restes mortels de leurs bienheureux Pères et de leurs bienheureuses Mères ; elles suivaient leurs ordres plus fidèlement que jamais ; elles imitaient surtout, au milieu des contestations qui s'étaient réveillées, leurs exemples d'opiniâtreté. C'était le *cas de conscience* qui était venu offrir aux religieuses l'occasion de se montrer les dignes filles de la mère Angélique. Un confesseur que l'on supposait en province, et qui n'était autre que M. Eustace, confesseur de Port-Royal des Champs, écrit à Paris et demande s'il doit continuer de donner l'absolution à un ecclésiastique, son pénitent, qui est dans les dispositions suivantes : 1° Il condamne les cinq propositions en la manière qu'Innocent XII les a expliquées dans ses brefs ; 2° il croit qu'il suffit de garder un silence respectueux sur le fait de Jansénius ; 3° il croit que toutes les actions qui ne sont pas rapportées à Dieu sont autant de péchés ; que l'attrition ne suffit pas pour être justifié dans le sacrement de pénitence ; qu'entendre la messe en état de péché, c'est en commettre un autre ; 4° il n'approuve pas certaines pratiques de dévotion envers la sainte Vierge et les saints ; 5° il lit habituellement les *Lettres de Saint-Cyran*, la *Fréquente Communion*, le *Rituel d'Aleth*, le *Nouveau Testament de Mons*. Cette consultation fut écrite à l'archevêché, du consentement de M. de Noailles et sous les yeux de ses deux grands vicaires Pirot et Vivant. Quarante Docteurs répondirent *que les sentiments de l'ecclésiastique dont il s'agissait n'étaient ni nouveaux, ni singuliers, ni condamnés par l'Église, ni tels enfin que son confesseur dût exiger de lui qu'il les abandonnât pour lui donner l'absolution.* On pouvait donc en sûreté de conscience, pratiquer le plus pur jansénisme, malgré les anathèmes dont il était frappé depuis cinquante ans. Le *Cas* et la décision des Docteurs furent imprimés et répandus triomphalement dans toute la France. Il est aisé de concevoir quelle tempête s'en suivit. Les évêques, les jésuites et tous ceux qui avaient travaillé à faire condamner les erreurs augustiniennes s'élevèrent contre l'audace des sectaires et les dénoncèrent aux anathèmes de Rome. Clément XI condamna aussitôt le *Cas de conscience* ; il écrivit au roi pour se plaindre de la témérité des Docteurs de Paris dont la décision rallumait toutes les anciennes contestations ; il écrivit aussi au cardinal pour exciter sa vigilance pastorale. Déjà Louis XIV, dont l'aversion pour les jansénistes croissait chaque jour, s'était étonné du silence de l'archevêque. Madame de Maintenon, le maréchal de Noailles et Bossuet parlèrent : le cardinal blâma ce qu'il avait approuvé. Il publia une ordonnance par laquelle il censurait le *Cas de conscience* et la décision des Docteurs. Il data cette ordonnance du 22 février, voulant faire croire qu'il avait prévenu le bref que le Pape lui adressait et qui n'était pas encore arrivé en France. « Il y eut, dit le chancelier d'Aguesseau, des chronologistes trop exacts, qui prétendirent qu'il y avait quelque erreur dans la date de cette ordonnance, et que la nouvelle du bref qui était sur le point d'arriver fit rétrograder l'archevêque de quelques jours, afin que cette censure parût l'ouvrage d'un zèle libre et indépendant, plutôt que d'une complaisance forcée et d'une espèce de servitude (1). » Aussi, lorsque, répondant au Pape pour se justifier des reproches que Sa Sainteté avait semblé lui faire de sa trop grande indulgence, il parlait de la joie qu'il avait eue de voir son jugement confirmé par celui du Souverain Pontife dont il avait reçu le bref le même jour qu'il avait publié sa censure, bien des gens crurent, selon le chancelier, qu'il aurait pu renverser la phrase et dire *qu'il avait publié sa censure le même jour qu'il avait reçu le bref.*

Ce zèle antidaté n'empêcha pas M. de Noailles de rester fidèle à son habitude de *souffler le froid et le chaud.* S'il condamne les Docteurs dont il loue d'ailleurs la science, les bonnes

---

1. *Œuvres du chancelier d'Aguesseau (Mémoires)*, t. XIII, p. 203.

intentions et l'esprit de soumission qui les anime, *pour remplir toute justice et défendre la charité aussi bien que la vérité*, il témoigne *sa juste indignation* contre les adversaires des jansénistes et il flétrit *leurs libelles pleins d'aigreur et d'amertume, comme injurieux, scandaleux, calomnieux*. Malheureusement pour la mémoire de Bossuet, nous devons reconnaître que c'est lui qui parle ici par la bouche de M. de Noailles. Le *Journal* de Ledieu nous apprend en effet que l'*Ordonnance* fut concertée avec l'évêque de Meaux. Depuis l'oraison funèbre du docteur Cornet où il souffle aussi le froid et le chaud, Bossuet, par une fausse prudence, voulut garder le milieu entre les défenseurs de Jansénius et leurs adversaires. Après les décisions du Saint-Siége, cette position n'était plus celle du *dernier Père de l'Église* (1).

Pour achever la comédie, le cardinal demanda aux approbateurs du *Cas* de signer son Ordonnance, et ceux-ci s'empressèrent d'obéir. On les vit aller en foule chez M. Vivant défaire ce qu'ils avaient fait. Un mauvais plaisant écrivit ce calembourg sur la porte du grand vicaire : *Vivant, maître à signer et à dessiner* (dé signer), *va montrer en ville.* Quelques Messieurs dédaignèrent les leçons de Vivant ; ils ne voulurent pas apprendre à *dessigner* : on les exila. « Alors, dit le supplément au Nécrologe, M. Eustace, effrayé du bruit que causait une chose (son *Cas*) qui n'avait en elle-même rien que d'innocent, s'accusa de témérité ; il commença par se retirer de Port-Royal. Après avoir resté quelque temps caché à Paris ou aux environs, il prit le parti de se retirer à l'abbaye d'Orval, pour y laver sa faute dans les larmes d'une austère pénitence. »

Louis XIV fit adresser à tous les évêques le bref du 12 février 1703, qui condamnait le *Cas de conscience*. La lettre des secrétaires d'État portait « que le roi n'avait rien de plus à cœur que de s'opposer fortement au renouvellement des troubles que les propositions condamnées de Jansénius avaient excités et que Sa Majesté avait si heureusement apaisés. »
« Les évêques, disait dans son réquisitoire M. Joly de Fleury, avocat général au Parlement, les évêques ne peuvent avoir trop d'attention ni de vigilance pour réprimer tous les efforts

---

1. Voir sur *Bossuet et le Jansénisme* le travail du P. Gazeau, *Études religieuses*, août 1874, sq.

de *ces esprits inquiets qui veulent agiter éternellement des questions dangereuses sur une condamnation justement prononcée*, rompent ainsi le silence dans le temps même qu'ils protestent de le garder, et troublent la paix de l'Église, sous prétexte de l'affermir. » Ce fut dans ces circonstances que Fénelon publia sa belle instruction pastorale sur le Jansénisme, où il démontre victorieusement que l'Église est infaillible dans le jugement *des faits dogmatiques.* C'est avec joie qu'on entend cette voix harmonieuse trouver des accents vigoureux pour affirmer la croyance catholique alors que Bossuet, évitant de se prononcer, humilie son génie devant les disciples de saint Augustin.

En dépit d'un Arrêt du conseil qui demandait le silence aux deux partis, comme en 1668, les disputes se poursuivirent avec une vivacité qui rappela les beaux jours de la censure de M. Arnauld. Aussi les auteurs de *l'histoire du Cas de conscience* trouvèrent assez de matériaux pour composer huit volumes. Nous nous garderons bien de les imiter et même d'analyser leur ouvrage. Arrivons aux résultats.

Cette levée de boucliers du parti janséniste, à l'heure même où l'Europe se liguait contre lui et mettait en déroute les armées françaises à Hochstedt, à Ramillies, en Espagne et en Italie, irrita profondément Louis XIV. L'histoire de la Fronde lui avait appris que les sectaires profitaient volontiers des malheurs publics pour propager leur doctrine, et qu'ils n'avaient pas honte de chercher des appuis, sinon des alliances, chez les ennemis de la royauté.

La saisie des papiers et de la correspondance du père Quesnel, arrêté et emprisonné à Bruxelles par ordre du roi d'Espagne, sur la demande de l'archevêque de Malines, rendit les Jansénistes encore plus odieux au roi de France, par la découverte qu'elle amena de leurs projets et de leur organisation. Leurs projets étaient, comme le disait l'abbé d'Aubigny à Saint-Evremond, de former une église dans l'Église et un État dans l'État ; leur organisation était celle des sociétés secrètes ; ils forment un ordre ; ils ont leurs abbés, leurs prieurs, leurs pères, leurs frères, leurs sœurs, leurs postulants, leurs visiteurs, leurs couvents ; ils ont un système d'impôt auquel tous les membres de l'ordre sont soumis : ils entretiennent des agents à Rome, à Madrid et dans les autres capitales. Ils se servent d'un chiffre particulier pour correspondre et prennent des noms de guerre ;

ils veulent traiter de puissance à puissance avec Louis XIV, comme le prouve une des pièces saisies : c'est un traité de paix proposé au nom des *disciples de saint Augustin à M. le comte d'Avaux*, alors que ce négociateur se trouvait à Ratisbonne en 1684 ; ils poussent leurs adeptes aux plus hautes fonctions dans le clergé, dans la magistrature, dans l'administration civile. Il nous serait facile d'établir, au point de vue de l'organisation, des analogies frappantes entre les jansénistes et les francs-maçons, et peut-être il ne nous serait pas impossible de démontrer que les couvents jansénistes fournissaient des frères aux couvents maçonniques pour travailler à renverser le trône et l'autel. Mais ce n'est pas ici la place de ce chapitre : nous l'écrirons, si nous conduisons ces études jusqu'à la fin du XVIII° siècle, quand le pied des fils de nos Messieurs aura glissé dans le sang et la boue de la Terreur.

Louis XIV, convaincu plus que jamais des dangers du Jansénisme, se hâta de demander et de faire exécuter la bulle *Vineam Domini*. Clément XI la donna en 1705. Elle avait pour objet de mettre un terme aux disputes que le *Cas de conscience* venait de réveiller au sujet du Formulaire ; elle confirmait les précédentes constitutions apostoliques, décidait que le silence respectueux sur les faits condamnés par l'Église ne suffit pas, et elle exigeait qu'en signant on jugeât effectivement le livre de Jansénius infecté d'hérésie. La bulle *Vineam Domini* fut publiée dans tout le royaume par ordre du roi, avec des mandements de chaque évêque. M. de Noailles, toujours plein de zèle quand le roi ou madame de Maintenon avait parlé, s'empressa de promulguer la bulle par un mandement en tête duquel il mit, afin qu'on ne s'y méprît pas, *contre les Jansénistes*. Pourtant il attendit six mois avant de s'informer si son Ordonnance avait été reçue à Port-Royal. On s'en était bien gardé. Il fallut donc prescrire au confesseur des religieuses, c'était alors M. Marignier, de lire la Bulle et l'Ordonnance à la grille du chœur et de certifier qu'elles avaient été reçues avec le respect dû au Pape et à l'Archevêque. « La communauté demanda qu'on fît la lecture de la bulle pour voir ce qu'elle contenait avant que de l'entendre à l'église. M. Marignier paraissait n'en avoir point d'envie, disant que nous nous allions embarrasser ; mais on persista et on la lut. *Elle nous fit peur*, et l'on dit qu'après avoir souffert si longtemps, c'était tout à fait abandonner la vérité, que de témoigner qu'on recevait avec respect cette bulle et ce mandement, où il y a à la tête que c'est *contre les Jansénistes.* » Les religieuses prirent du temps pour réfléchir et surtout pour consulter leurs amis. Elles crurent enfin sauver la *vérité* et le respect dû à leurs supérieurs en déclarant qu'elles recevaient la bulle et l'ordonnance *sans déroger à ce qui s'était fait à leur égard à la Paix de l'Église sous le pape Clément IX.* Cette clause était une protestation. Le père Quesnel encourageait ainsi les religieuses à cette nouvelle résistance :

« La disposition où sont ces fidèles servantes de Dieu de s'exposer à tout plutôt que de trahir leur conscience par l'approbation de cet écrit calomnieux, et de blesser par là la vérité, la justice et la mémoire de tant de saints prélats, de leurs propres mères si dignes de vénération, de leurs pieuses et chères sœurs, et des excellents théologiens qui les ont instruites et défendues; cette disposition, dis-je, est un don tout particulier de la miséricorde de Dieu et de la grâce de Jésus-Christ, qui doit les remplir d'une humble et profonde reconnaissance, allumer dans leur cœur un ardent désir d'y correspondre par un attachement inviolable... »

« Franchement, dit M. Sainte-Beuve, à voir les choses par le dehors, des yeux du simple bon sens (pourquoi M. Sainte-Beuve n'a-t-il pas regardé plus souvent les choses par le dehors avec les yeux du simple bon sens ?), lorsqu'une bulle sollicitée par le roi était arrivée en France, y avait été reçue sans difficulté par l'assemblée générale du clergé, enregistrée sans difficulté par le Parlement, acceptée avec de grands témoignages de soumission par la Faculté de théologie, publiée avec mandement par tous les évêques du royaume, il était singulier et ridicule que, seules, une vingtaine de filles, vieilles, infirmes, et la plupart sans connaissances suffisantes, qui se disaient avec cela les plus humbles et les plus soumises en matière de foi, vinssent faire acte de méfiance et protester indirectement en interjetant une clause restrictive (1). » Ces réflexions justifient les rigueurs que provoqua l'opiniâtreté des vieilles et infirmes récalcitrantes. Nous ne ferons pas l'histoire de cette dernière

---

1. Sainte-Beuve, *Port-Royal*, t. 1ᵉʳ, p. 184.

persécution, dont les principales phases furent : l'Arrêt qui ordonna la réunion des biens de Port-Royal des Champs à ceux de Port-Royal de Paris (février 1707), l'Appel des religieuses à la Primatie de Lyon et leur excommunication (novembre 1708), la bulle demandée et obtenue pour la suppression et l'extinction du monastère révolté et pour la réunion de ses biens au couvent de Paris (1708). Ces mesures donnèrent lieu à une avalanche d'oppositions, de protestations, de mémoires et de requêtes. Devant cette avalanche de paperasses où il reconnaît les sœurs de gens de loi, les filles d'Arnauld et de parlementaires, M. Sainte-Beuve cesse de voir avec les yeux du simple bon sens et il s'écrie :

« Oh ! que si jamais il y avait eu moyen pour la France, pour ce pays d'honneur et de folie, de devenir un pays de force et de légalité où l'on défendît son droit pied à pied, même par chicane, mais où on le défendît jusqu'à la mort et où dès lors on le fondât, c'eût été (je l'ai senti bien des fois dans cette histoire, et je le sens encore plus distinctement à cette heure), — c'eût été à condition que l'élément janséniste, si peu aimable qu'il fût, l'élément de Saint-Cyran et d'Arnauld, n'eût pas été tout à fait évincé, éliminé, qu'il eût pris rang et place régulière dans le tempérament moral de la société française, qu'il y fût entré pour n'en plus sortir. L'école qui serait issue de Port-Royal, si Port-Royal eût vécu, aurait fait *noyau* dans la nation, lui aurait peut-être donné solidité, consistance ; car *c'étaient des gens,* comme me le disait M. Royer-Collard, *avec qui l'on savait sur quoi compter* ; caractère qui a surtout manqué depuis à nos mobiles et brillantes générations françaises.

Ainsi la France serait devenue un pays de force et de légalité si le Jansénisme, qui ruinait la force de la nation en brisant son unité politique et religieuse, et détruisait la légalité en méprisant la source sacrée de la loi : l'autorité, fût entré dans le tempérament moral de la société française. Hélas ! il n'y entra que trop, il n'en forma que trop le noyau empoisonné ! Dès le milieu du XVII° siècle, ses influences délétères se répandirent partout : « il s'empara du temps et des facultés d'un assez grand nombre d'écrivains qui pouvaient se rendre utiles, suivant leurs forces, à la religion, à la philosophie, et qui les consumèrent presque entièrement en ridicules et funestes disputes. Port-Royal divisa l'Église ; il créa un foyer de discordes, de défiance et d'opposition au Saint-Siége ; il aigrit les esprits et les accoutuma à la résistance ; il fomenta le soupçon et l'antipathie entre les deux puissances ; il les plaça dans un état de guerre habituelle qui n'a cessé de produire les chocs les plus scandaleux... ; il écrivit contre le Calvinisme et le continua moins par sa féroce théologie qu'en plantant dans l'État un germe démocratique, ennemi naturel de toute hiérarchie (1). » Quand le Jansénisme triompha, au xviii° siècle, avec le Parlementarisme, il acheva de renverser *l'école de respect*, le vrai catholicisme, qui seul peut nous donner solidité et consistance ; il lui substitua une école de mépris et de révolte d'où sortirent toutes nos tempêtes sociales. Ne l'oublions pas, le Jansénisme écrivit la *constitution civile du clergé*, conseilla la mise en jugement de Louis XVI et applaudit à sa mort. M. Sainte-Beuve cite une parole de Royer-Collard, dont le véritable sens mériterait d'être longuement interprété : citons-en une de de Maistre, qui n'a pas besoin de commentaire. *Tout Français*, a dit l'illustre penseur, *ami des Jansénistes, est un sot ou un Janséniste.*

A mesure que la catastrophe approchait, les amis des religieuses condamnées redoublaient de zèle, et aussi de fureur. Les *mères de l'Église* pourvoyaient généreusement à l'entretien de celles qu'on venait de dépouiller de leur temporel ; elles affirmaient toutes, comme mademoiselle de Joncoux, qu'*elles vendraient leur cotillon plutôt que de les laisser manquer de quelque chose*. Quant aux Messieurs, cachés sous le voile de l'anonyme, ils faisaient les prophètes de malheurs et remplissaient la cour et la ville de terribles menaces. Ils prédisaient à l'archevêque qu'il mourrait tristement comme ses deux prédécesseurs et qu'il aurait le sort réservé aux timides, dont le partage est d'être jeté dans l'*étang brûlant de feu et de soufre qui est la seconde mort*. Ils annonçaient que les revers dont la France était accablée étaient des signes manifestes de la vengeance de Dieu indigné du traitement infligé à ses saints. « Tout le monde, s'écriaient-ils, est frappé de ce que, *depuis qu'on a juré la perte de Port-Royal*, il n'y a plus que déconcertement dans nos conseils, que lâcheté dans nos généraux, que faiblesse dans nos troupes, que défaites dans nos batailles.

---

1. De Maistre, *de l'Église gallicane*, liv. I, chap. v.

Il paraît que Dieu nous a rejetés, et qu'il ne marche plus à la tête de nos armées, si redoutées autrefois, et toujours victorieuses *jusqu'à la résolution prise pour la ruine de cette maison.* »

Ces *voix sinistres* n'effrayèrent personne : la ruine de Port-Royal fut accomplie. Autorisé par une bulle qui supprimait le titre de l'abbaye des Champs et permettait la translation en d'autres monastères des religieuses, *afin que le nid où l'erreur avait pris de si pernicieux accroissements fût entièrement ruiné et déraciné* (1), le cardinal de Noailles, dont le roi avait plus d'une fois blâmé les lenteurs, rendit une ordonnance par laquelle il déclara le titre de Port-Royal des Champs éteint à perpétuité. Peu après, Louis XIV ordonna à son lieutenant civil, M. d'Argenson, de se rendre aux Champs et de disperser en diverses villes ces filles obstinément rebelles, qui se moquaient des arrêts du Conseil, comme des constitutions apostoliques. De l'aveu même des Jansénistes, les ordres de la cour furent exécutés avec beaucoup de douceur et de charité. Le 29 octobre 1709 les quinze religieuses de chœur et les sept converses qui composaient toute la communauté, furent partagées entre Rouen, Autun, Chartres, Amiens, Compiègne, Meaux, Nantes, Nevers, et Saint-Denis.

Le nid de l'hérésie était vide, mais il demeurait pour les hérétiques un signe de ralliement et d'espérance. Ils empruntaient aux Israélites exilés le chant que le souvenir de la ville sainte plaçait sur leurs lèvres : *Si je t'oublie, ô Jérusalem, que ma langue s'attache à mon palais et que ma droite se dessèche.* Le roi fut persuadé que les Jansénistes feraient de Port-Royal-

---

1. « Appeler le *nid de l'erreur*, comme on fait, un monastère qui a été comme le berceau où la pureté de la morale chrétienne, de la discipline ecclésiastique et de la vie religieuse a repris naissance ; un lieu qui a servi de retraite aux défenseurs de la grâce de Jésus-Christ, et à un si grand nombre de saints solitaires et d'illustres pénitents ; un lieu où le Saint-Esprit s'est manifesté en tant de manières et par des opérations et des œuvres si éclatantes de sa vertu ; qu'on ose, dis-je, appeler le *nid de l'erreur* ce sanctuaire de la vérité et de la charité, je ne crois pas que ce soit un moindre blasphème que celui que les Scribes et les Pharisiens commettaient en attribuant au Démon l'opération divine du Saint-Esprit, qui chassait les Démons des corps qu'ils possédaient. » (Lettre du P. Quesnel.) Quel humble et respectueux langage, et qu'il prouve bien que Port-Royal était un nid d'hérétiques.

des Champs un lieu de pèlerinage, où ils se retremperaient dans l'esprit de leurs maîtres, en attendant qu'ils pussent le repeupler ; il ordonna la démolition des bâtiments par un Arrêt du Conseil du 22 janvier 1710. L'église elle-même ne fut pas épargnée. Cette destruction du célèbre monastère rendit nécessaire l'exhumation des corps qui y avaient été ensevelis. Quand les disciples de saint Augustin virent les murs de leur chère Sion tomber sous le marteau des ouvriers et les dépouilles des saints arrachées à leurs tombeaux, ils éclatèrent en gémissements et en imprécations :

« *Souvenez-vous, Seigneur, des enfants d'Edem*, s'écriaient-ils, *de ce qu'ils ont fait au jour de la ruine de Jérusalem, lorsqu'ils disaient : Exterminez, exterminez tout jusqu'à ses fondements*. Elle n'est donc plus cette maison où vous faisiez éclater la gloire de votre sainteté. Celle qui était inondée du torrent des délices de votre grâce..., où vous conduisiez ce que vous aviez de plus cher..., est devenue comme elle était autrefois un désert sombre et affreux.... *Grand Dieu, verrez-vous, cette désolation d'un œil serein et tranquille ? Vous retiendrez-vous encore ? Demeurerez-vous dans le silence...?* Mais votre temps est marqué, ô Dieu de vengeance (1) ! N'avez-vous pas déjà tonné contre les ennemis de votre nom ?... On disperse vos vierges et nos armées sont dissipées ; on démolit la maison de vos épouses, et nos villes sont abandonnées au pillage de l'ennemi... ; on ruine l'édifice, et le premier né du prince de votre peuple tombe à côté du trône même. On arrache les fondements, on ouvre les tombeaux, et le second héritier de la couronne est enseveli avec son épouse dans un même tombeau. On ordonne que le temple même soit ruiné, et celui (le dernier dauphin) qui à peine venait de recevoir le titre de son auguste espérance expire, et se trouve enveloppé dans un même deuil (2).

La haine des Jansénistes contre la royauté ne devait pas être assouvie par les malheurs qui frappaient la famille du roi et la France. Elle ne sera satisfaite que lorsqu'elle aura brisé le trône de Louis XIV et livré aux vents les cendres royales de Saint-Denis. C'est un ami qui nous l'affirme. « Patience ! dit-il, tout se paiera avec usure : le janséniste Camus sera moins royaliste que Dumouriez ; l'abbé Grégoire, en hardiesse de renversement, ira plus loin que Mirabeau (3)... On le lui

---

1. *Second gémissement sur la destruction de Port-Royal.*
2. *Troisième gémissement.*
3. Sainte-Beuve, *Port-Royal*, t. I, p. 19 ; — t. VI, p. 239.

(Louis XIV) rendit trop bien, à ce superbe monarque et à toute sa race, le jour de la violation des tombes royales à Saint-Denis !»

Cette image des sanglantes représailles des Jansénistes révolutionnaires qui plane sur les ruines de Port-Royal, ne justifie-t-elle pas les rigueurs de Louis XIV ? Il semble que le roi, pressentant l'avenir, ait voulu le conjurer. On peut cependant déplorer avec Fénelon, ennemi déclaré des doctrines augustiniennes, le *coup d'autorité qui excita la compassion publique pour ces filles et l'indignation contre leurs persécuteurs.* Mais on doit remarquer que l'Église resta étrangère à cette impitoyable sévérité. Le souverain pontife aurait désiré qu'on laissât les religieuses s'éteindre dans leur cloître dépeuplé ; vivement sollicité, il ordonna la suppression du titre de l'abbaye : il n'en commanda pas la destruction matérielle. Et ce n'est pas M. de Noailles qui aurait substitué la violence à la mansuétude du Pape. On doit encore remarquer que, contrairement à l'assertion de l'auteur des *Gémissements*, ce n'est pas la célèbre *compagnie, bête féroce et cruelle, toujours altérée du sang des élus du Seigneur*, qui demanda l'exhumation. Un petit-fils de M. d'Andilly, le fils de M. de Pomponne, en donna l'idée en réclamant les corps de la famille Arnauld, *afin que sa postérité perdît la mémoire qu'ils avaient été enterrés dans un lieu qui avait eu le malheur de déplaire à Sa Majesté.* La justice de Dieu se servit de cette flatterie de courtisan pour poursuivre jusque dans leur tombe les rebelles que l'Église avait frappés de ses anathèmes. Ces épitaphes menteuses qui proclamaient la sainteté de ces enfants de l'hérésie, furent brisées ; les cendres de ces excommuniés, qu'on appelait *sacrées* et qu'on regardait comme *dignes d'être recueillies par la main des anges pour être portées avec honneur sur le trône éternel du Dieu de la gloire*, furent livrées aux vents ; les pierres qui les couvraient servirent de pavés ou de tables à boire dans les auberges des environs ; tous ces corps qu'on plaçait sur les autels furent abandonnés aux chiens, jetés dans des tombereaux et enfouis dans un obscur cimetière du voisinage. On avait voulu faire du *bienheureux Désert* une nécropole sainte où les pèlerins seraient venus en foule s'agenouiller et prier : il ne fut plus, deux mois durant, « qu'un immense charnier livré à la pioche et aux quolibets des fossoyeurs (1) ». Les Jansénistes

---

1. Sainte-Beuve, *Port-Royal*, t. vi, p. 238.

racontent sérieusement que d'éclatants miracles confondirent alors les ennemis de Port-Royal et ils s'écrient : « *Seigneur, les âmes, dont on profanait la sacrée dépouille, ont jeté des cris de dessous votre autel, vous les avez écoutées, votre puissance a paru.* » Non; ce ne fut pas la puissance de Dieu qui parut en ces journées pleines d'horreur : ce fut sa vengeance.

Quittons cette solitude maudite où les fils légitimes des illustres fondateurs de Port-Royal, les convulsionnaires de Saint-Médard, vont bientôt accourir et ajouter, toujours pour couvrir de honte leurs calomniateurs, *des prodiges nouveaux* à ceux de leurs pères. Nous avons laissé Arnauld sur le chemin de l'exil ; remontant le cours des années, il nous faut rejoindre le grand docteur et raconter son odyssée.

XV

Nicole se sépare d'Arnauld fugitif. — But schismatique des traductions jansénistes de la sainte Écriture. — Arnauld les défend. — Il trouve des *frères et des sœurs* en Hollande. — *Anciens catholiques romains et vieux catholiques.* — Arnauld et la *déclaration de* 1682. — Il combat à Rome l'*opportunité* de la condamnation de la *Déclaration.* — Il propose à Paris la convocation d'un concile national. — Jansénistes et Protestants. — Description de la demeure du docteur *exilé* ; son genre de vie. — La *maison des filles de l'enfance.* — Le *péché philosophique.* — La fameuse *fourberie de Douai.* — Mort d'Arnauld. — Son testament spirituel. — Son épitaphe. — Querelle de Santeuil avec les Jésuites et les Jansénistes. — L'œuvre d'Arnauld jugée à ses fruits. — Conclusion.

On se rappelle le moment que choisit Arnauld pour fuir à l'étranger ; ce fut au lendemain de la visite de M. de Harlay à Port-Royal, alors que le roi et l'archevêque *allaient mettre la cognée à la racine et extirper enfin le jansénisme.* L'occasion était belle de mourir au poste d'honneur, *sur les remparts d'Israël.* L'intrépide défenseur jugea qu'à son âge il ne lui convenait plus de faire le *lionceau.* Si nous ne craignions de lui manquer de respect, nous dirions de lui ce que ses amis dirent un jour du père Ferrier, à l'époque du premier projet d'accommodement, que, *ne pouvant mordre de près, il se contenta d'aboyer de loin.*

Arnauld séjourna quelque temps à Mons, puis à Tournai, à Courtrai, à Gand, à Delft, et finit par se fixer à Bruxelles. Il était partout en pays ami : « Ces contrées, dit Saint-Simon, fourmillaient de jansénistes. » Dès son entrée dans la Flandre espagnole, il rencontra Nicole. Le fidèle lieutenant n'était pas décidé à suivre son général dans de nouveaux combats. Il s'était éloigné de Paris, « moins pour éviter la *persécution* de ses ennemis que pour se soustraire aux tracasseries de ses amis qui désapprouvaient la résolution qu'il avait prise de ne plus écrire sur les contestations (1). » Arnauld essaya de persuader à Nicole qu'ils devaient travailler encore à *ruiner le fantôme du jansénisme;* il n'y réussit pas. Nicole essaya à son tour, sans succès, de ramener Arnauld en France. Alors Élisée abandonna Élie au grand scandale des fidèles de la nouvelle Église, qui l'accablèrent d'amers reproches. « Tout le monde me lapide, » écrivait Nicole à madame de Saint-Loup, une des affiliées actives et considérables de ces Messieurs (2); il ajoutait : « ... Quoique j'aie de mon côté un tel amas de pierres autour de moi, qu'il semble qu'il y en ait de quoi repousser tout le genre humain, je ne daignerais pas néanmoins en jeter à personne. » Nicole, nous l'avons vu, jetait bien quelques pierres à la tête de ses censeurs, mais *c'étaient des gens,* disait-il, *qui avaient la tête à l'épreuve de ses pierres qui n'étaient que des raisons, en cela différentes de celles qu'on lui jetait, qui ressemblaient fort à des injures.*

Tandis que Nicole revenait finir paisiblement ses jours à Paris, Arnauld se remettait à guerroyer. Il attaqua d'abord Mallet, chanoine et archidiacre de Rouen, qui avait écrit contre le Nouveau Testament de Mons et contre les traductions des Écritures en langue vulgaire. Ces traductions, comme d'ailleurs la traduction des auteurs profanes, grecs et latins, étaient une spécialité de Port-Royal. M. Sainte-Beuve, à propos de M. Le Tourneux, un des célèbres traducteurs pour le sacré, attaque vivement les condamnations que l'Église prononça contre toutes ces traductions d'*Heures,* de *Missel,* de la sainte Écriture faites par les Messieurs. Mais en les attaquant, il les

---

1. *Vie de messire Antoine Arnauld,* t. 2, p. 114.
2. Madame de Saint-Loup, souvent nommée dans les Correspondances jansénistes, était une des affiliées actives et considérables de ces Messieurs dans le faubourg Saint-Jacques. Ancienne amie du secrétaire du cabinet, Langlade, on lit sur elle et l'on entrevoit d'étranges choses dans les mémoires de Gourville. Cela a l'air d'une mystification. Elle fit si bien qu'elle rattacha son ancien ami, très-peu converti, à Port-Royal ; elle s'était arrangée pour garder son empire sur lui, tout en se raccommodant avec Dieu : elle lui fit faire quelque donation avant de mourir, et on lit dans les journaux manuscrits du monastère que, le mercredi 11 novembre 1680, on fit dans l'église des Champs un service pour M. de Langlade, M. de Blancménil, etc., « toutes personnes décédées depuis peu, et *à qui la Maison a de l'obligation.* » (Note de M. Sainte-Beuve, *Port-Royal,* t. 4, p. 480.) Voilà une étrange amie *de la morale sévère.*

justifie. En effet, d'après lui, ces traducteurs voulaient faire lire la sainte Écriture *à la française* (à la janséniste), en faisant comprendre *ce qui va au bon sens* et au droit jugement *de tous;* ils voulaient réaliser le *rationabile obsequium vestrum* de saint Paul, introduire une part de raison et de connaissance dans les livres jusqu'alors fermés du sanctuaire, diminuer, en le révérant, le mystérieux et le merveilleux inhérent à la célébration du culte ; ils avaient entrepris sur une grande échelle la divulgation *gallicane* et très-chrétienne de l'évangile, des épîtres, de toute l'ordonnance du culte ; ils tendaient à faire un public *chrétien à la française*. Ce n'était donc pas ces traductions, ces explications en elles-mêmes que Rome condamnait, c'était l'esprit gallican et janséniste dans lequel elles étaient faites et le but schismatique qu'on y poursuivait. Des chrétiens à la française, formés par Port-Royal, n'auraient pas ressemblé beaucoup à des catholiques ; ils se seraient facilement et fraternellement confondus avec les chrétiens à la française formés par Calvin. « Parfois, raconte M. Sainte-Beuve, dans une bibliothèque de campagne, dans quelque vieille gentilhommière dont les seigneurs, autrefois calvinistes, ne se convertirent que tard et après la révocation du fameux Édit, on trouve sur les rayons poudreux, en reliure sombre, ces suites d'excellents livres d'extraction janséniste, les *Instructions chrétiennes* de Singlin, l'*Année chrétienne* de Le Tourneux, la *Doctrine chrétienne* de Mésenguy ; ces bons gentilshommes, convertis un peu à leur corps défendant, ne prenaient la voie catholique que par le sentier *qui les cotoyait du moins de plus près.* » Pourquoi donc s'étonner que la vigilance des pasteurs de l'Église ait redressé ces sentiers ? Malheureusement ce n'est pas seulement dans quelque vieille gentilhommière qu'on trouve encore *ces suites d'excellents livres ;* elles ornent trop souvent les bibliothèques des grands séminaires ; les sermonnaires jansénistes surtout y abondent, et les élèves qui ont peu de goût pour le travail personnel, y puisent les flots tièdes et incolores d'une éloquence ennuyeuse et les erreurs d'une théologie à la française. Aussi nous avons entendu dans une des plus belles cathédrales de France, un jeune vicaire offrir Pascal et Arnauld à l'admiration de ses auditeurs et faire l'éloge des *grands chrétiens* de Port-Royal. Ce prédicateur naïf avait certainement lu Le Tourneux ou au moins Sainte-Beuve.

M. Mallet avait donc raison de dénoncer les traductions jansénistes. Dès l'apparition de son livre, Arnauld, encore en France, avait composé une *Défense* du Nouveau Testament ; la peur de la Bastille l'empêcha de la publier alors. L'exil lui rendit la liberté et le courage. Des amis de Paris lui écrivirent pour lui donner des conseils de prudence. Les plus modérés l'exhortaient à garder le silence ; il leur répondit :

« Chacun n'a plus qu'à se reposer, si tout le monde est de cette humeur qu'on ne veuille plus rien risquer du tout ; et je ne vois pas, cela étant, pourquoi on criaille tant contre M. Nicole. C'est-à-dire que chacun veut bien craindre pour ce qu'il lui plaît, et en même temps se croit en droit de déclamer contre la crainte des autres. Est-ce que quatre ans d'une fausse paix nous ont mis au même état que les Hollandais, qui, ayant été autrefois si braves, se trouvèrent si lâches au commencement de cette dernière guerre ? »

D'autres l'engageaient à garder au moins l'anonyme. « Je ne suis pas capable de cette lâcheté, » leur répliquait le fier docteur. Il y avait enfin de ces amis qui le priaient de *s'accommoder davantage à la délicatesse du siècle* dans sa manière d'écrire, de supprimer les gros mots, d'adoucir certaines expressions par trop dures qui lui étaient familières. — Il écrivit au père Quesnel, qui lui avait fait part de ce désir :

« Je vous dirai que mon ouvrage devait avoir deux volumes, ils doivent être contents pour le premier, parce qu'on y a fait tout ce qu'ils désirent ; M. Nicole l'ayant relu tout entier dans la même vue qu'ils ont, et en ayant ôté toutes les duretés... Mais j'avoue que je n'ai pas tant épargné M. Mallet dans le second volume... »

Arnauld ne se contenta pas de cette réponse ; il tenait à sa *manière d'écrire nerveuse* (1), et il publia une *Dissertation pour la justification de certains termes que le monde estime durs.*

Cependant l'inflexible et rigide défenseur des saintes Écritures n'oubliait pas, pour assurer le succès de son livre, les petites précautions. Il voulait qu'on en distribuât beaucoup d'exemplaires *en cadeau* : « Mes raisons sont que des livres donnés sont toujours bien reçus ; que ceux à qui on les a

---

1. *Vie de messire Antoine Arnauld*, t. 2, p. 142.

donnés les font valoir; que comme ce sont pour la plupart des personnes de qualité, cela donne tout d'un coup une grande réputation à un livre. »

Dès l'apparition de l'ouvrage, les modérés, les timides, les délicats du parti se réunirent dans une commune et bruyante admiration. Ce qu'ils auraient pu surtout admirer, c'est la modestie de l'auteur. Comme toujours, Arnauld met toutes les gloires de son côté et toutes les hontes du côté de son adversaire ; écoutez ce passage final :

« ... Il faut qu'il y ait un étrange renversement dans les choses de ce monde, puisque nous voyons ceux que l'on peut dire certainement avoir rendu quelque service à l'Église, être persécutés, maltraités, calomniés, opprimés sous le faux nom d'une secte imaginaire, et osant à peine se défendre contre les plus injustes et les plus outrageuses accusations, et ceux au contraire qui déshonorent l'Église par leurs ignorances et par leurs emportements, comme a fait M. Mallet, être en honneur et en crédit... »

Dans cette conclusion, Arnauld, qui avait quitté Bruxelles pour visiter la Hollande, en compagnie de mademoiselle Vocler, son guide et son interprète, remerciait Dieu de lui avoir fait *trouver des pères et des mères, des frères et des sœurs*. « Seigneur, disait-il, *vous leur inspirez une charité si tendre envers ceux qu'ils regardent comme souffrant quelque chose pour la vérité, et une si grande application à suppléer à tous leurs besoins, que, par une bonté toute singulière, vous changez les croix mêmes que vous leur imposez en douceur et en consolation.* » Les sœurs et les frères ne manquaient pas. « Je crois, écrivait Richard Simon, en 1692, que de tous les ecclésiastiques qui sont dans la Hollande, où il y en a un grand nombre, il n'y en a pas un qui ne soit janséniste, si vous en exceptez les Jésuites. » Clément XI suspendit, en 1702, l'évêque de ce clergé hérétique, M. Codde. L'évêque refusa de reconnaître l'autorité du souverain pontife, et le chapitre d'Utrecht consomma la séparation en donnant un successeur au prélat mort dans sa rébellion. Les jansénistes de la Hollande se décorent du titre d'*anciens catholiques romains*. Les *vieux catholiques* — de 1870 — se hâtèrent de rattacher leur antiquité au schisme hollandais. Après en avoir adopté l'esprit et les doctrines, ils se rendaient justice en en prenant le nom. Voilà où le jansénisme aurait conduit le clergé français, si au xvii° siècle la puissance séculière n'eût alors arrêté son triomphe. Heureusement la Providence avait placé sur le trône un roi pour qui l'unité de la nation était le premier des dogmes politiques, et qui comprit que, admettre les principes de Saint-Cyran dans le régime de l'Église, c'était briser les plus forts liens du faisceau. À la fin du xviii° siècle, le jansénisme crut un instant pouvoir enfin établir le schisme auquel il avait préparé les esprits avec autant de persévérance que de succès. Mais Dieu permit que la *constitution civile du clergé* fût le signal des fureurs de la Révolution. Les martyrs furent plus nombreux que les apostats, et le sang des uns expia le crime des autres. Cependant, bien que la tempête ait emporté son fruit, bien qu'elle ait abattu son tronc, elle n'a point déraciné entièrement le jansénisme. De loin en loin ces racines cachées poussent quelques tiges nouvelles ; elles voudraient devenir arbres ; elles n'auront jamais, pour cela, assez de séve ni assez de temps. La serpe vigilante du chef de l'Eglise ne manque pas de les atteindre dès leur naissance. Les brouillards scientifiques et les persécutions religieuses des pays du Nord peuvent bien leur permettre un développement éphémère et chétif ; elles ne sauraient croître en France, au milieu des splendeurs de ce mouvement d'obéissance et d'amour qui nous emporte vers le Saint-Siége, centre d'unité où convergent tous les peuples lorsqu'ils se laissent aller à l'élan de l'esprit catholique.

Louis XIV faillit cependant fournir aux Jansénistes unis aux Gallicans l'occasion d'entraîner la France dans le schisme où Utrecht allait tomber. Nous ne voulons pas raconter l'histoire de la fameuse déclaration de l'Assemblée du clergé de 1682, qui proclama en quatre articles l'indépendance des rois et de l'Église vis-à-vis du souverain pontife. Nous rappellerons seulement qu'Innocent XI, par ses lettres en forme de bref du 11 avril 1682, et Alexandre VIII, par sa bulle du 4 août 1690, condamnèrent les actes de cette Assemblée ; que les évêques témoignèrent à Innocent XII leurs profonds regrets de ce qui s'était passé, et que Louis XIV lui écrivit une lettre très-respectueuse pour lui annoncer qu'il rapportait ses ordres relatifs à l'exécution de la Déclaration. Le génie catholique *du plus catholique des rois,* un moment obscurci par les fumées de l'orgueil froissé, reparaissait dans tout son éclat. Arnauld en fut vivement contristé. Il mit tout en œuvre pour empêcher que le pape flétrît les quatre articles et que le roi cédât. A Rome, il faisait valoir la célèbre raison de l'*inopportunité*. Il écrivait à M. du Vaucel, agent du parti auprès du Saint-Siége :

« Je ne puis m'empêcher de vous dire encore que ce serait un mauvais conseil que l'on donnerait à Sa Sainteté si on la portait à condamner d'erreur les trois articles touchant la puissance de déposer les rois, l'infaillibilité, la supériorité du concile général... Cela produira un grand nombre d'écrits de part et d'autre dont l'effet sera de donner de grands avantages aux hérétiques pour rendre odieuse l'Église romaine, de mettre un obstacle à la conversion des protestants, et d'être l'occasion d'une persécution plus cruelle contre les pauvres catholiques d'Angleterre (1)...

« Il y a plusieurs maximes, qui sont fort autorisées dans la cour de Rome, que je ne saurais approuver, parce qu'elles ne me paraissent conformes ni à l'Écriture, ni à la tradition. Et je suis même persuadé que ceux qui témoignent tant d'empressement de les établir nuisent plus au Saint-Siége qu'ils ne lui servent, et qu'ils mettent par là un grand obstacle à la conversion des hérétiques, et à refermer la plaie du schisme qui a enlevé tant de peuples à l'Église. On sent moins cela à Rome, parce qu'on n'y a point d'hérétiques à combattre, mais en France, dans les Païs-Bas, et dans l'Allemagne, où les habiles gens ont souvent à disputer contre eux, ou de vive voix ou par écrit, si on veut faire quelque fruit, il faut nécessairement abandonner toutes ces maximes de théologiens de Rome (2)...

« La condamnation des quatre articles pourrait avoir ce mauvais effet d'embarrasser ceux qui travaillent à la conversion des hérétiques (3)... »

Arnauld, qui avait plus d'une corde à son arc, faisait valoir à Paris d'autres raisons. Il écrivait à Dordat, medecin de Louis XIV :

« Il faudrait lui (au roi) faire comprendre qu'à l'égard des quatre articles... il doit demeurer ferme à n'en rien relâcher et ôter aux Romains toute espérance qu'il en rabatte rien ; qu'il n'est point maître de la doctrine de l'Église gallicane, et que ce n'est point une affaire qu'il puisse mettre en compromis... »

« Arnauld, dit un de ses historiens, trouvait que Rome avait grand tort de se plaindre de la Déclaration, et encore plus de

---

1. *Lettre CCXII.*
2. *Lettre CCXXIV.*
3. *Lettre CCXLVI.*

ce qu'elle exigeait une rétractation expresse ou tacite des membres du second ordre qui avaient assisté à l'assemblée, pour leur accorder des bulles. *C'était*, disait-il, *une injustice visible... Exiger que la France renonçât à cette doctrine, c'était vouloir dominer sur la foi d'une grande église plus savante et plus éclairée qu'aucune particulière... Si le roi prenait conseil de prélats habiles, pieux et désintéressés* (tels qu'étaient les amis des Messieurs), *et qu'il voulût de bonne foi suivre leur avis, il embarrasserait bien les Romains.* Il ne faudrait que les menacer d'un concile national, auquel on laisserait toute liberté, non-seulement de lui dire ce qui serait le plus avantageux pour le bien de l'Église, quand ce serait même de renoncer à l'extension de la régale, mais encore de déclarer avec plus d'autorité les quatre articles et de retrancher beaucoup d'abus de la cour romaine (1). » Sans doute aussi ce concile national n'aurait pas manqué de déclarer nulles et non avenues les constitutions apostoliques qui condamnaient l'*Augustinus* et aurait placé dans son *Credo* les cinq propositions à côté des quatre articles. Les Jansénistes s'agitèrent beaucoup pour faire adopter les plans du docteur ; ils pensèrent que sa présence était nécessaire à Paris. M. de Choiseul, évêque de Tournai, M. de Pontchâteau, le duc de Roannès, la duchesse d'Épernon, commencèrent à négocier son retour avec M. de Harlay, sur les bases de la *paix de Clément IX*. Arnauld refusa de se prêter à cette négociation ; il estimait « qu'il n'y avait de paix solide à espérer qu'en travaillant à détromper le roi et à faire perdre à l'archevêque l'ascendant qu'il avait sur son esprit. C'est pour parvenir à ce but qu'il entreprit de travailler à des *Remontrances* au roi pour lui faire connaître que le prétexte de tant de vexations qu'on faisait éprouver aux plus gens de bien de son royaume *n'était qu'une hérésie imaginaire inventée par les Jésuites pour rendre odieux ceux qui étaient les ennemis de leur morale corrompue.* Tous les amis d'Arnauld se réunirent bientôt à son avis et le pressèrent d'achever ses *Remontrances*, afin de renfermer dans un seul ouvrage tout ce qui pouvait être le plus propre à éclairer le roi. Les circonstances paraissaient favorables dans un moment où l'on venait de fixer dans l'Assemblée du clergé les bornes de l'autorité du pape, et

---

1. *Vie de messire Antoine Arnauld.* t. 2, p. 192.

d'opposer aux prétentions ultramontaines les principes de l'antiquité et les maximes de l'Église gallicane, si peu respectées dans ces bulles qui étaient l'unique prétexte de toutes les vexations dont on se plaignait (1). »

Louis XIV recula devant le précipice. Ce fut, selon Arnauld, *une grande faiblesse, une grande imprudence, une grande injustice*. Il est probable que les insinuations et les excitations venues du côté des Jansénistes contribuèrent puissamment à ramener le monarque à des sentiments plus dignes de la royauté chrétienne et française : il connaissait trop les sectaires pour ne pas voir à quels abîmes ils voulaient le conduire.

A entendre Arnauld et à suivre ces menées, ses contemporains se persuadaient de plus en plus que décidément le concert entre Port-Royal et Genève, que les Jésuites avaient dénoncé, n'était pas une invention de leur imagination habile à créer des fantômes. Arnauld voulut les détromper. Il publia toute une série d'ouvrages contre les protestants : l'*Apologie des Catholiques*, le *Renversement de la morale par les Calvinistes*, l'*Impiété de la morale des Calvinistes*, le *Calvinisme concertant de nouveaux dogmes impies*. Si on nous accusait de prêter gratuitement ce calcul à l'éloquent défenseur des catholiques, nous appellerions en témoignage M. Sainte-Beuve lui-même. « Dans ses controverses avec les protestants, dit-il, Arnauld est bien moins occupé à les persuader et à les convertir, qu'à s'en séparer ; en écrivant il songe plus aux catholiques qu'aux protestants mêmes. Signalé comme le chef d'un *tiers parti*, accusé par plusieurs d'incliner au Calvinisme à l'endroit de la Grâce, serré et comme refoulé sur un étroit terrain du côté de Genève, il essaie de lever une barrière d'autant plus haute, de creuser un fossé d'autant plus profond entre lui et ceux dont on le voudrait faire auxiliaire, et qui eux-mêmes le tirent à eux le plus qu'ils peuvent. On peut dire que là où ils lui tendent de plus près la main, il les repousse, lui, *à coups de poings* d'autant plus forts : je ne sais pas d'expression plus exacte (2). » Malgré cette barrière, ce fossé et ces coups de poings, les Jansénistes et les Protestants se reconnurent toujours pour cousins et se tendirent la main. L'évêque anglican

---

1. Sainte-Beuve, *Port-Royal*, t. 5, p. 318.
2. Id.

Brunet, qui voyageait en France au moment même où le docteur frappait si fort sur Calvin et Luther, y visita Saint-Amour qui l'assura de la persévérante amitié des Messieurs pour ses coreligionnaires. « Je vis aussi à Paris, dit-il, Saint-Amour, l'auteur du journal de ce qui se passa à Rome lors de la condamnation des cinq propositions de Jansénius. Je trouvai en lui un homme droit et honnête, qui avait plus de bon sens que de pénétration et de savoir. Il me dit que toute sa vie n'avait été qu'une campagne contre les Jésuites, dont il me parla comme de la peste de l'Église. Il déplorait l'aigreur et la violence avec lesquelles Arnauld avait écrit contre les Protestants, et il m'assura qu'il en avait été blâmé par tous ses amis. »

Les amis d'Arnauld ne lui gardaient pas rancune. Ils venaient le visiter à Bruxelles et retournaient chargés de ses livres et réconfortés par ses discours. *L'illustre vieillard* habitait une petite maison dont ses historiens nous ont laissé, par le menu, la description. Ils nous apprennent que la chambre à coucher était si petite que le lit du docteur, qui n'avait pas trois pieds de large, en occupait une bonne partie ; que l'escalier était si étroit, si incommode que M. Arnauld faillit plus d'une fois s'y casser le cou ; que la salle à manger était si froide qu'il y contractait un rhume tous les hivers. En y entrant pour la première fois en équipage de fugitif, il y trouva une image en papier qui en faisait tout l'ornement, et qui, ô miraculeuse coïncidence ! représentait l'enfant Jésus fuyant en Égypte. Il en fut merveilleusement consolé, par la *ressemblance honorable qu'il commençait à avoir avec ce divin chef des exilés* (1). Il menait une vie fort réglée et fort uniforme dans sa retraite. C'était comme un petit monastère... Le P. Quesnel qui nous détaille la règle du monastère, nous fait connaître quelques particularités intéressantes. Ainsi Arnauld disposait lui-même les premières leçons de l'office de manière à lire chaque année l'Écriture sainte tout entière. Il avait substitué à l'*Angelus* une prière de sa composition. Il mangeait fort sobrement, lentement et peu de chaque chose : bœuf et mouton ou veau étaient son ordinaire à midi ; le matin il ne mangeait que la moitié d'un pain de deux liards, et le soir, qu'un petit potage et une

---

1. *Vie de messire Ant. Arnauld*, t. 2, p. 193.

couple d'œufs. Après la prière du soir dans laquelle on disait plusieurs oraisons pour les besoins de l'Église, du monastère de Port-Royal et de ses amis, et pour la paix, il donnait de l'eau bénite à sa petite communauté, et ensuite sa bénédiction, après quoi chacun se retirait (1).

Nonobstant les incommodités de sa petite maison et la sévérité de son régime, Arnauld se portait bien. « Notre révérend père abbé, écrivait Quesnel, est, Dieu merci ! dans une parfaite santé, et ses religieux pareillement. Il est âgé et quoique l'on voie bien qu'il l'est, on ne voit point néanmoins que sa vieillesse le charge et l'appesantisse. Il n'a ni cornet à l'oreille, ni lunettes sur le nez, ni bâton à la main, ni goutte aux pieds. Il a bon appétit, il dort fort bien, il a du feu et de l'ardeur plus que beaucoup de jeunes gens (2). »

L'infatigable vieillard courait de lutte en lutte. Après avoir vaillamment combattu contre les protestants, il attaqua non moins vaillamment Malebranche dont il croyait avec raison la philosophie pleine de périls pour le dogme chrétien. Il y a dans ce long et brillant tournoi un épisode curieux. Arnauld dénonça l'ouvrage de l'oratorien aux théologiens de Rome. Or voici ce que le grand docteur écrivait en ce temps-là même à M. du Vaucel :

« Tout cela (*la condamnation de certains factums jansénistes*) me confirme de plus en plus dans la résolution que j'ai prise il y a longtemps, de me soucier fort peu de toutes ces condamnations de livres par l'Inquisition et par l'*Index*, puisque l'on voit par tant d'exemples que c'est un signe fort équivoque qu'un livre soit mauvais, de ce qu'il y est condamné ou défendu... Et ce qui est merveilleux est que, quoiqu'on puisse dire à ces Messieurs, et quelque mal que leurs décrets fassent, ils ne daignent pas seulement s'expliquer. Ils se croient en possession d'être obéis à l'aveugle. Mais en vérité ils en feront tant (je parle de ces congrégations particulières, dont l'autorité n'est pas reconnue en France) qu'on se mettra aussi en possession de ne leur obéir ni à l'aveugle ni autrement (3). »

Pourquoi donc Arnauld signalait-il Malebranche à l'*Index* ? sans doute pour donner aux examinateurs romains le moyen

---

1. *Histoire de la vie et des ouvrages de M. Arnauld*, p. 232, sq.
2. Lettre du P. Quesnel au Père Du Breuil.
3. Lettre CCXXXVI.

de réparer leurs torts envers nos Messieurs et prouver une fois de plus que l'amour de la vérité n'inspirait pas toujours les éloges ou les blâmes que les Jansénistes décernaient.

Il ne faudrait pas croire que ses combats philosophiques détournassent Arnauld de ses devoirs de *Père abbé* des disciples de saint Augustin. En envoyant à M. du Vaucel sa première réfutation de Malebranche, *Des vraies et des fausses idées*, il lui disait : « Il y a une dame bien chrétienne, qui aurait un grand désir d'avoir un enfant, et elle a sur cela des vues bien saintes. Elle a en pensée de le demander à Dieu, par l'intercession du *bienheureux François de Pamiers (M. Caulet)*, et elle veut commencer à faire quelques aumônes à ceux qui sont persécutés pour son sujet ; mais, si Dieu l'exauçait, elle donnerait pour cela une somme considérable. Faites, s'il vous plaît, que le bon prieur joigne ses prières aux siennes, afin que si c'est la volonté de Dieu, elle puisse, par l'intercession de son serviteur, avoir le fruit de son mariage. » (16 avril 1683).

« La dame qui s'était recommandée à feu M. de Pamiers, dans la même vue que la mère de Samuel, croit avoir obtenu depuis trois mois l'effet de son désir, mais elle vous prie que l'on continue les prières que l'on avait commencées, afin que Dieu lui en donne un entier accomplissement. » (26 août.)

« Je crois vous avoir mandé que la dame qui s'était recommandée aux prières de M. de Pamiers a obtenu l'effet de son vœu. » (10 septembre.)

En publiant ses *Réflexions philosophiques et théologiques*, il plaidait pour les *Filles de l'enfance* de Toulouse, supprimées par arrêt du Conseil, le 12 mai 1686. En vain Arnauld en appela d'*Assuérus* (Louis XIV) *conseillé par Aman* (le père de La Chaise) au même Assuérus *éclairé par Mardochée* (Arnauld) : l'arrêt fut exécuté. La maison des *Filles de l'enfance* était le Port-Royal du Midi. On y enseignait et on y pratiquait la pure doctrine de Jansénius et de Saint-Cyran. On pouvait dire aussi de cette communauté qu'elle possédait *l'orgueil des démons* ; mais peut-être n'aurait-on pu ajouter qu'elle avait la *pureté des anges*. La supérieure, ou plutôt la reine de cet institut, madame de Mondonville, était une veuve *jeune, spirituelle et bien faite* (1). Le souverain directeur était l'abbé de Ciron. Or,

---

1. Rapin, *Mémoires*, t. III, p. 170.

avant d'entrer dans les ordres, l'abbé avait demandé la main de la supérieure, alors mademoiselle de Juliard, qui l'aurait volontiers accordée. Quand il vit qu'il devait renoncer à ses plus chères espérances, M. de Ciron voulut se faire chartreux. Sa santé ne le lui permit pas et il fut ordonné prêtre neuf jours après le mariage « de celle qu'il aimait (1) ». La mort de M. de Mondonville, que l'abbé assista dans sa maladie et dans ses derniers moments, rendit à la dame toute sa liberté. De concert avec son ami, elle fonda l'*Institut de l'Enfance*. M. de Ciron eut son appartement dans la maison, ce qui, dit le père Rapin, n'édifia pas du tout la ville de Toulouse. On en parla dans toute la province ; le président de Marmiesse, homme d'esprit, en fit un des premiers de grandes railleries ; il disait agréablement que « M. de Marca, étant archevêque de Toulouse, s'était fort fatigué à faire la *concorde du sacerdoce et de l'empire*, et que l'abbé de Ciron avait fait sans peine et même avec plaisir la concorde du sacerdoce et du mariage. »

Naturellement, Arnauld mit la destruction de cet institut sur le compte des Jésuites. Ces corrupteurs de l'Évangile n'avaient pu supporter les beaux exemples de sainteté que donnaient M. de Ciron et madame de Mondonville. Arnauld écrivait alors la *Morale pratique* ; c'est le cas de lui dire avec M. Sainte-Beuve, mais dans un autre sens : « *Vieillard innocent!* » Les Jésuites avaient bien d'autres torts qui appelaient encore les foudres du docteur. Tandis que les fondateurs de l'*Enfance* avaient illustré la morale pratique à Toulouse, eux la ruinaient à Dijon. Un de leurs Pères y avait enseigné cette *horrible maxime* qu'un homme qui commettrait un péché grave sans connaître Dieu, ou sans penser actuellement à lui, ne se rendrait pas coupable d'un péché mortel *théologique*, digne de l'enfer, mais seulement d'un péché *philosophique* contre la raison, péché qui ne mériterait pas les peines éternelles. Ce *péché philosophique* excita toute l'indignation d'Arnauld. Il le dénonça avec tant de force qu'il le fi condamner. Les Jésuites, il est vrai, avaient les premiers désavoué la proposition de leur téméraire professeur. N'importe, Arnauld démontra, en cinq dénonciations, que ce honteux relâchement n'était qu'une conséquence fort simple des principes reçus dans leur école.

---

1. Sainte-Beuve, *Port-Royal*, t. v, p. 617.

La *fourberie de Douai* détourna brusquement l'attention des jansénistes du *péché philosophique*. Cette fourberie est « une des plus fines comédies qui ait été jamais jouée (1) ». Les historiens de Port-Royal y voient « le trait le plus noir et le plus inouï de la vengeance des jésuites (2) ». Voici le fait. Quelques professeurs de l'université de Douai, Gilbert, Laleu, de Ligny, Rivette, Malpoix, étaient soupçonnés d'avoir embrassé les doctrines de l'Augustinus; ils répétaient sans cesse qu'il n'y avait pas de jansénistes, que les jésuites les avaient inventés *pour se donner la gloire de marteaux des hérésies*. Un inconnu voulut savoir au juste quelle était l'orthodoxie de ces théologiens. Il imagina d'écrire à de Ligny sous le nom d'Antoine A... en imitant de son mieux le grand Arnauld. Les premières lettres ne furent employées qu'à gagner la confiance du jeune professeur qui était fier d'être en correspondance avec le célèbre docteur. Quand le faux Arnauld se fut bien établi dans son esprit, il commença à lui tendre le piége où il voulait le faire tomber; il l'engagea à signer avec ses amis une thèse composée de sept propositions jansénistes sur les matières de la grâce. Plus les théologiens se compromettaient, plus ils témoignaient de confiance à Antoine A.... Ils lui ouvrirent leur cœur sans réserve, jusque-là que Gilbert, chancelier de l'université et prévôt de Saint-Amé, le supplia de se charger de la direction de sa conscience et lui envoya en six grandes feuilles de papier sa confession générale. Conformément aux principes de Port-Royal, le directeur improvisé exigea de son naïf disciple la démission de son bénéfice et de ses dignités, et l'envoi de ses écrits, de ses lettres, de ses livres. Le chancelier se soumis à tout, heureux d'entrer enfin dans le véritable esprit du christianisme. Le faux Arnauld traita de Ligny en pénitent de haut rang ; il lui imposa de quitter sa chaire, de vendre ses meubles, d'abandonner Douai, et lui donna rendez-vous pour aller ensemble dans le midi de la France trouver un saint évêque. De Ligny obéissant se rendit au lieu marqué où il ne trouva que des lettres qui lui traçaient son itinéraire qu'il suivit jusqu'au bout, toujours docile et toujours trompé.

Quand ces professeurs eurent livré leur signature, leurs

---

1. Dictionnaire de Bayle.
2. Besoigne, t. 6, p. 114.

écrits, leurs livres, tous les secrets de leur cœur, la *Gazette de Hollande* publia tout à coup que M. Arnauld avait été volé par son valet, et que ce valet, par une perfidie insigne, avait livré aux jésuites toute sa correspondance. En même temps, Antoine A... écrivait à ses amis de Douai pour leur confirmer le malheur qui lui était arrivé et leur faire part de la crainte qu'il avait que toute sorte de disgrâces et de mauvais traitements ne vinssent fondre sur eux à son occasion. Bientôt, en effet, une accusation d'hérésie, appuyée sur *les documents volés* à M. Arnauld, fut lancée publiquement contre les théologiens de l'université. C'était déchirer le rideau derrière lequel la comédie s'était jouée. Le véritable Arnauld, indigné de l'abus qu'on avait fait de son nom ou plutôt de son prénom, pousse plainte sur plainte, *plainte à monseigneur l'évêque d'Arras, seconde plainte* aux révérends pères jésuites, *troisième plainte* à Son Altesse monseigneur l'évêque et prince de Liége, *quatrième plainte* aux révérends pères Jésuites. Nous ne comptons pas les *Justifications* des *plaintes*. Le dénouement de la pièce fut l'expulsion de la Faculté de quatre professeurs. Qui avait ourdi cette machination ? Les Messieurs nomment les Jésuites; M. Sainte-Beuve dit qu'ils n'ont pas tort et il cite le témoignage de Grosley (1). Grosley raconte dans sa *vie* écrite par lui-même qu'il entendit à Paris, chez le père Tournemine, le vieux père Lallemant se vanter d'avoir *imaginé, filé* et *conduit* la fameuse *fourberie de Douai*. Faut-il croire Grosley janséniste, ennemi acharné des jésuites, fantasque et se perdant toujours dans le farrago ? Malgré tant de motifs de récuser un pareil témoin, j'étais bien tenté d'attribuer cette *fine comédie* aux révérends pères ; elle me paraissait rentrer dans le genre de quelques tours malicieux joués par eux à leurs adversaires, qui les racontent sans rire. Mais il est certain que Tournely est l'auteur de la *fourberie de Douai* ; il en revendiqua la paternité auprès de Louis XIV même qui le félicita et trouva que la ruse était de bonne guerre. Cependant, que le savant et spirituel docteur ait agi sans consulter quelques bons pères et sans en recevoir des encouragements empressés, je n'en mettrais pas ma main au feu. Il était bien permis aux Jésuites et à leurs amis d'avoir quelquefois les rieurs de leur côté, et il est à regretter qu'ils ne les aient pas eu plus souvent.

1. *Port-Royal*, t. 5, p. 464-5.

Arnauld touchait à ses derniers jours. M. de Pomponne, rentré dans les conseils du roi (1691), aurait pu obtenir le retour de son oncle en France. Il n'osa pas le demander à Louis XIV. « Il faut mourir ici, » disait mélancoliquement à ses amis le vieux docteur. Il mourut, comme il convenait, la plume à la main. Ses derniers écrits furent dignes du plus illustre enfant « de l'éloquente famille » et du plus acharné adversaire « de la célèbre compagnie ». Il venait d'écrire le huitième volume de la *Morale pratique des Jésuites* et les *Réflexions sur l'éloquence des prédicateurs*, lorsqu'il fut pris d'une fluxion de poitrine le dimanche 1ᵉʳ août 1694. Il expira le samedi suivant vers minuit, après avoir été administré par le curé de Sainte-Catherine qui n'exigea aucune rétractation. D'ailleurs un mois auparavant l'opiniâtre défenseur du Jansénisme avait signé un testament spirituel où il déclare qu'il n'a rien à rétracter.

Il étale dans cette pièce la même contradiction qui caractérise sa vie comme celle de tous ses amis. Il proteste qu'il veut mourir dans le sein de l'Église catholique, apostolique et romaine, et il dit en même temps : « J'ai regardé avec douleur qu'on se serve du nom vague d'*une secte imaginaire*, pour proscrire de très gens de bien, *sans aucune forme de justice*, pour traverser les plus saints évêques dans leurs plus saintes entreprises; pour exclure des dignetés ecclésiastiques ceux qui en seraient les plus dignes; pour mettre la désolation dans une maison religieuse, que vous avez depuis longtemps comblée de grâce, ô mon Sauveur, pour priver de jeunes enfants qu'on y élevait dans votre crainte des avantages d'une éducation chrétienne; pour arracher des mains des fidèles les livres les plus pieux et les plus édifiants, et même pour décrier *les vérités les mieux établies*, par des rapports chimériques sur *ce vain fantôme* (1) ».

Arnauld s'applaudit aussi dans ce testament d'avoir écrit le livre de la *Fréquente Communion*, d'avoir défendu la doctrine de la grâce efficace par elle-même et nécessaire à toute action de piété, de n'avoir pu se résoudre à signer purement le Formulaire, d'avoir été censuré par la Sorbonne, *car ce n'est pas tant lui que saint Augustin et saint Chrysostôme qu'on a censuré*, d'avoir travaillé à la traduction du Nouveau Testament,

---

(1) *Déclaration en forme de Testament des véritables dispositions de mon âme dans toutes les rencontres de ma vie.*

imprimé à Mons, d'avoir quitté la France pour n'être plus obligé de dissimuler ses sentiments sur ce que souffre l'Église. Or l'Église catholique, apostolique et romaine avait condamné le livre de la *Fréquente Communion*, la doctrine janséniste de la grâce efficace, les livres pieux et édifiants, et les traductions auxquelles il avait pris part. Elle avait imposé la signature pure et simple du Formulaire, elle avait réprouvé la distinction du droit et du fait, elle avait prononcé plusieurs fois des anathèmes solennels contre le jansénisme, et Arnauld, à la fin de sa course, se flatte d'avoir fait tout le contraire de ce que l'Église lui demandait; il s'écrie une dernière fois: le jansénisme est un fantôme, et il ose dire cependant: « Je meurs dans l'Église catholique, apostolique et romaine ; j'ai eu toute ma vie un attachement inviolable à la foi, et un mortel éloignement de tout ce qui pouvait ou en rompre l'unité ou en altérer la doctrine. » En vérité, devant cette effronterie convaincue et entêtée, on ne trouve que le mot échappé à l'impatience de M. Sainte-Beuve et que nous avons déjà cité : *C'est bête !* Telle fut la mort d'Arnauld ; elle a mérité l'admiration de Voltaire.

Arnauld fut enseveli en secret dans l'église de Sainte-Catherine. « Un ange visible de l'Église, dit le P. Quesnel, a pris soin de sa sépulture, ayant enlevé son corps et l'ayant caché dans la terre des saints pour le dérober aux mauvais desseins de l'ennemi, comme saint Michel le fit à l'égard de Moïse. » Selon le désir du docteur, son cœur fut porté à Port-Royal des Champs. Ce fut M. Guelfe qui remit la précieuse relique entre les mains de l'abbesse assistée de toutes les religieuses de sa communauté.

« Ma révérende Mère, lui dit-il, je vous apporte le cœur de messire Antoine Arnauld, docteur de la maison et société de Sorbonne... Il a ordonné par son testament qu'il vous serait porté, et j'exécute avec plaisir et fidélité cette dernière volonté, sans avoir été détourné par les peines et les fatigues d'un long voyage qu'il a fallu faire. Donnez-lui la sépulture que votre piété et la prudence vous suggèrent. C'est le cœur de votre Père : c'est le cœur de votre défenseur, dans lequel vous avez été toutes, ou presque toutes, enfantées en Jésus-Christ. C'est le cœur qui vous a tant aimées, et où vous avez toujours été, pour ainsi dire, si magnifiquement logées... »

L'abbesse, madame Racine, répondit :

« Nous connaissons le prix du dépôt que vous nous mettez entre les mains, Monsieur : et ce cœur, qui a toujours été plein de tendresse pour nous, et qui nous a aimées jusqu'à la fin, nous est trop cher pour ne pas le recevoir avec toute la reconnaissance que nous lui devons... C'est principalement pour cette maison que ce cœur s'est étendu, afin d'y faire demeurer toutes les âmes qui s'y sont consacrées au service de Dieu... Nous conservons la mémoire de tous les témoignages de cette amitié sincère, et nous espérons qu'il continuera à nous aimer, et à demander à Dieu pour nous que notre charité croisse toujours de plus en plus en lumière et en intelligence, pour comprendre les vérités saintes que nous avons apprises de lui, afin que nous marchions jusqu'au jour du Seigneur, sans que notre course soit interrompue par aucune chute... »

Les Jansénistes louèrent magnifiquement le grand homme. Ils composèrent ou firent composer une foule d'épitaphes pour son tombeau et d'épigrammes pour son portrait. Quelques épitaphes, celles faites par Racine, Boileau et surtout Santeuil, sont restées célèbres. Racine, qui avait oublié ses *Petites lettres*, chante ainsi :

> Sublime en ses écrits, *doux et humble de cœur*,
> Puisant la vérité jusqu'en son origine,
> *De tous ses longs combats Arnauld sortit vainqueur*,
> Et soutint de la foi l'antiquité divine.
> *De la grâce il perça les mystères obscurs*,
> Aux humbles pénitents *traça des chemins sûrs*,
> *Rappela le pécheur* au joug de l'Évangile.
> Dieu fut l'unique objet de ses désirs constants ;
> L'Église n'eut jamais, même en ses premiers temps,
> *De plus zélé vengeur, ni d'enfant plus docile*.

O doux et harmonieux Racine, je ne reconnais plus votre voix. N'est-ce pas vous qui écriviez, il y a quelques années, à deux jansénistes : « Surtout louez vos Messieurs, et ne les louez pas avec retenue. Vous les placez justement après David et Salomon ; mettez-les devant, vous ferez un peu souffrir leur humilité, mais ne craignez rien, ils sont accoutumés à bénir tous ceux qui les font souffrir. » N'avez-vous pas peur qu'on vous accuse de manquer de retenue et de sincérité ? *Sublime en ses écrits*, affirmez-vous aujourd'hui, et hier vous disiez : « L'enjouement de M. Pascal a plus servi votre parti que tout le sérieux de M. Arnauld... Nous ne pouvons pas toujours lire vos livres. Et puis, à vous dire la vérité, vos livres ne se font plus lire comme ils faisaient. Il y a longtemps que vous ne dites plus rien de nouveau. En combien de façons avez-vous conté l'histoire du pape Honorius ? Que l'on regarde ce que vous avez fait depuis dix ans, vos disquisitions, vos dissertations, vos réflexions, vos considérations, vos observations, on ne trouvera qu'une chose, sinon que les propositions ne sont pas dans Jansénius. Hé ! Messieurs, demeurez-en là. » — *Doux et humble de cœur*, M. Arnauld ! Ne serait-il pas de ce Port-Royal dont la fierté, selon vous, « n'en voulait qu'au pape, aux archevêques et aux jésuites ». — *De tous ses longs combats Arnauld sortit vainqueur.* Mais, ô poète, dès 1666, vous disiez à ces Messieurs d'un de leurs amis : « Il voit que vos affaires vont de pis en pis et qu'il n'est pas temps de se réjouir... Comment peut-on aller au théâtre ? Comment peut-on se divertir, lorsque la vérité est persécutée, lorsque la fin du monde s'approche, lorsque tout le monde a bientôt signé...? Il y a vingt ans que vous dites que les cinq propositions sont dans Jansénius ; cependant on ne vous croit pas encore... » — *De la grâce il perça les mystères obscurs.* Pourtant M. Arnauld est bien de ces auteurs à qui vous avez reconnu *de l'adresse pour embellir la vérité*, c'est-à-dire pour l'entourer de nuages. — Aux humbles pénitents *traça des chemins sûrs. Rappela le pécheur* au joug de l'Évangile. Hé ! n'est-ce pas vous qui vous moquiez avec infiniment d'esprit et de raison des chemins tracés à M. Le Maistre ? N'est-ce pas vous qui avez fait cette remarque au sujet de ce rappel des pécheurs : « Qu'une femme fût dans le désordre, qu'un homme fût dans la débauche, s'ils se disaient de vos amis vous espériez toujours leur salut ; s'ils vous étaient peu favorables, quelque vertueux qu'ils fussent, vous appréhendiez toujours le jugement de Dieu sur eux. » — L'Église n'eut jamais... *de plus zélé vengeur ni d'enfant plus docile.* Enfant docile ! zélé vengeur ! un jour pourtant vous lui teniez ce langage : « A vous parler franchement, nous sommes résolus d'en croire plutôt le pape et le clergé de France que vous. » Cet enfant docile enseignait donc ce que le pape et le clergé de France condamnaient. A vous parler franchement, M. Racine, il y a beaucoup moins de charité, mais beaucoup plus de vérité dans la prose des *Petites lettres* que dans les vers de l'épitaphe.

Voici l'épitaphe que Boileau composa et garda en portefeuille :

> Au pied de cet autel de structure grossière
> Gît sans pompe, enfermé dans une vile bière,
> *Le plus savant mortel qui jamais ait écrit :*
> Arnauld, qui sur la grâce *instruit par Jésus-Christ,*
> *Combattant pour l'Église,* a, *dans l'Église même,*
> Souffert plus d'un outrage et *plus d'un anathème.*
> Plein du feu qu'en son cœur souffla l'esprit divin,
> Il terrassa Pélage, il foudroya Calvin,
> De tous les *faux docteurs* confondit la morale :
> Mais pour fruit de son zèle, on l'a vu rebuté,
> *En cent lieux opprimé par leur noire cabale,*
> Errant, *pauvre, banni, proscrit, persécuté ;*
> Et même par sa mort leur fureur mal éteinte
> N'aurait jamais laissé ses cendres en repos,
> Si Dieu lui-même, ici, de son ouaille sainte
> *A ces loups dévorants n'avait caché les os.*

« Telle est, dit M. Sainte-Beuve, l'épitaphe du grand docteur honnête homme, par un poëte honnête homme également. Il faut la montrer aux ennemis comme une tête de Méduse ; qu'en dites-vous, mes révérends pères (1) ? » Mon Dieu, M. Sainte-Beuve, les révérends pères qui ont vu sans effroi bien d'autres têtes de Méduse, y compris la vôtre, pourraient vous dire : Avez-vous oublié que vous nous donnez la réponse à faire quelques pages après votre demande ? permettez que nous vous rappelions le passage ; le voici : « Le père Tournemine a raconté à Brossette, qui nous l'a transmis, tout le détail de la querelle de Boileau et des Jésuites de Trévoux. Il lui dit que le père Buffier était l'auteur de l'article, de septembre 1703, sur l'édition de Hollande de Despréaux : *Inde iræ...* Le frère du poëte, le docteur Boileau, ajoutez-vous, avait été très-turlupiné lui-même, dans le numéro de juin 1703, pour son *Histoire des Flagellants.* On raconte que ce fut lui qui apporta à son frère l'article du père Buffier, en lui disant : « Je savais bien que les Jésuites vous revaudront le déplaisir que vous leur aviez fait. » Ce docteur, de plus d'humeur que de goût, ne cessait d'exciter son frère à la riposte, comme on le voit dans un livret assez curieux qui courut alors sur ces démêlés : *Boileau aux prises avec les jésuites,* 1706. » L'*épitaphe*, comme la satire de

---

(1) Sainte-Beuve, *Port-Royal*, t. 6, p. 476.

l'*équivoque*, était donc la vengeance d'un auteur blessé, morose, chagrin, injuste. C'est vous, Monsieur, qui donnez avec raison ces épithètes à Boileau vieilli. Elles expliquent ce que vous appelez « la beauté et la grandeur » de l'épitaphe que vous nous montrez comme une tête de Méduse. Osons, Monsieur, regarder de près ces vers qui sont des serpents. *Le plus savant mortel qui jamais ait écrit.* Convenez que l'hyperbole est un peu trop forte. Sur la grâce *instruit par Jésus-Christ*. Nous serions curieux de savoir où Boileau avait appris que Notre-Seigneur avait révélé ses mystères à M. Arnauld. *Combattant pour l'Église a, dans l'Église, même,* etc. Mais *c'est bête* » : vous l'avez affirmé vous-même. Vous savez mieux que personne que le grand docteur n'a jamais été *banni, proscrit, opprimé*, que Pélage était terrassé depuis longtemps, que les foudres dont Arnauld frappa Calvin étaient des foudres de théâtre ; il voulait faire croire que Port-Royal était l'ennemi de Genève. *Faux docteurs, noire cabale, loups dévorants,* c'est nous rendre avec trop de libéralité les malices du père Buffier, il est vrai que Boileau payait aussi pour son frère. Néanmoins le poète est un *honnête homme*. En effet, pendant qu'il traite ainsi nos pères, il les recevait à Auteuil du mieux qu'il pouvait ; il avouait à Arnauld même qu'il avait de très-grandes obligations au père La Chaise à qui il ne ménageait pas les compliments. Et ce sont ces hôtes aimables, serviables et courtisés qu'il appelle *loups dévorants*. Avouez, Monsieur, que ce n'est pas là précisément un procédé d'honnête homme. Vous dites : « L'épitaphe d'ailleurs pouvait être d'autant plus vigoureuse et hardie que Boileau la tint secrète. » Oui, il eut peur de perdre la pension que le roi lui faisait. Ce noble motif le rendit prudent ; il attendit donc que la mort l'eût mis à l'abri des fâcheuses conséquences de son courage pour frapper ceux dont il continua à se dire l'*ami déclaré* (1). O sincère amitié ! Cette conduite gâte la beauté de l'épitaphe et diminue sa grandeur, c'est du moins notre avis.

L'épitaphe composé par Santeuil a eu ses historiens et ses poètes. Les religieuses de Port-Royal placèrent le cœur d'Arnauld dans leur église, à l'endroit le plus honorable qu'il leur fut possible. Le cœur étant placé, il fut question d'une épitaphe : on crut ne devoir mieux faire que de s'adresser à Santeuil.

1. Satire X.

Comme l'affaire était délicate, les religieuses songèrent d'abord à se rendre le poète favorable. Elles se rappelèrent l'heureuse influence qu'exerçaient sur lui la table et le séjour de l'abbaye. Elles l'invitèrent à venir passer quelque temps à Port-Royal. Santeuil accepta et bientôt les *saintes filles* firent graver les vers suivants sur la pierre qui couvrait leur chère relique :

> Ad sanctas rediit sedes, ejectus et exul :
> *Hoste triumphato,* tot tempestatibus actus
> Hoc portu in placido, hac sacra tellure quiescit
> Arnaldus, *veri defensor,* et *arbiter æqui.*
> Illius ossa memor sibi vindicet extera tellus :
> Huc celestis amor rapidis cor transtulit alis,
> Cor numquam avulsum nec amatis sedibus absens.

Ces vers étaient trop beaux pour rester ignorés dans l'ombre d'un cloître. Un ami des religieuses les répandit dans Paris en ajoutant l'épithète *sanctus* au nom d'Arnauld et en les accompagnant de cette traduction :

> Enfin après un long orage
> Arnauld revient en ces saints lieux,
> Il est au port malgré les envieux
> Qui croyaient qu'il ferait naufrage.
> Ce martyr de la vérité
> Fut banni, fut persécuté
> Et mourut en terre étrangère
> Heureuse de son corps d'être dépositaire,
> Mais son cœur toujours ferme et toujours innocent
> Fut porté par l'amour à qui tout est possible
> Dans cette retraite paisible,
> Dont jamais il ne fut absent.

Les Jésuites avec qui Santeuil avait des relations amicales, furent surpris des louanges qu'il donnait à Arnauld et des appellations magnifiques dont il le décorait. Mais ils connaissaient le poëte et ne se montrèrent pas à son égard *loups dévorants* comme les jansénistes le prétendent. Le P. Jouvency, son ancien maître, lui écrivit sur ce ton demi-sérieux :

« On m'a dit que vous aviez fait une épigramme à la louange de M. Arnauld ; je vous ai défendu autant que j'ai pu. J'ai dit qu'il n'y avait pas d'apparence que M. Santeuil sachant bien que M. Arnauld est mort chef d'un parti déclaré contre l'Église, étant lui-même ecclésiastique et d'un ordre dont la doctrine a toujours été sans reproche, eût voulu louer et préconiser un hérésiarque reconnu par l'Église et la France pour tel ; et que si le Roi savait cela il y aurait autre chose à craindre pour l'auteur de l'éloge. Comme je disais bien des choses de vous là-dessus, on m'a montré votre nom à la tête de cette épigramme. Je vous avoue que ç'a été pour moi un coup de foudre. On a ajouté que vous deviez passer pour un excommunié, avec qui on ne pouvait avoir en conscience aucun commerce, si vous ne rétractiez publiquement cette épigramme. J'attends cela de votre piété. »

Santeuil qui jetait un plat d'œufs au miroir à la barbe du père Poultier parce que ce capucin méprisait, en sa présence, les sermons de M. Le Tourneux, sentit tout son courage l'abandonner à la lecture de la lettre du P. Jouvency. Quoi ! passer pour un janséniste, un excommunié, perdre l'amitié des révérends pères et une pension du roi de huit cents livres!... il en était atterré. Il courut sur-le-champ s'excuser et désavouer les vers. Mais Jouvency lui demanda une rétractation publique par écrit afin de rétablir sa réputation qu'il avait si gravement compromise. Santeuil promet tout ce qu'on veut. Cependant il lui en coûtait de s'exécuter. Son maître lui adresse ce billet :

« Quam promisi fidem præstabo, sed tuam exspecto. Promisisti versus illos quibus te purgares et significares palam excidisse tibi funestos versus, pomum discordiæ, et eos te velle infectos et indictos. An hæc promissa fides est ? Vale, amice, et omnibus vide ut facias satis. Tuæ famæ consulo.

Le pauvre poète de plus en plus troublé ne pouvait se résoudre à écrire contre M. Arnauld. Il imagina d'apaiser le P. Jouvency en lui dédiant une fort belle épître en vers latins, dans laquelle il désavouait les fausses interprétations données à son épitaphe et qu'il terminait par un éloge de la société. Il envoya sa pièce aux pères La Chaise et Bourdaloue, et leur écrivit en même temps pour se justifier; il affirmait au premier que par le mot *hoste triumphato*, il n'avait jamais prétendu parler des RR. PP. Jésuites, ni dire que M. Arnauld les eût vaincus et encore moins les attacher comme d'illustres esclaves au char de triomphe de ce docteur ; que c'était lui au contraire que les Jésuites avaient battu à dos et à ventre : mais que c'était uniquement des ministres Jurieu et Claude dont il avait voulu parler. » — Il disait au second de se bien donner garde de croire qu'il fût semblable à leur frère sacristain de Saint-Louis, qui, selon les qualités des saints, changeait les parements d'autel et mettait un jour du rouge, l'autre jour du blanc, puis du noir et ensuite du violet ; et qu'il était janséniste à Port-Royal, lorsqu'on lui faisait bonne chère, et puis moliniste chez les Jésuites, lorsqu'on lui procurait des pensions ; qu'il le priait de désabuser le P. de la Rue et ses confrères du collége qu'on lui avait dit être fort indignés contre lui. » Le P. La Chaise lui répondit :

« Il n'est pas nécessaire, Monsieur, que vous demandiez justice à personne. Les beaux vers que vous me fîtes l'honneur de m'envoyer hier vous la rendent parfaitement à l'égard des jésuites qui doivent vous mettre au rang de leurs meilleurs amis, comme je fais en mon particulier, et qui par conséquent ne sauraient prendre pour eux l'*hoste triumphato* de votre épitaphe. Mais comment défendez-vous le *sanctus Arnaldus*, qui est mort dans toutes les obstinations de toutes les erreurs condamnées par l'Église ; *defensor veri*, contre les décisions de cette même Église, qui a blâmé, condamné sa doctrine de fausseté et même d'hérésie, dont le livre de la *Perpétuité* n'est pas tout à fait exempt ; contre le Pape et le tribunal de la sacrée Inquisition, qui ont censuré ses ouvrages, et mis la plupart de ses livres dans l'*Index* des livres défendus ; et contre la Sorbonne qui, en blâmant sa doctrine, l'a exclu de sa société. Je crains fort que pour vous rendre justice sur tous ces points une palinodie ne soit nécessaire. Mais je m'aperçois que vous la faites en partie, en blâmant l'*arbiter æqui*. La liberté avec laquelle je vous dis mon sentiment est une preuve de la parfaite amitié avec laquelle je suis, Monsieur, etc. »

Le P. Bourdaloue, plus indulgent, assura à Santeuil que *sans avoir recours au parement d'autel*, il travaillerait à le justifier auprès des pères de la Compagnie ; qu'il n'aurait pas de peine à y réussir, qu'il y avait déjà travaillé avec succès, que le P. de la Rue était tout à fait converti, et qu'il irait au premier jour au collége pour convertir les autres. Il paraît que l'éloquence du célèbre prédicateur n'eut pas, à Louis-le-Grand, tout le succès qu'il attendait. Le P. Jouvency persista à demander le changement de *parement d'autel*.

Cependant le public, déjà initié au débat qui s'agitait entre les révérends pères et leur ancien élève, en suivait, en riant, les péripéties. Un moment on crut que Santeuil avait tout à fait désavoué l'épitaphe et aussitôt ces vers coururent :

> Santeuil, ce renommé poëte,
> Avait plus haut qu'une trompette
> Crié partout : je suis l'auteur
> Des vers sur Arnauld le docteur.
> Un jour donc qu'au milieu des rues
> Il les prônait jusqu'aux nues,
> Déclamant des mains et des yeux
> Comme un Tabarin glorieux,
> Pour en relever le mérite ;
> Qu'entends-je ? lui dit un Jésuite.
> Quoi ! Santeuil notre bon ami
> Vante si fort notre ennemi,
> Et loue Arnauld l'hérésiarque
> Que notre invincible monarque
> Et le Saint-Père tant de fois
> Ont proscrit par leurs justes lois !
> La paille entre nous est rompue.
> Lors Santeuil plus sot qu'une grue,
> « Père, un fou, dit-il, est l'auteur
> De ces vers. » (Point ne fut menteur
> S'il voulut parler de lui-même,
> Car il l'est au degré suprême.)
> « Je ne voudrais de bonne foi
> Choquer jésuites ni le Roi,
> Et je suis prêt sur cette affaire
> De jurer comme au formulaire ;
> Même pour n'être pas suspect
> De manquer pour eux de respect,
> Si Jouvency, Bours et Commire
> Me commandent de me dédire
> Des hymnes que j'ai fait jadis
> Sur les grands saints du Paradis,
> J'enverrai mes vers aux diables,
> Et traitant les actes de fables,
> Les raierai du calendrier,
> Hors saint Ignace et saint Xavier. »

Santeuil commençait à trouver que c'était « bien du bruit pour six méchants vers qu'il avait faits en badinant sur les bords d'un étang ». Cette boutade ne désarma point Jouvency.

« Que tardez-vous ? lui écrit-il. Souffrirez-vous que cette tâche reste à votre nom et qu'on vous appelle le fauteur, le protecteur, la trompette de l'hérésie ? Ne vous embarrassez pas des louanges de notre société. Cet ennemi dont Arnauld a triomphé c'est le Roi, le Pape, la Sorbonne. C'est ainsi que tout le monde l'entend. Voyez ce que vous avez à faire. Voulez-vous que je fasse la rétractation en votre nom ? Ce serait là un coup d'ami.

Le malheureux Santeuil se décida enfin à se rétracter. « Surtout, lui mande son intraitable maître, expliquez-vous nettement et positivement. » C'était le point difficile. Santeuil pensa satisfaire les plus exigeants par cette note dont il accompagna une seconde épître adressée à Jouvency :

« *Ejectus et exul* : — remettez le point à la place d'où on l'a méchamment ôté. — *Sanctus Arnaldus* : je n'ai jamais écrit ces mots. C'est un vaurien qui a ajouté *Sanctus* pour me rendre odieux. — *Hoste triumphato* : doit s'entendre de Jurieu, de Claude et des Calvinistes. — *Veri defensor* : de la Perpétuité de la foi. — *Arbiter æqui* : est une expression trop poétique dans un si grave sujet, je m'en repens, je me suis plus préoccupé de l'harmonie que de la vérité. Voilà les vrais sens de ces vers : les autres, je les désavoue, *ita me Deus amet*. Je maudis la sacrilége version française de l'épitaphe... »

Cette seconde épître était intitulée :

Santolinus Victorinus
Ad eumdem Josephum Juvencium S. J.
De suo Epigrammate,
Præter auctoris spem ac mentem,
Divulgato et interpretato.

Le poète accablait d'éloges le P. Rapin, le P. Commire, le P. de la Rue et toute la société, il jurait qu'il abhorrait tout ce que le Saint-Siége avait frappé d'anathème, et il ajoutait ces deux vers en s'adressant à Arnauld :

Ictus illo fulmine,
Trabate Doctor, jam mihi non amplius,
Arnalde, saperes.

« Atteint par cet anathème, si illustre que tu sois, ô Arnauld, tu n'*aurais* plus raison à mes yeux. »

Ce *saperes* ranima la querelle. Les Jésuites ne furent pas contents de ce conditionnel. Ils voulaient qu'il mit *sapias* « tu n'as plus raison à mes yeux ». Les Jansénistes au contraire lui demandaient de tenir au moins à son *saperes* qui sauvait leur honneur et le sien. Santeuil, pour les contenter tous, fit faire deux sortes d'exemplaires de son épître. Dans les uns, qu'il envoya aux Jésuites, on lisait *sapias* et dans les autres, destinés à ses amis de Port-Royal, il avait laissé *saperes*. Tout fier d'avoir trouvé ce biais, Santeuil s'en allait répétant partout qu'il n'*avait pas chanté la palinodie*. Hélas! sa joie fut de courte durée. Il apprit bientôt que les révérends pères avaient découvert son artifice et qu'ils se disposaient à confondre sa fourberie. « Il était dans des transes mortelles, dit un historien de cette bataille; il écrivait à tous les jésuites de ses amis pour leur demander quartier; le moindre Jésuite qu'il rencontrait, il l'abordait brusquement, et, le reconduisant d'un bout de Paris jusqu'au collége, il lui faisait ses doléances avec le ton, l'air et les gestes que ceux qui ont l'avantage de le connaître peuvent s'imaginer, et criant à pleine tête, il récitait par cœur l'apologie qu'il venait de donner au public, appuyant surtout sur ces endroits qu'il répétait plusieurs fois : *Veri sanctissima custos, docta cohors...* Enfin, il fallait l'écouter bon gré mal gré, et fût-ce le frère cuisinier des Jésuites, rien ne lui servait de n'entendre pas le latin, de sorte que le chemin n'était pas libre dans Paris à tout homme qui portait l'habit de Jésuite; Santeuil les attendait au passage et, se jetant à la traverse, les poursuivait son apologie à la main, jusqu'à la porte du collége exclusivement, car je ne sais quelle terreur panique l'empêchait de passer outre. » Le P. Commire justifia les appréhensions et les terreurs de Santeuil par la publication d'une pièce de vers qui a pour titre *Linguarium* (le Bâillon de Santeuil). Ce fut le coup suprême. Le poète demanda grâce. Bourdaloue au nom de ses confrères, lui annonça que la paix était faite.

« Soyez en repos, le rancunier est déjà converti, et c'est lui-même qui me charge de vous en assurer. Vos vers lui ont paru très-beaux, et ils le sont en effet. Il n'y a point de rancune qui puisse tenir contre la poésie ; j'entends contre la vôtre. Je serai ravi de voir l'hymne de saint André : plût à Dieu que toutes celles du Bréviaire romain fussent de votre façon ! Car il y en a qui ne sont pas soutenables, quoiqu'elles saient le mérite de l'antiquité. Je suis, Monsieur, plus que personne du monde, très-parfaitement et très-sincèrement à vous (1). »

Le P. Jouvency à son tour écrivit à Santeuil pour lui dire qu'il avait eu tort de prendre trop au sérieux certaines expressions un peu fortes de ses lettres :

« Monsieur, j'ai lu dans un petit livre couvert de papier bleu, qui court à ce qu'on dit dans tout Paris, deux extraits de lettres que l'on cite comme vous ayant été écrites et signées de ma main. Je ne me souviens pas de vous avoir écrit tout ce que l'on y dit comme de moi... Je vous prie, si vous avez peine à me montrer mes lettres, de m'envoyer une copie fidèle de ce que je vous ai écrit. Il me semble que l'on me fait bien dire des choses auxquelles je n'ai jamais pensé. »

Les gracieuses flatteries de Bourdaloue, les fines excuses de Jouvency réconcilièrent tout à fait Santeuil avec le collége Louis-le-Grand. Mais de nouvelles tribulations l'attendaient du côté de Port-Royal. Les amis d'Arnauld reprochaient au poète d'avoir trahi la vérité. « Le lâche Santeuil, s'écrie dom Clémencet, effrayé de l'orage, eut la faiblesse de chanter la palidonie, et se couvrir d'opprobre... » Santeuil leur répondait qu'un médecin n'est pas obligé de désespérer son malade, il leur disait même, à demi-voix, qu'il s'était conduit de manière à

1. Santeuil savait être reconnaissant. Son admiration et son affection pour Bourdaloue lui firent commettre quelques extravagances. Ainsi, par exemple, Bossuet lui écrit que le célèbre jésuite doit prêcher dans sa cathédrale. Aussitôt il prend la résolution d'y aller ; mais il n'avait pas de voiture, il voit dans la cour de l'abbaye le cheval de la boulangère de la maison ; il monte, après avoir pris un grand manteau noir pour couvrir les paniers, et arrive à Meaux d'où il envoie immédiatement ce billet au prieur de Saint-Victor : « Sans doute vous êtes en colère contre moi, mais comment refuser un si grand prélat que M. Bossuet, pour aller entendre un si excellent prédicateur que le P. Bourdaloue? Et pourquoi la boulangère est-elle si long-temps à parler avec notre frère convers? Je suis avec soumission. »
Un jour Bourdaloue devait prêcher dans l'église de la Salpêtrière. Santeuil se hâta d'aller prendre place. Les suisses qui gardaient la porte le voyant venir lui dirent : où allez-vous, Monsieur ? — Où je vais? répondit Santeuil, entendre le sermon. — Et qui êtes-vous pour vouloir entrer ? — Qui je suis? —Je suis un homme assez connu dans le monde, je suis Santeuil.—Ah! vous êtes Santeuil, le poète fou, vous n'entrerez pas, repartirent les suisses. — J'entrerai, répondit Santeuil, et vous êtes des coquins que je ferai casser aux gages. Il se jeta dans la foule de toutes ses forces et entra malgré les suisses ; après quoi il leur dit des injures et fit cent plaisanteries sur leur nation, dont bien des gens rirent de tout leur cœur.

leur permettre de le compter toujours au nombre des admirateurs du grand docteur. Ces assurances clandestines ou évasives ne satisfaisaient point les Jansénistes. Ils voulurent que le public fût bien assuré que Santeuil se repentait de sa palinodie et qu'il était revenu au bercail de la Grâce. Continuant la guerre poétique commencée par les Jésuites, ils publièrent plusieurs pièces de vers dont les plus célèbres furent *Santolius pendens* (Santeuil au gibet) et *Santolius pœnitens* (Santeuil repentant).

Dans la première pièce, l'auteur feint que Santeuil, illustre par ses poésies et encore plus recommandable par la bonté de son cœur, l'innocence de ses mœurs et la beauté de son esprit, étant allé en Flandre au tombeau de M. Arnauld, pour obtenir de Dieu le pardon d'un parjure qu'il avait fait par mégarde, était tombé entre les mains des Espagnols qui le conduisirent à Bruxelles où il fut condamné par l'Inquisition à être pendu et étranglé, s'il ne rétractait les vers qu'il avait faits à la gloire de M. Arnauld. Il aima mieux se laisser pendre que de se dédire. Il monte au gibet en invoquant le saint docteur dans les termes mêmes de l'épitaphe qu'il avait eu le malheur de désavouer :

>   Dive Arnalde, tibi devotum respice vatem,
>   Docte senex, veri defensor et arbiter æqui,
>   Qui portu in placido, tot tempestatibus actus,
>   Hoste triumphato, et sacra tellu requiescis,
>   Ejectum ad sanctas venientem suscipe sedes;
>   Molinista, heu, vixi : at Jansenista peribo...

Le bon et Janséniste Rollin est l'auteur de la seconde pièce, *Santolius pœnitens*. Santeuil accablé de remords voit l'ombre d'Arnauld lui apparaître. Le docteur reproche son ingratitude au poète qui se prosterne et demande pardon. Voici quelques vers traduits, sur commande, par Boivin le jeune :

>   ... O ciel ! où m'a réduit une jalouse rage !
>   Des vers dignes de moi, nobles, harmonieux,
>   Ornaient du grand Arnauld le tombeau glorieux ;
>   J'ai rougi d'avouer ma gloire et mon ouvrage ;
>   Lâche, j'ai rétracté le pieux témoignage
>   Que la religion, la foi, la vérité
>   M'avaient dans un lieu saint elles-mêmes dicté !

... Malheureux ! et je vis, et je respire encore,
Le jour offre à mes yeux la clarté que j'abhorre...
... Moi-même je me fuis ; mais, hélas ! en tous lieux,
L'image de mon crime est présente à mes yeux.
Dans ces cruels accès d'une fureur pressante
L'ombre du grand Arnauld nuit et jour m'épouvante :
... Il m'appelle, il s'approche, et poussant un soupir :
Quoi ! dit-il, quoi ! Santeuil, as-tu pu me trahir ?
Je t'aimai, tu m'aimais, et ta bouche infidèle
Aujourd'hui désavoue une amitié si belle !
A ces mots jusqu'au cœur vivement pénétré,
De violent remords je me sens déchiré.
O toi qui libre enfin d'une pénible course
Possèdes du vrai bien l'inépuisable source,
Qui dans un saint repos à jamais rétabli
Des haines d'ici-bas bois l'éternel oubli :
Cher Arnauld, prends pitié de ma douleur mortelle,
Vois mes pleurs, laisse agir ta bonté paternelle :
Criminel à tes pieds humblement prosterné,
De haine et de risée objet infortuné,
Honteux, chargé de fers, je viens, triste victime
M'offrir au châtiment que mérite mon crime....

Un autre traducteur du *Santolius pœnitens,* se donnant plus de liberté, a ajouté à la pièce de Rollin quelques vers qui peignent bien Santeuil et qui sont pleins de piquantes allusions à des traits fort connus de sa vie :

... Dans le cloître, à la ville, à la cave, au grenier,
A l'hôtel de Condé, chez Thierry, chez Regnier (1),
Tout ce que j'aperçois me reproche mon crime
Et d'Augustin me nomme enfant illégitime.

1. Le grand Condé l'aimait beaucoup et M. le Prince partagea l'affection de son père pour le poète. Un jour Santeuil étant à la table de son auguste ami, madame la duchesse lui donna un soufflet parce qu'il n'avait pas encore fait des vers à sa louange. Quoique ne ce fût qu'en riant, Santeuil en parut fâché. Un moment après, madame la duchesse s'étant fait apporter un verre plein d'eau, elle le lui jeta sur le visage pour laver, disait-elle, l'affront qu'elle lui avait fait. Santeuil dit alors *qu'il était bien juste que la pluie vint après le tonnerre.* Il fit une belle pièce de vers sur ce soufflet.
Santeuil était chez un de ses amis composant des vers pour la sœur de M. Pelletier qui allait épouser M. Turgot. Il entend sonner huit heures du soir : *Il faut que je rentre, dit-il, car les moines, quand je reviens tard, ne font que crier.* Loin de retourner au couvent, Santeuil va chez Thiery, son imprimeur. Madame Thierry lui dit qu'il est heure indue ; Santeuil envoie

J'ai beau cabrioler, contrefaire Arlequin (1),
Sauter, danser et rire, et boire de bon vin (2) :

chercher des biscuits, des oranges, du bon vin, anime les ouvriers, les fait travailler toute la nuit. Le matin sa pièce était imprimée.

Santeuil était le premier enthousiasmé de ses vers ; et quand il en avait fait qu'il croyait meilleurs que les bons qu'il faisait d'ordinaire, il demandait à ceux à qui il les montrait, s'ils y connaissaient du Périer, Régnier, Ménage ? Si on lui répondait qu'on les y connaissait, il arrachait ses vers de la main de celui qui les tenait, et le pressait de leur aller donner des gardes, parce qu'ils se pendraient infailliblement quand ils verraient les vers qu'il avait faits.

1. Arlequin Dominique, ayant fait faire son portrait, voulut encore des vers latins de Santeuil pour mettre au bas. Il fut le voir en habit ordinaire, il en fut mal reçu. Santeuil tenant la porte entr'ouverte, lui fit brusquement et coup sur coup, cent questions l'une après l'autre, qui il était, pourquoi il venait, s'il avait quelque chose à lui dire, comment il le connaissait, de quelle part il venait, et où il l'avait vu, et tout cela sans attendre aucune réponse; après quoi il lui ferma la porte au nez.

Dominique surpris, ne se rebuta point. En effet, quelques jours après, s'étant mis en chaise avec son habit de théâtre, sa sangle, son épée de bois, son petit chapeau et son manteau rouge, il fut heurter à la porte de Santeuil, quoiqu'elle fût entr'ouverte. *Qui est là ?* cria Santeuil qui composait. Dominique ne répondant rien mais continuant de frapper, Santeuil qui avait demandé cinq ou six fois qui est là, et qui avait même dit: Entrez, importuné par le même bruit et ne voulant pas se lever de son siège, dit en colère : *Oh! quand tu serais le diable, entre si tu veux.* Dominique, ayant pris la balle au bond, jeta son manteau rouge en arrière, prit son masque, mit son chapeau et entra brusquement. Santeufl surpris, tendit les bras, ouvrit de grands yeux et se tint immobile quelque temps, bouche béante. Dominique était resté assez longtemps dans une posture qui répondait à l'étonnement du poète, en changea et commença à courir d'un bout de la chambre à l'autre, en faisant mille postures. Santeuil, revenu de sa surprise, fit les mêmes tours dans sa chambre. Dominique voyant que le jeu lui plaisait, tira son épée de bois et allongeant et raccourcissant le bras, lui donnait de petites tapes. Santeuil irrité lui rendait de temps en temps des coups de poings que l'autre savait esquiver. Ensuite Arlequin détachant sa sangle et Santeuil prenant son aumusse ils se firent sauter l'un et l'autre. *Mais quand tu serais le diable,* s'écria enfin Santeul, *si faut-il que je sache qui tu es.* Qui je suis, répondit Dominique, je suis le Santeuil de la comédie italienne. — Oh ! pardi, si cela est, reprit, Santeuil, *je suis l'Arlequin de Saint-Victor.* Dominique leva son masque et ils s'embrassèrent comme les meilleurs amis du monde.

2. M. de Sully, Santeuil et deux de leurs amis se promenaient aux Tuileries. On parla de l'excellence des vins, les uns tenaient pour le champagne, les autres pour le bourgogne. Pour moi, dit Santeuil, je suis pour l'un et pour l'autre. Quand le vin de Champagne me manque, je trouve l'autre meilleur, et quand j'ai du champagne, j'oublie facilement que je n'ai pas de bourgogne ; la vie est pleine de misères, il faut bien s'y accommoder.

Le chagrin avec moi se mêle dans la danse,
Se cache en mon aumusse, et vient sans que j'y pense.
Par mes contorsions aux enfants je fais peur (1),
Et je suis à moi-même un spectacle d'horreur.
Ce qui faisait jadis mes plus douces délices
Me chagrine, m'ennuie et me sert de supplice.
Mes aimables oiseaux autrefois mes plaisirs (2)
Ont changé leur ramage en de tristes soupirs ;
Leur chant est languissant, leur voix me paraît dure,
Toujours sur le même air de parjure, parjure.
Le fantôme d'Arnauld sans cesse me poursuit.
Dans mon lit étendu je le vis l'autre nuit.
... Illustre et saint vieillard, pardon, je vous conjure,
Pardon, la corde au cou, de mon lâche parjure.
Voici la torche au poing un pauvre pénitent
Reconnaissant sa faute et vraiment repentant.
Si grande qu'elle soit elle est bien pardonnable.
Hé ! qui n'aurait tremblé de l'ordre redoutable
De me congédier hors du pays latin
Par lettre de cachet, à Quimpercorentin !
Il est vrai que l'exil, ferme, comme vous êtes !
Ne vous toucha jamais ; mais nous craintifs poëtes,
Nous aimons, les pieds chauds, à composer nos vers,
En repos, sans courir les terres et les mers.

1. On connaît ces vers de Boileau :

> A voir de quel air effroyable
> Roulant les yeux, tordant les mains,
> Santeuil nous lit ses hymnes vains,
> Dirait-on pas que c'est le diable
> Que Dieu force à louer ses saints?

2. Sa passion favorite était les serins. Lorsqu'il fit l'épitaphe de Lulli, un de ses serins, s'étant mis sur sa tête, chantait d'une manière si agréable, qu'il lui semblait que l'âme de ce célèbre musicien était passée dans le corps de ce petit animal pour lui inspirer quelque pensée digne de son sujet. Santeuil le trouva mort le lendemain ; il le pleura et le regretta longtemps. Il lui avait coûté vingt écus, il était d'un blanc à éblouir et fort familier.

A la fin d'un repas chez l'abbé Sautoir, comme on eut servi le dessert, Santeuil prit quantité de biscuits, de macarons et de massepains, avec des confitures sèches et des pâtes de groseilles et d'abricots, en disant à chaque pièce qu'il empochait : « Voilà qui sera bon pour mes oiseaux. » Et s'apercevant que les valets le regardaient avec des yeux d'envie, il leur dit : « Que vous seriez heureux vous autres, si vous étiez à la place de mes oiseaux, j'aurais autant de soin de vous, que vous voyez que j'en ai d'eux. » La compagnie s'étant mise à rire, l'abbé pria Santeuil de métamorphoser ses valets en oiseaux. « Je m'en garderai bien, répondit Santeuil, de l'appétit dont je les vois ils ravageraient tous nos coteaux et toutes nos plaines. » (Santoliana, etc., par M. Dinouart.)

Il ne convient pas que le jovial et burlesque Santeuil prononce le dernier mot sur le tombeau du célèbre docteur de Port-Royal. Une parole plus grave et plus instructive doit planer sur les cendres d'Arnauld; nous l'empruntons à Bossuet: « *Arnauld avec ses grands talents,* disait-il, *est inexcusable d'avoir tourné toutes ses études, au fond, pour persuader le monde que la doctrine de Jansénius n'avait pas été condamnée.* » C'est pourquoi de ces grands talents il ne reste rien qui compte dans le trésor de notre littérature religieuse; que leur a-t-il donc manqué ? ce n'est ni la méthode, ni le travail, ni l'ardeur, ni l'occasion, mais la lumière chaude et féconde de la vérité catholique aimée et pratiquée, c'est l'attachement sincère à la sainte Église romaine. On raconte qu'Arnauld n'osait se promener dans le jardin de sa petite maison de Bruxelles que lorsqu'on avait tendu des toiles d'un mur à l'autre pour le dérober à la vue des voisins. Le docteur avait mis aussi entre lui et le soleil radieux de la foi le voile de l'érésie. Dans cette ombre froide et stérile, semblable aux arbres que les feux du midi n'échauffent jamais, il ne produisit que des fruits sans parfum et sans couleur qui son tombés et restés dans la poussière du grand siècle. C'est à d'autres rameaux qu'il faut chercher les fruits d'or, c'est à d'autres chrétiens qu'il faut demander les œuvres immortelles. Ce n'est pas du côté du bien, de la vérité, de la lumière, qu'on trouve les traces laissées par Arnauld dans l'histoire. Son influence ne se constate que du côté du mal, de l'erreur, des ténèbres. Il continua le rôle d'*homme fatal* que Saint-Cyran avait inauguré. Avec une habileté extrême et une invincible constance, il tissa la trame subtile dans laquelle le Jansénisme s'enveloppa pour cacher ses dogmes affreux, séduire les beaux esprits et les simples et se soustraire aux anathèmes de l'Église. Sans Arnauld, les doctrines de l'*Augustinus* seraient mortes, étouffées dans le gros *in-folio* de l'évêque d'Ypres. Il leur communiqua la clarté de son esprit, la correction de son style, la force et les finesses de sa dialectique, et, pendant près d'un demi siècle, il travailla sans relâche à étendre leur domination. Il fut, aux yeux de ses contemporains, la personnification du Jansénisme, au point que lorsqu'il mourut on pensa que cette hérésie descendait avec lui dans la tombe. « M. Arnauld est mort, écrivait l'abbé de Rancé, voilà bien des questions finies. »

L'abbé de Rancé se trompait. Le vieux docteur laissait à la secte cent quarante volumes destinés à lui servir de viatique et d'arsenal ; il laissait un chef formé depuis longtemps à son école, animé de son esprit entêté et batailleur, possédé de sa haine contre Rome : le père Quesnel. A ce nom, les *Réflexions morales*, la bulle *Unigenitus*, les Appelants, les miracles du diacre Pâris se présentent à nous, faisant suite à l'*Augustinus*, aux constitutions d'Innocent X, d'Alexandre XIII, aux Messieurs et aux dames de Port-Royal, aux prodiges de Saint-Cyran. Nous ne savons si nous aurons un jour le courage de raconter l'histoire de cette seconde génération de « la grande famille ». Est-il nécessaire d'assister au complet et hideux épanouissement des doctrines augustiniennes au milieu des ruines du xviiie siècle, pour les maudire et reculer de dégoût devant les hommes qui les ont propagées ? Le triste spectacle que le Jansénisme nous a donné pendant le xviie siècle ne suffit-il pas ? Hélas ! nous avons vu de saintes âmes précipitées dans l'erreur opiniâtre, de nobles caractères entraînés à se couvrir de ridicule et de honte, de vigoureux génies frappés de stérilité, des gloires radieuses souillées ou amoindries, la littérature et l'art jetés dans un moule étroit et glacé, le libertinage grandissant, l'autorité royale méprisée, l'Église déchirée et la France détournée pour longtemps des traditions chrétiennes qui avaient fait sa grandeur. En présence de tous ces ravages, nous n'avons que trop le droit, sans attendre de nouveaux crimes, de condamner Port-Royal au nom de notre foi et de notre patriotisme indignés, et de redire le mot de Joseph de Maistre : *tout Français ami des Jansénistes est un sot ou un Janséniste.*

FIN.

TABLE DES MATIERES.

PRÉFACE. 5

I. — Le *péché originel* des Arnauld. — Vocation *spontanée* de la mère Angélique. — *Erreurs de copiste*. — La *journée du guichet*. — Parodie de *Polyeucte*. — La vraie beauté morale. — Théologie de Corneille. — *Bataille de Maubuisson*. — Révélation janséniste. — Saint François de Sales à Port-Royal. 13

II. — L'Église catholique à la fin du seizième siècle. — Situation religieuse de la France dans les premières années du dix-septième siècle. — Le saint et le sectaire. — Du Vergier de Hauranne et Jansénius : leur étroite liaison, leur projet de réforme. — Jansénius d'après sa correspondance 33

III. — L'abbé de Saint-Cyran : son caractère, ses débuts littéraires. — *Question royale*, défense de la brebis du chapitre de Bayonne, *Apologie* pour l'évêque de Poitiers. — Équipée de Saint-Cyran contre les Jésuites dans cette ville. — Conférences secrètes. — Le P. de Condren. — M. d'Andilly. — Modèle de style épistolaire. — Dialogue d'Eudoxe et de Philanthe. — M. Sainte-Beuve dit oui et non. — Saint-Cyran à Paris. — *Esprit de principauté*. — La *Somme des fautes du P. Garasse*. — Direction spirituelle. — Le *Chapelet secret* : ses effets. — *Petrus Aurelius* : Jansénisme et Gallicanisme. — Symbole de Saint-Cyran. — Son arrestation. 63

IV. — L'*Augustinus*, expliqué par M. Sainte-Beuve. — Doctrine des *cinq Propositions*. — L'auteur de *Port-Royal* peint par lui-même. 92

V. — Les dernières œuvres et les derniers jours de M. de Saint-Cyran, ses reliques et son culte 116

VI. — Le livre de *la Fréquente Communion*. — Les *mères* de l'Église. — Premier combat. 140

VII. — M. Arnauld d'Andilly dans le monde et dans le *Désert*. — La *Clélie* chez nos *Messieurs*, et nos *Messieurs* dans la *Clélie*. — Les Romans et les Jansénistes. — Le plus tendre des amis et le plus dur des pères. — Mélibée « dans un cadre chrétien ». — Influence politique des poires et des pavies de M. d'Andilly. — Multiplication des *solitaires*. — Régiment janséniste pendant la Fronde. — L'abbaye de *Thélème* réalisée à Port-Royal, mais *saintement et en Dieu*. — Marques de cette école de la Pénitence. — Jardiniers et Philosophes. — Contradiction entre les principes et la conduite de nos *Messieurs*, entre leur conduite et leurs biographies, entre leur morale spéculative et leur morale pratique : *Exercices* de l'une, *Règlements et instruction* de l'autre.—Les Jansénistes jugés et classés par un Janséniste. 173

VIII. — Les docteurs jansénistes. — Ils charment la fleur de l'école. — Les docteurs catholiques. — Partialité de M. Sainte-Beuve ; il s'en accuse à l'abbé Gorini. — Hardiesse des jeunes bacheliers. — Influence des prédications du P. Desmares.—Desmares avait-il les qualités extérieures de l'orateur ? nos *Messieurs* disent oui, nos *Messieurs* disent non.—Conférence du P. Desmares avec le P. de la Barre : *Quid est tibi, mare, quod fugisti ?* — M. Singlin, autre orateur à la mode. — Dispute sur le fonds et la forme de ses sermons entre M. Sainte-Beuve et Fontaine. — *Prêcher par la bouche d'autrui*, une des *manières* de nos *Messieurs* : origine de cette *manière* ; Saint-Cyran l'enseigne par ses actes et la condamne par ses paroles. — Raison de cette *manière*. — Nicolas Cornet et les cinq Propositions. — Violente opposition des Jansénistes : M. Arnauld *apparaît comme un jeune lionceau*. — Intervention du Parlement. — Les évêques et les docteurs catholiques en appellent à Rome. — M. Sainte-Beuve dans les confidences du P. Annat et du P. Dinet. — Saint Vincent de Paul en face du Jansénisme. — Lettre des évêques catholiques à Innocent X. — Un émissaire janséniste part pour Rome. — Saint-Amour, son portrait, son séjour à Venise. — M. de Matharel lui raconte l'aventure d'Hersent. — Sa peur du *Saint-Office* à Rome. — Instruction de MM. les *Pères*. — Lettre des évêques augustiniens au pape. — Les députés de renfort. — Le Mercure de M. Hallier. — Les députés catholiques. — *Innocente simplicité de la colombe, ruses des plus vieux serpents*. — Réponse du P. Rapin aux accusations de Fontaine et de M. Sainte-Beuve. 204

IX. — Condamnation des cinq Propositions : actualité et beauté du récit du P. Rapin. — M. Sainte-Beuve, « âme libre », *en juge différemment* : sa manière de *débrouiller et définir les choses*. — Manœuvre des députés jansénistes à Rome. — Arrivée des députés catholiques. — Portrait d'Innocent X. — Le pape nomme une congrégation. — Contraste de conduite entre les députés. — La congrégation commence ses travaux : mode de procéder.— Injustes récriminations des Jansénistes. — Traits de ressemblance entre le *libéralisme* contemporain et le jansénisme. — Les intrigues de l'Opposition janséniste rappellent celles de l'Opposition libérale au concile du Vatican : elles ne réussissent pas. — Admirable constance d'Innocent X. — Dernières instructions de « MM. les Pères » de Port-Royal à leurs députés : comble de l'impudence et de la présomption. — Saint-Amour et ses collègues parlent devant le pape « très-fortement, très-agréablement ». — Espérances *de quinze jours*. — Suprêmes et viles démarches pour obtenir l'ajournement de la bulle. — La bulle paraît. — Sentiment des Jansénistes : leur sympathie pour Genève. — La bulle est reçue en France. —« Les haleines de Port-Royal. » 233

X. — L'Assemblée générale du clergé de France réprime l'esprit de révolte qui agite Port-Royal. — Petit cri d'horreur poussé par M. Sainte-Beuve. — *Évasions* inventées par les Jansénistes. — Libre discussion. — Mesures arrêtées. — Le Formulaire voté en principe. — Le docteur Arnauld oppose son jugement à celui du pape et des évêques. — Il appelle à son aide M. Le Maistre.—*Les torrents d'éloquence* du célèbre avocat. — Ses *plaidoyers* revus, purifiés et publiés : vue d'intérieur de Port-Royal. — Histoire d'un almanach. — Le duc de Liancourt : ses rapports avec Port-Royal, son démêlé avec Saint-Sulpice. — Arnauld prend sa défense. — Les cinq Propositions sont-elles de Jansénius ? Avant la bulle, Arnauld, l'abbé de Bourzéis disent oui ; après la bulle, ils disent non. — Censure de la Sorbonne. — Arnauld chez les dames Angran. — Nicole le rejoint : son portrait. — Heures de relâchement. — Livres de polémique. — Entrée de Pascal 264

XI. — Pascal : nature de son génie. — Son enfance ; maladie et sortilége. — Ses premiers travaux : plagiats. — Préludes des *Provinciales*. — Première conversion. — Pascal inquisiteur. — Comment *il ne fait plus d'autre étude que celle de la religion*. — Il quitte Jansénius pour Montaigne. — Pascal amoureux. — Mademoiselle de Roannez. — *Vie de tempête.* — Seconde conversion de Pascal. — Mademoiselle de Roannez à Port-Royal. — Elle en sort. — Pascal dirige la *chère sœur exilée*. — Il est reçu au bienheureux Désert. — Comment *les solitaires ne s'entretenaient que des nouvelles de l'autre monde.* — La vérité et les balais mis par Pascal au rang des meubles superflus. — Les *Provinciales.* — Leur origine, leur composition, leur impression, leur publication et leur vogue. — Réponse des Jésuites. — Morale relâchée de Pascal en fait de citations, de sincérité, d'impartialité. — Conséquences morales des *Provinciales.* — M. Havet, le comte Beugnot et Bailleul. — La *morale des honnêtes gens, la religion de Fénelon,* et M. Sainte-Beuve. — Mérite littéraire des *Provinciales.* — De Maistre explique leur vogue persévérante. — Racine retourne victorieusement contre Port-Royal les armes de Pascal : ses deux *Petites lettres.* 296

XII. — Deux prédictions célèbres. — *L'horrible persécution.* — Ménagements de la Cour à l'égard des solitaires. — La mère Angélique nous fait pleurer. — M. de Pontchâteau nous fait rire. — Le prêtre laboureur, le chanoine vigneron. — *Facilités admirables* pour le commerce du monde pratiquées à Port-Royal. — *Dieu essuie les larmes de ses serviteurs et de ses servantes,* le miracle *de la sainte Épine.* — Fausse interprétation qu'en donnent les Messieurs. — *Petite plaisanterie* de M. Le Maistre : encore les *facilités admirables* pratiquées par les amis de Pascal. — Impartialité de Rome : condamnation de l'*Apologie pour les casuistes.* — Port-Royal conspire. — Le Formulaire : la signature en est rendue obligatoire. — Pascal dresse le mandement des vicaires généraux de Paris. — La sœur Sainte-Euphémie *première victime* du Formulaire. — Sa lettre contre la séparation du *fait* et du *droit.* — Pascal adopte les idées de sa sœur ; il se sépare de ses amis. — Ses derniers sentiments dévoilés dans ses dernières *Pensées.* — Pascal vit et meurt en combattant l'Église catholique. — Mort de la mère Angélique. — Son influence, sa haine contre Rome, culte qu'on lui rend. — Projet d'accommodement. — *Les valets de pied des princes de l'armée d'Achab.* — M. Lancelot chez l'archevêque de Paris. — Convocation à un grand et rare spectacle 337

XIII. — Théorie de la résistance enseignée aux religieuses de Port-Royal. — Sorts sacrés et songes mystérieux. — Deux portraits de l'archevêque de Paris. — Première visite de M. de Péréfixe à Port-Royal ; il est joué par les religieuses. — Requêtes aux saints. — Seconde visite : protestation tumultueuse des religieuses ; crime de M. de Péréfixe ; il appelle *pimbêche* madame l'abbesse. — Enlèvement des récalcitrantes. — Arrivée de la mère Eugénie, de la Visitation : son attitude humiliée choque les religieuses et M. Sainte-Beuve ; attitude d'un sénateur aux pieds de *Notre-Dame* de Saint-Gratien. — Espérance d'intervention divine déçue. — Sœur Eustoquie de Brégy et sœur Christine Briquet. — Calvinisme des religieuses de Port-Royal. — Les *Signeuses*. — Sœur Flavie et sœur Dorothée. — Déréglement honteux de M. Chamillard : *il n'a pas dit Prime à une heure et demie*. — Confessions et communions *par lettres*. — La mère Angélique de Saint-Jean chez les Annonciades : ses disputes théologiques avec la mère de Rantzau ; son protestantisme et son mysticisme. — Réunion aux *Champs* de toutes les religieuses rebelles : surveillance et contrebande ; M. de Sainte-Marthe, perché sur un arbre, fait des petits discours. — Les chaises renversées. — Le célèbre M. Hamon, médecin et théologien : sa doctrine luthérienne sur les sacrements : les religieuses la pratiquent. — Nos Messieurs défendent leurs saintes amies. — Affaire des quatre évêques. — Les champions de madame de Longueville. — Projet d'accommodement : fourberie des Jansénistes. — La *paix* de Clément IX. — Triomphe des *confesseurs de la vérité*. — Médaille commémorative. — Mot de l'abbé de Hautefontaine. 367

XIV. — Les Jansénistes reprennent les armes. — Affaires de l'université d'Angers. — Pamphlets du P. Quesnel contre la cour romaine. — Mécontentement de Louis XIV. — Port-Royal menacé. — Fuite de M. Arnauld. — Mort de M. de Sacy : ses funérailles scandalisent Nicole. — Mort de la mère Angélique de Saint-Jean. — Partialité des Jansénistes à l'égard de M. de Harlay. — M. de Noailles, archevêque de Paris. — Il favorise nos Messieurs. — Exploits des novateurs dans le chapitre de Paris. — Les *Nouvelles remarques*, le *Problème ecclésiastique*. — Encore le chapitre de Paris : l'affaire des reliques. — Santeuil au saint Désert. — Le cas de conscience. — Découverte des projets et de l'organisation des Jansénistes. — Analogie avec l'organisation des francs-maçons. — Bulle *Vineam Domini*. — Refus des religieuses de la recevoir sans restriction. — Influence politique du Jansénisme en France. — La catastrophe approche. — Les prophètes de malheur. — Dispersion des religieuses de Port-Royal et démolition du monastère. — Représailles sanglantes des Jansénistes révolutionnaires. 409

XV. — Nicole se sépare d'Arnauld fugitif. — But schismatique des traductions jansénistes de la sainte Écriture.—Arnauld les défend. — Il trouve des *frères* et des *sœurs* en Hollande. — *Anciens catholiques romains et vieux catholiques.* — Arnauld et la *Déclaration* de 1682. — Il combat à Rome *l'opportunité* de la condamnation de la *Déclaration.* — Il propose à Paris la convocation d'un concile national. — Jansénistes et Protestants. — Description de la demeure du docteur *exilé*, son genre de vie. — La *maison des filles de l'Enfance.* — Le *péché philosophique.* — La fameuse *fourberie de Douai.* — Mort d'Arnaul. — Son testament spirituel. — Son épitaphe. — Querelle de Santeuil avec les Jésuites et les Jansénistes. — L'œuvre d'Arnauld jugée à ses fruits. — Conclusion 441

FIN DE LA TABLE.

ABBEVILLE. — TYP. ET STÉR. GUSTAVE RETAUX.

www.ingramcontent.com/pod-product-compliance
Lightning Source LLC
Chambersburg PA
CBHW072108220426
43664CB00013B/2043